国家出版基金项目
NATIONAL PUBLICATION FOUNDATION

国家社科基金重大项目成果

"十三五"国家重点图书出版规划项目

中国老学通史

刘固盛 主编

徐华 著

先秦两汉卷

海峡出版发行集团
THE STRAITS PUBLISHING & DISTRIBUTING GROUP

福建人民出版社
FUJIAN PEOPLE'S PUBLISHING HOUSE

图书在版编目（CIP）数据

中国老学通史.先秦两汉卷 / 刘固盛主编；徐华
著.--福州：福建人民出版社，2023.9
　ISBN 978-7-211-08976-5

　Ⅰ.①中…　Ⅱ.①刘…　②徐…　Ⅲ.①老子—
哲学思想—研究—中国—先秦时代　②老子—哲学思
想—研究—中国—汉代　Ⅳ.①B223.15

中国国家版本馆 CIP 数据核字（2023）第 021679 号

中国老学通史·先秦两汉卷

ZHONGGUO LAOXUE TONGSHI·XIANQIN LIANGHAN JUAN

作　　者：刘固盛 主编 徐 华 著
责任编辑：郑翠云
责任校对：林乔楠
出版发行：福建人民出版社　　　　　电　话：0591-87533169（发行部）
网　　址：http://www.fjpph.com　　电子邮箱：fjpph7211@126.com
地　　址：福州市东水路 76 号　　　　邮政编码：350001
经　　销：福建新华发行（集团）有限责任公司
印　　刷：恒美印务（广州）有限公司
地　　址：广州市南沙区环市大道南 334 号
开　　本：710 毫米×1000 毫米　　1/16
印　　张：39.25
字　　数：562 千字
版　　次：2023 年 9 月第 1 版　　　　2023 年 9 月第 1 次印刷
书　　号：ISBN 978-7-211-08976-5
定　　价：138.00 元

本书如有印装质量问题，影响阅读，请直接向承印厂调换。

序

　　"为学如积薪"这句成语是"后来者居上"的意思，实际上也有积累之意。这句成语，可以用在《中国老学通史》这部著作上。1995年《中国老学史》出版（从1993年开始酝酿），只不过是一部三十万多字的小书，所幸当时影响较大，一直到2005年多次印刷。2002年又出版了《二十世纪中国老学》。现在的《中国老学通史》，是由刘固盛教授主持完成的国家社科基金重大项目最终成果，篇幅达三百余万字，这个"积薪"的高度颇为可观了，它的"后来居上"绝不仅仅是文字数量上增加了七八倍，而是内容上的充实和更新。

　　先秦两汉时期的老学，原来只有两三章简单的论述，现在独立成卷。以十九章的篇幅详细地梳理和讨论了先秦和两汉时期的老学发展史。其中先秦老学主要对老子其人其书、老学与文化传统、老学发轫与初传、庄子与内圣道家派、战国黄老派、老学对于楚地文学风气的影响、吕氏春秋与先秦黄老学的总结等问题，进行了细致的梳理，使老学源头的情况更为清晰。两汉时期的老学，在原有内容基础上进一步地充实，涵盖了汉初七十年的老学理论和老学实践、《淮南子》对老学的继承和发展、两汉尊儒语境下的老学传承、严遵与河上公的老学思想、道教兴起与老学的关系、《老子》学说在其他方面的影响等，内容丰富了很多，这对于了解和认识这一时期老学的发展是极为重要的。值得一提的是，本卷融入郭店楚简本《老子》、帛书本《老子》等出土文献成果，也发掘了《老子》与兵学、文学、易学、儒学、谶纬、古医学、佛教等方面的关系的文献，进行了系统的整合与论述，可以说进一步拓宽了老学的视野。

　　魏晋隋唐和宋元、明清皆独立成卷，篇幅增大了，重要的是内容的充实和提升。例如魏晋隋唐卷对敦煌《老子》文献更加重视，分析了《老子节解》的宗教化诠释，尤其对道教重玄学进行了全面系统的阐述。本卷从庄学崛起、玄佛合流、佛道相争等方面论述了重玄学产生的思想背景，总结了顾欢的老学思想及对重玄学发展承上启下的重要贡献；对赵志坚、成玄英、李荣的老学成就及其重玄学思想进行了较深入的分析，尤其彰显了成玄英重玄理论在唐代老学中的典型性与代表性。最后阐明了杜光庭《道德真经广圣义》的思想建树以及对汉唐老学的总结，指出强思齐对重玄学的重视及其老学思想的特点。该卷还注意在儒、佛、道三教交流与发展的背景下阐述老学的新变化，对李约《道德经新注》、王真《道德经论兵要义述》、颜师古《玄言新记明老部》、陆希声《道德经传》等老学文献的分析，都具有自己独到的见解。

宋元卷的变化很大，原来的老学史只写了四个个案，本通史增加为三十来个人物的老学思想的阐释，内容丰富了许多，更重要的是作了新的学术性的探讨，例如：从思想史的层面分析宋代老学的理论贡献，对黄老思想的影响、老学与理学的关系等问题进行了较深入的阐述，并论述了朱熹、林希逸、吴澄等理学家的老学思想；从经世致用的角度，阐明王安石学派、苏辙、司马光、宋徽宗君臣的解《老》主旨；对陈抟学派的老学思想及其影响进行了梳理，分析了吕知常、范应元、董思靖、杜道坚、张嗣成、刘惟永、白玉蟾、李道纯、邓锜等一批著名道士的老学著作，阐述了宋元道教老学的特色及其思想史意义；对以佛解《老》加以了重视，注意到了元代高僧德异《直注道德经》的代表性；这一时期金朝的老学也被发掘出来，成为老学史的新篇章。

明清的特点比较突出，可以比较明确地分辨出一些各具特色的群体。例如明代官员群体的《老子》研究自成一系，大约是因为明太祖朱元璋亲自注解过《道德经》，所以明代有一大批官员注释《老子》。清代医家群体的注解如徐大椿的《道德经注》、胡与高的《道德经编注》、黄元御的《道德经悬解》等颇有可称道之处。该时期思想家李贽、焦竑、傅山、王夫之的《老子》研究也很有理论见解。

此外，儒、佛、道各有自己对《老子》不同的诠释，各有自己的代表人物和代表著作。如薛蕙、王道、朱得之、王樵、花尚、吴世尚、纪大奎、邓晅、倪元坦的以儒解《老》；高僧释德清、镇澄、顺玉等人的解、注十分引人注目；全真道老学取得了新的成就，潘静观、宋常星、刘一明可为代表，程以宁、汪光绪、李西月以内丹理论注释《老子》，具有鲜明的特点，仙解《老子》也是明清老学的一个突出现象。本卷还分析了明代科举制度对老学发展的影响、以"文"解《老》以及清代学者对《老子》的考证性研究。

作为"老学通史"的近现代卷，是取代我们原来《二十世纪中国老学》的新作，分门别类，列举的著作一百大几十种。受西学的影响，特别是随着学术研究范式的转变，近现代老学呈现出与传统老学不一样的面貌，严复、谢无量、梁启超、胡适、胡哲敷、冯友兰、陈梦家的"西式"研究都有新意。但此一时期传统的研究仍然占有重要地位，马叙伦、蒋锡昌、高亨、陈柱、钱基博、徐梵澄、张舜徽、任继愈等可为代表。现代新儒家如马一浮、牟宗三、唐君毅、方东美等的《老子》研究，颇具思想价值，本卷用较大的篇幅进行了论述。近现代老学在海外的传播与影响是原来没有写到的，港台的老学研究、出土《老子》的研究篇幅都大大增加了。当然也绝非搜罗无遗，特别是时贤的著作，没有全部收录，如何判定、评估，仍然有不少问题需要思量。

20 多年前，我在写《中国老学史》后记时曾说"它只是一本拓荒性的简史，不是包罗万象的全史"，并且提出老学史的研究"可以从更广阔的方面展开"，如断代的、专题的、宗派的，等等。自那以后，21 世纪开始，我们先是出版《二十世纪中国老学》，成立以老庄学为特色的道家道教文化研究中心，招收研究老庄学的博士和硕士研究生，组织出版"道家道教文化研究书系"；在香港青松观的支持下，联合召开了三次较大规模、有一定影响的"全真道与老庄学"的国际学术研讨会，并出版了较高质量的论文集。断代的老学研究，汉魏六朝老学、唐代老学、宋元老学、明代老学、清代老学、近代老学都已有了专著出版，专题的如道教老学、四朝御注《老子》、日本《老子》研究、英语世界的老学等。在这些积累的基础上，由刘固盛教授主持并组织"我们自己人"撰写的这部《中国老学通史》也已完成了。

我开头提到"为学如积薪，后来者居上"，《中国老学通史》比《中国老学史》和《二十世纪中国老学》当然是"后来居上"了。我这里还想到的另一句成语是，"众人拾柴火焰高"。一个人立志、发愿写一部《中国老学史》也不是不可能的，而且还会有自己的特色，但是好的集体著作，价值和意义更大，这部《中国老学通史》能体现集体的智慧，价值会更大一些。

我年纪大了（实在是偏大了一些），原本想和大家一起再拼一下的，想参加第一卷的部分写作，但力不从心，未能如愿。第一卷作者徐华在写作时，连我原稿的原话都引上几句，令我十分感慨，也算是一种安慰。

书稿的完成，是一件大事，有一定的历史意义。但这并不是说这部书已经尽善尽美，没有什么问题值得进一步探讨的，相反，随着各种学术研究的发展，肯定还要重新思考和研讨老学发展中的一些问题。例如道教研究，如果改变了近百年的东汉时期道教形成之说，那么西汉、战国时期的老学该如何写？如果道教正一、全真派各有自己特点的话，两派的老学有什么样的区别？再例如，近现代和古代的学术如果有区别的话，不同时期老学又有什么特点？……在学术研究上，在老学研究中，永远会是有新的课题出现的。各种研究积累到一定时候之后，再会有更新、更好的中国老学史著作产生。

本书作者，都与我有点学缘关系，所以我说是"我们自己人"撰写的，老学史是我们共同关注的重要问题之一。希望大家继续关注，把这个接力棒传下去，紧跟时代，继续前进，是所愿也。

熊铁基

2019 年 12 月

前　言

　　老学，指历代人士对《老子》进行诠释和发挥而形成的一门学问。《老子》作为中华传统文化中最伟大的经典之一，拥有一个精深玄奥的思想体系，其内容涉及哲学、政治、宗教、道德、科技、经济、文学、艺术等各个方面，具有跨越时空的恒久价值，故一直受到社会的普遍重视，其影响历经两千余年而不衰，并远播海外。由于老子之道具有高度的抽象性、普遍性，因此为后人诠释与领会老子的思想留下了广阔的空间。自战国时期韩非作《解老》《喻老》以来，历代都有人为之诠疏笺注，阐发玄旨，到元代时，"《道德》八十一章，注者三千余家"①。自元迄今，注释《老子》的人，更难计其数，由此形成了内容极其丰富的专门之学。老学涉及哲学、宗教学、史学、文学等各大学科门类，不仅自身形成了一个十分浩繁博大的学术系统，而且跟中国文化史、思想史密切相关。老学是与汉代经学、魏晋玄学、隋唐佛学、宋明理学、清代朴学、近代西学的发展交融共进的，它与儒、道、释三家的关系盘根错节，十分密切。老学发展具有连续性与贯通性，具有持久的、生生不息的思想学术活力，对中华文化的传承和中国文化精神的塑造都有着重大的贡献。

　　虽然老学在中国思想文化史上占有十分重要的地位，但学术界对《老子》的研究，习惯于把注意力集中在《老子》的文本和老子本身思想的研究，而对历代的老学发展情况关注不够，在 20 世纪 90 年代以前，只有一些零星的研究，如王明先生提出的"老学三变"，

---

① 杜道坚：《道德玄经原旨》张与材序，见《老子集成》第五卷，宗教文化出版社 2011 年版，第 482 页。

较早注意到了老学发展与时代的关系；① 蒙文通先生曾在二十世纪三四十年代提出从老学的角度研究道教哲学的发展演变，并提出从唐代老学出发研究道教重玄学的观点。② 然而前辈学者的这些卓见长期以来没有得到应有的重视。到 90 年代，在一些道家文化的研讨会上，朱伯崑、汤一介、熊铁基等先生一致呼吁要加强老学的研究，汤一介先生指出："注重历代对《老子》《庄子》注释，是全面了解中国哲学发展的至关重要问题。"③ 熊铁基先生率先主持撰写了《中国老学史》④ 和《二十世纪中国老学》⑤ 两书，并指导博士生研究断代老学，这样，老学研究逐渐受到学术界的重视，并陆续有一些断代的和专题的老学研究著作或博士论文面世。《中国老学通史》试图在全面总结已有相关研究成果的基础上，从新的学术角度和思想维度对整个中国老学进行贯通性的、深入系统的研究，全面总结老学发展的历史进程和丰富内容，深入分析并提炼出不同历史时期老学的理论创建和思想特点，揭示其与中国思想文化发展的深刻联系，阐明中国老学的思想学术价值和历史地位。

　　本书力求突出中国老学发展"通史"的性质。全书以历史顺序为主线，分为《先秦两汉卷》《魏晋南北朝隋唐卷》《宋元卷》《明清卷》《近现代卷》共计五卷，涵盖了中国老学发展的所有时段，从追溯老子的思想渊源和道家学派创立开始着笔，及至对现当代老学发展的总结，力求体现出中国老学发展的贯通性。这种贯通性既表现在老学发展的连续性上，亦体现在注重老学的时代性，即不同时代有不同的"老子"。历史上不同阶段的老子研究者总是根据政治、道德、思想领域的时代变化，不断地对《老子》做出符合时代要求的

① 王明：《道家与道教思想研究》，中国社会科学出版社 1984 年版，第 293 页。
② 可参《校理老子成玄英疏叙录——兼论晋唐道家之重玄学派》《陈碧虚与陈抟学派——陈景元〈老子〉〈庄子〉注校记》等文，见《古学甄微》，巴蜀书社 1987 年版。
③ 汤一介：《论魏晋玄学到初唐重玄学》，见《道家文化研究》第 19 辑，生活·读书·新知三联书店 2002 年版，第 21 页。
④ 熊铁基、马良怀、刘韶军：《中国老学史》，福建人民出版社 1995 年版。
⑤ 熊铁基等：《二十世纪中国老学》，福建人民出版社 2002 年版。

新解释。唐末杜光庭言："道德尊经，包含众义，指归意趣，随有君宗。"① 宋元之际的杜道坚则进一步总结说："道与世降，时有不同，注者多随代所尚，各自其成心而师之。故汉人注者为'汉老子'，晋人注者为'晋老子'，唐人、宋人注者为'唐老子''宋老子'。"② 杜道坚不仅注意到不同学者解《老》的旨趣不同，还注意到了不同的时代背景对老学发展的重要影响。从汉"老子"到唐宋"老子"，再到明清"老子"、近现代"老子"，老学的时代主题各不相同。熊铁基先生研究中国老学时指出："老学发展的过程，实际上紧密地联系着社会历史发展的过程。"③ 熊先生组织撰写《中国庄学史》时又强调："我们仍然坚持注意各个历史时期的时代条件……而特别注重学术文化的背景和条件。"④ 本书将延续熊先生提出来的这一研究思路，重视对中国老学发展所处的历史背景和思想文化条件的分析。

同时，本书注重对中国老学涉及的主要问题的逻辑演变、前后发展进行综合研究，由此体现出老学思想内容的丰富性和复杂性。例如老学史上关于老子哲学思想的解释，王弼注《老》阐发玄学宗旨，建立起了宇宙本体论的哲学新体系；唐代成玄英等人借《老子》以明重玄之趣，丰富和发展了老学的内涵；而从唐代的重玄本体到宋元时期心性理论的演进，又是一次重要转变。本书将上述关于老子哲学思想解释的三次转变与突破联系起来加以纵向考察，以深入理解老学发展的时代特征。又如玄学、重玄学、理学的产生分属魏晋、隋唐、宋代三个历史阶段，又都与老学密切相关，全书将从老学的角度对上述三大思想内容进行系统研究，以便更加充分地揭示老学的思想价值。再如对老子政治思想的发挥与运用，既有唐玄宗、宋徽宗、明太祖、清世祖四皇帝御解《老子》，又有文武大臣的阐

---

① 杜光庭：《道德真经广圣义》，见《老子集成》第二卷，宗教文化出版社 2011 年版，第 35 页。

② 杜道坚：《玄经原旨发挥》卷下，见《老子集成》第五卷，宗教文化出版社 2011 年版，第 534 页。

③ 熊铁基、马良怀、刘韶军：《中国老学史·前言》，福建人民出版社 1995 年版。

④ 熊铁基、刘固盛、刘韶军：《中国庄学史·后记》，福建人民出版社 2003 年版。

发，如从北宋的王安石、司马光到明代的官员群体，全书将注意比较唐、宋、明、清君臣解《老》的异同，由此阐明老子思想作为"君人南面之术"的意义与影响。魏晋以后，儒道释关系是每个时代的老学中具有普遍性的重要问题，但由于儒道释自身的发展在不同时期都有不同的特点，因此以儒解《老》、以佛解《老》和以道教理论解《老》也不是千篇一律的，而是丰富多彩的，共同构成了中国老学史和中国思想史上的精彩篇章。本书并不孤立地看待这一问题，而是注意左右旁通，前后联系，以厘清老学与儒道释关系的内在脉络。总之，本书试图通过时间的"纵通"与问题的"横通"，从而使中国老学史的研究真正具有"通史"的性质，并在研究的深度与广度上多下功夫。

本书重视对中国老学的思想分析和理论总结，力求将老学的贯通性研究与思想史研究有机结合起来，使"中国老学通史"同时具有"中国老学思想史"的性质。目前中国思想史的研究出现了许多新的动向，如由关注精英思想转为重视大众的思想世界，宗教思想受到重视，专门领域的思想研究不断深化。由于老学的发展与中国哲学、中国思想的演进息息相关，故本书在揭示老学历史发展进程的同时，同时致力于老学思想的发掘与研究。

中国老学可视为道家学术史，但老学又不仅仅是一种学术史的知识，同时也属于思想史研究的重要对象，它为思想史研究提供了新的材料、新的视角、新的内容。蒙文通先生曾言："以儒家言之，秦、汉至于明、清二千余年，学术之变亦多，派别亦复纷歧，然决未有一派之中曾无人注六经者，于注经之家即足见各注之宗旨，于《经义考》求之，一部经学史略具于是也。至于道教，何独不然，未有一派之中而无人注《道德经》者，于此考之，而道教思想之源流派别发展变化亦略具于是也。"[1] 此论可以推广到整个中国思想史的研究中。中国思想史的一个特点是重视经学形式，[2] 即通过注解经典

---

① 蒙文通：《道教史琐谈》，见《古学甄微》，巴蜀书社 1987 年版，第 330—331 页。
② 张岂之主编：《中国思想史·序》，西北大学出版社 1993 年版。

的方式来阐述自己的思想，儒家通过注解儒家的经典，道家通过注解道家的经典，借此陈述自己的学说，建立其思想理论体系，以满足不同时代政治、道德、思想文化等变化的需要。因此，老学的研究，既要从学术史的角度梳理其发展脉络，更要从思想史的高度阐扬其理论价值。我们强调，老学发展的一个共同规律是不同时代有不同的"老子"，即是要注意老学研究的思想史价值。而从思想史的角度对中国老学进行考察，大致可以分为三个方面的内容：其一，作注者对《老子》文本的领会与掌握情况；其二，作注者本人在诠释过程中所完成的理论建树及其思想特点；其三，老学的时代特色，即老学思想所折射出来的一定历史时期某些哲学思潮的特征以及思想文化的发展状况。我们认为，老学研究的重点应该放在第二、三个层面。

本书的研究力图建立在扎实、全面、可靠的第一手研究资料的基础上。熊铁基先生主编的《老子集成》和台湾严灵峰先生编《无求备斋老子集成初编》及《续编》《补编》，是本书写作的基本资料。《老子集成》收录了一批孤本、钞本、善本等罕见的本子，这些本子都具有非常高的文献价值和思想价值，并且大部分是第一次正式被整理出版，少有人研究，本书充分重视并利用。例如吕知常《道德经讲义》、释镇澄《老子集解》、洪其道《道德经解》、田艺衡《老子指玄》、印玄《老子尺木会旨》、王定柱《老子臆注》、刘一明《道德经会义》，等等。本书在写作时还对《老子集成》遗漏的文献进行了重点搜罗，又发现了一些珍贵的资料，如元代高僧德异的《直注道德经》，明代黎尧卿《老子纂要》、万表《道德经赘言》、邓球《老子注》，清代董汉策的《老子注》等。对《老子》郭店楚简本、马王堆帛书本、北大藏汉简本以及系列《老子》敦煌文献如《老子想尔注》、顾欢《老子道德经注》、宋文明《老子义渊》、无名氏《老子道德经疏义》、无名氏《老子道德经传》、颜师古《玄言新纪明老部》等，同样加以了重视。我们还重视历史上曾经发生影响但已经散佚的《老子》注本，已有的辑佚本则充分利用，如蒙文通所辑《晋唐老子古注四十家辑存》，王安石《老子注》，严灵峰所辑《老子节解》，程大昌《易老通言》、《老子崇宁五注》、《老子宋注丛残》，叶德辉所辑叶梦得《老子解》等。由于《老子集成》根据既定体例，只收录 1949 年以前的历代《老子》注疏文献，没有收录历代论述《老子》的文献，特别是近代用哲学、政治学等分科方式研究《老子》的文献均未收入，所以我们对这部分资料进行了重点搜集，如梁启超《老子哲学》、程辟金《老子哲学的研究与批评》、郎擎霄《老子学案》、王力《老子研究》、胡哲敷《老庄哲学》、孙思昉《老子政治思想概论》、陈梦家《老子分释》，等等。对 1949 年以后的老学文献资料亦进行了较全面的搜罗。此外，对众多学者编撰的中国哲学史和思想史一类的著作中关于老子的分析评价性的内容，也进行了搜集。对历代正史如《魏书·释老志》和《元史·释老传》等涉及老子有关的资料，《道藏》《藏外道书》等与老子有密切关系的文献，历代文集、选集如道宣《集古今佛道论衡》、朱熹《朱子语类》等以及地方志、碑刻文献中的相关材料进行了细致搜寻。总之，本书在文献材料的发掘和使用上比之以往研究具有较大的拓展。

　　本书在研究方法上进行了较多的尝试。除了常见的文献学、哲学、宗教学等相关方法以外，还注意合理运用以下各种方法。其一，学术史与思想史互相结合的方法。中国老学的研究需要运用学术史的方法，对历代的《老子》注疏进行细致的梳理，揭示老学发展背后深厚的学术土壤。但老学研究又不能仅仅停留在学术史的层面上，因此，本书尤其注意运用思想史的方法，深入发掘中国老学的思想内涵与理论创新。其二，社会史的方法。在研究各个历史时期老学发展的思想内容、特点、影响时，注意将当时的社会背景揭示出来，将老学还置于特定的历史情境之中，从而更加准确而深刻地把握其真实内涵，使相应的研究能够契合历史实际，如陈寅恪先生所言"必神游冥想，与立说之古人，处于同一境界，而对于其持论所以不得不如是之苦心孤诣，表一种之同情"[1]。侯外庐先生主张把中国思

---

[1]　陈寅恪：《冯友兰中国哲学史上册审查报告》，见《金明馆丛稿二编》，生活·读书·新知三联书店 2001 年版，第 279 页。

想史置于中国社会史的具体背景中，将二者贯通起来："思想史系以社会史为基础而递变其形态。因此，思想史上的疑难就不能由思想的本身运动里求得解决，而只有从社会的历史发展里来剔抉其秘密。"① 此点同样适用于中国老学的研究，社会史的方法使老学研究具有宽广的学术视野，并能够有效地避免某些主观解读。其三，诠释学的方法。对于《老子》的注疏，我们既要考察作注者对《老子》原意的揭示，更要重点阐扬作注者所表达出来的独立见解。如果说通过疏解或笺注经典的方式来表述自己的见解是中国思想史的一个特点，那么通过注解《老子》来进行思想上的发挥，同样是中国老学史的特点。从诠释学的角度看，追求《老子》原旨与对《老子》进行思想上的发挥，两者的交错形成了诠释的内在张力。在这个问题上，西方现代诠释学理论可以提供一些启发。根据海德格尔、伽达默尔的观点，由于"前理解"造成了解释者和原作者之间的一种难以消除的差异，所以经典的解释不可能和经典原意完全一致。因此，成功的经典诠释应该做到准确性与创造性兼顾。具体到《老子》的诠释中，既不能离开文本，又必须超越文本，做到思想的推陈出新。可见，诠释学的理论有助于我们比较确切地回答和解释老学史上为什么不同时代有不同的"老子"这一重要特点。而且，儒、道、释三家一起注解同一部道家经典——《老子》，这本来就是中国经典解释史上极其独特的现象，需要加以重视；诠释学方法不仅可以帮助我们了解中西思想学术的差异，还有助于更加准确合理地分析和评价中国老学史上对《老子》的原旨追求与思想发挥，从而更加尊重和理解中国思想学术自身的特点。其四，多学科的交叉研究。由于老学涉及史学、哲学、宗教学、文学等各大学科门类，因此，多学科交叉研究势必成为一种重要的研究方法和研究手段。例如，对老学发展的社会背景和时代条件进行分析，需要历史学的方法；对老学所蕴含的丰富思想内涵的提炼，需要哲学的方法；对老学与道教、佛教关系的研究，需要宗教学的方法；对老学所涉及文本字词、

① 侯外庐：《中国思想通史》第一卷，人民出版社 1957 年版，第 28 页。

音韵以及明代盛行的文人评点《老子》的解读，需要文学的方法，等等。运用多学科交叉的方法来解决重点、难点问题，是本书在研究方法上的重要特色。

本书注重文献疏证与思想诠释的互相结合，重视中国老学研究的体系性与创新性，对老学史上过去已有研究进行重新总结和考察，对过去未涉及或者涉及较少的问题进行新的研究，在一些重要问题上提出了自己的看法。例如对先秦两汉老学的研究，不仅重新溯源老子道家学派的思想渊源，指出老子与孔子同时，略早于孔子，是形成道家学派的关键人物，而且认为《老子》书为老子所著，代表了老子的思想，其篇章的定型应该是一个渐进的过程，从郭店楚简本到帛书本、北大汉简本，再到河上公、王弼本的八十一章以及相对固定的章序，可以看出《老子》文本的变化痕迹。老子在中国思想史上第一次建立起了以道为核心的哲学体系，老子之于中国乃至世界的文化贡献是多方面的，其中最主要的当在于哲学思想及思维方式的突破、语言理论及语言表达的突破、社会和政治思想的突破等。先秦老学主要分为庄子与内圣道家派、战国黄老派等，老学与兵家、法家关系密切，并对楚地文学风气产生了重要影响，屈宋所代表的楚辞，与当时流行的道家思潮具有天然的联系。本书还结合郭店楚简《老子》，论证《文子》书为先秦古籍，是战国老学的重要一环；指出《淮南子》综合百家之长，根据西汉初年的历史现实，因时因地制宜，重建宏大的国家思想理论体系，这是其与前代道家典籍的不同之处，可以称之为汉代黄老道家思想的集大成者。本书论及《老子》对汉代文学、易学、儒学、谶纬、古医学、佛教等各方面的影响，并注意到奉行老子思想的上层人士。

魏晋玄学与唐代重玄学都是中国思想史、哲学史上代表一个时代的标志性思想，两者都与老学密切相关，特别是重玄学主要是依赖于老学而建立的。重玄学之所以能够在唐代蓬勃发展，除了佛教对老学影响增加的原因以外，亦有解《老》学者自身的因素，即唐代的《老子》研究者认为玄学显得不够抽象和超越，重玄学则是要超越玄学，使本体论达到更加抽象圆融的哲学高度。重玄思想发展到成玄英时期，才算是真正达到了高峰。李荣将成玄英《老子道德经开题序诀义疏》开辟的纯粹的心性修道方向拉回到帝王治国理政的轨道上来。唐玄宗解《老》以理身理国为宗旨，在思想脉络上，他的注和疏接续李荣《道德真经注》，更加强调身国同治，而重玄意趣进一步褪色。杜光庭的《道德真经广圣义》，不仅对唐玄宗的老学思想进行了深入的阐述，而且总结了汉唐以来《老子》诠释学的理论成就和不足，提出了自己较为系统的老学思想。

北宋是继西汉"文景之治"后黄老思想流行的另一个高峰，北宋多数帝王有崇尚黄老之举，君臣上下共同推行，思想界互相呼应，黄老思想几乎蔓延于整个北宋王朝，其中仁宗朝尤为显著。从《老子》文本诠释的角度来看，宋人解《老》重视义理，并开以道教内丹解《老》之新风。从思想的层面看，宋代老学重视心性之学的阐发，儒家注重阐发道德性命之学，道教注重发挥内丹心性理论，佛教则重在明心见性。宋代老学作为宋代道家的主要学术形态，不仅在当时的学术史上占有一席之地，在思想史上的影响也是不可忽视的，而宋代老学对理学的影响以及于道教义理建构上的贡献是两个突出的方面。其中，陈景元"以重玄为宗"诠释《老子》，并对"理""天理"概念进行了哲学提升，使之成为可以与道等同的哲学范畴；把气论引入到人性论的领域，以禀气之清浊来解释人性的善恶；提出"性分不越则天理自全"的命题，等等，这些思想成为二程理学之天理论、人性论、道德论的重要理论来源。宋代道教老学具有重道轻术的思想倾向，这一特点的形成，一方面是受当时重义理学风的影响，另一方面则与道教人士自身对《老子》的认识有关。全真道老学以"真常"立宗，反映出全真道教义教理的特点，而就回归老庄精神这一点来看，全真道与传统道教实际上有一致之处。因此，提倡道教的发展必须回归老庄的基本精神，是宋代整个道教的共同倾向。同样，元代刘惟永解《老》，在注意正一道固有特点的基础上，充分阐扬道的深刻内涵与精神实质，对正一道在发展过程中出现的某些不足予以纠正。刘惟永的老学代表了元代正一道在教义建构上的理论成就与思想高度。以元代高僧德异《直注道德经》

为代表的佛教老学，以李霖、赵秉文为代表的金代老学，丰富了金元老学史的相关内容。

过去学术界对明清老学评价不高，本书则对明清老学进行了重新评估，认为明清时期大量《老子》注疏的学术水平很高，对《老子》的哲学、政治、宗教、文学等方面的诠释都有新的特色与成就，思想丰富；明清老学与儒、道、释关系在中国老学史和中国思想史上都具有典型性；明代还出现了官员群体解《老》的鲜明特点。关于老子政治思想或者说治国之道的阐发，历代老学都有涉及，但明清老学仍然具有新意。如明太祖和清世祖两帝注《老》，是出于现实需要，直接把老子的思想运用于政治实践；明代官员代表徐学谟《老子解》倡导经世致用、反对空谈心性，同时以儒家的经世思想改造道家的贵身理念，一方面继承了"天下为公"的儒家传统，同时有限度地肯定了私的价值和合理性，由此发展出具有一定政治启蒙色彩的公私观；清代张尔岐以学者的身份注《老》，在阐述老子治道时能够注意到对君权的制约问题，确有超越前人之处。明清全真道老学取得重要成就，特别是清代龙门派潘静观、宋常星、刘一明等多位高道注《老》，其思想理论水平达到了一个新的高度。此外，明清时期的仙解《老子》体现出老学发展的民间化，是道教深刻影响中华民族共同信仰的反映。

近现代老学呈现出与传统老学不一样的面貌。近代以来，随着西学的传入，儒学独尊的地位被打破，诸子学复兴，不再作为经学的附庸，老学研究也同样获得了学术上的独立地位；在"百年锐于千载"的历史进程中，近现代老学表现出了较之古代更为突出的多元性和开放性。经世致用成为近代老学的一个重要主题，既是对传统老学思想的继承与拓展，亦充分显示出老子哲学的普遍性、深刻性和超越性，从中不仅反映出近代思想学术发展的基本特点，而且反映了中国新旧知识分子对国家民族前途的深切关怀，实乃国家灾难、民族危机在道家学术中的折射。现代新儒家的老子研究值得关注。方东美对于道家及《老子》思想的全新认识与理解，有着很高的价值，在现代老子研究中具有代表性，可与牟宗三的《老子》思想阐释媲美。牟宗三是从文本字句向上提升，方氏则是从极高的境界向下分析，二家正好相辅相成，共同构成现代新儒家《老子》研究的最高成就。本书进一步指出，由于学术自身的发展以及时代的原因，近代老学表现出了明显的创新精神，既有形式的创新，如研究范式的改变、白话的应用，但更突出的是思想内容的创新。近代老学由此具有很高的学术价值，并且发挥了不可替代的重要作用。近代老学充分显示出学术界、思想界对传统文化的坚守和对西方文化的积极应对。一方面，近代老学为理解、消化各种西方思想提供了深刻的哲学基础，另一方面，它又为中国文化的重建提供了丰富的思想资源。如果说在汉唐时期佛教中国化的历程中，老学的重要作用是消化佛学，建构哲学本体，那么在近代则表现为消化西学，促进文化转换。而现代老学特别是改革开放以来老学的发展，同样表现出了巨大的思想学术活力。

最后需要指出的是，中华优秀传统文化经数千年的演进，历久弥新，生生不息，这一特点的形成与中国文化的结构有内在关系。中国文化以儒道释为主，儒道释互补，同时融汇百家，具有巨大的包容性、稳定性和生命力。从中国老学的历史演进可以看出，老学思想显示出多样性、广阔性和创造性的特点，与中国传统文化关系极深。本书试图把中国老学的发展与中国传统文化精神的生成联系起来，以期更加深入地理解中华优秀传统文化的独特精神，由此揭示出中国老学的重要学术价值和现实意义。

目　录

第一章　老子其人其书及其思想

由老子思想学说所开创的道家学派，与儒家学派一道，共同构成了中华传统文化思想体系的主干，老子也被看作一个代表中华民族古老智慧的符号。老子《道德经》有多种语言的上千种译本，[①] 在世界上广为流传，成为中华典籍外译最多的名著，正相当于世界文明璀璨星空中的一颗明星。

然而，由于老子乃至道家思想体系中贯穿着"自隐无名为务"的观念，老子的真实情况见于史籍记载的并不多，加之历史上儒家正统观念的长期流行，以及近代以来疑古思潮的影响，后人关于老子学说史的认识仍然存在不小的分歧。主要表现在对于老子及其所开创的学派在中国整个学术史、思想史上地位的认识还很不一致。比如我们所熟知的不少国内外重要思想史著作一般都将老子排在中国思想文化传统序列的墨子之后，或者孟子、庄子之后，[②] 或者以《老子》为战国时的作品，是在杨朱、稷下等学者基础上而成书的。[③] 钱穆《中国思想史》则列老子在荀子与韩非之间。而胡适的《中国哲学史大纲》卷上列老子于孔子之前，及陈鼓应大力提倡"道家主干说"，则一次又一次地掀起思想史上争论的风潮。值得庆幸的是，1973 年长沙马王堆帛书甲、乙本《老子》书、1993 年湖北荆门郭店

---

① 据美国学者邰谧侠（Misha Tadd）《〈老子〉译本总目》（载《国际汉学》2019 年第 A1 期）统计，《老子》译本涉及 73 种语言，有 1576 种译本。

② 如张岂之主编《中国思想史》（西北大学出版社 1993 年版），日本学者武内义雄著《中国思想简史》（北京联合出版公司 2018 年版），法国学者程艾蓝著《中国思想史》（河南大学出版社 2018 年版）等。

③ 如冯友兰《中国哲学史》上册（重庆出版社 2009 年版）。

战国楚墓竹简本《老子》书的面世，虽不能完全揭开老学初兴的诸多疑团，但至少可以使今人对老子及其思想的定位有了新的文献依据。由此我们也有必要重新追本溯源，梳理老学的发展脉络，包括老子身世、老子的时代、老子的著作权问题，甚至对老子学说在中国思想文化史上的定位，进行相应的反思和重构。这也许正是我们要进一步探究中国老学发展史的一个内在动力。

第一节　老子其人

老学既然是研究老子之学，就要首先弄清楚老子是什么人，《老子》是部什么样的书。但对于这两个问题，一直存在不同的看法，使老学的研究产生许多枝节。再加上 20 世纪以来，帛书《老子》及竹简《老子》的出土，使得与老子其人其书相关联的问题取得了新的突破和进展，同时也带来了不少新的问题。这里力求做些客观的介绍，并对有关材料提出一些看法。

一、众说纷纭的老子

司马迁《史记·老子传》比较集中地反映了汉初人们对老子其人的认知情况，可以肯定的是，司马迁的态度还是很明确的，也就是说，认同老子就是老聃，老聃年长于孔子，孔子曾问礼于老聃，老聃曾著《老子》。这也成为后世被大多数人同意的传统看法。

东汉时期，老子被道教奉为教主，老子的形象也由一个学者变为充满神化色彩的神灵。而且这种神化的倾向逐渐混入传统的载叙当中，譬如高诱注《吕氏春秋·当染》曰："伯阳，盖老子也，舜时师之者也。"注《吕氏春秋·重言》曰："老聃学于无为而贵道德，周史伯阳也，三川竭，知周将亡，孔子师之也。"高诱在两段注文中指出，周史伯阳就是老子，他本是舜帝的老师。又说老聃就是周史伯阳，是孔子的老师。按照这种说法，老聃在周幽王的时代就已经是史官了，又作为孔子师事者，其年纪至少有三百岁！这些说法还被东汉末的边韶正式地写入了《老子铭》文中，称：

> 老子姓李，字伯阳，楚相县人也。……老子为周守藏室史，当幽王时，三川实震，以夏殷之季阴阳之事鉴喻时王。孔子以周灵王廿年生到景王十年年十有七，学礼于老聃，计其年纪，聃时以二百余岁。聃然老旄之貌也。孔子卒后百廿九年，或谓周大史儋为老子，莫知其所终。[①]

汉末三国之际道士葛玄称：

> 老子以上皇元年正月十二日丙午太岁丁卯下为周师，到无极元年太岁癸丑五月壬午去周西度关，关令尹喜宿命合道，豫占见紫云西迈，知有道人当度，仍斋洁烧香想见道真，以其年十二月廿五日，老子度关也。[②]

《史记正义》引《朱韬玉札》及《神仙传》云："老子，楚国苦县濑乡曲仁里人。姓李，名耳，字伯阳，一名重耳，外字聃。身长八尺八寸，黄色美眉，长耳大目，广额疏齿，方口厚唇，额有三五达理，日角月悬，鼻有双柱，耳有三门，足蹈二五，手把十文。周时人，李母八十一年而生。"又引《玄妙内篇》云："李母怀胎八十一载，逍遥李树下，乃割左腋而生。"

唐人陆德明曰：

> 老子者，姓李，名耳，字伯阳，陈国苦县厉乡人也。生而皓首，为周柱下史，睹周之衰，乃西出关。为关令尹喜说《道》

---

① 洪适：《隶释》卷三，中华书局1986年版，第36页。
② 见敦煌卷子本《老子道德经序诀》。

《德》二篇，尚虚无无为。①

至宋元之际薛致玄《道德真经藏室纂微开题科文疏》云："老子生于商王武丁之九年二月二十五日卯时。"这一记载，当然体现的是道教信仰。

再就是怀疑论的出现。至少在三国时期，一部分学者试图透过宗教和历史的迷雾，寻求老子其人的本真面目。三国孟康称太史儋"即老子也"。而韦昭则认为太史儋在孔子后百余年，非是老聃。② 北宋欧阳修怀疑五千言非老子所作，③ 但并未进行系统的论证。宋代陈师道、叶适、黄震、李觏、朱熹等皆对司马迁所记载的老聃其人表示怀疑。陈师道提出："世谓孔、老同时，非也。孟子辟杨、墨而不及老，荀子非墨、老而不及杨，庄子先六经而墨、宋、慎次之，关、老又次之，庄、惠终焉。其关、杨之后，孟、荀之间乎？"④ 叶适则认为礼家儒者所传的老子和司马迁、庄子所传的老子不同，故教孔子的老子和著书的老子并非同一人，应为后世讹而合之。然而宋人也清醒意识到，"太史公去周近，尚不能断，后二千余年，将何所据而断耶？"⑤ 清代崔述《考信录》、汪中《老子考异》等继续就此提出疑问，主张老子是战国时人，《老子》书成于战国。

到20世纪上半叶，关于老子其人其书的问题，曾有一次集中的讨论，讨论的主要内容，被收入当时出版的《古史辨》第四册和第六册中。其中考据老子年代的文章，仅《古史辨》第四册及第六册中，就有三十五六万字。罗根泽还作有《历代学者考证老子年代的

① 陆德明：《经典释文》卷第一《序录》，中华书局1983年版，第16页。
② 司马迁：《史记》卷二十八《封禅书第六》，《索隐》引，中华书局1959年版，第1365页。
③ 参王十朋：《宋王忠文公文集》卷九《策问·第十九道读书疑信》，见《宋集珍本丛刊》，第44册，线装书局2004年版。
④ 陈师道：《后山先生集》卷第二十七《理究》，见《宋集珍本丛刊》，第29册，线装书局2004年版。
⑤ 吴子良：《荆溪林下偶谈》卷二《孔子问礼于老子》，见《丛书集成初编》第324册。

总成绩》[①] 一文，介绍历代关于老子年代问题的不同看法和讨论，对当时讨论记述得更为详细，很有参考价值，被作为《古史辨》第六册的长篇自序。

近现代关于老子问题的论争，起因于胡适写作《中国哲学史大纲》将老子放在孔子之前，并认为老子比孔子大二十来岁，有孔子见老子之事。其后，梁启超则针对胡适的观点，写作《论〈老子〉书作于战国之末》一文，主张老子其人其书晚出，当在战国之末。以此为导火索，众多的学者加入到围绕老子其人其书问题大讨论的阵营当中。

罗根泽在《古史辨》第六册所撰《自序》一文把诸家的观点做了一个总的归纳，共罗列为二十九种见解：

（一）陈师道：老子在关、杨后，孟、荀间。

（二）叶适：著书之老子，非孔子问礼之老子。

（三）黄震：老子书作于隐士疾乱世而思无事者。

（四）宋佚名：同于叶适。

（五）吴子良：著书之老子，即孔子问礼之老子。

（六）毕沅：孔子问礼之老子，即太史儋。

（七）汪中：老子即太史儋，在孔子后。

（八）崔述：春秋时有老聃，但孔子并没有向他问礼。老子书是杨朱之徒所伪托。

（九）牟廷相：老子在周称伯阳父，在春秋称老聃，至战国称太史儋。老子书作于战国。

（十）康有为：老子书在孔子后。

（十一）梁任公：老子书作于战国之末。

（十二）张怡荪：老子书无产于战国嫌疑。

（十三）唐立厂：老聃确长于孔子，老子书是老聃的遗言。撰成在墨、孟撰成的时期。

---

① 罗根泽：《诸子考索》，人民出版社1958年版，第257页。

（十四）刘泽民：教孔子者是老聃，辑老聃格言为老子书者是李耳。

（十五）张仁父：老子著作时代在孟子前后。

（十六）钱宾四：老子成书于宋钘、公孙龙同时，或稍后。作者大概是詹何。至孔子问礼的老子是老莱子，即荷蓧丈人。

（十七）张西堂：老子书成于《庄子·内篇》后。

（十八）黄方刚：老子长于孔子，《老子》书成于孔子之时。

（十九）冯芝生：老聃与李耳非一人，老子书在孔、墨、孟之后。

（二十）张季同：老子书是战国初期的产品，老子思想在孔墨之后，杨朱、慎到、申不害、孟子、庄子之前，老子有是太史儋的可能。

（二十一）顾颉刚：老聃是杨朱、宋钘以后人。老子书成于《吕氏春秋》与《淮南子》之间。

（二十二）胡适之：孔子确曾向老子问礼，老子书确是老子所作。

（二十三）马夷初：老子非战国后期作品。

（二十四）张季善：同于胡适之先生。

（二十五）高晋生：同于胡适之先生。

（二十六）叶青：同于胡适之先生。

（二十七）郭沫若：老聃确是孔子之师，《老子》书是关尹即环渊所记老聃的语录。

（二十八）谭戒甫：孔子问礼之老子为老莱子，即老彭。著书之老子为老聃，即太史儋。

（二十九）罗根泽：老聃即太史儋，老子书即太史儋所著。

以上所列，可以说是相当详尽了。值得重视的是，在疑古思潮流行的风气下，关于老子生平中的许多问题被提了出来，许多材料得到了系统的梳理，研究方法、材料运用等方面都得到了深入的反思，应该说对老学的深化和推动都产生了积极的影响。甚至连域外的学者也参与讨论，如日本武内义雄提出："老子的年代，是与孔子的孙子子思及墨子大略同时而稍晚的后辈。"①

今天看来，各家见解虽多，归纳仍不过为以下三派不同的意见：

第一派认为老聃确在孔子之前，《老子》一书是老聃遗说的发挥。主张此说者，以胡适、马叙伦、张煦、唐兰、郭沫若、高亨为代表。他们都有专门的考证文章。吕振羽著《中国政治思想史》，也持此见。这一派的主张者，有一些比较精细的考证，讲究实事求是。例如唐兰《老子时代新考》中就注意到："考据的方法，应注重事实，而避免推想。"② 强调客观的尽量追求真实的史学态度。事实上他的考证也是比较注重事实的，只不过对《史记》的《老子传》有一定的误解。他肯定"司马迁是深信老子和孔子同时的"，但又说"司马迁大生是一个文章家……而没有想做信史。他喜欢网罗旧闻而不擅于考订，所以《史记》里的记事十之二三是不可尽信的。"这就有点主观武断。③

第二派主张老子是战国时代的人，《老子》书也是战国时代的书。他们论证的角度，一个是考证"孔子问礼于老聃"之伪；一个是考证《老子》书晚出，大概在战国之末，乃至秦汉之际，连带也就否认老子其人在孔子之前。以梁启超、顾颉刚、罗根泽等为代表。"老在孔后"说影响深远，此后已经深入到史著当中。如侯外庐1944年出版的《中国古代思想学说史》以及1947年出版的《中国思想通史》（第一卷），都把老庄列于孔墨之后，最主要的理由是，孔墨是当时的显学，老庄学派是反显学的智者学说。孔墨尚仁义，老庄反仁义，即是如此。

第三派则采取拉长老子时代或干脆否定老子其人存在的思路。

---

① （日）武内义雄著，汪馥泉译：《中国思想简史》，北京联合出版公司2018年版，第39页。详细考证见武内义雄《老子原始》。

② 唐兰：《老子时代新考》，见《古史辨》第六册，上海古籍出版社1982年版，第597页。

③ 参见熊铁基、马良怀、刘韵军：《中国老学史》，福建人民出版社1995年版，第4—5页。

如清人毕沅既承认孔子问礼于老聃，又认为秦太史儋即老子。这样老子的年寿有二百余岁。① 清人牟廷相在《绎老序》中认为老子是长寿者，上自周幽王二年（前780）的伯阳父，即太史伯阳；再到春秋末期的李耳，字伯阳；再到秦献公时期的太史儋，儋聃同声，都是老子，前后近三百八十年。叶青认为老子也许作为特例活了二百余岁，故而既是春秋时人，又是战国时人。② 乃至孙次舟《跋古史辨第四册并论老子之有无》认为老子本无其人，乃庄周之徒所捏造，藉敌孔丘者也。证据有三：一、《论语》《墨子》《孟子》都没有称及老子，至《庄子》始忽有老子。二、《庄子·内篇》言老子者，有《养生主》《德充符》《应帝王》三篇。后世关于老聃之种种演化，都基于此。三、《史记·老子传》，妄诞不可信。

20世纪80年代以来，随着传统文化热、道家文化热的兴起，又出现了老子研究的热潮。詹剑峰著《老子其人其书及其道论》（华中师范大学出版社2006年版）重新审视老子其人其书的问题，回归到"老在孔先"这一传统命题上来，即认同《史记》中所载老子活动于春秋末期，与孔子同一时代，并约年长孔子二十岁的说法。陈鼓应著《中国哲学创始者——老子新论》《老子注译及评介》等，旗帜鲜明地提出"道家主干说"，"老子是中国哲学的创始者"，老子就是"年长孔子约二十岁"的老聃，"《老子》一书为老聃自著"。然而海外学者基本仍然保留趋同的认识："《老子》似乎成书于公元前四世纪末或公元前三世纪初，是当时一个由来已久的口头传统的总结。"鲍则岳认同顾颉刚等人的看法，"将《老子》的成书时期定于公元前三世纪末甚至公元前二世纪初"。程艾蓝也将老子其人列在庄子和孟子之后，荀子之前。③ 总体看来，大多是在顾颉刚等人疑古思潮影响下所得出的结论。

综观以上各种见解，国内对"老子就是老聃"，"老聃撰著了

<hr />

① 毕沅：《老子道德经考异序》，见《丛书集成新编》第19册。
② 叶青：《从方法上评老子考》，《文化建设月刊》第1卷第6期。
③ （法）程艾蓝著，冬一、戎恒颖译：《中国思想史》，河南大学出版社2018年版，第232—233、209页。

《老子》书"的怀疑在渐渐得到纠正，向司马迁《老子传》所肯定的老子回归。幸运的是，今人有幸可以看到并利用出土文献，重新审视老子其人的问题。1973 年出土了相对定型的流传于秦汉之际的《老子》甲本和抄写于汉初的《老子》乙本，1993 年出土了虽然只有 1700 多字，但基本内容与今本老子差别不大的郭店楚简的《老子》甲、乙、丙本。据推断，郭店一号墓下葬的年代大约是在战国中期偏晚，① 也就是公元前 4 世纪末，也即公元前 300 年前。虽然，对于竹简本《老子》三种究竟是摘抄本还是原始本，目前并没有定论，但可以肯定的是，这批书籍都是墓主人生前喜爱的书籍，其流传的时间当更早于下葬时间，那么，就有可能是战国初期的物品。这就间接说明了《老子》书至少在战国初年就已经流传于世。其书写的时间还当更早。这一实物证据的出现，相当明确地否定老子其人其书晚出、老子既是伯阳又是太史儋、老子其人不是真实存在的历史人物等说法。这对于老学研究来说，无疑是一个大大的突破。

再就是钱穆、谭戒甫等提出老子就是和孔子同时代的老莱子的说法，也已证明为误说，无须继续讨论。因为《史记·仲尼弟子列传》说得清楚："孔子之所严事，于周则老子；于卫，蘧伯玉；于齐，晏平仲；于楚，老莱子；于郑，子产；于鲁，孟公绰。"可见司马迁所传老子与老莱子是明确不同的二人，并没有混淆。班固《汉书·艺文志》在列举《老子邻氏经传》四篇、《老子傅氏经说》三十七篇、《老子徐氏经说》六篇、刘向《说老子》等四种老子相关著作之外，另列《老莱子》十六篇。说明汉人亦将老子与老莱子分开来看。正如近代陈柱所说："世人疑《史记》以老莱子与老子为一人者，盖本《史记正义》云：'太史公疑老子或是老莱子，故书之'。此《正义》之误解史文也。"② 之所以混淆，盖出于对《史记》所载的误读。

由此今人讨论的重点也就比较明确地指向老聃其人、老子与孔子及当世学者的关系以及老聃与《老子》书的关系等一系列待解的

---

① 王传富、汤学锋：《荆门郭店一号楚墓》，《文物》1997 年第 7 期。

② 陈柱：《老学八篇》，商务印书馆 1928 年版，第 7 页。

谜团。

二、《史记·老子传》的再审视

司马迁撰《史记·老子传》，是后世所见最早、最完整记述老子生平的资料，很多异说也是从这篇《老子传》中引申出来的。因此，就需要重新审视这篇《老子传》的文本。好在文字不是太长，可以把原文录在这里：

> 老子者，楚苦县厉乡曲仁里人也，姓李氏，名耳，字〔伯阳，谥曰〕聃，周守藏室之史也。
>
> 孔子适周，将问礼于老子。老子曰："子所言者，其人与骨皆已朽矣，独其言在耳。且君子得其时则驾，不得其时则蓬累而行。吾闻之，良贾深藏若虚，君子盛德，容貌若愚。去子之骄气与多欲，态色与淫志，是皆无益于子之身。吾所以告子，若是而已。"孔子去，谓弟子曰："鸟，吾知其能飞；鱼，吾知其能游；兽，吾知其能走。走者可以为罔，游者可以为纶，飞者可以为矰。至于龙吾不能知，其乘风云而上天。吾今日见老子，其犹龙邪！"
>
> 老子修道德，其学以自隐无名为务。居周久之，见周之衰，乃遂去。至关，关令尹喜曰："子将隐矣，强为我著书。"于是老子乃著书上下篇，言道德之意五千余言而去，莫知其所终。
>
> 或曰：老莱子亦楚人也，著书十五篇，言道家之用，与孔子同时云。盖老子百有六十余岁，或言二百余岁，以其修道而养寿也。
>
> 自孔子死之后百二十九年，而《史记》周太史儋见秦献公曰："始秦与周合，合五百岁而离，离七十岁而霸王者出焉。"或曰儋即老子，或曰非也，世莫知其然否。老子，隐君子也。
>
> 老子之子名宗，宗为魏将，封于段干。宗子注，注子宫，宫玄孙假，假仕于汉孝文帝。而假之子解为胶西王卬太傅，因家于齐焉。世之学老子者则绌儒学，儒学亦绌老子。"道不同不

相为谋"，岂谓是邪？李耳无为自化，清静自正。①

前人从这篇《老子传》中生发异说的依据，往往是其中史料所造成的疑点。如崔述《洙泗考信录》卷一认为"孔子问礼老聃"之说的来源，是战国之时，杨墨并起，皆托古人以自尊其说。儒者方崇孔子，为杨氏说者因托诸老聃以诎孔子。他的证据是：一，孔子并没有"骄气与多欲、态色与淫志"，知"谓老聃告孔子以如是云云者妄也"。二，孔子称述古之贤人及当时卿大夫，并没有称及老聃，知"谓孔子称老聃以如是云云者妄也"。三，昭公二十四年（前518），孟僖子始卒，敬叔在衰绖中，且年仅十三，不应亦不能随孔子适周。明年孔子已不在鲁，已无君可请，知"谓敬叔从孔子适周而鲁君与之车马者，亦妄也"。1922年梁启超《论〈老子〉书作于战国之末》的文章，提出老子其人其书早出有六个可疑：第一件可疑，老子的八代孙与孔子的十三代孙同时；第二件可疑，孔、墨、孟都没有称及老子；第三件可疑，《曾子问》所载老子谈礼与老子书相反；第四件可疑，《史记·老子传》本于《庄子》，《庄子》是寓言，不能看作历史；第五件可疑，老子有很多太激烈太自由的话，不似春秋时人说的；第六件可疑，老子书中的王侯、侯王、王公、万乘之君、取天下、仁义等字样，也不像春秋时所有。其说影响较大。顾颉刚《与钱玄同先生书》云："《老子》决当如梁任公先生所说，是战国末年的书。"张寿林、钱穆、熊伟、张西堂同其说。谭戒甫的《二老研究》《史记老子传考证》提出"老莱子和老彭为一人，老聃和太史儋为一人"。罗根泽于老子考证用力最勤，他主张老在孔后，并且认为老子就是太史儋，在孔子后百余年。老子书就是太史儋所著。② 甚至断言："司马迁所为《老子传》，实亦诞谩无稽，不足信也。"③ 即使主张老先孔后的唐兰也认为"司马迁天生是一个文章

①　司马迁：《史记》卷六十三《老子韩非列传》，中华书局1982年版，第2139—2141页。
②　罗根泽：《再论老子及老子书的问题》，见《古史辨》第六册，上海古籍出版社1982年版，第683—684页。
③　孙次舟：《跋〈古史辨〉第四册并论老子之有无》，见《古史辨》第六册，上海古籍出版社1982年版，第93页。

家，他做一篇列传，只是做一篇文章，而没有想做信史。他喜欢网罗旧闻而不擅于考订，所以《史记》里的记事十之二三是不尽可信的。"《老子传》"杂凑了许多材料，并没有加考辨"。① 这些说法也是不能令人信服的。

　　且不说大多数史学工作者都相信司马迁是我国古代重要的史学家，即使从《史记》一书本身看，其主要的优点和贡献之一，就是在历史文献学方面的开拓，即奠定了考据学的雏形。他面临许多不同记载，能够"择其言尤雅者"，能够"考信于六艺"，"折中于夫子"，能够"信以传信，疑以传疑，故两言之"，形成一整套文献考辨的原则，必要时还进行实地考察，这些都是众所周知的。他写《五帝本纪》，考察各地关于黄帝、尧、舜的古籍文献和历史遗存，"总之不离古文者近是"。他在《三代世表》中说：

　　　　余读《谍记》，黄帝以来皆有年数。稽其历谱谍终始五德之传，古文咸不同，乖异。……于是以《五帝系谍》《尚书》，集世纪黄帝以来讫共和为世表。

他在《仲尼弟子列传》中说：

　　　　学者多称七十子之徒，誉者或过其实，毁者或损其真，钧之未睹厥容貌，则论言弟子籍，出孔氏古文近是。

总而言之，不论从他的自述，还是从实际的载录看，他的"实录"精神、追求真相的著史态度是不可否认的。正如班固写《汉书·司马迁传》时所说：

　　　　自刘向、扬雄博极群书，皆称迁有良史之材，服其善序事理，辨而不华，质而不俚，其文直，其事核，不虚美，不隐恶，

---

① 唐兰：《老子时代新考》，见《古史辨》第六册，上海古籍出版社1982年版，第603、605页。

故谓之实录。

这是毋庸置疑的。

回过头来再具体谈谈司马迁关于老子的记载。

从《史记》看，老子的生平事迹，有些在司马迁的时代就已经是传说了，而且还有一些不同的传说。但司马迁毕竟是历史学家，而且有一套考据历史文献的原则和方法。他的《老子传》中，既有考据结论，又有存疑的记载，实事求是，是可信的。

首先，他对老聃的身世和主要事迹进行简单明确的记述，毫不含糊。这无疑是从不同的说法中考证而得出的结果。

其次，对于当时不同的说法，他也根据"两言之"的原则记下来了。当时还有一个与孔子同时代的老莱子，也是言道家之用的，也是孔子曾讨教过的，记上一笔，以免引起误会。在《仲尼弟子列传》中就明确指出，孔子之所严事的，不止一人，"于周则老子，于楚，老莱子"等。至于"孔子死之后百二十九年"的太史儋，"或曰儋即老子，或曰非也"，在当时"世莫知其然否"，但在司马迁看来，他既肯定孔子曾问礼于老子的事实，这个晚一百多年的周太史儋，当然就不是老子了。但因为老子比较长寿（究竟活了多少岁，也说法不一，长寿确是可以肯定的），所以会有误会。司马迁把这种误会及其由来明确指出来了。实际上，这里只差一句话：老莱子、太史儋都不是老子。然而，这句话也是不必要的。

第三，过去有人说老子生在战国中后期，还有一个重要理由，就是司马迁所记老子之世系。即老子之子是魏将宗，宗的后代假"仕于汉孝文帝"，似乎只有七八代，而孔子后裔当时已是十三代了。围绕这个问题，也展开了一场讨论，维持传统者说两个世系八代与十三代同时也不是不可能的，更重要的是，"宗子注，注子宫，宫玄孙假"。"玄孙"可能是"远孙"，① 那就不是七八代了。今又有人分

----

① 《左传·僖公二十八年》："王子虎盟诸侯于王庭，要言曰：'皆奖王室，无相害也。有渝此盟，明神殛之，俾队其师，无克祚国，及而玄孙，无有老幼。'""玄孙"当为"远孙"。陈景元《道德真经藏室纂微开题》引《史记·老子传》作"宫远孙假"。

析，《史记》很可能是把太史儋的世系误作为老子的世系。

也有人认为，《老子传》中老子的年岁、老莱子、太史儋及世系等，都是后世窜入的伪文。如张季同称今本《史记·老子传》，自"盖老子百有六十余岁，或言二百余岁"至"或曰儋即老子，或曰非也，世莫知其然否"，都是窜入的伪文。其证据有三：一，据《文选·征西官属送于陟阳候作诗》李善注亦引"盖百六十余岁，或言二百余岁"，出自《列仙传》；二，周秦二本纪叙太史儋事，都直叙而不冠以《史记》，这里独引《史记》，疑惑不是引旧史，直是引太史公书。孔子卒至周威烈王二年（前424）实百有六年，此云百二十九年，怕司马迁自己不会有这样大的计年错误；三，引梁玉绳、黄方刚先生的话，说太史公既疑老莱子即老子，又疑太史儋即老子，当不致这样糊涂。《老子传》中有这段文，便上下不贯，成了一篇不通的文章，可见是后人插入的。①

我们认为，关于老子的世系，司马迁本来也是当作一种疑者存疑的材料来记载的。不仅记于老莱子和太史儋之后，而且在记录这个世系前还交代了一句："老子，隐君子也。"说明这个世系本身也是可疑的。

从这篇传记文本本身看，司马迁貌似载录了老聃、老莱子、太史儋三个"老子"，但"信以传信"的就是"老聃"。除了介绍他的姓氏、籍里、官守之外，还重点介绍了"孔子问礼于老子"和"出关著书"这两件事。同时给出了"老子修道德，其学以自隐无名为务"及"老子，隐君子也"的评价，并通过孔子之口提出"吾今日见老子，其犹龙邪"的感叹。至于"老莱子""太史儋"不仅聊聊两句载叙，且都加了"或曰"二字，表示"老子或许是老莱子""老子或许是太史儋"等说法不过是当时出现的异说传闻。最后所附"老子之子名宗"以下的老子世系，从行文上看，也属于存疑的资料，或者后世混入的内容。

---

① 张季同：《关于老子年代的一假定》，见《古史辨》第四册，海南出版社2005年版，第294页。

分析以上问题之后，可以说，司马迁《史记》中关于老子的记载本身是没有什么问题的。人们从中得出不同的结论，是因为忽略了司马迁的用词用语，以及著史的整体体例。即使是传说中的史料，也是经过认真考证行文的。既有肯定的结论，也有存疑的记载。

三、先秦文献中的老子

先秦文献中明确有关于老子和《老子书》记载的，主要见于《庄子》《文子》《荀子》《韩非子》《礼记·曾子问》和《吕氏春秋》等典籍中。所记载的重点，主要是老子的思想和行迹。

关于老子思想的记载，似乎也有一个变迁的过程。比如曾为稷下祭酒的荀子以批评的眼光总结说："老子有见于诎，无见于信。……有诎而无信，则贵贱不分。"①

《庄子·天下》的作者也对老子思想表达了同样的评论，即：老聃之道，"人皆求福，己独曲全。曰：苟免于咎"。文中还重点引用"老聃曰：'知其雄，守其雌，为天下溪；知其白，守其辱，为天下谷。'人皆取先，己独取后，曰受天下之垢。人皆取实，己独取虚。无藏也故有余，岿然而有余。其行身也，徐而不费。无为也而笑巧，人皆求福，己独曲全，曰苟免于咎。以深为根，以约为纪。曰：坚则毁矣，锐则挫矣。常宽容于物，不削于人，可谓至极"这段话，强调"曲全"之义。庄子及其学派作为传承老学的重要人物，他们所理解的老子思想，包括"知雄守雌""知白守辱""取后""取虚""谦下"，基本是和荀子"有见于诎"的评价方向相一致。其共同点在于强调雄雌、白辱、先后、实虚、伸曲等对立面中后一方面的持守。

战国末期成书的《吕氏春秋》，总结各家宗旨，提出"老聃贵柔，孔子贵仁，墨翟贵廉，关尹贵清，子列子贵虚，陈骈贵齐，阳生贵己，孙膑贵势，王廖贵先，儿良贵后"。其中，"老聃贵柔"列在首位。从"曲全"到"贵柔"，可以说在对老子思想的认识方面，

---

① 王先谦：《荀子集解·天论》，中华书局 1988 年版，第 319 页。

发生了一些积极的转化。

关于老子的行迹，以《庄子》一书记载最为详细。否认老子及其与孔子同时的人认为，这些记载是不可靠的，因为《庄子》是"寓言十九"，"寓言"则非实有其事。这个问题值得说一说。

首先应弄清楚"寓言"二字的意思。《庄子·寓言》说"寓言十九，重言十七"。郭象注云："寄之他人，则十言而九见信"。陈鼓应先生认为："'十九'是说十居其九，这指寓言在全书中所占的比例。郭注以为'十言而九见信'，非。"① 我们认为郭象注是符合作者原意的，《庄子》原文亦有此解释："寓言十九，藉外论之。亲父不为其子媒。亲父誉之，不若非其父者也。非吾罪也，人之罪也。与己同则应，不与己同则反。同于己为是之，异于己为非之。"成玄英疏亦继续发挥郭象的说法，曰："寓，寄也。世人愚迷，妄为猜忌，闻道己说，则起嫌疑，寄之他人，则十言而信九矣。故鸿蒙云将肩吾连叔之类，皆寓言耳。"② 为什么要假托外人来论说，也如郭象所言："言出于己，俗多不受，故借外耳。"③ 总之，其目的是使人相信、接受。

接着还有"重言十七"。有人已指出，既说十分之九，又说十分之七，是"寓言里有重言，重言里也有寓言，是交互错综的"④。勉强解释何以寓言十九、重言十七的矛盾。正如《庄子》原文对"重言"的解释是：

> 重言十七，所以已言也，是为耆艾。年先矣，而无经纬本末以期年者者，是非先也。人而无以先人，无人道也。人而无人道，是之谓陈人。

意思是重言的目的是中止争辩，而大量引用的长者的言论，并且这些

① 陈鼓应：《庄子今注今译·寓言》，中华书局 2009 年版，第 775 页。
② 郭象注，成玄英疏：《南华真经注疏》，中华书局 1998 年版，第 538 页。
③ 郭象注，成玄英疏：《南华真经注疏》，中华书局 1998 年版，第 539 页。
④ 张默生：《庄子新释》，见《庄子今注今译·寓言》注引，中华书局 2009 年版，第776 页。

长者不是徒长年齿，而是有才德学识的长者。郭象注云："世之所重，则十言而七见信。"成玄英疏："重言，长老乡间尊重者也。"①

《庄子》中称引孔子（孔丘、仲尼）者66处，称引老子或老聃者19处，可见老子和孔子都是庄子所说的"耆艾"。只相信孔子，老子有无其人都成了问题，岂非怪事？从这一角度说，并不可将《庄子》中关于老子的记载一概视作无稽之谈。唐兰曾对《庄子》中显然说到老聃和老子的16处进行了考证，得出的结论是"老聃和老子是一人。老聃较在孔子前"②。结论是可信的，考证也精细。

四、老聃生平仕履的几个问题

长期以来，关于老子的姓氏、故里及行迹都存在着较大的争议，包括老子到底姓老还是姓李，是楚国人还是陈国人，出生地是苦县还是相县等。综合以上关于老子的各种见解，以及记载老子生平思想的相关史料，我们需要对现有的资料、成说做一个系统梳理，再来观照老子生平仕履的相关问题。

1. 老聃的姓氏问题

在《史记》的记载中，关于老子的姓氏存在一定的异文。宋刻十四行本《史记集解》、宋刻黄善夫本《史记》都记载：老子"姓李氏，名耳，字伯阳，谥曰聃。"唐司马贞《史记索隐》曰："许慎云：聃，耳曼也。故名耳，字聃。有本字伯阳，非正也。然老子号伯阳父，此传不称也。"自东汉许慎就已经指出"有本字伯阳，非正也"。清人梁玉绳《史记志疑》谓先秦古书无称老子为伯阳者，可谓卓见。唐陆德明《经典释文》卷第二十五《老子道德经音义》曰："老子，姓李名耳。河上公云名重耳，字伯阳。"也说明了老子"字伯阳"的说法来源于河上公注《老子》。

① 郭象注，成玄英疏：《南华真经注疏》，中华书局1998年版，第538页。
② 唐兰：《老聃的姓名和时代考》，见《古史辨》第四册，上海古籍出版社1982年版，第346页。

王念孙《读书杂志·史记第四》考证曰:"史公原文本作:名耳,字聃,姓李氏。今本姓李氏在名耳之上,字聃作字伯阳,谥曰聃。此后人取神仙家书改窜之耳。……又案《经典释文序录》曰:老子者,姓李名耳字伯阳。《史记》云:字聃。《文选·征西官属送于陟阳候诗》注引《史记》曰:老子字聃。《游天台山赋》注及《后汉书·桓帝纪》注并引《史记》曰:老子,名耳,字聃,姓李氏。则陆及二李所见本,并与小司马本同。而今本云云,为后人所改窜明矣。又案《文选·反招隐诗》注引《史记》曰:老子名耳字聃。又引《列仙传》曰:李耳,字伯阳。然则字伯阳乃《列仙传》文,非《史记》文也。"蒋伯潜《老子传考》曰:"老子在周,仅官守藏室史,似不应有谥,且聃亦非谥也。"所以,原文当无"伯阳,谥曰"四字,而应作老子"名耳,字聃,姓李氏"。

然而,若按司马迁《史记》的说法,老子姓李名耳,则应称作"李子"而非"老子"。正如尊称孔丘为孔子,墨翟为墨子。对此,各家给出种种不同的解释。郑玄《礼记·曾子问》注曰:"老聃,古寿考之号也。"葛玄《道德经序》曰:"生而皓首,故称老子。"张守节《史记正义》曰:"聃,耳漫无轮也。《神仙传》云:外字曰聃。按:字,号也。疑老子耳漫无轮,故世号曰聃。"姚鼐《老子章义序》曰:"庄子载孔子阳子居皆南之沛见老聃。沛者宋地而宋有老氏,老子者宋人,子姓,其老氏。子之为李,语转而然。"江瑔《读子卮言》曰:"老子,老而隐,故自称老子。而号曰聃。人更合而称之曰老聃。"各家之说,或以老聃为号,或以老为氏,或以年寿为老。

胡适根据先秦的姓氏习惯提出:

(一)"老"或是字。春秋时人往往把"字"用在"名"的前面,例如叔梁(字)纥(名),孔父(字)嘉(名),正(字)考父(名),孟明(字)视(名),皆是。《左传》文十一年、襄十年《正义》都说:"古人连言名字者,皆先字后名。"或者老子本名聃,字耳,一字老。(老训寿考,古多用为名字者,如《檀弓》,晋有张老,《楚语》楚有史老。)古人名字同举,先说字而后说名，故战国时的书皆称老聃。

又古人的字下可加“子”字、“父”字等字，例如孔子弟子冉求字有，可称“有子”，故后人又称老子，这是一种说法。

（二）老或是姓。古代有姓氏的区别。寻常的小百姓，各依所从来为姓，故称百姓、万姓。贵族于姓之外，还有氏，如以国为氏、以官为氏之类。老子虽不曾做大官，或者源出于大族，故姓老而氏李。后人不懂古代氏族制度，把氏、姓两事混作一事，故说“姓某氏”，其实这三字是错的。老子姓老，故人称老聃，也称老子。这也可备一说。

这两种解说，都可通，但我们现今没有凭据，不能断定哪一说是的。[①]

近人高亨提出：“老李一声之转，老子原姓老，后以音同变为李。非有二也。”并列四证：(1) 周秦旧籍，若《庄》《荀》《韩非》《吕览》《礼记》《国策》等，于孔墨大师，皆举其姓，独于老子，则称老聃而不称李聃，称老子而不称李子，明见老子原姓老矣。其证一也。(2) 古有老姓而无李姓，《世本》颛顼子有老童。《风俗通义》老氏，颛顼帝子老童之后。《左传·成公十五年》宋有司马老佐。又《左传·昭公十四年》，鲁有司徒老祁。老佐、老祁，盖皆以老为姓，虽不必出于老童，然古有老姓，可以论定。故商之老彭，楚之老莱，余亦疑其原姓老也。春秋二百四十年间无姓李者，唯《左传·闵公二年》晋有里克，《左传·昭公十八年》郑有里析，《鲁语》鲁有里革，然皆作里不作李。《战国策》始有李悝、李克、李谈、李牧，《韩非子》始有李克、李史。是李姓之起甚晚，老子之世，未闻有之。然则老聃原姓老，明矣。其证二也。(3) 古人姓氏多无本字，借同音字为之，所借各异，故一姓往往歧为数姓。如《晋语》所记黄帝子十二姓，其巳姓则歧为姒姓、为允姓；其任姓则歧为娀姓、为南姓；其依姓则歧为偃姓、为嬴姓。若是之类，不可历举。至荀

① 胡适：《中国哲学史大纲》，北京大学出版社 2013 年版，第 42—43 页。

卿亦作孙卿，田仲亦作陈仲，邹衍亦作驺衍，惠子亦作慧子，更无论矣。故老之变李，亦语转而然，与此同例，其证三也。（4）古韵老属幽部，李属之部，二部音近，古或不分。此事于《老子》本书，即足以明之。二章曰："圣人处无为之事，行不言之教，万物作焉而不辞，生而不有，为而不恃。"教属幽部，事辞有恃属之部，此二部通谐之一验也。九章曰："持而盈之，不如其已。揣而锐之，不可常保。金玉满堂，莫之能守。富贵而骄，自遗其咎。功遂身退天之道。"保守咎道属幽部，已属之部。此二部通谐之二验也。十四章曰："迎之不见其首，随之不见其后，执古之道，以御今之有，能知古始，是谓道纪。"首后道属幽部，有始纪属之部。此二部通谐之三验也。三十三章曰："知足者富，强行者有志，不失其所者久，死而不亡者寿。"寿属幽部，富志久属之部，此二部通谐之四验也。之幽通谐，在《老子》书无处不然，盖其时其地，二部必未分也。老李二字，其声皆属来纽，其韵又属一部，然则其音相同甚明。唯其音同，故由老而变为李，其证四也。"由斯观之，老李本一，盖无疑问矣。考周秦旧籍，皆称老聃或老子，无作李者。老变为李，殆始于汉"。① 高亨所说，深为学界赞同。

值得注意的是，"老子名耳，字聃，姓李氏"当为汉代人的说法。而按照《左传》中人物的命氏习惯，一个人同时有几个氏，也是常见的。老子可能同时还有一个氏，即李氏。不能因为现有的反映春秋历史的文献看不到李作为姓氏，便认为春秋时没有李姓或氏。

"氏以别贵贱"，氏往往作为贵族身份地位的象征，并非因出生时长相老，或者高寿，就能随随便便命氏曰"老"的。《左传·成公十五年》"老佐为司马"。杜预注曰："老佐，戴公五世孙。"其中"老"即为氏。汉魏诗文中往往尊称老子为"老氏"，而非称其"老子""老聃""李耳"，如张衡《东京赋》："思仲尼之克己，履老氏之常足。"张衡《归田赋》："感老氏之遗诫，将回驾乎蓬庐。"崔子玉《座右铭》："柔弱生之徒，老氏诫刚强。"吴质《答东阿王书》："赞

---

① 高亨：《重订老子正诂·史记老子传笺证》，古籍出版社1956年版，第157—159页。

仲父之遗训，览老氏之要言。"潘安仁《射雉赋》："此则老氏所诫，君子不为。"张景阳《七命》："既老氏之攸戒，非吾人之所欲。"江淹《杂体诗》："庄生悟无为，老氏守其真。"之所以如此，或为以其氏而别其地位之尊贵。暂以此备一说。

2. 老聃的国别籍里

关于老子的国籍，唐人引录的《史记》多作"陈人"，如唐陆德明《经典释文》卷第二十五《老子道德经音义》称老子："陈国苦县厉乡人。"又引《史记》曰："又云仁里人。又云陈国相人也。"唐孔颖达《礼记·曾子问疏》引《史记》云："陈国苦县赖乡曲仁里人也。"然宋刻十四行本《史记集解》、宋刻黄善夫本《史记》皆作"楚苦县厉乡曲仁里人"。

稽之古文献，《列仙传》《老子音义》引河上公、皇甫谧《高士传》、陆德明《经典释文序录》皆作老子"陈人"，与唐本《史记》记载相合。东汉边韶《老子铭》、葛洪《神仙传》、张守节《正义》引《玉札》皆作老子"楚人"，与宋刻及今传本《史记》合。裴骃《史记集解》引《地理志》曰："苦县属陈国。"

唐司马贞《史记索隐》说："苦县本属陈国，春秋时楚灭陈，而苦又属楚，故云楚苦县。至高帝十一年，立淮阳国，陈县苦县皆属焉。"这种看法盖为两说并存的根源。然清阎若璩《四书释地又续》曰："苦县属陈，老子生长时，地尚楚未有。陈灭于惠王，在春秋获麟后三年，孔子已卒，况老聃乎？史冠楚于苦县上，以老子为楚人者，非也。"主张老子乃陈苦县人。

高亨则提出："迁书于此，例本不谨严，下文曰：'老莱子亦楚人也。'亦字即承此而言。则《史记》原本作楚不作陈决矣。"[①]主张《史记》所记载的老聃，原本就是楚人，并无分歧。其说当是。东汉延熹八年（165），汉桓帝遣中官管霸到苦县祠老子，命陈相边韶撰《老子铭》。《老子铭》云："老子楚相县人也……相县虚荒，今属

---

① 　高亨：《重订老子正诂·史记老子传笺证》引，古籍出版社1956年版，第154页。

苦。"指出老子是楚相县人，相县虚荒后又归属苦县。《后汉书·郡国志》曰："苦，春秋时曰相。"边韶《老子铭》的记载，相县为早期的地名，后荒芜而并入苦县，故二地只是名不同。其"故城犹在，在赖乡之东，涡水处其阳。其土地郁蓊高敞，宜生有德君子焉"六十二。《水经注》引东汉王阜《老子圣母碑》，谓老子生于曲涡间。从《史记》载人籍里的体例看，《史记》原文所记盖为老子乃"相人"。正如马叙伦《老子考》中所说："迁之所记，盖曰相人也，与庄子蒙人、申不害京人者一例。"

一个相关联的问题是，相县所在地的具体位置在春秋晚期究竟属陈还是属楚。唐张守节《史记正义》曰："《括地志》云：苦县在亳州谷阳县界。有老子宅及庙，庙中有九井尚存，在今亳州真源县也。""《晋太康地记》云：苦县城东有濑乡祠，老子所生地也。"而根据《水经注》记载：

> 涡水又屈东经相县故城南，其城卑小实中。边韶《老子碑》文云：老子，楚相县人也。相县虚荒，今属苦，故城犹存，在赖乡之东。涡水处其阳。疑即此城也。自是无郭以应之。涡水又东经谯县故城北。

则相县故城在鹿邑（今河南鹿邑）县东，谯县故城（今安徽亳州）以西，涡河上游。涡河水作为淮河的支流，分别流经鹿邑、谯县、蒙城（今安徽蒙城）等县域。

从地域看，此地春秋时乃是陈国所辖之地。然而当时楚国非常强大，春秋战国时期兼并的小国有案可查的在四五十个以上，鼎盛时期"地跨今十一省，兼县三百余"，为战国时代领土最大的国家。据《史记·楚世家》，楚庄王十六年（前598），"伐陈，杀夏征舒。征舒弑其君，故诛之也。已破陈，即县之"。虽然在申叔时的劝说下，很快又恢复陈国，但毕竟可以看出当时楚陈的关系。至楚灵王八年（前533），楚"使公子弃疾将兵灭陈"，这次陈亡国至楚平王元年（前528）才得以复国。楚惠王十年（前479），楚再次"灭陈而县之"。楚惠王四十二年、四十四年又分别灭蔡、灭杞。当时"楚东侵，广地至泗上"。楚国蚕食他国，一般陆续设置为县。1987年湖北荆门包山二号楚墓出土竹简中，一七四、一七五、一九〇号竹简中均有"鹿邑人××"的记载，说明至少在战国中期，楚国就已设置"鹿邑"县。据《史记》推测，楚相县设置的时间可能在公元前479年，或者更早的时间。由此可见，老子是陈人还是楚人，出生于苦县还是相县，并不重要，重要的是老子的出生和文化思想的养成，首先是深受楚文化的影响的，这是不可否认的。在此意义上，说老子是楚相县人，应更近于历史事实。

3. 老子的行实

一位春秋晚期出生于楚地的学者，如何来到了周工朝的守藏室，成为一名史官？又为何顶着一个和宋国老氏贵族相同的姓氏？《史记》中说："老子修道德，其学以自隐无名为务。居周久之，见周之衰，乃遂去。至关，关令尹喜曰：子将隐矣，强为我著书。于是老子乃著书上下篇，言道德之意五千余言而去，莫知其所终。"真实的老子究竟是归秦还是归家？老子五千言究竟是如何写出来的？

关于老子的行实，有几个经常被关注的点，一是老子供职的"守藏室"，一是老子出关的"关"。这关系到老子与春秋后期周王室的关系、老子退隐的路向等问题。

《史记》中所说，老子为周"守藏室之史"，《庄子·天道》即有："孔子西藏书于周室，子路谋曰：'由闻周之征藏史有老聃者，免而归居，夫子欲藏书，则试往因焉。'"陆德明《经典音义·庄子音义》云："司马云：征藏，藏名也。一云，征，典也。"《广雅·释诂》曰："典，主也。"《尔雅·释言》曰："典，掌也。"则"征"与"守"同义。则老子为周之"征藏史"。唐司马贞《史记索隐》曰："藏室史，周藏书室之史也。又《张苍传》'老子为柱下史'，盖即藏室之柱下，因以为官名。"《曾子问疏》引《史记》："老聃为周柱下史，或为守藏史"。《史记·张苍传》："张丞相苍者，秦时为御史，主柱下方书。"《索隐》云："周秦皆有柱下史，谓御史也。所掌及侍立，恒在殿柱之下，故老子为周柱下史。"又《曾子问疏》引郑玄云："老聃，周之太史。"众说官名不一，或为藏室史，或为柱下史，或为太史。然从文献来源看，根据最早的记录——《庄子》中的文义，老聃是掌管东周王宫藏书室的史官。另，关于"柱下史"，未见先秦文献的记载，《索隐》一说是"藏室之柱下，因以为官名"，一说是"所掌及侍立，恒在殿柱之下，故老子为周柱下史"。一为掌管藏书档案之史，一为侍立殿下的柱下之御史。另有郑玄所说"周之太史"。

追溯周代的王官体制，太史是周代最重要的史官。据统计，周代太史的职事，可以确证的有以下 15 种：释异禳灾、卜筮、占星、祭祀、观象制历与颁行朔政、记事、保管契约、典藏文献档案、宣读册命、典礼、别氏族、随军参战、规箴监察君王、管理文字、受命安抚地方。[1] 由此可见，郑玄称老子为"太史"当为一种笼统的说法。虞世南《北堂书钞》设官部引《汉官仪》云："侍御史，周曰柱下史，老聃为之，秦改为御史。"然而周代的御史和秦汉的御史并不是一回事。虽然早期文献记载的名称有所不同，但老聃作为守藏室之史、柱下史，除了管理国家藏书外，是否还兼有议政侍御之职能，也是值得讨论的。

值得注意的是，周代的藏室史所承担的职责，也是太史职能的一个部分，《左传·昭公二年》云：

> 晋侯使韩宣子来聘，且告为政而来见，礼也。观书于大史氏，见《易》《象》与《鲁春秋》，曰："周礼尽在鲁矣，吾乃今知周公之德与周之所以王也。"

《周礼·大史》也记载：

> 掌建邦之六典，以逆邦国之治，掌法以逆官府之治，掌则以逆都鄙之治。凡辩法者考焉，不信者刑之。

---

[1] 许兆昌：《先秦史官的制度与文化》，黑龙江人民出版社 2006 年版，第 54—67 页。

由此，作为承担大史这部分职能的藏室史，自然也负有管理政府法典，维护王朝政治、军事、文化建设的责任。

老子出生于楚文化圈，是如何来到周守藏室的？汪中《述学·老子考异》提出疑问："本传云，老子，楚苦县历乡曲仁里人也。又云周守藏室之史也，按周室既东，辛有入晋。司马适秦，史角在鲁，王官之族或流播于四方。列国之产，惟晋悼尝仕于周，其他固无闻焉。况楚之于周，声教中阻，又非鲁郑之比。且古之典籍旧闻，惟在瞽史，其人并世官宿业，羁旅无所置其身。"① 据《世本·五帝世系》记载，帝颛顼高阳氏生偁，"偁生卷章，卷章生黎。（《楚世家》注引《世本》云：老童生重黎及吴回。谯周曰：老童即卷章……）吴回氏生陆终，陆终娶于鬼方氏之妹，谓之女嬇。生子六人。三曰籛铿，是为彭祖。彭祖者彭城是也"。宋衷注云：

> 彭祖，姓籛名铿。在商为守藏史，在周为柱下史。年八百岁。②

彭祖都彭城（今江苏徐州），与老子出生地相近；亦以长寿著称；亦为藏书室之史；其先有"老童"。所有这些都指向一种老聃乃彭祖之后的可能。故其家族世为王朝史官，自有氏族传统传承关系，而非无根之游宦。《论语·述而》有："述而不作，信而好古，窃比于我老彭"，或以为将老子和彭祖并论，或以为老彭为一人，总之老彭为孔子之前深受孔子尊重的史官，但史料阙如。老聃因何成为周室史官？氏族传承恐怕是一种可能。

此外，老子过关也存在诸多疑点。《史记》只说老子"居周久之，见周之衰，乃遂去。至关，关令尹喜曰……"司马迁并没有说老子到了什么"关"。据《史记索隐》引李尤《函谷关铭》云："尹喜要老子留作二篇。"则老子为出函谷关。又引崔浩说以尹喜为散关

---

① 汪中：《述学内外篇》，四部丛刊初编本。
② 宋衷注，秦嘉谟等辑：《世本八种》，中华书局2008年版，第5页。

令，则老子出的是散关。《史记正义》引《抱朴子》云："老子西游，遇关令尹喜于散关，为喜著道德经一卷，谓之《老子》。"并引《括地志》云："散关在岐州陈仓县东南五十二里。函谷关在陕州桃林县西南十二里。"那么，老子出关，究竟是出函谷关还是散关，至南北朝隋唐时已莫能定。

函谷关在今河南灵宝市西南，关城在谷中，故名，为自东周至秦的必经之路。散关亦称大散关，在今陕西宝鸡西南，为川陕要隘。那么，老子所至关，究为何关？传统多以函谷关为是。然而，函谷关何时设置，史无明文。孔子的时代，二崤还是晋国属地。随着秦的强大，崤函一带已为秦所有，贾谊《过秦论》云"秦孝公据崤函之固"。秦地处西陲，至战国秦献公时始强大。则函谷关之设最早在秦献公十年（前375）左右。[1] 也就是说，老子的时代，还没有函谷关，也没有强大的秦国。所以，近代以来的古史辨派往往据此认为司马迁在记述老聃行迹的时候，混淆了春秋时的老聃和战国后期入秦的太史儋。对此，亦因史料阙如而无法进一步考证。至于或曰先出函谷关，后出散关；或曰西出流沙，不知所终；或曰老子化胡，都难免附会的成分。

然而，从现存文献看，老聃的行踪可以有一个大概的轨迹，也就是从周免职或辞职归家，到过鲁国，后入秦，最后客死秦国。

先从"见周之衰"说起。《史记》称老聃"见周之衰，乃遂去"。东周王朝自周平王东迁，定都洛邑，逐渐进入春秋五霸的霸政时代，其衰落是渐进的，促使老子下决心离开周王室，必然有某个重要历史事件的触动。《庄子·天道》有：

> 孔子西［观］藏书于周室。子路谋曰："由闻周之征藏史有老聃者，免而归居，夫子欲［观］藏书，则试往因焉。"孔子曰："善。"往见老聃，而老聃不许，于是繙十二经以说。

---

[1] 蒋伯潜：《诸子通考》，中华书局2016年版，第171页。

称老子为"免而归居"，盖非无稽之谈。考春秋中叶，周景王欲废王子猛而立王子朝为太子，但大臣单旗等人竭力反对，认为太子废立乃国之大事，王位传嫡不传贤。至公元520年夏，周景王下定决心，欲更立太子之位。但未及颁诏而暴病，临终之时以大夫宾孟为顾命大臣，遗诏传位于王子朝。周景王卒，大夫单旗、刘卷认为若立王子朝，他们必然失去权势，于是派剑客刺杀了顾命大臣宾孟，立太子猛为王，是为周悼王。后王子朝攻杀作为嫡长子的悼王，大臣尹氏等立王子朝为王。至公元前516年，晋护送其弟回国，立为周敬王。王子朝被驱逐，他带着周王室的典籍南下楚国。事见《左传·昭公二十六年》，曰：

> 冬十月丙申，王起师于滑。辛丑，在郊，遂次于尸。十一月辛酉，晋师克巩。召伯盈逐王子朝。王子朝及召氏之族、毛伯得、尹氏固、南宫嚚奉周之典籍以奔楚。

王子朝失败逃走时没有带走周王室的金银财宝，而是带走了周王室中珍藏的历代典籍。据《吕氏春秋·先识》记载："夏太史终古见桀迷惑，载其图法奔商；商内史向挚见纣迷惑，载其图法奔周。"表明王子朝一行所带走的典籍有夏朝、商朝的图册文物。而携典籍投奔"有道之国"，也是太史的一种古老的文化职责。作为周王室守藏室的老子面对这一历史事件，理所当然不会继续担任守藏室之史，也极有可能跟随王子朝的队伍南下。由于楚国当时也正处于动荡之际，没有史料记载王子朝最终将典籍献给楚，王子朝也在数年后被暗杀身亡，这批典籍的下落也成了千古之谜。从《庄子·庚桑楚》南荣趎南见老子，"七日七夜，至老子之所"；《庄子·寓言》"阳子居南之沛"见老聃；《庄子·天运》"孔子行年五十有一而不闻道，乃南之沛见老聃"等记载，老聃后来回到了南方。①

---

① 詹剑峰《老子其人其书及其道论》中亦持这一看法，称：老子见周之衰，可见这不是泛指周室的衰弱，而必是特指周室的衰乱。查一下历史，春秋末叶，周室的衰乱，只有王子朝称兵作乱一事。

又据《礼记·曾子问》，老聃曾赴鲁国和孔子参加过"助葬"的活动，并讨论天子诸侯葬礼礼仪：

> 曾子问曰："古者师行，必以迁庙主行乎？"孔子曰："……吾闻诸老聃曰：'天子崩，国君薨，则祝取群庙之主而藏诸祖庙，礼也。卒哭成事，而后主各反其庙。君去其国，大宰取群庙之主以从，礼也。祫祭于祖，则祝迎四庙之主。主出庙、入庙，必跸。'老聃云。"

> 曾子问曰："葬引至于堩，日有食之，则有变乎？且不乎？"孔子曰："昔者吾从老聃助葬于巷党，及堩，日有食之。老聃曰：'丘，止柩就道右，止哭以听变。'既明反，而后行。曰：'礼也。'反葬而丘问之曰：'夫柩不可反者也。日有食之，不知其已之迟数，则岂如行哉？'老聃曰：'诸侯朝天子，见日而行，逮日而舍奠。大夫使，见日而行，逮日而舍。夫柩不蚤出，不莫宿，见星而行者，唯罪人与奔父母之丧者乎。日有食之，安知其不星见也？且君子行礼，不以人之亲痁患。'吾闻诸老聃云。"

> 曾子问曰："下殇土周葬于园，遂舆机而往，途迩故也。今墓远，则其葬也如之何？"孔子曰："吾闻诸老聃曰：昔者史佚有子而死，下殇也，墓远，召公谓之曰：'何以不棺敛于宫中？'史佚曰：'吾敢乎哉？'召公言于周公。周公曰：'岂不可！'史佚行之。下殇用棺，衣棺，自史佚始也。"

> 子夏曰："金革之事无辟也者，非欤？"孔子曰："吾闻诸老聃曰：'昔者鲁公伯禽有为为之也。今以三年之丧从其利者，吾弗知也。'"

"助葬"的时间，前人多歧说。据《左传·昭公三十一年》，"十二月辛亥朔，日有食之"。"助葬"时亦有日食。则老子当在失官以后，以学者的身份来鲁国助葬。

老聃归家之后，曾"西游于秦"，并卒于秦。据《庄子·寓言》：

"阳子居南之沛，老聃西游于秦，邀于郊，至于梁而遇老子。老子中道仰天而叹曰：'始以汝为可教，今不可也。'阳子居不答。至舍，进盥漱巾栉，脱屦户外，膝行而前曰：'向者弟子欲请夫子，夫子行不间，是以不敢。今间矣，请问其过。'老子曰：'而睢睢盱盱，而谁与居？大白若辱，盛德若不足。'阳子居蹴然变容曰：'敬闻命矣！'其往也，舍者迎将其家，公执席，妻执巾栉，舍者避席，炀者避灶。其反也，舍者与之争席矣。"《庄子·应帝工》："阳了居见老聃曰：'有人于此，向疾强梁，物彻疏明，学道不倦。如是者可比明王乎？'老聃曰：'是于圣人也，胥易技系，劳形怵心者也。且也虎豹之文来田，猿狙之便，执斄之狗来藉。如是者，可比明王乎？'阳子居蹴然曰：'敢问明王之治。'老聃曰：'明王之治，功盖天下而似不自己，化贷万物而民弗恃；有莫举名，使物自喜；立乎不测，而游于无有者也。'"

老子逝世是大事，《庄子·养生主》曰："老聃死，秦失（佚）吊之，三号而出。"释道宣跋孙胜《老子疑问反讯》说："老子遁于西裔，行及秦壤，死于扶风，葬于槐里。"释法琳《辨正论·十喻篇上》说："老子生于赖乡，葬于槐里。"《十喻篇下》曰："（老子）生依赖乡，死就槐里。"甄鸾《笑道论》驳斥老子不死说时，称老子"身死关中，坟垄见在"。释道宣《弘明集·辩惑论序》："李叟生于赖乡，死于槐里，庄生可为实录，秦佚诚非妄论。"后来北宋《太平寰宇记》记载："李叟死于槐里。"

4. 关于"孔子问礼于老聃"

老子生于何年，卒于何年，享寿几何，今不可考。仅知其年长于孔子。孔子生于周灵王二十一年，即公元前 551 年，卒于周敬王四十一年，即公元前 479 年。胡适在 1919 年问世的《中国哲学史大纲》中写道："孔子适周，总在他三十四岁以后，当西历纪元前 518 年以后。大概孔子见老子在三十四岁与四十一岁之间。老子比孔子至多不过大二十岁，老子当生于周灵王初年，当西历前 570 年左右。"[①] 其说可谓

---

① 胡适：《中国哲学史大纲》，北京大学出版社 2013 年版，第 41—42 页。

影响极大。老子究竟年长孔子多少，孔子适周究竟发生于何时，都还有进一步讨论的必要。

对于孔子适周见到老聃的时间，詹剑峰考证曰：

> 据史实推断，孔子适周当在三十一岁以前。因为鲁昭公二十二年（孔子三十二岁），周室已发生内乱，打了五年之久，孔子当然不能于周家两派贵族武装斗争之时去观光问礼。而鲁昭公二十五年（孔子三十五岁），鲁国也发生内乱，昭公出奔，国内无君，孔子因乱适齐，流亡在外者也有几年，自无"鲁君与之一车两马"之事。而鲁昭公二十六年，周室王子朝已"奉周之典籍以奔楚"，老子也因之免官居于陈，孔老自无在周相见之理。根据此等实事，我们假设孔子三十岁左右，鲁国有一位南宫先生向鲁君请求同孔子一起到周去观光，鲁君给了他们以物质上的帮助。在周访问的时候，顺便见了老聃。事实大概就是这样的。①

这段考证结合史实而立论，可谓令人信服。也就是说，事实上孔子适周是在二十几岁求学的时代。

这一项立论是否成立，还需要考虑两个相关的疑点。一是司马迁撰写《史记》处在黄老思想兴盛的时代，是否有出于推崇道家而抬高老子的嫌疑？我们再回过头去看司马迁的记载。司马迁在《史记·老子传》和《史记·孔子世家》中两次提及孔老之会。其中《史记·孔子世家》中写道：

> 鲁南宫敬叔言鲁君曰："请与孔子适周。"鲁君与之一乘车，两马，一竖子俱，适周问礼，盖见老子云。辞去而老子送之曰："吾闻富贵者送人以财，仁人者送人以言。吾不能富贵，窃仁人之号，送子以言，曰：'聪明深察而近于死者，好议人者也。博

① 詹剑峰：《老子其人其书及其道论》，华中师范大学出版社2006年版，第20—21页。

辩广大危其身者，发人之恶者也。为人子者毋以有己，为人臣者毋以有己。'"孔子自周反于鲁，弟子稍益进焉。

客观地来分析，《史记》的两段文本，言说的重点有所不同。《老子传》中说："孔子适周，将问礼于老子。"《孔子世家》中云："鲁南宫敬叔言鲁君曰：'请与孔子适周。'鲁君与之一乘车，两马，一竖子俱，适周问礼，盖见老子云。"前者强调为了问礼于老了而到周去。后者则比较如实地描述，本来是一次赴周参访学习的游学活动，期间见到了老子。虽然有细微的差别，还是可以看出"孔子适周"，并向老子请教过，当为确事。

从当时或稍后文献的记载情况看，《庄子》中讲到孔子与老子发生关联的，有八次之多，分别记载在《内篇》和《外篇》，都是关于孔子向老子问道、问礼、语仁义之事。此外，《吕氏春秋·当染》有"孔子学于老聃"。孔子问老聃之事还见于《韩诗外传》卷五及刘向《新序》等书。《礼记·曾子问》有四节记叙孔子引老聃的话，最后还强调孔子称"吾闻诸老聃云"。

此外，孔子不仅问礼于老聃，而且问道，《孔子家语·五帝》中记载：

> 季康子问于孔子曰："旧闻五帝之名而不知其实，请问何谓五帝？"孔子曰："昔丘也闻诸老聃，曰：'天有五行，水、火、金、木、土，分时化育，以成万物，其神谓之五帝。'"

又《执辔》云：

> 子夏问于孔子曰："商闻易之生人及万物、鸟兽昆虫，各有奇耦，气分不同，而凡人莫知其情，唯达德者能原其本焉。"……孔子曰："然。虽然吾昔闻老聃亦如汝之言。"

《孔子家语》一书虽然被认为是魏晋时代王肃编的"古杂记"，搜集了一些儒家传习的旧说，但正如崔述在《洙泗考信录》中所说，"未有一篇无所本者"，说明其内容并非都是虚造。

这些问礼问道记载，是实有其事，还是出于道家后学的推演就大可存疑了。但孔子年轻时代的这一次适周访老的经历，是不应被抹杀的。

汉代流行的画像石刻及彩绘壁画中，"孔子见老子"也是常见的内容，场面最为壮观的当属山东嘉祥齐山画像石上的孔子见老子图。图上老子率一行人居左端迎接孔子及其弟子，老子手拄拐杖而立，孔子躬身施礼。值得注意的是，"孔子见老子"的汉画像石大多发现于山东地区，而山东又以济宁为多，这种现象绝非偶然。孔子的故里曲阜就位于此，这里也是儒家文化的发源地。由此看来，"孔子问礼于老子"，即使在孔子故里，也是大家普遍认可的历史事件。

第二个疑点就是疑古者提出的，"孔子称述古之贤人及当时卿大夫，《论语》所载详矣，藉令孔子果尝称美老聃至于如是，度其与门弟子必当再四言之，何以《论语》反不载其一言？"[1] 近世学者也常提出，孔子适周见老子，何故《论语》不载一辞？事实上，这并不能作为否定孔老之会和老子存在的根本证据。因为考察一个历史人物和历史事件，并不能完全以是否见于记载为根据。正如《孟子》中没有记载《庄子》，《庄子》中也没有记载《孟子》，但不能因此否定庄子其人、孟子其人的存在。况且《论语》《孟子》在流传过程中也有脱误和篡改，并不完整，亦不能据以判断事件的有无。这是不少前辈学者所赞同的观点。

还需要补充的是，应注意孔子见老子于求学时代。年轻时代的孔子匆匆拜访老子一次，虽然受到了某些教益，但毕竟只是短暂的交往。而《论语》所辑录的语录，多为孔子开门授徒以后的言论，其中没有再提适周见老聃之事，也是可以理解的。

但是正如司马迁《史记·仲尼弟子列传》所说："孔子之所严事，于周则老子；于卫，蘧伯玉；于齐，晏平仲；于楚，老莱子；

---

① 崔述：《洙泗考信录》卷一，见《丛书集成初编》第143册。

于郑，子产；于鲁，孟公绰。"并且在本篇的结尾陈述了自己撰述本篇的史料来源：

> 学者多称七十子之徒，誉者或过其实，毁者或损其真，钧之未睹厥容貌，则论言弟子籍，出孔氏古文近是。余以弟子名姓文字悉取《论语》弟子问并次为篇，疑者阙焉。

司马迁称孔子于周严事老子，其材料乃出于孔氏古文，《论语》等书，疑者阙焉，显然并非杜撰。

由此说到若如胡适所说，老子年长孔子二十岁左右，则孔子见老子时是在十七到三十岁之间，而老子则在三十七到五十之间。然而正如高亨所言："古人寿逾百岁者，往往有之，则老聃寿百余岁，亦可能之事也。"[①]　即不必说老子年长孔子约二十岁，老子的生年或许更早。

第二节　《老子》其书

今天流传下来的《道德经》，在西汉之前称作《老子》或《老子书》。关于其书的作者、成书的时间和书中的核心思想，也是老学史上莫衷一是的问题。

一、《老子》书的作者

对于《老子》一书的作者，历来有许多不同意见，除了认为《老子》一书是老子自撰，或者是"老聃的遗言"，"由老聃弟子或后学整理而成"之传统观点外，疑古者多提出《老子》非老聃所撰，或者伪托之书的看法。如崔述认为"《老子》书是杨朱之徒的伪托"；刘汝霖认为，说教孔子的是老聃，辑《老子》书的是战国的李耳，

---

① 　高亨：《重订老子正诂·史记老子传笺证》，古籍出版社 1956 年版，第 177 页。

所以就带了"战国时代的色彩";钱穆认为作者大概是"詹何";郭沫若认为"《老子》书是关尹即环渊所记老聃的语录";罗根泽主张"《老子》书就是太史儋所著"。对于各家的见解,詹剑峰在《老子其人其书及其道论》中,列了一个专节加以评述,我们认为是比较全面、合理的。例如他驳"詹何为《老子》书的作者之说",举出了一个很有力的证据,那就是《韩非子·解老》中所说的詹何:

> 先物行先理动之谓前识。前识者,无缘而忘意度也。何以论之?詹何坐,弟子侍,有牛鸣于门外。弟子曰:"是黑牛也而白在其题。"詹何曰:"然,是黑牛也,而白在其角。"使人视之,果黑牛而以布裹其角。以詹子之术,婴众人之心,华焉殆矣!故曰:"道之华也。"尝试释詹子之察,而使五尺之愚童子视之,亦知其黑牛而以布裹其角也。故以詹子之察,苦心伤神,而后与五尺之愚童子同功,是以曰:"愚之首也。"故曰:"前识者,道之华也,而愚之首也。"

这是以詹何为例来解释《老子》的原文,这位"愚之首"的詹何,怎么可能是《老子》一书的作者呢?

类似的讨论还有很多,就不一一列举了。我们同意《老子》的作者为老聃的这种看法,因为这是本来没有问题的事实,不同看法因"疑老"而产生。[①]

在对这一问题进行重新审视和论证中,高亨的考证就很能说明问题。他所撰《史记老子传笺证》认为:"《道德经》决为老聃所作",并举六证以说明之。其一为《太平御览》卷五百一十三引《墨子》曰:"老子曰:'道冲而用之,有弗盈。'"见《道德经》四章,今本《墨子》无此文,《御览》所引当在阙篇之中。是墨子或者其徒已见《道德经》明矣。其二为《庄子》中多暗引或明引《老子》之

---

① 参见熊铁基、马良怀、刘韵军:《中国老学史》,福建人民出版社1995年版,第16页。

语，且多记孔老相诘答之语，且《天下》篇直引老聃之言，其言即在今《道德经》中。则《道德经》为与孔子同时之老聃所作明矣。其三为《荀子·天论》曰："老子有见于诎无见于信"，则荀子曾见《道德经》。其四证为《韩非子》有《解老》《喻老》两篇，引《老子》言甚多，《六反》《难三》等篇引"老子曰""老聃曰"，则可证其所解所喻正为老子之书。其五为《吕氏春秋·不二》篇称"老聃贵柔"，此言必非无据，察老聃贵柔之旨，具在《道德经》中。其六为《战国策·齐策》中颜斶曰："老子曰：'虽贵必以贱为本，虽高必以下为基，是以侯王称孤寡不榖。'"《魏策》："老子曰：'圣人无积，尽以为人己愈有，既以与人己愈多。'"颜斶当齐宣王时，是《道德经》作于《孟》《庄》之前。① 可以说对于传世文献中引《老》用《老》证之甚详。其中提及《墨子》佚文所引《老子》第四章"道冲而用之，有弗盈"，帛书甲缺，乙本作"道冲而用之，有弗盈也"，北大简作"道冲而用之，有弗盈"。与《墨子》佚文所引相合，今传傅奕本、《想尔注》本、敦煌本 P.2584 作"又不盈"。河上公本、王弼本作"或不盈"，并不合于古本。这就说明墨子或其弟子所见当为古本《老子》。再者，颜斶当齐宣王时，他引《老子》中的文句亦称"老子曰"，同样说明认可老子的著作权。加之《庄子》《荀子》《韩非子》《吕氏春秋》诸书中的"老聃"之言，都可在今本《老子》中找到，唐兰也肯定地认为："在孔子卒后二百年左右，有一本业已流传的著作和今本《老子》差不多，当时人以为是老聃的语录，这大概是很真确的事实了。"②

值得指出的是，肯定《老子》书作者是老子的人，一般力求客观地说，是老聃的遗言，或者是他的"语录"。郭沫若在其《老聃·关尹·环渊》一文中写道：

---

① 高亨：《重订老子正诂·史记老子传笺证》，古籍出版社 1956 年版，第 171—173 页。
② 唐兰：《〈老子〉时代新考》，见《古史辨》第六册，上海古籍出版社 1982 年版，第 597 页。

　　《老子》书也确是老聃的语录，就和《论语》是孔子的语录，《墨子》是墨翟的语录一样。特集成《老子》这部语录的是楚人环渊。环渊集成这部语录时，没有孔门弟子那样质实，他用自己的文笔来润色了先师的遗说，故尔饱和着他自己时代的色彩。这种态度在墨家弟子中也未能免，真正的墨翟遗说，只有今存《墨子》书中分成了上中下三篇……那是墨家三派所分别著诸竹帛的，但我们请把那几篇来比较一下，便可以知道那详略是怎样的不同。《论语》虽然不是孔子的手笔，《墨子》虽然不是墨翟的手笔，但其中的主要思想我们不能不说是孔子和墨子的东西。同这一样，《老子》虽然不是老聃的手笔，但其中的主要思想，仍然是老聃的创见，秦汉以前的人都是我们的证人，汉人所提出来的老莱子和太史儋实在是不能冒牌的。①

那么，究竟是老聃"遗说"，还是老聃"自撰"，确实还关系到孔子之前是否有私家著述的问题。老子的五千言是否和《论语》《墨子》一样，是人已去世之后，由弟子门人编纂而成的呢？

　　1973年马王堆帛书《老子》的出土，基本否定了《老子》晚出的看法，证明《老子》是秦代以前的作品。而1993年郭店竹简《老子》甲、乙、丙本的发现，为《老子》的成书又提供重要佐证。据发掘报告，郭店一号楚墓的年代为公元前4世纪中叶至前3世纪初，为战国中期偏晚，有学者推定为公元前300年左右。简本的抄写应该比这一时间更早，因为古籍的流传有一个过程。因此，《老子》出于春秋老聃的记载基本是可信的。所以有学者认为"简本《老子》的发现，进一步证明了《老子》为老子所著，特别是更证实了《老子》一书的早出"②。

　　但《老子》书文本的复杂性仍值得注意。以今所见最早的郭店竹

---

① 郭沫若：《老聃·关尹·环渊》，见《古史辨》第六册，上海古籍出版社1982年版，第636页。
② 王中江：《郭店竹简〈老子〉略说》，《中国哲学》第二十辑。

简《老子》为例，其书分成甲、乙、丙三组，今人或从假字异文，①或从竹简长短、形制上考察，② 或从思想发展的角度考知，当并非一人一时所撰，而是有一个历史的发展过程，掺杂了后人的文字。甚或有人认为："郭店《老子》三组，在制作或抄写时间上，甲组早于乙组、乙组早于丙组；在三组关系上，甲组为经，乙、丙为传注；在三组的作者上，甲组出于老聃手著，乙组和丙组大部分出自老子后学，其中可能也有老聃之文。"③ 也有人认为"今日《老子》本历时集体之创作"④，这一观点需要注意的是，纵然是加入了后人传注的内容，仍不能否认老聃作为核心作者及根本思想的策源。

总之，关于《老子》书的撰著过程，尽管还存在一些不同的看法，但不可否定《老子》为春秋老子所著这一基本事实，正如熊铁基先生在《中国老学史》中所指出的："历史上有一个老子其人，此人先于孔子，而且孔子向他学习过，具体地'问礼''问道'过"⑤。"《老子》书是可以代表春秋时期老子思想的，其成书时间不晚于战国初年"⑥。

二、《老子》的成书

《老子》的成书，是与《老子》的作者问题紧密相连的。在近代还是一个激烈讨论、悬而未决的疑案。随着 20 世纪 70 年代以来长沙马王堆帛书甲、乙本《老子》，郭店楚简甲、乙、丙本《老子》以及北大汉简本《老子》的相继出土或面世，今人能看到司马迁、班

①　丁四新：《郭店楚墓竹简思想研究》，东方出版社 2000 年版，第 8—9 页。聂中庆：《郭店楚简〈老子〉研究》，中华书局 2004 年版，第 25—41 页。许抗生：《三读郭店竹简〈老子〉》，见《中华道学与道教·中华文化研究集刊五》，上海古籍出版社 2004 年版，第 143 页。

②　周凤五：《郭店竹简的形式特征及其分类意义》，见《郭店楚简国际学术研讨会论文集》，湖北人民出版社 2000 年版，第 53—63 页。

③　谭宝刚：《郭店〈老子〉成书考》，《史学月刊》2011 年第 7 期。

④　程一凡：《从郭店本看〈老子〉一书的形成》，《管子学刊》2004 年第 2 期。

⑤　熊铁基、马良怀、刘韶军：《中国老学史》，福建人民出版社 1995 年版，第 15 页。

⑥　熊铁基、马良怀、刘韶军：《中国老学史》，福建人民出版社 1995 年版，第 21 页。

固以来所不见的珍奇材料，对于解决《老子》的成书问题具有突破性的意义。而这些考古发现的出土资料都有利于证实春秋时期老聃作《老子》的说法。

首先，从长沙马王堆西汉前期墓中出土的帛书《老子》甲、乙本看，甲本和乙本也有文字和书写的不同，显而易见，是抄写于不同时期的不同传本。而后来郭店楚简本《老子》与帛书本、今本《老子》又有明显的不同。由此可以说明的是《老子》一书在成书后流传的过程中往往被增删损益。

其次，郭店楚墓竹简本《老子》的出土，为《老子》非晚出提供了有力的证据。如前所述，郭店楚墓的下葬时间不晚于公元前300年，考虑到下葬时间和交通因素，《老子》书辗转传抄也需要一个时间过程，这就把其书的撰作时间起码推到了战国早中期。这个时间可以说对《老子》晚于庄子的说法形成了一锤定音的否定。

郭店楚简《老子》作为现存最早的《老子》书文本，只有两千余字，是考察《老子》成书的一个重要标本。学术界关于郭店楚简《老子》的分歧主要集中在三个方面：（1）简本《老子》书是一个节选本；（2）简本《老子》书是完整祖本；（3）简本《老子》甲、乙、丙是经传合一的《老子》书。

首先，大多数学者都认为郭店楚简《老子》是节本，也即"单源论"，如张岱年、裘锡圭、陈鼓应、唐明邦、黄钊、王博、高晨阳、黄人二以及欧美的韩禄伯、雷敦和等。主张此说者多承认"老聃"著五千言，已经产生了一个固定的标准本，并作为共同的祖本，此后在传抄过程中，不断分化出各种不同的抄本、摘抄本、发挥本，郭店楚简《老子》甲、乙、丙就是众多摘抄本中的三种。如张岱年认为"竹简《老子》已经出现在战国中期，而且这个时候，《老子》肯定已经流行一段时间了。因为只有流行了，人们才能抄录它的一些内容来学习。这说明《老子》在春秋末年已经有了。"[1] 裘锡圭说：

---

① 王博：《张岱年先生谈荆门郭店竹简〈老子〉》，见《道家文化研究》第17辑，生活·读书·新知三联书店1999年版，第24页。

"很难设想，在晚于郭店《老子》简的时代，即晚于公元前三百年左右的战国晚期，有人能把一二百年甚至更长的时间内所流传的多种'老子语录'的内容丝毫不漏地合编成一部'五千言'。所以今天偶然发现的三种'老子语录'，其所抄各章竟然全都见于今传《老子》，就未免显得太过凑巧了。"① 黄钊认为竹简《老子》应为一种摘抄本。郭店《老子》三种摘抄本可能出自稷下道家传本。② 英国学者雷敦和通过比较后认为，今天的通行本不是最原始的《老子》，而郭店《老子》是从另外一本更完整的版本上抄下来的。③ 比较有代表性的如王博所说：

> 从内容上来说，竹简《老子》的特点是：（一）各篇有自己相对统一的主题，如乙篇的主题是修道，丙篇的主题是治国等；（二）甲篇与丙篇之间有重复的段落，即相当于今传本六十四章下半段的文字；（三）与通行本的差别主要集中在甲篇，典型的如没有"绝仁弃义""绝圣弃智"等提法。
>
> ……据此……甲、乙、丙三篇《老子》应该被看作是当时存在的三个不同的《老子》传本，而且甲本所依据的底本年代可能稍早于乙本和丙本。
>
> ……这三个传本都是某种形式的摘抄本，而不是当时《老子》的全本。④

其次，也有少数学者持反对意见，认为郭店楚简《老子》代表了《老子》书形成时期的三种原始文本，和许多其他的原始文本一

---

① 裘锡圭：《郭店〈老子〉简初探》，见《道家文化研究》第 17 辑，第 27—28 页。

② 黄钊：《竹简〈老子〉的版本归属及其文献价值探微》，见《郭店楚简国际学术研讨会论文集》，湖北人民出版社 2000 年版。

③ （英）雷敦和：《郭店〈老子〉：一些前提的讨论》，见《道家文化研究》第 17 辑，生活·读书·新知三联书店 1999 年版，第 118 页。

④ 王博：《关于郭店楚墓竹简〈老子〉的结构与性质》，见《道家文化研究》第 17 辑，生活·读书·新知三联书店 1999 年版，第 149 页。

起，经过后人汇合编辑，才形成了秦汉之际基本定型的《老子》，也即"多源论"。如李学勤先生说："《老子》一书从原始本子到各种今传本，曾经历过相当大的变迁。中国的古书一般都有其形成定型的过程，这是历代学人通过极其繁复曲折的探索而达到的宝贵观点，也是这些年地下简帛文献的发现所再三证明了的。"① 又认为"荆门郭店楚简《老子》可能系关尹一派传承之本，其中包含了关尹的遗说"②。姜广辉认为："郭店一号墓墓主时代，可能尚处于《老子》传本的广泛搜罗而有待整合的阶段，因此《老子》甲、乙、丙三组可以视为郭店一号墓墓主人的三种不同搜罗本。今本《老子》的成书可能在郭店一号墓之后与韩非卒年之间，即从公元前 300 年到 230 年之间。"③ 郭沂认为简本是一个完整传本，今本是后人在简本的基础上进行改造、重编、增订而成的。④ 日本学者谷中信一认为《老子》有一个形成发展的过程，并非最早就有一个"五千言"完整形态的《老子》，简本《老子》没有"一"的概念，没有以"水"为范例的议论。⑤ 此说又存在十分多元的取向，但共同的看法是，不存在一个一开始就是五千言定本的标准本，今传《老子》实际是一个历时的不断补充发展完善并确定的文本。

其三，认为楚简《老子》三篇为经、说模式。周凤五、程一凡、高华平、谭宝刚等持此说。正如上节所言，一部分学者认为楚简《老子》甲本为经，乙本、丙本为传注或经说，这种说法也越来越引起重视。高华平提出：

---

① 李学勤：《〈楚简老子辨析〉序》，见《楚简老子辨析：楚简与帛书老子的比较研究》，中华书局 2001 年版，第 4 页。

② 李学勤：《荆门郭店楚简所见关尹遗说》，《中国文物报》1998 年 4 月 8 日。

③ 姜广辉：《关于郭店简〈老子〉三组简文的传本问题》，《湖南大学学报》，2007 年第 1 期。

④ 郭沂：《楚简〈老子〉与老子公案》，《中国哲学》第 20 辑，辽宁教育科学出版社1999 年版。

⑤ （日）谷中信一：《从郭店〈老子〉看今本〈老子〉的完成》，见《郭店楚简国际学术研讨会论文集》，湖北人民出版社 2000 年版。

在上古时，各种"经文"皆有传、注或"解说文"，此乃当时之通例。《老子》其书，《汉书·艺文志》记录有《老子邻氏经传四篇》《老子徐氏经说三十七篇》《老子徐氏经说六篇》，今本《老子》属《老子》"经传"或"经说"——"经"与"传注"的混合体，是完全可能的。也只有这样，才能给郭店楚简《老子》书写于三组长短不同竹策的事实，以一个合理的解释。①

美国哈佛大学中国研究中心的程一凡撰《从郭店本看〈老子〉一书的形成》经过详细的比对，认为：

> 乙、丙文字不像甲篇那么通畅，理由很简单，乙、丙作者在写下自己心得的时候，在认知上仰赖了甲篇的"经"的存在，以"经"为立说的基础，自然不必重新设立陈述的梯阶。同时以上所提理论也可解释到甲、乙之间有重复之文，甲、丙之间有重叠处，而乙、丙却了无交涉，原因是乙、丙都以甲为经主，故而乙、丙间互不往来。②

刘笑敢《从竹简本与帛书本看〈老子〉的演变》提出：

> 看到古文献流传中的趋同现象和聚焦现象，我们应该看到今本《老子》是在古本《老子》的原有基础上发展起来的，其内容并没有很多根本性的篡改或歪曲，因而笼统的疑古也是不对的。日本学者如岛邦男根据古人的推测，认为今本、河上本和王弼本都是伪书，或非古本之旧，然而从帛书本和竹简本来看，今本的内容仍是古本"趋同"和"聚焦"的结果，因此并不妨碍我们从整体上把握《老子》古本的基本思想。③

---

① 高华平：《对郭店楚简〈老子〉的再认识》，《江汉论坛》2006 年第 4 期。
② 程一凡：《从郭店本看〈老子〉一书的形成》，《管子学刊》2004 年第 2 期。
③ 刘笑敢：《从竹简本与帛书本看〈老子〉的演变》，见《郭店楚简国际学术研讨会论文集》，湖北人民出版社 2000 年版，第 473 页。

第三种看法依据上古从经到传注成书模式的惯例，更言之成理。同时说到底也是认为《老子》书有一个历时的形成过程，只不过更深入三组竹简之间的关系来考察，认为这个形成过程很可能像滚雪球一样，先有部分核心的语录，后来不断衍生出对这些语录的解释性文字，随着时间的推移，早期的"说"也升级为"经"的一部分，以此为基础，再构新说。经过数代师友的传递，《老子》的规模也不断地扩大，最后经某位不知名的学者加以规整全篇，修订定型。那么，这应当也是对今本《老子》成书过程的一种重新的认识。

综上，三种说法都存在一定程度的合理性，但也都存在猜度成分。楚简《老子》的发现，虽然将我们对以《老子》书为代表的古文献的认识向前大大推进了一步，但由于根本资料的缺乏，目前下定论尚为时过早。正如有学者指出，这三组竹简《老子》相当于我们偶然发现的三种文献，并不能说明当时没有比此本更早的《老子》书，也不能说明当时世上流传的只有这一传本，因此无论哪一种结论都冒着一定的风险。通过具体比较和分析来看，认为郭店《老子》甲本为经，乙本为传、注、说的看法虽然依据的是传统文献的通常形成方式，但也属主观。经和传注究竟该如何界定和剥离，毕竟没有一个可以依据的标准。也可能甲本中既有经，又有解说，乙、丙本的解说中又有经。如果说郭店《老子》的甲、乙、丙三组为三个主题的摘抄本，也存在难解的疑问，即从各方面看三组竹简非一人一时所抄，甲组简显然更早。那么，既然抄写人不是同一人同一时，也就很难说事先设计好主题进行分类摘抄了。

从早期出土文献的情况看，同一部书同时出现两种或多种抄本，出自不同传本的可能性就比较大。比如长沙马王堆汉墓帛书《老子》甲、乙本就同时出现在一个墓中，然而它们的抄写年代并不一致，甲本在前，乙本在后。1959年甘肃武威磨嘴子六号汉墓中发现的《仪礼》，其中《服传第八》分见于甲本和乙本，而丙本只有一篇《丧服》，各本抄写年代也不一致。

判断楚简《老子》的成书，还应注意简本《老子》甲本和丙本同样抄有今传本第六十四章下段的文字，这也是三组竹简中唯一重见的部分。甲组的这段文字接续在今传本第十五章之后，丙组的这段文字则自成独立的一个部分。比较来看，二者的文字也不太一样，如甲组的"临事之纪"，丙组无此句。再如丙组的"人之败也"及句下八字，不见于甲本。语序也不一样。从简本甲与简本丙对这一段文字的不同处理，似乎可以说明二组竹简乃出于不同的传本。

因此，我们认为，郭店楚简《老子》三组简当为墓主人生前所搜罗的、早期《老子》书的三个不同时期的传本，每个传本保留了原始《老子》的一个部分，当时应该还有其他抄本在世上流传。郭店楚简《老子》等一批竹简下葬的时间大概是在公元前 4 世纪中期至前 3 世纪初，那么这批竹简流传的时间当在公元前 4 世纪中叶之前的一二百年之中。由此，我们对于《老子》的成书时间、流传方式可以有一个大概的认识。

总而言之，通过郭店楚简《老子》，虽然不能准确说明《老子》书的成书时间，但已经很有力地证明，《老子》书初步写定的时间当在春秋晚期至战国初期，并且以传抄的方式广泛流传。在传抄解读的过程中，各种思想观念或衍生的阐发往往掺杂其中，但核心的主体部分仍然是来源于"老子"的思想。故而，今传本以及新出帛书本，难免有其后附加的文字，这也是几乎所有古籍都存在的现象。由此，需要注意的是，我们在研究反思中国古典思想的同时，也应首先克服种种衍生材料加在《老子》之上所造成的误导。

三、《老子》书的版本

古籍的流传，时间越久，问题越多。因为不断的传抄、整理、翻印使古籍或大或小地变样，像《老子》这样影响大的先秦古籍，尤其如此。原有的竹简分散流传，学者们或者分卷传抄，或者加以解说，或者加以传注。其中有心无心的错漏，有意无意的窜改，正文注文的集聚，所有这些使人很难看到古籍的真正原貌。但是版本问题对于学术研究来说，又是一个极为重要的问题。下面简略谈谈《老子》的版本问题。

《老子》书的版本应该说是目前所有古籍中最为丰富的特例之

一。从先秦的郭店楚简本《老子》甲、乙、丙，韩非子的《解老》《喻老》，到秦汉之际的长沙马王堆帛书本《老子》甲、乙，再到"齐武平五年彭城人开项羽妾冢"所得之"项羽妾本"①、北大汉简本《老子》、汉严遵的《老子指归》、敦煌出土的《老子想尔注》、唐代的景龙碑刻《道德经》、日本古抄本的《老子》以及传世通行的河上公本《老子》、王弼本《老子》等，可以说构成了一个较为完整且流动的《老子》版本形态。

如果大略划分，我们可以分作《老子》白文本系统、《老子》注解本系统。

《老子》白文本系统，目前所见最古的文本就是 1993 年湖北荆门郭店一号墓出土的郭店楚简《老子》。郭店楚简《老子》抄写在三种长度和形制不同的竹简上，整理者区分为甲、乙、丙三组。其中，甲简共存 39 枚，竹简长 32.3 厘米，竹简两端均修削成梯形；乙简存 18 枚，简长 30.6 厘米，两端齐平；丙简存 14 枚，简长 26.5 厘米，两端齐平。

楚简《老子》甲包括今本《老子》的第十九章、六十六章、四十六章中段和下段、三十章上段和中段、十五章、六十四章下段、三十七章、六十三章、二章、三十二章、二十五章、五章中段、十六章上段、六十四章上段、五十六章、五十七章、五十五章、四十四章、四十章、九章，共写有 1090 字；楚简《老子》乙包括今本《老子》的第五十九章、四十八章上段、二十章上段、十三章、四十一章、五十二章中段、四十五章、五十四章，共写有 389 字；楚简《老子》丙包括今本《老子》第十七章、十八章（其间并无分隔符）、三十五章、三十一章中段下段、六十四章下段，共写有 270 字。三组简包含了今传本第二章到第六十六章中的 32 章内容。值得注意的有以下几点：（1）今传本第一章及第六十七章至八十一章共 16 章的内容完全不见。（2）简甲和简丙同样抄写了第六十四章下段的内容，

---

① 此本保存在唐初傅奕《道德经古本篇》中，其书见于《正统道藏·洞神部·本文类》。

且略有差异。（3）简甲在第三十二简"欲不欲而民自朴"句末有"乙"形符，或为甲本所据资料亦为分篇载录。（4）在楚简《老子》丙本之后，还附有与丙本形制相同的一组简，共存14枚，也是两端齐平，简长26.5厘米。其内容不见于今本《老子》，整理者命名为《太一生水》。其与简本《老子》丙的关系如何尚需进一步探讨。（5）楚简《老子》的章序，与帛书或今通行各本，有着较大的差异。最主要表现在并未按"道经""德经"分为上下两篇。无论是甲本，还是乙本、丙本，各章的顺序也都很少与帛书本或今传本相同。（6）仔细比对，简本中只有"临事之纪"一句，不见于帛书本和今传本。其他的文字，并无大的差距。说明简本或者简本所据以抄写的文本已经是初步定型的《老子》文本。

战国楚简本《老子》的出土，为今人提供了难得的最古的《老子》文本，虽然只有今本《老子》的五分之二，但无论从文字上、篇章上、思想上，还是老学史的认识上，都带给我们更多思考的空间和方向。

楚简本对于《老子》文本研究者的启示，也十分值得关注。过去读来常有前后矛盾、费解以及不通之处，然而苦于没有参照，只能凭空猜疑。楚简本的出世带来很多值得反复玩味的新思考。例如简甲第一简至第二简的上半段，对应今本第十九章。帛书本以下皆作"绝圣弃智，民利百倍。绝仁弃义，民复孝慈。绝巧弃利，盗贼无有"。楚简本作"绝智弃辩，民利百倍。绝巧弃利，盗贼亡有。绝伪弃虑，民复孝慈"。（录文按正字）并无"绝圣""绝仁弃义"这样激烈反对传统圣贤、仁义观念的思想。就老子的时代来看，楚简《老子》更反映较古文本的面貌。下文帛书本以下皆作"以为文不足"，而楚简本作"以为使不足"。[1] 综合章义，意为采取措施禁绝智、辩、巧、利、伪、诈，但仅仅用上述三种禁制措施是不够的，还应使人民内心有所归属，即"视素保朴，少私寡欲"，这样整体文

---

[1] 李零认为："整理者释'弁'读'辩'，疑当释'吏'读'使'，在简文中是用的意思。"见《郭店楚简校读记》，北京大学出版社2002年版，第8页。今从其说。

义更为通顺。长期以来所认为的"以为文饰是不够的",便令人费解。正因为楚简本的出现,我们可以拥有秦汉人所未见的令人耳目一新的材料,实在是老学史上的一件幸事。由文字的重新考量,到文义的重新梳理,再到老子思想的重新理解,当然会使今人更进一步接近原始老子本身。虽然楚简《老子》也并非一标准的定本,但毕竟代表了当今所见古本时代的最古者,尤其具有无可比拟的文献价值。

老子白文本系统中,目前所见最古的完整本,当属1973年冬长沙马王堆第三号汉墓出土的帛书《老子》甲本、乙本。其中一种用篆书抄写,无避讳,命名为甲本;另一种用隶书抄写,避邦字讳,命名为乙本。二者皆属于难得一见的汉初传本。甲本时代略早,盖抄写于刘邦称帝之前,乙本则抄写于刘邦称帝之后。高亨根据避讳更明确说:甲本中所能辨得清的"邦"字22个,在乙本中俱改为"国"字。甲本不避刘邦的讳,可证它是刘邦称帝以前抄写的。甲乙本"盈"字各9个,甲本"恒"字25个,乙本"恒"字29个,可见都不避汉惠帝刘盈、汉文帝刘恒讳。由此可证明乙本是刘邦称帝以后,刘盈、刘恒称帝以前抄写的。[1] 帛书本《老子》二种的出土,在学术史上是一个重大的标志,其重要地位可与孔壁古文、汲冢周书相比。

之所以重要,是因为战国楚简本《老子》虽然时代更早,但毕竟只有两千字左右,并非完本;先秦时代《庄子》《列子》《韩非子》《吕氏春秋》等书虽有征引,亦一鳞半爪;《汉书·艺文志》载邻氏《老子经传》、傅氏《老子经说》、徐氏《老子经说》、刘向的《说老子》,均早已不传;唐代傅奕校定的《古本老子》,号称"古本",依据的底本为北齐高纬武平五年(574)彭城人开项羽妾墓所得,宋范应元《老子道德经古本集注》、元代至元二十七年(1290)陕西楼观台《道德经》碑,皆宗此本。但即使是傅奕所传的古本,也因"考核众本,勘数其字"而失其本来。帛书《老子》甲、乙本皆为汉初

---

① 高亨:《试谈马王堆汉墓中的帛书老子》,《文物》1974年第11期。

遗物，为魏晋以下人所未见，又有两个可以相互比照的传本，且皆为五千字的完整本，故弥足珍贵。高明撰《帛书老子校注》序中称："勘校此书的目的，只求依据帛书《老子》甲、乙本勘正今本伪误，澄清其中是非，以恢复《老子》经文真旨。"① 譬如帛书本分《德》《道》上下两篇，就与今本《道经》在前、《德经》在后的篇章构成完全相反。再者甲乙两本篇内文字都是连续抄写，没有提行现象，而各篇末行的末字之下都留有空白。乙本在与篇末之字空两字处题写了"德　三千卌一""道　二千四百廿六"。甲本在有些段落前加有墨点，似分章符号，但数量不多。乙本只在"道可道也"之上加有墨块，但篇内并没有加分章符号。今存《老子》河上公本、王弼本、傅奕本都分作八十一章，然帛书两本均不分章，说明《老子》原未分章。这也就可以看出，今本分章为后人所为，而且其中有些错误，不是一章而误合是一章而误分的。最明显如帛书本第二十四章在第二十一章、二十二两章间，第四十、四十一两章前后相倒，第八十、八十一两章在第六十六、六十七两章中间。帛书《老子》甲、乙本文字异文颇多，说明可能并非乙本抄自甲本，而是来自两种不同的抄本。这些都反映了秦汉之际流传的《老子》书的一个基本样貌。

再如今本《老子》第一章有"故常无欲，以观其妙；常有欲，以观其徼"。宋代司马光、王安石、范应元并认为当在"无"字、"有"字下断句，以王弼本、河上公本"无欲""有欲"的理解为误。然而帛书甲本、乙本此句并作"故恒无欲也，以观其眇；恒有欲也，以观其所噭"。一方面，说明宋人的疑古是不符合古本原意的。另外今本的"徼"字作"所噭"，也解决了关于"徼"字的训诂问题。河上公注："徼，归也。"王弼注："徼，归终也。"陆德明《音义》曰："徼，小道也。边也。微妙也。"古人之解释多歧义，且难以理解。帛书本作"所噭"，带给我们新的思考方向，盖"徼""噭"作为"曒"的通假字，意为"皎"，显明也。《诗经》"有如曒日"，《诗传》云："曒，光也。"此"显明"正与上句之"微眇"相对，也正是有

---

① 高明：《帛书老子校注·序》，见《帛书老子校注》，中华书局1996年版，第6页。

名的世界与无名的世界。诸如此类，颇值得仔细逐字辨析。

帛书本虽然是今所见最古的完整本《老子》，但上距《老子》的成书至少二百余年，已经发生了怎样的版本流变，今人很难知晓。再者，即使和帛书同一时代，当还有其他不同的传本，如所谓的项羽妾墓本。因此，在运用帛书考订今本的时候，也应审慎地对待资料异文，不可一切依帛书为是。比如高明《帛书老子校注·序》中提到：

> 通过勘校证明，世传《老子》诸本，经文皆有讹误，被后人改动之处甚多，往往因一字之讹，则经义全非。如今本"无为而无不为"句，世传本中出现次数不同而皆有之，已成《老子》中之名言。但在帛书《老子》甲、乙本中，均无此痕迹。帛书《老子》只有"无为而无以为"，而无"无为而无不为"。"无为而无不为"本不出于《老子》，它是汉初黄老学派之产物。从而可见，今本中类似这种统一性的共存讹误，如非汉帛书《老子》甲、乙本出土，则根本无法发现。①

恰恰帛书《老子》甲、乙本此处皆残，认为其文作"无以为"乃整理者推测的意见，用推测的意见证明"无为而无不为"不出于《老子》，就显得十分唐突了。况且郭店楚简本此处正作"亡为而亡不为"。说明这种思想本来就来源于更早的《老子》书。

此外，白文本系统中，北京大学藏西汉竹书《老子》，是值得重视的新出文献。2009 年初，北京大学接受一批海外捐赠的西汉竹简。根据书体及竹书的内容分析，这批竹简的书写"主要在汉武帝后期，下限不晚于宣帝"②。其中包括《老子》，现存完整竹简 176枚，残断竹简 105 枚。经拼缀后共有完整及接近完整的竹简 210 枚，

---

① 高明：《帛书老子校注·序》，见《帛书老子校注》，中华书局 1996 年版，第 5 页。
② 北京大学出土文献研究所：《北京大学藏西汉竹书》（二），上海古籍出版社 2012年版，第 2 页。

残简 10 枚。据推测，汉简《老子》原书应有竹简 232 枚。完整简长 31.9 到 32.2 厘米，宽 0.8 到 0.9 厘米。每简 28 字，极少数 29 字。据统计，汉简《老子》全书正文现存 5200 字，重文 110 字，在目前所见出土简帛《老子》中保存最为完整。

北京大学藏西汉竹书《老子》有以下几个值得注意的方面：

（1）《老子》称经及分上下篇。二号简背面上端题"老子上经"，一二四号简背面上端有"老子下经"。书体与正文一致。其中"上经"相当于今本的"德经"，"下经"相当于今本的"道经"。与帛书本《德经》在前、《道经》在后顺序相同。

（2）分章问题。北京大学藏西汉竹书《老子》每章另起一简抄写，章首有圆形墨点，章尾未写满则留空。全书共分七十七章，上经四十四章，下经三十二章。帛书甲、乙本均为连续抄写，没有明确的分章。甲本在少数段落前有圆形墨点，盖为分章符号。乙本则没有。

（3）章序问题。每章均另起一简抄写，章序多与今传本相同。今传本第八十一章最后一章（信言不美），汉简本也以"信言不美"章为《上经》最末章，后有记数字。帛书老子甲、乙本以"和大怨，必有余怨"章作为《德经》的最后一章，则与此不同。又今本四十章（反者道之动）、四十一章（上士闻道，勤而行之）、四十二章（道生一），汉简本顺序亦如此排列。帛书本的排列顺序是"上士闻道"在前，其次"反也者，道之动也"，再次"道生一"。宋谢守灏《混元圣纪》引《七略》云："刘向雠校中老子书二篇……定著二篇，八十一章。上经第一，三十七章，下经第二，四十四章。"则刘向校书定八十一章，上经三十七，下经四十四。此本盖为定本前的《老子》书形态。

（4）文本异同。北大汉简本《老子》以汉隶书写而成，比较而言，其文本与帛书本、今传诸本皆互有异同。以今传本第九章"揣而锐之，不可长保"句为例，"揣"，郭店简甲作"湍"，帛书甲缺，帛书乙作"掩"，北大汉简本作"梪"；"锐"，郭店简甲作"羣"，帛书乙本、北大汉简本作"允"。整体来说，北大藏汉简与马王堆帛书

《老子》文字相近。但也有与郭店本相合之处。如今传本第二十五章，帛书甲、乙及今传世本皆作"道大、天大、地大、王亦大"，郭店简甲作"天大，陞大，道大，王亦大"，北大简亦作"天大、地大、道大、王亦大"。这一语序与《淮南子·道应训》中所引"故老子曰：天大、地大、道大、王亦大。域中有四大，而王处其一焉"和《说文解字·大部》"天大、地大、人亦大"相同。

（5）真伪辩争。尽管整理者在重大项目支撑的基础上，发表了诸如《北京大学藏西汉竹书本〈老子〉的文献学价值》《西汉竹书〈老子〉的文本特征和学术价值》《西汉竹书〈老子〉简背划痕的初步分析》等系列文章，也展开了相关的研究，[①] 对这批竹简《老子》的价值做了充分的肯定，但也有不少学者持质疑和存疑的态度。关于北大藏西汉竹书《老子》，最大的争议在于其出土地点不明，从而造成关于其真伪疑问。邢文《北大简〈老子〉辨伪》一文提出，"北大《老子》不仅是今人伪造、书法拙劣的汉简赝品"，且"整理者在整理、发表材料的过程中"，"涉嫌二次作伪"。[②] 李开则在 2016 年 9 月 12 日的《光明日报》第 16 版回应：读了《辨伪》以后，并不能得出上述结论。要是北大《老子》简作伪，据何种底本作伪呢？据帛本、郭店本？从时间间隔看，恐来不及制造。据王本，也不像。要是今人作伪，作伪的底本应该能查得出来。从北大简特有之"无以为""大器勉成"看，皆于古有据，于今罕见，当属古人以某一已经亡佚了的更早的古本为底本的抄写本，与今人毫无关系。这一版也同时刊登邢文对李开的反驳《"辩证之美"与"散点透视"——北大简〈老子〉再辨伪》。姚小鸥在 2016 年 12 月 12 日《光明日报》第 16 版发表《由拼接与书法看真伪——与邢文先生商榷》一文，结合秦汉简册制度，逐一对照《辨伪》指责，发现无一能够成立。在辨伪和反驳的升级战中，双方各执一词，更多的学者还是持审慎的态

---

① 例如北京大学出土文献研究所编辑出版论文集《古简新知——西汉竹书〈老子〉与道家思想研究》（上海古籍出版社 2017 年版）。

② 邢文：《北大简〈老子〉辨伪》，《光明日报》2016 年 8 月 8 日第 16 版。

度，期待发现更多更加质实的材料，使这一版本的真实性更为确凿。

《老子》的注解本系统。古籍中专门注释《老子》书的，当以《韩非子》中的《解老》《喻老》为最古。韩非，战国时韩国公子。"喜刑名法术之学，而其归本于黄老"，又"悲廉直不容于邪枉之臣，观往者得失之变，故作《孤愤》《五蠹》《内外储》《说林》《说难》十余万言"。① 秦王政十四年（前233），韩非使秦并客死秦国。韩非所著书当在其入秦之前。《汉书·艺文志》法家类录《韩子》五十五篇。《解老》《喻老》分列于卷第二十、卷第二十一。司马迁曰："老子所贵道，虚无，因应变化于无为，故著书辞称微妙难识……韩子引绳墨，切事情，明是非，其极惨礉少恩。皆原于道德之意，而老子深远矣。"②

《解老》篇始于《德经》第一章（帛书本《老子》的第一章、今本《老子》的第三十八章，郭店楚简《老子》未见本章）；《喻老》篇始于《德经》第九章"天下有道，却走马以粪；天下无道，戎马生于郊"（帛书本《老子》第九章、今本《老子》第四十六章）。郭店简甲自今本第四十六章"罪莫大于可欲"句始，前接今本第六十六章末句"故天下莫能与之争"。比较两本，可见楚简本尚未明确区分《德经》《道经》。至《解老》《喻老》虽然为摘取《老子》书的内容加以详细阐发，而且今本第七十一章以后的内容未见，但基本涵盖《德经》《道经》，说明其所据底本已经区分为两篇。另外比较二篇所引据的《老子》书，可见其一部分与郭店楚简《老子》相近，如第四十六章"咎莫大于欲得"，郭店简甲作"咎莫憸（憯）虖（乎）谷（欲）得"，《喻老》作"咎莫憯于欲得"。"故知足之足，常足"句，郭店简甲作"智足之为足，此互（恒）足矣"，《喻老》作"知足之为足矣"。故无论从篇章上，还是从文字上看，韩非所据的《老子》具有从早期《老子》文本向帛书阶段初步定型文本过渡的文

---

① 司马迁：《史记》卷六十三《老子韩非列传》，中华书局1982年版，第2146、2147页。

② 司马迁：《史记》卷六十三《老子韩非列传》，中华书局1982年版，第2156页。

本特征。

　　韩非而后，注《老子》者不下千余家，其见于《汉书·艺文志》的，有邻氏、徐氏、傅氏、刘向等，但其书早佚。至今存者流传最广、影响最大的注解本当属王弼本和河上公本，但唐宋时就有人对这两个本子有异议，而不断地追寻原本，包括两个注本的古本。①《新唐书·刘知幾传》：

　　　　开元初，（刘子玄）迁左散骑常侍。尝议《孝经》郑氏学非康成注，举十二条左证其谬，当以古文为正；《易》无子夏传，《老子》书无河上公注，请存王弼学。宰相宋璟等不然其论，奏与诸儒质辩。博士司马贞等阿意，共黜其言，请二家兼行，惟子夏《易传》请罢。诏可。②

实际上，在唐代一直是"二家兼行"的。陆德明《经典释文》、傅奕古本皆以王弼本为依据。颜师古注《汉书》、贾公彦疏《周礼》、李贤注《后汉书》，都引用河上公本，李善注《文选》则两本兼用。从总的情况看，唐宋时河上公本流传更广一些。不仅敦煌写本中保存了大量的《老子》河上公注写本残卷，日本古抄本中也有几种《老子》，均为河上公注本。宋以后怀疑河上公本并非古本，因为《汉书·艺文志》中有"老子邻氏经传"等书，却无河上公章句。《隋书·经籍志》中才载录"梁有战国时河上丈人注二卷"，其所本大约是阮孝绪的《七录》。也有人认为河上公注乃魏晋人所为，马叙伦作《老子校诂》考证曰：

　　　　余检河上注曰：魂者，雄也，主出入人鼻，与天通，故鼻为玄也。又曰：天门，北极紫薇宫。若此者，汉初犹无其说，

---

① 关于王弼、河上公两个注本的讨论，参见熊铁基、马良怀、刘韵军：《中国老学史》，福建人民出版社1995年版，第22—26页。

② 欧阳修、宋祁：《新唐书》卷一百三十二《刘知幾传》，中华书局1975年版，第4522页。

何况战国时？又检王本，经注相检，颇多错讹复重，亦有弼注讹入经中而河上乃并弼注亦注之，其题箸之尤者，则佳兵者一章是也。亦有弼注后经文始有错伪者，而河上本亦同其错讹。以此证之，盖出于王本乱离错伪之后，为张道陵学者所为。独不解晋之中世，其书已行，而诸所存晋宋前籍，顾不多及。至梁元帝《金楼子》、阮孝绪《七录》始录其书，皇侃《论语义疏》始援引其注，从可知梁世乃大行。①

当然，也有不少学者提出，虽然河上公本未见载于《汉书·艺文志》，但也不能就此否认河上公注《老》成书于汉代。王明认为"《河上公章句》者，盖当后汉中叶迄末年间，有奉黄老之教者，为敷陈养生之义，希幸久寿不死，托名于河上公而作"，"其书之行世，当在王弼之先"。② 饶宗颐通过对敦煌出土《老子想尔注》与河上注的比较认为，"《想尔》立义与《河上》间有同者，而训诂违异实多，就其异中之同处，又可推知《想尔》袭取《河上》之迹，因知《想尔》应出《河上》之后焉"③。

关于《老子河上公章句》的成书年代，迄今虽无定论，但综合考量，成书于东汉说更加合理。

王弼注《老》虽然成书时间清楚，但今所通行的王弼本亦非其原貌，马叙伦考证：

宋则众本杂出，率祖河上，盖以徽宗尊道，甚于唐玄。故熊克求王本，至谓近世希有，久乃得之。今行王本即熊氏所得，晁说之称为近古者也。然晁氏谓弼题是书曰《道德经》，不析乎道德而上下之。而《音义》所依为王本，已析上篇为《道经》，下篇为《德经》。晁氏谓："常善救人故无弃人，常善救物故无

① 马叙伦：《老子校诂·序》，中华书局 1974 年版，第 6—7 页。
② 王明：《老子河上公章句考》，《国立北京大学五十周年纪念论文集（文学院第十八种）》，1948 年 12 月。
③ 饶宗颐：《老子想尔注校证》，上海古籍出版社 1991 年版，第 79 页。

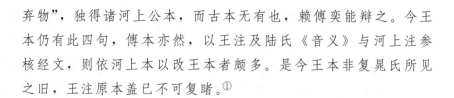

弃物"，独得诸河上公本，而古本无有也，赖傅奕能辩之。今王本仍有此四句，傅本亦然，以王注及陆氏《音义》与河上注参核经文，则依河上本以改王本者颇多。是今王本非复晁氏所见之旧，王注原本盖已不可复睹。[①]

《正统道藏》王弼《道德真经注》末附晁说之跋曰："王弼知佳兵者不祥之器，至战胜以丧礼处之，非老子之言。乃不知常善救人，故无弃人，常善救物，故无弃物，独得诸河上公，而古本无有也。赖傅奕能辨之尔。"焦竑《老子翼》亦曰："傅奕云：圣人常善救人二十字独见河上公，古本无之。"事实上，帛书甲、乙本所无的只是"常善救物"四字，"故无弃物"，帛书甲、乙作"物无弃财"。傅奕所见的王弼本无这些字，今传王弼本有，正可说明今传王弼木已非原貌。然而由此认为乃"依河上本已改王本者多"，却并不准确。时代愈后，古籍的原貌就愈难以保存，这是古籍传承的基本规律。二本传承既广，翻刻颇多，相互影响，在所难免。宋代以来，疑古考证颇多，至少提出了许多值得注意的问题。这也是在研究《老子》思想时应该注意的问题。

王弼注、河上公注《老子》的注文本身，经过反复传抄，也可能有很多问题，也需要进一步追寻其注文的原貌，以避免因误本而造成对注家思想的误读。因为注文本身也是有很大意义的，主要在两方面：一方面是对《老子》的领会和掌握，另一方面则反映作注者本人的思想，这两方面有着密切的关系。例如：第三章"常使民无知无欲"，河上公注"反朴守淳"，王弼注"守其真也"。第二十五章"道法自然"，河上公注："道性自然，无所法也。"王弼注云：

> 道不违自然，乃得其性。法自然者，在方而法方，在圆而法圆，于自然无所违也，自然者，无称之言，穷极之辞也。
>
> 道顺自然，天故资焉。

①　马叙伦：《老子校诂·序》，中华书局 1974 年版，第 2 页。

这些理解比较准确地掌握了《老子》"自然"的主旨，把握了《老子》思想的真正意义，或者说是接近《老子》本义的领会。

反映注家本人思想的，如王弼注第三十章"以道佐人主者，不以兵强天下，其事好还"时说：

> 有道者务欲还反"无为"，故云其事好还也。

大多数注者认为"其事好还"是就"用兵"之事而言，含有"还报"或"报复"的意思。[①] 如蒋锡昌《老子校诂》所说：

> 此谓用兵之事，必有不良之还报；下文所谓"师之所处，荆棘生焉；大军之后，必有凶年"也。

王弼的解释似乎与原意不符，但"有道者务欲还反'无为'"这句话，似可反映出王弼主张无为的思想，这无疑也和他"以无为本"的思想一致。我们研究王弼的思想，就要有所辨析地借助他《老子注》中的资料。

河上公注也是如此，其解第一章"玄之又玄"时说：

> 玄，天也。谓有欲之人与无欲之人，同受气于天。天中复有天也。禀气有厚薄，得中和滋液则生贤圣；得错乱浊辱，则生贪淫。

解第六章"谷神不死"时说：

> 谷，养也。人能养神则不死。神谓五藏之神也。肝藏魂，肺藏魄，心藏神，脾藏意，肾藏精与志。五藏尽伤，则五神去。

---

① 参见陈鼓应：《历代老子注书评介》，见《老子注译及评介》，中华书局 2009 年版，第 359—360 页。

此类例子颇多，其解释与《老子》本义无关，多为借题发挥。但是作为研究《河上公章句》的思想，倒是有一定的意义。如有的学者指出"河上公注，多养生家言"，进而还可以将所谓河上公的注释言论放置到一定历史时期某些流派思想潮流中去观察其真正的时代特色。

战国秦汉时期，《老子》的注解本还有严遵注、《老子想尔注》，也同样值得重视。

西汉末期隐士严遵所撰《老子指归》，共十三卷，七十二篇，另附一篇序文《说二经目》。前七卷注《老子德经》，共四十篇。后六卷注《老子道经》，共三十二篇。宋代晁公武《郡斋读书志》卷十一曰："《老子指归》十三卷……汉严遵君平撰，谷神子注。其章句颇与诸本不同，如以'曲则全'章末十七字为后章首之类。按唐志有严遵《指归》四十卷，冯廓注《指归》十三卷。此本卷数与廓注同，其题谷神子而不显姓名，疑即廓也。"宋代之后只存前七卷。《老子指归》收于明《正统道藏》及《怡兰堂丛书》中，题为《道德真经指归》，在每篇文前皆引所注《老子》原文；收在《津逮秘书》《丛书集成》中题为《道德指归论》，不录原文，只以所注《老子》原文的起首几字为篇名，如《上德不德篇》《得一篇》等。今人王德有据《道藏》残本点校《老子指归》一书，除了所存前七卷之外，又从五十多种《老子》注中搜寻出《老子指归》后六卷佚文百余条，删重复，合为八十则，列于正文之后，仿照前七卷体例排列。

《老子想尔注》一书在《隋书·经籍志》、两唐志中均未见记载。唐陆德明《经典释文序录》有《想余注》二卷。《正统道藏》未收，《道藏缺经目录》著录。《正统道藏》九八九册正乙部《传授经戒仪注诀》中太玄部列道经，前三种的顺序是：《大字本道德经》《河上公章句》《想尔训》。可见此书也被作为道流的必读书。敦煌莫高窟出古写本，现藏大英博物馆，列斯氏编目六八二五号。卷末题："老子道经上"，下注"想尔"二字分行。起今本第三章注"则民不争"，讫上卷终，凡五百八十行。注与正文连书，不分字体大小，不别章次，别章不另起行，与其他唐写本《道德经》行款颇异。饶宗颐认为："孔颖达《礼记正义》称：'马融为《周礼注》，欲省学者两读，故具载本文。'盖后汉以来，始就经为注。此书注与经文连写，犹存东汉晚期注书之式。"此书的作者和传本系统，饶宗颐考证为"（张）陵初作注，传衡至鲁，而鲁更加厘定，故有'系师定本'之目"。[①]对于此书的抄写时代，一般定为六朝写本。

严遵《老子指归》重在探讨从无生有的宇宙演化过程，以及以无为本的本体论；《老子想尔注》则反映原始道教思想对《老子》的解说和发挥。本书以下各章将较详细论述各本，此不再赘述。

一个值得注意的问题是，《老子》成书后，还经历了一个上升为"经"的过程，即称之为《道德经》。从现有文献遗存看，《老子》在战国文献记载中，仅称"老子曰"或"老聃曰"。至《史记·老子传》则称："老子著书上、下篇，言道、德之意，五千余言。"《史记·儒林传》载："窦太后好《老子》书。"则汉初亦直曰《老子》。从帛书本看，在乙本篇末所记的篇名仅仅是"德""道"，而无"经"字，也可以佐证汉初传本没有称经。

至《汉书·艺文志》录《老子邻氏经传》四篇，《傅氏经说》三十七篇，《徐氏经说》六篇，刘向《说老子》四种。刘向《说老子》不称经，而邻氏、傅氏、徐氏称经，故依《汉书》的说法，《老子》书被称为经正是在西汉末年至东汉初。其时正是道教经典开始形成，道教教团发轫之时，正如马叙伦所说，《老子》称经，"大抵道教之徒，托以为重耳"[②]。扬雄《蜀王本纪》曰："老子为关尹喜著《道德经》。"东汉末边让《老子铭》曰："见迫遗言，道德之经。"《列仙传》曰："老子著书，作《道德经》上、下二卷。"根据这些证据，也可证明《老子》书称为《道德经》是在西汉末期开始的。

《老子》书篇章的定型应该也是一个渐进的过程，从郭店楚简本的没有分上下二篇，到帛书本的分出上下二篇；从帛书本的上下二篇、但没有明确分章，到北大汉简本的七十七章；从汉简本的七十七章，再到河上公、王弼本的八十一章以及相对固定的章序，都可

---

① 饶宗颐：《老子想尔注校证·解题》，上海古籍出版社 1991 年版，第 1、4—5 页。

② 马叙伦：《老子校诂·老子称经及篇章考》，中华书局 1974 年版，第 14 页。

以看出《老子》一书并不是一开始就如今本面貌的。

第三节 老子的基本思想

《老子》一书号称"五千言"，虽字数不多，却言简意深，内容丰富，自然、社会、人事都涉及了。人们在介绍其思想时，或分哲学思想、政治思想、伦理思想分别介绍，或分宇宙论、本体论、认识论、政治论、战争论、人生观、修养论等。人们可以从《老子》中发现辩证法、人生策略，也可以找到养生之道。有人说其思想是唯心主义的，有人说是唯物主义的；有人认为它是形而上学的。总之，各有各的道理。但对《老子》的思想进行评述，首先应注意《老子》书的文本本身，在其基础上，提出评论者个人的看法，而不应用各种先入为主的主观认识强加在《老子》之上，这是尤其应注意的。因此，我们对老子思想的叙述，力求客观、全面一些。

正如上两节所谈到的，关于老子其人的时代有多种说法，前后相距约二百年。《老子》其书历来有一些不同的版本。郭店楚简本、马王堆帛书本出土以后，更进一步表明《老子》书在形制、结构、内容、文字上都经过了一个渐进的演变过程。但是，从总的情况看，《老子》基本思想却是从一开始就已经确定下来的，那就是围绕着"道""德"的思考及立说。

一、"道""德"的存在及提升

司马迁《史记》称老子"言道德之意五千余言"。作为含义深广的"道""德"二字，在《老子》一书中的使用频率是较高的，"道"字出现 69 次，"德"字出现 33 次，更不消说一些与"道"字等同的"一""大""玄""朴"乃至"有""无"等字。可以说，反映《老子》思想的最核心词语就是"道""德"。"道"又是最根本的，所谓"孔德之容，惟道是从"。关于老子所说"道""德"二字的解释，历来以"道"为"德"之根本，"德"为"道"之功用。如《韩非子·解老》说："德者，道之功也。"王弼注说："德者，得也。常得而无丧，利而无害，故以德为名焉。何以得德？由乎道也。"可见二者是密切关联的，与儒家所说或通常意义上的"道德"含义不同。

"道"是《老子》书的中心词汇，但"道"这个字的出现由来甚古，并非老子的发明。《诗经·小雅》中有"周道如砥，其直如矢"，这是道路之道。《说文解字·辵部》："道，所行道也"，"一达谓之道"。由此引申出通达某个目的地的事理、规律的意思。《尚书》《左传》《周易》中所谓"天道""人道"屡见不鲜，也不乏伦理层面上"道德""道义"之"道"，当为周代文化语境中的核心价值所在。《左传·桓公六年》："所谓道，忠于民而信于神也。上思利民，忠也；祝史正辞，信也。"《左传·僖公十三年》："天灾流行，国家代有，救灾恤邻，道也。行道有福。"《周易·观卦》有"神道设教"。因此，"道"又往往与信仰世界的"天"和"神"相联系，当然也含有某种尊重事物规律的含义。

《老子》的"道"吸收了前人对于"天道""人道""神道"等具体含义，同时进一步加以提升，直至展开对于天地万物终极根源之道的思考，这恐怕是《老子》思想最为突出的独创所在。这一点也是被后世所广为肯定的。"至《老子》乃予道以形上学的意义。以为天地万物之生，必有其所以生之总原理，此总原理名之曰道"[1]。

值得注意的是，这种高度抽象的宏观系统性的思考，其实早在郭店楚简《老子》的时期，就已经很明确了。如郭店楚简甲中 13.17—24.37 号竹简论述了本源之"道"的存在、性质、地位、运行方式等：

> 衍（道）互（恒）亡为也，侯王能守之，而万勿（物）牺（将）自愳（化）。
>
> 道互（恒）亡名，仆（朴）唯（虽）妻（微），天陞（地）弗敢臣。侯王女（如）能兽（守）之，万勿（物）牺（将）自

---

[1]　冯友兰：《中国哲学史》，重庆出版社 2009 年版，第 145 页。

賓（宾）。天陸（地）相合也，以逾甘零（露），民莫之命（令），天〈而〉自均安。讠丌（始）折（制）又（有）名。名亦既又（有），夫亦牆（将）智（知）止。智（知）止所以不讠丌（殆）。卑（譬）道之才（在）天下也，猷（犹）少（小）浴（谷）之与江海（海）。

又（有）䊢虫成，先天陸（地）生，敓繆（穆），蜀（独）立不亥（改），可以为天下母。未智（知）其名，𥎦（字）之曰道。虐（吾）㢧（强）为之名曰大。大曰瀯（羡），瀯（羡）曰遖〈远〉，遖〈远〉曰反（返）。天大，陸（地）大，道大，王亦大。国中又（有）四大安，王凥（居）一安。人法陸（地），陸（地）法天，天法道，道法自肰（然）。

天陸（地）之𣄼（间），其猷（犹）囯（橐）籊〈籥〉与？虚而不屈，遾（动）而愈出。

至虚，亙（恒）也。兽（守）中，篙（笃）也。万勿（物）方（旁）复（作），居以须复也。天道员员，各复其堇（根）。

返也者，道僮（动）也。溺（弱）也者，道之甬（用）也。天下之勿（物）生于又（有），生于亡。①

以上内容对应今本的第三十七章、第三十二章、第二十五章、第五章、第十六章、第四十章。

其中，“衍亙亡为”“道亙亡名”“至虚，亙也”，“亙”，今传本、傅奕本作“常”，帛书甲、乙本作“恒”；或释作“恒”，或释作“极”。今人大多根据后世传本认读古本，并称“亙”或作“恒”或作“极”为混用现象，如李零说：

案战国秦汉文字，“恒”“极”相近，常被混淆，如马王堆帛书《系辞》中的“太恒”，今本作“太极”，就是类似的例子。这种混用孰为本字，似有两种可能，一种可能是字本作“恒”，

① 荆门市博物馆：《郭店楚墓竹简》，文物出版社1998年版，第112—113页。

> 后改为“极”；一种可能是字本作“极”，用“恒”代替。此类现象值得重视。它不仅有别于同音换读的通假字和通义换用的互训字，也有别于通常所说的异体字和偶尔发生的字形讹误，是属于当时认可的混用。①

然而，“恒”“极”二字就今人的理解看，意思还有不小的差别。实际并非“亘”与他字的混用，而是认读为“恒”还是认读为“极”的混用。这样，“道恒无为”，多被解释为“道以无为为常”（河上公），“道是永恒的，清静无为”（王中江）或“道永远是顺任自然的”（陈鼓应）。那么，如果认读为“道极无为”和“道极无名”，所指就更为确切，意谓“道之终极乃无为无名的”。正如整篇《老子》所试图强调的，道本身既是无为的，又是有为的；既是无名的，又是有名的；无所不包，无所不在。所谓“无名，天地之始；有名，万物之母”，如果单纯强调道之无为、道之无名，就显得前后矛盾。但是强调“道之终极乃无为的无名的”，正如“无极”“太极”“太一”“极先”“虚极”同样都指向终极意义上的“道”的性质，“无为”“无名”“至虚”，就显得更为合理。

“又𤴡虫成，先天陞生。敓缪，蜀立不亥，可以为天下母”。“𤴡”，帛书本和通行本皆作“物”，魏启鹏疑读为“道”，裘锡圭疑读为“状”。不论读作何字，当指元初之道的本真存在。“虫成”通行本皆作“混成”。帛书甲、乙本作“昆”，读作“混”。《说文》：“混，丰流也。”意为水势盛大之貌。此处盖为形容存在之初混沌恍惚，涌现而发生之状貌。“敓缪”，帛书甲本作“绣呵缪呵”，帛书乙本作“萧呵漻呵”。《老子想尔注》、敦煌本 P. 2584、敦煌本 S. 6453 作“寂漠”，今通行本作“寂兮寥兮”。段玉裁《说文解字注·禾部》：“穆，凡经传所用穆字皆假‘穆’为‘㣎’，‘㣎’者细文也。凡言穆穆，逾于穆，昭穆，皆取幽微之义。”意谓道的存在幽微无形。“蜀立不亥”，“亥”，今传本作“改”，帛书甲本残，帛书乙本作

① 李零：《郭店楚简校读记》，北京大学出版社 2002 年版，第 6 页。

"㤥","亥""㤥"疑皆假借为"垓",界限、边际之义。① 亦即道是不受任何局限的独立的存在。归纳起来看,本章描述道的存在,以及道的地位。它先于天地万物,幽微无形,混沌而涌现发生,独立而没有任何限制界域,像化生天地万物的母体。

"返也者,道僮也。溺也者,道之甬也。天下之勿生于又,生于亡。""返"与上文"天道员员,各复其堇"意同,意为万物化生,并终将向本源复归。"溺(弱)"与"强"相对,柔弱是道发生作用的方式。"天下之勿生于又,生于亡",帛书甲残。帛书乙作"天下之物生于有,有□于无",《文子·道原》作"有生于无,实出于虚"。楚简甲此句中是否脱"有"字的重文符,这个问题涉及《老子》此章的本义是"无中生有"还是"生于有和无",目前很难加以判定。但从帛书乙本和《文子·道原》等书看,当如今本所说为"天下之物生于有,有生于无"。

郭店楚简本《老子》之外,帛书以下诸本对"道"的本体描述亦多,如:

> 道冲而用之,或不盈。渊兮似万物之宗。(今本第四章)
> 道生一,一生二,二生三,三生万物。(今本第四十二章)
> 道生之,德畜之,物形之,势成之。是以万物莫不尊道而贵德。(今本第五十一章)

言道为化生万物的宗主,其作用方式是"虚而不竭,动而愈出"。道化生万物的过程乃从无到有,从少到多,从小到大,再从有归于无的过程。

再如:

> 视之不见名曰夷,听之不闻名曰希,搏之不得名曰微。此

---

① 参见丁原植:《郭店楚简〈老子〉释析与研究》(增修版),万卷楼图书有限公司1999年版,第139页。

三者不可致诘，故混而为一。其上不皦，其下不昧。绳绳兮不可名，复归于无物。是谓无状之状，无物之象，是谓忽恍。迎之不见其首，随之不见其后。（今本第十四章）

道之为物，唯恍唯忽。恍兮忽兮，其中有物；忽兮恍兮，其中有象；窈兮冥兮，其中有精；其精甚真，其中有信。（今本第二十一章）

言道无法为人的感官所察觉，所谓视而不见，听而不闻，搏而不得。但却是实实在在的存在，精微神妙而真实不虚。

以上，《老子》描述了什么是道。正因为老子所总结和认识的道是这样一种超越名相的存在，所以在今传本《老子》的开篇就有声明，作为人类应追寻真实无限的至道，而不要受到语言文字的遮蔽：

道可道，非常道；名可名，非常名。无名，天地之始；有名，万物之母。故常无欲，以观其妙；常有欲，以观其徼。此两者，同出而异名。同谓之玄。玄之又玄，众妙之门。

一切的言说传授，都非精微常道本身；一切的书写传世，也非精微常道本身。万物因人类的语言而具有了意义。本真的自然而然，原本是超越人的语言局限的无限存在。所以，回归混沌本真的心灵，可以观照领悟宇宙的微眇；循着语言的指引，可以观照印证宇宙之道的显明意义。然而，幽眇与显明，呈现不同，却同样都是一个不可分割的整体，我们统称之为"玄"。玄远而又玄远之所，正是万物的根源与主宰。

老子著书立说，首先申明，所谓"道"，乃天地万事万物之总称，变动不居，迁移变化，然万变之中仍有不变的规律法则，即常道，即精，即真。说出来的、写出来的，往往只能表达表象，即粗，精微的常道需要心灵的观照和体悟。正如庄子寓言"轮扁斫轮"中所说："得之于手而应于心，口不能言，有数存焉。"语言文字，正如禅宗中所说指月的手指，而非月亮本身。因此，要把握不变的、精微的常道，更好地与道相合、完善提升生命，首先要借助语言文字和人类的思维方式，但又不能执着于此。

古往今来，关于此章的误解，在于认为老子在说"道不可言，言而非也"，"道不可名，名而非也"。从而使"道"流向神秘化、玄奥化，高高在上。事实上，精微常道存在于语言产生之前，而且亘古长存，是超言绝象的。因此，要想把握真正的道的精妙之意，必须一方面打破语言和理性的遮蔽和局限，进入到直观体悟的境界；另一方面，又要遵循语言和理性的指引和思考。兼具两种不同的思维方式，才能一窥道的秘密。语言和理性如何遮蔽？正如王阳明指"岩间花树"说："你未看此花时，此花与汝心同归于寂。你来看此花时，则此花颜色一时明白起来。"然而如何打破？正如庄子"蝴蝶梦"，以梦的寓言说明庄周与蝴蝶，不过是人的分别；物化之际，则浑然同体。

事实上，老子并不反对"言"，多次提到"正言若反"，"信言不美，美言不信"，"吾言甚易知，甚易行"，"犹兮其贵言"，"善言无瑕谪"等。可见老子所主张的"言"乃"正言""信言""善言"，从而区别于世俗之言。那么，何谓世俗之言？第二章所说的美丑、高下、先后即是。

总而言之，从郭店楚简甲本开始，《老子》对道的描述就已经比较完整了。借助此本，我们可以看到原始老子思想中对于宇宙的根源、终极之道的发现和思考，摆脱了对神灵世界的盲目依赖，也超越了世俗世界的思想局限，进入到一个无限的根本的道的世界，堪称中国思想史上一次伟大的突破。并且《老子》也首先注意到人类"思维"和"语言"的局限问题，因此，一面描述道体道用，一面尽量去思维和语言之蔽，直指本真之道。

二、"道""德"的特性及作用方式

高亨曾就什么是老子所说的道，提出一个今人的说法，就是"道者，宇宙之母力也"①。并进一步提出老子之道具有十种主要的性

---

① 高亨：《重订老子正诂·老子通说》，古籍出版社1956年版，第1页。

质：一曰道为宇宙之母；二曰道体虚无；三曰道体为一；四曰道体至大；五曰道体长存而不变；六曰道运循环而不息；七曰道施不穷；八曰道之体用是自然；九曰道无为而无不为；十曰道不可名不可说。① 可谓根据《老子》文本对道的特性和作用做了比较全面的概括。然道体至大，道用至广，无形无名，超言绝象，如何认识到其真实的性质呢？必须看到道落实在万物中，即为"德"。德之特征，即为道的特征。《老子》中所提到的"孔德""上德""广德""建德"，或者"有德""失德""积德"等，似乎都在表明，因为道的运行，万物得以化生，化生之时，德性蕴藏其中，万物皆有德性。保有则存，耗损则失。人之贵，在于能够认识到德性的存在，尊道而贵德。道无形而德有象，天地万物之中皆以德性呈现其自身的"道"。《老子》称："孔德之容，惟道是从"，说明了道和德的紧密关系，正如陆德明《经典释文·老子音义》说："道，生天地之先。德，道之用也。"王弼《老子》第三十八章注曰："德者，得也。常得而无丧，利而无害，故以德为名焉。何以得德？由乎道也。"具体而言，德呈现出一些重要的特征，如：

1. 自然

"自然"一词在《老子》中仅见五处，却是一个极为重要的、带有根本性意义的观念，所以老子哲学也被称为"自然"哲学。《老子》中所提到的"自然"，并非今人所说的自然界的"自然"，而是作为宇宙万物的本原之道所呈现的终极法则，也就是事物依靠自身的力量，按照自身的规律运行，所呈现的自己本来的样子。如：

> 人法地，地法天，天法道，道法自然。（今本第二十五章，楚简甲）

河上公注曰："道性自然，无所法也。"《老子想尔注》注曰："自然

---

① 高亨：《重订老子正诂·老子通说》，古籍出版社 1956 年版，第 2—3 页。

者，与道同号异体。令更相法，皆共法道也。天地广大，常法道以生，况人可不敬道乎？"王弼注曰："道不违自然，乃得其性。法自然者，在方而法方，在圆而法圆，于自然无所违也。自然者，无称之言，穷极之辞也。"皆谓道任自然，天、地、人皆取法于自然之道。在自然这个特点上，道与德一致，也是其被人尊崇的原因之所在。《老子》说：

> 道之尊，德之贵，夫莫之命而常自然。（今本第五十一章）

"命"，帛书本、北大简、敦煌本 S.6453 并作"爵"。"爵"字在这里用作动词，即"封爵""赐爵"。成玄英云："世上尊荣必须品秩，所以非久，而道德尊贵无关爵命，常自然。"道、德的尊贵，在于其赋予万物本能和规律，并任由其自然发展。

> 悠兮其贵言。功成事遂，百姓皆谓："我自然。"（今本第十七章，郭店简甲）
>
> 希言自然。故飘风不终朝，骤雨不终日。（今本第二十三章）

这个特性，是依靠万物自身所本有的生命力的发挥，完成其自身的成长过程。自然界如此，人类社会、个体人生也具有这样的本然本性。所以道作为化生万物的母体和本体，德作为推动万物成长的内在力量，其作用的方式，并不是外在地去创造或者帮助万物，而是通过赋予万物内在本有的生命力量，以生命力量自身的方式自然而然完成自身的生命过程，正如种子的萌发与生长、生命的孕育与完成。

2. 无为

"无为"一词在《老子》书中多次出现，可以肯定是相对于"有为"而言的。但其前提首先还是无为是道、德的主要特质之一。"道生之，德蓄之"，其生蓄的方式是依靠赋予万物内在的生命力使之自然而然地完成生命过程。在这一过程中，道、德没有施加外力的干扰以促其成长，如揠苗助长。因此，无为也是德之首要特征。这是需要今人认真体会和理解的。今本第三十七章直接把无为和道联系起来：

> 道常无为而无不为。侯王若能守之，万物将自化。

其中"无为而无不为"，郭店简甲作"亡为也"，帛书本作"无名"，北大简作"无为"。郭店简甲、帛书本、北大简皆无"而无不为"四字。对此，高明"通过帛书甲、乙本之全面勘校，得知《老子》原本只讲'无为'，或曰'无为而无以为'，从未讲过'无为而无不为'。'无为而无不为'的思想本不出于《老子》，它是战国末年出现的一种新的观念，可以说是对老子'无为'思想的改造。曾散见于《庄子·外篇》《韩非子》《吕览》及《淮南子》等书"①。钱穆更是认为："'无为而无不为'，'后其身而身先'，此乃完全在利害得失上着眼，完全在应付权谋上打算也。"② 这个看法过去也许是成立的，但随着郭店楚简《老子》的出土，"无为而无不为"的思想本不出于《老子》的说法，就需要重新审视和修正了。一方面，郭店楚简甲本虽然作"亡为也"，没有"而无不为"四字，但郭店楚简乙本就明确出现了"学者日益，为道者日损。损之或损，以至亡为也，亡为而亡不为"。正可以证明，这种思想本出自早期的《老子》。况且，与这种思想相类似的还有不少，比如"以其不争也，故天下莫能与之争"，"道恒亡为也，侯王能守之，而万物将自化"，"侯王如能守之，万物将自宾"等，都是在强调如果能"无为""不争"，自然会达到其结果，即实际上"什么事情都做成了"。简而言之，既有"无为"之"因"，必有"无不为"之"果"。如果将"无为而无不为"理解

---

① 高明：《帛书老子校注》，中华书局 1996 年版，第 425 页。
② 钱穆：《庄老通辨》中卷《道家政治思想》，三联书店 2002 年版，第 122—123 页。

成为了达到"无不为"的目的，而施行"无为"的手段，就不能够避免流于所谓"阴谋""权术"的功利思维中。

3. 虚静

虚静是道的又一个重要特征。这里所说的虚静，并不是简单的虚无和安静，相反需要结合道的整个系统来理解。

所谓"虚"，当与"无"相匹配，与"实"和"有"相对。正如《周易·系辞》所说："形而上者谓之道，形而下者谓之器。"道的存在无所不包，但真正发生作用的正是看不见摸不着的精微力量。《老子》第十一章：

> 三十辐共一毂，当其无，有车之用；埏埴以为器，当其无，有器之用；凿户牖以为室，当其无，有室之用。故有之以为利，无之以为用。

老子举车子、陶器、房屋三个例子，意在说明虚无是决定事物的根本力量。其实引而伸之，人的生命、动植物的生长、宇宙的变化等，无不是在虚无而精微的道的推动下进行的。人们往往关注有形的部分，而忽视无形的内在之力。老子倡导虚，并不是一片无生的死寂，恰恰进一步发挥了"虚而不屈，动而愈出"，说明宇宙间活泼泼的生命力，正是来源于无形的"道"。

"静"，则与"躁"相对，也是道的特性之一。《老子》第十六章曰："归根曰静。"第二十六章曰："重为轻根，静为躁君。"落实到现实的人生与政治，如《老子》第十五章描写有道之士曰："混兮其若浊。孰能浊以静之徐清？孰能安以久动之徐生？"也就是修道者看上去和世俗之人没什么两样，但他却具有自净其心以归于道境的能力，也具有智慧生发的能力。再如：

> 无名之朴，夫亦将无欲。不欲以静，天下将自定。（今本第三十七章）

　　躁胜寒，静胜热，清静为天下正。（今本第四十五章）
　　故圣人云：我无为而民自化，我好静而民自正，我无事而民自富，我无欲而民自朴。（今本第五十七章）

说明静是治理天下的一大法宝。河上公注曰："圣人言我好静，不言不教，民皆自忠正也。"这种理解也会引起诸多误读，不言不教，如何实现政治治理？如果联系《老子》其他章节，我们就可以看出，老子反对的是急躁、烦扰、多欲、多事等有为之治。他反对烦扰：

　　以正治国……以无事取天下。吾何以知其然哉？以此：天下多忌讳，而民弥贫。人多利器，国家滋昏。人多伎巧，奇物滋起。法令滋彰，盗贼多有。（今本第五十七章）

倡导不违背自然，如：

　　不尚贤，使民不争；不贵难得之货，使民不为盗；不见可欲，使心不乱。是以圣人之治，虚其心，实其腹。弱其志，强其骨。常使民无知无欲，使夫知者不敢为也。为无为则无不治。（今本第三章）

甚至反对令欲望滋生、性情躁动、往而不返的根源，如：

　　五色令人目盲，五音令人耳聋，五味令人口爽，驰骋畋猎令人心发狂，难得之货令人行妨。是以圣人为腹不为目，故去彼取此。（今本第十二章）

乃至于反对世人所推崇的"正能量"，主张将这种能将民众之心导向功利虚伪的理念全部抛弃，如：

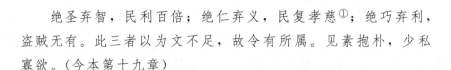

　　绝圣弃智，民利百倍；绝仁弃义，民复孝慈[1]；绝巧弃利，盗贼无有。此三者以为文不足，故令有所属。见素抱朴，少私寡欲。（今本第十九章）

　　需要指出，"绝圣弃智""绝仁弃义"郭店楚简甲本分别作"绝智弃辩""绝伪弃虑"，但至帛书本就已经改为今传本的"绝圣弃智""绝仁弃义"。

　　无论是早期较为温和的表达，还是后期较为激烈的表达，最终的落脚点都在于恢复民心的淳朴天然、虚静本真之状态，以此达到更为契合道的状态，所谓"见素抱朴，少私寡欲"。显然这种思想是针对"多欲"提出来的，但如何看待其所反对的种种现实？是否"我无欲"就会"民自朴"，"我好静"则"民自定"？这就需要进一步探讨的了。

　　4. 柔弱

　　《吕氏春秋·不二》在总结各家宗旨时提出了"老聃贵柔，孔子贵仁，墨翟贵廉，关尹贵清，子列子贵虚，陈骈贵齐，阳朱贵己，孙膑贵势，王廖贵先，儿良贵后"。其中，"老聃贵柔"列在首位，可以说是对老子核心思想的高度概括和总结。这一概括与差不多同一时代流行的《韩非子》之《解老》和《喻老》、长沙马王堆甲本《老子》、黄帝书中包含的丰富的"柔"的内容、战国后期以来广泛流行的附着在老子身上的"齿坚舌柔"的故事相吻合。由此，"贵柔"成了老子学说的标志性观点之一。后世的老学研究，也多建立在这一逻辑起点上。

　　随着1993年郭店楚简本《老子》的出土，我们对早期老学史演进过程又有了新的资料依据。正如美国学者韩禄伯对此描述说："郭

---

[1] 裘锡圭《纠正我在郭店〈老子〉简释读中的一个错误——关于"绝伪弃诈"》中认为：这句的释读有误，应作"绝伪弃虑，民复季子"。意谓弃绝"背自然"的作为和思虑，人们就会浑朴得和稚子一样。见《郭店楚简国际学术研讨会论文集》，湖北人民出版社2000年版，第29页。

店《老子》几乎没有什么文字谈到雌性行为模式的效用或即以柔克
刚的办法"。"此外，以水为喻的章节在郭店本中也全然无踪"。① 日
本学者也注意到，"郭店《老子》中……那种着眼于水本身特性而以
此为范例进行的议论却无法找到"②。

单纯从字面来看，楚简《老子》三种文本中直接提到"柔"字
的，仅甲本一条，即：

> 骨溺（弱）董（筋）秾（柔）而捉固，未智（知）牝戊
> （牡）之合然蒸（怒），精之至也。终日虖（乎）而不慐（忧），
> 和之至也。③

此处的"柔""弱"字，是对人的筋骨的具体描述，的确不具有"老
聃贵柔"所包含的抽象价值。但与此相关，同样在甲本中，对"弱"
字的价值强调，就十分引人注目：

> 返也者，道僮（动）也。溺（弱）也者，道之甬（用）也。
> 天下之勿（物）生于又（有），生于亡。
> 长古之善为士者，必非（微）溺玄达，深不可志（识）。④

附于郭店楚简《老子》丙本之后的《太一生水》也强调了：

> 天道贵溺（弱），雀（爵）成者以益生者。⑤

从"弱"字使用的意义看，与后世所说的"柔"亦不同，最主要的

---

① （美）韩禄伯：《简帛老子研究》，学苑出版社 2002 年版，第 17 页。

② （日）谷中信一：《从郭店〈老子〉看今本〈老子〉的完成》，见《郭店楚简国际学
术研讨会论文集》，湖北人民出版社 2000 年版，第 439 页。

③ 荆门市博物馆：《郭店楚墓竹简》，文物出版社 1998 年版，第 113 页。

④ 荆门市博物馆：《郭店楚墓竹简》，文物出版社 1998 年版，第 113、111 页。

⑤ 荆门市博物馆：《郭店楚墓竹简》，文物出版社 1998 年版，第 125 页。

区别在于，弱是道的一种本质属性，与"精气之和""无""无为""无名""虚静""谦退""处下"相联系，与"强""盈""有""有为"相对立。把握了弱的属性，便把握了道。这和《庄子·天下》篇和《荀子·天论》篇中所说的老子守"曲"的取向基本一致。如《庄子·天下》篇曰：老聃之道，"人皆求福，己独曲全。曰：苟免于咎。"并且引用其中一段来作为老子核心思想的代表："老聃曰：知其雄，守其雌，为天下溪。知其白，守其辱，为天下谷。人皆取先，己独取后，曰受天下之垢。人皆取实，己独取虚。无藏也故有余。岿然而有余，其行身也，徐而不费。无为也而笑巧，曰：坚则毁矣，锐则挫矣。常宽容于物，不削于人，可谓至极。"《荀子·天论》篇也以批评的眼光总结说："老子有见于诎，无见于信。……有诎而无信，则贵贱不分。"

在韩非子《解老》《喻老》和帛书《老子》直至今传本中，"柔弱"的思想就已经非常完善了。如今传本：

柔弱胜刚强。（第三十六章）

天下之至柔，驰骋天下之至坚。无有入无间，吾是以知无为之有益。（第四十三章）

见小曰明，守柔曰强。（第五十二章）

人之生也柔弱，其死也坚强。万物草木之生也柔脆，其死也枯槁。故坚强者死之徒，柔弱者生之徒。是以兵强则不胜，木强则共。强大处下，柔弱处上。（第七十六章）

天下莫柔弱于水，而攻坚强者莫之能胜。无以易之。弱之胜强，柔之胜刚，天下莫不知，莫能行。（第七十八章）

从文字的意义看，"诎""曲""屈"同义，皆与"直""伸"等意义相对，如《说文解字·言部》释"诎"："诘诎也。一曰屈襞。"又"诎或从屈"。"曲"，《说文解字·曲部》："象器曲受物之形。"段玉裁注曰："引申之为凡委曲之称。不直曰曲。"《易·系辞》有："尺蠖之屈，以求信也。"其后字书亦多承此说，如《广雅·释诂》

云："诎，屈也，古字通。"又《玉篇》："枉曲也。"荀子评价老子"有见于诎，无见于信（伸）"，也正是从曲伸对立的角度来说的。《庄子·天下》和《荀子·天论》两篇文献的共同点在于强调老子在雄雌、白辱、先后、实虚、伸曲等对立面中重在对后一方面的持守，也就是更强调自隐、深藏、不争等处世的原则。

而与守在弯曲隐没的"曲"相比，"柔"则体现出一种可曲可伸的姿态。《说文解字·木部》"柔：木曲直也。"段注引《洪范》曰："木曰曲直。凡木曲者可直，直者可曲曰柔。"在这一意义上，作为老学史上的"老聃"，其阐释的方向，实发生了一定的变化：从重在"曲"的老子到以"柔"为核心的老子，意义实不相同。前者偏于屈伸之"屈"的一方，而后者则能具有"柔"的应用力量，巧妙地避开了"曲全免咎"的偏颇之处，而发展到了"贵柔善胜"的积极思维方面。

由版本的差异，我们可以看到，"贵柔"的"道用"思想，是在时代思想演进的过程中，被逐渐强调发展出来的。那么，随着"老聃贵柔"的突出强调，一方面，为老子思想注入了积极的因素，避免了消极的不利取向；另一方面，也与战国中后期的法术势思想相混杂，教导出晚周秦汉之际大批的权谋之士。

先秦老学中"柔"的凸显，正回应了现实社会的某种关切。战国末期，弱国面对强秦的局面迫切要求学术思想上提出强有力的支撑。"柔弱胜刚强"的提出，一方面有胜于之意，另一方面也有着明确的战胜之意。如果说"守曲"的原始"老子"是以帝王师的身份箴谏王侯处下、不争、谦卑，如班固在《汉书·艺文志》中对于老子长处的评价："历记成败存亡祸福古今之道，然后知秉要执本，清虚以自守，卑弱以自持，此君人南面之术也。"战国晚期"贵柔"的"老子"则增加了以术士的身份为弱国如何胜强国提出理论依据。

回到老学本身，柔弱并不是毫无主意的软弱，而是符合道的规律的一种作为。从中，我们至少可以得到三个方面的启示：

首先，柔弱意味着无我，它是针对主观思想过于强势所导致的刚愎自用、自以为是。也就是老子所说的"自矜""自伐""自是"

"自彰""自见",这往往是导致膨胀乃至失败的根源所在,是不符合道的规律的愚蠢行为。道创始万物、生之育之,但却"生而不有,为而不恃,长而不宰",并没有使用强力去干预创造什么,而是推动万物任自然地发展。所谓"至柔"之道,以"无有入无间"。

其次,柔弱意味着"生命的长久",与刚强相对。刚强之所以与死亡相伴,是因为其自我的过分显露,当外力逼近的时候,形成硬碰硬的局面,所谓"揣而锐之,不可长保"。

其三,柔弱意味着韧力。水是"柔"的形象表达。刚的东西容易折断,柔的东西却难以摧折。江河入海,百折不回,最终必然成功。

5. 谦退、处下、不争、无私

《老子》主张不争、谦退、处下,这也首先被作为"道""德"的特性之一。不争,意谓"不争功""不争先""不占为己有"之类。如:

> 天之道,不争而善胜。(今本第七十三章)
> 天之道,利而不害。圣人之道,为而不争。(今本第八十一章)
> 上善若水。水善利万物而不争,处众人之所恶,故几于道。
> (今本第八章)

不争,不是自我放弃,或者消极地隐遁山林,而是有所"为",只不过,这个"为"的动作,是要完全摒弃为己的私心,是要如天道的"利而不害"那样去"为",像水那样"善利万物而不争"的"为"。这是最符合道的根本规律的。否则,处处争高、争先、争名、争利,皆发于一己的私欲,必然是社会争端的发源,是违背道之法则的错误做法。老子的这种"善利"而"不争"的思想,可以说是从道的法则中获得的一种伟大的精神境界。

然而,私有制的发生正是在人类本身强烈的占有欲的驱使之下形成的,凡有人类之处,概莫能外。当老子提出这种善利、不争的精神之时，如何克服人类本有的私欲，而进入这个崇高的道德境界，这是老子也难以解决的问题。所以，强调由这种行为所带来的美好结果，自然是让更多的人认可的一种方式。如：

> 既以为人己愈有，既以与人己愈多。（今本第八十一章）。
>
> 后其身而身先，外其身而身存。非以其无私耶？故能成其私。（今本第七章）。
>
> 我有三宝，持而保之。一曰慈，二曰俭，三曰不敢为天下先。……不敢为天下先，故能成器长。（今本第六十七章）
>
> 以其不争，故天下莫能与之争。（今本第六十六章）

但这也衍生了另一种理解，就是不争、处下、谦退，是为了更多的争、为了成其私，那么，就是怀着一种功利的目的，把不争、处下等当作达到目的的手段，也便落入阴谋家的窠臼。

"道"，在老子的思维体系中，是化生宇宙万物的母体，是大化流行的动力，是万物存在的宗主。所谓"道生一，一生二，二生三，三生万物"。"大道泛兮，其可左右"，"渊兮，似万物之宗"。作为宇宙间最终极的法则、最崇高最伟大的力量，具有自然、无为、虚静、柔弱、不争、处下、谦退等特性，"道"在宇宙中得以永恒存在、生生不息，无有消衰。

三、"道""德"的领悟与实践

与儒家伦理意义上的"道德"一词意义不同，老子所说的"道德"是建立在根本之道基础上的从本体到实践的统一体，同时也为人类社会提供了终极的法则依据。所谓"同于道者，道亦乐得之"[1]，"同于失者，道亦失之"[2]。顺应道的规律，必然成功；违背道的规

---

[1] 河上公本第二十三章。

[2] 河上公本作"同于失者，失亦乐失之"。帛书甲、乙本及北大简作"同于失者，道亦失之"。

律，必然遭受惩罚。追寻终极法则，充分领会并落实到具体实践中，是老子为人类寻求的恒久之道。《老子》一书的贡献，一方面在于发现"道""德"的存在及规律特征，另一方面在于指导现实中的人尤其是王侯们如何学习、领悟"道""德"的尊贵品质，并能够应用在实践之中。

那么，如何领会"道""德"的真义？首先，老子特别强调"教"与"学"，如：

人之所教，我亦教之。强梁者不得其死，吾将以为教父。（河上公本第四十二章）

学不学，复众人之所过。（河上公本第六十四章）

不言之教，无为之益，天下希及之。（河上公本第四十三章）

是以圣人处无为之事，行不言之教。（河上公本第二章）

关于"教"字，早期版本颇多歧异。"教父"，帛书甲、北大简、敦煌本 S.6453、傅奕本、范应元本作"学父"，帛书乙残。《弘明集·驳夷夏论》引："强梁者不得其死，吾将以为学文（父）。"关于"学不学"，郭店简甲作"孝不孝"。郭店简丙、帛书甲、帛书乙并作"学不学"。

学者们的认读也各不相同，但基本都认为"学"是误字，当作"教"。如郭沂《从郭店楚简〈老子〉看老子其人其书》："此处谈圣人与众人的关系，故作'教不教'于义为长。"丁原植《郭店竹简老子释析与研究》："各本此处作'学'，疑为误字。……'教不教'，指圣人所表现的教道是非领引的，所以，能恢复众人离逸其本然的过失。这应当就是简文甲本对应王弼本第二章所说的：'是以圣人居亡为之事，行不言之孝'，均与'天下众人'之事有关。若作'学不学'，则指'圣人'自己的'学习'，就与'复众人之所过'的关联性不大。《老子》原文当为'教不教'，这是对'众人'的'教'，而不是圣人的'学'。《老子》屡言'不言之教'，可作为'教不教'的明证。"廖名春《郭店楚简老子校释》："'孝'应读为'教'。郭店楚简'季'字八见，除此句外，《老子》甲本第十七简有'行不言之季'，《缁衣》第二十七简有'季之不成也'，《尊德义》第二十简有'可季也，而不可以亓民'，《六德》第二简有"季此民"，第二十一简有'或从而季之'，第四十、四十一简有'古先生之季民也'，'季'字皆读为'教'而不能读为'学'，皆是教人而不是仿效。可见读'季'为'学'或释'季'为'仿效'皆不足为据。'季'为'教'之省文，'教''学'同源，音形俱近，故从楚简丙本开始，历经《韩非子》、帛书本，人们就误'教'为'学'了。"

也有学者虽以'季'为'教'，但又释'季'为效法，如刘信芳《荆门郭店竹简老子解诂》："简甲17'行不言之季'，'季'字诸本作'教'。教、敩之同源，有如授、受。《礼记·学记》'学学半'，上'学'谓教。正如简文'季'即被转录为'教'，其异文亦作'学'。《说文》：'季，效也。''效'字宋本作'放'，段注：'季训放者，谓随之依之也。今人则专用仿矣。'楚简另有'教'字，见包99、信1.3。"魏启鹏《楚简〈老子〉柬释》："'《说文》：'季，效也。'《广雅·释诂三》：'教，效也。'《墨子·小取》：'效者，为之法也。'此句言效法人们未能效法的大道，《老子》有言：'人法地，地法天，天法道，道法自然。'"

综合以上，廖名春、刘信芳两位先生所说的，"'季'为'教'之省文，'教''学'同源，音形俱近"，是值得肯定的。《说文》："教，上所施下所效也。""敩，觉悟也。"段玉裁注曰："《兑命》曰：'学学半。'其此之谓乎。按：《兑命》上学字谓教，言教人乃益己之学半。教人谓之学者，学所以自觉下之效也。教人所以觉人，上之施也。故古统谓之学也。"上引《老子》"教父""学不学""不言之教"似不应简单理解为今人所习惯理解的"教"与"学"的意思，而应为统合在"教""敩"二字之下的"上施下效"的系统行为。"道"，作为最高的存在和主宰，就像庄子所说的恶"大宗师"，从来没有多余的说教和烦扰，其本身所呈现出的种种特性与规则，就是一种无言的垂范。人类社会如能自觉领悟效法，当然就是最好的获取途径了。所谓"欲不欲，不贵难得之货"，"学不学，复众人之所过"，正昭示了圣人所指明的是一条与世俗之人不同的价值路径，圣人所追求的是世人所忽视的大道，这正是世人所不欲、不学的。所以，老子反复强调，道的垂教、人的自觉领悟是多么的重要。

其次，老子通过对"德"的作用方式的描绘，提出这正是圣人行事的榜样和准则。如《老子》第十章中称：

> 生之畜之，生而不有，为而不恃，长而不宰，是谓玄德。

河上公注曰："言道德玄冥，不可得见，欲使人知也。"又《老子》第五十一章又重复了这段话：

> 故道生之，德畜之，长之育之，成之熟之，养之覆之。生而不有，为而不恃，长而不宰，是谓玄德。

能领悟道的存在、特性，并落实到自我的行为和实践之中，则为具有深远之德的人。《老子》第十五章便描绘了其人：

> 古之善为士者，微妙玄通，深不可识。夫唯不可识，故强为之容：豫兮若冬涉川，犹兮若畏四邻，俨兮其若客，混兮若冰之将释，敦兮其若朴，旷兮其若谷，混兮其若浊。

还有《老子》第八章：

> 上善若水。水善利万物而不争，处众人之所恶，故几于道。居善地，心善渊，与善仁，言善信，正善治，事善能，动善时。夫唯不争，故无尤。

可以说都是取法"道""德"的具体表现。

觉悟"道""德"的存在及其特性，并自觉地内化为自身的品性，当首先表现为与众不同的思维方式，也即与道相应的思想方式，大概可以概括为：

一是整体性思维。以《老子》的第一章和第十一章为例。第一章所说的"无名，天地之始；有名，万物之母。故常无欲，以观其妙；常有欲，以观其徼"。第十一章的"故有之以为利，无之以为用"。通常情况下，人们关注的是有形有象的事物，以及局限在人类社会的事物，或者只关心与自己有关的事物。"道""德"的存在与作用则将人类思维的视野展开，做全景式的观照，从而站在整体的立场上观照现实。这个整体包括时间上的永恒和空间上的"至大无外，至小无内"，有无一体。

二是根源性思维。《老子》第十六章"夫物云云①，各复归其根。归根曰静，是谓复命"。第五十九章"有国之母，可以长久。是谓深根固蒂，长生久视之道"。第三十九章"昔之得　者，天得　以清"。第五十二章："天下有始，以为天下母。既知其母，复知其子。既知其子，复守其母。没身不殆"。作为根源和母体的道，或曰一，或曰母，乃是人类终极的法则与生命力的源泉，故归根、守母，透过现象，把握本质，方能具备超越分歧、获得终极法则与生命动力的关键能力。

三是预见性思维。《老子》第五十八章"祸兮福之所倚，福兮祸之所伏。孰知其极"下接"是以圣人……"意谓：祸中有福的因，福中有祸的因，众人哪里知道其轮转的终点在哪里。智慧的圣人却能够见几知微，预见并掌握方向。讲到这种预见力，在《老子》书中随处可见，如第三十六章"将欲歙之，必固张之。将欲弱之，必固强之。将欲废之，必固兴之。将欲夺之，必固与之。是谓微明"。"必固"，表示"必定会"。万事万物基本都是按照其自身的规律运行，能够预见到这样的规律，可以说具有了洞察世事的智慧。正如《周易》中所强调的物极必反、盛极必衰，都反映了这种规律性的认识。而这种能够预见其发展的规律性认识正来源于对"道""德"因果特征自然规律的把握。

其次，还表现为一种行为方式的改变。如《老子》书中所强调

---

① "夫物芸芸"，郭店楚简本作"天道员员"。

的"道""德"的特性之———无为，落实到现实实践中，仍旧是"为"，但是是一种巧妙的"为"，一种以"无为"的方式"为"，而不同于"知其不可为而为之"的强硬之"为"。简而言之，就是追求一种"事少而功多""惠而不费"的做事方式。既表现为"防微杜渐"式的"为之于未有，治之于未乱"，也表现为清静任自然的"治大国，若烹小鲜"，更表现在"天之道，利而不害。圣人之道，为而不争"的"毫不为己"的"为"。圣人学习的是《老子》书中一个更重要的观念，它是"自然"的具体化。但值得注意的是，所谓的顺应自然，也并非可以简单理解为随波逐流、完全的无所作为。而应是充分尊重并能够顺应客观事物发展的自然规律，按规律思考和办事，同时尊重事物自身所具有的原始的能量，使其得以充分地运作展现。而不去横加干涉和指责。即：

> 是以圣人欲不欲，不贵难得之货。学不学，复众人之所过。以辅万物之自然而不敢为。（今本第六十四章，郭店简甲本）

从思维的改变，到行为的改变，再进一步落实到人的心灵和社会的诸多层面，如政治思想、价值观、军事和外交、保养生命、文学艺术等方面，"道""德"的影响力都是巨大的。

政治思想，倡清静、自然、无为的理念，以得道之"圣人"为政治榜样。

经济方面，去奢而崇俭，否定财富积累及占有欲的膨胀。认为在物质追求的道路上走得越远，离本真之道的生命状态就越远。故提出"知足者富"，"少则得，多则惑"，"少私寡欲"，"难得之货，令人行妨"等。从语气上来看，老子并非简单地否定物质财富，而是认为能够满足基本生活需要就好，不必过多向外奢求。所谓"财货有余，是谓盗夸"，"多藏必厚亡"，"金玉满堂，莫之能守"。对于"名位""成功"，也同样是这样一种态度，所谓"持而盈之，不如其已。揣而锐之，不可长保"，"是以圣人为而不恃，功成而不处"，"功成而弗居"，"功成名遂身退，天之道"，"功成事遂，百姓皆谓我自然"等。一方面，不刻意去追求名闻利养，不刻意去追求成功，而在积极"无为"的过程中，达到自然而然成功成名的结果。另一方面，成功成名，而不生占有之心，功成、名遂、身退，才符合天之道。

对于军事和外交，老子态度也很明确。如《老子》第三十一章曰：

> 夫佳兵者不祥之器。物或恶之，故有道者不处。君子居则贵左，用兵则贵右。兵者不祥之器，非君子之器，不得已而用之，恬澹为上。胜而不美，而美之者，是乐杀人。夫乐杀人者，则不可以得志于天下矣。吉事尚左，凶事尚右。偏将军居左，上将军居右，言以丧礼处之。杀人之众，以悲哀泣之，战胜以丧礼处之。

本章亦见于郭店楚简丙本及帛书甲、乙本，几种版本在文字上虽有差异，但整体文义差别不大。其中郭店楚简丙本无首句"夫佳兵，不祥之器。物或恶之，故有道者不处"。帛书甲本首句作"夫兵者，不祥之器也。物或恶之，故有欲者弗居"。而日藏梅泽本《老子》首句作"夫锵兵者，不祥之器"。由此可见，"佳兵"当为版本衍生异文，并非老子美化兵器及用兵。

《老子》第三十章：

> 以道佐人主者，不以兵强天下，其事好还。师之所处，荆棘生焉。大军之后，必有凶年。善有果而已，不敢以取强。果而勿矜，果而勿伐，果而勿骄，果而不得已，果而勿强。物壮则老，是谓不道，不道早已。

本章中段亦见于郭店简甲本。王弼注曰：

> 果，犹济也。言善用师者，趣以济难而已矣，不以兵力取强于天下矣。

冷兵器时代的老子，把对战争、军队和兵器的认识，提升到哲学的角度，认为一者达到保家卫国的目的即可，不可争强争胜、滥用兵力、殃及无辜，即所谓"善有果而已"；二者即使战胜，也不能洋洋得意，而应心怀悲悯同情；三者按照道的规律，追求强大必然导致最终的失败，并不是长久之计。这些见解，对于今天科技极大进步环境下的军事局面，同样具有启迪意义。

保养生命方面，老子的思想当为中国博大精深的中医文化和保健养生文化的重要来源之一。但值得注意的是，老子的养生与后世神仙家们所说的服药、炼丹、求仙、长生不死等有明显不同。老子的养生思想建立在其自然道论的基础上，不悦生也不恶死，反而是在纷繁世事中，通过自觉的修为，达到"终其天年"的目的。

具体而言，首先是反对各种知识、理念、物质财富在内心的执着累加，通过"为道日损，损之又损"的方式，不断给自己做减法，从而达于"无以生为"的无我之境。如第四十八章曰：

> 为学日益，为道日损。损之又损，以至于无为，无为而无不为。

第七十五章曰：

> 民之轻死，以其求生之厚，是以轻死。夫唯无以生为者，是贤于贵生。

再如第十三章：

> 宠辱若惊，贵大患若身。何谓宠辱若惊？宠为下①，得之若惊，失之若惊，是谓宠辱若惊。何谓贵大患若身？吾所以有大

---

① 河上公本作"辱为下"，当误。郭店楚简乙本作"宠为下也"，帛书甲本作"龙之为下"，乙本作"弄之为下也"。此据改。

患者，为吾有身，及吾无身，吾有何患？故贵以身为天下，若可寄于天下；① 爱以身为天下，若可以托天下。

有不少学者将这段理解为老子的贵身思想，如王弼即曰："无物以损其身，故曰'爱'也。"高明解释为"爱自身胜于爱任何物，胜于爱天下，如此，可以寄天下矣"②。又陈鼓应解释为："这一章老子强调'贵身'思想。老子认为一个理想的治者，首要在于'贵身'，不胡作妄为，这样，大家才放心把天下的重责委任给他。"认为："前人多解释为'身'是一切烦恼大患的根源，所以要忘身。……造成这种曲解多半是受了佛学的影响，他们用佛学的观点去附会老子。肉体和精神这两个部分是构成人之所以为人的充分而且必要的条件，也即是构成人的生命的充分而且必要的条件。有些人把'身'视为'肉体'的同义字，再加上道学观念和宗教思想的影响，认为肉体是可卑的，遂有'忘身'的说法。"③ "无身""忘身"，也就是"无我"，高亨分析说：

贵者，意所尚也。爱者，情所属也。以身为天下者，视其身如天下人也。若犹乃也。视其身如天下人，是无身矣，是无我矣，是无私矣。如此者，方可以天下寄托之。老子实持无我利物主义。……圣人无我而得利我之结果也。④

那么，老子究竟是要贵身，还是无身、忘身？分歧的根源在于对"身"字的理解。有身，并非指有身体，也并非指有生命，而是指有为身而谋的心念，也就是"生生之厚"。忘身、无身，才是真正的"贵身重道"。所以，无论是忘身、无身还是贵身，其对立面都是

① 河上公本的"寄于""托于"，郭店楚简乙本及帛书甲、乙本并无"于"字，而且上下倒文。
② 高明：《帛书老子校注》，中华书局1996年版，第281页。
③ 陈鼓应：《老子注译及评介》（修订增补本），中华书局2009年版，第112页。
④ 高亨：《重订老子正诂·卷上》，古籍出版社1956年版，第30—31页。

为自己而谋的"生生之厚"。因此，两派的观点实际上是相通的。老子对于养生的看法也是明确的："天地所以能长且久者，以其不自生，故能长生"，"夫唯无以生为者，是贤于贵生"。即不以厚养自己的生命为事。老子不仅反对厚养自己，而且认为那些一味追求物质利益的人，必然给自己带来灾殃，反而会早死："物壮则老，是谓不道，不道早已。"

《老子》第五十章又称：

> 出生入死。生之徒，十有三。死之徒，十有三。人之生，动之死地，亦十有三。夫何故？以其生生之厚。盖闻善摄生者，陆行不遇兕虎，入军不被甲兵。兕无所投其角，虎无所措其爪，兵无所容其刃。夫何故？以其无死地。

在老子看来，出生入死，乃道之大常。人们通常不明白这个道理，既生之后，千方百计来追求富贵名闻利养的生活，最后却反而导致短命，死在声、色、厚味之下。至于善养生的人则不然，兕角、虎爪、兵刃，喻万物之害。"知生有常理，则守道抱德而不厚其生，知死亦常理，则乐天处变而不忧其死。生死不能动其心，则无物足以害之，所以'兕无所投其角，虎无所措其爪，兵无所容其刃'。这是什么缘故呢？以其不怕死。此之谓'善摄生'"[1]。由此可以见出老子养生观念的真实用意。因此联系起来看，老子绝无在物质层面贵养自己的贵身思想，而是在守道抱一的层面贵身，同时也就是无身、忘身。

懂得护持生命的本真，再以修道的方法达于"婴儿""赤子"般纯净的内在世界，即"载营魄抱一，能无离乎。专气致柔，能如婴儿乎"，这也许就是老子所说的"深根固蒂，长生久视之道"。

从某种意义上说，老子的养生思想充分尊重自然规律，强调依

---

[1] 詹剑峰：《老子其人其书及其道论》，华中师范大学出版社 2006 年版，第 281—282 页。

靠自心的觉悟与净化，完成保养生命的过程。与后世所强调的通过炼丹、服药、降神等外力干预以追求长生的做法是迥然不同的。倒是唐宋以后全真内丹派的崛起，重新接续了先秦老学的慧灯。

再谈谈文学艺术思想。一般的美学思想史、文学批评史、中国艺术史、音乐史、绘画史、诗学史等著作，往往都会设有专门章节，讨论老子思想的影响。讨论道家道教与文学艺术关系的专门著作中，更是将老子的思想影响作为重中之重。① 然而，值得注意的是，在古史辨时代，对老子的时代及其人其书都颇多争议的情况下，对老子在文学艺术上的影响也是相对否定的。如罗根泽著《中国文学批评史》中认为老子"反对美的观念，说天下皆知美之为美，斯恶矣（第二章）。美言不信，信言不美（第八十一章）。反对言与辩，说：知者不言，言者不知。（五十六章）善者不辩，辩者不善（八十一章）。而主张'不言之教'（四十五章）。既然反对美，反对言，则借助于美与言的文学，更不必说了。所以老子之在文学批评史上，只是一个消极的破坏者。但他对后世却有积极的影响，就是他的正言若反之说"②。这种看法显然有失偏颇，而且在近年出版的文学批评史著作中有所纠正，如敏泽看到《老子》中的阴柔之美，浑沦、恍惚之美妙；③ 张少康认为，"老子对文艺和美学的主要贡献有二：一是对'象'的论述；二是对'虚静'的论述"；④ 郭绍虞著《中国文学批评史》开辟专章《道家思想及于文学批评之影响》，合论老庄，但对老子只提到其"崇尚自然"；⑤ 王运熙等主编的《中国文学批评史新编》将《老子》《庄子》合并而论，认为两部经典对后世文艺思

① 这方面的著作如叶维廉《饮之太和》（时报出版社 1980 年版）、徐复观《中国艺术精神》（广西师范大学出版社 2007 年版）、李生龙《道家及其对文学的影响》（岳麓书社 2005 年版）、张松辉《先秦两汉道家与文学》（东方出版社 2004 年版）、张成权《道家道教与中国文学》（安徽大学出版社 2010 年版）等。

② 罗根泽：《中国文学批评史》，上海书店出版社 2003 年版，第 60 页。

③ 敏泽：《中国美学思想史》，齐鲁书社 1987 年版，第 219 页。

④ 张少康、刘三富：《中国文学理论批评发展史》，北京大学出版社 1995 年版，第 59 页。

⑤ 郭绍虞：《中国文学批评史》，百花文艺出版社 1999 年版，第 34 页。

想的影响表现在：追求精神自由的生活态度；崇尚自然无为；意之所随不可言传，得意而忘言；虚静、心斋、坐忘之类。①

以上可以看出，不论是否定还是肯定老子之于中国古代文学艺术及理论的影响，多从局部着眼。站在老子思想整体观照的角度，我们可以看到老子思想是作为一个思维的体系存在的，从"道"的存在到"德"的呈现到"人"的领悟、取法、表达，这一思维体系本身对于中国文学艺术的发展显然具有深层的启发作用。

首先，老子所言"道"的世界，是"有"和"无"相互依存的世界，即"无名，天地之始；有名，万物之母"，"有之以为利，无之以为用"。一般人只注意实有的作用，对于"空虚无有"的作用往往忽视。老子对于视之不见其形，听之不闻其声，搏之不得其状的无的状态及无的作用的彰显，便具有独到之处。所谓"无"，并非没有，而是原有的、未名的、真实的、超言绝象的存在。同时，无中具有源源不断的生机，即"天地之间，其犹橐钥乎？虚而不屈，动而愈出"。老子对"无中之有"的发现和彰显，无疑是具有极其丰富的意味和想象空间的。老子的"大音希声"，"大象无形"，"大巧若拙"，"玄之又玄，众妙之门"，"无状之状，无物之象，是谓惚恍"；《庄子》中的"无声之中，独闻和焉"，"言之所不能论，意之所不能察致"；陆机《文赋》"同橐钥之罔穷，与天地乎并育"；白居易《琵琶行》"此时无声胜有声"；陶渊明《饮酒》"此中有真意，欲辨已忘言"，等等，即此意。

其次，老子"虚静"以"观"的方法，也作为主客体之间独到的交谈方式，被运用到中国古代的文学艺术创作中。

虚静其心，可以达到"以道观道""以物观物"的距离消解。河上公注"涤除玄览"曰："当洗其心，使洁净也。心居玄冥之处，览知万事，故谓之玄览也。"正如叶维廉所说："观者虚出一个自由的

---

① 王运熙、顾易生主编：《中国文学批评史新编》，复旦大学出版社 2001 年版，第29—37 页。

空间，一种虚无，使得物与观者可以并立而不对立。"① 这个虚无的自由空间，相当于一面不带任何主观成见的镜子，直接地览知万物之真。

至于观，当破除知的局限，破除名义的束缚，如"始制有名，名亦既有，夫亦将知止，知止可以不殆"，王弼注：

> 始制，谓朴散始为官长之时也。始制官长，不可不立名分以定尊卑，故始制有名也。过此以往，将争锥刀之末，故曰名亦既有。夫亦将知止也，遂任名以号物，则失治之母也，故知止所以不殆也。

从主观出发的定名，其目的是"任名以号物"。名是执一偏而废全，是从某个角度出发的定位、定向、界定，如果执着于这些"名"，必然会丧失素朴之道。因此，若要观照"大制不割"的素朴，就要去掉自己的有色眼镜，能不落言筌，随落随扫。即《老子》开篇便说的："道可道，非常道；名可名，非常名"。从无穷大的视镜，去观照无穷大的素朴，才能真正做到"以物观物"而非"以我观物"。对于如何观，叶维廉说：

> 唯有主体虚位，才可以任素朴的天机活泼兴现。"天地与我并生，万物与我为一。"（《庄》，第79页）人应该了解到他只是万千运作中之一体，他没有理由以其主观情见去类分和界定万物，万物各具其性，各得其所，各依其性各展其能，我们要还物自然。我们固然无法以没有距离的方式去观物（主客完全合一），但了解了物物之间、物我之间的互为通明，我们便常常提醒自己每一观、每一意均是暂行的，均有待其他角度、其他印认来修饰，如此我们才可以做到"名"而不沾名义，做到"以物观物"，做到主客自由换位，意识与世界互相交参、补衬、映

---

① 叶维廉：《中国诗学》，生活·读书·新知三联书店1992年版，第53页。

照，同时出现，物物相应和、相印认。①

这段话比较恰当地诠释了老子的虚静以观是如何体会和应用的。这种方法对中国艺术精神可以说产生了十分深远的影响。

《庄子·知北游》有言："老聃曰：汝斋戒，疏瀹而心，澡雪而精神。"此乃《文心雕龙·神思》"是以陶钧文思，贵在虚静，疏瀹五脏，澡雪精神"的来源。唐代司空图《二十四诗品》"返虚入浑"（雄浑）、"素处以默，妙契机微"（冲淡）、"虚伫神素，脱然畦封"（高古）的风格品位，则直接继承了老子的返虚观物之说。"虚静"之心在艺术领域的应用，如《庄子》中"为宋元君画图""梓庆削鐻"等寓言，东汉蔡邕《笔论》"夫书先默坐静思，随意所适，言不出口，气不盈息，沉密神彩，如对至尊，则无不善矣"，苏东坡《送参寥师》"欲令诗语妙，无厌空且静。静故了群动，空故纳万境"，以及宋代以来山水画创作中的散点透视、全景遥观、留白，等等，自是一脉相承。

再次，老子对于"言""声""色"的态度。老子倡"不言之教"，称"知者不言，言者不知"，"信言不美，美言不信"，从表面上看是否定"言"，甚至否定"美言"。与此相类，老子称"五色令人目盲，五音令人耳聋"，"天下皆知美之为美，斯恶矣；皆知善之为善，斯不善矣"，也似乎在否定各种颜色交织之美、各种音调构成的音乐之美，进而至于否定美的观念的产生。但在老子的话语系统中看，美言、美声、美色，是能够给人的感官欲望带来快感的东西，所谓"乐与饵，过客止"，但却是人为的、有局限的美。与此相对，道的存在，微妙玄远，几乎不被人察觉，所谓"道之出口，淡乎其无味"，"大音希声、大象无形"，但却是一种大美，一种真实的、完整的美。若耽溺于物欲的快感中，就会妨害对于真实之美的寻求。从这个意义上说，老子与墨子不同。墨子非乐，反对音乐之奢靡，而走向节俭。老子反对世俗的美言、美声、美色，而走向道之无言

——————————

① 叶维廉：《中国诗学》，生活·读书·新知三联书店1992年版，第55页。

之言、自然、素朴。以道为基础的艺术创造带给人更高的自由之美和精神的沉醉。由老子所开辟的这一艺术观念，可以说也造就了中国文学艺术崇尚自然本色的性格。

有鉴于此，一批学者提出，中国的哲学史和美学史当以老子作为开端，改变过去以孔子及儒家学派中的文艺思想为开端的认识。如叶朗提出：

> 从美学的角度看，老子提出一系列的范畴，如"道""气""象""有""无""虚""实""味""妙""虚静""玄鉴""自然"等等，有的本身就是美学范畴，有的在后来的历史发展中从哲学范畴转化为美学范畴，它们在中国古典美学的逻辑体系中都占有十分重要的地位。老子哲学和老子美学对于中国古典美学形成自己的体系和特点，影响极大。中国古典美学的一系列独特的理论，都发源于老子哲学和老子美学。因此，我认为，无论从历史的角度还是从逻辑的角度着眼，都应该把老子美学作为中国美学史的起点。①

陈鼓应说：

> 老子是提出"世界本原"的哲学问题之第一人，也是第一位试图解答宇宙生成以及万物变动历程等哲学问题者。他的道论为本体界和现象界提供了一整套系统的理论说明。此外中国哲学的思维方式（无论辩证思维、整体思维、形象思维、直觉思维等等）；也都发端于老子。②

这一概括是准确的。

陈荣捷《中国哲学文献选编》言："假如没有《老子》这本书的

---

① 叶朗：《中国美学史大纲》，上海人民出版社 1985 年版，第 23 页。
② 陈鼓应：《中国哲学创始者——老子新论》，中华书局 2015 年版，第 3 页。

话，中国文化与中国人的性格将会截然不同……假如不能真正领会这本小书里的玄妙哲思，我们就不能期望他可以理解中国的哲学、宗教、政治、艺术与医药。""在某些层面，道家进入生命之道更深更远，所以虽然古代的诸子百家都各道其道，但道家却得独享其名。"

以上从政治、经济、军事和外交、养生、文学艺术、哲学、美学等方面，对老子思想的影响和贡献进行了重新审视，其内容之丰富，影响之深远，当远不止这些。老子对于后世的影响应该说是思维方式的影响，这就决定中华民族文化性格的根本，也是时代传承的文化基因。由思维方式这个源点，影响到社会生活的方方面面，除上所论外，即如思想史、道教、中医、武术、围棋甚至科技、天文等方面，亦无不渗透其中。

最后需要提及的是，从老学史看，"老聃""老子"与"《老子》"三者实有所区别。老聃，历史上确有其人，是形成老子思想和《老子》书的关键人物；"老子"，则成为一种思潮发展过程中形成的代表性符号，所谓"一个时代有一个时代的老子"，汇聚了老聃之后众多解说、注释者思想，已经不局限于老聃其人其书本身；《老子》，作为此种思潮的文献载体，起初的文本不一定是完全固定的，而是从初步定型到开枝散叶，再到真正定型、进一步的开枝散叶，构成了洋洋大观的老学文献传播史。

第二章　前老子时代的知识传统

褪去神秘外衣的老子，只是一个平实存在的历史见证者。所留存下来的五千言，却意想不到地把时代的思想举到了新的高度。不过，老子思想并非从天而降，而是具有深厚的文化渊源。理解他对古代思想的继承和发展，对于了解老子思想是很重要的。

第一节　普遍的知识和思想

老子的时代，在世界历史上，是一个伟大而光辉的时代。德国哲学家卡尔·雅斯贝斯指出，公元前 800 年至公元前 200 年为人类文明的"轴心时代"。这个时代诞生了苏格拉底、柏拉图、以色列先知、释迦牟尼、孔子、老子。他们创立各自的思想体系，共同构成人类文明的精神基础，直到今天，人类仍然附着在这种基础之上。这一说法，在 20 世纪 60 年代后，引起了西方社会学家的广泛关注。英国宗教学家凯伦·阿姆斯特朗出版《轴心时代：人类伟大宗教传统的开端》一书，进行了详细的阐释和呼应。

的确，这些文化伟人在不同地域不约而同地创造着各自极具特色的文明成果，也成为本民族的文化策源。但必须指出的是，他们并非凭空产生，而是建立在一个长时期的文化积累、酝酿和传承之上。公元前 500 年之前，在中国的大地上所经历的重大社会历史变迁，以及在这一历史变迁过程中，时代普遍的知识和思想的构成、流动，应该说正是老子思想发生的文化土壤。

所谓的"普遍的知识和思想"，我们可以借用葛兆光先生的界定：

> 是指的最普遍的、也能被有一定知识的人所接受、掌握和使用的对宇宙间现象与事物的解释，这不是天才智慧的萌发，也不是深思熟虑的结果，当然也不是最底层的无知识人的所谓"集体意识"，而是一种"日用而不知"的普遍知识和思想，作为一种普遍认可的知识与思想，这些知识与思想通过最基本的教育构成人们的文化底色，它一方面背靠人们不言而喻的终极的依据和假设，建立起一整套有效的理解；一方面在日常生活中起着解释与操作的作用，作为人们生活的规则和理由。①

那么，老子之前的"普遍的知识和思想"，究竟是怎样的？

西周王朝以农业为基础建立起一种稳定的秩序，包括经济关系、国际关系、政治模式、礼法制度、天地秩序、文化传承等。人们的思想也便建立在这种稳定的秩序上。

其一说经济关系，周从一开始的蕞尔小邦，发展到后来灭商兴国，依靠的经济基础，正是农业。如《国语·周语上》记载周宣王即位，不实行籍田礼，虢文公谏曰："是时也，王事唯农是务，无有求利于其官，以干农功，三时务农而一时讲武，故征则有威，守则有财。若是，乃能媚于神而和于民矣，则享祀时至而布施优裕也。"认为先王重视农业的传统不能丢。然而，东周日渐衰落，政在诸侯，齐、郑等国商业日渐发达，原有的农业基础以及建立在井田制等农业基础上的宗法制度、礼仪秩序也随之走向解体。老子学说对于商业繁荣基础上的私欲膨胀，表现了旗帜鲜明的批判态度，如说：

> 不贵难得之货，使民不为盗；不见可欲，使心不乱。（第三

---

① 葛兆光：《中国思想史·七世纪前中国的知识、思想与信仰世界》，复旦大学出版社1998年版，第14页。

章）

金玉满堂，莫之能守。（第九章）

难得之货，令人行妨。（第十二章）

身与货孰多？得与亡孰病？（第四十四章）

财货有余，是谓盗夸，非道也哉！（第五十三章）

是以圣人欲不欲，不贵难得之货。（第六十四章）

与之相关的是铁器的使用及私田的开垦，收取田税逐渐成为春秋各国经济改革的重要内容。公元前 685 年左右管仲相齐，实行"井田畴均，相地而衰征"，按土地品质等级和年景的好坏向土地占有者征税；公元前 645 年晋国"作辕田""作州兵"，按土地占有多少负担军需；公元前 594 年，鲁国实行"初税亩"，"作丘甲"，"用田赋"，按私人占有土地面积征税；公元前 548 年，楚国"书土田，量入修赋"，进行私有土地的登记，收取赋税；公元前 538 年，郑国子产"作丘赋"，按私有土地收赋税。老子对于在上者收税之多所造成的人民负担加重也给予了关切，称："民之饥，以其上食税之多，是以饥。"

其二说国家之间的关系。西周王朝的政治结构是周天子与诸侯国的关系，天下一尊于周天子。至东周王朝则演变为霸政时代的大国和小国的关系。由天子尊位上跌落的东周王室内部也呈现乱象，这些想必也是老子所听闻或目睹的。《国语·周语上》记载，周惠王即位三年，被三位权臣赶出国，而立王子颓。"王子颓饮三大夫酒，子国为客，乐及遍舞"。其事在公元前 675 年；公元前 520 年左右发生的王子朝夺位事件，则为老子所亲历。足见春秋以来东周王朝的混乱程度。在这种情况下，大国小国应如何相处，成为时人关心的话题。《左传·昭公元年》宋合左师曰："大国令，小国共。吾知共而已。"《左传·昭公六年》鲁季武子曰："小国之事大国也，苟免于讨，不敢求贶。"多从小国应如何恭敬、谦下为着眼点。老子也关注这个问题，如：

93

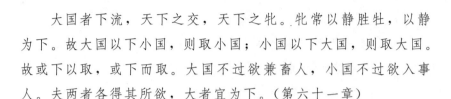

> 大国者下流，天下之交，天下之牝。牝常以静胜牡，以静为下。故大国以下小国，则取小国；小国以下大国，则取大国。故或下以取，或下而取。大国不过欲兼畜人，小国不过欲入事人。夫两者各得其所欲，大者宜为下。（第六十一章）

指出大国应谦下，才能成为天下的归属。由此可见老子透视当时国家之间关系的视角，从意愿上看，应是对当时的大国统一天下有所期望。

其三说礼法递嬗。《国语·周语中》周襄王召士季曰："五味实气，五色精心，五声昭德，五义纪宜，饮食可飨，和同可观，财用可嘉，则顺而建德。"周礼文化中，五味、五色、五声，皆专有所指，当指饮食、服饰、音乐。周礼文化中对这些方面的重视，本来是为了维护等级秩序，但愈演愈烈，发展为个人欲望的膨胀，从而带来整个国家的衰落。至老子则提出，这是一种错误的导向，"五色令人目盲，五音令人耳聋，五味令人口爽"，应该放弃这些基于感官的所谓的礼的形式，回归本性的淳朴。可见老子反对五色、五音、五味的激烈言辞，显然是针对当时周礼制度中的弊端的。再如《左传·昭公五年》的一段对话，也反映了当时所谓的"礼"：

> 公如晋，自郊劳至于赠贿，无失礼。晋侯谓女叔齐曰："鲁侯不亦善于礼乎？"对曰："鲁侯焉知礼！"公曰："何为？自郊劳至于赠贿，礼无违者，何故不知？"对曰："是仪也，不可谓礼。礼，所以守其国，行其政令，无失其民者也。今政令在家，不能取也；有子家羁，弗能用也。奸大国之盟，陵虐小国。利人之难，不知其私。公室四分，民食于他。思莫在公，不图其终。为国君，难将及身，不恤其所。礼之本末将于此乎在，而屑屑焉习仪以亟。言善于礼，不亦远乎？"

故《老子》第三十八章有：

故失道而后德，失德而后仁，失仁而后义，失义而后礼。夫礼者，忠信之薄而乱之首。

将二者联系起来，可以看到老子反礼的语境，老子反对的正是单纯重视形式的礼。

其四说政治体制。班固称老子学说乃"君人南面之术"，确实，如何治理天下乃老子的主要关注点。老子主无为而治，关于"无为"有多种阐释，其中，"清静"，为一项重要内涵。以郑国为例，《左传·昭公四年》有郑子产作"丘赋"，引起了国人极大的不满，"国人谤之，曰：'其父死于路，己为虿尾。以令于国，国将若之何？'"所谓"丘赋"，杜预注曰："丘，十六井，当出马一匹，牛三头。今子产别赋其田，如鲁之田赋。田赋在哀十一年。"① 则子产所进行的田税改革，当属于一项新的政令，在当时的郑国可谓开风气之先，所以引起人民极大的不满。两年后，子产主导郑国"铸刑书"。一向敬佩子产的叔向，在给子产的书信中，也表达了自己的不满看法。他说：

昔先王议事以制，不为刑辟，惧民之有争心也。犹不可禁御，是故闲之以义，纠之以政，行之以礼，守之以信，奉之以仁，制为禄位，以劝其从；严断刑罚，以威其淫。惧其未也，故诲之以忠，耸之以行，教之以务，使之以和，临之以敬，莅之以强，断之以刚。犹求圣哲之上、明察之官、忠信之长、慈惠之师，民于是乎可任使也，而不生祸乱。民知有辟，则不忌于上。并有争心，以征于书，而徼幸以成之，弗可为矣。夏有乱政，而作《禹刑》；商有乱政，而作《汤刑》；周有乱政，而作《九刑》，三辟之兴，皆叔世也。今吾子相郑国，作封洫，立谤政，制参辟，铸刑书，将以靖民，不亦难乎？……民知争端矣，将弃礼而征于书。锥刀之末，将尽争之。乱狱兹丰，贿赂并行。终子之世，郑其败乎？肸闻之："国将亡，必多制"，其

① 杜预集解：《春秋经传集解》，上海古籍出版社1978年版，第1248页。

95

此之谓乎！①

在叔向看来，子产的政治手段是典型的"有为"。这种有为看似积极作为，可以救一时之弊，但从长远看，必然带来人民的"争心"，乃至彼此争夺的行为，从而导致祸乱的发生，属于末世的无奈之举，无法带来长治久安，是应该否定的。而这种面对周天子独尊地位的丧失，诸侯争霸格局的形成，传统宗法制、分封制、礼乐文化等皆不太适应新时代的要求，于是从东方的齐国、鲁国，到南方的楚国、西方的秦国等都纷纷改革制度。对于这种变局，叔向和老子的看法是一致的。不同在于叔向仍向往"德"（伦理层面）、"礼"的政治作用，老子则已经看破形式上的"礼"并无益于当下的政治，主张回归"道"的规律，回归原始的"素朴"。

其五说天地秩序。天地之间，含阴阳之气，这是很早就已经为知识界所承认的共识。《国语·周语上》记，周幽王二年（前780），西周三川皆震，伯阳父谏曰：

> 周将亡矣！夫天地之气，不失其序，若过其序，民乱之也。阳伏而不能出，阴迫而不能蒸，于是有地震。今三川实震，是阳失其所而镇阴也。阳失而在阴，川源必塞。源塞，国必亡。

《老子》第四十二章则进一步提出"气以实道"的宇宙秩序，称：

> 道生一，一生二，二生三，三生万物。万物负阴而抱阳，冲气以为和。

除了气之外，鬼神也是早期思想中很重要的存在。《国语》卷一《周语上》：

---

① 杜预集解：《春秋经传集解》，上海古籍出版社1978年版，第1275—1276页。

（惠王）十五年，有神降于莘。王问于内史过，曰：是何故？固有之乎？对曰：有之。国之将兴，其君齐明、衷正、精洁、惠和，其德足以昭其馨香，其惠足以同其民人。神飨而民听，民神无怨，故明神降之，观其政德而均布福焉。国之将亡，其君贪冒、辟邪、淫佚、荒怠、粗秽、暴虐，其政腥臊，馨香不登；其刑矫诬，百姓携贰。神明不蠲，而民有远志。民神怨痛，无所依怀，故神亦往焉，观其苛慝而降之祸。是以或见神以兴，亦或以亡。

此事发生于公元前 662 年，亦为老子思想的背景材料。然而，同样是对于神的态度，老子将其置于因果之中，只要以道莅天下，自然鬼神安宁。内史过则认为"不禋于神而求福焉，神必祸之。不亲于民而求用焉，人必违之。精意以享，禋也。慈保庶民，亲也"。仍以敬神为祸福之源，显然老子已经超出了向神灵祈求得福免祸的思想水平。《老子》第六十章曰："治大国，若烹小鲜。以道莅天下，其鬼不神；非其鬼不神，其神不伤人；非其神不伤人，圣人亦不伤人。夫两不相伤，故德交归焉。"这一章只看所说，并不好理解。但结合当时的话语背景，就可以很清楚地看出老子的本意。

再如《左传·昭公七年》记，子产赴晋，晋赵景子询问伯有为鬼一事，子产说："人生始化曰魄，既生魄，阳曰魂。用物精多则魂魄强，是以有精爽，至于神明。"对于生死、鬼神、魂魄都已经有了较为普遍的认识，后来《老子》中出现"载营魄抱一，能无离乎"这样的话语就不奇怪了。

其六说文化传承。老子开诸子思想风气之先，然亦承王官文化之绪。正如《庄子·天下》在述百家之学前深情回望那个"皆原于一"的时代，曰：

古之所谓道术者，果恶乎在？曰："无乎不在。"曰："神何由降？明何由出？""圣有所生，王有所成，皆原于一。"不离于宗，谓之天人；不离于精，谓之神人；不离于真，谓之至人。

> 以天为宗，以德为本，以道为门，兆于变化，谓之圣人。

随后诸子百家各执一说，纷纷兴起：

> 内圣外王之道，暗而不明，郁而不发，天下之人各为其所欲焉以自为方。悲夫！百家往而不返，必不合矣！后世之学者，不幸不见天地之纯，古人之大体。道术将为天下裂。

显然，庄子认为"道术"为一的"古人之大体"，正是诸子争鸣前，中国思想史的一个特定的发展阶段，随着学术下移，造成了诸子各执大道之一说的局面。那么，那个深谙"内圣外王"道术的时代，究竟是实存的时代，还是想象中的乌托邦呢？《国语·周语上》内史过曰：

> 《夏书》有之曰："众非元后，何戴？后非众，无与守邦。"在《汤誓》曰："余一人有罪，无以万夫。万夫有罪，在余一人。"在《盘庚》曰："国之臧，则惟女众。国之不臧，则惟余一人，是有逸罚。"如是则长众使民，不可不慎也。

同样作为史官的内史过，所引用的《夏书》和《汤誓》，皆为早已散佚的古文献。当时他回答周襄王提问所引录的这几条，一个共同的意思正是《老子》所说的：

> 是以圣人后其身而身先，外其身而身存。（第七章）
> 江海所以能为百谷王者，以其善下之，故能为百谷王。是以圣人欲上民，必以言下之；欲先民，必以身后之。是以圣人处上而民不重，处前而民不害，是以天下乐推而不厌。以其不争，故天下莫能与之争。（第六十六章）

从中可见，所谓的充满理想意味的"古代"，实际上正是史官们所掌握的典籍文献中所记载的三代圣君贤王的政治理念所建构起来的。老子"圣人""处下""后身"之类的理念当源于古代政治文化的传承。

以上从经济关系、国家之间关系、礼法制度、政治模式、天地之气、文化传承等方面，列举了一些实例和言行，更有助于我们把握老子思想的来源和指向。

第二节　活跃的逸民隐者

司马迁《史记》老子本传中两次提到老子的"隐"。一是老子出关，关令尹喜曰："子将隐矣，强为我著书"；一是太史公在传记之后所附的评价："老子，隐君子也"。其实，老子未必失官之后隐居山林，而是独立于政治权力之外，消失在茫茫人海之中。正如当时或早些的时代，社会上也活跃着一些逸民隐者的身影，他们的思想在某些程度上和老子的思想也有些相似之处。这是值得我们关注的另一个时代背景。

春秋以降，士阶层的分化，是一个重要的社会现象。我们知道，早期中国思想领域的文化承担者，主要是具有通天功能的祝、卜、史、宗等贵族知识分子。但随着周王朝的衰落与诸侯国的兴起，知识逐渐流移。《史记·历书》中说：

> 幽、厉之后，周室微，陪臣执政，史不记时，君不告朔，故畴人子弟分散，或在诸侯，或在夷狄。

《左传·昭公十七年》记载郯子向鲁昭公论古代官以鸟名，孔子就感叹："天子失官，学在四夷。"《论语·微子》也记载：

> 太师挚适齐，亚饭干适楚，三饭缭适蔡，四饭缺适秦，鼓

方叔入于河，播鼗武入于汉，少师阳击磬襄入于海。①

言随着东周的衰落，礼崩乐坏，掌管礼乐的官师分散到各地。

综观春秋时期的隐士逸民群体，或隐于山林田野，或隐于市井，大都无名或以假名行世，如《诗经·小雅》中的"鹤鸣于九皋，声闻于野。鱼潜在渊，或在于渚"，"皎皎白驹，在彼空谷。生刍一束，其人如玉"，都用比兴的手法，记录了两周之际远离政治权力不知名的贤人隐士。

而从他们的言论看，也和老子道家一派有着极大的相似处。如《论语·宪问》记："子路宿于石门。晨门曰：奚自？子路曰：自孔氏。曰：是知其不可而为之者与？"晨门，郑注云：主晨夜开闭者。石门是鲁国的城门，则晨门乃鲁国守门的隐者。

《论语·宪问》记："子击磬于卫，有荷蒉而过孔氏之门者，曰：有心哉，击磬乎！既而曰：鄙哉，硁硁乎！莫己知也。斯己而已矣。深则厉，浅则揭。子曰：果哉！末之难矣。"蒉，草器也。指卫国背着草筐的隐者。

《论语·微子》记："楚狂接舆歌而过孔子，曰：凤兮凤兮，何德之衰。往者不可谏，来者犹可追。已而已而。今之从政者殆而。"②接舆为楚国的隐者。

这几位不同地域的隐者，共同的话题就是"为"与"无为"，同样反对孔子的"知其不可而为之"的行为。此外《论语·微子》篇中还提到耦耕的长沮、桀溺、荷蓧丈人，以及"逸民"：伯夷、叔齐、虞仲、夷逸、朱张、柳下惠、少连等。显然在当时持这种见解的人并不在少数。

再如，《列子·天瑞》中所记载的留下姓名的古之隐士，有"年且百岁"的林类，有"鼓琴而歌"的荣启期等。荣启期曰：

---

① 刘宝楠：《论语正义·微子》第十八，上海书店出版社1986年版，第397—398页。
② 刘宝楠：《论语正义·微子》第十八，上海书店出版社1986年版，第390页。

孔子游于太山，见荣启期行乎郕之野，鹿裘带索，鼓琴而歌。孔子问曰："先生所以乐，何也?"对曰："吾乐甚多。天生万物，唯人为贵。而吾得为人，是一乐也。男女之别，男尊女卑，故以男为贵，吾既得为男矣，是二乐也。人生有不见日月，不免襁褓者，吾既已行年九十矣，是三乐也。贫者士之常也，死者人之终也，处常得终，当何忧哉?"

其所说"三乐"，充分体现了老子所谓"知足之足，常足矣"的知足常乐思想。

除此而外，我们看当今遗留的所谓上古歌谣中，一些由无名作者创作、大众传唱的歌谣，也有一部分反映了崇尚自然无为的道家思想倾向，如《礼记经解》引《尚书传》曰："民击壤而歌，凿井而饮，耕田而食，帝力何有?"《艺文类聚》引《帝王世纪》作："日出而作，日入而息。凿井而饮，耕田而食。帝力于我何有哉?"《孟子·离娄》篇、《楚辞·渔父》所引："沧浪之水清兮，可以濯我缨；沧浪之水浊兮，可以濯我足。"歌声的背后，我们看到的是春秋时代活跃的逸民隐者。

第三节　老子的述古

《老子》的述古，为众所公认的事实。朱熹《答汪尚书》云：

盖老聃，周之史官，掌国之典籍、三皇五帝之书，故能述古事而信好之。如五千言，亦或古有是语，而老子传之，未可知也。盖《列子》所引《黄帝书》，即《老子》"谷神不死"章也，岂所谓三皇五帝之书。①

---

① 朱熹：《晦庵先生朱文公文集》卷第三十，景上海涵芬楼藏明刊本。

高亨《重订老子正诂》说："老子之学，实有所祖述，其书亦多存古语。"并举十例以证明。胡怀琛《论老子学说之来历》总结老子之述古，如二十二章云："古之所谓曲则全者，岂虚言哉。"四十一章云："建言有之：明道若昧，进道若退。"六十九章云："用兵有言：吾不敢为主而为客，不敢进寸而退尺。"诸如此类，凡十八处。

综观《老子》书中，述古一般标作："古之善为道者"如何如何、"是以圣人"如何如何、"古之所谓"如何如何、"故建言有之"如何如何、"圣人云"如何如何、"盖闻"如何如何……有点像孔子所说的"述而不作，信而好古"。只有很少几处把自己摆进去。如第二十章：

> 众人熙熙，如享太牢，如春登台。我独泊兮其未兆，如婴儿之未孩。

第五十三章云：

> 使我介然有知，行于大道，唯施是畏。

第七十章：

> 吾言甚易知，甚易行。

因此，《老子》一书可说是在述古基础上的解释和发挥。而且，《老子》引用古人、古书之说，有的明白标出了，有的未标明但原文相同。明引古人之说者，如第二十二章：

> 古之所谓"曲则全"者，岂虚言哉？

第四十一章：

> 故建言有之：明道若昧，进道若退，夷道若纇，上德若

谷……

第五十七章：

> 故圣人云：我无为而民自化，我好静而民自正，我无事而民自富，我无欲而民自朴。

这里，"故圣人云"，帛书本作"是以圣人之言曰"。第六十九章：

> 用兵有言：吾不敢为主而为客，不敢进寸而退尺。

《左传·昭公二十一年》：

> 《军志》有言：先人有夺人之心，后人有待其衰。

"用兵有言"和"《军志》有言"，句法相同，所引思想内容亦相连。《老子》所引"用兵"者之言，当亦《军志》之类。《老子》中还有一部分是出自古书，或者文字相似的，如：

> 谷神不死，是谓玄牝。玄牝之门，是谓天地根。绵绵若存，用之不勤。

《列子·天瑞篇》引作《黄帝书》语。
又《老子》第三十六章曰：

> 将欲歙之，必固张之。将欲弱之，必固强之。将欲废之，必固兴之。将欲夺之，必固与之。

《韩非子·说林上》《战国策·魏策》并引作《周书》曰：

将欲败之，必姑辅之。将欲取之，必姑予之。

文意相近，似出同源。

《老子》第四十二章：

人之所教，我亦教之，强梁者不得其死。吾将以为教父。

"强梁者不得其死"句，《说苑·敬慎》篇引作《金人铭》语。《老子》第七十九章曰：

天道无亲，常与善人。

《后汉书·郎顗传》引作《易》语，今《易》中无此文，或有所本。

《老子》也明确地承认自己思想与古代思想的继承关系，第十四章说：

执古之道，以御今之有。能知古始，是谓道纪。

严复说得好：

"执古"二语，与孟子"求故"同一义蕴。科哲诸学皆事此者也。吾尝谓老子为柱下史，又享高年，故其得道，全由历史之术。读执古、御今二语，益信。①

据上所述，《老子》中的许多思想，甚至相当一部分具体语句，都是渊源有自的。或引古文，或引古义，似可以说是"述而不作"。

---

① 严复：《老子道德经评点》，见《老子集成》第十一卷。

第四节　古道者的传言佚著

夏商周三代普遍的知识和思想，加上春秋晚期所面临的诸多现实问题，应该是老子思想发生的土壤。除此之外，值得重视的还有"古道者"这个群体的思想，亦为老子思想的重要来源。

张舜徽在其《周秦道论发微》一书中也提出："凡一学说的兴起，绝不是、也不可能由一个人在某一时期突然创造出来的。……胡适谈到老子哲学时，便认为'老子是最先发见道的人'。这一断语，显然是十分错误的。"① 原因在于《老子》书中，早已明白写着"古之善为道者""古之所谓""古之所以贵此道者"，等等，就说明在老子之前，已有不少阐明过这些道理的人。再看《庄子·天下》叙述诸子学说的兴起，每云"古之道术有在于是者"，强调老子之前是有一些古道者的。

这些古道者或为老子之前掌握知识的学者，或者出自流传的书籍的记载，如近代学者江瑔在其《读子卮言》一书中，专列一章《论道家为百家所从出》，他说："道家之学，较诸家为最早……诸家之学，皆起于春秋战国之时。道家之学则在春秋战国以前，而源于有史之初。"又说："上古三代之世，学在官而不在民，草野之士莫由登大雅之堂。唯老子世为史官，得以掌数千年学库之管钥而司其启闭，故《老子》一出，遂尽泄天下之秘藏。集古今之大成，学者宗之，天下风靡，道家之学遂普及于民间。"

再看《汉书·艺文志》中"诸子略"，虽然首列儒家，但所列儒家典籍以《晏子》八篇居首。接下来就是子思、曾子。晏婴约公元前578年至公元前500年在世，辅佐齐灵公、齐庄公、齐景公，辅

① 张舜徽：《叙录》，见《张舜徽集·周秦道论发微》，华中师范大学出版社2005年版，第18页。

政时间长达五十余年。关于《晏子》一书的成书，一说乃晏婴死后，宾客集其行事以成书，至少在战国以后。[①] 至《隋书·经籍志》仍列在儒家，但至《四库全书总目提要》则入史部传记类。当是认为其书的性质，列于儒家仍显牵强。

与儒家不同，《汉书·艺文志》"诸子略"道家类在老子的著作之前，列了《伊尹》五十一篇；《太公》二百三十七篇、《谋》八十一篇、《言》七十一篇、《兵》八十五篇；《辛甲》二十九篇；《鬻子》二十二篇；《管子》八十六篇。虽然将伊尹、太公、辛甲、鬻熊、管子归入道家，是刘向、刘歆及班固划分的结果，而且这些著作即使今天流传下来的，也多出于依托。但却反映了老子之前，实际上应该还有一个"古道家"的传统。这一序列中的文献，或许为《老子》思想形成的直接来源。这一序列的人物，也有一些共同的特点：

第一个方面就是他们的身份，基本都是"帝王师""太史"或者"相"。

伊尹，又名阿衡，为商汤之相，其事见《史记·殷本纪》。《孟子·公孙丑下》："汤之于伊尹，学焉而后臣之，故不劳而王；桓公之于管仲，学焉而后臣之，故不劳而霸。"《墨子·尚贤》："昔伊尹为莘氏女师仆，使为庖人。汤得而举之，立为三公，使接天下之政，治天下之民。"

太公，即姜子牙，又名周师尚父。班固称"本有道者"。《七略别录》曰："师之、尚之、父之，故曰师尚父。"

辛甲，《史记·周本纪》曰："伯夷、叔齐在孤竹，闻西伯善养老，盍往归之。太颠、闳夭、散宜生、鬻子、辛甲大夫之徒皆往归之。"《史记集解》引刘向《别录》曰："辛甲，故殷之臣，事纣。盖七十五谏，而不听。去至周。召公与语，贤之，告文王。文王亲自迎之，以为公卿，封长子。"

鬻熊，楚人的先祖之一。《汉书·艺文志》班固注曰："名熊，为周师，自文王以下问焉，周封为楚祖。"今传《鬻子》一卷，唐代

---

① 陈国庆：《汉书艺文志注释汇编》，中华书局1983年版，第99页。

逢行珪《鬻子序》则云："鬻子名熊，楚人，周文王之师也。年九十，见文王。王曰：'老矣！'鬻子曰：'使臣捕兽逐麋，已老矣；使臣坐策国事，尚少也。'文王师之。"湖北荆门包山二号墓楚简："举祷楚先老童、祝融、鬻熊各一样。"湖北江陵望山楚简："先老童、祝融、鬻熊各一样。"河南新蔡葛陵楚简："举祷楚先老童、祝融、鬻熊各两样。"

管子，即管仲，管夷吾。《史记》有传，班固《汉书·艺文志》注曰："名夷吾，相齐桓公，九合诸侯，不以兵车也。"

总而言之，以上五位都是真实的历史人物，而且都是见于记载的富有智慧且成功的政治家，伊尹甚至见于甲骨文的记载，死后地位崇高，作为受祭和问卜的神灵。[①]伊尹、太公亦以长寿知名。据记载，伊尹历经商汤到沃丁，百岁高龄。

第二个重要的方面，就是这些古道者都留下了语录类且影响深远的记录。

今本《尚书书序》中所传《女鸠》《女方》《汤誓》《伊训》《肆命》《徂后》《太甲》《咸有一德》皆为伊尹遗篇。今本《逸周书》中有《王会》篇，保留了伊尹的文字。此外长沙马王堆帛书《伊尹·九主》，《吕氏春秋》之《先己》《论人》《本味》《恃君》《长利》《知分》《赞能》，《管子·轻重甲》及《淮南子·齐俗训》皆有引其片段。

关于伊尹的思想，《伊尹·九主》载："伊尹受令于汤……从古以来，存者亡者，凡此九已。九主成图，请效之汤。汤乃延三公，伊尹布图陈策，以明法君法臣。法君者，法天地之则者。《志》曰天，曰地，曰四时，复（覆）生万物，神圣是则，以肥（配）天地。礼数四则，曰天纮，唯天不失金（范），四纮［是］则。古今四纮，道数不代（忒）。圣王是法，法则明分。后曰：天金（范）何也？伊尹对曰：天金（范）无［私］，复（覆）生万物，生物不物，莫不以

---

① 夏毅榕：《伊尹及其学术源流初探》，见《马王堆汉墓帛书〈黄帝书〉笺证》，中华书局 2004 年版，第 285 页。

名，不可为二名。此天佥（范）也。后曰：大矣才（哉）！大矣才（哉）！不失佥（范）。法则明分，何也？伊尹对曰：主法天，佐法地，辅臣法四时，民法万物，此胃（谓）法则。天复（覆）地载，生长收藏（藏），分四时。故曰：事分在职臣。"此言明主法天之则的思想。又载："《志》曰：唯天无胜，凡物有胜。后曰：天无胜（朕），何也？伊尹对曰：胜（朕）者，物［性之］所以备也，所以得也。天不见端，故不可得原，是无胜。后曰：极卜不见？伊尹对曰：［是］故圣王［法］天。故曰：主不法则，乃反为物。端见必得，得有巨才（哉）。"此言人主当法天之无形迹，不要轻易暴露自己的好恶端倪。《庄子·让王》中，汤将伐桀，问务光，"伊尹何如？"曰："强力忍垢，吾不知其他也。"则言心志专一、忍垢处下。

《史记·齐世家》曰："后世之言兵，及周之阴权，皆宗太公为本谋。"《战国策·秦策》也称苏秦得太公阴符之谋。沈钦韩《汉书疏证》曰："谋者，即太公之阴谋。言者即太公之金匮，凡善言书诸金版。兵者，即太公兵法。"今传有《金人铭》，为周太庙右阶前所立金人背后的铭文，相传亦为太公所撰。《说苑·敬慎》引其文曰：

　　古之慎言人也。戒之哉！戒之哉！无多言，多言多败；无多事，多事多患。安乐必戒，无行所悔。勿谓何伤，其祸将长；勿谓何害，其祸将大；勿谓何残，其祸将然。勿谓莫闻，天妖伺人。荧荧不灭，炎炎奈何；涓涓不壅，将成江河；绵绵不绝，将成网罗；青青不伐，将寻斧柯。诚不能慎之，祸之根也。曰是何伤，祸之门也。强梁者不得其死，好胜者必遇其敌。盗怨主人，民害其贵。君子知天下之不可盖也，故后之下之，使人慕之。执雌持下，莫能与之争者。人皆趋彼，我独守此。众人惑惑，我独不从。内藏我知，不与人论技。我虽尊高，人莫我害。夫江河长百谷者，以其卑下也。天道无亲，常与善人。戒之哉！戒之哉！

向宗鲁校证曰：

《御览》三百九十引孙卿子《金人铭》曰："周太庙右阶之前，有金人焉，三缄其口，而铭其背曰：'我，古之慎言人也。戒之哉，毋多言，无多事！多言多败，多事多害！'"小注曰："《皇览》云：'出太公《金匮》，《家语》《说苑》又载。'"据此，则本书之文，本于《荀子》，而今《荀子》佚之。《治要》三十一引太公《阴谋》："武王问尚父曰：'五帝之戒，可得闻乎？'尚父曰：'黄帝之时，戒曰："吾之居民上也，摇摇恐夕不至朝。"故为金人，三封其口曰："古之慎言人也。"尧之居民上也，振振如临深渊。舜之居民上，兢兢如履薄冰。禹之居民上，栗栗恐不满日。汤之居民上，战战恐不见旦。'武王曰：'吾今新并殷，居民上也，翼翼惧不敢息。'尚父曰：'德盛者守之以谦，守之以恭。'武王口：'欲如尚父言，吾因是为戒，随之身。'"《御览》五百九十引《皇览》记《阴谋》同。又引《家语》云云。小注曰："《荀卿子》《说苑》又载。"斯又文出《荀子》之一证也。《家语》文在《观周篇》。又略见《金楼子·戒子篇》。①

《汉书·艺文志》有《鬻子》二十二篇，列道家类。另小说家类有《鬻子说》十九篇。刘勰《文心雕龙·诸子第十七》称："至鬻熊知道，而文王咨询，余文遗事，录为《鬻子》。子自肇始，莫先于兹。"今传《鬻子》一卷，自宋人叶梦得以来多疑其伪，《四库全书总目提要》称其"唐以来好事之流，依仿贾谊所引，撰为赝本。"

《列子》引"鬻熊"共三条，其卷一《天瑞》曰：

粥熊曰："运转亡已，天地密移，畴觉之哉？故物损于彼者盈于此，成于此者亏于彼。损盈成亏，随世随死。往来相接，间不可省，畴觉之哉？凡一气不顿进，一形不顿亏；亦不觉其成，不觉其亏。亦如人自世至老，貌色智态，亡日不异；皮肤

---

① 　向宗鲁：《说苑校证》，中华书局 1987 年版，第 259—260 页。

爪发，随世随落，非婴孩时有停而不易也。间不可觉，俟至
后知。"

所讨论的核心问题是宇宙运转之不知不觉，然生死也是这样一种不知不觉的过程。

《列子》卷六《力命》："鬻熊语文王曰：自长非所增，自短非所损。算之所亡若何？"其含义正如列子所阐发的：

> 生非贵之所能存，身非爱之所能厚；生亦非贱之所能夭，身亦非轻之所能薄。故贵之或不生，贱之或不死；爱之亦不厚，轻之或不薄。此似反也，非反也；此自生自死，自厚自薄。或贵之而生，或贱之而死；或爱之而厚，或轻之而薄。此似顺也，非顺也；此亦自生自死，自厚自薄。

《汉书·艺文志》著录的二十二篇《鬻子》今已失传，今所见《鬻子》为唐代逢行珪所献，取自《群书治要》；另附《补鬻子》七则，取自汉代贾谊《新书·修政语下》。国家图书馆出版社2013年出版了《子藏·道家部·鬻子卷》，全二册，收录了目前所知有关《鬻子》的白文本、注本、节选本、稿抄本、批校本、校勘本及相关研究著述等，共五十一种。

辛甲，据《左传·襄公四年》，魏绛言于晋侯曰："昔周辛甲之为大史也，命百官，官箴王缺。于《虞人之箴》曰：茫茫禹迹，画为九州，经启九道。民有寝庙，兽有茂草，各有攸处，德用不扰。在帝夷羿，冒于原兽。忘其国恤，而思其麀牝。武不可重，用不恢于夏家。兽臣司原，敢告仆夫。虞箴如是，可不惩乎？"

《隋书·经籍志》将《管子》列入法家类。《四库全书》将其列入子部法家类。《管子》还曾一度被收载于宋版《道藏》中，成为道教经典。刘向说："所校雠中《管子书》三百八十九篇，太中大夫卜圭书二十七篇，臣富参书四十一篇，射声校尉立书十一篇，太史书九十六篇，凡中外书五百六十四，以校除复重四百八十四篇，定著八十六篇。杀青而书可缮写也。"① 记录了今本《管子》八十六篇的成书情况。

现存《管子》分为《经言》《外言》《内言》《短语》《区言》《杂篇》《管子解》《管子轻重》八部,《内言》亡《王言》《谋失》两篇,《短语》亡《正言卜》篇,《杂篇》亡《言昭》《修身》《问霸》三篇,《管子解》亡《牧民解卜》篇,《管子轻重》亡《问乘马》及《太轻重》丙、《轻重》庚三篇,计亡佚十篇。

关于《管子》的成书,《四库全书总目提要》考证曰:

> 刘恕《通鉴外纪》引《傅子》曰:管仲之书,过半便是后之好事者所加,乃说管仲死后事,《轻重》篇尤复鄙俗。叶适《水心集》亦曰,《管子》非一人之笔,亦非一时之书,以其言毛嫱、西施、吴王好剑推之,当是春秋末年。今考其文,大抵后人附会多于仲之本书。其他姑无论,即仲卒于桓公之前,而篇中处处称桓公,其不出仲手,已无疑义矣。书中称《经言》者九篇,称《外言》者八篇,称《内言》者九篇,称《短语》者十九篇,称《区言》者五篇,称《杂篇》者十一篇,称《管子解》者五篇,称《管子轻重》者十九篇。意其中孰为手撰,孰为记其绪言如语录之类,孰为述其逸事如家传之类,孰为推其义旨如笺疏之类,当时必有分别。观其五篇明题管子解者,可以类推,必由后人混而一之,致滋疑窦耳。晁公武《读书志》曰,刘向所校本八十六篇,今亡十篇。考李善注陆机《猛虎行》曰,江邃《文释》引《管子》云,夫士怀耿介之心,不荫恶木之枝,恶木尚能耻之,况与恶人同处?今检《管子》,近亡数篇,恐是亡篇之内而邃见之。则唐初已非完本矣。明梅士享所刊,又复颠倒其篇次。如以《牧民解》附《牧民》篇下,《形势解》附《形势》篇下之类,不一而足,弥为窜乱失真。此本为万历壬午赵用贤所刊,称由宋本翻雕。前有绍兴己未张嵲后跋

---

① 黎翔凤:《管子校注》,中华书局 2004 年版,第 3 页。

云，舛脱甚众，颇为是正。《用贤序》又云，正其脱误者逾三万言。则屡经点窜，已非刘向所校之旧，然终愈于他氏所妄更者，在近代犹善本也。旧有房玄龄注，晁公武以为尹知章所托，然考《唐书·艺文志》，玄龄注《管子》不著录，而所载有尹知章注《管子》三十卷。则知章本未托名，殆后人以知章人微，玄龄名重，改题之以炫俗耳。案《旧唐书》，知章，绛州翼城人。神龙初，官太常博士。睿宗即位，拜礼部员外郎，转国子博士。有《孝经注》《老子注》，今并不传，惟此注借玄龄之名以存。其文浅陋，颇不足采。然蔡绦《铁围山丛谈》载苏轼、苏辙同入省试，有一题轼不得其出处，辙以笔一卓而以口吹之，轼因悟出《管子注》。则宋时亦采以命题试士矣。且古来无他注本，明刘绩所补注，亦仅小有纠正，未足相代。故仍旧本录之焉。

所以，《管子》一书当继承了管子的政治思想。而其中与老子思想关系最密切的是《心术》上下篇、《白心》《内业》四篇。《内业》解道的意义，《心术》和《白心》说依道以正名备法。

那么，诸如以上古道者，当构成了前老子时代的"古道家"。古道家知识的承载者，大多为位高权重的顶层人物，故而，其思想的影响和保存自然也更为重要。这一知识流派堪称三代至春秋时期占据主流思想地位的一派，当然也是老子思想的主要来源之一。

第五节　史官文化传统

老子是周守藏室之史，正如班固在追溯诸子源流的时候说："道家者流，盖出于史官。"[①] 也就是说，老子作为道家学派的集大成者，其学说首当继承了源远流长的史官思想传统。但这里所谓的"史

---

① 班固：《汉书》卷三十《艺文志》，中华书局 1962 年版，第 1732 页。

官"，无论是从来源看，从职责看，还是从文献遗存看，都具有十分丰富的内涵。

首先，史官的源起，可追溯至黄帝时代。唐刘知幾《史通·史官建置》云：

> 盖史之建官，其来尚矣。昔轩辕氏受命，仓颉、沮诵，实居其职。至于三代，其数渐繁。

又云：

> 史官之作，肇自黄帝，备于周室，名目既多，职务咸异。

在史官系统源远流长的演化过程中，首先是巫史合一的阶段，这可以追溯至颛顼时代的"绝地天通"。《国语·楚语下》记载：

> 民神异业，敬而不渎，故神降之嘉生，民以物享，祸灾不至，求用不匮。及少皞之衰也，九黎乱德，民神杂糅，不可方物。夫人作享，家为巫史，无有要质。……颛顼受之，乃命南正重司天以属神，命火正黎司地以属民，使复旧常，无相侵渎，是谓绝地天通。

"绝地天通"，就是由专门的神职人员负责与神灵沟通，并向世人解释，以改变过去"民神杂糅""家为巫史"的状况。那么，这种沟通神人的职责，便落到了专门的"巫史"身上。再"由巫而史，而为王者的行政官吏"①，可谓一脉相承。

其次，史官的职责。至周代形成了多层次的史官职务体系，从现有的史料看，周代的史官职责种类非常丰富，有守典、记事、司天、典礼、奉法、教诲、占卜、制历、策命等多种。《礼记·月令》

---

① 陈梦家：《商代的神话与巫术》，《燕京学报》第 20 期。

曰："大史守典、奉法、司天，日月星辰之行，宿离不贷，毋失经纪，以初为常。"

《周礼·天官·冢宰》："史十有二人。"注曰："史，掌书者。"又《诗经·小雅·宾之初筵》："或佐之史。"《国语·周语上》曰："瞽、史教诲。"韦昭注曰："瞽，乐大师。史，太史也。掌阴阳、天时、礼法之书，以相教诲者。"当时太史尤其具有崇高的政治地位和话语权。韦昭称："太史，掌达官府之治，故次大师也。"①《国语·周语下》周臣单襄公曰："吾非瞽、史，焉知天道。"可见在当时，"知天道"以训人事，掌管书籍，主持典礼等，已经成为史官的专门职责。

其三，从文献的遗存看，《汉书·艺文志》所记载的文献中数术略一百九十家，二千五百二十八卷，为六略当中数量最多的一部分，其中包括天文二十一家，历谱十八家，五行三十一家，蓍龟十五家，杂占十八家，形法六家。其内容大体与巫史之守相关。正如班固所说：

> 数术者，皆明堂羲和史卜之职也。史官之废久矣，其书既不能具，虽有其书而无其人。《易》曰："苟非其人，道不虚行。"春秋时鲁有梓慎，郑有裨灶，晋有卜偃，宋有子韦。②

这些数术家和前所列道家，同样属于史官职守范围之内，其共同的思维方式是，观天地，"以纪吉凶之象，圣王所以参政也"③。

但道家为何列为诸子，而非列于数术家中？二者之间重要的区别，恐怕正在于，数术家根据梦、五行、阴阳、音声、天象、地形来判断吉凶，并给人主提出建议。如上所列春秋时期鲁国的梓慎望氛而知宋有乱、蔡有丧；郑国的裨灶，从星象预言陈国的命运；晋

---

① 徐元诰：《国语集解·周语上》，中华书局 2002 年版，第 20 页。
② 班固：《汉书》卷三十《艺文志》，中华书局 1962 年版，第 1775 页。
③ 班固：《汉书》卷三十《艺文志》，中华书局 1962 年版，第 1765 页。

国的瞽乐师师旷"骤歌北风，又歌南风，南风不竞，多死声"①，以判断楚晋战争，得出楚国必败的结论。诸如此类，将象数音声神秘化，将人间的祸福吉凶与之联系起来，这样就造成吉凶祸福很大程度上都已经被一些不可知的因素预先决定了，从而忽略了客观世界的规律和人自身的理性因素。这大概就是《老子》中所谓："前识者，道之华而愚之始。"班固所谓："牵于禁忌，泥于小数，舍人事而任鬼神。"②

老子作为史官，一方面继承了史官的思维传统，将古往今来、四方上下皆纳入观察的视野，注重对人事走向的预见性思考，来指导人的言行，自然便具有不同于一般学者的思维方式和精神视界；另一方面，老子对当时社会普遍流行的鬼神信仰、上帝信仰持否定态度，认为最终的决定力量、根本的力量在于自然之"道"。认为整个世界"道大、天大、地大、王亦大"，所以应"尊道而贵德"。即班固所谓"历记成败存亡祸福古今之道，然后知秉要执本，清虚以自守，卑弱以自持"③。

① 杨伯峻：《春秋左传注·襄公十八年》，中华书局 2009 年版，第 1043 页。
② 班固：《汉书》卷三十《艺文志》，中华书局 1962 年版，第 1735 页。
③ 班固：《汉书》卷三十《艺文志》，中华书局 1962 年版，第 1732 页。

第三章　时代课题与老学发轫

老子其人其学，皆以自隐无名为务。但其人其书却并没有因此而被埋没。进入战国时期——一个学术上、思想上高度自由的时代，《老子》书也得到了迅速的传播，并形成一种专门的学问，也就是老学。与孔子的开门授徒、讲学为务不同，老子学说的传播更具自发性，同时在流传的地域和范围上，似乎也更加广泛。正如冯友兰先生所说："《老子》之学说，《荀子》批评之，《庄子·天下篇》称述之，《韩非子》'解'之'喻'之，《战国策》中，游说之士亦引用之。故可知其在战国时已为'显学'矣。"① 那么，老子的思想，究竟何时形成了一派学说？形成之后，又是如何传播的？究竟是否称得上"显学"？什么时候开始广泛彰显的？这些是我们需要进一步思考的问题。

第一节　急剧变化的战国时代②

对《老子》书的传播和研究，应该是从战国初年兴起的。众所周知，战国时代是一个社会急剧变化的时代。现在就简略地谈一下与这个时代有关的几个问题。

---

① 冯友兰：《中国哲学史》，重庆出版社 2009 年版，第 142 页。
② 此节参考了《中国老学史》（福建人民出版社 1995 年版）第二章第一节的内容。

一、变革：时代的新课题

中国古代很早就有"革命"一词，《易经·革》云：

> 天地革而四时成，汤武革命，顺乎天而应乎人，革之时大矣哉。

据说这是孔夫子的解释。称商汤代夏、周武代商为革命，原本多少还有点"顺乎天而应乎人"而实施变革的意思，后来把所有改朝换代都叫作"革命"，所谓"昔汉祖以神武革命，开建帝业"[①]，乃至武则天之短暂地做皇帝，也被称为"武周革命"。改朝换代多少也有些非变不可的内容，多少也"应乎"一些人群的需要，但大多数谈不上大的变革，中国古代的这种"革命"，和今日之所谓"革命"的意义是有所不同的。今日之理解，革命是指事物由旧质向新质的飞跃，在自然方面是指人对自然的重大改造，在社会政治（包括社会经济）方面是指重大的变革，关系到生产力的重大发展。准此，则一般的改朝换代，不应称之为革命。

春秋战国时期，名义上没有改朝换代，仍然是周朝，但这一时期的社会、政治、经济等方面都发生了"革命"性的变化。当代学者对此做了许多探讨，意见也不统一。有的认为是奴隶制向封建制的转变，有的认为是早期奴隶制向发达奴隶制的转变，有的认为是封建领主制向封建地主制的转变，总之，谁都不否认这一时期发生了重大的转变。究竟是一种什么性质的转变似乎还可以进一步研究和讨论。这里我们不做深谈，但为了说明战国时代是一个急剧变化的时代，可以举出一些基本的事实。

1. 生产力的长足发展

战国时代，生产力得到了显著的发展，这是在历史学界（包括

---

① 房玄龄等：《晋书》卷九十八《王敦传》，中华书局 1974 年版，第 2555 页。

考古学界）已得到广泛论证的一个问题。诸如铁器的使用、牛耕的推广、种植技术的发展、水利工程的兴修，等等，不仅有明确的记载，而且有越来越多的考古发掘资料予以证明。

社会经济呈现繁荣景象，尤以商业发达表现最为突出。当时的诸侯国很多，一国有一个政治中心，而这个政治中心同时也就是商业中心，而且发展越来越壮大，如《战国策·赵策三》所说：

> 古者四海之内，分为万国，城虽大，无过三百丈者；人虽众，无过三千家者。……今千丈之城，万家之邑相望也。

一个诸侯国有好几个大城市，如齐的临淄、即墨、莒、薛，赵的邯郸、蔺、离石，魏的安邑、大梁，韩的郑、阳翟、宜阳，东周的洛阳，楚的郢、陈、蕲春，宋的定陶，等等。中、小一点的城市更多。

作为商业中心，一是人口多，所谓"万家之邑"，如"临淄之中七万户"[①]。二是店铺林立，经营衣食住行各种商品的店铺都有，据《史记·货殖列传》记载：一个"通邑大都"，吃的粮食（"贩谷粜千钟"）、果菜（"信果菜千钟"）、肉类（"屠牛羊彘千皮"）、鱼、豉、酒、酱等，穿的布帛、文采、裘皮，居住用的竹、木、铁、漆诸原料和器物，行所需的车、马，无所不有，还有一些特殊行业，如买卖奴僮、高利贷及"杂业"，等等。关于店铺比较具体的情况，可以引证两条材料说明：

> 宋人有沽酒者，升概甚平，遇客甚谨，为酒甚美，悬帜甚高。[②]
> 齐人有欲得金者，清旦，被衣冠，往鬻金者之所，见人操金，攫而夺之。[③]

---

① 缪文远：《战国策新校注》卷八《齐一》，巴蜀书社 1987 年版，第 327 页。
② 陈奇猷：《韩非子新校注·外储说右上》，上海古籍出版社 2000 年版，第 784 页。
③ 陈奇猷：《吕氏春秋新校释·去宥》，上海古籍出版社 2002 年版，第 1024 页。

前者比较形象地描绘了一处当时的酒店，其高悬旗帜、接待客人、酿酒等，这当是很普遍的，可见城市人口多，商业繁荣。后则为金店买卖，当然更能说明经济的繁荣、商业的发达了。三是作为大都会，当然还不仅是本地的土特产交易，还有四面八方的货物聚散，如《荀子·王制》所说：

> 北海则有走马、吠犬焉，然而中国得而畜使之；南海则有羽翮、齿革、曾青、丹干焉，然而中国得而财之；东海则有紫绤、鱼、盐焉，然而中国得而衣食之；西海则有皮革、文旄焉，然而中国得而用之。

四是商业发展，货币使用日盛。战国时的钱币，不仅有记载，而且有实物出土，人们熟知的是各国铸币，如三晋和周地的布币，齐燕等地的刀币，楚的贝形币和郢爰，秦及黄河中上游一带的圆形方孔或圆形币等。值得注意的是，当时的钱币往往由城邑来发行，钱币上多铸有地名。这些事实都说明当时商业的繁荣程度，而商业的繁荣，无疑是建立在农业和手工业发展的基础上的。

手工业的发展，以各地大量出土的手工业产品，如铜器、玉器、陶器、漆器以及众多的纺织品，数量之多，工艺水平之高，最有说服力。

与生产力发展密切相关的是自然科学的重大成就，特别是天文、历法、数术、医学等方面最为突出。当时人们对天文的观测记录，有很高的科学价值。在农业发展的基础上，历法、数术都有长足的长进，如一年 365 日的四分历已经正式使用。

生产力的发展为文化思想的发展提供了基础和条件，这些基础和条件也反映在当时人们的思想和言论中。

2. 社会政治体制的急剧变化

春秋以来，分裂割据的局面日益形成。周天子的权力越来越小，诸侯势力越来越大。到了战国，周天子的国家连一个小诸侯国都不如了。诸侯分立凭什么？孟子说得好："诸侯之宝三：土地、人民、政事。"① 这是一个很深刻的概括，春秋战国时期的一切社会政治变化，都是围绕这三宝展开的。

先说土地。据《左传》记载，诸侯之间为了土地，发生所谓的"争田""抢田""赏田""赂田""易田""还田""取田"等，不下五六十次。战国时期因土地纠纷而引起战争，所谓"争地以战，杀人盈野。争城以战，杀人盈城"②。战国之战从根本上说，都是因争夺土地而引起的，这一点毋庸置疑。对土地的需求，是农业生产力提高的结果，因为不但原有土地的单位面积产量提高，而且富余劳动力又可以去开辟新的土地。这样，原有的土地制度和土地占有关系，就必然发生变化。"私田"的大量出现，就是从春秋到战国一个极为普遍的现象。这种现象又必然引起各诸侯国的重视并制定新的办法来适应，所谓变法就是这样发生的。春秋时期齐国实行"叁其国而伍其鄙"，晋国实行"爰田制"，到战国时期秦国商鞅的"废井田，开阡陌"，以及魏国李悝的"尽地力之教"，等等，都是关于土地关系的改革。

再说人民。人是生产力最重要的因素，从生产的角度重视人民，利用人民从事农业生产，也是当时各国所重视的问题。例如《商君书》中专门有一篇《徕民》，就是讲不仅要"取其地"，而且要"夺其民"，并提出了"夺其民"的方法。他说：

> 意民之情，其所欲者田宅也，晋之无有也信，秦之有余也必，如此而民不西者，秦士戚而民苦也。……今利其田宅，而复之三世。必与其所欲而不使行其所恶也。然则山东之民无不西者矣。
>
> 今以草茅之地，徕三晋之民而使之事本，此其损敌也，与战胜同实，而秦得之以为粟，此反行两登之计也。

---

① 焦循：《孟子正义·尽心下》，中华书局1987年版，第1001页。

② 焦循：《孟子正义·离娄上》，中华书局1987年版，第516页。

至于政事，那比土地和人民要复杂得多。当时的政事，主要反映着社会的变化、生产力的发展、私田的扩大以及公田的废除，这是基础性的变化，还有许多僭越的现象由此发生。不该占有的占有了，不该发生的发生了。总之，春秋末年孔子哀叹"礼崩乐坏"，到战国时已经更加不可收拾了。人们讨论得更多的是如何"得天下"。在这一总的发展形势下，孟子高唱"行仁政"，被认为"迂远而阔于事情"，过于理想而脱离现实。活跃在政治舞台上的是一大批锐意改革的诸侯王，如齐威王、魏文侯、燕昭王、赵烈侯、秦孝公，以及政治改革家，如子产、李悝、吴起、商鞅等。他们的改革实际上是适应经济基础的变化，而从政治制度上采取一些促进的措施。私田的出现和大发展，必然与原有的世卿世禄制度发生矛盾，如吴起讲楚国问题时说"大臣太重，封君太众"。制度改革的方法就是"废井田"，论军功行赏。罢黜"奸吏"，"损不急之枝官"，选用贤能。甚至采取"使封君之子孙三世而收爵禄"的措施。① 这样就与世禄制度发生矛盾，直接剥夺了世卿的既得利益，虽然改革面临着超乎想象的阻力，如吴起、商鞅等改革家都落得杀身惨死的下场，但由于秦的变法比较彻底，因而秦最后得以统一天下。实际上，这正顺应了整个社会急速变化发展的时代潮流。

二、士阶层的快速崛起

余英时曾对"士"有过一段概括性的论述："士在中国史上的作用及其演变是一个十分复杂的现象，绝不是任何单一的观点所能充分说明的。但是无可争辩的，文化和思想的传承与创新自始至终都是士的中心任务。"② 士阶层的快速崛起，是春秋后期及战国时期的一个大的时代特征，这方面的情况应该专门谈谈。包括士阶层的构成、历史渊源等问题。

首先，在中国古代早期的典籍中，士大概为青壮年男子的通称，

---

① 陈奇猷：《韩非子新校注·和氏》，上海古籍出版社 2000 年版，第 275 页。
② 余英时：《士与中国文化》，上海人民出版社 1987 年版，第 1 页。

如《诗经·郑风·女曰鸡鸣》中的"女曰鸡鸣，士曰昧旦"，《诗经·邶风·氓》中的"女也不爽，士贰其行"，《尚书·武成》中的"肆予东征，绥厥士女"，等等。

其次，士还作为一个社会等级而存在，如《礼记·王制》所说："诸侯之上大夫卿、下大夫、上士、中士、下士，凡五等。"关于《礼记》这本书的时代，有不同看法，但其所记内容为西周统治阶级的一种等级制度是没有疑义的。《孟子·万章下》记载：

> 北宫锜问周室班爵禄之制，孟子曰：其详不可得闻也，诸侯恶其害己也，而皆去其籍。然而轲也尝闻其略也。天子一位，公一位，侯一位，伯一位，子、男同一位，凡五等也。君一位，卿一位，大夫一位，上士一位，中士一位，下士一位，凡六等。

孟子所说的这个大略的等级秩序，在《左传》《国语》等许多零星的记载中是可以得到证明的。在西周时期，可以说士是统治阶层中最低的一个等级，其中又有上、中、下之分，可见其人数也较多，这与"士"的本义也较符合。《说文》云：

> 士，事也。数始于一，终于十，从一，从十。孔子曰："推十合一为士。"

士就是做各种具体事务的人，因而在社会结构中，士的人数也比较多，且分出一个上、中、下来。

再次，由于士的人数众多，发展过程中，又出现"文士""武士"的不同。武士包括"国士""力士""豪士""勇士"等，因而有人认为，"士"，最初是武士，春秋战国后转化为文士。这看到了一定的变化，但并不确切。值得注意的是，文、武之士，开始时并没有明显的界线，例如"孔门弟子殆无不能从行陈者"[①]，甚至"孔子

---

① 顾颉刚：《武士与文士之蜕化》，《史林杂记初编》，中华书局1963年版，第85页。

之劲，能拓国门之关，而不肯以力闻"，这条《列子》的记载，当有所本。① 孔子要教学生"礼、乐、射、御"，他本身能武，应当是可信的。

春秋战国时期，社会急剧变化，士的情况也有显著变化，这变化不能说是武士向文士的变化，应该说是武士与文士明显的分途，而文士的数量日益增多，且在社会政治各方面特别活跃。以下从两个方面来具体说明：

第一，春秋战国时期，士成了介乎社会顶层与底层之间的中间阶层。数量多，流动性也大。

如前所述，古代的士是低级贵族，到了春秋战国时期，又称为四民之首，如《管子·小匡》云：

> 士农工商四民者，国之石民也。

《穀梁传·成公元年》亦云：

> 古者有四民，有士民，有商民，有农民，有工民。

商的位置不同，当有其原因，这里不论。两书皆以士为民，又是四民之首，与前此为低级贵族相接，颇能说明其中间阶层的性质。且士的各种称呼，也可以反映这种中间性，如士民、士庶、士伍、士卒、士君子、士大夫等。如《管子·大匡》说：

> 君有过，大夫不谏；士庶人有善，而大夫不进，可罚也。
> 士庶人闻之吏贤孝悌，可赏也。

士庶与大夫、与吏相对而言，显然是在民的地位。另一方面，士又有贵族阶层附庸的属性。士大夫一词，还有士师、士君子等联称，

---

① 《吕氏春秋·慎大》亦云："孔子之劲，举国门之关，而不肯以力闻。"

就反映了这种属性。士大夫，在先秦典籍中，多半指一切官吏，如《周礼·考工记》所云："坐而论道，谓之王公，作而行之，谓之士大夫。"又如《墨子·三辨》中的"士大夫倦于听治"，《战国策·秦策》中的"诸士大夫皆贺"，《荀子·王霸》中的"士大夫分职而听"等，也泛指一切官吏。另一种记述，值得特别一提，那就是《史记·田敬仲完世家》所记齐宣王的养士：

> 宣王喜文学游说之士，自如邹衍、淳于髡、田骈、接予、慎到、环渊之徒七十六人，皆赐列第，为上大夫，不治而议论。是以齐稷下学士复盛，且数百千人。

就是说，宣王给了七十六人"上大夫"的待遇（其他或者给中大夫、下大夫不等）。就是说，士被授予官职，就是士大夫，当然，未被授予官职，就是士庶，或者士民。这充分说明了士作为社会中间阶层的性质，他的地位具有流动性。

再从士的来源看，随着分封制、宗法制及原有等级制的破坏，原有高级贵族或衰落而为士，《礼记》中有"五世则迁者也"，孔子说"五世希不失"，"三世希不失"，孟子说的"五世而斩"，都是这个意思。贵族的没落，有一些后代就沦为士，战国诸子中的一些重要代表人物，如张仪、范雎、商鞅、韩非等人，都是贵族出身。这种流动性在春秋战国之时特别突出，成为士阶层的一个重要来源。另一个重要的来源是由庶民中上升而来，因为这一时期，在适应经济变化的政治变革中，选贤任能，是一项重要的内容。正如《墨子·尚贤》中所说的："虽在农与工肆之人，有能则举之。"虽然上古有尧举舜、汤举伊尹等例子，但毕竟是些个别的事例，从下层庶民中选贤举能，在战国时则变成一种时代的趋势，一种大量出现、经常出现的现象。武士可以因军功而升爵、封侯，文士可以因各种才能而升官拜相。从春秋开始，人们的观念开始变化了，上升的机遇多了，因而战国时期士人的队伍迅速扩大。

第二，士人日益受到重视和尊重，养士之风盛行。

　　春秋争霸，战国争雄，都是为了争天下。争天下靠实力，无非就是要有人力、物力、财力，人力无疑是其中最重要的。《管子·霸言》中说：

　　　　夫争天下者，必先争人。明大数者得人，审小计者失人。得天下之众者王，得其半者霸。是故圣王卑礼以下天下之贤而王之，均分以钧天下之众而臣之。故贵为天子，富有天下。

实力又可分为武力和智力，这也与人有关。智力主要在人的头脑中，对此《管子·霸言》也有很好的表述：

　　　　夫一言而寿国，不听则国亡。若此者，大圣之言也。

这话虽然很极端，难免片面，但反映了人们对人才智力的重视，已经提升到国家的层面，因为他们对社会的发展、国家的存亡起到决定性的作用。东汉王充对此概括指出：

　　　　六国之时，贤才之臣，入楚楚重，出齐齐轻，为赵赵完，畔魏魏伤。[1]

侯王因而也有许多礼贤下士的行为，甚至以师相待。一个社会下层的士，一得到侯王们的赏识，便可跻身高位，发挥自己的作用。在尚贤、求贤的浓厚风气之下，士人纵横捭阖，挥斥方遒，有的单枪匹马，有的成群结队。如孟子游说诸侯，"后车数十乘，从者数百人，以传食于诸侯"[2]。齐宣王甚至说："我欲中国而授孟子室，养弟子，以万钟，使诸大夫国人皆有所矜式。"[3]

---

[1]　黄晖：《论衡校释·效力》，中华书局1990年版，第586页。
[2]　焦循：《孟子正义·滕文公下》，中华书局1987年版，第427页。
[3]　焦循：《孟子正义·公孙丑下》，中华书局1987年版，第298页。

当时，不仅诸侯国君争养士人，权臣贵族也"争相倾以待士"，特别突出的有所谓四公子，齐有孟尝君，赵有平原君，魏有信陵君，楚有春申君，"方争下士，招致宾客，以相倾夺，辅国持权"①。吕不韦宾客也有三千，说明当时社会的风气所尚。在现实中，这些士人也确实起到了极其重要的作用。

三、百家争鸣

在春秋战国时期，社会发生大变革、大转折。解决社会政治的现实问题需要理论的指导，因而思想非常活跃，理论竞相产生，形成了"百家争鸣"。既诸说林立，又竞相争高。

那么，百家争鸣的局面是如何出现的？本节前面两个部分已经提供了答案。吕思勉《先秦学术概论》中也概括说：

> 世变既亟，贤君良相，竞求才智以自辅。仁人君子，思行道术以救世。下焉者，亦思说人主，出其金玉锦绣，取卿相之尊。社会之组织既变，平民之能从事于学问者亦日多，而诸子百家，遂如云蒸霞蔚矣。②

社会的急剧变化，这是总的形势和条件，士的活跃，是其必然的趋势。值得注意的是"仁人君子"与"下焉者"这两种士人的区分。单纯为利禄而说人主者是"下焉者"，这种人数量不少，堪称大多数。而"仁人君子"之"道术"，是有主张、有信仰，他们宁弃富贵而不屈信仰，如老子、孔子、墨子等即如此。这些人在思想理论上也有所贡献。"社会之组织既变"，当即指"世卿世禄"之废除、"学在官府"之改变等。总之，形成百家争鸣的原因是清楚的，也没有什么分歧的看法。

其次，诸子百家如何概述？大的方面是一致的，所谓"百家"

① 司马迁：《史记》卷七十八《春申君列传》，中华书局1959年版，第2395页。
② 吕思勉：《先秦学术概论》，中国大百科全书出版社1985年版，第17页。

不过是极言其多，从开始出现就是这个意思。如《庄子·秋水》中记载公孙龙的言论："困百家之知，穷众口之辩"，"百"与"众"相对而言。至于诸子之分家，就是分为不同的思想派别，也是战国时候的事。《庄子·天下》《荀子·非十二子》等有各种不同的划分法。到了汉代，先是司马谈的《论六家之要指》，论述阴阳、儒、墨、名、法、道德六家。后来是班固的《汉书·艺文志》，从图书分类角度，详细地划分了诸子百家的篇籍，然后写道：

> 凡诸子百八十九家，四千三百二十四篇。诸子十家，其可观者九家而已。

前面的"家"字，是作量词使用的，后面的"家"字才指派别而言。他列举的十家是：儒家、道家、阴阳家、法家、名家、墨家、纵横家、杂家、农家、小说家。小说家属于街谈巷语，道听途说者之所造，所以说"可观者九家"。实际上，独立性更强，思想影响也颇大的是儒、道、墨、法四家。其他各家，或因种种原因，逐渐失去了独立性，例如阴阳家，在战国时也曾出现邹衍这样的大师，他著书立说，有不少的徒属，但其思想后来分别为儒家和道家所吸收和改造，其独立性逐渐丧失了。再如名家、纵横家，虽有公孙龙、惠施、张仪、苏秦这样一些著名人物，但可以说并没有什么明确的核心主张，很难称为独立的学派，他们的思想方法，各派都可加以利用。有意思的是，《汉书·艺文志》在评述这两家时都引用了孔子的话，在评名家时说：

> 孔子曰："必也正名乎！名不正则言不顺，言不顺则事不成也。"此其所长也。

在评论纵横家时说：

> 孔子曰："诵诗三百，使于四方，不能专对。虽多，亦奚以

127

为?"又曰:"使乎!使乎!"言其当权事制宜,受命而不受辞,此其所长也。

可见他们的思想方法被儒家和其他各家所吸收并发挥着影响。假如有兵家的话,也属此种情况。再例如小说家、农家,影响并不大,特别是政治上的影响不大。因此,主要是儒、墨、道、法四家。

第一,关于儒家。

儒家既是战国时期的显学,又是后来占据统治地位的一大学派。源远流长,派别分明,可以说人数多,著述也最多。在《汉书·艺文志》中,儒家及其著作居于诸子首,并且其六艺略的内容,可说都是属于儒家的。作为"百家"之一,儒家和其他各家一样,有长处,也有短处。司马谈论其长短曰:

> 儒者博而寡要,劳而少功,是以其事难尽从。然其序君臣父子之礼,列夫妇长幼之别,不可易也……夫儒者以六艺为法,六艺经传以千万数,累世不能通其学,当年不能究其礼,故曰"博而寡要,劳而少功"。若夫列君臣父子之礼,序夫妇长幼之别,虽百家弗能易也。①

司马谈的评价虽然是站在道家的立场上,但还是比较客观中肯的。其后班固站在儒家的立场上,评论当然就与司马谈不同,他说:

> 儒家者流,盖出于司徒之官,助人君顺阴阳明教化者也。游文于六经之中,留意于仁义之际,祖述尧舜,宪章文武,宗师仲尼,以重其言,于道最为高。孔子曰:"如有所誉,其有所试。"唐虞之隆,殷周之盛,仲尼之业,已试之效者也。然惑者既失精微,而辟者又随时抑扬,违离道本,苟以哗众取宠,后

----

① 司马迁:《史记》卷一百三十《太史公自序》,中华书局1982年版,第3289—3290页。

进循之，是以五经乖析，儒学浸衰，此辟儒之患。①

在班固看来，儒家的思想主张是行之有效的，有问题的是"辟儒"，他们见风使舵，"乖析"五经，违离道本，这是又一种说法。

第二，关于墨家。

墨子所创的墨家学派，在战国时产生了很大的影响。孟子曾经说：

> 圣王不作，诸侯放恣，处士横议，杨朱墨翟之言盈天下，天下之言，不归杨则归墨。②

关于墨家的主张及其长短得失，司马谈的论述是有意义的，他说：

> 墨者俭而难遵，是以其事不可遍循。然其强本节用，不可废也。……墨者亦尚尧舜道，言其德行曰："堂高三尺，土阶三等，茅茨不翦，采椽不刮。食土簋，啜土刑，粝粱之食，藜藿之羹。夏日葛衣，冬日鹿裘。"其送死，桐棺三寸，举音不尽其哀。教丧礼，必以此为万民之率。使天下法若此，则尊卑无别也。夫世异时移，事业不必同，故曰"俭而难遵"。要曰强本节用，则人给家足之道也。此墨子之所长，虽百家弗能废也。③

司马谈指出墨家重视"强本节用"的重要意义，但其大多数原则和行事在变化了的社会中行不通，尤其是很难为当权者所接受和采用。

儒、墨两家，自孔子、墨翟之后号称"显学"。《韩非子·显学》中说："世之显学，儒、墨也。儒之所至，孔丘也。墨之所至，墨翟也。"《吕氏春秋·尊师》也说："孔、墨徒属弥众，弟子弥丰，充满

---

① 班固：《汉书》卷三十《艺文志》，中华书局1962年版，第1728页。
② 焦循：《孟子正义·滕文公下》，中华书局1987年版，第456页。
③ 司马迁：《史记》卷一百三十《太史公自序》，中华书局1982年版，第3289—3291页。

天下。"可见当时二家思想流传的盛况。

第三,关于法家。

《汉书·艺文志》中所列法家著作不多,远不及儒、道等家。但其所列的代表人物及其著作,都是赫赫有名的,如李悝的《李子》、商鞅的《商君》、申不害的《申子》、韩非的《韩非子》等。他们的思想主张是在政治实践中得到运用的。

相对于儒、墨、道家来说,法家相对后起,其兴起的原因正在于应对时事变化、呼唤大变革的现实要求。即如商鞅见秦孝公,先陈以帝道,后陈以王道,秦孝公认为"久远,吾不能待。且贤君者,各及其身显名天下,安能邑邑待数十百年以成帝王乎?"后陈以霸道,则欲有所用,又以"强国之术"说君,则"君大悦之耳"。①

法家的兴起,吸收并改造道家之学,批判儒、墨的主张,称其为"愚诬之学"。如《韩非子·显学》说:

> 殷、周七百余岁,虞、夏二千余岁,而不能定儒、墨之真,今乃欲审尧、舜之道于三千岁之前,意者其不可必乎!无参验而必之者,愚也;弗能必而据之者,诬也。故明据先王,必定尧、舜者,非愚则诬也。愚诬之学,杂反之行,明主弗受也。②

对于法家,司马谈说:

> 法家严而少恩,然其正君臣上下之分,不可改矣……法家不别亲疏,不殊贵贱,一断于法,则亲亲尊尊之恩绝矣。可以行一时之计,而不可长用也,故曰"严而少恩"。若尊主卑臣,明分职不得相逾越,虽百家弗能改也。③

---

① 司马迁:《史记》卷六十八《商君列传》,中华书局1982年版,第2228页。
② 陈奇猷:《韩非子新校注·显学》,上海古籍出版社2000年版,第1125页。
③ 司马迁:《史记》卷一百三十《太史公自序》,中华书局1959年版,第3289—3291页。

"可以行一时之计，而不可长用"，也许是从战国变法和秦统一以后的历史总结而得出的结论，并不全面。但到了汉代，严而少恩的法家思想，特别是其实践，遭到猛烈批评。不过"尊主卑臣"不能改，因而就有外儒内法，或者"霸王道杂之"等现象的产生，以后谁也不再公开打法家的旗号了。

第四，关于道家。

道家的情况与其他各家不同，既不同于儒、墨之有宗师、有传人，甚至可以说是有组织的派别；也与法家不同，法家人物虽无直接的师承关系，但都有明确而集中的主张：信赏必罚、明罚饬法。司马谈崇尚道家，但是他也说"其实易行，其辞难知"[①]。道家的问题，后文将具体论述。

最后为了对百家争鸣深入地了解，提几点总的看法：

第一，同源异流，殊途同归。

战国时期的百家思想虽然吹万不同，千姿百态，但都有一些共同的特点，就是同源性。《庄子·天下》认为"皆原于一"，即各种学问都是无所不在的道术的一个部分。诸子思想的源头是相同的，不同是因为"各引一端"，或者"各取一隅"。

同时也有同归性。司马谈把诸子百家归纳为六家，着重对六家的学说思想进行了评论，可说是对战国百家争鸣的一种总结。而他开章明义的一段话，尤为经典之论。他写道：

> 《易大传》："天下一致而百虑，同归而殊涂。"夫阴阳、儒、墨、名、法、道德，此务为治者也，直所从言之异路，有省不省耳。[②]

"务为治"，是诸子百家共同的目的，这一点至少从战国以来，人们都有这样的认识，只要谈到诸子学说的目的，都会归到这个"治"

---

① 司马迁：《史记》卷一百三十《太史公自序》，中华书局1982年版，第3292页。
② 司马迁：《史记》卷一百三十《太史公自序》，中华书局1982年版，第3289页。

字上来。例如《庄子·天下》说：

> 天下大乱，贤圣不明，道德不一，天下多得一察焉以自好。譬如耳目鼻口皆有所明，不能相通。犹百家众技也，皆有所长，时有所用。虽然，不该不遍，一曲之士也。判天地之美，析万物之理，察古人之全，寡能备于天地之美，称神明之容。是故内圣外王之道，暗而不明，郁而不发，天下之人各为其所欲焉以自为方。悲夫，百家往而不反，必不合矣！后世之学者，不幸不见天地之纯，古人之大体，道术将为天下裂。

批评的是百家自好之偏，皆有所长，时有所用，然只不过是"一曲之士"，并不能备于天地之美，明了内圣外王之道。再如《荀子·非十二子》综述诸子的思想，说：

> 假今之世，饰邪说，文奸言，以枭乱天下，矞宇嵬琐，使天下混然不知是非治乱之所存者，有人矣。

批评十二子"其持之有故，其言之成理，足以欺惑愚众"，但"不足以合文通治"。

诸子学说的源头和归宿是相同的，只不过在提出的过程中，其思想的强调和侧重不同，加之为了彰显自己学说的发明，也要尽力排斥其他的主张和学说，孟子之辟杨、墨等即可证。再者，各派在传承过程中，思想也是不断发展的。在每一个大学派的内部，也有取舍、相反、不同，明确这一点，对理解所谓的诸子百家的学术思想也是有好处的。

第二，相生相灭，相反相成。

《汉书·艺文志·诸子略》的最后总结说：

> 诸子十家，其可观者九家而已。皆起于王道既微，诸侯力政，时君世主，好恶殊方，是以九家之术蜂出并作，各引一端，

崇其所善，以此驰说，取合诸侯。其言虽殊，辟犹水火，相灭亦相生也。仁之与义，敬之与和，相反而皆相成也。《易》曰："天下同归而殊途，一致而百虑。"

指出各派之间相生相灭，相反相成，这是一个相当深刻的重要思想，有普遍的意义。这讲的是对立统一以及统一体中对立面的相互转化等问题。吕思勉《论诸子之法》曾经说：

> 然则一切现象，正惟相反，然后相成，故无是非善恶之可言，而物伦可齐也。夫道家主因任自然，而法家主整齐画一，似相反矣。然其整齐划一，乃正欲使天下皆遵守自然之律，而绝去私意，则法家之旨，与道家不相背也。儒家贵仁，而法家贱之。然其言曰："法之为道，前苦而长利。仁之为道，偷乐而后穷。"则其所攻者，乃姑息之爱，非儒家所谓仁也。儒家重文学，而法家列之五蠹。然其言曰："糟糠不饱者，不务粱肉；短褐不完者，不待文绣。"则亦取救一时之急耳。秦有天下，遂行商君之政而不改，非法家本意也。则法家之与儒家，又不相背也。举此数端，余可类推。要之古代哲学之根本大义，仍贯通乎诸子之中。有时其言似相反者，则以其所论之事不同，史谈所谓"所从言之者异"耳。故《汉志》譬诸水火，相灭亦相生也。[①]

吕思勉所论，也只是就一个主要方面而言，至于对立面如何转化，百家之间如何相互影响，等等，应该也是相反相成的主要内容。这从儒、道等家本身前前后后的一些变化中可以看得出来。仅以荀子为例，他推崇孔子，批评百家学说，但又能吸收百家学说的长处，从而形成自己的学说，他在《解蔽》中说：

> 墨子蔽于用而不知文，宋子蔽于欲而不知得，慎子蔽于法

---

① 吕思勉：《先秦学术概论》，中国大百科全书出版社 1985 年版，第 10 页。

而不知贤，申子蔽于势而不知知，惠子蔽于辞而不知实，庄子蔽于天而不知人。故由用谓之道，尽利矣；由欲谓之道，尽嗛矣；由法谓之道，尽数矣；由势谓之道，尽便矣；由辞谓之道，尽论矣；由天谓之道，尽因矣。此数具者，皆道之一隅也。夫道者，体常而尽变，一隅不足以举之。

荀子深刻地认识到诸子之蔽，全面衡量，兼取各家所强调的东西，以长补短，从而形成自己的新思想、新学说。例如他对庄子的"蔽于天而不知人"，注云："天谓无为自然之道，庄子但推治乱于天而不知在人也。"主张"善言天者必有征于人"，应该"明于天人之分"。①

他在《天论》中说：

> 天行有常，不为尧存，不为桀亡。应之以治则吉，应之以乱则凶。强本而节用，则天不能贫；养备而动时，则天不能病；修道而不贰，则天不能祸。

"天行有常"，是承认道家的"道法自然"思想。其他则讲吉凶祸福由人不由天，这是"天人之分"。更重要的是，对于天道，他进行了冷静的思考，运用天道自然观，对人的客观自然性进行了多方面的描述和规定。如他讲礼的起源，就从"人生而有欲"讲起，礼义就是为了"养人之欲，给人之求"，"使欲必不求乎物，物必不屈于欲"。② 这样，就把老子、庄子反对人道有为的天道自然观转化成了人道有为的依据。《老子》第三十八章说：

> 夫礼者，忠信之薄而乱之首。

《荀子·礼论》说：

---

① 王先谦：《荀子集解·性恶》，中华书局 1988 年版，第 440 页。
② 王先谦：《荀子集解·礼论》，中华书局 1988 年版，第 346 页。

> 人莫贵乎生，莫乐乎安，所以养生安乐者莫大乎礼义。

因为礼是顺人之欲而产生的，这种相反相成的转化是比较明显的。

第三，求同存异与齐万不同。

战国后期，面对譬犹水火的诸子百家，学术界开始了检视个性、审视得失的各种评价。大体与商鞅同时的尸佼，[①] 作有《尸子》二十篇，亡佚已多，据其《广泽》篇云：

> 墨子贵兼，孔子贵公，皇子贵衷，田子贵均，列子贵虚，料子贵别囿，其学之相非也，数世矣而已，皆弇于私也。……若使兼、公、虚、均、衷、平易、别宥一实也，则无相非也。

这里且不谈其所言各派主张的个性特征是否确切，只说它的"一实也，则无相非也"。这"一实"与上所说的"同源"意义理当相同。"无相非也"，则可以说是一种求同的取向。但没有具体的论述，不好多加评论。

《庄子·天下》对百家的看法，承认各家"皆有所长，时有所用"，可谓存异。但又主张回归"古人之大体"，可谓求同。

《荀子·非十二子》主张"务息十二子之说，如是则天下之害除"，表面看来，他门户之见很深，实际也不尽然。上文已提到，荀子认为诸子之蔽在于只见道之一隅，从他思想的包容性看，他也是兼采各家学说之长的。他的批判精神也是可取的。

韩非子主张禁绝百家，他对儒墨两派显学攻击尤为厉害，说他们"愚诬之学，杂反之行"，称：

> 孔子、墨子俱道尧、舜，而取舍不同，皆自谓真尧、舜，尧、舜不复生，将谁使定儒、墨之诚乎？殷、周七百余岁，虞、夏二千余岁，而不能定儒、墨之真，今乃欲审尧、舜之道于三

---

① 参阅钱穆：《先秦诸子系年·尸佼考》，商务印书馆 2015 年，第 315 页。

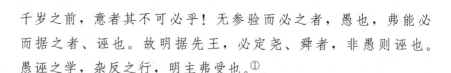

> 千岁之前，意者其不可必乎！无参验而必之者，愚也，弗能必
> 而据之者、诬也。故明据先王，必定尧、舜者，非愚则诬也。
> 愚诬之学，杂反之行，明主弗受也。①

其看法未免片面、极端，但认为应"参验"而"必"这个思想是可取的。即主张"境内之民，其言说者必轨于法"②。

《吕氏春秋》也认为应"齐万不同"，兼容并包，让各自发挥其长处，起不同的作用，但必以更高明的思想体系来整齐百家之说。如《不二》篇称：

> 有金鼓所以一耳也；同法令所以一心也；智者不得巧，愚
> 者不得拙，所以一众也；勇者不得先，惧者不得后，所以一力
> 也。故一则治，异则乱；一则安，异则危。夫能齐万不同，愚
> 智工拙，皆尽力竭能，如出乎一穴者，其唯圣人矣乎！

从以上所述几个代表证明，战国时期有一个统一思想的趋势，但如何统一，主张不同。尸子没有明确主张，庄子主张回归于道术之大体，荀子、韩非子主张禁绝熄灭百家异说，《吕氏春秋》的主张可以说是一种超越性的取向，虽然是很不自觉的。司马谈《论六家之要指》和《淮南子》总结和继承了这种看法和主张，也就是在一个更超越的层次上，整合百家，取其所长，统制于大道。

第二节　老聃弟子及其他有关系的人

一般认为，老子并没有像孔子那样开门授徒，更没有像墨子那

---

① 陈奇猷：《韩非子新校注·显学》，上海古籍出版社 2000 年版，第 1125 页。
② 陈奇猷：《韩非子新校注·五蠹》，上海古籍出版社 2000 年版，第 1112 页。

样形成一个有严密组织的墨者集团。但并不能说老子没有弟子、朋友或者问学的人。孔子曾问礼于老聃，就是一个例子。即便是当时所谓的隐士，也是有着学术思想交流的，如楚辞中的渔父，《论语》中的楚狂接舆等。老子作为一个学识渊博的人，自然有人从学术上向他问学，否则他也就不成其为老子了。事实上，关于老聃周边人物的记载，主要见于《庄子》《列子》等典籍中。其真正称之为弟子和朋友的人都非常之少，大多是从远方赶来的问学问道者。

一、老聃弟子

《庄子》中明确记载为老聃弟子的有亢仓子，即庚桑楚，其文曰：

> 老聃之役有庚桑楚者，偏得老聃之道，以北居畏垒之山。其臣之画然知者去之，其妾之挈然仁者远之。拥肿之与居，鞅掌之为使。

他居三年，"畏垒大穰"。畏垒之民认为他是圣人，要推举他出来主政。他不乐意，并且说："今以畏垒之细民，而窃窃焉欲俎豆予于贤人之间，我其杓之人邪！吾是以不释于老聃之言。"不甘心违背老聃的教诲。他的弟子们反复劝说他，并举出尧舜的事例，他也反复教导弟子们说："大乱之本，必生于尧舜之间，其末存乎千世之后。千世之后，其必有人与人相食者也。"其与老聃思想的一脉相承之处在于，信奉最高境界的政治治理必须是由无私无欲者自然而然完成的，百姓庶民们并不会仰慕赞誉，所谓"太上，下知有之"而已。一旦百姓"亲之誉之"，就说明是刻意而为，寻名而为，失去了无为的根本，从而导致百姓庶民的争心。

老子弟子之中，庚桑楚"偏得老聃之道"，所以成玄英说："门人之中，庚桑楚最胜，故称偏得也。"[1] 也就是独得其真之意。《列

---

[1] 郭庆藩：《庄子集释·庚桑楚》，中华书局 2012 年版，第 769 页。

子·仲尼》篇中也记载了庚桑楚的行迹：

> 老聃之弟子有亢仓子者，得聃之道，能以耳视而目听。鲁侯闻之大惊，使上卿厚礼而致之。亢仓子应聘而至。鲁侯卑辞请问之。亢仓子曰："传之者妄。我能视听不用耳目，不能易耳目之用。"鲁侯曰："此增异矣。其道奈何？寡人终愿闻之。"亢仓子曰："我体合于心，心合于气，气合于神，神合于无。其有介然之有，唯然之音，虽远在八荒之外，近在眉睫之内，来干我者，我必知之。乃不知是我七孔四支之所觉，心腹六脏之所知，其自知而已矣。"

这段话说的是庚桑楚修道而具备视听不以耳目等感官，做到了体合心、心合气、气合神、神合道的境地。

除此之外，《庄子·则阳》中记载了另一个弟子：

> 柏矩学于老聃，曰："请之天下游。"老聃曰："已矣！天下犹是也。"又请之，老聃曰："汝将何始？"曰："始于齐。"

老子没有也不愿游说诸侯，所以弟子柏矩欲游天下，他给出否定的意见。柏矩未听劝阻，到了齐国之后，目睹受刑示众的尸体，"号天而哭"，曰：

> 子乎！子乎！天下有大灾，子独先离之，曰"莫为盗，莫为杀人"。荣辱立然后睹所病，货财聚然后睹所争。今立人之所病，聚人之所争，穷困人之身，使无休时。欲无至此，得乎！古之君人者，以得为在民，以失为在己；以正为在民，以枉为在己。故一形有失其形者，退而自责。今则不然。匿为物而愚不识，大为难而罪不敢，重为任而罚不胜，远其涂而诛不至。民知力竭，则以伪继之。日出多伪，士民安取不伪。夫力不足则伪，知不足则欺，财不足则盗。盗窃之行，于谁责而可乎？

其说把矛头指向了在上为治者，不能从根源上治理国家，而导致罪与罚的发生，这和老子无为而治的思想是一致的，只是具体的表述不同罢了。

又杨朱也应为老子弟子。《庄子·寓言》记载：

> 阳子居南之沛，老聃西游于秦。邀于郊，至于梁而遇老子。老子中道仰天而叹曰："始以汝为可教，今不可也。"阳子居不答。至舍，进盥漱巾栉，脱屦户外，膝行而前，曰："向者弟子欲请夫子，夫子行不闲，是以不敢。今闲矣，请问其过。"老子曰："而睢睢盱盱，而谁与居！大白若辱，盛德若不足。"阳子居蹴然变容曰："敬闻命矣！"其往也，舍者迎将，其家公执席，妻执巾栉，舍者避席，炀者避灶。其反也，舍者与之争席矣！

这篇记载中阳子居自称"弟子"，而阳子居南之沛见老聃之事还见于《列子·黄帝》，内容大致相同，只不过阳子居为"杨朱"。至《庄子·应帝王》记载说：

> 阳子居见老聃，曰："有人于此，向疾强梁，物彻疏明，学道不倦。如是者，可比明王乎？"老聃曰："是于圣人也，胥易技系，劳形怵心者也。且也虎豹之文来田，猿狙之便执嫠之狗来藉。如是者，可比明王乎？"阳子居蹴然曰："敢问明王之治。"老聃曰："明王之治：功盖天下而似不自己，化贷万物而民弗恃。有莫举名，使物自喜。立乎不测，而游于无有者也。"

子居，反切音为朱，所以当为同一人。此一段中，老聃教杨朱的话，也与老子"功成名遂身退"、自隐无名的思想相一致。

环渊。《汉书·艺文志》道家类有"《蜎子》十三篇"。班固注曰："名渊，楚人，老子弟子。"然环渊其人思想却流传甚少。

文子。《汉书·艺文志》道家类著录《文子》九篇。班固注曰："老子弟子，与孔子并时，而称周平王问，似依托者也。"今传本

《文子》中直接阐释引述《老子》学说多达一百余条。

二、老聃友人

今可考知的老聃友人实际上并不多，时代久远，史料茫昧，故仅能根据《庄子》的记载找到两条资料，姑存之。

秦失，见《庄子·养生主》：

> 老聃死，秦失吊之，三号而出。弟子曰："非夫子之友邪？"曰："然。""然则吊焉若此可乎？"曰："然。始也吾以为其人也，而今非也。向吾入而吊焉，有老者哭之，如哭其子；少者哭之，如哭其母。彼其所以会之，必有不蕲言而言，不蕲哭而哭者。是遁天倍情，忘其所受，古者谓之遁天之刑。适来，夫子时也；适去，夫子顺也。安时而处顺，哀乐不能入也，古者谓是帝之县解。"

叔山无趾，见《庄子·德充符》：

> 无趾语老聃曰："孔丘之于至人，其未邪？彼何宾宾以学子为？彼且以蕲以诚诡幻怪之名闻，不知至人之以是为己桎梏邪？"老聃曰："胡不直使彼以死生为一条，以可不可为一贯者，解其桎梏，其可乎？"无趾曰："天刑之，安可解！"

三、向老聃问道访学者

先秦文献中所见向老子问道访学的事例大多见于道家诸子的记载。如《庄子·天运》记载："孔子行年五十有一而不闻道，乃南之沛见老聃。""孔子见老聃而语仁义。""孔子见老聃归，三日不谈。""孔子谓老聃曰：丘治《诗》《书》《礼》《乐》《易》《春秋》六经，自以为久矣，孰知其故矣。"《文子·道原》记载："孔子问道，老子曰：正汝形，一汝视，天和将至；摄汝知，正汝度，神将来舍，德将为汝容，道将为汝居。"

其一，关尹。

《汉书·艺文志》著录《关尹子》九篇。班固注曰："名喜，为关吏，老子过关，喜去吏而从之。"

《庄子·天下》将关尹和老聃合并而论曰：

> 以本为精，以物为粗，以有积为不足，澹然独与神明居。古之道术有在于是者，关尹、老聃闻其风而悦之。建之以常无有，主之以太一。以濡弱谦下为表，以空虚不毁万物为实。关尹曰："在己无居，形物自著。"其动若水，其静若镜，其应若响。芴乎若亡，寂乎若清。同焉者和，得焉者失。未尝先人而常随人。老聃曰："知其雄，守其雌，为天下溪；知其白，守其辱，为天下谷。"人皆取先，己独取后。曰："受天下之垢。"人皆取实，己独取虚。"无藏也故有余。"岿然而有余。其行身也，徐而不费，无为也而笑巧。人皆求福，己独曲全。曰："苟免于咎。"以深为根，以约为纪。曰："坚则毁矣，锐则挫矣。"常宽容于物，不削于人，可谓至极。关尹、老聃乎，古之博大真人哉！

其二，尹文先生。

《列子·周穆王》载：

> 老成子学幻于尹文先生，三年不告。老成子请其过而求退。尹文先生揖而进之于室，屏左右而与之言曰："昔老聃之徂西也，顾而告予曰：有生之气，有形之状，尽幻也。造化之所始，阴阳之所变者，谓之生，谓之死。穷数达变，因形移易者，谓之化，谓之幻。造物者其巧妙，其功深，固难穷难终。因形者其巧显，其功浅，故随起随灭。知幻化之不异生死也，始可与学幻矣。吾与汝亦幻也，奚须学哉？"老成子归，用尹文先生之言，深思三月，遂能存亡自在，憣校四时。冬起雷，夏造冰。

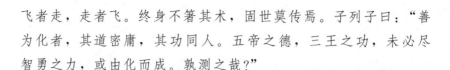

飞者走，走者飞。终身不箸其术，固世莫传焉。子列子曰："善为化者，其道密庸，其功同人。五帝之德，三王之功，未必尽智勇之力，或由化而成。孰测之哉？"

其三，秦人逢氏。

《列子·周穆王》载：

秦人逢氏有子，少而惠，及壮而有迷罔之疾。闻歌以为哭，视白以为黑，飨香以为朽，尝甘以为苦，行非以为是：意之所之，天地、四方，水火、寒暑，无不倒错者焉。杨氏告其父曰："鲁之君子多术艺，将能已乎？汝奚不访焉？"其父之鲁，过陈，遇老聃，因告其子之证。老聃曰："汝庸知汝子之迷乎？今天下之人皆惑于是非，昏于利害。同疾者多，固莫有觉者。且一身之迷不足倾一家，一家之迷不足倾一乡，一乡之迷不足倾一国，一国之迷不足倾天下。天下尽迷，孰倾之哉？向使天下之人其心尽如汝子，汝则反迷矣。哀乐、声色、臭味、是非，孰能正之？且吾之此言未必非迷，而况鲁之君子，迷之邮者，焉能解人之迷哉？荣汝之粮，不若遄归也。"

其四，南荣趎。

《庄子·庚桑楚》载：

南荣趎赢粮七日七夜至老子之所。老子曰："子自楚之所来乎？"南荣趎曰："唯。"老子曰："子何与人偕来之众也？"南荣趎惧然顾其后。老子曰："子不知吾所谓乎？"南荣趎俯而惭，仰而叹，曰："今者吾忘吾答，因失吾问。"老子曰："何谓也？"南荣趎曰："不知乎人谓我朱愚，知乎反愁我躯；不仁则害人，仁则反愁我身；不义则伤彼，义则反愁我己。我安逃此而可？此三言者，趎之所患也。愿因楚而问之。"老子曰："向吾见若眉睫之间，吾因以得汝矣。今汝又言而信之。若规规然若丧父母，揭竿而求诸海也。女亡人哉！惘惘乎，汝欲反汝情性而无由入，可怜哉！"南荣趎请入就舍，召其所好，去其所恶。十日自愁，复见老子。老子曰："汝自洒濯，孰哉郁郁乎！然而其中津津乎犹有恶也。夫外韄者不可繁而捉，将内揵；内韄者不可缪而捉，将外揵；外内韄者，道德不能持，而况放道而行者乎！"南荣趎曰："里人有病，里人问之，病者能言其病，然其病病者犹未病也。若趎之闻大道，譬犹饮药以加病也。趎愿闻卫生之经而已矣。"老子曰："卫生之经，能抱一乎？能勿失乎？能无卜筮而知吉凶乎？能止乎？能已乎？能舍诸人而求诸己乎？能翛然乎？能侗然乎？能儿子乎？儿子终日嗥而嗌不嗄，和之至也；终日握而手不掜，共其德也；终日视而目不瞚，偏不在外也。行不知所之，居不知所为，与物委蛇而同其波。是卫生之经已。"南荣趎曰："然则是至人之德已乎？"曰："非也。是乃所谓冰解冻释者，能乎？夫至人者，相与交食乎地而交乐乎天，不以人物利害相撄，不相与为怪，不相与为谋，不相与为事，翛然而往，侗然而来。是谓卫生之经已。"曰："然则是至乎？"曰："未也。吾固告汝曰：'能儿子乎？'儿子动不知所为，行不知所之，身若槁木之枝而心若死灰。若是者，祸亦不至，福亦不来。祸福无有，恶有人灾也！"

《文子·精诚》篇也记载：

> 昔南荣趎耻圣道而独亡于己，南见老子，受教一言，精神晓灵，屯闵条达，勤苦十日不食，如享太牢，是以明照海内，名立后世，智略天地，察分秋毫，称誉华语，至今不休，此谓名可强立也。

其五，崔瞿。

《庄子·在宥》载：

崔瞿问于老聃曰："不治天下，安藏人心？"老聃曰："女慎，无撄人心。人心排下而进上，上下囚杀，淖约柔乎刚强，廉刿雕琢，其热焦火，其寒凝冰，其疾俯仰之间而再抚四海之外。其居也，渊而静；其动也，县而天。偾骄而不可系者，其唯人心乎！昔者黄帝始以仁义撄人之心，尧、舜于是乎股无胈，胫无毛，以养天下之形。愁其五藏以为仁义，矜其血气以规法度。然犹有不胜也。尧于是放讙兜于崇山，投三苗于三峗，流共工于幽都，此不胜天下也。夫施及三王而天下大骇矣。下有桀、跖，上有曾、史，而儒墨毕起。于是乎喜怒相疑，愚知相欺，善否相非，诞信相讥，而天下衰矣；大德不同，而性命烂漫矣；天下好知，而百姓求竭矣。于是乎斤锯制焉，绳墨杀焉，椎凿决焉。天下脊脊大乱，罪在撄人心。故贤者伏处大山嵁岩之下，而万乘之君忧栗乎庙堂之上。今世殊死者相枕也，桁杨者相推也，刑戮者相望也，而儒墨乃始离跂攘臂乎桎梏之间。意，甚矣哉！其无愧而不知耻也甚矣！吾未知圣知之不为桁杨椄槢也，仁义之不为桎梏凿枘也，焉知曾、史之不为桀、跖嚆矢也！故曰：绝圣弃知，而天下大治。

其六，士成绮。

《庄子·天道》载：

士成绮见老子而问曰："吾闻夫子圣人也。吾固不辞远道而来愿见，百舍重趼而不敢息。今吾观子，非圣人也，鼠壤有余蔬，而弃妹之者，不仁也！生熟不尽于前，而积敛无崖。"老子漠然不应。士成绮明日复见，曰："昔者吾有刺于子，今吾心正却矣，何故也？"老子曰："夫巧知神圣之人，吾自以为脱焉。昔者子呼我牛也而谓之牛；呼我马也而谓之马。苟有其实，人与之名而弗受，再受其殃。吾服也恒服，吾非以服有服。"士成绮雁行避影，履行遂进而问："修身若何？"老子曰："而容崖然，而目冲然，而颡頯然，而口阚然，而状义然。似系马而止也，动而持，发也机，察而审，知巧而睹于泰，凡以为不信。边竟有人焉，其名为窃。

据上所述，老子的确可说是一个学问高深的"圣人"。然而问学者虽多，似乎直接的具有师承关系的弟子并不多。他面对不同的人，采取不同的回答方式，基本思想却是一贯的。

第三节　传老子与学老子者

除了当时能面见老了，并且直接向老了请教的学生或者学人之外，还有不少是没有见过老子的，他们通过向老子的弟子学习，或者辗转抄写老子的著作，来获得对于老子思想的理解，我们将其归结为传老子与学老子者。

传老子者，首推庄周。

《史记·老子韩非列传》列庄周传记于老子之下，称庄周"与梁惠王、齐宣王同时。其学无所不窥，然其要本归于老子之言"。在《庄子》及《列子》等书中，很少见到有关于庄子向谁请教过的记载，这也说明庄子学老子是通过读书而来的。

其二，子华子。

子华子其人，见于《庄子》《列子》《吕氏春秋》《韩诗外传》《孔子家语》等书。由于《汉书·艺文志》《隋书·经籍志》及两《唐书》均不见著录其书，至《中兴馆阁书目》始见著录，因此历来多认《子华子》为伪书。今存最早者为明《正统道藏》本。

刘向的《子华子序》曰："其书编离简断，以是门人弟子共相缀，随纪其所闻而无次叙，非子故所著之书也。"根据先秦著作形成的规律，这段被认为是刘向的说法亦属可信。今所见《子华子》一书，非为本人自著，而为弟子后学的追述之作。从先秦文献中多记载"子华子"其人和引录其语的情况看，子华子其人、其书在先秦确实曾存在过。其思想大抵如刘向所说，"以道德为指归，而经纪以仁义，存诚养操，不苟于售"。不完全归属于一家，应是以道家尤其是老子思想为主，兼具儒家。历代著录或归为杂家类，或归入道家类。

其三，宋钘。

宋钘，宋人。《庄子·逍遥游》中称"宋荣子"，《庄子·天下》和《荀子·非十二子》中称"宋钘"，《孟子·告子》作"宋牼"，《荀子·天论》和《荀子·正论》中称"子宋子"，《韩非子·显学》中称"宋荣"，皆指同一人。

其人所处的时代，盖稍早于孟子、庄子，二人皆尊称其为先生。《荀子·正论》中说："今子宋子严然而好说，聚人徒，立师学，成文典，然而说不免于以至治为至乱也，岂不过甚矣哉！"可见其学在相当长一个时期内影响深远。

然其著作今已不存。《汉书·艺文志》录《宋子》十八篇在小说家，班固注云："孙卿道宋子，其言黄老意。"何以将本来充满黄老思想的《宋子》一书归入小说家类，而非道家类，这是今人百思不得其解的。

其四，淳于髡、慎到、田骈、接子、环渊。

据《史记·孟子荀卿列传》载，这些人"皆命曰列大夫，为开第康庄之衢，高门大屋，尊宠之"。他们"皆学黄老道德之术，因发明序其指意。故慎到著十二论，环渊著上下篇，而田骈、接子，皆有所论焉"。可见老子之学也是稷下先生中不少学者的重要知识来源。《庄子·天下》将彭蒙、田骈、慎到三人并论，描绘其学崇尚"知不知"。

另，关于"皆学黄老道德之术，因发明序其指意"这句话，熊铁基等人在《中国老学史》中有更深入论述，并指出：

> 依托黄帝的书，是属于黄老之学的内容……这些书的作者是谁，无从考查了，他们默默无闻地为"黄老之学"的建立做出了贡献。另一些书也属于黄老之学的内容，如《管子》中的

《心术》上下篇和《白心》《内业》等等就是。作者是谁，今人也只能作些推测，或认为是宋钘、尹文之遗著，或认为是慎到、田骈派的作品。反正和标明黄帝书的作者一样，可说是战国时代的"贤者"，其内容对了解黄老之学是有意义的。它们都对《老子》思想有新的"发明"，这是写老学史应注意的。①

其五，申不害。

《史记·老子韩非列传》将申不害与老子、庄子同传，称申不害"京人也，故郑之贱臣。学术以干韩昭侯，昭侯用为相。内修政教，外应诸侯，十五年。终申子之身，国治兵强，无侵韩者。申子之学，本于黄老而主刑名。著书二篇，号曰《申子》"。又曰："申子卑卑，施之于名实。"

其六，郑长者。

《汉书·艺文志》道家类有《郑长者》一篇，班固注曰："六国时。先韩子，韩子称之。"师古引《别录》曰："郑人，不知姓名。"《韩非子》有两条关于郑长者的记载。

《韩非子·难二》：

> 郑长者有言：体道，无为无见也。

《韩非子·外储说右上》：

> 田子方问唐易鞠曰："弋者何慎?"对曰："鸟以数百目视子，子以二目御之，子谨周子廪。"田子方曰："善。子加之弋，我加之国。"郑长者闻之曰："田子方知欲为廪，而未得所以为廪。夫虚无无见者，廪也。"
>
> 一曰：齐宣王问弋于唐易子曰："弋者奚贵?"唐易子曰："在于谨廪。"王曰："何谓谨廪?"对曰："鸟以数十目视人，人

---

① 熊铁基等：《中国老学史》，福建人民出版社 1995 年版，第 118—119 页。

以二目视鸟，奈何不谨廪也？故曰'在于谨廪'也。"王曰："然则为天下何以为此廪？今人主以二目视一国，一国以万目视人主，将何以自为廪乎？"对曰："郑长者有言曰：'夫虚静无为而无见也。'其可以为此廪乎？"

则郑长者亦为主张"虚静无为而无见"之道术者。

其七，堂溪公。

《韩非子·外储说右上》记载：

> 堂溪公谓昭侯曰："今有千金之玉卮通而无当，可以盛水乎？"昭侯曰："不可。""有瓦器而不漏，可以盛酒乎？"昭侯曰："可。"对曰："夫瓦器至贱也，不漏可以盛酒。虽有千金之玉卮，至贵而无当，漏不可盛水，则人孰注浆哉？今为人主而漏其群臣之语，是犹无当之玉卮也，虽有圣智，莫尽其术，为其漏也。"昭侯曰："然。"昭侯闻堂溪公之言，自此之后，欲发天下之大事，未尝不独寝，恐梦言而使人知其谋也。

其八，韩非。

《史记·老子韩非列传》称其"喜刑名法术之学，而其本归于黄老"。《索隐》曰："刘氏云'黄老之法不尚繁华，清简无为，君臣自正。韩非之论诋驳浮淫，法制无私，而名实相称。故曰"归于黄老"'。斯未为得其本旨。今按：《韩子》书有《解老》《喻老》二篇，大抵亦崇黄老之学耳。"

其九，长卢子。

《汉书·艺文志》有《长卢子》九篇，列道家类。班固注曰："楚人"。在《列子·天瑞》"杞人忧天"故事中，有"长卢子闻而笑之"之语，主张"天地不得不坏，则会归于坏。遇其坏时，奚为不忧哉？"等对天地问题的思考，并不如列子称："言天地坏者亦谬，言天地不坏者亦谬……坏与不坏，吾何容心哉？"更多关于人心的思考。

其十，詹何。

《列子·汤问》有相关事迹的记载，其文曰：

> 詹何以独茧丝为纶，芒针为钩，荆筱为竿，剖粒为饵，引盈车之鱼于百仞之渊、汩流之中，纶不绝，钩不伸，竿不挠。楚王闻而异之，召问其故。詹何曰："臣闻先大夫之言，蒲且子之弋也，弱弓纤缴，乘风振之，连双鸧于青云之际。用心专，动手均也。臣因其事，放而学钓，五年始尽其道。当臣之临河持竿，心无杂虑，唯鱼之念。投纶沉钩，手无轻重，物莫能乱。鱼见臣之钩饵，犹沉埃聚沫，吞之不疑。所以能以弱制强，以轻致重也。大王治国诚能若此，则天下可运于一握，将亦奚事哉？"楚王曰："善。"

张湛注曰："楚人，以善钓闻于国。"其义为老子"事无事，为无为"之注解。《列子·说符》又载：

> 楚庄王问詹何曰："治国奈何？"詹何对曰："臣明于治身而不明于治国也。"楚庄王曰："寡人得奉宗庙社稷，愿学所以守之。"詹何对曰："臣未尝闻身治而国乱者也，又未尝闻身乱而国治者也。故本在身，不敢对以末。"楚王曰："善。"

老子的亲炙弟子庚桑楚，也继承老子思想，主张内修内观，无为而治。《庄子·庚桑楚》记他曾教导南荣趎说："全汝形，抱汝生，无使汝思虑营营。"所论与老子思想一脉相承。

第四章　学派分化中的老学初传

老子的思想和《老子》书在当时和其卒后不久的时代是如何流传和发生影响的？这是一个值得深入思考的问题。正如儒家学说的传承是从孔子直接到孟子和荀子，这是唐韩愈以来所倡导的说法。然而，由孔子如何传承至孟子则语焉不详。随着出土文献如郭店楚简本的记载，今人可以比较明确地看到子思至孟子的传承线索。道家也是一样，老子之后，一般直接讲到庄子，然庄子上距老子有近二百年的时间，期间的思想是如何传承下来的就是个必须要回答的问题。

第一节　以杨朱、列子、关尹为代表的学派

老子之后，进入春秋晚期至战国初期，学术分化是一个普遍发生的现象。《淮南子·氾论训》说：

> 夫弦歌鼓舞以为乐，盘旋揖让以修礼，厚葬久丧以送死，孔子之所立也，而墨子非之。兼爱、尚贤、右鬼、非命，墨子之所立也，而杨子非之。全性保真，不以物累形，杨子之所立也，而孟子非之。趋舍人异，各有晓心。

由反对儒家，而立墨学。由反对墨学，而立杨朱之学。虽然没有提到老聃之学，但大体可以看出自孔子开始的学术分化。

其中，杨朱之学一度作为显学，活跃在墨子学说流行的时期。孟子曾痛心疾首地批判说：

> 圣王不作，诸侯放恣，处士横议，杨朱、墨翟之言盈天下。天下之言，不归杨则归墨。杨氏为我，是无君也。墨氏兼爱，是无父也。无父无君，是禽兽也。①

又进一步地描述杨朱的"为我"，曰：

> 杨子取为我，拔一毛而利天下，不为也。墨子兼爱，摩顶放踵利天下，为之。②

从孟子的说法看，杨朱之学体现了一定的极端性，而且是极端的自私自利。但我们应该注意到，孟子言说的语境是战国中叶的学派林立、学说恣行，孟子必须为儒家学说争取话语权，因此其说不免带有排他的色彩。但不论是杨朱之学、列子之学，还是关尹之学，都具有一种大体趋同的精神取向，就是追求"道"，把通过修道完成个体生命的觉知，即"全生""贵己"，放在一切事务的首位。与此相应就形成了"轻物""避世"的行为特征。过去通常将杨朱作为道家思想的开端，事实上，杨朱的学说如果只是简单地主张极端的自私自利，又如何能成长为一个时代的"显学"？又如何能与伟大高尚的墨翟之学相提并论？故杨朱为代表的一派必然是在更深层次的精神问题上有新的思考，从而产生更为广泛的号召力。另外值得注意的是，孟子说"杨朱、墨翟之言盈天下"，势力不可谓不大，但杨朱其人，隐而不显，如何能形成强势的一派？如果加上当时学列子之学者、学关尹之学者，正可以见出其广泛影响的基础所在。因此，本章将杨朱、列子、关尹作为一个大体同一时代、有着共同精神取向

---

① 焦循：《孟子正义·滕文公下》，中华书局 1987 年版，第 456 页。
② 焦循：《孟子正义·尽心上》，中华书局 1987 年版，第 915—916 页。

的学派来加以论述。

首先，杨朱之学。

据《庄子》《列子》记载，杨朱为老聃弟子。《庄子》之《应帝王》篇有"阳子居见老聃"之说，《寓言》篇有"阳子居南之沛，遇老子"。陆德明《经典释文》曰："阳子居姓阳名朱，字子居。"又《山木》篇有"阳子之宋"，《经典释文》称："司马云：阳朱也。"古书阳、杨通假，这里的阳子居就是杨朱。其大概活跃在春秋末年，上及见老聃。稍早于孟子。钱穆认为："《列子》书言杨朱友季梁，季梁先杨朱死。而季梁之死，在梁围邯郸后，则杨朱辈行较孟轲惠施略同时而稍前。"① 其说似非。庄、孟共同称"杨"，并将其与"墨"相提并论。墨之兴盛在周敬王末年至周安王前期之间。下距孟、庄百余年。非可谓同时也。

由此，杨朱之学是能够上接老子并且影响较大的道家之一派。那么，杨朱之学究竟如何主张呢？通过对各家记载的综合观照，我们大体可以勾勒一个轮廓，即杨朱贵己重生。如《韩非子·显学》说：

> 今有人于此，义不入危城，不处军旅，不以天下大利易其胫一毛。世主必从而礼之，贵其智而高其行，以为轻物重生之士也。

《吕氏春秋·不二》也记载：

> 老聃贵柔，孔子贵仁，墨翟贵廉，关尹贵清，子列子贵虚，陈骈贵齐，阳生贵己，孙膑贵势，王廖贵先，儿良贵后。

显然，"贵己"，是杨朱之学的一个重要标志。

其所谓"贵己"，核心的思想是《淮南子·氾论训》中所概括的

---

① 钱穆：《先秦诸子系年·杨朱考》，商务印书馆 2015 年版，第 284 页。

"全性保真，不以物累形"。而这一点恰恰已经成为庄子学说的一个重要核心，同时也并未背离老子学说之根本。《老子》第五十四章曰："修之于身，其德乃真。"《老子》第十三章也具体讨论了"身"的问题，称："宠辱若惊，贵大患若身。何谓宠辱若惊？宠为下，得之若惊，失之若惊，是谓宠辱若惊。何谓贵大患若身？吾所以有大患者，为吾有身，及吾无身，吾有何患！故贵以身为天下，若可寄天下；爱以身为天下，若可托天下。"这里的"身"，即相当于"己"，虽然老子的意旨在于"无身"，然毕竟开启了"贵身"的一派思想。不仅杨朱，《文子·上义》有：

> 左手据天下之图，而右手刿其喉，虽愚者不为，身贵于天下也。

《庄子·让王》记载：

> 子华子见昭僖侯，昭僖侯有忧色。子华子曰："今使天下书铭于君之前，书之言曰：'左手攫之则右手废，右手攫之则左手废。然而攫之者必有天下。'君能攫之乎？"昭僖侯曰："寡人不攫也。"子华子曰："甚善！自是观之，两臂重于天下也。身亦重于两臂。韩之轻于天下亦远矣！今之所争者，其轻于韩又远。君固愁身伤生以忧戚不得也。

但事实上，杨朱试图通过重理性言辩的思想方法，达到贵己重生的生命提升，这是难以行得通的。如庄子曾多次对此展开批判：

> 骈于辩者，累瓦结绳窜句，游心于坚白同异之间，而敝跬誉无用之言非乎？而杨墨是已。故此皆多骈旁枝之道，非天下之至正也。[1]

---

[1]　郭庆藩：《庄子集释·骈拇》，中华书局1961年版，第314页。

削曾史之行，钳杨墨之口，攘弃仁义，而天下之德始玄同矣。……彼曾、史、杨、墨、师旷、工倕、离朱，皆外立其德而以爚乱天下者也，法之所无用也。①

而杨墨乃始离跂自以为得，非吾所谓得也。夫得者困，可以为得乎？则鸠鸮之在于笼也，亦可以为得矣。②

庄子曰："然则儒墨杨秉四，与夫子为五，果孰是邪？……"惠子曰："今夫儒墨杨秉，且方与我以辩，相拂以辞，相镇以声，而未始吾非也，则奚若矣？"③

庄子的这些批评意见都指出，杨朱通过言辩的方式，追求"全性保真"，必然面临困境，而无法得道。杨朱哭歧路的事迹也在诸子的记载中多有保存，如《荀子·王霸》："杨朱哭衢涂曰：'此夫过举跬步，而觉跌千里者夫！'"《韩非子·六反》："杨朱、墨翟天下之所察也。于世乱而卒不决，虽察而不可以为官职之令。"《淮南子·说林训》："杨子见逵路而哭之，为其可以南可以北；墨子见练丝而泣之，为其可以黄可以黑。趋舍之相合，犹金石之一调，相去千岁，合一音也。"分别之知，言辩之途，无疑相当于歧路又有歧路的理性之知的困境。在《老子》则曰："知不知，上。"在《庄子》则反复强调"道不可知""道不可言"，因而应超越言象，以体验道的存在。

其次，列子之学。

列子在庄子之先，《庄子》书中称之。其间的传承扬弃关系，亦相当密切。关于列子学说的主张，我们所能依据的唯有今传本《列子》一书，以及《庄子》书中的相关言论。

关于《列子》一书的真伪，历来争议颇多。归结来看，主要的分歧点在于，今传本《列子》究竟是列子后学们荟萃之书，还是东

---

① 郭庆藩：《庄子集释·胠箧》，中华书局1961年版，第353页。
② 郭庆藩：《庄子集释·天地》，中华书局1961年版，第453页。
③ 郭庆藩：《庄子集释·徐无鬼》，中华书局1961年版，第838—840页。

晋张湛伪造的书。西汉刘向校书定著《列子》八章，其叙录言：

> 所校中书《列子》五篇，臣向谨与长社尉臣参校雠。太常
> 书三篇，太史书四篇，臣向书六篇，臣参书二篇，内外书凡二
> 十篇，以校除复重十二篇，定著八篇。中书多，外书少。章乱
> 布在诸篇中。或字误，以尽为进，以贤为形，如此者众。

校定工作完成于西汉成帝永始三年（前14）。[①] 至班固《汉书·艺文志》道家类也载录《列子》八篇。班固注曰："名圄寇，先庄子，庄子称之。"然而，关于刘向叙的真伪，以及经刘向手校订之本是否已经亡佚，今传本是否是刘向当时所校之本，长期以来都没有定论。

刘《列子》书的第二次人的整理是东晋张湛。张湛为最早给《列子》作注的人，对于其所注《列子》书的底本也有一定的交代，他说：

> 先君所录书中有《列子》八篇。及至江南，仅有存者。《列
> 子》唯余《杨朱》、《说符》、目录三卷。比乱，正舆为扬州刺
> 史，先来过江，复在其家得四卷。寻从辅嗣女婿赵季子家得六
> 卷。参校有无，始得全备。[②]

说明他手头当时所根据的是几个《列子》残本，"参校有无，始得全备"。唐代柳宗元撰《辨列子》一文，大体相信《列子》其书"文辞类《庄子》，而尤质厚，少伪作"。但也提出刘向所说列子为郑缪公同时之人，然"缪公在孔子前几百岁，《列子》书言郑国皆云子产、邓析，不知向何以言之如此"的疑问。至宋代高似孙《子略》提出更多怀疑，尤其认为司马迁去古未远，于传记独不列列子，是为可

---

① 杨伯峻：《列子集释·附录二·重要序论汇录》，中华书局1979年版，第277—278页。

② 杨伯峻：《列子集释·附录二·重要序论汇录》，中华书局1979年版，第279页。

疑，又"是书与《庄子》合者十七章，其间尤有浅近迂僻者，特出于后人荟萃而成之耳"。①

宋人虽多疑《列子》一书为伪书，但至多认为非列子自撰，乃后人会合而成。至清代如钱大昕、姚鼐、李慈铭、梁启超等皆认为其书不仅是伪书，而且出于东晋以后，盖为张湛所伪造，自编自注。近代马叙伦撰《列子伪书考》一文，举证二十事以证明其为伪书。杨伯峻撰《列子集释》，但也相信列子为伪书，撰《从汉语史的角度来鉴定中国古籍写作年代的一个实例——〈列子〉著述年代考》，提出：

> 《列子》是部伪书，这已经为一般学者所肯定，它是一部魏晋时代的伪书，也已经为大多数学者所肯定。

他又引录季羡林《列子与佛典》一文补充说："《汤问》篇偃师之巧的故事和西晋竺法护所译的《生经》卷三里的一个故事'内容几乎完全相同'，因而证明这一故事是'《列子》钞袭佛典恐怕也就没有什么疑问了'。"②

与之相反，反对《列子》为东晋人伪书的有日本武义内雄《列子冤词》，原载江侠庵编译的《先秦经籍考》，主要的观点是："向序非伪，《列子》八篇非御寇之笔，且多经后人删改。然大体上尚存向校定时面目，非王弼之徒所伪作。"岑仲勉亦有《列子非晋人伪作》一文，③ 又有《再论〈列子〉的真伪》，④ 驳斥从语言史角度的辨伪推断全书皆伪的草率。

20 世纪 80 年代以来，学术的研究，尤其是对待先秦古籍的态度，逐渐回归理性的审视，加之出土文献的佐证，《鹖冠子》《文子》等被怀疑的古书内容的真实性，及其史料的价值都得到了新的证明。

---

① 杨伯峻：《列子集释·附录三·辨伪文字辑略》，中华书局 1979 年版，第 287、288 页。
② 杨伯峻：《列子集释·后记》，中华书局 1979 年版，第 349 页。
③ 《东方杂志》四四卷一号，1948 年 1 月。
④ 《安徽历史教学》1957 年创刊号。

《列子》一书的研究中，为刘向、张湛辩诬，为《列子》翻案的呼声越来越高，严灵峰、萧登福、许抗生、陈广忠、马达、权光镐等学者分别从不同的角度对《列子》伪造说进行了深入的检讨和批判。认为"《列子》基本上是一部先秦道家典籍，基本保存了列子及其后学的思想"①，"《列子》成书当在战国三家分晋之后，并羼杂有后人文字及他残卷和错简"② 等看法日渐得到更多学者的认可。③

在此基础上，我们认为，《列子》确非伪书，④《列子》书中虽然出现不少晚出的内容和晚出的词汇，但并不能因此否认《列子》一书的史料价值。正如《庄子》多处称引《列子》，《韩非子·喻老》中引："列子闻之曰：'使天地三年而成一叶，则物之有叶者寡矣。'"亦见于今本《列子》，说明《列子》在战国时代是流传于世的。故而，我们参照《列子》书，并综合其他典籍中所记载的列子，共同考察列子思想取向。

关于列子的思想，第一个方面，在于重修道实践。列子乃当时重体道实践的得道之士。如《庄子·逍遥游》曰：

> 夫列子御风而行，泠然善也，旬有五日而后反。彼于致福者，未数数然也。此虽免乎行，犹有所待者也。

《列子·黄帝》也有：

> 列子师老商氏，友伯高子，进二者之道，乘风而归。

---

① 许抗生：《列子考辨》，见《道家文化研究》第 1 辑，上海古籍出版社 1992 年版，第 344—358 页。

② 严灵峰：《列子辩诬及其中心思想·自序》，时报文化出版事业有限公司 1983 年版，第 12 页。

③ 参阅周书灿：《再论中国古典学的重建问题——以列子时代考订与〈列子〉八篇真伪之辨为例》，《浙江社会科学》2017 年第 8 期。

④ 参阅刘固盛：《论老学史中的杨朱思想——兼论〈列子〉书非伪》，《湖南大学学报》2018 年第 1 期。

又《庄子·让王》中说：

> 客有言之于郑子阳者，曰："列御寇，盖有道之士也，居君
> 之国而穷，君无乃为不好士乎？"

列子对道的体会主要是落实在实践的功夫之上，以至于可以"御风而行"，真有飘飘欲仙之感。由此，我们也可以了解其立学的方向之所在。

第二个方面，列子"贵虚"。正如《吕氏春秋·不二》有"子列子贵虚"的评价。"贵虚"包含哪些内涵呢？《列子·天瑞》有：

> 或谓子列子曰："子奚贵虚？"列子曰："虚者无贵也。"子
> 列子曰："非其名也。莫如静，莫如虚。静也虚也，得其居矣；
> 取也与也，失其所矣。事之破毁而后有舞仁义者，弗能复也。"

这段话中有"列子曰"，又有"子列子曰"，似经后人整理缀合而成。其中至少包含了两重含义，一者凡贵必有所去取，故无所贵方为真虚，即消解贵贱的分别之念。二者如张湛注曰："夫虚静之理，非心虑之表，形骸之外；求而得之，即我之性。内安诸己，则自然真全矣。故物所以全者，皆由虚静，故得其所安；所以败者，皆由动求，故失其所处。"[1] 总之，列子学说以体悟内在的虚静自然为主要意旨，反对外在的动求，反对破坏虚静而追求仁义教化。我们看《老子》关于虚静的表达。直接言虚静的有第十六章："至虚极，守静笃。万物并作，吾以观其复。"间接言虚静的有第一章中"常无欲，以观其妙"，无欲当为虚静之义。再就是第五章"虚而不屈，动而愈出"。总之，老子的虚静说始终建立在整体宇宙观的基础之上，讲无欲必兼顾有欲，讲虚极静笃必兼顾万物并作之运动变化，讲虚而不屈，必兼顾动而欲出。老子的虚静并非内心的寂灭，而是生机的勃发。

---

① 杨伯峻：《列子集释·天瑞》，中华书局1979年版，第29页。

列子则强调"莫如静，莫如虚。静也虚也，得其居矣；取也与也，失其所矣"，走向了虚无的极端。正如朱谦之所言：

> 虚无之说，自是后人沿庄、列而误，老子无此也。"虚而不屈，动而俞出"，此乃老子得《易》之变通屈伸者。劭雍曰："老子得易之体"，正谓此也。"致虚极"即秉要执本，清虚自守之说，亦即《论语》"修己以安百姓"。王通曰："清虚长而晋室乱，非老子之罪。"正谓此也。①

即强调老子之学与列子贵虚之间的不同及影响的不同所在。关于列子之学，刘向概括说：

> 列子者，郑人也。与郑缪公同时，盖有道者也。其学本于黄帝、老子，号曰道家。道家者，秉要执本，清虚无为，及其理身接物，务崇不竞，合于六经。而《穆王》《汤问》二篇，迂诞恢诡，非君子之言也。至于《力命》篇，一推分命，《杨子篇》唯贵放逸，二义乖背，不似一家之书。然各有所明，亦颇有可观者。且多寓言，与庄周相类，故太史公司马迁不为列传。②

虽然比较全面且合于今传本，然所说与老庄几乎等同，其实不确。

其三，关尹之学。

关尹子，司马迁《史记》中记载了他请老子著书之事。《吕氏春秋·不二》高诱注曰："关尹，关正也。名喜。作《道书》九篇。能相风角。知将有神人，而老子到，喜说之，请著上至经五千言，而从之游也。""上至经"，有人疑为"上下经"之误。陈奇猷疑本作"上言至德经"，"五千言"三字为后人所加，当删。"既是关尹请老子著书，则老子之书尚未著，当不能定其书名为《道

---

① 朱谦之：《老子校释》，中华书局1984年版，第65页。
② 杨伯峻：《列子集释·附录二·重要序论汇录》，中华书局1979年版，第280页。

德经》。书未著，篇数未定，更不得言《上下经》，故关尹请老子著书仅泛言其内容为'上言至德'之经"。①《汉书·艺文志》道家类收入《关尹子》九篇，班固注曰："名喜，为关吏，老子过关，喜去吏而从之。"

对于关尹其人其书，近代以来多持怀疑和否定态度，如郭沫若说："'关令尹喜曰'本来是'关令尹高兴而说道'的意思，到了《汉书·艺文志》竟有了'《关尹子》九篇，名喜'的著录了。这九篇出于伪托，是毫无疑问的。……照《天下》篇所引的关尹遗说看来，他是主张虚己接物的，心要如明镜止水，对于外物要如响之应声，影之随形。"② 蒋伯潜曰： "《汉志》道家又有《关尹子》九篇……旧题'周尹喜撰'。……《关尹子》，不但今存的本子靠不住，作这书的人，也是不可靠的。"③

今见道家典籍中多有关于"关尹"遗说及事迹的记载，加之郭店楚简《老子》丙本之后所附《太一生水》，据李学勤考证，为关尹遗说。如此，则更有将与关尹有关的文献加以重新审视的必要。今所见关尹遗说主要有以下数条：

其一，"列子见关尹"事。

"列子见关尹"，一见于《庄子·达生》，一见于《列子·黄帝》。文字几乎完全相同。如《庄子·达生》云：

> 子列子问关尹曰："至人潜行不窒，蹈火不热，行乎万物之上而不栗，请问何以至于此？"关尹曰："是纯气之守也。非知巧果敢之列。居，予语女！凡有貌象声色者，皆物也。物与物何以相远？夫奚足以至乎先？是色而已。则物之造乎不形而止乎无所化，夫得是而穷之者，物焉得而止焉！彼将处乎不淫之度，而藏乎无端之纪，游乎万物之所终始。一其性，养其气，

① 陈奇猷：《吕氏春秋新校释·不二》，上海古籍出版社 2002 年版，第 1136—1137 页。
② 郭沫若：《十批判书·稷下黄老学派的批判》，东方出版社 1996 年版，第 179 页。
③ 蒋伯潜：《诸子学纂要·其他道家者言》，正中书局 1947 年版，第 202—203 页。

合其德，以通乎物之所造。夫若是者，其天守全，其神无隙，物奚自入焉！夫醉者之坠车，虽疾不死。骨节与人同而犯害与人异，其神全也，乘亦不知也，坠亦不知也，死生惊惧不入乎其胸中，是故遻物而不慑。彼得全于酒而犹若是，而况得全于天乎？圣人藏于天，故莫之能伤也。"[①]

除此之外，还有相关数条，如《吕氏春秋·审己》：

> 子列子常射中矣，请之于关尹子。关尹子曰："知子之所以中乎？"答曰："弗知也。"关尹子曰："未可。"退而习之三年，又请。关尹子曰："子知子之所以中乎？"子列子曰："知之矣。"关尹子曰："可矣！守而勿失。"

《列子·说符》：

> 关尹谓子列子曰："言美则响美，言恶则响恶；身长则影长，身短则影短。名也者，响也；身也者，影也。故曰：慎尔言，将有和之；慎尔行，将有随之，是故圣人见出以知入，观往以知来，此其所以先知之理也。度在身，稽在人。人爱我，我必爱之；人恶我，我必恶之。汤武爱天下，故王；桀纣恶天下，故亡，此所稽也。稽度皆明而不道也，譬之出不由门，行不从径也。以是求利，不亦难乎？尝观之《神农》《有炎》之德，稽之虞、夏、商、周之书，度诸法士贤人之言，所以存亡废兴而非由此道者，未之有也。"

其二，《庄子·天下》中关于关尹学说的概括。其文曰：

> 以本为精，以物为粗，以有积为不足，澹然独与神明居，

---

① 郭庆藩撰，王孝鱼点校：《庄子集释·达生》，中华书局 1961 年版，第 633—636 页。

古之道术有在于是者。关尹、老聃闻其风而悦之，建之以常无有，主之以太一，以濡弱谦下为表，以空虚不毁万物为实。关尹曰："在己无居，形物自著。其动若水，其静若镜，其应若响。芴乎若亡，寂乎若清。同焉者和，得焉者失。未尝先人而常随人。"老聃曰："知其雄，守其雌，为天下溪；知其白，守其辱，为天下谷。"人皆取先，己独取后，曰受天下之垢；人皆取实，己独取虚，无藏也故有余。岿然而有余。其行身也，徐而不费，无为也而笑巧；人皆求福，己独曲全，曰苟免于咎。以深为根，以约为纪。曰坚则毁矣，锐则挫矣。常宽容于物，不削于人，可谓至极。"

《列子·仲尼》也记载了关尹喜的类似言论，其文曰：

在己无居，形物其箸。① 其动若水，其静若镜，其应若响。故其道若物者也。物自违道，道不违物。善若道者，亦不用耳，亦不用目，亦不用力，亦不用心。欲若道而用视听形智以求之，弗当矣。瞻之在前，忽焉在后；用之弥满，六虚废之，莫知其所。亦非有心者所能得远，亦非无心者所能得近。唯默而得之而性成之者得之。知而亡情，能而不为，真知真能也。发无知，何能情？发不能，何能为？聚块也，积尘也，虽无为而非理也。

其三，《吕氏春秋·不二》有"关尹贵清"，作为对关尹学说宗旨的极简概括。

1993 年出土的郭店楚墓竹简中附在《老子》丙本之后的一篇，定名为《太一生水》，从内容看，与以上材料中所表达的关尹遗说最为接近，今人大多认为即为关尹学派的作品。② 其中最主要的依据在

---

① 《庄子·天下篇》作"形物自著"，当是。

② 参见孙以楷：《道家哲学研究（附录三种）》，安徽大学出版社 2010 年版，第 5 页。

于以下几个方面：

一是《庄子·天下》将关尹、老聃并论，而郭店楚简亦呈现《老子》甲、乙、丙本与《太一生水》并列一组的特点。

二是《庄子·天下》中对于关尹学说的描述是："建之以常无有，主之以太一。以濡弱谦下为表，以空虚不毁万物为实。"可见"主之以太一"是关尹的一个重要学说标志。《太一生水》篇也正是以"太一"为最高范畴。

三是《吕氏春秋·不二》称"关尹贵清"，《庄子·天下》也引录说："关尹曰：'在己无居，形物自著。其动若水，其静若镜，其应若响。芴乎若亡，寂乎若清。同焉者和，得焉者失。未尝先人而常随人。'"《太一生水》中则将"水"几乎提高到与太一同等重要的地位，不仅"太一生水"，而且"太一藏于水"。《老子》郭店楚简本中虽然也提到水，但多以"江海""谷"这些具体的象喻的面目出现。至于作为哲学意义的"水"，当为关尹学说中一个较为独特的要素。而且如"上善若水""天下莫柔弱于水，而攻坚强者莫之能胜"等明确的言水的篇章都未出现在郭店楚简本《老子》中。

老子称"为学日益，为道日损"，由内观内修从而达于内圣外王，可以说是由老学到庄子、列子、关尹子这一派道家重点发挥的方向。从杨朱的重视自我独立精神，庄子的心斋、坐忘，列子的神凝形释，关尹的"在己无居""寂乎若清"，都体现了明确的内观内修取向。

除了以上杨朱、列子、关尹为代表的学派思想之外，我们还可以看到在大约相当的时代，还有很多和他们思想相近的学者活跃着，如《孟子·滕文公下》中的"陈仲子"，"以兄之禄为不义之禄，而不食也。以兄之室为不义之室，而不居也"。《荀子·非十二子》中批判的它嚣、魏牟。称其"纵性情，安恣睢，禽兽行，不足以合文通治"。又《庄子·让王》所提到的"瞻子"："中山公子牟谓瞻子曰：身在江海之上，心居乎魏阙之下，奈何？瞻子曰：重生，重生则利轻。"《吕氏春秋·贵生》引子华子"全生为上，亏生次之，死次之，迫生为下。故所谓尊生者，全生之谓。所谓全生者，六欲皆得其宜也"。

综上，在老子之后，学派分化，以杨朱、列子、关尹为代表的学派思想应该说代表了老子学说之后的第一个新的发展阶段。虽然尚未形成一个特定的道家学派，但这个阶段的学说正可开启庄子之说。可以对比的是，儒家以教育中的师生关系，墨家以组织中的结合关系，都可以理出比较清楚的起源及传承的时间轨迹。道家的传承则比较特殊，正如葛兆光所说："只能说当时有一批知识人有一种大体一致的思考路数和思考兴趣，这大体一致的思路和兴趣就成为一种思潮。"① 这种概括无疑是非常准确的，至少道家思想这种特殊的传承方式，虽然看不出其非常明确的轨迹，但仍可以看出其作为一种思潮的势力。

第二节　孔门学道弟子与老子思想

春秋后期，孔子身旁聚集了不少从本国乃至远方前来问道学习的生徒，相当于一个重要的学术中心。这些学生当中，包括司马迁所说"受业身通者七十有七人，皆异能之士也。德行：颜渊，闵子骞，冉伯牛，仲弓。政事：冉有，季路。言语：宰我，子贡。文学：子游，子夏"②。此外还包括一些以"学道"著称的学者，《史记·仲尼弟子列传》中也记载了他们隐约的身影，如：

> 澹台灭明，武城人，字子羽。少孔子三十九岁。状貌甚恶。欲事孔子，孔子以为材薄。既已受业，退而修行，行不由径，非公事不见卿大夫。南游至江，从弟子三百人，设取予去就，

① 葛兆光：《中国思想史：七世纪前中国的知识、思想与信仰世界》，复旦大学出版社 1998 年版，第 198 页。

② 司马迁：《史记》卷六十七《仲尼弟子列传》，中华书局 1982 年版，第 2185 页。

名施乎诸侯。孔子闻之，曰："吾以言取人，失之宰予；以貌取人，失之子羽。"

原宪，字子思。子思问耻。孔子曰："国有道，谷。国无道，谷，耻也。"子思曰："克伐怨欲不行焉，可以为仁乎？"孔子曰："可以为难矣，仁则吾弗知也。"孔子卒，原宪遂亡在草泽中。子贡相卫，而结驷连骑，排藜藋入穷阎，过谢原宪。宪摄敝衣冠见子贡。子贡耻之，曰："夫子岂病乎？"原宪曰："吾闻之，无财者谓之贫，学道而不能行者谓之病。若宪，贫也，非病也。"子贡惭，不怿而去，终身耻其言之过也。

公皙哀，字季次。孔子曰："天下无行，多为家臣，仕于都；唯季次未尝仕。"

澹台灭明，比孔子小三十九岁。在《论语》中只有一条记载："子游为武城宰。子曰：'女得人焉尔乎？'曰：'有澹台灭明者，行不由径，非公事，未尝至于偃之室也。'"可见他在孔子的弟子中，并非登堂入室者，唯子游赏识他。他的行事特点是"行不由径"，正如《老子》第五十三章曰："使我介然有知，行于大道，唯施是畏。大道甚夷，而民好径。朝甚除，田甚芜，仓甚虚。服文彩，带利剑，厌饮食，财货有余，是为盗夸。非道也哉！""径"指小道、邪道。行不由径，意味着坚持大道之行。况且后来他"南游至江，从弟子三百人，设取予去就，名施乎诸侯"。也可以看出他建立了自己的学说，并在诸侯中具有相当影响力。孔子后来称自己"以貌取人，失之子羽"，意谓子羽的发展令其刮目相看。

原宪，比孔子小三十六岁，在孔门中属于边缘化的弟子。《论语·宪问》记载了原宪向孔子提出的两个问题，可以发现他没有像别的学生一样简单地问什么是仁、为政奚先之类的问题，而是问"什么是耻"。这是一个从来没有人问过的问题。孔子回答说邦无道还食禄，为耻。这或许代表着原宪对于个人出处问题的思考。又问"克伐怨欲不行焉，可以为仁乎？"孔子的回答是这四点是很难做到的。马融《论语集解》曰："克，好胜人也。伐，自伐其功。怨，忌也。欲，贪欲也。"观察原宪问题中的"克伐怨欲"，不同于孔子的学说理念，更近于老子的说法。如老子虽然强调"克""胜"，但皆非克敌制胜，而是修道以达长生久胜之义。如称"重积德则无不克，无不克则莫知其极，莫知其极，可以有国。有国之母，可以长久。是谓深根固柢，长生久视之道。"反对"伐"，称"不自伐故有功""自伐者无功"。反对"怨"，称"报怨以德"，"和大怨，必有余怨，安可以为善"。反对"多欲"，主张寡欲、无欲，称"常使民无知无欲"，"见素抱朴，少私寡欲"，"不欲以静，天下将自定"，等等。孔子卒后，原宪选择隐居，他和子贡的对话，正是后来庄子和魏文侯对话的文本来源。其以修道为志，可以说是儒家学道弟子的代表者。

此外还有公皙哀（字季次）。《孔子家语》云齐人，名作公皙克。约与原宪同时。同样选择隐居不仕。孔子评价他说："天下无行，多为家臣，仕于都；唯季次未尝仕。"可见其最大的特点在于不为利禄所诱，坚持自己的德行，故受到孔子的赏识。《史记·游侠列传》评论说：

> 韩子曰："儒以文乱法，而侠以武犯禁。"二者皆讥，而学士多称于世云。至如以术取宰相卿大夫，辅翼其世主，功名俱著于春秋，固无可言者。及若季次、原宪，闾巷人也，读书怀独行君子之德，义不苟合当世，当世亦笑之。故季次、原宪终身空室蓬户，褐衣疏食不厌。死而已四百余年，而弟子志之不倦。

记载了这一学派在当时的影响亦不可谓不深远，死后四百年，弟子仍志之不倦。

《庄子·山木》记载庄子见魏王，曰："庄子衣大布而补之，正絜系履而过魏王。魏王曰：'何先生之惫邪？'庄子曰：'贫也，非惫也。士有道德不能行，惫也；衣弊履穿，贫也，非惫也'。此所谓非遭时也。"此与前引子贡与原宪的对话语义相同，可以看出原宪与庄子学派之间的某种传承关系。司马迁说公皙哀、原宪二人"死而已四百余年，而弟子志之不倦"。哪些才算是其弟子呢？我们看《庄子·让王》中记载：

> 原宪居鲁，环堵之室，茨以生草，蓬户不完，桑以为枢；而瓮牖二室，褐以为塞；上漏下湿，匡坐而弦。子贡乘大马，中绀而表素，轩车不容巷，往见原宪。原宪华冠纵履，杖藜而应门。子贡曰："嘻！先生何病？"原宪应之曰："宪闻之，无财谓之贫，学而不能行谓之病。今宪，贫也，非病也。"子贡逡巡而有愧色。原宪笑曰："夫希世而行，比周而友，学以为人，教以为己，仁义之慝，舆马之饰，宪不忍为也。"

《列子·杨朱》记载：

> 杨朱曰："原宪窭于鲁，子贡殖于卫。原宪之窭损生，子贡之殖累身。""然则窭亦不可，殖亦不可，其可焉在？"曰："可在乐生，可在逸身。故善乐生者不窭，善逸身者不殖。"

或赞扬，或商榷，皆有称说。总之，庄子、列子之学与原宪及其弟子颇有些关联。

《韩非子·显学》称，孔子卒后，儒学思想出现了相应的分化，所谓儒分为八：

> 世之显学，儒、墨也。儒之所至，孔丘也。墨之所至，墨翟也。自孔子之死也，有子张之儒，有子思之儒，有颜氏之儒，有孟氏之儒，有漆雕氏之儒，有仲良氏之儒，有孙氏之儒，有乐正氏之儒。自墨子之死也，有相里氏之墨，有相夫氏之墨，有邓陵氏之墨。故孔、墨之后，儒分为八，墨离为三，取舍相反不同，而皆自谓真孔、墨，孔、墨不可复生，将谁使定世之学乎？

正因为澹台灭明、原宪、公皙哀等孔门学道弟子，不在受业身通之列，反而使其得以按照自己的思考走向了个性化发展的道路，并各自产生了自己的影响。老子本身崇尚"自隐无名"，孔门学道者的事迹也相对稀见，他们不仅自隐无名，而且选择隐逸守道，形成了道家的精神气质，其对庄子重视个体与内在精神的思想世界的开启，当产生过一定的影响。

第三节　墨子思想与老子思想的契合

墨子，也称墨翟，其生卒年，自司马迁《史记》已不详。仅在《孟子荀卿列传》中提了一句："或曰并孔子时，或曰在其后。"《汉书·艺文志》云："墨子在孔子后。"梁启超有《墨子年代考》，谓墨子生于周定王初年，约当孔子卒后十余年。孔子卒于周安王中叶，约当孟子生前十余年。钱穆《先秦诸子系年·墨子生卒考》认为墨子之生，在周敬王之末年，至迟在元王之世，卒于周安王十年，也即公元前 477 年至公元前 392 年，寿盖逾八十。大体我们可以看到，墨子正是孔、老之后至孟、庄之前承上启下的思想者。

墨子其人不仅博学而且著作丰富。《汉书·艺文志》有："《墨子》七十一篇。"《隋书·经籍志》云："《墨子》十五卷，目一卷。"这些是研究先秦墨家学派及其创始人墨翟思想的重要依据。

墨子的学说出于孔子，这是毫无疑问的。但墨子学说的立足点在于否定孔子学说中不合理的因素。如墨子专门著有《非儒》《非乐》《非葬》等篇，对孔子儒家尊卑、礼乐等主张提出严厉的批评。孟子、荀子也对墨子的思想加以激烈的抨击。二家对立，势同水火。但墨子对老子却没有提出正面的批评，如《庄子·天下》，历数墨、宋钘尹文、彭蒙田骈慎到、关尹老聃、庄周、惠施六派，其中前五派皆曰"古之道术有在于是者"，"闻其风而说之"。尤其对于墨翟一派，用了大量的笔墨来述评其思想主张，曰：

不侈于后世，不靡于万物，不晖于数度，以绳墨自矫而备世之急。古之道术有在于是者。墨翟、禽滑厘闻其风而说之，为之大过，已之大循。作为《非乐》，命之曰《节用》；生不歌，死无服。墨子泛爱兼利而非斗，其道不怒；又好学而博，不异，不与先王同，毁古之礼乐。黄帝有《咸池》，尧有《大章》，舜有《大韶》，禹有《大夏》，汤有《大濩》，文王有辟雍之乐，武王、周公作《武》。古之丧礼，贵贱有仪，上下有等。天子棺椁七重，诸侯五重，大夫三重，士再重。今墨子独生不歌，死不服，桐棺三寸而无椁，以为法式。以此教人，恐不爱人；以此自行，固不爱己。未败墨子道。虽然，歌而非歌，哭而非哭，乐而非乐，是果类乎？其生也勤，其死也薄，其道大觳。使人忧，使人悲，其行难为也。恐其不可以为圣人之道，反天下之心。天下不堪。墨子虽独能任，奈天下何！离于天下，其去王也远矣！墨子称道曰："昔禹之湮洪水，决江河而通四夷九州也。名山三百，支川三千，小者无数。禹亲自操橐耜而九杂天下之川。腓无胈，胫无毛，沐甚雨，栉疾风，置万国。禹大圣也而形劳天下也如此。"使后世之墨者，多以裘褐为衣，以跂蹻为服，日夜不休，以自苦为极，曰："不能如此，非禹之道也，不足谓墨。"相里勤之弟子五侯之徒，南方之墨者苦获、已齿、邓陵子之属，俱诵《墨经》，而倍谲不同，相谓别墨；以坚白同异之辩相訾，以觭偶不仵之辞相应，以巨子为圣人，皆愿为之尸，冀得为其后世，至今不决。墨翟、禽滑厘之意则是，其行则非也。将使后世之墨者，必以自苦腓无胈胫无毛相进而已矣。乱之上也，治之下也。虽然，墨子真天下之好也，将求之不得也，虽枯槁不舍也。才士也夫！

庄子作为老子思想的继承者，对墨子的评价可谓更多正面的肯定。虽然也批评其"为之太过""不爱人""不爱己"等过于理想化、难以实行等问题，但并非从根本上加以否定。而以儒家自任的孟、荀则从根本上批判和否定墨子学说，如《孟子·滕文公下》曰："圣王不作，诸侯放恣，处士横议，杨朱、墨翟之言盈天下。天下之言不归杨，则归墨。杨氏为我，是无君也；墨氏兼爱，是无父也。无父无君，是禽兽也。"《荀子·天论》称："墨子有见于齐，无见于畸。"《荀子·解蔽》称："墨子蔽于用而不知文。"《荀子·非十二子》曰："不知一天下建国家之权称，上功用，大俭约，而僈差等，曾不足以容辨异，县君臣；然而其持之有故，其言之成理，足以欺惑愚众，是墨翟宋钘也。"这正是墨子与老子思想更为接近的一个直接证据。此外，《庄子·天下》中所列前五家皆为出于"古之道术"者。经过比较我们可以发现，庄子的后学总体上是赞同墨家主张的，更认同墨子与道家学派的同源属性。正如成玄英疏曰："翟性尹、老之意也。"① 也指出了墨翟与老子学说之间存在某种一致性。

今传本《墨子》十五卷，包括墨子自著和墨子后学记载墨子问答的语录以及墨子后学的撰著。从今所留存的文献看，墨子对老子思想有所吸收是可以肯定的，最主要表现在以下几个方面：

一是墨子以"法天"作为理论的核心，与老子的"法天"思想渊源甚深。

墨子讲"兼爱""非攻"等理论，但皆建立在"法天"的基础之上。如其《法仪》篇说："天下从事者，不可以无法仪。无法仪而其事能成者，无有。"强调"法天"的重要性。又说：

> 莫若法天。天之行广而无私，② 其施厚而不德，③ 其明久而不衰，④ 故圣王法之。既以天为法，动作有为，必度于天，天之所欲则为之，天所不欲则止。然而天何欲何恶者也？天必欲人之相爱相利，而不欲人之相恶相贼也。奚以知天之欲人之相爱

---

① 郭庆潘：《庄子集释》，中华书局 2012 年版，第 1075 页。

② 《老子》第七章曰："天地所以能长且久者，以其不自生，故能长生。……非以其无私邪，故能成其私。"

③ 《老子》第八十一章曰："天之道，利而不害。"第三十八章曰："上德不德，是以有德。"

④ 《老子》第十六章曰："王乃天，天乃道，道乃久，没身不殆。"

相利，而不欲人之相恶相贼也？以其兼而爱之，兼而利之也。
奚以知天兼而爱之，兼而利之也？以其兼而有之，兼而食之也。

墨子所论之天，体现自然属性，是万物中最高的存在，从其所描述
看，与老子所说的自然之道，具有相近的意义。

另如《老子》第三十四章也说得清楚："大道泛兮，其可左右。
万物恃之而生而不辞，功成不名有，衣养万物而不为主，常无欲，
可名于小；万物归焉而不为主，可名为大。以其终不自为大，故能
成其大。"《老子》第二十五章有："人法地，地法天，天法道，道法
自然。"老子的天，亦源于自然之道，法地、法天、法自然之道，天
地与道，虽层次不同，但相当于一组名词。

再进一步比较，墨子所说的天虽然具有自然属性，但墨子更强
调其作为万物的主宰，是有人格意志的天，宛如宗教所说的至上神
性之天，人不可不敬畏。如天有"欲"有"不欲"，"天欲义而恶不
义"，"天必欲人之相爱相利，而不欲人之相恶相贼也"。"天之意，
不欲大国之攻小国也，大家之乱小家也。强之劫弱，众之暴寡，诈
之谋愚，贵之傲贱，此天之所不欲也"。人若顺应天意行事，则吉祥
得福，若违背天意行事，则遭殃受罚，即"爱人利人者，天必福之。
恶人贼人者，天必祸之"。天无私而赏罚分明，高贵在上而以天子牧
民。天意倡导相爱相利、正义无私，反对侵暴欺凌、厌恶伤害。

老子关于天的表述，虽然没有明确提出"天志"之说，但其所
说天、地，既是自然之"道"的一部分，又体现出一定的意志。如：
"天地不仁，以万物为刍狗"。"功成身退，天之道"。"天之道，利而
不害"。"天道无亲，常与善人"。"天之道，其犹张弓与！高者抑之，
下者举之；有余者损之，不足者补之"。"勇于敢则杀，勇于不敢则
活。此两者，或利或害。天之所恶，孰知其故"。"天之道，不争而
善胜，不言而善应，不召而自来，繟然而善谋。天网恢恢，疏而不
失"。"天将救之，以慈卫之"。作为自然的一部分，天呈现出不刻意
为仁而自然无为的德，呈现出功成身退的不争之德，呈现出利而不
害的无私利他之德，这些都是值得人类效法的品质。老子所言的天

或天之道，呈现出损高举下、损有余补不足的均平性，呈现出使逞强争先者受到自然惩罚，谦下示弱者自然保有生命，以慈爱救卫等特性。这种意志不是直接的祥瑞凶灾式的赏罚，不是神灵意志的示现，而是无所不在的大道法则在人世间所自然具有的主宰力。

通过比较可以看出，墨子与老子在对天的决定性作用的理解上具有某种一致性。当然，两者的区别也是明显的，墨子走向了神秘的神灵之天，对人的行为进行直接的赏罚，如称"杀不辜者，天予不祥"，"夫爱人利人，顺天之意，得天之赏"，"夫憎人贼人，反天之意，得天之罚"。老子则用道取代了天的至上性，消解了天的宗教性，天立足于自然之道，由自然的因而决定自然的果，并不着力于强调一个强大的外力的威慑，而依靠人类自身修道悟道的内在自觉的思想方法的改变。

二是墨子同老子一样，反对过分追求感官享乐，主张俭朴知足。

《老子》书中主张回归素朴恬淡的生活。这种思想贯穿《老子》始终，如称"五色令人目盲，五音令人耳聋，五味令人口爽，驰骋畋猎令人心发狂，难得之货令人行妨。是以圣人为腹不为目，故去彼取此"。"名与身孰亲？身与货孰多？得与亡孰病？是故甚爱必大费，多藏必厚亡。知足不辱，知止不殆，可以长久"。"人之生，动之死地，亦十有三。夫何故？以其生生之厚"。"治人事天莫若啬"。"我有三宝，持而保之。一曰慈，二曰俭，三曰不敢为天下先"。"甘其食，美其服，安其居，乐其俗"。

《墨子》书中《辞过》《节用上》《节用中》《节葬下》《非乐下》也都是阐述这种节制感官之欲，以备存利用的思想。

二者的不同在于：老子回归素朴寡欲的生活，是从至道的哲学高度和生命的深度来审视的，强调过分追求感官享乐造成对自我生命本真的伤害，因而应加以克制。而墨子对这种生活的提倡则是从社会的实用层面来考虑的，墨子承认音乐、厚味、宫室是快乐的享受，但是从理性的角度考虑，这些又是物质的浪费，因此应该禁止。如《墨子·非乐上》曰："子墨子之所以非乐者，非以大钟、鸣鼓、琴瑟、竽笙之声以为不乐也，非以刻镂华文章之色以为不美也，非以犓豢、煎炙之味以为不甘也，非以高台、厚榭、邃野之居以为不安也。虽身知其安也，口知其甘也，目知其美也，耳知其乐也，然上考之不中圣王之事，下度之不中万民之利。是故子墨子曰：'为乐非也！'"由此可以看出，墨与老在这一点上虽然同归，但取殊途。

三是墨子同老子一样反对侵略战争。

老子不反对战争，但是反对以强凌弱的侵略战争，反对以满足欲望私利为目的的扩张战争。如说"用兵有言，吾不敢为主而为客，不敢进寸而退尺"，"夫佳兵者，不祥之器"，"以道佐人主者，不以兵强天下，其事好还"。老子反战最主要的原因在于战争给社会带来的伤害，"师之所处，荆棘生焉。大军之后，必有凶年"。老子对于战争的态度基本是防御止暴，"不得已而用之，恬淡为上，胜而不美"。"善有果而已"。提出国与国之间要和平相处，"故大国以下小国，则取小国。小国以下大国，则取大国"。提倡大国小国都要采取谦下的态度，从而赢得对方的尊重和信任。

墨子的思想体系中则专门提出了"非攻"的主张。墨子从不同的角度论证了为什么要反对战争。首先是攻人之国，相当于抢夺别人的财产，是不正义的行为，因而是应该反对的。其次攻人之国必然杀人众多，也是不义的行为。其三是人民生活生产受到严重影响，导致物资损耗、百姓战死、丧尸亡魂皆不计其数。其四，攻战计其所得，不如其所丧之多。墨子也同样提出国与国和睦相处的主张，提出"处大国不攻小国""国与国不相攻"。通过比较我们可以看出，墨子和老子一样，反对的是出于贪欲而发动战争的行为。故而，也有学者提出，墨子"接受了老子的反战思想，从而形成了他的非攻主张"①。

但两者之间也有差别，陆建华指出："老子把和平的希望寄托于谦下，墨子则把和平的希望寄托于'兼爱'。"这一看法是不错的。但他又提出："老子反对所有的战争，墨子却认为侵略有害，正义的

---

①　孙以楷：《道家与中国哲学（先秦卷）》，人民出版社 2004 年版，第 231 页。

战争——'诛'有益。像'禹征有苗，汤伐桀，武王伐纣'（《墨子·非攻下》）之类，都是值得赞颂的正义之举。"① 事实上，老子并没有反对所有的战争，只是认为战争是不得已而为之之举，不应轻易发动。如果万一发生了战争，也要抱着一颗慈爱悲悯之心，不可乐于杀人。墨子则站在义与不义的立场上，强调正义的战争必不可少。问题是如果个人站在自己的立场上来界定正义，谁都可以称自己发动的战争是正义的战争。由此就会产生"春秋无义战"的问题。两相比较，老子的战争观更发人深省。

除此之外，《墨子》书中在述古和语词的使用方面，也和《老子》书有相当的一致性。比如《墨子》卷一《亲士》，虽然论证的是"尚贤"的问题，立场与《老子》正相反，但其引古人之说"吾闻之曰：'非无安居也，我无安心也。非无足财也，我无足心也'"，正同于《老子》第四十六章的"知足之足，常足"。又《墨子》卷一《亲贤》有"故曰：'归国宝，不若献贤而进士'"，"故曰：'太盛难守'"，"是故江河不恶小谷之满己也，故能大"，与《老子》第六十二章"故立天子，置三公，虽有拱璧以先驷马，不如坐进此道"，第三十六章"将欲弱之，必固强之"，第六十六章"江海所以能为百谷王者，以其善下之，故能为百谷王"，或在句式上，或在句意上基本相同。

对于墨子是否真正读过《老子》书，前人多有不同意见。因为《墨子》一书中未见明确引用《老子》之语，也未提到老聃其人。唯《太平御览》卷五百十三引《墨子》佚文一条曰："老子曰：'道冲而用之，有弗盈。'"此语见《老子》第四章。今本《墨子》无此文，故一般认为《御览》所引当在阙篇之中，乃《墨子》佚文，受到学界的高度重视，并由此证明墨子或者其徒已引用《老子》书。② 《老子》帛书乙本作"道冲而用之，有弗盈也"。北大简作"道冲而用之，有弗盈"。今传傅奕本、《想尔注》本、敦煌本 P.2584 作"又不盈"。河上公本、王弼本作"或不盈"，并不合于古本。这条《墨子》

① 陆建华：《先秦诸子〈老子〉注研究》，黄山书社 2018 年版，第 216 页。
② 详见高亨、池曦朝：《试谈马王堆汉墓中的帛书老子》，《文物》1974 年第 11 期。

佚文正与帛书本和北大简本《老子》相合，说明这条史料的出现时间早于西汉初。

20 世纪 70 年代开始有学者撰文认为这条引文出自《淮南子》，而非出自《墨子》一书，因此提出"墨子不知老子"[①] 或"墨子没有读过老子书"[②] 的观点。其说过于主观，《墨子》一书中确实不曾明引《老子》，但由此肯定墨子不知老子，就有些绝对化了。

结合上文四个方面的论述，我们可以看到墨子思想与老子思想的契合，以及墨子述古和语词使用方面与《老子》思想的契合。《韩诗外传》卷五："言谈议说已无异于老墨，而不知分。是俗儒者也。"已将老墨并称。后世葛洪《神仙传》列墨子为神仙，《道藏》将《墨子》收入。墨子其人晚老子约百年，《墨子·贵义》篇有："墨子南游使卫，关中载书甚多。"墨子曾学于《老子》书亦不可断然否定。

与老子知足尚俭、墨子节用尚俭的思想一致的，其实在孔子的时代也不乏其人，如《史记·孔子世家》记载，晏婴曰："夫儒者滑稽而不可轨法；倨傲自顺，不可以为下；崇丧遂哀，破产厚葬，不可以为俗；游说乞贷，不可以为国。自大贤之息，周室既衰，礼乐缺有间。今孔子盛容饰，繁登降之礼，趋详之节，累世不能殚其学，当年不能究其礼。君欲用之以移齐俗，非所以先细民也。"这里批评儒家的繁文缛节，其思想便与老、墨接近。

第四节　兵学思想与《老子》学说

老子的年代和兵家的代表者孙武的年代十分接近，孙膑又晚于孙武一百年左右。据《史记》卷六十五《孙子吴起列传》载："孙子

---

① 日知：《墨子不知老子——〈太平御览〉卷三二二"墨子曰"引书有误》，《古籍整理研究学刊》1992 年第 4 期。

② 黄宜超：《是墨子引老子？还是淮南子引老子？》，《文物》1975 年第 5 期。

武者，齐人也。以兵法见于吴王阖闾。阖闾曰：子之十三篇，吾尽观之矣，可以小试勒兵乎？"阖闾于周敬王六年（前514）继位，于次年见孙武。而此年孙武已完成完整的《孙子》十三篇的写作。《史记正义》云："魏武帝云：孙子者，齐人。事于吴王阖闾，为吴将，作《兵法》十三篇。《七录》云：《孙子兵法》三卷。案：十三篇为上卷。又有中下二卷。"由此，一般认为《孙子兵法》的成书是在此时。然而，今传本的《孙子兵法》是否是孙武所作十三篇呢？后世多有不同意见。如钱穆《先秦诸子系年》第七条考订"其人其书，盖皆出后人伪托"。认为其成书在战国中晚期，庄周之后。[①] 1972年山东临沂银雀山汉墓出土竹简本《孙子兵法》，是迄今为止所发现的最早最完整的《孙子》书。孙武卒年不详，主要事迹见于《史记·孙子吴起列传》，称他佐助吴国"西破强楚，入郢，北威齐晋，显明诸侯，孙子与有力焉"。孙武明确参政就是在吴伐楚之事中，之后皆未提孙武。而且夫差当政后以大夫伯嚭为太宰，伍子胥已被边缘化，孙武盖已淡出吴国的政治中心。孙膑生卒年不详，现唯一可知的是，他是孙武的后世子孙，约出生于孙武卒后一百余年，见于《史记·孙子吴起列传》："孙武既死，后百余岁有孙膑。膑生阿鄄之间，膑亦孙武之后世子孙也。"《史记》所称孙武卒百余年后有孙膑，以孙膑于公元前356年左右由梁国之齐见齐威王之时年三十岁推断，孙膑生于公元前386年左右。则孙武卒于公元前480年左右。

田穰苴，亦为齐国兵家的代表人物，其时代与孔子相近稍晚。其兵学思想在齐威王时代大放异彩。田穰苴作为齐景公时代齐国的司马，《史记·司马穰苴列传》载："齐威王用兵行威，大放穰苴之法，而诸侯朝齐。"

《孙子兵法》的版本中，宋本《孙子兵法》是现存最重要的传本，主要有三种：其一是影宋本《魏武帝注孙子》，其二是宋本《武经七书》本《孙子》，其三是宋本《十一家注孙子》。魏武帝本亦可归入《武经七书》本，所以今传本大致可以分为两大系统：《武经七

---

① 钱穆：《先秦诸子系年·孙武辨》，商务印书馆2015年版，第14页。

书》孙子系统和《十一家注孙子》系统。

1972年山东临沂县银雀山一号西汉墓中发掘出《孙子兵法》《孙膑兵法》等多种古籍，这一出土发现，有助于解决《孙子兵法》一书的时代问题。吴九生认为，从墓葬年代和简书字体推定，竹简《孙子兵法》下葬的年代在建元元年（前140）到元狩五年（前118）之间，抄写的年代自然要更早一些，而且比今之传世本更接近孙武的原著。①

从齐国发源的兵法思想以孙武、司马穰苴以及孙膑为代表，形成了一个系统的兵学思想体系，其发生时间基本与老子其人的时代同时。过去学界对于二者之间如何相互影响争论不休。二者之间存在一定的影响关系，这是众所公认的。但一派认为是《老子》影响《孙子》，如郭沫若提出孙武"所著的《孙子兵法》，发展了《老子》的军事思想，为后来兵法家前驱"②。丁原明也提出："《孙子兵法》在诸多方面接受了老子思想的影响，两者之间可以说有着密切的思想渊源关系。"③并举例说明，如孙子的"知胜之道"与老子的无形之道，"兵者，诡道也"与对老子若干矛盾范畴的改造和运用，将帅的气质修养与对老子其他思想的改造和运用。《孙子兵法》之所以能接受老子思想的影响，这除了由于老子早于孙武以及兵道两家思想的互动外，也与孙武的家世与生平经历有密切关联。

对于这派意见加以翻案最有力者为何炳棣教授，其撰《中国思想史上一项基本性的翻案：〈老子〉辩证思维源于〈孙子兵法〉的论证》④ 一文，将《孙子兵法》中有关辩证的片语，放到《论语》《墨子》《吴

---

① 吴九龙：《简本与传本〈孙子兵法〉比较研究》，见《超越哈佛：海峡两岸学者论兵》，军事科学出版社2011年版，第38页。

② 郭沫若：《中国史稿》第一册，人民出版社1976年版，第376页。

③ 丁原明：《〈孙子兵法〉与老子》，《中华文化论坛》2006第3期。此外还有华云刚《〈孙子兵法〉对〈老子〉思想的继承与演变》，《管子学刊》2016年第1期，也持此看法。

④ 何炳棣：《中国思想史上一项基本性的翻案：〈老子〉辩证思维源于〈孙子兵法〉的论证》，《东吴学术》2014年第3期。此文先见于何炳棣《读史阅世六十年》一书（广西师范大学出版社2005年版）。尹振环、韩博韬等皆持此见解。

子》《司马法》《商君书》《孟子》《左传》《国语》《庄子》《荀子》等先秦文献中搜索，发现许多词语在这些书中均不见，而独见于《老子》。即知《孙子》成书年代远在《老子》之前，《孙》为《老》祖，而非相反。《老子》书中辩证片语及论辩方法至少部分衍生于《孙子》。

对于这一桩学术史的公案，站在今天的立场上，有几点值得反思：

一是从史籍记载的情况看，司马迁《史记》记载了孙子献兵法十三篇于吴王，也记载了孔子问礼于老聃。

二是从出土文献看，有西汉初年抄写的竹简本《孙子兵法》《孙膑兵法》，也有公元前 300 年之前抄写的竹简本《老子》。

三是从史料片语的角度看，两者互渗互通之处皆为可见。

先秦文本文献的形成本身有着较为复杂的形态，人的时代与书的时代并不可对应，早期传本与后期传本亦存在或大或小的差异，因此，对于究竟是《老子》影响了《孙子》，还是《孙子》影响了《老子》并不可遽然论断。

《老子》完整论军事的一共有四章，见于今本第三十章、三十一章、六十八章、六十九章。其中第三十章、三十一章亦分别见于郭店楚简本《老子》甲本和丙本。

今本第三十章：以道佐人主者，不以兵强天下，其事好还。师之所处，荆棘生焉。大军之后，必有凶年。善有果而已，不敢以取强。果而勿矜，果而勿伐，果而勿骄，果而不得已，果而勿强。物壮则老，是谓不道，不道早已。

楚简甲本：以衍差人宝者，不谷以兵䢼于天下。善者果而已，不以取强。果而弗癹。果而弗乔。果而弗矜。是胃果而弗䢼，其事好长。

今本第三十一章：夫佳兵者，不祥之器。物或恶之，故有道者不处。君子居则贵左，用兵则贵右。兵者，不祥之器，非君子之器。不得已而用之，恬淡为上，胜而不美。而美之者，是乐杀人。夫乐杀人者，则不可以得志于天下矣。吉事尚左，凶事尚右。偏将军居左，上将军居右，言以丧礼处之。杀人之众，以哀悲泣之，战胜，以丧礼处之。

楚简丙本：君子居则贵左，用兵则贵右。古曰兵者□□□□□□得以而甬之。铦纕为上。弗媄也。敔之，是乐杀人。夫乐，□□□以得志于天下。古吉事上左，丧事上右。是以卞牺军居左，上牺军居右。言以丧豊居之也。古杀□□，则以恔悲位之。战勜，则以丧豊居之。（郭店简丙章末有分章符）。

今本第六十八章：善为士者不武，善战者不怒，善胜敌者不与，善用人者为之下。是谓不争之德，是谓用人之力，是谓配天古之极。

今本第六十九章：用兵有言，吾不敢为主而为客，不敢进寸而退尺。是谓行无行，攘无臂，扔无敌，执无兵。祸莫大于轻敌，轻敌几丧吾宝。故抗兵相加，哀者胜矣。

除此之外，虽为论道，但涉及军事术语的章节亦不为少见。这就说明老子的兵学思想在其早期传本中就已经占有一席之地。

孙子曰："兵者，国之大事。死生之地，存亡之道，不可不察也。"（《孙子兵法·计篇》）

孙子见威王，曰："夫兵者，非士恒势也。此先王之傳道也。战胜，则所以存亡国而继绝世也。战不胜，则所以削地而危社稷也。是故兵者不可不察。然夫乐兵者亡，而利胜者辱。兵非所乐也，而胜非所利也。事备而后动。故城小而守固者，有委也；卒寡而兵强者，有义也。夫守而无委，战而无义，天下无能以固且强者。"（《孙膑兵法·见威王》）

将这两段话和上引《老子》今本第三十一章、郭店楚简丙本相比较，可见《老子》今本与郭店楚简丙本内容基本一致，只是今本比简本多了开头的一句话。《老子》不论今本还是简本，与孙武的《孙子兵法》相比，立论相反，文字不同，但和《孙膑兵法》相比则一种密切的影响关系清晰可见。《孙膑兵法》在立论和文字上都与《老子》思想非常接近。比如《老子》和《孙膑兵法》都反对"战胜""利胜",认为战争是关系到生死存亡时不得已而为之的行为。老子反对"乐杀人",孙膑反对"乐兵"。《孙膑兵法》明显又吸收了墨子的兵学思想,发展了《老子》的兵学思想,主张"事备而后动",主张"义战",从而更进一步完善了《孙子兵法》。从这一点上看,《老子》影响到了《孙膑兵法》,后者对兵学思想的重新建构,其轨迹是清晰可见的。

过去我们的思路往往是以整本书为单位,而《孙子兵法》《孙膑兵法》和《老子》在某些语料运用上体现出的关联性,确是更值得注意的。比如今本《老子》第二十八章有"知其雄,守其雌,为天下豀。为天下豀,常德不离,复归于婴儿"。《孙子兵法·地形》也有"视卒如婴儿,故可与之赴深豀;视卒如爱子,故可与之俱死。爱而不能令,厚而不能使,乱而不能治,譬如骄子,不可用也"。两段史料同样把"豀"与"婴儿"两个语词搭配起来使用,"豀"与"婴儿"事实上并没有多少实际的联系,是有些费解的。两本书同样用到了这样一种组合,很显然并非出于巧合,很可能是一书借鉴了另一书的用法所致。从古音韵律一致的角度看,就很好理解了。"豀",据《玉篇》作"诘鸡切,与溪同",《广韵》作"苦奚切,入声"。"儿",《玉篇》作"如支切",《广韵》作"汝移切",皆属于同一韵部。从语句押韵的角度来考虑,这一组合的确具有一定的借鉴意义。此章不见于郭店楚简本《老子》,据《庄子·天下》引作:"老聃曰:知其雄,守其雌,为天下豀。知其白,守其辱,为天下谷。"根据这条史料,《老子》借鉴《孙子》和《孙子》借鉴《老子》这两种可能都有。但后者的可能性更大些。原因在于《老子》文本倾向于韵文,多采用整齐的句式。这是在简本也一样呈现出的特征。《孙子兵法》则基本是散文,并不注重韵否。然这一句中所体现出的韵文形式,似乎从《老子》借鉴而来。

《老子》与《孙子兵法》中还存在大量的共同语料。这些语料显然代表二者共同关心的话题,虽然在使用语料所表达的观点上二者有着明显的分歧。具体而言，如：

（1）"奇正"。老子是同意以奇用兵的，但其阐述的重点在于"以正治国"。孙子可以说是以奇用兵的代表，而且他主要说的是兵法中的奇正。《老子》第五十七章"以正治国，以奇用兵，以无事取天下"具有高度的概括性。《孙子兵法·势篇》："凡战者，以正合，以奇胜。故善出奇者，无穷如天地，不竭如江海。终而复始，日月是也。死而更生，四时是也。声不过五，五声之变，不可胜听也；色不过五，五色之变，不可胜观也；味不过五，五味之变，不可胜尝也；战势不过奇正，奇正之变，不可胜穷也。奇正相生，如循环之无端，孰能穷之哉！"正指正规、正道，奇则充满着无穷的变化。《孙子兵法·计篇》曰："兵者，诡道也。故能而示之不能，用而示之不用，近而示之远，远而示之近。利而诱之，乱而取之，实而备之，强而避之，怒而挠之，卑而骄之，佚而劳之，亲而离之。攻其无备，出其不意。此兵家之胜，不可先传也。"盖皆属于奇的范畴。

（2）预先的谋略，孙子称"庙算"，老子称"善计"。《老子》第二十七章："善计不用筹策。"（帛书本作"善数不以筹策"）《孙子兵法·计篇》："夫未战而庙算胜者，得算多也；未战而庙算不胜者，得算少也。多算胜少算不胜，而况于无算乎！吾于此观之，胜负见矣。"则老子所说的也应当与军事有关。

（3）孙子以钝兵挫锐为反面之例，老子从修道的角度主张挫其锐。《老子》第四章、第五十六章都有"挫其锐"句。第四章盖为错简。第五十六章曰："知者不言，言者不知。塞其兑，闭其门，挫其锐；解其纷，和其光，同其尘，是谓玄同。故不可得而亲，不可得而疏；不可得而利，不可得而害；不可得而贵，不可得而贱，故为天下贵。"《孙子兵法·作战》："其用战也，胜久则钝兵挫锐，攻城则力屈，久暴师则国用不足。夫钝兵挫锐，屈力殚货，则诸侯乘其弊而起，虽有智者不能善其后矣。故兵闻拙速，未睹巧之久也。夫兵久而国利者，未之有也。故不尽知用兵之害者，则不能尽知用兵之利也。"孙子所说为锐气挫伤之意。老子所说则为损折其锐气。孙子所用为反面的否定语气，老子所用为正面的肯定语气。

（4）关于战争的危害，老子认为应尽量避免大军。孙子认为从源头上说，大军带来国家和人民伤害的原因在于粮草，解决的办法在于从敌方获取粮草。《老子》第三十章："以道佐人主者，不以兵强天下，其事好还。师之所处，荆棘生焉。大军之后，必有凶年。善有果而已，不敢以取强。果而勿矜，果而勿伐，果而勿骄，果而不得已，果而勿强。物壮则老，是谓不道，不道早已。"《孙子兵法·作战》："善用兵者，役不再籍，粮不三载，取用于国，因粮于敌，故军食可足也。国之贫于师者远输，远输则百姓贫；近师者贵卖，贵卖则百姓财竭，财竭则急于丘役。力屈财殚，中原内虚于家，百姓之费，十去其七；公家之费，破军罢马，甲胄矢弓，戟楯矛橹，丘牛大车，十去其六。故智将务食于敌，食敌一钟，当吾二十钟；萁秆一石，当吾二十石。"《孙子兵法》认为用兵不善，可导致国弱民贫，问题的关键在于如何解决粮草消耗和运输的问题。从敌方获取粮草，无疑是一种最佳的解决方案。《老子》本章反对取强的战争，但其中"其事好还。师之所处，荆棘生焉。大军之后，必有凶年"几句不见于郭店楚简本。

（5）孙子言杀敌之怒，老子言善战者不怒。《老子》第六十八章："善为士者不武，善战者不怒，善胜敌者不与，善用人者为之下。是谓不争之德，是谓用人之力，是谓配天古之极。"《孙子兵法·作战》："故杀敌者，怒也；取敌之利者，货也。车战得车十乘以上，赏其先得者，而更其旌旗。车杂而乘之，卒善而养之，是谓胜敌而益强。"《孙子兵法·谋攻》："夫用兵之法，全国为上，破国次之；全军为上，破军次之；全旅为上，破旅次之；全卒为上，破卒次之；全伍为上，破伍次之。是故百战百胜，非善之善者也；不战而屈人之兵，善之善者也。故上兵伐谋，其次伐交，其次伐兵，其下攻城。攻城之法，为不得已。修橹轒辒，具器械，三月而后成；距堙，又三月而后已。将不胜其忿而蚁附之，杀士三分之一，而城不拔者，此攻之灾也。"

（6）不忒。《老子》第二十八章："知其白，守其黑，为天下式。为天下式，常德不忒，复归于无极。"《孙子兵法·形篇》："古之所谓善战者，胜于易胜者也。故善战者之胜也，无智名，无勇功，故其战胜不忒。不忒者，其所措必胜，胜易败者也。故善战者，立于不败之地，而不失敌之败也。是故胜兵先胜而后求战，败兵先战而后求胜。善用兵者，修道而保法，故能为胜败之政。"

（7）五色、五音、五味。《老子》第十二章："五色令人目盲，五音令人耳聋，五味令人口爽，驰骋畋猎令人心发狂，难得之货令人行妨。是以圣人为腹不为目，故夫彼取此。"《孙子兵法·势篇》："声不过五，五声之变，不可胜听也；色不过五，五色之变，不可胜观也；味不过五，五味之变，不可胜尝也；战势不过奇正，奇正之变，不可胜穷也。"

（8）关于水。《老子》第八章："上善若水。水善利万物而不争，处众人之所恶，故几于道。居善地，心善渊，与善仁，言善信，正善治，事善能，动善时。夫唯不争，故无尤。"第七十八章："天下莫柔弱于水，而攻坚强者莫之能胜，其无以易之。弱之胜强，柔之胜刚，天下莫不知，莫能行。是以圣人云，受国之垢，是谓社稷主；受国不祥，是为天下王。正言若反。"《孙子兵法·虚实》："夫兵形象水，水之形避高而趋下，兵之形避实而击虚；水因地而制流，兵因敌而制胜。故兵无常势，水无常形。能因敌变化而取胜者，谓之神。故五行无常胜，四时无常位，日有短长，月有死生。"

（9）关于辎重。《老子》第二十六章："重为轻根，静为躁君。是以圣人终日行不离辎重。虽有荣观，燕处超然，奈何万乘之主，而以身轻天下？轻则失本，躁则失君。"《孙子兵法·军争》："故军争为利，军争为危。举军而争利则不及，委军而争利则辎重捐。是故卷甲而趋，日夜不处，倍道兼行，百里而争利，则擒三将军，劲者先，疲者后，其法十一而至；五十里而争利，则蹶上将军，其法半至；三十里而争利，则三分之二至。是故军无辎重则亡，无粮食则亡，无委积则亡。"

（10）关于"无知"。《老子》第三章"常使民无知无欲，使夫知者不敢为也"，第十章"爱民治国，能无知乎"，第七十章"吾言甚易知，甚易行，天下莫能知，莫能行。言有宗，事有君。夫唯无知，

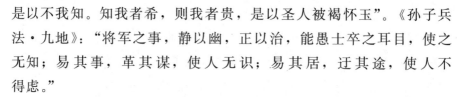

是以不我知。知我者希，则我者贵，是以圣人被褐怀玉"。《孙子兵法·九地》："将军之事，静以幽，正以治，能愚士卒之耳目，使之无知；易其事，革其谋，使人无识；易其居，迁其途，使人不得虑。"

（11）关于"死地"。《老子》第五十章："出生入死。生之徒，十有三。死之徒，十有三。人之生，动之死地，亦十有三。夫何故？以其生生之厚。盖闻善摄生者，陆行不遇兕虎，入军不被甲兵，兕无所投其角，虎无所措其爪，兵无所容其刃。夫何故？以其无死地。"《孙子兵法·九地》："疾战则存，不疾战则亡者，为死地。……死地则战。"

（12）关于"为客"。《老子》第六十九章："用兵有言，吾不敢为主而为客，不敢进寸而退尺。是谓行无行，攘无臂，扔无敌，执无兵。祸莫大于轻敌，轻敌几丧吾宝。故抗兵相加，哀者胜矣。"《孙子兵法·九地》："凡为客之道，深入则专。主人不克，掠于饶野，三军足食。谨养而勿劳，并气积力，运兵计谋，为不可测。投之无所往，死且不北。死焉不得，士人尽力。兵士甚陷则不惧，无所往则固，入深则拘，不得已则斗。是故其兵不修而戒，不求而得，不约而亲，不令而信，禁祥去疑，至死无所之。吾士无余财，非恶货也；无余命，非恶寿也。令发之日，士卒坐者涕沾襟，偃卧者涕交颐，投之无所往，诸、刿之勇也。"客指在敌国作战的军队，客则后应。主指在自己国土上作战的军队，主则先发。

综合以上，《孙子兵法》与《老子》在兵学思想的表述方面，各有各的立足点，各有各的主张，只有"以奇用兵"等少数观点态度相一致，何炳棣的观点似难成立。值得注意的是二书在语料使用上所显示的高度一致性。这种语料的一致性，似乎并非直接的引用关系，而更像是从一些他们共同学习的古代典籍各自化用而来的，从而出现观点不相袭，而语词通用的状况。《孙膑兵法》受到《老子》思想、《墨子》思想影响的特征更加明显，在战争的观念上有更多的继承关系。

第五节　老学初兴的传播取向

老学的发生发展是一个历史的过程。由于最早明确记载老子其人其学的是《庄子》，所以过去学界往往关注庄学。但值得注意的是从老子到庄子乃至黄老，将近两百年的时间，老子学说是如何演进和过渡的，对这一问题却探讨不多。

通过上文的讨论，我们可以发现，在老子稍后的时代，老子及其思想虽然没有作为一个明确固定的引用内容，但随着儒、道、墨、兵等学派的形成与分化，契合老子学说的立场、援引老子学说相关的命题，以及化用《老子》书中的语句，是为当时老学传播的突出取向。具体而言有以下几种情况。

一是与老子学说立场相契合者。

以杨朱、列子、关尹为代表的道派，尚虚静，贵"全性保真，不以物累形"，尚水贵柔，尚清静，直接继承了老子的思想立场。这里就不再赘述了。孔门学道弟子的"克伐怨欲不行""行不由径"，可以看出他们的思想立场受到老子学说的影响。墨子的"法天""尚俭""非攻"皆与老子学说的立场相近。兵学思想中《孙子兵法》的"以奇用兵"，孙膑提出的"不乐兵"，可以说都与老子学说的基本立场相契合。

二是援引老子学说相关命题者。

从儒者的这一方面来看，今本《老子》第六十三章有"大小多少，报怨以德"。《论语·宪问》中说："或曰：'以德报怨，何如？'子曰：'何以报德？以直报怨，以德报德。'"其中"或曰"，就是当时有人说。这个"或曰"，正说明了这个概念在当时就已经广为传播了。

再如《老子》第二章"是以圣人处无为之事，行不言之教"，第四十三章"不言之教，无为之益，天下希及之"等，"无为""不言之教"可以说是《老子》思想体系中重要的概念。孔子也和弟子讨论过这样的问题，如《论语·卫灵公》："子曰：'无为而治者，其舜也与？夫何为哉。恭己正南面而已矣。'"《论语·阳货》："子曰：'予欲无言。'子贡曰：'子如不言，则小子何述焉？'子曰：'天何言哉。四时行焉，百物生焉。天何言哉！'"

三是相关语料语句化用渗透者。

这种情况在上面所论的儒、墨、兵家文献中皆有所见，此不赘述。此外其他出土文献中，也可见出这种直接化用《老子》语句，或者直接被《庄子》等道家类文献所化用的情况。以郭店楚简《语丛四》为例，有"金玉涅室不如谋，众强甚多不如时"。今本《老子》第九章有"金玉满堂，莫之能守"。"满堂"，郭店简甲作"涅室"，帛书甲本、北大竹简本并作"盈室"，可见两者之间语料的化用关系。

有"窃钩者诛，窃邦者为诸侯"。今本《庄子·胠箧》："彼窃钩者诛，窃国者为诸侯，诸侯之门而仁义存焉，则是非窃仁义圣知邪？"

有"善事其上者，若齿之事舌，而终弗聱"。认为善于事上者，应当像牙辅助舌头一样，完成自己咀嚼的功能，而不对舌构成伤害。而战国时代也广为流传老聃之师商枞见舌知柔的传说。

关于郭店楚墓出土文献《语丛四》的学派性质，目前学界有两种看法：一是认为属于纵横家或者法家思想，以庞朴、丁四新为代表。一是认为应属道家类文献，以李零为代表。李零认为《语丛四》内容与阴谋游说、纵横长短之术有关，类乎《太公》《鬼谷》，据《汉志·诸子略》之界定，太公位列道家，故《语丛四》应为道家文献。① 从语料的结构、传播上看，李零的说法无疑是可信的。

综合以上，老和庄之间，老和黄老之间，存在着一个重要的老学生成和传播的阶段。在这一阶段中，老子学说已经悄悄地在学派分化的过程中起到了一个助推器的作用。其发生作用的方式是潜移

① 见《郭店楚简校读记》，北京大学出版社 2002 年版。

默化，不知不觉的。最主要体现在一些公共话题的形成，一些共用词句和比喻的出现，一些思想的碰撞发散和重新聚焦。知识界也基本形成了一些比较集中的话题和共同的知识背景，这些话题和知识被儒者、墨者、道者、兵者广泛学习和运用，加以各自发挥，形成各自的思想宗旨。这一共同知识背景的形成，与《老子》书的思想的关系是比较密切的。《老子》书的文本也在这一过程中得到了进一步充实和完善。

第五章　庄子与内圣道家派

庄子是老子之后一位影响巨大的道家学者。庄子其人其书有许多争议，但主要事实是比较清楚的，庄子的思想取向也是比较清楚的。庄子继承老子之学，并进一步发扬光大，自汉以来，老庄连称，影响深远。那么，庄子在老学史上究竟产生了怎样的影响是这里想要探讨的问题。

第一节　庄子其人其书

关于庄子生平的记载，最早见于《史记·老子韩非列传》附录的二百多字的简短传记，其文曰：

> 庄子者，蒙人也，名周。周尝为蒙漆园吏，与梁惠王、齐宣王同时。
>
> 其学无所不窥，然其要本归于老子之言。故其著书十余万言，大抵率寓言也。作《渔父》《盗跖》《胠箧》，以诋訾孔子之徒，以明老子之术。《畏累虚》《亢桑子》之属，皆空语无事实。然善属书离辞，指事类情，用剽剥儒、墨，虽当世宿学不能自解免也。其言洸洋自恣以适己，故自王公大人不能器之。
>
> 楚威王闻庄周贤，使使厚币迎之，许以为相。庄周笑谓楚使者曰："千金，重利；卿相，尊位也。子独不见郊祭之牺牛乎？养食之数岁，衣以文绣，以入大庙。当是之时，虽欲为孤

豚，岂可得乎？子亟去，无污我。我宁游戏污渎之中自快，无为有国者所羁，终身不仕，以快吾志焉。"

这一段传记材料，提供了以下几个方面的信息：

一是关于庄子的姓名，即"名周"。汉代避汉明帝讳，而有时称为"严周"。唐代陆德明《经典释文》中注有："太史公云：字子休。"成玄英、司马贞等也提到"庄子，字子休。"然庄子"字子休"之说，不见于先秦典籍的记载，其说晚出，未知所据。姑列于此。

二是关于庄子的籍贯。司马迁说"蒙人也"，但并没有具体说"蒙"在何地。《庄子·列御寇》称庄子居宋。《韩非子·难三》："故宋人语曰：一雀过羿，羿必得之，则羿诬矣。以天下为之罗，则雀不失矣。"此语亦见于《庄子·庚桑楚》，则战国后期已认为庄子为宋人。至汉代也多认为庄子为宋人，如《史记索隐》引刘向《别录》，称庄子"宋之蒙人也"。所以庄子当为战国中叶宋国蒙县人，应是没有太大异议的。至于蒙县究竟在今天的什么地方，历来说法很多，据潘建荣《庄子故里考辨》总结有山东曹县说、河南商丘说、河南民权说、山东东明说和安徽蒙城说等，[①] 各有依据，争论不休。综观各家所说的今地，对照战国地理分布，实际上可以看出是以今河南商丘为中心，包括位于西北的民权、北部的曹县、南部偏东的蒙城、北部偏西的东明，正好构成了一个庄子的活动圈。[②] 其中其向南的足迹已经接近老子故里之苦县，故对于老子学说应该是比较有机会学习到的。

三是关于庄子的生卒年。《史记》中说是"与梁惠王、齐宣王同时"，梁惠王，即魏惠王，于公元前369年至公元前319年在位。齐宣王于公元前319年至公元前301年在位。又《史记》本传、《庄子·秋水》均载楚威王聘庄子为相，庄子拒绝这件事。楚威王公元前339至公元前329年在位。另外就是《庄子·徐无鬼》记载庄子

---

① 参阅潘建荣主编：《庄子故里考辨》，中国书籍出版社2008年版。

② 参见谭其骧：《中国历史地图集》第一册，中国地图出版社1982年版。

送葬，过惠子之墓。惠施卒年在魏襄王九年前。① 魏襄王九年，即公元前 310 年。若以庄子出生于梁惠王元年计算，则本年大概六十岁。又陆德明《经典释文》引"李颐云：与齐湣王同时"，齐湣王公元前300 年至公元前 284 年在位。诸如以上，通过推理，庄子大约生活在公元前 369 年至公元前 284 年之间。上距老子，已经约两百年的间隔了。

四是言庄子的著作和学术思想。庄子之学无所不包，原本著书十余万言，见于司马迁《史记》本传记载。《汉书·艺文志》载录《庄子》一书共五十二篇。今传本共三十三篇，分作内七篇，外十五篇和杂十一篇。陆德明《经典释文·序录》云："庄生宏才命世，辞趣华深，正言若反，故莫能畅其弘致，后人增足，渐失其真……凡诸巧杂，十分有三。《汉书·艺文志》'《庄子》五十二篇'，即司马彪、孟氏所注是也。言多诡诞，或似《山海经》，或类占梦书。故注者以意去取。其内篇众家并同，自余或有外而无杂。"从陆德明《经典释文·序录》看，其所载录有晋崔譔注《庄子》十卷二十七篇，其中内篇七，外篇二十。向秀注二十卷二十六篇，亦无杂篇。司马彪注二十一卷五十二篇，内七篇，外二十八篇，杂十四篇，解说三篇。郭象注三十三卷三十三篇。《史记》所载庄子著书共十余万言，今传本约七万九千余字。所以在整理的过程中应当还是有不少佚文，以及后人增删的部分。尤其像陆德明所说，《庄子》原本中的诡诞类《山海经》、占梦书者，多被删削。

至于《南华经》所亡佚的十九篇，除解说三篇②外，篇目可考者还有《阏弈》、《意修》、《危言》、《游凫》、《子胥》（《经典释文·序录》录郭象语）、《惠施》（《北齐书·杜弼传》）、《畏垒虚》（《史记》本传）、《马捶》（《南史·文学传》）、《重言》（严灵峰《老庄研究》）等篇。其中以王叔岷《庄子校释》辑佚最多。

以上是结合《史记》本传记载以及相关史料所见的庄子其人其

① 钱穆：《先秦诸子系年·庄周生卒考》，商务印书馆 2015 年版，第 313 页。
② 包括《庄子后解》、《庄子略要》、《解说第三》（篇名不详）皆入《淮南子·外篇》。

书的概况。

第二节　老庄并称的来源

庄子其人其学在先秦学术的话语中"别为一家"，并未与老子并称。如《庄子·天下》将关尹、老聃合论，讲了他们共同的和不同的思想主张。将庄周单列，对其学的描述也未提与老子的关系，其文曰：

> 芴漠无形，变化无常，死与？生与？天地并与？神明往与？芒乎何之？忽乎何适？万物毕罗，莫足以归。古之道术有在于是者，庄周闻其风而悦之。以谬悠之说，荒唐之言，无端崖之辞，时恣纵而不傥，不以觭见之也。以天下为沈浊，不可与庄语。以卮言为曼衍，以重言为真，以寓言为广。独与天地精神往来，而不敖倪于万物。不谴是非，以与世俗处。其书虽瑰玮而连犿无伤也。其辞虽参差而諔诡可观。彼其充实，不可以已。上与造物者游，而下与外死生、无终始者为友。其于本也，弘大而辟，深闳而肆；其于宗也，可谓稠适而上遂矣。虽然，其应于化而解于物也，其理不竭，其来不蜕，芒乎昧乎，未之尽者。

更注重书写庄周之学较为独特的一面。至《荀子·解蔽》从"蔽于一曲"的角度批评庄子"蔽于天而不知人"，也未提老子。《吕氏春秋·不二》列举诸家曰："老聃贵柔，孔子贵仁，墨翟贵廉，关尹贵清，子列子贵虚，陈骈贵齐，阳生贵己，孙膑贵势，王廖贵先，儿良贵后。"提老子而未提庄子。《列子·杨朱》篇记载禽子之语，将老聃、关尹并列，曰："吾不能所以答子。然则以子之言问老聃、关尹，则子言当矣；以吾言问大禹、墨翟，则吾言当矣。"从以上的记载来看，先秦的学界更倾向于将老子和关尹视为一派，而以庄子为单独一家，把老庄并称，最早的要算司马迁了。他在《史记·老子韩非列传》中称：

> 其学无所不窥，然其要本归于老子之言。故其著书十余万言，大抵率寓言也。作《渔父》《盗跖》《胠箧》，以诋訾孔子之徒，以明老子之术。《畏累虚》《亢桑子》之属，皆空语无事实。然善属书离辞，指事类情，用剽剥儒、墨，虽当世宿学不能自解免也。其言洸洋自恣以适己，故自王公大人不能器之。

最后又写道：

> 太史公曰：老子所贵道，虚无，因应变化于无为，故著书辞称微妙难识。庄子散道德，放论，要亦归之自然。申子卑卑，施之于名实。韩子引绳墨，切事情，明是非，其极惨礉少恩。皆原于道德之意，而老子深远矣。

司马迁的叙述应该说很符合实际，结论明确可靠。说《庄子》之学"要本归于老子之言"，说明司马迁是在研究《老子》和《庄子》内容的基础上得出的结论。意思是庄子之学在思想的本质上和老子之学是相同的，其中最本质的相同，当即"要亦归之自然"。老子思想以"道法自然"为根基，庄子亦"归于自然"，实为二者得以相提并论的基础。这一点可谓发前人之所未发。司马迁没有全面展开写"老庄比较论"，对于庄子如何"明老子之术"，只做了个举例式的说明，特别是有关"诋訾孔子之徒"的方面，并非全面论述其学术思想。学术界曾就司马迁所举《庄子》篇名讨论成书时间及庄子的思想问题，我们同意这种看法：司马迁是把他所见到的《庄子》看成一个整体，所举数篇，是以"微辞见旨"。具体说明"世之学老子者则黜儒学"，他没有区分今本所谓的内、外、杂篇，或者他所见的

《庄子》篇目次序等与今本不同。① 重要的是，司马迁把老子之学和庄子之学真正地联系起来了。

几乎与司马迁同时，《淮南子·要略》中也有"考验乎老庄之术"的提法了：

> 《道应》者，揽掇遂事之踪，追观往古之迹，察祸福利害之反，考验乎老庄之术，而以合得失之势者也。

有人怀疑此文是后人窜入，② 从这句话的前后语句看，相互连贯，毫无可疑之处，当非窜入。那么，《淮南子·道应》这一篇是如何考验"老庄之术"的呢？曾国藩云：

> 此篇虽杂征事实，而证之以老子道德之言。意以已验之事皆与昔之言道者相应也，故题曰《道应》。每节之末，皆引老子语证之，凡引五十二处。③

可见此篇首要以解释《老子》之说为目的。但细察篇中释《老》文字，广引众家，其中引《庄子》各篇之语约十余条，尤其是开篇引"太清问于无穷曰"一段，乃据《庄子·知北游》改编。虽然，汉初《庄子》没有《老子》流行广，没有被重视，但是刘安和他的门客中，必定有人钻研过《庄子》，淮南王有《庄子后解》和《庄子要略》即可证。因此，"考验乎老庄之术"，当为《淮南子·要略》原文，而非窜入之文。淮南王及其门客经过研究，将老庄从主要思想方面联系起来。至于东汉人提到老庄，魏晋以降之老庄作为道家的

---

① 参阅张德钧《庄子内篇是西汉初人的著作吗？》，《庄子哲学讨论集》，中华书局1962年版，第245—283页。又参阅张恒寿《庄子新探》，湖北人民出版社1983年版，第101—104页。

② 张维华：《释"黄老"之称》，《文史哲》1981年第4期。

③ 刘文典：《淮南鸿烈集解·道应训》注引曾国藩言，中华书局2013年版，第378页。

代名词，都是以后的事。此为"老庄"合称的渊源。

第三节　庄子对老聃之学的继承

　　道家思想的基础，无论如何还是在《老子》一书中。那么，庄子在道家的地位如何呢？这也和老庄相连有关。庄子的地位问题，郭沫若曾有一段精彩的论述，他在《十批判书·庄子的批判》中写道：

　　　　从庄子的思想上看来，他只采取了关尹、老聃清静无为的一面，而把他们的关于权变的主张扬弃了。庄子这一派或许可以称为纯粹的道家吧？没有庄子的出现，道家思想尽管在齐国的稷下学宫受着温暖的保育，然而已经向别的方面分化了：宋钘、尹文一派发展而为名家，田骈、慎到一派发展而为法家，关尹一派发展而为术家。道家本身如没有庄子的出现，可能是已经归于消灭了。然而就因为有他的出现，他从稷下三派吸收他们的精华，而维系了老聃的正统，从此便与儒、墨两家鼎足而三了。在庄周自己并没有存心以"道家"自命，他只是想折衷各派的学说而成一家言，但结果他在事实上成为了道家的马鸣、龙树。

这段话中关于稷下学宫的内容，下一章要专门讨论。关于庄子地位的话，表述得较好，不过这种"相当卓越"的见解有人也已指出，马鸣、龙树"稍嫌比喻不确"。庄子不是"复兴"道家的问题，可以说是关系到"纯粹道家"形成的问题（将另行考论）。从庄子与老子的关系看，也就是从老学发展的角度看，郭文所说"采取"了什么，"扬弃"了什么，以及如何"维系了老聃的正统"（当然对"正统"也可能提出不同的看法），等等，是值得进一步深入研讨的。

　　无可否认的事实是，庄子继承和发展了老子的基本思想。从主要方面看，首先，庄子的本体论与老子的大体相同，都是以"道"或者"无"为本体，"道"或"无"是天地万物的本原，它超时空存在，它绝对地无差别，不过庄子的说明更为明确具体。如《庄子·大宗师》中说：

　　夫道有情有信，无为无形；可传而不可受，可得而不可见；自本自根，未有天地，自古以固存；神鬼神帝，生天生地；在太极之先而不为高，在六极之下而不为深，先天地生而不为久，长于上古而不为老。狶韦氏得之，以挈天地；伏戏氏得之，以袭气母；维斗得之，终古不忒；日月得之，终古不息；堪坏得之，以袭昆仑；冯夷得之，以游大川；肩吾得之，以处大山；黄帝得之，以登云天；颛顼得之，以处玄宫；禺强得之，立乎北极；西王母得之，坐乎少广，莫知其始，莫知其终；彭祖得之，上及有虞，下及及五伯；傅说得之，以相武丁，奄有天下，乘东维、骑箕尾而比于列星。

再如《庄子·知北游》对大道存在于天地万物，为万物之根的描述：

　　天地有大美而不言，四时有明法而不议，万物有成理而不说。圣人者，原天地之美而达万物之理。是故至人无为，大圣不作，观于天地之谓也。今彼神明至精，与彼百化。物已死生方圆，莫知其根也。扁然而万物，自古以固存。六合为巨，未离其内；秋豪为小，待之成体；天下莫不沈浮，终身不故；阴阳四时运行，各得其序；惛然若亡而存；油然不形而神；万物畜而不知。此之谓本根，可以观于天矣！

《庄子·知北游》借老聃之口对道的完整表述：

　　孔子问于老聃曰："今日晏闲，敢问至道。"老聃曰："汝斋戒，疏瀹而心，澡雪而精神，掊击而知。夫道，窅然难言哉！将为汝言其崖略：夫昭昭生于冥冥，有伦生于无形，精神生于道，形本生于精，而万物以形相生，故九窍者胎生，八窍者卵生。其来无迹，其往无崖，无门无房，四达之皇皇也。邀于此者，四肢强，思虑恂达，耳目聪明。其用心不劳，其应物无方。天不得不高，地不得不广，日月不得不行，万物不得不昌，此其道与！且夫博之不必知，辩之不必慧，圣人以断之矣！若夫益之而不加益，损之而不加损者，圣人之所保也。渊渊乎其若海，魏魏乎其终则复始也。运量万物而不匮。则君子之道，彼其外与！万物皆往资焉而不匮。此其道与！"

有些还非常形象，例如《庄子·知北游》云：

东郭子问于庄子曰："所谓道，恶乎在？"庄子曰："无所不在。"东郭子曰："期而后可。"庄子曰："在蝼蚁。"曰："何其下邪？"曰："在稊稗。"曰："何其愈下邪？"曰："在瓦甓。"曰："何其愈甚邪？"曰："在屎溺。"东郭子不应。庄子曰："夫子之问也，固不足质。正获之问于监市履狶也，每下愈况。汝唯莫必，无乎逃物。至道若是，大言亦然。周、遍、咸三者，异名同实，其指一也。"

道"无所不在"，说得如此具体明确，似乎有些玩世不恭。但他讲的是实"质"问题，"至道"是"无乎逃物"的，道是不离物的。《老子》的表述没有如此明确，说得有些恍恍惚惚，如第一章：

道可道，非常道。名可名，非常名。

道是不可以言说的，不可以说得出来的。又四章：

道冲而用之，或不盈，渊兮，似万物之宗。

然后，第二十一章"道之为物，惟恍惟惚"的描述，第二十五章"有物混成，先天地生"的说明，等等，所有关于道的描述，都不如庄子"无所不在"说法简单明晰。当然，这个道要彻底弄清楚也并不那么容易，老子、庄子以及后来人都要"多为之辞，博为之说"，这是另外一个问题。庄子继承了老子道为本体的思想，具体还有新发展，如肯定"道"和"无"是世界万物的本体，《老子》第一章说："无名，天地之始。有名，万物之母"，《庄了·齐物论》中却还有一段论述：

> 有始也者，有未始有始也者，有未始有夫未始有始也者。有有也者，有无也者，有未始有无也者，有未始有夫未始有无也者。

不满足于"无名，天地之始"，还要追求这个"无""有始"以前的"无始""无无始"等，要追问到底。这种思考，实际意义不大。或者可以说明，庄子是沿着老子的某些思想往更深的方面发展下去的。

如上引郭沫若所说，庄子取了老子"清静无为"的一面，而"把他们的关于权变的主张扬弃了"。的确，庄子是公开拒绝参加政治的，《史记》为他立传文字不多，还用一半的篇幅记述楚威王闻庄周贤，使使厚币迎之，许以为相，却遭庄周拒绝之事。

这段记述，生动地说明庄子通过不参与政治而超越于名利之上的思想。说道家的出世，当主要从庄子开始。在《庄子》中可以看出，除了对社会政治有些冷嘲热讽的批评外（当然也可看出一些政治思想），很难找到积极的治世方案。那么，这种思想与老子有什么关系？那就是对老子"清静自然"思想的继承和发挥。例如庄子对"全形""养生""达生""卫生""尊生"以及"活身"等，有许多论述。《庄子·庚桑楚》说：

> 夫全其形生之人，藏其身也，不厌深眇而已矣。

成玄英对此疏云：

> 全形养生者，故当远迹尘俗，深就山泉，若婴于利禄，则
> 粗而浅也。

这远世藏身的思想，就是所谓的"出世"思想，与上述《史记》记载是一致的，是庄子的一个主要思想，是老子、杨朱等"全性保真"思想的极端发展。《庚桑楚》还说：

> 全汝形，抱汝生，无使汝思虑营营。

看来这和老子"弃智"的思想不是一回事，庄子完全只是从"全形养生"的角度来说的。《德充符》说：

> 吾所谓无情者，言人之不以好恶内伤其身，常因自然而不
> 益生也。
> 道与之貌，天与之形，无以好恶内伤其身。

"因自然"也用在"全形养生"上面。在《应帝王》中他还主张：

> 无为名尸，无为谋府；无为事任，无为知主。

一切无为，这样才能不受损伤。

其次，庄子对于老子"知不知"的观念也有充分的继承和发展。《老子》第七十一章说，"知不知，上。不知知，病。"也即人生有限，知识也有限，人应自知此局限，这是最明智的。不知道自身的局限，反而以有限的知来侵犯和妨害无限的世界，这是最有害的。庄子对于这一点是完全赞同的，他在书中大量阐释这一内容。如《养生主》有："吾生也有涯，而知也无涯，以有涯随无涯，殆已。已而为知者，殆而已矣。"《大宗师》有："知人之所为也，以其知之

所知以养其知之所不知，是知之盛也。"

《齐物论》又说：

> 故知止其所不知，至矣。孰知不言之辩，不道之道，若有能知，此之谓天府。注焉而不满，酌焉而不竭，而不知其所由来，此之谓葆光。

这里似乎遵循着一条螺旋式前进的求知路线。如其开篇为《逍遥游》，鲲化为鹏，高飞九万里之上，凌风而图南，将飞往南溟。外篇之末则为《知北游》，乃知欲"北游于玄水之上"。这里，"南"与"北"分别代表着不同的含义。南之显明，代表着智的运用，北之玄晦，代表着谊的混沌素朴。由初始的、蒙昧的混沌，到求智的追求，正为人类思维发展的必经阶段。然自求智到多智到迷信理智的万能又面临着新的误区，庄子的路径便是知北游以向道的回归。正如褚伯秀《南华真经义海纂微》所说："知北游于玄水，喻多识之士欲求归本源。"回归的地方，正是老子所说"玄之又玄，众妙之门"，"为学日益，为道日损，损之又损，以至于无为。无为而无不为"。《庄子·知北游》也将知北游的意义概括为："故曰：为道者日损，损之又损之，以至于无为，无为而无不为也。"

为了打破世俗已经习以为常的以理智之知为知的全部的思维惯性，庄子设置了大量问道而不答的环节，宛如当头棒喝，促其内省，如：

> 啮缺问于王倪，四问而四不知。啮缺因跃而大喜，行以告蒲衣子。蒲衣子曰："而乃今知之乎？有虞氏不及泰氏。有虞氏，其犹藏仁以要人，亦得人矣，而未始出于非人。泰氏，其卧徐徐，其觉于于；一以己为马，一以己为牛；其知情信，其德甚真，而未始入于非人。"（《庄子·应帝王》）
>
> 知北游于玄水之上，登隐弅之丘，而适遭无为谓焉。知谓无为谓曰："予欲有问乎若：何思何虑则知道？何处何服则安

道？何从何道则得道？"三问而无为谓不答也，非不答，不知答也。（《庄子·知北游》）

于是泰清问乎无穷，曰："子知道乎？"无穷曰："吾不知。"又问乎无为，无为曰："吾知道。"曰："子之知道，亦有数乎？"曰："有。"曰："其数若何？"无为曰："吾知道之可以贵、可以贱、可以约、可以散，此吾所以知道之数也。"泰清以之言也问乎无始，曰："若是，则无穷之弗知与无为之知，孰是而孰非乎？"无始曰："不知深矣，知之浅矣；弗知内矣，知之外矣。"于是泰清中而叹曰："弗知乃知乎，知乃不知乎！孰知不知之知？"无始曰："道不可闻，闻而非也；道不可见，见而非也；道不可言，言而非也！知形形之不形乎！道不当名。"（《庄子·知北游》）

是为对于老子"知不知，上"的发挥。知道的原本状态，并不能够通过分辨之智而获得，亦不能通过知识活动而传递。故而，不答，是最好的回答。问者正可以通过这样的沉默，回到内在的反省反观，从而更容易接近得道、悟道的体验。

《庄子·秋水》有对于"知"与"不知"的具体思辨：

夫物，量无穷，时无止，分无常，终始无故。是故大知观于远近，故小而不寡，大而不多：知量无穷。证向今故，故遥而不闷，掇而不跂：知时无止。察乎盈虚，故得而不喜，失而不忧：知分之无常也。明乎坦涂，故生而不说，死而不祸：知终始之不可故也。计人之所知，不若其所不知；其生之时，不若未生之时；以其至小，求穷其至大之域，是故迷乱而不能自得也。由此观之，又何以知毫末之足以定至细之倪，又何以知天地之足以穷至大之域！

其中所提出的著名辩题就是"小大之辩"，《逍遥游》中已经提出了小大高低差别的存在，但在《秋水》中进一步提出之所以会存在所谓的分别，归根结底在于认识视角的不同。如果从道的角度看，实际上物无差别：

> 河伯曰："若物之外，若物之内，恶至而倪贵贱？恶至而倪小大？"北海若曰："以道观之，物无贵贱；以物观之，自贵而相贱；以俗观之，贵贱不在己。以差观之，因其所大而大之，则万物莫不大；因其所小而小之，则万物莫不小。知天地之为稊米也，知毫末之为丘山也，则差数睹矣。以功观之，因其所有而有之，则万物莫不有；因其所无而无之，则万物莫不无。知东西之相反而不可以相无，则功分定矣。以趣观之，因其所然而然之，则万物莫不然；因其所非而非之，则万物莫不非。知尧、桀之自然而相非，则趣操睹矣。

即如《老子》第五十六章所说：

> 知者不言，言者不知。塞其兑，闭其门，挫其锐；解其纷，和其光，同其尘，是谓玄同。故不可得而亲，不可得而疏；不可得而利，不可得而害；不可得而贵，不可得而贱，故为天下贵。

即回归到"以道观之"的根源性视角，从而达到"万物一齐"，"物之生也，若骤若驰，无动而不变，无时而不移。何为乎？何不为乎？夫固将自化"。

再次，庄子对于老子"处无为之事，行不言之教"的强调和阐释，如：

> 若夫乘天地之正，而御六气之辩，以游无穷者，彼且恶乎待哉！故曰：至人无己，神人无功，圣人无名。（《庄子·逍遥游》）
> 尧让天下于许由，曰："日月出矣，而爝火不息，其于光也，不亦难乎！时雨降矣，而犹浸灌，其于泽也，不亦劳乎！

夫子立而天下治，而我犹尸之，吾自视缺然。请致天下。"许由曰："子治天下，天下既已治也，而我犹代子，吾将为名乎？名者，实之宾也，吾将为宾乎？鹪鹩巢于深林，不过一枝；偃鼠饮河，不过满腹。归休乎君，予无所用天下为！庖人虽不治庖，尸祝不越樽俎而代之矣。"（《庄子·逍遥游》）

肩吾见狂接舆。狂接舆曰："日中始何以语汝？"肩吾曰："告我：君人者以己出经式义度，人孰敢不听而化诸！"狂接舆曰："是欺德也。其于治天下也，犹涉海凿河而使蚊负山也。夫圣人之治也，治外乎？正而后行，确乎能其事者而已矣。且鸟高飞以避矰弋之害，鼷鼠深穴乎神丘之下以避熏凿之患，而曾二虫之无知！"（《庄子·应帝王》）

天下是非果未可定也。虽然，无为可以定是非。至乐活身，唯无为几存。请尝试言之：天无为以之清，地无为以之宁。故两无为相合，万物皆化生。芒乎芴乎，而无从出乎！芴乎芒乎，而无有象乎！万物职职，皆从无为殖。故曰："天地无为也而无不为也。"人也孰能得无为哉！（《庄子·至乐》）

这几段话当中，庄子不仅重点强调"无己""无功""无名""无为"的重要意义，还将"无为"提升到与"道"等同的地位，而且多处化用老子的语句，直见二者之间的继承性。如称"至乐活身，唯无为几存"，与《老子》第六十四章"无为故无败"句相似。"天无为以之清，地无为以之宁"，同于《老子》第三十九章"天得一以清，地得一以宁"。又"天地无为也而无不为也"，同于《老子》第三十七章之"道常无为而无不为也。"《老子》第四十八章则作："以至于无为，无为而无不为。"

又如《庄子·德充符》言：

鲁有兀者王骀，从之游者与仲尼相若。常季问于仲尼曰："王骀，兀者也，从之游者与夫子中分鲁。立不教，坐不议。虚而往，实而归。固有不言之教，无形而心成者邪？"

那究竟什么是"不言之教"？庄子通过仲尼与叔山无趾、叔山无趾与老聃的对话来加以解释，他说：

> 鲁有兀者叔山无趾，踵见仲尼。仲尼曰："子不谨，前既犯患若是矣。虽今来，何及矣！"无趾曰："吾唯不知务而轻用吾身，吾是以亡足。今吾来也，犹有尊足者存，吾是以务全之也。夫天无不覆，地无不载，吾以夫子为天地，安知夫子之犹若是也！"孔子曰："丘则陋矣！夫子胡不入乎？请讲以所闻。"无趾出。孔子曰："弟子勉之！夫无趾，兀者也，犹务学以复补前行之恶，而况全德之人乎！"
>
> 无趾语老聃曰："孔丘之于至人，其未邪？彼何宾宾以学子为？彼且蕲以諔诡幻怪之名闻，不知至人之以是为己桎梏邪？"老聃曰："胡不直使彼以死生为一条，以可不可为一贯者，解其桎梏，其可乎？"无趾曰："天刑之，安可解！"（《庄子·德充符》）

庄子通过一系列的寓言，说明有比人的外形更尊贵的生命存在，那就是人的神，人的德。真正可以达到德充于内，形忘于外的，才可以做到"不言之教"。这种人，就是所谓的"全德之人"。正如其在《德充符》中所说：

> 死生、存亡、穷达、贫富、贤与不肖、毁誉、饥渴、寒暑，是事之变、命之行也。日夜相代乎前，而知不能规乎其始者也。故不足以滑和，不可入于灵府。使之和豫，通而不失于兑。使日夜无隙，而与物为春，是接而生时于心者也。……故德有所长而形有所忘。人不忘其所忘而忘其所不忘，此谓诚忘。……有人之形，无人之情。有人之形，故群于人；无人之情，故是非不得于身。眇乎小哉，所以属于人也；謷乎大哉，独成其天。

庄子与老聃的密切关系，还体现在今传本《庄子》一书中提到老聃共十六事，而且往往先言"老聃"，后则称"老子"。提到仲尼虽然比老聃还多，但仲尼的形象全部都是问道学道或与弟子论道。老聃的形象则全部是讲道，可见庄子以老聃为师的思想倾向。同时，《庄子》还有引录老聃之言但并未明确称出于老聃的，如"昔吾闻之大成之人曰：'自伐者无功，功成者堕，名成者亏。'孰能去功与名而还与众人"！"自伐者无功"，见于《老子》第二十四章，后两句不见于今本《老子》。但这里称"昔吾闻之大成之人"，说明此大成之人，或指老聃，或另为庄子之前，老子之外知识文献的传承者。

第四节　庄子的独特性

庄子的初衷，当然无意于扛鼎道家学派，然而客观上起到了这样一个作用。最主要的原因在于庄子从内向超越一路，发挥了老子的"道"。庄子言"道""知道""守道""自然""无为""不言"等诸多方面都对老子的思想进行了深层次的阐释。同时，庄子再进一步，形成了一种超越的人生观，这包括死生一如观、物人一体观以及绝对命运论等等，认为人生的理想在于超脱相对的有限的世界，而逍遥于绝对的无限世界。达到了这种境界的人，就叫作"至人""神人"或"真人"。为达到此人生最高境界，就要"无为""无用"，断绝名利欲望，除去成心，乃至于为心斋坐忘，等等。由此看来，庄子的思想确实比老子更为详密，更为彻底。这个"要本归于老子之言"的庄子，使得一个"纯粹的道家"得以形成，这是我们的结论。

还要说明一个问题，《庄子·天下》既概括了关尹、老聃的思想，也单独概述了庄子的思想。钱基博先生曾著有《读庄子天下篇疏记》，在"论庄周"时，对"庄周闻其风而悦之"的"道术"，作了逐句的解说，以老子之言进行比较，说明"其要本归于老子之言"，然后指出：

一言以蔽之曰"道法自然",曰"绝圣弃知"而已。"古之道术有在于是者",盖庄周以自明其学之所宗,而非所以自明其学也。余观庄周,所以自明其学者,特详造辞之法与著书之趣,所不同于诸家者也。

在具体解说了"造辞之法与著书之趣"以后说:

> 换言之曰:未能如关尹、老聃之"以本为精,以物为粗,以有积为不足,澹然独与神明居"尔!夫"以本为精",则"应于化"矣!"以物为粗",则"解于物"矣,"应于化而解于物",则尽"芒乎昧乎"之道,而能以"不足"用其"有积","澹然独与神明居"矣!此关尹老聃之所以为"博大真人",而庄生未以自许也。

我们同意这些分析和议论。

具体而言,庄子对于老学的进一步深入发展所形成的独特气质,可以概括为以下几个方面。

一、对天人关系的重新思考

《老子》各章言天道、天下、天地,而往往以"观"的方式,如第五十四章:"故以身观身,以家观家,以乡观乡,以国观国,以天下观天下。吾何以知天下然哉?以此。"以"法"的方式,如第二十五章:"人法地,地法天,天法道,道法自然。"庄子则注重从"道通为一"的角度,消解天人之间的隔阂,建立一种内在的天人合一。如《庄子·达生》曰:

> 夫欲免为形者,莫如弃世。弃世则无累,无累则正平,正平则与彼更生,更生则几矣!事奚足弃而生奚足遗?弃事则形不劳,遗生则精不亏。夫形全精复,与天为一。天地者,万物之父母也。合则成体,散则成始。形精不亏,是谓能移。精而

又精，反以相天。

或言物化，以示现"道通为一"体验，如《齐物论》曰：

> 昔者庄周梦为蝴蝶，栩栩然蝴蝶也。自喻适志与！不知周也。俄然觉，则蘧蘧然周也。不知周之梦为蝴蝶与？蝴蝶之梦为周与？周与蝴蝶则必有分矣。此之谓物化。

又《秋水》曰：

> 河伯曰："然则何贵于道邪？"北海若曰："知道者必达于理，达于理者必明于权，明于权者不以物害己。至德者，火弗能热，水弗能溺，寒暑弗能害，禽兽弗能贼。非谓其薄之也，言察乎安危，宁于祸福，谨于去就，莫之能害也。故曰：'天在内，人在外，德在乎天。'知天人之行，本乎天，位乎得，蹢躅而屈伸，反要而语极。曰："何谓天？何谓人？"北海若曰："牛马四足，是谓天；落马首，穿牛鼻，是谓人。故曰：'无以人灭天，无以故灭命，无以得殉名。谨守而勿失，是谓反其真。'"

庄子论天人关系，突出了自然的至高价值，强调人与自然的有机合一。

二、对个体生命自然本性的极致强调

庄子更关心的是每个个体生命的生存状态，尤其是将"自然"的生命与"人为"的生命对立起来而言。"人为"的生命，包括礼乐教化，包括自以为是，皆如骈拇枝指，会对自然的生命形成不必要的戕害，这成为他立论的一个重要的落脚点。如《骈拇》言：

> 骈拇枝指，出乎性哉！而侈于德。附赘县（悬）疣，出乎形哉！而侈于性。多方乎仁义而用之者，列于五藏哉！而非道

德之正也。是故骈于足者，连无用之肉也；枝于手者，树无用之指也；多方骈枝于五藏之情者，淫僻于仁义之行，而多方于聪明之用也。

是故骈于明者，乱五色，淫文章，青黄黼黻之煌煌非乎？而离朱是已。多于聪者，乱五声，淫六律，金石丝竹、黄钟大吕之声非乎？而师旷是已。枝于仁者，擢德塞性以收名声，使天下簧鼓以奉不及之法非乎？而曾史是已。骈于辩者，累瓦结绳，窜句游心于坚白同异之间，而敝跬誉无用之言非乎？而杨墨是已。故此皆多骈旁枝之道，非天下之至正也。

彼正正者，不失其性命之情。

又曰：

且夫待钩绳规矩而正者，是削其性者也；待绳约胶漆而固者，是侵其德者也；屈折礼乐，呴俞仁义，以慰天下之心者，此失其常然也，天下有常然。常然者，曲者不以钩，直者不以绳，圆者不以规，方者不以矩，附离不以胶漆，约束不以缰索。故天下诱然皆生而不知其所以生，同焉皆得而不知其所以得。故古今不二，不可亏也，则仁义又奚连连如胶漆缰索而游乎道德之间为哉？使天下惑也！

《缮性》说：

故曰：丧己于物，失性于俗者，谓之倒置之民。

《马蹄》中也用大段的篇幅阐述：

吾意善治天下者不然。彼民有常性，织而衣，耕而食，是谓同德；一而不党，命曰天放。故至德之世，其行填填，其视颠颠。当是时也，山无蹊隧，泽无舟梁；万物群生，连属其乡。

禽兽成群，草木遂长。是故禽兽可系羁而游，鸟鹊之巢可攀援而窥。

夫至德之世，同与禽兽居，族与万物并。恶乎知君子小人哉！同乎无知，其德不离；同乎无欲，是谓素朴。素朴而民性得矣。及至圣人，蹩躠为仁，踶跂为义，而天下始疑矣。澶漫为乐，摘僻为礼，而天下始分矣。故纯朴不残，孰为牺尊！白玉不毁，孰为珪璋！道德不废，安取仁义！性情不离，安用礼乐！五色不乱，孰为文采！五声不乱，孰应六律！夫残朴以为器，工匠之罪也；毁道德以为仁义，圣人之过也。

《老子》第十九章，郭店简"视素抱朴，少私寡欲"二句前后各有分隔符号，似为独立成章。《老子》第十章、第二十二章分别强调"抱一"，当为老子对于个体生命的一种理解，就是应使个体生命返归于道，保守于道，这就是"深根固柢，长生久视之道"。则老子亦强调"素朴"之生命，但并没有展开说明何为"素朴"。至庄子则将"素朴"与个体的生命紧密联系起来，自然的生命本身就是素朴。仁义礼法，相当于破坏这种素朴存在状态的雕琢。可以看出，庄子的言说将个体自然的存在与人为的仁义礼法、政治教化的有为对立起来，其言说的方向也指向了对现实有为政治的批判。如果老子的言说更多是对侯王为代表的政治主体提出自我约束的谏言，希望他们能够修道以达于无为之治。庄子则站在个体生命的立场上，希望在上位的统治者或者学者们，不要迷信有为政治，不要以破坏伤害人的自然本性为代价确立自己的制度权威。

《老子》第二十四章："企者不立，跨者不行，自见者不明，自是者不彰，自伐者无功，自矜者不长。其在道也，曰余食赘形。物或恶之，故有道者不处。"褚伯秀《南华真经义海纂微》指出："窃谓当篇本意，原于《道德经》之'余食赘形'，以明自见、自矜者之远于道。而南华敷演溽流，浩瀚若此。……夫人之德性粹然如玉在璞，其所渐被木润山辉，及为聪明所凿，仁义所分，但知求善于物，在己之真淳丧矣。"褚伯秀庄老互证，理解了庄子对于个体生命自然本性之发挥的极致强调。

三、对标榜圣智仁义之学的激烈抨击

传世本《老子》第十九章有"绝圣弃智"，郭店楚简甲本作"绝智弃辩"。至帛书本都已经定型为"绝圣弃智"。

《庄子·在宥》曰："吾未知圣知之不为桁杨椄槢也，仁义之不为桎梏凿枘也。焉知曾史之不为桀跖嚆矢也。故曰：绝圣弃智，而天下大治。"《庄子·胠箧》："世俗之所谓知者，有不为大盗积者乎？所谓圣者，有不为大盗守者乎？……圣人已死，则大盗不起。天下平而无故矣。圣人不死，大盗不止。虽重圣人而治天下，则是重利盗跖也。"这样一种对标榜圣智仁义的批评，直接影响了其后的道家著作，如《文子·道原》曰："绝学无忧，绝圣弃智，民利百倍。"《淮南子·道应训》承袭其说曰：

> 跖之徒问跖曰："盗亦有道乎？"跖曰："奚适其无道也！夫意而中藏者，圣也；入先者，勇也；出后者，义也；分均者，仁也；知可否者，智也。五者不备而能成大盗者，天下无之。"由此观之，盗贼之心，必托圣人之道而后可行。故老子曰："绝圣弃智，民利百倍。"

又传世本《老子》的"绝仁弃义，民复孝慈。绝巧弃利，盗贼无有"，郭店简甲作："绝巧弃利，盗贼亡有。绝伪弃虑，民复孝慈"。帛书甲乙本语句及顺序与今本基本相同，说明改动在战国晚期就已完成。下面这段《想尔注》说出了为何《老子》一书后来被加上了"绝圣弃智""绝仁弃义"这样的话，其曰：

> 治国法道，听任天下仁义之人，勿得强赏也。所以者，尊大其化，广开道心，人为仁义，自当至诚，天自赏之，不至诚者，天自罚之。天察必审于人，皆知尊道畏天，仁义便至诚矣。今王政强赏之，民不复归天，见人可欺，便诈为仁义，欲求禄

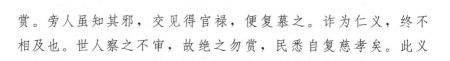

> 赏。旁人虽知其邪，交见得官禄，便复慕之。诈为仁义，终不相及也。世人察之不审，故绝之勿赏，民悉自复慈孝矣。此义平忤俗夫心，久久自解，与道合矣。人君深当明之也。

改动者的思考点在于"诚"与"伪"，同样是仁义，有发于内心真诚的仁义，有为了博得社会认可和物质利益的仁义，后者显然掺杂了更多的功利思想在其中。统治者崇尚仁义，也便随之带动一些人刻意追求仁义的表现，以获得现实的利益。道家后学所要绝的是伪仁义，而儒家后学也意识到了这个思想的漏洞，意识到不能单纯地提倡仁义，于是《中庸》更强调"明诚"。从中可以看出，这种激烈抨击伪圣智仁义礼法的思想是庄子在老子思想基础上的进一步发挥。

四、庄子的内观内修之路

庄子以至人、神人、圣人、真人为最高的理想人格形态。若欲达到这样的人格境界，必然经过一条去累返真的内观内修之路。庄子用了大量的寓言以及理论来表达这样一种超越的取向，比较有代表性的如坐忘、心斋。《庄子·大宗师》借颜回、仲尼之口说：

> 颜回曰："回益矣。"仲尼曰："何谓也?"曰："回忘仁义矣。"曰："可矣，犹未也。"他日复见，曰："回益矣。"曰："何谓也?"曰："回忘礼乐矣!"曰："可矣，犹未也。"他日复见，曰："回益矣!"曰："何谓也?"曰："回坐忘矣。"仲尼蹴然曰："何谓坐忘?"颜回曰："堕肢体，黜聪明，离形去知，同于大通，此谓坐忘。"

心斋、坐忘的实质，无非是《庄子·逍遥游》中"至人无己，神人无功，圣人无名"这一核心指向的再发挥。《庄子·应帝王》也指出"无为"正在于心的无为自然：

> 无为名尸，无为谋府；无为事任，无为知主。体尽无穷，

而游无朕；尽其所受乎天，而无见得，亦虚而已！至人之用心
若镜，不将不迎，应而不藏，故能胜物而不伤。

　　南海之帝为儵，北海之帝为忽，中央之帝为浑沌。儵与忽
时相遇于浑沌之地，浑沌待之甚善。儵与忽谋报浑沌之德，曰：
"人皆有七窍以视听食息，此独无有，尝试凿之。"日凿一窍，
七日而浑沌死。

这或许正是庄子最大的独特性所在。正如《庄子·天下》对庄周之
学的评价也主要抓住了这一点：

　　寂漠无形，变化无常，死与？生与？天地并与？神明往与？
芒乎何之？忽乎何适？万物毕罗，莫足以归。古之道术有在于
是者，庄周闻其风而悦之。以谬悠之说，荒唐之言，无端崖之
辞，时恣纵而不傥，不以觭见之也。以天下为沈浊，不可与庄
语。以卮言为曼衍，以重言为真，以寓言为广。独与天地精神
往来，而不敖倪于万物。不谴是非，以与世俗处。其书虽环玮，
而连犿无伤也。其辞虽参差，而諔诡可观。彼其充实不可以已。
上与造物者游，而下与外死生、无终始者为友。其于本也，宏
大而辟，深闳而肆；其于宗也，可谓调适而上遂矣。虽然，其
应于化而解于物也，其理不竭，其来不蜕，芒乎昧乎，未之
尽者。

这段对于庄子之学的独特性的描绘，集中在庄子致力于个体的人如
何去累去蔽，返于真实自然之道境，从而"独与天地精神往来，而
不敖倪于万物"，"上与造物者游，而下与外死生、无终始者为友"，
达到"调适而上遂"的"逍遥"之境。

五、理想人格的变迁

《老子》中的理想人格，或称为圣人，或称为愚人。至《庄子》
则多处强调"真人"。如《庄子·田子方》借田子方之口称赞其师东

郭顺子曰：

> 其为人也真。人貌而天虚，缘而葆真，清而容物。物无道，正容以悟之，使人之意也消。

此盖为庄子学说体系中理想的人格模式。《田子方》又称：

> 古之真人，知者不得说，美人不得滥，盗人不得劫，伏戏、黄帝不得友。死生亦大矣，而无变乎己，况爵禄乎！若然者，其神经乎大山而无介，入乎渊泉而不濡，处卑细而不惫，充满天地，既以与人己愈有。

《庄子·刻意》则更为具体地把真人和其他五种人，包括山谷之士、平世之士、朝廷之士、江海之士、导引之士区别开。真人具备不刻意而自然具备的与道合一的纯粹，即：

> 若夫不刻意而高，无仁义而修，无功名而治，无江海而闲，不导引而寿，无不忘也，无不有也。澹然无极而众美从之。此天地之道，圣人之德也。

《刻意》又说：

> 纯素之道，唯神是守。守而勿失，与神为一。一之精通，合于天伦。野语有之曰："众人重利，廉士重名，贤士尚志，圣人贵精。"故素也者，谓其无所与杂也；纯也者，谓其不亏其神也。能体纯素，谓之真人。

尤其是《庄子·大宗师》中详细描写何为真人：

> 且有真人而后有真知。何谓真人？古之真人，不逆寡，不

雄成，不谟士。若然者，过而弗悔，当而不自得也。若然者，登高不栗，入水不濡，入火不热，是知之能登假于道者也若此。

古之真人，其寝不梦，其觉无忧，其食不甘，其息深深。真人之息以踵，众人之息以喉。屈服者，其嗌言若哇。其耆欲深者，其天机浅。

古之真人，不知说生，不知恶死。其出不欣，其入不距。翛然而往，翛然而来而已矣。不忘其所始，不求其所终。受而喜之，忘而复之。是之谓不以心捐道，不以人助天，是之谓真人。

于是合道之"真人"就有了《逍遥游》中"藐姑射山之神人"的超脱世俗，"澹然无极而众美从之"的神妙化功，而不同于老子守曲贵柔谦下的体道人格。由老子的圣人到庄子的真人，可以看出庄子理想人格的变迁。

六、由小国寡民到至德之世

庄子的社会理想与老子十分相似，主张回复到太古的"至德之世"。《庄子·山木》借市南宜僚之口描绘的建德之国：

南越有邑焉，名为建德之国。其民愚而朴，少私而寡欲；知作而不知藏，与而不求其报；不知义之所适，不知礼之所将。倡狂妄行，乃蹈乎大方。其生可乐，其死可葬。吾愿君去国捐俗，与道相辅而行。

此理想之国正是建立在对老子"小国寡民"之理想的反驳和推进。又如《庄子·胠箧》说：

故尝试论之：世俗之所谓知者，有不为大盗积者乎？所谓圣者，有不为大盗守者乎？何以知其然邪？昔者齐国邻邑相望，鸡狗之音相闻，罔罟之所布，耒耨之所刺，方二千余里。阖四竟之内，所以立宗庙社稷，治邑、屋、州、闾、乡曲者，曷尝不法圣人哉？然而田成子一旦杀齐君而盗其国，所盗者岂独其国邪？并与其圣知之法而盗之，故田成子有乎盗贼之名，而身处尧舜之安。小国不敢非，大国不敢诛，十二世有齐国，则是不乃窃齐国并与其圣知之法以守其盗贼之身乎？

庄子对当时社会现实进行了激烈的批评，认为"窃钩者诛，窃国者为诸侯，诸侯之门而仁义存焉"，批判的锋芒直指当时的统治者。庄子认为，圣知仁义礼乐之类的文明破坏了自然的人性，造成了人的虚伪争夺，社会上的诸多弊端也由此而起。只有上古的至德之世，一切处于混茫的状态，人们有智而无所用之，四时有序，万物和谐，人性素朴，那才是最理想的社会。

七、"游心"的体验与生命的突破

庄子很重视"游"和"游心"，如《山木》言：

> 若夫乘道德而浮游则不然，无誉无訾，一龙一蛇，与时俱化，而无肯专为。一上一下，以和为量，浮游乎万物之祖。物物而不物于物，则胡可得而累邪！此神农、黄帝之法则也。

《田子方》言：

> 孔子见老聃，老聃新沐，方将被髪而干，慹然似非人。孔子便而待之。少焉见，曰："丘也眩与？其信然与？向者先生形体掘若槁木，似遗物离人而立于独也。"老聃曰："吾游心于物之初。"孔子曰："何谓邪？"曰："心困焉而不能知，口辟焉而不能言。尝为汝议乎其将：至阴肃肃，至阳赫赫。肃肃出乎天，赫赫发乎地。两者交通成和而物生焉，或为之纪而莫见其形。消息满虚，一晦一明，日改月化，日有所为而莫见其功。生有所乎萌，死有所乎归，始终相反乎无端，而莫知乎其所穷。非

是也，且孰为之宗！"孔子曰："请问游是。"老聃曰："夫得是至美至乐也。得至美而游乎至乐，谓之至人。"孔子曰："愿闻其方。"曰："草食之兽，不疾易薮；水生之虫，不疾易水。行小变而不失其大常也，喜怒哀乐不入于胸次。夫天下也者，万物之所一也。得其所一而同焉，则四支百体将为尘垢，而死生终始将为昼夜，而莫之能滑，而况得丧祸福之所介乎！弃隶者若弃泥涂，知身贵于隶也。贵在于我而不失于变。且万化而未始有极也，夫孰足以患心！已为道者解乎此。"

"游"的先决条件正在于破除种种的束缚，这就又回到了庄子在《逍遥游》中所说的"无己""无功""无名"。《山木》载：

> 市南子曰："少君之费，寡君之欲，虽无粮而乃足。君其涉于江而浮于海，望之而不见其崖，愈往而不知其所穷。送君者皆自崖而反。君自此远矣！故有人者累，见有于人者忧。故尧非有人，非见有于人也。吾愿去君之累，除君之忧，而独与道游于大莫之国。方舟而济于河，有虚船来触舟，虽有惼心之人不怒。有一人在其上，则呼张歙之。一呼而不闻，再呼而不闻，于是三呼邪，则必以恶声随之。向也不怒而今也怒，向也虚而今也实。人能虚己以游世，其孰能害之！"

庄子的"游"和"游心"，讲的都是一种精神的自由，是一种去掉物累、摆脱世俗的拘束、摆脱自我的约束与局限的生命境界。

庄子的人生哲学和思想学说在《庄子》内七篇中有着比较系统的体现，同时，堪称中国最早的学术思想史篇章《庄子·天下》，对于先秦思想学说的理想和现实都有比较完整的描述。其开篇则首先阐述了道家学派所崇尚的学术理想和理想人格、政治境界：

> 天下之治方术者多矣，皆以其有为不可加矣！古之所谓道术者，果恶乎在？曰："无乎不在。"曰："神何由降？明何由

出？""圣有所生，王有所成，皆原于一。"不离于宗，谓之天人；不离于精，谓之神人；不离于真，谓之至人。以天为宗，以德为本，以道为门，兆于变化，谓之圣人；以仁为恩，以义为理，以礼为行，以乐为和，熏然慈仁，谓之君子；以法为分，以名为表，以参为验，以稽为决，其数一二三四是也，百官以此相齿；以事为常，以衣食为主，蕃息畜藏，老弱孤寡为意，皆有以养，民之理也。古之人其备乎！配神明，醇天地，育万物，和天下，泽及百姓，明于本数，系于末度，六通四辟，小大精粗，其运无乎不在。其明而在数度者，旧法、世传之史尚多有之；其在于《诗》《书》《礼》《乐》者，邹鲁之士、缙绅先生多能明之。

从这一段中，我们可以看到作者对古之"道术"、古之"圣人"最为推崇，一者古之"道术"为一完备之整体，神明、圣王皆由其所生，所谓"皆原于一"。古之"圣人"，为不离于道之根本，应世变化之人。其所谓理想中的圣人，绝非远离世事的隐士与高蹈之士，而是能够"配神明，醇天地，育万物，和天下，泽及百姓，明于本数，系于末度，六通四辟，小大精粗，其运无乎不在"者。由此，庄子提出"内圣外王之道"，作为道家的理想人格与理想境界。这也就是上文所说的庄子要将古之圣人、真人、至人、神人等道家的理想人格与所谓的山谷之士、江海之士、导引之士相区别。而《庄子·天下》对于庄子之学也给予了高度的评价和特殊的关注。

庄子"其要本归于老子之言"，也就是庄子在本质上继承了老子的思想，并在此基础上，展开了关于个体生命如何通过内在的精神调适，实现对于有限、有待、现实的超越，回归无限、自由、自然道境。从这个意义上说，庄子代表了道家当中个体内在精神超越，从而遨游于大道之境的取向。

然而，庄子并非一个单独的存在。在他之前和之后，其实活跃着一批持大体相同看法的学者，他们同样的自隐无名，所以生平事迹十分模糊。他们思考自我的生命真谛，脱落世俗的羁绊。他们反对现实中的执着、繁琐与虚伪，倡导自然、真实、自由、悦适的生命之境。他们不愿意为了名利的追求牺牲生命的自在，宁可贫穷中寂寂无闻而坚守内心的自在充实。前人试图称之为"纯粹"的道家，"正统"的道家。然而何谓"纯粹"，何为"正统"？其实是立场不同看法也不同的概念。正如班固《汉书·艺文志》评价说：

> 道家者流，盖出于史官，历记成败存亡祸福古今之道，然后知秉要执本，清虚以自守，卑弱以自持，此君人南面之术也。合于尧之克攘，易之嗛嗛。一谦而四益，此其所长也。及放者为之，则欲绝去礼学，兼弃仁义，曰独任清虚可以为治。

班固以"君人南面之术"的道家为正统，以"绝去礼学，兼弃仁义"的道家为"放者"，显然视之为别派。因此，我们倾向于称庄周派为"内圣道家"派，也就是偏于内在超越提升的一路。庄子在这个方向呈现了全面系统的成果，影响最为深远。

第六章　战国黄老学的大发展

　　战国时期，老子的学说也经历了一个发展演进的过程，正如我们上文所述，从关尹、杨朱、列子、宋钘到庄子等，实际上形成了内圣一路的道家派，然而如何回应现实的政治问题，如何落实到现实的政治事务中，这一派显然没有多少关注。在这样一种学术背景与现实要求之下，老学也在进行适应时势的调整，黄老学在事实上的形成，就是一个突出的表现。

第一节　黄老学的名与实

一、"黄老"名称所起[①]

　　"黄老学"这一学术名词真正兴起在汉初，集中反映在《史记》当中。今之所谓"稷下黄老"，也主要是依据《史记》的一些记载。《史记·孟子荀卿列传》有两段记述特别明显：

　　　　自邹衍与齐之稷下先生，如淳于髡、慎到、环渊、接子、田骈、邹奭之徒，各著书言治乱之事，以干世主，岂可胜道哉！
　　　　慎到，赵人。田骈、接子，齐人。环渊，楚人。皆学黄老道德之术，因发明序其指意。故慎到著十二论，环渊著上下篇，

----

① 此条参考了《中国老学史》（福建人民出版社 1995 年版）第二章第三节的内容。

而田骈、接子皆有所论焉。

这些事实表明，司马迁不仅记述稷下先生们干什么，即上述之议政、议学；也告诉人们稷下先生中有各诸侯国的学士，不仅是齐人；还试图对稷下先生们的学术思想作一大概的分析，例如说邹衍之"深观阴阳消息而作怪迂之变……然要其归，必止乎仁义节俭，君臣上下六亲之施始也滥耳"，而邹奭"亦颇采邹衍之术"，又例如说淳于髡"学无所主"。特别值得注意的就是他说有一批人"皆学黄老道德之术，因发明序其指意"。而这批人主要以赵人慎到，齐人田骈、接子，楚人环渊为代表。

这一句话与黄老之学有密切关系，几乎每一个字都值得推敲，因为它有实际内容：首先，"皆学"者大家都学习也，学习和研究的人比较多。现在有人说老子与黄帝结合的黄老之学，就成为稷下学宫的主体，主要恐怕也应从学习的人较多这方面来理解。

其次，《史记》中说"黄老道德之术""黄帝老子之术""黄老之言"（乃至"老子书"），或简称"黄老"，可学的东西，当然主要是书籍，如《老子》，如托名黄帝之书。这里要说明一下，黄老，黄帝在老子之前，但事实上黄帝书比《老子》晚出，黄帝书是后人伪托的，汉代人不是不知道，如《史记·五帝本纪》称：

百家言黄帝，其文不雅训，荐绅先生难言之。

可司马迁在《史记》中，左一个"黄老之学"，右一个"黄帝老子之术"，这显然是从俗了，如《淮南子·修务训》所说：

世俗之人，多尊古而贱今，故为道者，必托之于神农、黄帝而后能入说。

战国时期百家争鸣，为了高尚自己的学说，称到文武周公还远远不够，把更早的神农、黄帝抬出来，此俗是春秋战国时期兴起的，司马迁所言不过是客观的反映。

这里有必要把战国时依托黄帝以论道的客观情况也说上几句。上引《淮南子·修务训》之文下面接着还有以下几句：

> 乱世暗主，高远其所从来，因而贵之。为学者，蔽于论而尊其所闻，相与危坐而称之，正领而诵之。

"高远其所从来，因而贵之"。上有所好下必效焉，学者们先是"尊其所闻"，依托编造一些书出来，然后"相与危坐而称之，正领而诵之"。这样慢慢地无的变成有的，假的变成真的了。

第三，"因发明序其旨意"。"因"者依也，依顺黄帝、老子之言；"发明"，阐明；"序"，叙述；"旨意"主旨意图。这样，两句话用现在的语言表达即为：许多人（或者田骈、接子等许多人）都学习黄帝、老子关于道德的思想和理论，并且根据这些思想和理论，进一步阐明和解释其主旨意图。因而就有阐明、解释的文字。如司马迁上文所言，稷下先生"各著书言治乱之事……岂可胜道哉！"说都说不完！无论是后来的《汉书·艺文志》记载的，还是未记载的，叙述和"发明""黄老道德之术"的著作的确不少。考古发掘出土的新材料尤为可贵。可以断言，稷下学宫言"黄老道德之术"的人不少，但究竟哪些内容是黄老之学，哪些人可以算是这一学派的人物，这是另一个值得研究的问题。

二、"黄老"源流考实

汉人所谓"黄老学""黄老道家之术"这样的名词，当然是有其固定含义的。然而，如果像司马迁所说，黄老学在先秦以如此兴盛的方式存在，为何当时学者没有黄、老联称而是单独称呼黄帝、老子？如汉人所说的"黄老学"，在战国时代是否在实质意义上流传？如果流传着实质意义上的"黄老学"，它所包含的内容主要有哪些呢？

"黄学"在战国的兴起，是一个不争的事实。

　　首先，"黄帝"及其所代表的文化意义被大力尊崇，始于战国中期的稷下学宫。

　　秦穆公三十四年，即公元前 626 年，晋人亡入戎者由余，受戎王差遣而来到秦国，《韩非子》《吕氏春秋》《史记》等先秦及汉代史书多有记载其事。关于由余和秦穆公的对话，有不同的版本，如《韩非子》《吕氏春秋》所记载的是由余劝秦穆公要"节俭"，而司马迁《史记·秦本纪》中所记载的由余之言则颇具理论高度，其文如下：

　　　　戎王使由余于秦。由余，其先晋人也，亡入戎，能晋言。闻缪公贤，故使由余观秦。秦缪公示以宫室、积聚。由余曰："使鬼为之，则劳神矣。使人为之，亦苦民矣。"缪公怪之，问曰："中国以诗书礼乐法度为政，然尚时乱，今戎夷无此，何以为治，不亦难乎？"由余笑曰："此乃中国所以乱也。夫自上圣黄帝作为礼乐法度，身以先之，仅以小治。及其后世，日以骄淫。阻法度之威，以责督于下，下罢极则以仁义怨望于上，上下交争怨而相篡弑，至于灭宗，皆以此类也。夫戎夷不然。上含淳德以遇其下，下怀忠信以事其上，一国之政犹一身之治，不知所以治，此真圣人之治也。"于是缪公退而问内史廖曰："孤闻邻国有圣人，敌国之忧也。今由余贤，寡人之害，将奈之何？"内史廖曰："戎王处辟匿，未闻中国之声。君试遗其女乐，以夺其志；为由余请，以疏其间；留而莫遣，以失其期。戎王怪之，必疑由余。君臣有间，乃可虏也。且戎王好乐，必怠于政。"缪公曰："善。"因与由余曲席而坐，传器而食，问其地形与其兵势尽詧，而后令内史廖以女乐二八遗戎王。戎王受而说之，终年不还。于是秦乃归由余。由余数谏不听，缪公又数使人间要由余，由余遂去降秦。缪公以客礼礼之，问伐戎之形。

晋人由余在公元前七世纪初向秦穆公输出的思想中就有作为君主应避免劳神、苦民，意在倡导无为，如其所赞扬的戎夷"上含淳德以遇其下，下怀忠信以事其上，一国之政犹一身之治，不知所以治，此真圣人之治也"。他的言论中也提到了黄帝，不过"上圣黄帝作为礼乐法度，身以先之，仅以小治。"

再如《文子·上礼》中也提到了"黄帝"，作为上古政治的一个阶段，如称：

> 上古真人，呼吸阴阳，而群生莫不仰其德以和顺。当此之时，领理隐密自成纯朴，纯朴未散，而万物大优。及世之衰也，至伏羲氏，昧昧懋懋，皆欲离其童蒙之心，而觉悟乎天地之间，其德烦而不一。及至神农、黄帝，核领天下，纪纲四时，和调阴阳，于是万民莫不竦身而思，戴听而视，故治而不和。下至夏、殷之世，嗜欲达于物，聪明诱于外，性命失其真。施及周室，浇醇散朴，离道以为伪，险德以为行，智巧萌生，狙学以拟圣，华诬以胁众，琢饰诗书，以贾名誉，各欲以行其智伪，以容于世，而失大宗之本，故世有丧性命，衰渐所由来久矣。是故至人之学也，欲以反性于无，游心于虚；世俗之学，擢德攓性，内愁五藏，暴行越知，以诙名声于世，此至人所不为也。擢德，自见也，攓性，绝生也。若夫至人定乎死生之意，通乎荣辱之理，举世誉之而不益劝，举世非之而不加沮，得至道之要也。

其所说"黄帝"，处在政治序列中的第三个阶段，也即上古真人——伏羲氏——神农、黄帝——夏殷——周。此时的黄帝并非一个真正理想的政治榜样，其所治情况是："核领天下，纪纲四时，和调阴阳，于是万民莫不竦身而思，戴听而视，故治而不和"，虽然达到了社会治理的目的，但是已经进入到"有为"而治，民众亲之誉之的阶段。相对于原有的无为而治、自然天和的政治状态，已经有所缺失了。这种认定和由余所说的黄帝也具有相同的意义。

据《史记·封禅书》，秦国祭祀中的上帝在秦襄公、秦文公时代是"自以为主少皞之神，作西畤，祠白帝"。秦宣公祭"青帝"。秦灵公时代"作吴阳上畤，祭黄帝。作下畤，祭炎帝"。这也是历史上祭祀黄帝的最早文献记录，由此可见"黄帝"所处的地位。

此外，齐国兵学思想中对黄帝的推崇，也是一个值得注意的方面。孙武在见吴王阖闾之前即已完成《孙子兵法》的写作。《孙子兵法·行军》篇中有："凡此四军之利，黄帝之所以胜四帝也。""四军"包括处山之军、处水之军、处泽之军、处平陆之军，其军事理论便借黄帝而立言。这些说明稷下之学尚黄老，除了时势的需要、学说的演进，也有思想的渊源所在。

黄帝之学的真正兴起以及黄老合流的完成，应该说是建立在齐国稷下强大的政治背景和浓厚的学术风气基础之上，这是大多数学者所认同的看法。依据或在以下两个方面：

是田氏代齐的历史需要。据《史记·田敬仲完世家》，齐威王元年，也就是公元前 356 年，"齐康公卒，绝无后"，作为姜姓的齐国已经成为历史，作为田姓的齐国正式登上历史的舞台，经营数代的田氏代齐终于完成。但齐国君主的易姓，也面临着一个合法性的问题。出土文物、由齐威王所作的青铜器《陈侯因𫶕敦》刻有铭文，其文曰：

> 佳正六月癸未，陈侯因𫶕曰：皇考孝武趄公，恭哉大谟克成。其惟因𫶕，扬皇考，绍緬高祖黄帝，迩嗣趄、文，朝问诸侯，合扬厥德。诸侯夤荐吉金，用作孝武趄公祭器敦，以羕以尝，保有其邦，莁万子孙永为典尚（常）。[①]

齐威王这一铭文的发布无疑具有国家战略思想的指导意义。姜齐始于姜太公吕尚，《史记·齐太公世家》言："其先祖尝为四岳，佐禹平水土甚有功。"而据《左传》《国语》《礼记》《史记》等文献记载，田齐祖先田敬仲完，本是陈国庶公子。陈奉帝舜之祀，帝舜的七世祖为昌意，昌意之父即黄帝，那么黄帝自然也就是田齐之祖了。田

---

① 马承源主编：《商周青铜器铭文选》（四），文物出版社 1990 年版，第 561 页。

氏代齐，高远其祖，为政权的合法性找到了最有利的理论依据。

二是齐威王本身的思想取向。据《史记·田敬仲完世家》，齐威王继位以来，并没有立即亲力亲为，而是委政卿大夫，"九年之间，诸侯并伐，国人不治"。在这个过程中，他实际上已经暗中观察各地官吏的政绩，于当政九年之时，封即墨大夫，烹阿大夫，"于是齐国震惧，人人不敢饰非，务尽其诚，齐国大治"。此可谓以术治国的典范，也可见出齐威王本人偏重道法家的思想取向之所在。

其次，托名黄帝的著作大量问世。在这样一种政治气候下，齐国大力推扬黄帝学说就是理所当然的了。

战国之前，黄帝或只为历史传说中的人物，并未留下所谓的著作。战国以来托为黄帝的书不少，据《汉书·艺文志》记载，托为黄帝的书，在方技略中有九种，一百六十六卷；数术略中有五种，一百二十七卷（篇）；兵书略兵阴阳中有"《黄帝》十六篇，图三卷"；阴阳家和小说家中各有黄帝书一种，前者班固自注为"六国时韩诸公子所作"，后者他注明"迂诞依托"。这说明司马迁"百家言黄帝"之说是确实的。这里要说的是，《艺文志》中道家类关于黄帝书的记载，有《黄帝四经》四篇、《黄帝铭》六篇、《黄帝君臣》十篇、《杂黄帝》五十八篇。另有《力牧》二十二篇，依托的是黄帝相力牧，思想体系理当一致。这些书籍，班固大多注明了是"六国时所作"或"六国时贤者所作"，《黄帝君臣》更明确写道："起六国时，与《老子》相似也。"可以看出，汉代人很清楚，第一，所谓"黄帝"之书，多半是战国时人的依托之作；第二，非常重要的一点是，它们"与《老子》相似"。陆德明《经典释文》也说："按《汉书·艺文志》有《黄帝书》四篇，《黄帝君》臣一篇，《黄帝铭》六篇，与道家相类。"

再次，黄学和老学的各自发展以及黄老合流的学术变迁。先秦学术著作，或言黄，或言老，或借黄帝之口以言老，或称《老子》之语为《黄帝书》曰，情况种种不一，正反映了这种合流的取向。

如《庄子·山木》言"神农黄帝之法则"：

若夫乘道德而浮游则不然，无誉无訾，一龙一蛇，与时俱化，而无肯专为。一上一下，以和为量，浮游乎万物之祖。物物而不物于物，则胡可得而累邪！此神农、黄帝之法则也。

《文子·上义》：

故神农之法曰：丈夫丁壮不耕，天下有受其饥者；妇人当年不织，天下有受其寒者。故身亲耕，妻亲织，以为天下先。其导民也，不贵难得之货，不重无用之物。

《文子·上礼》：

及至神农、黄帝，核领天下，纪纲四时，和调阴阳，于是万民莫不竦身而思，戴听而视，故治而不和。

《管子·轻重戊》：

虑戏作，造六峜以迎阴阳，作九九之数以合天道，而天下化之。神农作，树五谷淇山之阳，九州之民乃知谷食，而天下化之。黄帝作，钻燧生火，以熟荤臊，民食之无兹胃之病，而天下化之。

以上为单言黄帝，而结合神农，甚至是伏羲的情况。也有将黄帝作为上古政治的一个阶段，或者以老子之言释所谓的黄帝之说，或者以黄帝之口说老子之言，如《庄子·知北游》：

黄帝曰："彼无为谓真是也，狂屈似之，我与汝终不近也。夫知者不言，言者不知，故圣人行不言之教。道不可致，德不可至。仁可为也，义可亏也，礼相伪也。故曰：'失道而后德，失德而后仁，失仁而后义，失义而后礼。礼者，道之华而乱之

225

首也。'故曰：'为道者日损，损之又损之，以至于无为。无为
而无不为也。'"

此处《庄子》中所谓的"黄帝曰"，所阐述的都是老子"知者不言，
言者不知""圣人行不言之教"的思想。因此，如果说《庄子》中亦
包含有"黄老"思想，则其体现了明确的"归本于老子"的倾向，
并未对"黄帝之说"进行更多具体的载述。

《列子·天瑞》引《黄帝书》曰："谷神不死，是谓玄牝，玄牝
之门，是谓天地之根。绵绵若存，用之不勤。"此为今本《老子》第
六章。惠栋注说："此老子所述也。老子之学盖本黄帝，故汉世称黄
老。"这种看法显然是错误的。黄帝之学的真正发生，乃战国学者推
动的结果。说老子之学本于黄帝，就有些本末倒置了。这条以《黄
帝书》载老子言的说法，正说明了老学在流传过程中与黄学合流的
结果。正如《列子·天瑞》中"黄帝曰：精神入其门，骨骸反其根，
我尚何存"亦见于《文子·九守》"精神本乎天，骨骸根于地，精神
入其门，骨骸反其根，我尚何存"。《列子·天瑞》引《黄帝书》曰：
"形动不生形而生影，声动不生声而生响，无动不生无而生有。"则
不见于先秦传世典籍。《列子·力命》引《黄帝之书》云："至人居
若死，动若械。"张湛注曰："此举无心之极。"似乎说明了当时所谓
的黄帝之学本有其内容，同时部分与老子的主张相合，而走向合流。

第二节　学术中心与黄老学术的生成

一、魏文侯学术中心的"士"与"道"

魏文侯继位后，礼贤下士。《史记》卷四十四《魏世家》记：
"文侯受子夏经艺，客段干木，过其闾，未尝不轼也。"又："是以东
得卜子夏、田子方、段干木。此三人者，君皆师之。"《吕氏春秋·

察贤》："魏文侯师卜子夏，友田子方，礼段干木，国治身逸。天下之贤主，岂必苦形愁虑哉？"

子夏为孔门弟子之一，六十二岁，退居西河，为魏文侯师。田子方和段干木则为三晋道派的代表。二人皆隐居不仕。张守节《史记正义》引皇甫谧《高士传》云："木，晋人也，守道不仕。魏文侯欲见，造其门，干木逾墙避之。文侯以客礼待之，出过其闾而轼。其仆曰：'君何轼？'曰：'段干木贤者也，不趣势利，怀君子之道，隐处穷巷，声驰千里，吾安得勿轼！干木先乎德，寡人先乎势；干木富乎义，寡人富乎财。势不若德贵，财不若义高。'又请为相，不肯。后卑己固请见，与语，文侯立倦不敢息。"《淮南子》云："段干木，晋之大驵，而为文侯师。"《吕氏春秋》云："魏文侯见段干木，立倦而不敢息。及见翟璜，踞于堂而与之言。翟璜不悦。文侯曰：'段干木，官之则不肯，禄之则不受。今汝欲官则相至，欲禄则上卿至，既受吾赏，又责吾礼，无乃难乎？'"又据《史记·老子传》记载："老子之子名宗，宗为魏将，封于段干。"《史记集解》曰："此云封于段干，段干应是魏邑名也。而魏世家有段干木、段干子，田完世家有段干朋，疑此三人是姓段干也。"则段干木有可能来自于老子之子或其后人。

关于田子方其人，在先秦文献尤其是《庄子》《吕氏春秋》中多有提及，如《庄子·田子方》曰：

田子方侍坐于魏文侯，数称溪工。文侯曰："溪工，子之师邪？"子方曰："非也，无择之里人也。称道数当，故无择称之。"文侯曰："然则子无师邪？"子方曰："有。"曰："子之师谁邪？"子方曰："东郭顺子。"文侯曰："然则夫子何故未尝称之？"子方曰："其为人也真。人貌而天虚，缘而葆真，清而容物。物无道，正容以悟之，使人之意也消。无择何足以称之！"子方出，文侯傥然，终日不言。召前立臣而语之曰："远矣，全德之君子！始吾以圣知之言、仁义之行为至矣。吾闻子方之师，吾形解而不欲动，口钳而不欲言。吾所学者，直土埂耳！夫魏真为我累耳！"

这段话中记载的子方之师正是有道之士。

与此相关，魏地的隐逸、重生、贵自然的风气亦相当盛行，甚至影响到王公贵族。如瞻子、中山公子牟便是其代表。中山公子牟，即魏牟。其生卒年不详，其人多见于《庄子》《列子》等书的记载。《列子·仲尼》记载："中山公子牟者，魏国之贤公子也。好与贤人游，不恤国事，而悦赵人公孙龙。"其为魏之公子，其封地或在中山。《汉书·艺文志》道家类著录《公子牟》四篇。班固注曰："魏之公子也。先庄子，庄子称之。"《荀子·非十二子》批判当时的十二位学者，首列它嚣、魏牟，称其"纵性情，安恣睢，禽兽行。不足以合文通治"。又《庄子·让王》载："中山公子牟谓瞻子曰：身在江海之上，身居乎魏阙之下，奈何？瞻子曰：重生，重生则轻利。"从瞻子与公子牟的对话，庄子、荀子的描述可以看出，公子牟作为万乘公子，亦在思考如何克服欲荣利的私欲，回归本性的自然。可谓与《老子》淡泊、寡欲的思想不无关联。

墨家的门徒也来到魏都游处。如《史记·儒林列传》描述说："自孔子卒后，七十子之徒散游诸侯，大者为师傅卿相，小者友教士大夫，或隐而不见。故子路居卫，子张居陈，澹台子羽居楚，子夏居西河，子贡终于齐。如田子方、段干木、吴起、禽滑厘之属，皆受业于子夏之伦，为王者师。是时独魏文侯好学。"

重法之士的变法，也首起于魏地。《史记·孟子荀卿列传》曰："李悝相魏文侯，富国强兵。"《汉书·艺文志》法家类有《李子》三十二篇，班固注曰："名悝，相魏文侯，富国强兵。"又儒家类有《李克》七篇，班固注曰"子夏弟子，为魏文侯相"。李克与李悝或为同一人。

值得注意的是，三晋本来就是刑名法术之学的重镇和输出之地，战国历史上法家的先驱邓析即出于此。邓析，《汉书·艺文志》名家类首列《邓析》二篇，班固注曰："郑人，与子产并时。"师古注曰："列子及孙卿并云子产杀邓析。据《左传》，昭公二十年子产卒，定公九年驷歂杀邓析而用其竹刑，则非子产所杀也。"《荀子·非十二子》谈到邓析"不法先王，不是礼义"。他反对将先王作为自己效法的榜样，反对礼义治国。《四库全书总目提要》曰："其旨同于申韩，如令烦则民诈，政扰则民不定。心欲安静，虑欲深远。则其旨同于黄老。然其大旨主于势，统于尊，事核于实，于法家为近。"由此可知邓析卒于鲁定公九年（前501），郑国至战国初年被韩国所灭，故邓析堪称是三晋大地法家的始创者。《史记》称商鞅"少好刑名之学"，称申不害"学术以干韩昭侯"，称赵国"亦有公孙龙为坚白同异之辨，剧子之言"。则当时在三晋之地法术刑名之学的传授应较为流行。

军事方面重用吴起。吴起，卫人。《史记·孙子吴起列传》载，吴起"闻魏文侯贤，欲事之。文侯问李克曰：'吴起何如人哉？'李克曰：'起贪而好色，然用兵司马穰苴不能过也。'于是魏文侯以为将，击秦，拔五城"。除此之外，尚有乐羊、西门豹等一批政治家。

由此说明，当时在魏文侯周围，集聚了一大批各家的人才，形成了一个包括儒、道、墨、名、法等学说与实践广泛交融的学术中心。正如钱穆《先秦诸子系年》所说："魏文以大夫僭国，礼贤下士，以收人望，邀誉于诸侯，游士依以发迹，实开战国养士之风。于先秦学术兴衰，关系綦重。"① 钱穆认为："其间有二端，深足以见世局之变者，一为礼之变，一为法之兴。何言乎礼之变？当孔子时，力倡正名复礼之说，为鲁司寇，主堕三都，陈成子弑君，沐浴而请讨之。今魏文以大夫僭国，子夏既亲受业于孔子，田子方、段干木亦孔门再传弟子，曾不能有所矫挽，徒以逾垣不礼，受贵族之尊养，遂开君卿养士之风。……何言乎法之兴？子产铸刑书，叔向讥之。晋铸刑鼎，孔子非之。然郑诛邓析而用其竹刑，刑法之用既益亟。至魏文时，而李克著《法经》，吴起偾表徙车辕以立信，皆以儒家而尚法。盖礼坏则法立，亦世变之一端也。"② 如果将这种变迁放到魏

① 钱穆：《先秦诸子系年·魏文侯礼贤考》，商务印书馆2015年版，第149页。

② 钱穆：《先秦诸子系年·魏文侯礼贤考》，商务印书馆2015年版，第157—158页。

文侯学术中心的大背景下，则钱穆所说亦显狭隘。一则当时之变局当不止二端，礼之变，法之兴，更有道之变，墨之变。二则皆为当时学术思想交流的产物。三则主张吸收各家之长，立足治国的老学新派、法家新派应运而生。

老学新派影响至大者当属赵人慎到。《史记》说他"学黄老道德之术"，"著十二论"。《汉书·艺文志》法家类列《慎子》四十二篇，注云："名到，先申韩，申韩称之。"《史记集解》引徐广曰："今慎子，刘向所定，有四十一篇。""十二论"与四十余篇的《慎子》是一书还是二书，难以断言，均无原本传下，流传下来的《慎子》书不可不信也不可全信，对慎到的思想较可靠记载的是《庄子》等书，可以明显看出其体道的思想，如《庄子·天下》写道：

> 是故慎到弃知去己，而缘不得已。泠汰于物，以为道理，曰："知不知，将薄知而后邻伤之者也。"謑髁无任，而笑天下之尚贤也；纵脱无行，而非天下之大圣。椎拍輐断，与物宛转；舍是与非，苟可以免。不师知虑，不知前后，魏然而已矣。推而后行，曳而后往，若飘风之还，若羽之旋，若磨石之隧，全而无非，动静无过，未尝有罪。是何故？夫无知之物，无建己之患，无用知之累，动静不离于理，是以终身无誉。故曰："至于若无知之物而已，无用贤圣，夫块不失道。"

又《慎子逸文》有：

> 夫德精微而不见，聪明而不发，是故外物不累其内。
> 夫道，所以使贤无奈不肖何也，所以使智无奈愚何也，若此则谓之道胜矣。道胜则名不彰。

慎到的"弃知去己""知不知""笑天下之尚贤""非天下之大圣""德精微而不见""道胜"等思想，与今传本《老子》中的"绝圣弃智""不尚贤""知不知""上德不德""道无为而无不为"等思想是基本一致的，似不必多论，比较自明。同时也可以看出其对庄子自然人格的思想也是影响甚深。当然，庄子认为慎到并不能算知"道"，也是看出了其学说所存在的明显缺陷。正如《荀子·天论》中说"慎子有见于后，无见于先"，"自以为知道，无知也"。这是讲慎到"发明"道家思想的方面。

当然，道家并非慎到的全部思想。荀子还讲了他的另一个方面，在《非十二子》中，将慎到和田骈连在一起的，可以说是讲他偏于法家方面的理论，但是他"尚法而无法"，法的理论也是不很全面、不很成熟的。

综合而言，慎到是主张道法结合的一个重要学者。他的思想直接影响了申、韩，"先申韩，申韩称之"这个说法是很有道理的。《韩非子·难势》一开头就引了慎到关于"势"的论述。从现存的《慎子》来看，关于法的论述是比较多的，故《汉书·艺文志》把它列于法家。郭沫若在《十批判书·稷下黄老学派的批判》中写道：

> 据这辑本《慎子》来看，差不多全部都是法理论，黄老气息比较稀薄，但这一部分的法理论毫无疑问也是道家思想的发展。

这是比较客观的描述。慎到作为出身于赵地的三晋学者，深受三晋学术交流思想的影响，同时又在晚年来到齐宣王时代的稷下学宫，在新的学术中心中，其进一步发明"黄老道德之术"应该说是顺理成章的。

被司马迁称作本于黄老学的先秦诸子，还有申不害和韩非，并将他们与老子、庄子合列在同一篇传记中，以显示其学派的关联性。申不害和韩非同属于三晋学术的继续发明者。

关于申不害其人，《史记》本传记载："申不害者，京人也，故郑之贱臣。学术以干韩昭侯，昭侯用为相。内修政教，外应诸侯，十五年。终申子之身，国治兵强，无侵韩者。"又曰："申子卑卑，施之于名实。"通过司马迁的记载，我们大约可知，申不害出身于郑国一个普通的小官吏，通过学"术"而去游说韩昭侯，并获得韩昭侯的信任，用为相。在位十五年的时间，韩国相对来说比较"国治兵强"。《史记》又载："申子之学，本于黄老而主刑名。著书二篇，号曰《申子》。"《汉书·艺文志》在法家类有《申子》六篇。该书早已亡佚，无法详论其与黄老思想的关系，但也不是完全无迹可寻。其部分言论尚见于先秦典籍的记载。从中可知申子、商鞅同为法家，但主张却有不同侧重。

首先，申不害言"术"。《韩非子·定法》说：

> 今申不害言术，而公孙鞅为法。术者，因任而授官，循名而责实，操杀生之柄，课群臣之能者也。此人主之所执也。法者，宪令著于官府，刑罚必于民心，赏存乎慎法，而罚加乎奸令者也，此臣之所师也。君无术则弊于上，臣无法则乱于下，此不可一无，皆帝王之具也。

又《韩非子·难三》曰：

> 人主之大物，非法则术也。法者，编著之图籍，设之于官府，而布之于百姓者也。术者，藏之于胸中，以偶众端，而潜御群臣者也。故法莫如显，而术不欲见。

在这一段言论中，我们可以看出，先秦法家所谓的"术"，不同于"法"的公开性，是藏于君主胸中的一种潜御群臣的方法，具有某种不欲使人知的隐秘性。钱穆《先秦诸子系年·申不害考》中进一步解释说：

> 申子所以为治，与商君绝异。后世顾以申、商齐称，则误也。申子以贱臣进，其术在于微视上之所说以为言。而所以教其上者，则在使其下无以窥我之所喜悦，以为深而不可测。夫而后使群下得以各竭其诚，而在上者乃因材而器使，见功而定赏焉。

这样一种解读是合于申不害本意的，我们看《韩非子·定法》中引用申子之言曰：

> 治不逾官，虽知弗言。①

《韩非子·定法》进一步解释说：

> 治不逾官，谓之守职也可；知而弗言，是谓过也。人主以一国目视，故视莫明焉；以一国耳听，故听莫聪焉。今知而弗言，则人主尚安假借矣？

申子此言，当为教其上之语，即不越官而治，不随便表达自己的见解和好恶，以使臣下无从投其所好。《韩非子·外储说右上》引申子曰：

> 上明见，人备之；其不明见，人惑之。其知见，人饰之；不知见，人匿之。其无欲见，人司之；其有欲见，人饵之。故曰：吾无从知之，惟无为可以规之。
> 慎而言也，人且知女；慎而行也，人且随女。而有知见也，人且匿女；而无知见也，人且意女。女有知也，人且臧女；女无知也，人且行女。故曰：惟无为可以规之。
> 独视者谓明，独听者谓聪。能独断者，故可以为天下主。

又《难三》云：

> 失之数而求之信则疑矣。

---

① 此书各本有异文。陈奇猷曰："顾广圻曰：原无'治'字'弗'字，藏本、今本'知'下有'弗'字，今本'不'上有'治'字。按依下文当有。"见陈奇猷校注《韩非子新校注·定法》，上海古籍出版社 2000 年版，第 963 页。

于此可略见申不害之"术"的含义。其中所谓"无为"者,当本于老子,君主无为,欲使臣下莫得窥其意向,从而不得投机迎合帝王的意图,进而发挥臣下的能力,尽其职责。从而避免君主事必躬亲,越职行事,也避免君主显露自己的好恶喜怒,左右臣下的判断。

《吕氏春秋·任数》中,为了论证"耳目知巧"之"不足恃",曾节引过申不害的几句话:

> 申不害闻之,曰:"何以知其聋?以其耳之聪也。何以知其盲?以其目之明也。何以知其狂?以其言之当也。故曰去听无以闻则聪,去视无以见则明,去智无以知则公。去三者不任则治,三者任则乱。"

作者解释和发挥说:

> 故至智弃智,至仁忘仁,至德不德。无言无思,静以待时,时至而应,心暇者胜。凡应之理,清静公素,而正始卒;焉此治纪,无唱有和,无先有随。古之王者,其所为少,其所因多。因者,君术也;为者,臣道也。为则扰矣,因则静矣。因冬为寒,因夏为暑,君奚事哉?故曰:君道无知无为,而贤于有知有为,则得之矣。

作为成熟了的黄老新道家的作者,其论述当然是表达得较完整。但是他们是从引申不害的思想和言论而来的,而申不害"去听""去视""去智"的思想又显然与《老子》的"绝圣弃智"思想有密切关系,是一致的,或者就是从《老子》那里来的。看来申不害之"术"的哲学思想基础与《老子》思想是一致的。然而他"主刑名",着重"术"的应用,与《老子》有所不同,而与后产生的黄帝学很相像。所以说其学"本于黄老"。

从某种程度上来说,申子的"术"借用了老子的无为而治、不言之教等方面,进一步发展出了君主之术。

韩非子，韩国人，《史记》本传称"韩之诸公子也，喜刑名法术之学，而其归本于黄老"。唐司马贞《史记索隐》引刘向之语并加以辩证说：

> 黄老之法不尚繁华，清简无为，君臣自正。韩非之论诋驳浮淫，法制无私，而名实相称。故曰"归于黄老"。斯未为得其本旨。今按：韩子书有《解老》《喻老》二篇，是大抵亦崇黄老之学耳。

刘向对关于韩非之学"归本于黄老"的说法提出疑义，认为还是有很大的差距。司马贞则提出，从韩非子《解老》《喻老》看，还是推崇黄老之学的。

但是关于韩非子《解老》《喻老》的问题，也有些不同看法，有人认为不是韩非的作品，也有人考证认定与韩非的思想有一致之处。现征引两段如下。如陈奇猷《韩非子集释》说：

> 老氏使人无欲无求，而韩非令人在分内立功努力，不越分而有所求。因之韩非之理想社会，乃基于老氏而致进。故韩非有取于老氏者此也。史迁谓韩非"归本于黄老"者亦此也。按此以求，虽韩子中多用老氏之文，亦不致与老子旨趣相混矣。

张纯、王晓波《韩非思想的历史研究》一书，有《韩非思想的哲学基础》一章，在分析比较之后指出：

> 韩非思想与《解老》《喻老》或《老子》书的思想有一致之处，但由于老子哲学的抽象性而产生解释上的混含和歧义，韩非的解释是否全都是老子本意则不得而知，唯韩非肯定他所解释的老子思想，所以这些解释只能当成韩非自己的哲学思想。自觉根据这种哲学思想而有韩非对政治、社会及其他各层面的思想主张。故言其"归本于黄老"，而太史公不诬也。

这些说明都比较客观，韩非的思想当然就是他自己的思想，但他的思想之本是可以探求的。司马迁说韩非思想"原于道德之意"，"归本于黄老"，用现在的话说，即：韩非思想的哲学基础是"道德"二字，也就是通常所说的"道论"，这道论与《老子》是一致的，或者说是从《老子》那里来的。请看《韩非子·主道》关于"道"的论述：

> 道者，万物之始，是非之纪也。是以明君守始以知万物之源，治纪以知善败之端。故虚静以待令，令名自命也，令事自定也。虚则知实之情，静则知动者正。

《韩非子·扬权》说：

> 夫道者，弘大而无形；德者，核理而普至。至于群生，斟酌用之，万物皆盛，而不与其宁。道者，下周于事，因稽而命，与时生死。参名异事，通一同情。故曰：道不同于万物，德不同于阴阳，衡不同于轻重，绳不同于出入，和不同于燥湿，君不同于群臣。凡此六者，道之出也。道无双，故曰一。是故明君贵独道之容。

这是韩非用自己的语言对"道"进行的描述，道是万物的本体、根源，"道无双，故曰一"，它"弘大而无形"，而"下周于事"。这些与《老子》的道论思想基本是一致的。更不消说他在《解老》和《喻老》中对于道的说明了，那种解释可说是相当精确的，如：

> 道者，万物之所然也，万理之所稽也。

既是本原，又是规律。又曰：

> 今道虽不可得闻见，圣人执其见功以处见其形。故曰："无状之状，无物之象。"

这是对《老子》今本十四章的一段解释，是对"恍惚"之道的一种描写，"执其见功以处见其形"，则是他的体会和阐发。其体会和阐发又是与黄老新道家的思想一致的。例如：

> 天得之以高，地得之以藏，维斗得之以成其威，日月得之以恒其光，五常得之以常其位，列星得之以端其行，四时得之以御其变气，轩辕得之以擅四方，赤松子得之与天地统，圣人得之以成文章。道与尧、舜俱智，与接舆俱狂，与桀、纣俱灭，与汤、武俱昌。以为近乎？游于四极；以为远乎？常在吾侧；以为暗乎？其光昭昭；以为明乎？其物冥冥。而功成天地，和化雷霆，宇内之物，恃之以成。凡道之情，不制不形，柔弱随时，与理相应。万物得之以死，得之以生；万事得之以败，得之以成。道，譬诸若水，溺者多饮之即死，渴者适饮之即生；譬之若剑戟，愚人以行忿则祸生，圣人以诛暴则福成。

这正如《淮南子》所说，对于道，"多为之辞，博为之说"，即要从不同的角度和方面，用各种不同的比喻来说明道的性质和作用。《淮南子》第一篇《原道训》就是像韩非这样来描述道的。由此也可见韩非思想与黄老思想的密切关系。其学说重"刑名法术之学"，同时又"归本于黄老"。可以说申、韩正代表着三晋新兴的法家新派。

除此之外，值得注意的还有与商鞅同时代的尸子，虽为重法，但同样吸收了道家的清静无为。

《史记》卷七十四《孟子荀卿列传》："而赵亦有公孙龙为坚白同异之辨，剧子之言。魏有李悝，尽地力之教。楚有尸子、长卢。阿之吁子焉。自如孟子至于吁子，世多有其书，故不论其传云。"裴骃《集解》引刘向《别录》曰："楚有尸子，疑谓其在蜀。今按尸子书，晋人也，名佼，秦相卫鞅客也。卫鞅商君谋事画计，立法理民，未尝不与佼规之也。商君被刑，佼恐并诛，乃亡逃入蜀。自为造此二十篇书，凡六万余言。卒，因葬蜀。"今《汉书·艺文志》杂家类有《尸子》二十篇，班固注曰："名佼，鲁人。秦相商君师之。鞅死，佼逃入蜀。"钱穆《先秦诸子系年·尸佼考》认为:"尸子实晋人。其时晋已不国,而魏言晋称,尸佼殆为魏人耶?"其书已佚,仅有清人汪继培《尸子》辑本。据《群书治要》引《尸子分事篇》:"执一以静。令名自正,令事自定。"

根据《史记》卷四十五《韩世家》的记载,韩昭侯"八年,申不害相韩,修术行道,国内以治,诸侯不来侵伐"。韩昭侯八年,正当周显王十四年,即公元前355年。其前一年,秦孝公任用卫鞅首次颁布变法令,齐国齐威王继位,稷下学术中心开始慢慢形成。也就是说,慎到、申不害、尸子等三晋学者在道法融合方面做了大量的努力,直接成为稷下道家生成的前期积累。

二、稷下学宫与稷下道家

稷下指齐国的稷门之下。田氏代齐,开始在稷下兴建学宫,招揽各地学者,列为大夫,不治而议论。其宽松的学术环境和丰厚的物质待遇,自然吸引了当时各地学者,形成了浓厚的学术交流风气,对当时的思想发展也起到了一个系统的融汇出新的推动作用。

关于稷下学宫创建的时间,一般认为始于田齐桓公午在位之时,主要根据的是汉末徐干所著《中论·亡国》中所说:

> 昔齐桓公立稷下之官,设大夫之号,招致贤人而尊宠之,自孟轲之徒皆游于齐。[1]

因为这段材料的时间较晚,且只有孤证,很难作为确实的依据。但从《史记·田敬仲完世家》的记载看,田午在位之时,身边聚集的谋臣有邹忌、段干朋、田臣思[2]等,也可以看出当时的文化复兴气象。故钱穆先生进一步解释说:

---

[1]　徐干:《中论》,中华书局1985年版,第34页。
[2]　《战国策》作"田期思",《竹书纪年》作"徐州子期",《史记索隐》云"盖即田忌也"。

> 按此说极少见,《中论》以外无言者。然田桓公之时,田氏得齐未久,又身行篡夺,正魏文礼贤之风方衰,继而为此,揽贤士,收名声以自固位,恐有之耳。①

按《竹书纪年》记载,田午在位十八年,即公元前 374 年至公元前 357 年在位。稷下学宫当初建于此时。

稷下学宫在齐威宣时期达到鼎盛状态。齐威王其重要的事迹是在位期间经历了一个由不治到大治的政治转型。这种局面的形成当然离不开人才集聚的智力支持。《史记集解》引《新序》曰:"齐稷下先生喜议政事。邹忌既为齐相,稷下先生淳于髡之属七十二人皆轻邹忌……"也就是当齐威王之时,齐国已经有稷下先生七十余人,可见其颇成规模。

至齐宣王时稷下学宫更盛,《史记》卷四十六《田敬仲完世家》记:"宣王喜文学游说之士,自如邹衍、淳于髡、田骈、接予、慎到、环渊之徒七十六人,皆赐列第,为上大夫,不治而议论。是以齐稷下学士复盛,且数百千人。"刘向《别录》云,齐都之西门稷门,外有学堂,即齐宣王立学宫之地。故称为稷下之学。

齐湣王时期,由于矜功不休,重视征伐,导致稷下学宫的衰落和分散,如《盐铁论·论儒》曰:

> 及湣王,奋二世之余烈,南举楚、淮,北并巨宋,苞十二国,西摧三晋,却强秦,五国宾从,邹、鲁之君,泗上诸侯皆入臣。矜功不休,百姓不堪。诸儒谏不从,各分散,慎到、捷子亡去,田骈如薛,而孙卿适楚。内无良臣,故诸侯合谋而伐之。

则至湣王末世,齐稷下先生尚有慎到、捷子、田骈、孙卿等,只不过日益分散了。

---

① 钱穆:《先秦诸子系年·稷下通考》,商务印书馆 2015 年版,第 269 页。

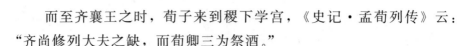

而至齐襄王之时，荀子来到稷下学宫，《史记·孟荀列传》云："齐尚修列大夫之缺，而荀卿三为祭酒。"

至齐王建之世，稷下学宫的情况少见记载。齐王建在位四十余年，国内环境虽然较为安定，但随着秦的强大，不少人才转而入秦，如《史记·田敬仲完世家》中所说："后胜相齐，多受秦间金，多使宾客入秦，秦又多予金，客皆为反间，劝王去从朝秦，不修攻战之备，不助五国攻秦，秦以故得灭五国。"后胜相齐在齐王建十六年（前249）以后，故齐王建前期稷下当仍有宾客。

仔细勾勒稷下学的发展历程，真正的兴盛时期当在公元前4世纪的下半叶。虽然威王时代就已经有一些学术成果面世，比如《史记·司马穰苴列传》所记"齐威王使大夫追论古者司马兵法而附穰苴于其中，因号曰《司马穰苴兵法》"等。但真正大规模的学术交流和碰撞还是在齐宣王时代。据《史记·孟子荀卿列传》记载：

> 自邹衍与齐之稷下先生，如淳于髡、慎到、环渊、接子、田骈、邹奭之徒，各著书言治乱之事，以干世主，岂可胜道哉！淳于髡，齐人也。……慎到，赵人。田骈、接子，齐人。环渊，楚人。皆学黄老道德之术，因发明序其指意。故慎到著十二论，环渊著上下篇，而田骈、接子皆有所论焉。邹奭者，齐诸邹子，亦颇采邹衍之术以纪文。于是齐王嘉之，自如淳于髡以下，皆命曰列大夫，为开第康庄之衢，高门大屋，尊宠之。览天下诸侯宾客，言齐能致天下贤士也。

人数不少，待遇优厚，宣王时"赐列第，为上大夫"的就有七十多人，几乎每个人都有一大群弟子。这些人游说之时，往往和孟子"后车数十乘"一样，都是有门徒跟随的。淳于髡游说时，"约车十乘"，且有记载说："髡死，诸弟子三千人为缞绖。"又如田骈也有"徒百人"，待遇是"訾养千钟"。这些人还互相引荐，例如《战国策·齐策三》记载说：

淳于髡一日而见七人于宣王。王曰："子来，寡人闻之：千里而一士，是比肩而立；百世而一圣，若随踵而至也。今子一朝而见七士，则士不亦众乎？"淳于髡曰："不然。夫鸟同翼者而聚居，兽同足者而俱行。今求柴葫、桔梗于沮泽，则累世不得一焉。及之睪黍、梁父之阴，则郄车而载耳。夫物各有畴，今髡贤者之畴也。王求士于髡，譬若挹水于河，而取火于燧也。髡将复见之，岂特七十也！"

这段话很有意思，我们只说它招贤纳士之一个侧面。

招贤纳士，有一部分人是任用为官职的，如"邹忌之见三月而受相印"。也有临时差遣的，如淳于髡之"为齐使荆楚""之赵请救兵"等。但大部分是"不治而议论"。他们虽享受大夫之禄，而不任职治事，如《盐铁论·论儒》所说：

齐宣王褒儒尊学，孟轲、淳于髡之徒受上大夫之禄，不任职而论国事。盖齐稷下先生千有余人。

这里要指出，"褒儒尊学"这话是不可靠的，是按照汉代儒家的观点看问题。重要的是"不任职而论国事"，或者如《新序·杂事》说：

齐有稷下先生，喜议政事。

总之，议政是稷下先生们的一项主要活动，统治者重金收养的目的也正是为此，因而重要人物都是直接与齐王"议政"过的，有泛泛地议，也有具体地议，如《吕氏春秋·执一》记：

田骈以道术说齐。齐王应之曰："寡人所有者，齐国也，愿闻齐国之政。"田骈对曰："臣之言，无政而可以得政。譬之若林木，无材而可以得材。愿王之自取齐国之政也。骈犹浅言之也，博言之，岂独齐国之政哉？变化应求而皆有章，因性任物而莫不宜当，彭祖以寿，三代以昌，五帝以昭，神农以鸿。"①

此外还有《吕氏春秋·正名》记有齐王与尹文的一大段议政的对话，以及孟子与齐王之议论等，这里就不一一征引了。

　　议政的另一重要形式就是"作书刺世"，如应劭《风俗通义》云：

　　　　方齐宣王、威王之时，聚天下贤士于稷下，尊崇之。若邹衍、田骈、淳于髡之属甚众，号曰列大夫，皆世所称，咸作书以刺世。

著名的稷下先生，大多有著作传世，所有的著作也都是直接或间接议政的。另外，像《管子》《周礼》这些书，有人以为出自稷下学者之手。已佚的《王度记》，刘向《别录》就认为"似齐宣王时淳于髡等所说"。

　　稷下先生们另一方面的活动可以说是议学。议学与议政是分不开的，各种学说的目的"皆务为治者也"，都是"刺世"，都是"言治乱之事以干世主"，只是具体主张不同罢了。但是，议学也有相对的独立性。议学包括自由讨论，互相争辩；包括"师尽智竭道以教"；也包括著书立说，等等。

　　关于自由谈论，如上所述，当时还没有"褒尊儒学"的问题，"期会于稷下"的"谈说之士"中各种学派的人都有，"毁五帝，罪三王"的言论都可以发表，环境是比较宽松的，思想是很活跃的，如《史记》卷八十三《鲁仲连邹阳列传》引《正义》：

　　　　齐辩士田巴，服狙丘，议稷下，毁五帝，罪三王，服五伯，离坚白，合同异，一日服千人。有徐劫者，其弟子曰鲁仲连，年

---

① （战国）吕不韦著，陈奇猷校注：《吕氏春秋新校释·执一》，上海古籍出版社2002年版，第1144页。

十二，号"千里驹"，往请田巴曰："臣闻堂上不奋，郊草不芸，白刃交前，不救流矢，急不暇缓也。今楚军南阳，赵伐高唐，燕人十万，聊城不去，国亡在旦夕，先生奈之何？若不能者，先生之言有似枭鸣，出城而人恶之。愿先生勿复言。"田巴曰："谨闻命矣。"巴谓徐劫曰："先生乃飞兔也，岂直千里驹！"巴终身不谈。

《韩非子·外储说》：

> 儿说，宋人，善辩者也。持"白马非马也"服齐稷下之辩者。

田巴遭到指责的不是"毁五帝，罪三王"，而在于他不能解决国家的危难。儿说，一个普通的士人，可以通过辩论服稷下之辩者。稷下学宫学术空气之浓厚、之自由，由此可见一斑。

稷下兴盛之时，来这里游学的人很多，一部分被名为"稷下先生"，一部分只做短暂的访问和交流。有的留下痕迹，有的则没有记载。其中，一些有名有姓甚至有著作的人与《老子》思想的关系，也就值得进行一番讨论了。所列的稷下著名人物中就有一大部分是稷下道家的代表人物。下面就稷下道家人物进行系统的梳理。

1. 宋钘

钱穆《先秦诸子系年》列"稷下学士"十七名，大多与黄老之学有关，其中尤以宋钘、尹文为著，例如其《宋钘考》，将诸子所记宋钘之言论与《老子》中的言论一一加以对比，证明班固所说："孙卿道宋子，其言黄老意。"先秦文献中对于宋钘学说思想的评价并不少见，如《庄子·天下》中，将宋钘、尹文子并列而论，评价说：

> 不累于俗，不饰于物，不苟于人，不忮于众，愿天下之安宁以活民命，人我之养，毕足而止，以此白心，古之道术有在于是者。宋钘、尹文闻其风而悦之，作为华山之冠以自表，接

万物以别宥为始。语心之容，命之曰心之行，以聏合欢，以调海内，请欲置之以为主。见侮不辱，救民之斗，禁攻寝兵，救世之战。以此周行天下，上说下教，虽天下不取，强聒而不舍者也，故曰"上下见厌而强见"也。虽然，其为人太多，其自为太少，曰："请欲固置五升之饭足矣。"先生恐不得饱，弟子虽饥，不忘天下，日夜不休。曰："我必得活哉！"图傲乎救世之士哉！曰："君子不为苛察，不以身假物。"以为无益于天下者，明之不如己也，以禁攻寝兵为外，以情欲寡浅为内，其小大精粗，其行适至是而止。

《庄子·逍遥游》中也有关于宋荣子学说的记载和评价：

宋荣子犹然笑之。且举世而誉之而不加劝，举世而非之而不加沮，定乎内外之分，辩乎荣辱之境，斯已矣。彼其于世，未数数然也。虽然，犹有未树也。

这段话的大意，也出现在《文子·上礼》中，其文为："若夫至人，定乎死生之意，通乎荣辱之理，举世誉之而不益劝，举世非之而不加沮，得至道之要也。"

《韩非子·显学》将他和墨翟并论，曰：

宋荣子之议，设不斗争，取不随仇，不羞囹圄，见侮不辱，世主以为宽而礼之。

《荀子·正论》后半部分主要批判宋钘见侮不辱以及情欲寡浅两大主张。

《荀子·非十二子》中还说：

不知一天下建国家之权称，上功用，大俭约而僈差等，曾不足以容辨异县君臣，然而其持之有故，其言之成理，足以欺惑愚众，是墨翟、宋钘也。

根据时人的评价，我们可以把宋钘的学术思想的重点要素概括为以下几个方面：

一是"白心"，《韩非子·说疑》作"白意"，《管子》中有《白心》篇，其义相同，皆指虚静无为，恬淡寂寞，自足知止。如《庄子·天下》所说："不累于俗，不饰于物，不苟于人，不忮于众，愿天下之安宁以活民命，人我之养，毕足而止。以此白心。"

二是"心行"，如《庄子·天下》所说："作为华山之冠以自表，接万物以别宥为始。语心之容，命之曰心之行。"

三是"见侮不辱"。

四是"情欲寡浅"。

五是"禁攻寝兵"。

六是"宽容于物"。

这些皆继承了老子学说中的"少私寡欲"，"知其荣，守其辱，为天下谷"，"大白若辱"，"知常容，容乃公"等思想，又进一步发展了内观内修，强调"定乎内外之分，辨乎荣辱之境"。而其他一些思想内容，如"接万物以别宥为始"，"禁攻寝兵，救世之战"等，又与《墨子》的主张一致，所以《荀子·非十二子》把宋钘和墨翟相提并论。同时荀子也注意到宋钘关于道家方面的思想，如《正论》中言"见侮不辱""使人之情欲之寡"以及《天论》的"宋子有见于少，无见于多"等。由于这些复杂的现象，钱穆在《宋钘考》中说：

余尝谓，黄老起于晚周兴于齐，又谓道原于墨，若宋子宗墨氏之风设教稷下，其殆黄老道德之开先耶？

指出了稷下诸子的复杂渊源和关系。

2. 慎到

慎到当属稷下学士中影响最大的学者之一。《庄子·天下》评价彭蒙、田骈、慎到之学术思想曰：

> 公而不党，易而无私，决然无主，趣物而不两，不顾于虑，不谋于知，于物无择，与之俱往。古之道术有在于是者，彭蒙、田骈、慎到闻其风而悦之。齐万物以为首，曰："天能覆之而不能载之，地能载之而不能覆之，大道能包之而不能辩之。"知万物皆有所可，有所不可。故曰："选则不遍，教则不至，道则无遗者矣。"
>
> 是故慎到弃知去己，而缘不得已。泠汰于物，以为道理。曰："知不知，将薄知而后邻伤之者也。"謑髁无任，而笑天下之尚贤也；纵脱无行，而非天下之大圣；椎拍辌断，与物宛转；舍是与非，苟可以免。不师知虑，不知前后，魏然而已矣。推而后行，曳而后往。若飘风之还，若羽之旋，若磨石之隧，全而无非，动静无过，未尝有罪。是何故？夫无知之物，无建己之患，无用知之累，动静不离于理，是以终身无誉。故曰："至于若无知之物而已，无用贤圣。夫块不失道。"豪杰相与笑之曰："慎到之道，非生人之行，而至死人之理，适得怪焉。"
>
> 田骈亦然，学于彭蒙，得不教焉。彭蒙之师曰："古之道人，至于莫之是、莫之非而已矣。其风窢然，恶可而言。"常反人，不见观，而不免于魭断。其所谓道非道，而所言之韪不免于非。彭蒙、田骈、慎到不知道。虽然，概乎皆尝有闻者也。

《庄子·天下》将三人列于一处，事实上可能还各有主张，例如《韩非子·难势》篇比较详细地载录了慎到的理论、稷下先生与慎到辩论之言以及韩非子驳稷下之士的言辞，慎到说：

> 飞龙乘云，腾蛇游雾，云罢雾霁，而龙蛇与蝘蜒同矣，则失其所乘也。贤人而诎于不肖者，则权轻位卑也；不肖而能服于贤者，则权重位尊也。尧为匹夫不能治三人，而桀为天子能乱天下，吾以此知势位之足恃，而贤智之不足慕也。夫弩弱而

> 矢高者，激于风也；身不肖而令行者，得助于众也。尧教于隶属而民不听，至于南面而王天下，令则行，禁则止。由此观之，贤智未足以服众，而势位足以诎贤者也。

慎到的观点是以势足以为治。稷下先生反驳说：势由贤者用之则治，由不肖者用之则乱，所以应尚贤任能。韩非子则继续反驳稷下先生的观点认为为治不必是贤者得势，但必须是抱法应势，即法势并用。由此可见，慎到之学尚"势"的内容。

综上，慎到"尚势"，也同样注重"弃智"，比如他所说的"弃知去己，而缘不得已"，"夫无知之物，无建己之患，无用知之累，动静不离于理"，亦主张去私智私欲，去己去累，而合于道。在慎到的身上，可以看到道法融合的发生。

3. 告子

告子，与孟子同时，同在稷下，两人曾发生过激烈的学术争论。他虽然没有留下什么著作，但通过记载在《孟子》一书中的辩论和一些言论，基本可以看出他"是一位具有道家思想倾向而兼采儒墨的学者"[①]。

告子的几个著名论点：

> 性犹杞柳也，义犹桮棬也。以人性为仁义，犹以杞柳为桮棬。（《孟子·告子上》）
>
> 性犹湍水也，决诸东方则东流，决诸西方则西流。人性之无分善与不善也，犹水之无分于东西也。（《孟子·告子上》）

公孙丑问孟子之不动心与告子之不动心的区别，引告子之言曰：

> 不得于言，勿求于心。不得于心，勿求于气。（《孟子·公

---

① 　张秉楠辑注：《稷下钩沉》，上海古籍出版社 1991 年版，第 76 页。

孙丑上》）

由此可以看出告子的两大论点，一则人性本自然，无分善恶。二则不动心而尚内在之气。其说可谓偏于"道法自然"之说，而更有所发展，与庄子的人性论更为接近。

4. 季真

《庄子·则阳》有：

> 少知曰："季真之莫为，接子之或使。二家之议，孰正于其情，孰偏于其理？"

季真所提出的"莫为"，当为"无为"之义。据此篇上下文，此乃就宇宙之起源问题而言。

5. 接子

战国齐人，与季真皆游稷下。《庄子·则阳》称其有"或使"之说。《史记·孟子荀卿列传》："田骈、接子，齐人……皆有所论焉。"班固《汉书·艺文志》于道家类下著录《接子》两篇。

6. 田骈

战国齐人。以彭蒙为师，游稷下。《汉书·艺文志》道家类著录其书二十五篇，今佚。其说"贵齐""贵均""尚法""执一应万"。如《尸子》称："田骈贵均。"《吕氏春秋·不二》："陈骈贵齐。"《庄子·天下》："古之道术有在于是者，彭蒙、田骈、慎到闻其风而悦之。齐万物以为首。"《荀子·非十二子》篇将慎到和田骈并论，称他们"尚法而无法"。

《吕氏春秋·执一》曰：

> 田骈以道术说齐。齐王应之曰："寡人所有者，齐国也，愿

闻齐国之政。"田骈对曰："臣之言，无政而可以得政。譬之若林木，无材而可以得材。愿王之自取齐国之政也。骈犹浅言之也，博言之，岂独齐国之政哉？变化应求而皆有章，因性任物而莫不宜当，彭祖以寿，三代以昌，五帝以昭，神农以鸿。"

田骈说齐的道术主要就是黄老之政术。

7. 环渊

或作玄渊、范环、便蜎、娟嬛等，战国楚人。于齐宣王、愍王时代游于稷下。《史记·孟子荀卿列传》有"环渊著上下篇"。《汉书·艺文志》道家类著录《蜎子》十三篇，或为环渊所著，已佚。郭沫若《老聃关尹环渊》一文以《史记》所称上下篇为环渊所整理其师老子之《道德经》；以《汉书·艺文志》所称《蜎子》十三篇为环渊自著书。环渊以善钓著称。《淮南子·原道》："夫临江而钓，旷日而不能盈罗，虽有钩箴芒距、微纶芳饵，加之以詹何、嬛娟之数，犹不能与网罟争得也。"又《文选·七发》注引《宋玉集》"宋玉与登徒子偕受钓于玄渊"。

8. 邹衍

齐人。游学稷下，是稷下末期的学者。《史记·孟子荀卿列传》称其有"《终始》《大圣》之篇十余万言"，又说"作《主运》"。《汉书·艺文志》阴阳家类著录《邹子》四十九篇、《邹子终始》五十六篇，均佚。马国翰《玉函山房辑佚书》有辑本。

《史记》中对于邹衍的事迹有较为详细的记录，邹子不同于其他诸子的地方，其一就是他为诸侯王所器重，十分显赫。其原因盖在于邹衍将阴阳五行、天人秩序之思想应用到现实的政权治理当中，使诸侯王们深感其说具有实际的作用。如《史记·孟子荀卿列传》称其说"称引天地剖判以来，五德转移，治各有宜，而符应若兹"。《汉书·郊祀志》曰："自齐威、宣时，邹子之徒论著终始五德之运，及秦帝而齐人奏之，故始皇采用之。"其二，就是他提出了阴阳五行学说，为前人所未细论。

邹衍之说被列入阴阳家派，然而，从其学说的根本立足点来说，应该是稷下道术派的进一步发挥。对此谢扶雅专门撰文①，反驳顾颉刚将邹衍列入儒家的看法。其说正是。邹衍归属于道家，正如《史记·孟子荀卿列传》所称，其说"深观阴阳消息而作怪迂之变……其语闳大不经，必先验小物，推而大之，至于无垠。先序今以上至黄帝，学者所共术，大并世盛衰，因载其禨祥度制，推而远之，至天地未生，窈冥而不可考而原也"。从司马迁对邹衍学说的描述，可知邹衍是以"阴阳消息"为学说的起点，以无垠之道作为考验的空间，推崇黄帝道术之说。其说当源于《老子》第四十二章所说："道生一，一生二，二生三，三生万物。万物负阴而抱阳，冲气以为和。"桓宽《盐铁论·论邹》篇曰："邹子疾晚世之儒墨，不知天地之弘，昭旷之道，将一曲而欲道九折，守一隅而欲知万方，犹无准平而欲知高下，无规矩而欲知方圆也。"并称邹衍认为《禹贡》"不知大道之径"。皆言邹子之说是建立在开放性的"大道"这一思想空间之上的。

9. 邹奭

邹奭，齐人，也是稷下末期的学者。他是继承邹衍学说并加以修饰发挥的所谓阴阳学派的学者。《汉书·艺文志》阴阳家类著录《邹奭子》十二篇，今佚。

《史记集解》引刘向《别录》曰："邹衍之所言五德终始，天地广大，尽言天事，故曰'谈天'。邹奭修衍之文，饰若雕镂龙文，故曰'雕龙'。"

10. 荀子

荀子为战国赵人。据《史记·孟子荀卿列传》，其"年五十始来

---

① 谢扶雅：《田骈和邹衍》，见《古史辨》第五册，上海古籍出版社 1982 年版，第745 页。

游学于齐"。又 "田骈之属皆已死齐襄王时，而荀卿最为老师。齐尚修列大夫之缺，而荀卿三为祭酒焉"。可见荀子在稷下后期的学术地位。荀子的学说处在战国晚期，本传称其 "嫉浊世之政，亡国乱君相属，不遂大道而营于巫祝，信禨祥。鄙儒小拘，如庄周等又猾稽乱俗，于是推儒、墨、道德之行事兴坏，序列著数万言而卒"。由此我们可以看出荀子学说虽然站在儒家的立场上，但实际上亦批评地吸收诸家学说，具有比较浓厚的综合百家的色彩。有学者 "分析了黄老之学的理论体系和基本特征，认为荀学具有黄老之学的理论体系，其基本的学术特征是综合百家，吞吐道法。《荀子》书所表现的学术思想符合黄老之学的理论体系和思想范畴，荀况是战国末期黄老之学的代表"①。

值得注意的是，荀子接受黄老思想的方式是通过展开深度批判的基础上再加以吸收的。如《荀子·正论》中批评宋钘，可以看出是以一种反复辩论的姿态。他说：

> 子宋子曰："明见侮之不辱，使人不斗。人皆以见侮为辱，故斗也。知见侮之为不辱，则不斗矣。"
>
> 应之曰：然则亦以人之情为不恶侮乎？
>
> 曰："恶而不辱也。"
>
> 曰：若是，则必不得所求焉。凡人之斗也，必以其恶之为说，非以其辱之为故也。今俳优、侏儒、狎徒詈侮而不斗者，是岂钜知见侮之为不辱哉。然而不斗者，不恶故也。今人或入其央渎，窃其猪彘，则援剑戟而逐之，不避死伤。是岂以丧猪为辱也哉！然而不惮斗者，恶之故也。虽以见侮为辱也，不恶则不斗。虽知见侮为不辱，恶之则必斗。然则斗与不斗邪，亡于辱之与不辱也，乃在于恶之与不恶也。夫今子宋子不能解人之恶侮，而务说人以勿辱也，岂不过甚矣哉！金舌弊口，犹将无益也。不知其无益则不知；知其无益也，直以欺人则不仁。

---

① 赵吉惠：《荀况是战国末期黄老之学的代表》，《哲学研究》1993 年第 5 期。

不仁不知，辱莫大焉。将以为有益于人，则与无益于人也，则得大辱而退耳。说莫病是矣。

子宋子曰："见侮不辱。"

应之曰：凡议，必将立隆正然后可也。无隆正，则是非不分而辨讼不决。故所闻曰："天下之大隆，是非之封界，分职名象之所起，王制是也。"故凡言议期命，是非以圣王为师。而圣王之分，荣辱是也。是有两端矣。有义荣者，有埶荣者。有义辱者，有埶辱者。志意修，德行厚，知虑明，是荣之由中出者也，夫是之谓义荣。爵列尊，贡禄厚，形埶胜，上为天子诸侯，下为卿相士大夫，是荣之从外至者也，夫是之谓埶荣。流淫、污僈、犯分、乱理、骄暴、贪利，是辱之由中出者也，夫是之谓义辱。胥侮捽搏，捶笞、膑脚，斩、断、枯、磔、藉、靡、舌缲，是辱之由外至者也，夫是之谓埶辱。是荣辱之两端也。

故君子可以有埶辱，而不可以有义辱。小人可以有埶荣，而不可以有义荣。有埶辱无害为尧，有埶荣无害为桀。义荣、埶荣，唯君子然后兼有之；义辱、埶辱，唯小人然后兼有之。是荣辱之分也。圣王以为法，士大夫以为道，官人以为守，百姓以为成俗，万世不能易也。

今子宋子案不然，独诎容为己，虑一朝而改之，说必不行矣。譬之是犹以砖涂塞江海也，以焦侥而戴太山也，蹎跌碎折不待顷矣。二三子之善于子宋子者，殆不若止之，将恐得伤其体也。

子宋子曰："人之情欲寡，而皆以己之情为欲多，是过也。"故率其群徒，辨其谈说，明其譬称，将使人知情欲之寡也。

应之曰：然则亦以人之情为欲，目不欲綦色，耳不欲綦声，口不欲綦味，鼻不欲綦臭，形不欲綦佚。此五綦者，亦以人之情为不欲乎？

曰："人之情欲是已。"

曰：若是，则说必不行矣。以人之情为欲，此五綦者而不欲多，譬之是犹以人之情为欲富贵而不欲货也，好美而恶西施也。

古之人为之不然。以人之情为欲多而不欲寡，故赏以富厚而罚以杀损也。是百王之所同也。故上贤禄天下，次贤禄一国，下贤禄田邑，愿悫之民完衣食。今子宋子以是之情为欲寡而不欲多也，然则先王以人之所不欲者赏而以人之欲者罚邪？乱莫大焉。

荀子书中这一详细的记载似乎还原了稷下学宫中围绕宋子学说所展开的辩论的过程。荀子重点批判了子宋子也就是宋钘两个方面的思想主张，一是"见侮不辱"，一是"情欲寡浅"。再如荀子批评庄子、批评老子，都是站在一个中的立场上，避免偏激思想的发生。荀子的批判明显是对宋钘等提出的偏激主张加以矫正，而非从根本上动摇道家的理论基础。

荀子思想具有融合性，他与孟子虽非立足道家，但都是深受道家影响的稷下先生，孟子养气、荀子言性本自然，皆具有稷下道家的色彩。还有一些未留下系统的思想和著作的人，不说那稷下"数百千人"之中，就是"七十六人"之中也还会有"学黄老道德之术"者。再说，著名大师们还有不少弟子以及受他们影响的人，如《荀子·正论》云：

今子宋子严然而好说，聚人徒，立师学，成文典。

又如《战国策·齐策四》云：

齐人见田骈曰：……今先生设为不宦，赀养千钟，徒百人。……

再如上引徐劫之"千里驹"弟子鲁仲连，等等。

总之，仅就稷下而言，学黄老道德之术的人是很多的。这批人，无论是集中之当时，还是后来分散之后，都以不同的方式发挥影响和作用。《盐铁论·论儒》写道：

> （愍王时）诸儒谏不从，各分散，慎到、接子亡去，田骈如薛，而孙卿适楚。

这一批资深的稷下学者分散到各地去了，他们的门徒、"文典"自然也就分散了。这已是战国末期的事。随着人才向秦国的流动，秦相吕不韦大招宾客作《吕氏春秋》，大量的黄老之学的学者再一次聚集在一起，虽然没有前辈的知名度高，但对黄老之学的贡献却是超过了前人的，他们依靠的是集体的力量，以集体的智慧创作的《吕氏春秋》，是黄老之学的第一部完整的代表作。《吕氏春秋》的产生，标志着黄老新道家学派的形成。

三、楚地的道学风气

战国之时，楚地最大。然而楚国始终没有产生像三晋、齐国这样的以侯王为中心的学术交流群体，及重士之风。因此，我们在现有资料中所能看到的，不过是楚地的有道者隐逸山野，游于北方，或者其他地方的有道者南下楚地隐居不仕，隐姓埋名。但楚地的道学风气不可谓不浓厚，日人小柳司气太云："道家渊源的鬻子及发挥光大道家思想的老子、庄子，皆为楚人。更据《汉志》，蜎子、长卢子、老莱子、鹖冠子，亦皆楚人。至于其他传说中的隐逸，有狂接舆、长沮、桀溺（见《论语·微子》），詹何（见《列子·汤问》《说符》及《韩非子·解老》），北郭先生（见《韩诗外传》卷九），江上老人（见《吕览·异宝篇》），缯封人（见《荀子·尧问》），皆楚人。"[①] 其所列可谓全面，以此为基础，我们可以展开具体的观察。

其一，与孔子同一时代的楚地学道者有老莱子。《庄子·外物》曰：

> 老莱子之弟子出薪，遇仲尼，反以告，曰："有人于彼，修上而趋下，末偻而后耳，视若营四海，不知其谁氏之子。"老莱

---

① 转引自冯友兰《中国哲学史》，重庆出版社 2009 年版，第 145 页。

子曰："是丘也，召而来。"仲尼至。曰："丘，去汝躬矜与汝容知，斯为君子矣。"仲尼揖而退，蹙然改容而问曰："业可得进乎？"老莱子曰："夫不忍一世之伤，而骜万世之患。抑固窭邪？亡其略弗及邪？惠以欢为骜，终身之丑，中民之行进焉耳！相引以名，相结以隐。与其誉尧而非桀，不如两忘而闭其所誉。反无非伤也，动无非邪也。圣人踌躇以兴事，以每成功。奈何哉，其载焉终矜尔！"

司马迁《史记·老子韩非列传》："或曰：老莱子亦楚人也，著书十五篇，言道家之用，与孔子同时云。"《史记正义》引《列仙传》云："老莱子，楚人。当时世乱，逃世耕于蒙山之阳，莞葭为墙，蓬蒿为室，杖木为床，蓍艾为席，菹芰为食，垦山播种五谷。楚王至门迎之，遂去，至于江南而止。曰：鸟兽之解毛可绩而衣，其遗粒足食也。"班固《汉书·艺文志》有《老莱子》十六篇，班固注曰：楚人，与孔子同时。

其二，有楚狂接舆。《庄子·逍遥游》记载了接舆向肩吾所说的"藐姑射山神人"之事。又《庄子·人间世》有：

> 孔子适楚，楚狂接舆游其门曰："凤兮凤兮，何如德之衰也。来世不可待，往世不可追也。天下有道，圣人成焉；天下无道，圣人生焉。方今之时，仅免刑焉！福轻乎羽，莫之知载；祸重乎地，莫之知避。已乎，已乎！临人以德。殆乎，殆乎！画地而趋。迷阳迷阳，无伤吾行。吾行郤曲，无伤吾足。

此事也被记载在《史记·孔子世家》当中。则楚狂接舆为当时的修道、传道者。

其三，孔门弟子中的学道派澹台灭明，即澹台子羽，在孔子卒后，南下居楚，跟从了大批的弟子，在当时也有着重要的影响。《史记·仲尼弟子列传》载："既已受业，退而修行，行不由径，非公事不见卿大夫。南游至江，从弟子三百人，设取予去就，名施乎诸侯。"《史记·儒林列传》载:"澹台子羽居楚。"《史记正义》称:"今苏州城南五里有澹台湖,湖北有澹台。"

其四,环渊。

其五,尸子。《史记·孟子荀卿列传》:"楚有尸子、长卢。"《史记集解》引刘向《别录》曰:"楚有尸子,疑谓其在蜀。今按尸子书,晋人也,名佼,秦相卫鞅客也。卫鞅商君谋事画计,立法理民,未尝不与佼规之也。商君被刑,佼恐并诛,乃亡逃入蜀。自为造此二十篇书,凡六万余言。卒,因葬蜀。"虽然出现尸子是楚人还是晋人的分歧,但至少尸子曾入蜀,而且终卒于楚。

其六,长卢子。《史记·孟子荀卿列传》:"楚有尸子、长卢。"《汉书·艺文志》有《长卢子》九篇。

其七,鹖冠子。《鹖冠子》其书最早著录于《汉书·艺文志》道家类,称"《鹖冠子》一篇"。班固注曰:"楚人,居深山,以鹖为冠。"后世多依班固所述,认为鹖冠子为楚人。李学勤根据《世贤》《武灵王》等篇,认为:"鹖冠子的活动年代估计相当于赵惠文王、孝成王到悼襄王之初年,即楚顷襄王、考烈王之世,也就是公元前三百年至前二百四十年左右,战国晚期的前半。"①

关于鹖冠子其人,一个非常醒目的标志是他的"鹖冠",颜师古注曰:"以鹖鸟羽为冠。"应劭《风俗通义》(佚文)称:"鹖冠子,楚贤人,以鹖为冠,因氏焉。"对于这个标志,或许可以作为判断鹖冠子其人籍贯归属的一个重要因素。黄怀信考证说:

> 《说文解字》云:"鹖,似雉,出上党。"《山海经·中山经》"(辉诸之山)其鸟多鹖",郭璞注云:"音曷,出上党,似雉而大,青色,有毛角,勇健,斗死乃止。"上党,战国魏地,后属赵,在今山西长治地区。现代动物学研究也表明,历史上鹖马鸡(即鹖)主要分布在今山西东北及河北西北部山地。这

---

① 李学勤:《〈鹖冠子〉与两种帛书》,见《道家文化研究》第 1 辑,上海古籍出版社 1992 年版。

一地区，战国晚期正属赵地。又据《后汉书·舆服志下》，赵武灵王曾以鹖"表武士"（因其勇健善斗），是赵国确有鹖。而楚地则无出鹖鸟的记载。既然鹖冠子常以鹖羽为冠，则其必定居住在出产鹖鸟之地，亦可见鹖冠子曾居于赵。[①]

虽然班固、应劭都认为鹖冠子是楚国人，但仔细分析"鹖冠"这一特殊服饰特征，实际上有两种可能，一是此人原本赵人，后居于楚，以鹖冠子自号，亦表示不忘家乡桑梓之意。另一种可能就是如学界所认为的，此人原本是楚人，但后来到了赵国，参与政事。这两种可能性都是有的，所以目前的资料看，还不好直接判定他是楚人还是赵人。唯一可以肯定的是，他到过赵国，亦居于楚国。

其八，荀况。赵人，游学稷下，三为祭酒。晚年而居楚。

其九，文子。关于文子其人，班固注为"老子弟子"。然究竟文子是谁，实际上是个延续了两千年而至今没有解决的公案。历来影响较大的观点有两种：一说是范蠡之师计然，一说是越大夫文种。既然是依托《文子》，则很有可能是战国时楚地学者所为。

除此之外，在楚地的代表性文体作品《楚辞》中，我们也同样可以看到有着道家的影响痕迹。具体论述可见本书第九章。

总之，楚地的道学充满着自由隐逸之风，这也是和三晋以及齐地所不同之处。这种人才状况，正是楚国所面临的严重问题。然而，从另一个方面来说，楚地对于人才的不崇不求，也在一定程度上形成了一种超然世外、安静自然的治学环境，如《文子》《鹖冠子》《蜎子》《长卢子》《尸子》《老莱子》等诸多著作得以撰述流传。

综上所述，"黄老学"虽然只是汉代开始命名，但在先秦已经实际上存在，这是毫无疑问的。从战国初年以魏文侯为中心的养士纳贤，到战国中后期田齐自威王、宣王兴盛的稷下学宫，都成为黄老学思想得以形成的土壤。只不过，所谓的黄老学是一个不断发展流动的思想过程，并非一种定型的思想形态，这就需要我们对前人的

----

① 黄怀信：《鹖冠子校注·前言》，中华书局 2014 年版，第 2—3 页。

说法加以重新审视。

如郭沫若在《十批判书》中曾提出黄老学是"培植于齐，发育于齐，而昌盛于齐"的观点。丁原明在《黄老学论纲》中则认为"从时间向度上说，它经历了战国和秦至西汉初两大阶段。前一阶段是黄老学产生形成的时期，它主要是被当作一种学术而提出来的。后一阶段是黄老学与现实封建政治密切结合的时期，也可以说是黄老学的应用时期，它主要是被当作一种政术而加以运用的"。"战国黄老学不仅有齐国这个中心，同时还有以楚国为代表的南方黄老学系统。只有把这两个中心联系起来加以研究，才能全方位揭示出战国黄老学的真实情况"。

关于战国黄老学的形成轨迹，或以为"黄老之学产生并成熟于稷下"[1]，或者将战国黄老学的发展分成以《黄老帛书》为代表的"南方黄老学的思想"和以稷下道家为代表的"北方黄老学的思想"。[2] 但一般将黄老学的兴起和壮盛都定位在稷下时代和楚道家群体，忽略了魏文侯时期三晋的学术转型及其所带来的巨大影响。也可以说，三晋的学术转型是黄老学说形成的重要起点。以魏文侯为中心的战国初的学术融合就已经催生了黄老思想的早期萌芽，至齐稷下学兴起，则进一步完成了黄老学说的内容建构，进一步推动黄老学思想形态的发展和成熟。至秦立国之前完成的《吕氏春秋》则为黄老学的真正定型，代表着黄老学思想的历史总结。这是一个差不多贯穿了整个战国二百余年历史的漫长过程。

第三节 黄老学著作对老子思想的吸收和扬弃

战国黄老学的兴起是一个不争的事实。虽然在当时没有称作黄

---

[1] 白奚：《稷下学研究：中国古代的思想自由与百家争鸣》，生活·读书·新知三联书店1998年版，第92页。

[2] 丁原明：《黄老学论纲》，山东大学出版社1997年版，第90、125页。

老学，但其根本的思想体系是逐渐走向了定型的。为何要"黄老"合称？究竟是以黄帝说为核心，还是以老子说为核心？二者是如何结合的？今仅以能够代表不同阶段不同地域的黄老学思想的三种重要出土文献和传本文献——长沙马王堆出土《黄帝书》、《管子》四篇、《鹖冠子》来加以细致分析。

一、长沙马王堆帛书古佚书与《老子》

1973 年长沙马王堆三号汉墓出土帛书本《老子》甲本和乙本，与帛书甲本《老子》抄在同一块帛上的还有《五行》《九主》《九主图》《明君》《德圣》几篇古佚文献。与《老子》乙本合抄在一块帛上的，有《经法》《十大经》《称》《道原》四种古佚书。

与《老子》甲本合抄的古佚书字体风格与《老子》甲本同，大概是出于同一时代同一人之手。字体类秦代隶书的早期古隶，不避汉高祖刘邦讳，当抄写于汉初高祖之世。与《老子》乙本同抄的《经法》《十大经》等四种古佚书，乙本抄在最后。避邦字讳，不避高祖以后诸帝讳，字体为较晚的古隶，其抄写年代当在文帝初期。此墓下葬的时间是在文帝前元十二年（前 168）。[1]

这批抄写于汉初的学术著作，引起了学界非常浓厚的兴趣。其中《老子》甲、乙本没有抄在一幅，而是分别抄于两幅的首尾，中间抄写了《五行》《九主》《九主图》《明君》《德圣》《经法》《十大经》《称》《道原》这九种古佚书。很显然这九种古佚书与《老子》有一定的关系，才会形成如此的整理方式。

学术界更多关注的是所谓"黄帝书"或"黄帝四经"，即《老子》乙本卷前的古佚书四种，正如李学勤先生所说："因为有这一卷帛书的出现，学者才能了解文献内常见的'黄老'之学的真实面目，同时印证西汉早期确系尊崇'黄老'，司马谈论六家要旨专尚'黄老'，代表着那一时的风气。"[2] 然而，我们还必须看到，介于帛书《老子》甲本、乙本中间的九篇，除了《九主图》残缺之外，其余八

---

① 裘锡圭主编：《长沙马王堆汉墓简帛集成》第 4 册，中华书局 2014 年版，第 1 页。
② 李学勤序，见《马王堆汉墓帛书〈黄帝书〉笺证》，中华书局 2004 年版，第 2 页。

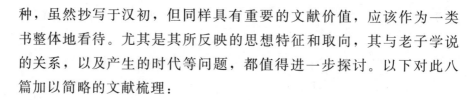

种，虽然抄写于汉初，但同样具有重要的文献价值，应该作为一类书整体地看待。尤其是其所反映的思想特征和取向，其与老子学说的关系，以及产生的时代等问题，都值得进一步探讨。以下对此八篇加以简略的文献梳理：

1.《五行》

接于《老子》甲本之后抄写。原无标题。首句曰："仁形于内谓之德之行，不形于内谓之行。"接下去分别以同样的句式论智、义、礼、圣，为"德之行五，和谓之德。四行，和谓之善。善，人道也。德，天道也"。这篇文献也见于郭店楚墓所发掘的竹简中，可见其流传之久远，而且也是和《老子》书相伴流行。从内容看，基本一致。郭店楚简本《五行》以"五行"二字开头。故据《荀子·非十二子》，以此篇为子思或其弟子所作，当无疑议。子思虽为儒家，且被孟子所承袭，但其思想受到荀子的严厉批判。如《荀子·非十二子》曰："略法先王而不知其统，犹然而材剧志大，闻见杂博。案往旧造说，谓之五行，甚僻违而无类，幽隐而无说，闭约而无解。案饰其辞而祗敬之曰：此真先君子之言也。子思唱之，孟轲和之。世俗之沟犹瞀儒、嚾嚾然不知其所非也，遂受而传之，以为仲尼、子游为兹厚于后世：是则子思、孟轲之罪也。"荀子为何如此激烈地批判同为儒派的子思学说？从其将子思、孟轲与它嚣、魏牟、陈仲、史鳅、墨翟、宋钘、慎到、田骈、惠施、邓析相提并论可以看出，子思之说已经在孔子基本思想的基础上，更趋向内在之心的修持，《五行》所说"仁形于内谓之德之行，不形于内谓之行"，强调"仁形于内"和"不形于内"的差别。又说"善，人道也。德，天道也"，"君子慎其独也"，"言至内者之不在外也。是之谓独，独也者，舍体也"。池田知久认为"舍体"的思想可能受到道家学说的影响，并举《庄子·大宗师》"堕枝体，黜聪明，离形去知，同于大通，此谓坐忘"，及《庄子·在宥》"堕尔形体，吐尔聪明，伦与物忘，大同乎涬溟"为证。池田关于舍体的解释是很可注意的，但从子思的时代看，应早于庄子，不应是受庄子影响的结果。同时代的儒学中必已发展出了此类思想，而影响于后世之道家内圣派。与此《五行》关系密切的《德圣》一篇，就有"坐而忘，退聪明，去知俞己，而上同"之语，可作一证。尽管早期儒道存在着复杂的影响关系，但不可否认，修内心之道与圣，本身即为《老子》学说的一个重要内容。故子思派的分化，与《老子》思想亦具有相应的关系。

2.《九主》

本篇接抄于《五行》之后，借伊尹之口，言君道臣道。开头曰："汤用伊尹，既放夏桀以君天，伊尹为三公，天下太平。"为记载伊尹与汤言九主之事。文中所说的"九主"，包括"法君"与适恶"八主"，即专授之君一、劳君一、寄主一、破邦之主二、灭社之主二，以及半君。"适恶"，即归从于恶。关于"九主"，司马迁《史记·殷本纪》中有过记载，曰："或曰：伊尹处士，汤使人聘迎之，五反然后肯往从汤，言素王及九主之事。"裴骃《集解》引刘向《别录》曰："九主者，有法君、专君、授君、劳君、等君、寄君、破君、国君、三岁社君，凡九品，图画其形。"则刘向时已不甚清楚何谓九主，至唐人则更不明其义。如司马贞《索隐》曰："九主者，三皇、五帝及夏禹也。或曰，九主谓九皇也。然按注刘向所称九主，载之《七录》，名称甚奇，不知所凭据耳。法君，谓用法严急之君，若秦孝公及始皇等也。劳君，谓勤劳天下，若禹、稷等也。等君，等者平也。"据新出土之《九主》，至少可以纠正世人关于《九主》之说的误解，并补充其说的本义。刘向别录所说的"专君""授君"当为"专授之君"，"等君"当为"半君"，无"国君"，"三岁社君"当为"灭社之君"。除了"法君"之外，其他的八君皆为不善之君，非如唐人所说为"九皇"。因此，从帛书本《九主》我们可以看到其文的真面目。关于其思想，主要有两个方面的重点：一是"法君""法臣"为作者所推崇的君臣之道。二是不明君臣之道，归从于恶的君臣其国必然走向失败和灭亡。

帛书本《九主》中"法君"的"法"字即"取法、效法"之义。如说："法君者，法天地之则者"。"古今四纶，道数不贰。圣王是法，法则明分"。又"伊尹对曰：天范无□，覆生万物。生物不物，莫不以名。不可为二名。此天范也"。又"伊尹对曰：主法天，佐法地，辅臣法四时，民法万物，此谓法则。天覆地载，生长收藏，分四时，故曰事分在职臣"。其法则思想，可谓与《老子》道法自然的法则思维方式正相一致。

3.《明君》

接抄于《九主》之后，原无篇题，整理者以《明君》为篇题。

本篇的内容主要讨论如何做一个真正意义上的"明君"。如其开篇曰："臣以明君者必有实矣。明君之实奚若哉？曰：小则能为大，弱则能为强。□□而能自尊也。此明君之实也。"先提出明君得实的基本目标。

再进一步论述明君得实的根本基础在于"战胜则君尊"。其"战胜"似分作两个方面来阐释，第一方面是"务在攻战而止"。文本有残缺，揣摩其意当为：不能完全否定攻战，必要的时候仍需要以攻为守。所谓"是以贤士明君，知其存攻战也"。只是保存能够打进攻战的实例，但并非滥用武力、强取豪夺之意。第二方面是强调"守战"的重要性。"是故善战者，其城不围。善守者，其地不亡。守战□，邦之大务也。而贤君独积焉，故无敌"。

最后强调"明君"必深谙军事伦理。曰："以夫明君之所广者仁也。所大者义也。所处者诚也。所用者良也。所积者兵也。所待者时也。所攘者暴也。□曰：广仁则天下亲之，大义则天下与之，处诚则天下信之，用良则天下□【之】，【积】兵则必胜，待时则功大，攘暴则害除而天下利。"

综合而言，这是一篇围绕明君以军事强国的理论文章。值得注意的是，其军事思想与《老子》的军事思想有相通之处，如同样强调战争伦理，反对穷兵黩武，但又不反对打胜仗本身对于国家的重要性。如《老子》第三十章说："善有果而已，不敢以取强。"第三十一章："不得已而用之，恬淡为上，胜而不美。"第六十八章曰："善为士者不武，善战者不怒，善胜敌者不与，善用人者为之下。是谓不争之德。"

4.《德圣》

本篇接抄于《明君》之后，原无篇题，今篇题为整理者所加。其所讨论的内容与《五行》密切相关，袭用了《五行》中"五行""四行""德""圣"等概念，并有对于"五行"与"德"，以及"圣"与"天"关系的进一步讨论。值得注意的是，其中已经明显沿袭了一些道家的词语和说法。如曰："四行形，圣气作。五行形，德心起。和谓之德，其要谓之一，其爱谓之天"。"清浊者，德之仁。德者，清浊之渊。身调而神过，谓之玄同"。"坐而忘，退而聪明，去知俞己，而上同□□"。"经者，至素至精"。"知人道曰知，知天道曰圣"。"圣□，黯然者，諴然者，发挥而盈天下者，圣"。

5.《经法》

《经法》为《老子》乙本卷前四种古佚书的第一种，下分作《道法》《国次》《君正》《六分》《四度》《论》《亡论》《论约》《名理》九篇，每篇原有标题，写在篇末。

综合来看，这一文献的思想取向整体上偏于刑名法术之学。然而此刑名法术已经与道相整合，成为一种系统的、沟通天人的思想体系：首先以道为根本的思想基础，其次建立起道与刑名的关系，再次，完成由"道法"到现实政治的落实。

其中关于道的部分的表述是：

> 道生法。(《道法》)
> 虚无形，其裻冥冥，万物之所从生。(《道法》)

"裻"，《说文》段注曰："引伸为凡中之称。"即道乃虚中无形，万物从生。也即《老子》所谓"玄之又玄，众妙之门"，"道生一，一生二，二生三，三生万物"，"道冲而用之，或不盈，渊兮似万物之宗"。

道既然是无形无名的，又如何发生作用呢？在《老子》可谓只

263

言其作用，而未言其具体如何发生作用；在黄老之学则在道与作用之间，增加了"刑名法术"的内容，如曰：

故同出冥冥，或以死，或以生。或以败，或以成。祸福同道，莫知其所从生。见知之道，唯虚无有。虚无有，秋毫成之，必有刑名。刑名立，则黑白之分已。故执道者之观于天下也，无执也，无处也，无为也，无私也。是故天下有事，无不自为形名声号矣。刑名已立，声号已建，则无所逃迹匿正矣。（《道法》）

故执道者之观于天下也，必审观事之所始起，审其形名。形名已定，逆顺有位，死生有分，存亡兴坏有处。然后参之于天地之恒道，乃定祸福死生存亡兴坏之所在。是故万举不失理，论天下而无遗策。故能立天子，置三公，而天下化之，之谓有道。（《论约》）

故执道者之观于天下，见正道循理，能举曲直，能举终始。故能循名究理。刑名出声，声实调合。祸灾废立，如影之随形，如响之随声，如衡之不藏重与轻。（《名理》）

关于道法与治国关系的表述：

公者明，至明者有功。至正者静，至静者圣。无私者知，至知者为天下稽。称以权衡，参以天当。天下有事，必有巧验。事如直木，多如仓粟。斗石已具，尺寸已陈，则无所逃其神。故曰：度量已具，则治而制之矣。绝而复属，亡而复存，孰知其神。死而复生，以祸为福，孰知其极。反索之无形，故知祸福之所从生。应化之道，平衡而止。轻重不称，是谓失道。（《道法》）

凡事无大小，物自为舍。逆顺死生，物自为名。名形已定，物自为正。故唯执道者能上明于天之反，而中达君臣之半，富密察于万物之所终始，而弗为主。故能至素至精，浩弥无形，然后可以为天下正。（《道法》）

关于天人关系的讨论：

> 天地无私，四时不息。天地立，圣人故载。过极失当，天将降殃。人强胜天，慎避勿当。天反胜人，因与俱行。先屈后伸，必尽天极，而毋擅天功。（《国次》）

> 故唯圣人能尽天极，能用天当。天地之道，不过三功。功成而不止，身危有殃。（《国次》）

"功遂身退"是《老子》的重要思想，《老子》第九章："持而盈之，不如其已。揣而锐之，不可长保。金玉满堂，莫之能守。富贵而骄，自遗其咎。功成身退，天之道。"所言正是盈满必倾、守下则长久的道理。

关于法的理解和强调：

> 法者，引得失以绳，而明曲直者也。故执道者，生法而弗敢犯也，法立而弗敢废也。故能自引以绳，然后见知天下而不惑矣。（《道法》）

> 法度者，正之至也。而以法度治者，不可乱也。而生法度者，不可乱也。精公无私而赏罚信，所以治也。（《君正》）

老子对于"法"，基本持排斥的态度，如《老子》第五十七章："法令滋彰，盗贼多有。"《经法》的思路是强调"道生法"，而非任意而生的私下之立法，故在一定程度上纠正了老子完全排斥"法"，而使虚无之"道"无法向下落实的问题。

关于道与"神明""名理"的关系：

> 道者，神明之原也。神明者，处于度之内而见于度之外者也。处于度之内者，不言而信。见于度之外者，言而不可易也。处于度之内者，静而不可移也。见于度之外者，动而不可化也。动而静而不移，动而不化，故曰神。神明者，见知之稽也。有

物始□，建于地而溢于天，莫见其形，大盈终天地之间而莫知其名。（《名理》）

关于"无私"的强调：

兼爱无私，则民亲上。（《君正》）
天下太平，正以明德，参之于天地，而兼覆载而无私也，故王天【下】。（《六分》）

老子强调"无私""公"，如《老子》第七章："是以圣人后其身而身先，外其身而身存。非以其无私邪？故能成其私。"第十六章："容乃公，公乃王，王乃天，天乃道，道乃久，没身不殆。"

关于"啬"道：

然而不知王术，不王天下。知王术者……俱与天下用兵，费少而有功。（《六分》）

"啬"与"俭"，均为《老子》所推崇的因素。啬则爱惜精气神，不妄加耗费，俭亦为少耗费之义，且称俭为三宝之一。然此二要素皆与"为无为"相联系，也就是以最少的消耗，完成功业。这一点，也被《经法》的作者所接受的。《国语·越语下》："兵胜于外，福生于内，用力甚少，而名声章明。"可与此相发明。

关于"道纪"：

极而反，盛而衰，天地之道也，人之理也。逆顺同道而异理，审知逆顺，是谓道纪。以强下弱，以何国不克。以贵下贱，何人不得。（《四度》）

《老子》第十四章，用"道纪"一词，是为表达以"古之道"为"纲纪"之义。然至《经法》中则更进一步具体化，指出"物极必反，盛极而衰"，这是天地之道共同的道理，故而守谦下即为顺道纪行事的做法。

关于柔弱：

> 柔弱者无罪而几，不及而翟，是谓柔弱。刚正而□者□□而不究。名功相抱，是故长久。名功不相抱，名进实退，是谓失道。（《四度》）
>
> 以刚为柔者活，以柔为刚者伐。重柔者吉，重刚者灭。（《名理》）

陈鼓应释"几"作"危险"，"翟"，读为"趯"，惊惧之义。故这里所说的"柔弱"，是指能做到无罪而见微知著，未及祸患而警惕戒惧，处世策略具有远见。《经法》对于《老子》"柔弱"一词的含义进行重新诠释，一方面肯定柔弱代表着一种与生相伴的处世方法，另一方面认为柔弱代表着一种能预见的智慧。"柔弱"可以说是《老子》学说中一个中心的概念，正如《吕氏春秋·不二》总结说"老聃贵柔"。而《老子》第三十六章曰："将欲歙之，必固张之；将欲弱之，必固强之；将欲废之，必固兴之；将欲夺之，必固与之，是谓微明。柔弱胜刚强。"第七十六章曰："人之生也柔弱，其死也坚强。万物草木之生也柔脆，其死也枯槁。故坚强者死之徒，柔弱者生之徒。是以兵强则不胜，木强则兵。强大处下，柔弱处上。"正与《经法》所表达的意思相一致。

吸收墨家以融合道法：

> 臣君当位谓之静，贤不肖当位谓之正，动静参于天地谓之文。诛□时当谓之武。静则安，正则治，文则明，武则强。安得本，治则得人。明则得天，强则威行。参于天地，阖于民心，文武并立，命之曰上同。（《四度》）

6.《十大经》

《十大经》中的《立命》《观》《五政》《果童》《正乱》《姓争》《雌雄节》《兵容》《成法》《三禁》《本伐》《前道》《行守》《顺道》《名刑》诸篇大多数都是借黄帝君臣的对话，来阐述论道治国之思想。如《立命》开篇曰："昔者黄宗质始好信，作自为象。方四面，传一心。"原注曰"黄宗，即黄帝之庙，观下文四达自中云云，与所谓明堂相似。"① 魏启鹏、陈鼓应谓乃"黄帝为天下之宗主，故名。"② 可见其作者对于"黄帝"的尊崇。

考察《十大经》诸篇，与《老子》书相通者如下：

第一，关于"道"与"道""法"关系的表述：

> 黄帝曰：群群□□□□□□为一囷，无晦无明，未有阴阳。阴阳未定，吾未有以名。今始判为两，分为阴阳。离为四时。□□□□□□□□，因以为常。其明者以为法而微道是行。行法循□□牝牡，牝牡相求，会刚与柔。柔刚相成，牝牡若形。下会于地，上会于天，得天之微。（《观》）

> 无形无名，先天地生，至今未成。（《行守》）

此段对道的描述分为两个阶段，首先作为本根之"道"，呈现为"一囷"的混沌一体的状态，正如《老子》第十四章所说"混而为一，其上不皦，其下不昧，绳绳不可名，复归于无物，是谓无状之状，无物之象。是谓惚恍"。第二阶段是"始判为两，分为阴阳"的阶段，这一阶段就包括"明者""微道"，正如《老子》第一章所说的"无名"和"有名"的状态，以及"皦"和"妙"的状态。与老学不同的是，此书的作者认为"其明者以为法，而微道是行"。又行法应

---

① 裘锡圭主编：《长沙马王堆汉墓简帛集成》第 4 册，中华书局 2014 年版，第 151 页。

② 魏启鹏：《马王堆汉墓帛书〈黄帝书〉笺证》，中华书局 2004 年版，第 96 页。

按照牝牡刚柔的规律，迎合天地之道以完成。在此基础上，该篇的作者还提出了"刑德"说，亦即"不麋不黑，而正之以刑与德。春夏为德，秋冬为刑。先德后刑以养生"（《观》）。乃法家治国之说。由《韩非子·二柄》可见其影响所及："明主之所导制其臣者，二柄而已矣。二柄者，刑德也。何谓刑德？曰：杀戮之谓刑，庆赏之谓德。"

"先天地生"一语，与《老子》第二十五章"有物混成，先天地生"同。

第二，关于治国的顺序问题：

> 黄帝曰："吾既正既静，吾国家愈不定，若何？对曰：后中实而外正，何患不定？左执规，右执矩，何患天下？男女毕同，何患于国？"（《五政》）

文中所说的先治身，再治国，正是《老子》以来道家的一贯主张，如《老子》第三十七章曰："道常无为而无不为，侯王若能守之，万物将自化"。"不欲以静，天下将自定"。第五十七章有："故圣人云：我无为而民自化，我好静而民自正，我无事而民自富，我无欲而民自朴。"比较而言，此篇借黄帝之口所说"吾既正既静，吾国家愈不定，若何"盖为对于已有成说在实践过程中的问题的发问。而阉冉的回答正体现了黄老学说的特点，即君无为而臣有为，道无为而法定规矩，因而成事，故君主以正以静，而天下治。由此篇可见黄老学说对老子思想的发展之处。

第三，关于治身与曲、不争：

> 黄帝曰：吾身未自知，若何？对曰：后身未自知，乃深伏于渊，以求内刑。内刑已得，后□自知屈后身。黄帝曰：吾欲屈吾身，屈吾身若何？对曰：道同者其事同，道异者其事异。今天下大争，时至矣，后能慎勿争乎？黄帝曰：勿争若何？对曰：怒者血气也，争者外脂肤也。怒若不发，浸廪是为痈疽。

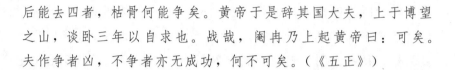

后能去四者，枯骨何能争矣。黄帝于是辞其国大夫，上于博望之山，谈卧三年以自求也。战哉，阉冉乃上起黄帝曰：可矣。夫作争者凶，不争者亦无成功，何不可矣。（《五正》）

此段材料中，内修其身是修身之始，"乃深伏于渊"是指其心之修持，如《老子》所说"道冲而用之或不盈，渊兮似万物之宗"，"居善地，心善渊"，"古之善为士者，微妙玄通，深不可识"，盖乃取其渊深宁静之义。接下来又讨论"勿争""勿争若何"以及"争"与"不争"的界定、范畴、平衡问题。"作争者凶，不争者亦无以成功"句则显然是针对《老子》所说的"以其不争，故天下莫能与之争"及"天之道，不争而善胜"等单纯强调"不争"所进行的修正。

第四，关于"雌雄"和"刚柔"：

> 宪傲骄倨，是谓雄节。□□恭俭，是谓雌节。夫雄节者，涅之徒也。雌节者，兼之徒也。夫雄节以得，乃不为福；雌节以亡，必得将有赏。夫雄节而数得，是谓积殃。凶忧重至，几于死亡。雌节而数亡，是谓积德。慎戒毋法，大禄将极。（《雌雄节》）

> 人道刚柔，刚不足以，柔不足恃。（《三禁》）

> 力黑曰：大庭氏之有天下也，安徐正静，柔节先定。宛湿恭俭，卑约主柔。常后而不失，体正信以仁，慈惠以爱人，端正勇，弗敢以先人。中请不刺，执一毋求。（《顺道》）

> 立于不敢，行于不能。战示不敢，明执不能。守弱节而坚之，胥雄节之穷而因之。（《顺道》）

"雄节"骄傲盈满，必带来灾殃。"雌节"恭俭平等，必积德福，可谓秉《老子》贵柔重静之教。如《老子》第十章："天门开阖，能无雌乎？"第二十八章："知其雄，守其雌，为天下溪。"在《三禁》中又强调"刚柔"的平衡。提出"柔不足恃"，也进一步修正了《老子》贵柔贵弱之说。

第五，关于"一"与"守一"：

> 黄帝曰：一者，一而已乎？其亦有长乎？力黑曰：一者，道其本也，胡为而无长。□□所失，莫能守一。一之解，察于天地。一之理，施于四海。……夫唯一不失，一以驺化，少以知多。夫达望四海，困极上下，四向相抱，各以其道。夫百言有本，千言有要，万言有总。万物之多，皆阅一空。夫非正人也，孰能治此？彼必正人也，乃能操正以正奇，握一以知多，除民之所害，而持民之所宜。总凡守一，与天地同极，乃可以知天地之祸福。"（《成法》）

"道"本无形，"一"乃"道"之有形，在《老子》已充分重视"一"的重要地位，第二十二章："是以圣人抱一，为天下式。"第三十九章："昔之得一者，天得一以清，地得一以宁，神得一以灵，谷得一以盈，万物得一以生，侯王得一以为天下贞。"第四十二章："道生一，一生二，二生三，三生万物。"在老子看来，"一"是"道"始有形然混沌未分的状态，相当于精微之精气。《成法》则在此基础上主要讨论如何"守一"及"少以知多"。与此相关的尚有《鹖冠子·度万》："守一道制万物者，法也。"《商君书·靳令》："守十者乱，守一者治。"《文子·道原》和《淮南子·原道训》亦皆有"万物之总，皆阅一孔。百事之根，皆出一门。"

第六，关于用兵之道：

> 道之行也，由不得已。由不得已，则无穷。（《本伐》）

这句话之前，先是讨论了三种用兵的情况，一是为利者，一是为义者，一是行忿者，最后总结，用兵之道，当以不得已而行为最上。《老子》也三次提到"不得已"。第二十九章："将欲取天下而为之，吾见其不得已。天下神器，不可为也。为者败之，执者失之。"第三十章："善有果而已，不敢以取强。果而勿矜，果而勿伐，果而勿

骄，果而不得已，果而勿强。"第三十一章："兵者，不祥之器，非君子之器。不得已而用之，恬淡为上，胜而不美。"

第七，关于"刑名"与"静""无为"关系的表述：

> 欲知得失，请必审名察刑。刑恒自定，是我愈静。事恒自施，是我无为。（《名刑》）

"黄帝书"讲"刑名"，是一项重要内容，但与刑名法术之学相比，其说或与道相联系，或与无为静定相联系，显示了黄老融合的基本形态。与此相关可参见《邓析子·转辞》曰："循名责实，实之极也。按实定名，名之极也。参以相平，转而相成，故得之形名。"

7. 《称》

第一，建立"道"与"刑名"的思想体系。如言：

> 道无始而有应，其未来也，无之。其已来，如之。有物将来，其刑先之。建以其刑，名以其名。

第二，用兵之道：

> 兵者，不得已而行。

第三，"因"：

> 弗为而自成，因而建事。

第四，细大：

> 内事不和，不得言外。细事不察，不得言大。

其意与《老子》第六十三章所言"图难于其易，为大于其细。天下难事必作于易，天下大事必作于细"正合。

8.《道原》

恒先之初，迥同太虚。虚同为一，恒一而止。湿湿梦梦，未有明晦。神微周盈，精静不熙。故未有以，万物莫以。故无有形，大迥无名。天弗能覆，地弗能载。小以成小，大以成大。盈四海之内，又包其外。在阴不腐，在阳不焦。一度不变，能适蚑蛲。鸟得而飞，鱼得而游，兽得而走，万物得之以生，百事得之以成。人皆以之，莫知其名。人皆用之，莫见其形。

一者其号也，虚其舍也，无为其素也，和其用也。是故上道高而不可察，深而不可测也。显明弗能为名，广大弗能为形，独立不偶，万物莫之能令。

故唯圣人能察无形，能听无声，知虚之实，后能大虚。乃通天地之精，通同而无间，周袭而不盈。服此道者，是谓能精。

圣王用此，天下服。无好无恶，上用□□而民不迷惑。上虚下静而道得其正。信能无欲，可为民命。上信无事，则万物周遍。分之以其分，而万民不争；授之以其名，而万物自定。不为治劝，不为乱懈。广大弗务，及也。深微弗索，得也。夫为一而不化。得道之本，握少以知多。得事之要，操正以正奇。

以上节选《道原》的部分内容，正可以看出其相当于一篇总结性文献，尤其对于道的本原、形态、性质和作用进行了总的概括。其说以道为根本，以体道之圣人为治道的作用者，以审治刑名、握少知多、操正治奇为"无为而治"的方式，充分体现了黄老之学立足大道，同时"撮名法之要"的特点。

二、《管子》与《老子》

《管子》一书，班固《汉书·艺文志》列在道家类，共八十六篇，并注曰："名夷吾，相齐桓公，九合诸侯，不以兵车也。有《列传》。"① 张守节《史记正义》引刘歆《七略》曰："《管子》十八篇，在法家。"《隋书·经籍志》《四库全书总目》亦将其书移到法家之首。今本存有七十六篇。郭沫若《青铜时代·宋钘尹文遗著考》提出："《管子》书……不仅不是管仲作的书，而且非作于一人，也非作于一时。它大约是战国及其后的一批零碎著作的总集，一部分是齐国的旧档案，一部分是汉朝时开献书之令时，由齐地汇献而来的。"张舜徽则曰："《管子》，丛书也。囊括众家，罔不该备。盖汉以上学者杂钞汇集而成。"② 可见对于此书学术性质的认定，学界基本并无大的异议。由此我们展开《管子》与《老子》关系的讨论，就要理出其部分文献资料的学术体系及来源。

《管子》虽然内容驳杂，但也存在一个大的体系，正如前人所概括的："《管子》树义有五：曰政治，曰法令，曰经济，曰军事，曰文化。"另外还包括："在政治理论之外而兼有其内容，以《小匡》为主。"③ 在这一大框架之下，其政治、法令以及文化方面，都体现了与稷下黄老道家以及《老子》《庄子》思想较为一致的思想取向。

最有代表性的，当属《心术上》《心术下》《白心》《内业》这四篇。这四篇一直被认为是来自于稷下道家文献的一部分。如张舜徽专门著有《管子四篇疏证》，陈鼓应则著有《管子四篇诠释》，将这四篇文献归属于稷下道家，主张《管子》四篇为"稷下黄老代表作"。与此相关的讨论几乎都不离这个范围，主要是其是否为稷下宋钘学派的代表作。例如郭沫若曾提出这四篇即稷下道家宋钘之遗著，而冯友兰、张岱年、朱伯崑、白奚等皆提出反对的看法。林志鹏《宋钘学派遗著考论》一书则更进一步从出土文献的角度，认为《管子》这四篇都是出于稷下宋钘学派或者深受宋钘学派影响的作品。然不论赞同还是反对，《管子》这四篇文献与《老子》学说有着密切

---

① （汉）班固：《汉书》卷三十《艺文志》，中华书局 1962 年版，第 1729 页。

② 张舜徽：《管子四篇疏证序》，见《张舜徽集·周秦道论发微》，华中师范大学出版社 2005 年版，第 209 页。

③ 黎翔凤：《管子校注·序论》，中华书局 2004 年版，第 21 页。

的关系，这是被后世更多关注的。如胡家聪《管子新探》有《白心》与《老子》相关词语的对照表，陆建华《先秦诸子〈老子〉注研究——兼及先秦老学思想》专门做了《管子》四篇《老子》注的钩稽和对应性研究。

但也需要交代的是，《管子》虽然与《老子》思想有一定的关联，但并没有真正以传注的形式解说《老子》，而是在《老子》思想的基础上展开了进一步的阐释和发展。这种阐发在某种程度上说，已经合于司马谈《论六家之要指》所说的"道德家"以"道德"为主融合百家的基本特征。

如《管子·心术上》首段：

> 心之在体，君之位也。九窍之有职，官之分也。心处其道，九窍循理。嗜欲充益，目不见色，耳不闻声。故曰：上离其道，下失其事。毋代马走，使尽其力。毋代鸟飞，使弊其羽翼。毋先物动，以观其则。动则失位，静乃自得。道不远而难极也。与人并处而难得也。虚其欲，神将入舍。扫除不洁，神乃留处。人皆欲智，而莫索其所以智乎。智乎智乎，投之海外无自夺，求之者不得处之者，夫正人无求之也，故能虚无。虚无无形谓之道。化育万物谓之德。君臣父子人间之事谓之义。登降揖让，贵贱有等，亲疏之体，谓之礼。简物小未一道，杀戮禁诛谓之法。大道可安而不可说，直人之言，不义不顾。不出于口，不见于色，四海之人，又孰知其则？天曰虚，地曰静，乃不伐。洁其宫，开其门，去私毋言，神明若存。纷乎其若乱，静之而自治。强不能遍立，智不能尽谋。物固有形，形固有名，名当谓之圣人。故必知不言无为之事，然后知道之纪。殊形异势，不与万物异理，故可以为天下始。人之可杀，以其恶死也。其可不利，以其好利也。是以君子不怵乎好，不迫乎恶，恬愉无为，去智与故。其应也，非所设也。其动也，非所取也。过在自用，罪在变化。是故有道之君，其处也若无知。其应物也若偶之。静因之道也。……故曰：心术者，无为而制窍者也。

《心术》二篇所集中讨论的，正是"心术"这一理论范畴。究竟什么是其所说的"心术"，可用上引最后一句话来表达，就是："心术者，无为而制窍者也。"在一个身体之中，心相当于发挥主宰作用的君主，心需要虚静无为，才能很好地调动九窍各司其职。在一个国家之中，君主要发挥主宰作用，同样需要虚静无为，才能更好地发挥百官的作用。这样一个思路，亦见于《管子·九守》《荀子·君道》《韩非子·主道》《吕氏春秋·君守》《淮南子·主术》。如《管子·九守》开头曰："安徐而静，柔节先定。虚心平意以待须。"强调居君主之位的心术之守。《文子》亦有《九守》，强调守无、守平等。综合而言，皆所以明君无为而臣有为，君臣分工不同之理。这样一种思想倾向多见于战国后期的文献之中，其源头究竟是《管子》还是《荀子》? 我们不妨比较一下，《荀子》的君道思想最终落脚在"隆礼重法"，《韩非子》的主道也以"法"为依归。《管子》的《心术上》则自成一体，从道德的层面提出"虚无无形谓之道"，"化育万物谓之德"。义、礼、法皆以此为根基。从君主的层面提出，有道之君，"其处也若无知。其应物也若偶之。静因之道也"。从心的层面提出，有道之心，"虚其欲，神将入舍。扫除不洁，神乃留处"。其最后的落脚点无疑是在：君主当虚静其心，以清静无为之道自守之意。与《老子》所说"虚其心"，"无欲以静，天下将自定"，"致虚极，守静笃"，以及"无为而无不为"，皆意旨相同。而其言说的理论基础，也是以"道"为最高的准则，所谓的"纲纪"，即"故必知不言无为之事，然后知道之纪。殊形异埶，不①与万物异理，故可以为天下始"。以不言、无为处事，则可以见天地大道之法则纲纪。与万物不同，故可以为天下之本始母体。《老子》第二章有："圣人处无为之事，行不言之教。"第四十三章曰："不言之教，无为之益，天下希及之。"又第十四章曰："执古之道，以御今之有，能知古始，是谓道纪。"可以看出《管子·心术上》部分核心思想以及部分语汇都是直接来源于《老子》。

---

① 王念孙曰："不"字，涉上文"不言"而衍。

《管子·心术下》：

> 圣人若天然，无私覆也；若地然，无私载也。私者，乱天下者也。

此言人君当不为于己，若天地之不为于己也。《老子》第七章有："圣人后其身而身先，外其身而身存。非以其无私邪，故能成其私。"王弼注曰："无私者，无为于身也。"不为一己而为，无私而利物，当为圣人法道之一途。

《管子·心术下》：

> 专于意，一于心，耳目端，知远之证，能专乎？能一乎？能毋卜筮而知凶吉乎？能止乎？能已乎？能毋问于人而自得之于己乎？故曰，思之思之，不得，鬼神教之。非鬼神之力也，其精气之极也。一气能变曰精，一事能变曰智。

此段同样是说有道之君，必然能心意精诚专一，精专则不杂，不为外物所干扰，故能得为君之道。本书《兵法》篇也同样表达了这种思想，所谓"明一者皇，察道者帝，通德者王"。是其"一"即等同于"道""德"也。正如《老子》第三十九章曰："昔之得一者，天得一以清，地得一以宁，神得一以灵，谷得一以盈，万物得一以生，侯王得一以为天下贞。"

《管子·白心》，关于"白心"的"白"字，各家有不同的理解，黎翔凤称："'白心'之'白'，即《老子》'大白若辱'，心清静也。"[①]张舜徽曰："白心者，犹云道心也。《淮南子·俶真篇》曰：'虚室生白'，高诱注云：'白，道也。'"[②] "白心"二字还见于《庄子·天

---

① 黎翔凤：《管子校注》，中华书局 2004 年版，第 869 页。
② 张舜徽：《管子四篇疏证》，见《张舜徽集·周秦道论发微》，华中师范大学出版社 2005 年版，第 266 页。

下》，在描述宋钘尹文学派的思想时说："不累于俗，不饰于物，不苟于人，不忮于众，愿天下之安宁以活民命，人我之养，毕足而止，以此白心。古之道术有在于是者，宋钘、尹文闻其风而悦之。"

综合全篇来看，《白心》所谈论的正是如何排除干扰，保持内在精神的静定专一。由此先说建立内心的"常道""虚静"。再说行事中的"随变""和久"之理。再说天道盈亏、持弱处卑之理。再说天道主宰，人君当无名、无事之理，无拘常形、定法之理，戒盈防满之理，以及心道合一之境。从总体思想上，可谓完全接受了老子持柔守弱的人生哲学。其中一些话语也具有高度的相似性，如曰"持而满之，乃其殆也。名满于天下，不若其已也。名进而身退，天之道也"，与《老子》第九章义无二致。

《管子·内业》：

> 凡物之精，此则为生。下生五谷，上为列星。流于天地之间，谓之鬼神。藏于胸中，谓之圣人。是故民气，杲乎如登于天，杳乎如入于渊，淖乎如在于海，卒乎如在于己。是故此气也，不可止以力，而可安以德。不可呼以声，而可迎以音。敬守勿失，是谓成德。德成而智出，万物果得。凡心之刑，自充自盈，自生自成。其所以失之，必以忧乐喜怒欲利。能去忧乐喜怒欲利，心乃反济。彼心之情，利安以宁，勿烦勿乱，和乃自成。折折乎如在于侧，忽忽乎如将不得，渺渺乎如穷无极，此稽不远，日用其德。夫道者所以充形也，而人不能固。其往不复，其来不舍。谋乎莫闻其音，卒乎乃在于心，冥冥乎不见其形，淫淫乎与我俱生。不见其形，不闻其声，而序其成，谓之道。凡道无所，善心安爱，心静气理，道乃可止。

又：

> 是故圣人与时变而不化，从物而不移。能正能静，然后能定。定心在中，耳目聪明，四枝坚固，可以为精舍。精也者，

气之精者也。气，道乃生，生乃思，思乃知，知乃止矣。凡心之形，过知失生。一物能化谓之神，一事能变谓之智。化不易气，变不易智，惟执一之君子能为此乎！执一不失，能君万物。

张舜徽解读曰："内犹心也。业犹术也"。"今取《心术》上、下及《白心篇》，与是篇彼此印证，则其所以言性情，言道德，言仁义礼智，而归本于一心，乃君人南面之术，昭昭明矣"。[①] 与《白心》不同的是，此篇更强调精气、心、道的关系，所提出的"精气说"可谓对《老子》道论的进一步发展，也对中国哲学思想史产生了极其深远的影响。

《老子》言"道生一"，言"窈兮冥兮，其中有精"，言"万物得一以生"，但就"精"的不同含义、具体如何发生作用，《老子》并没有具体阐释。至《管子·内业》则具体诠释"一"就是"精气"，"精气"决定万物的生长繁衍，即"凡物之精，此则为生"。张舜徽称："'凡物之精'，原本盖作'气物之精'……犹云气者物之精也。'此则为生'，谓此气乃生命之本也。"[②]

在此基础上，《管子·内业》再继续言"精气"与"人心"的关系。所谓"藏于胸中，谓之圣人"。如《管子·枢言》曰："道之在天者，日也。其在人者，心也。故曰：有气则生，无气则死。生者以其气。"万物得气以生成，人只有能包藏精气于胸中，才能为君临天下之用。又："定心在中，耳目聪明，四枝坚固，可以为精舍。"人的形神安定，才能作为精气所居之舍。

对于如何才能包藏精气于胸中，《内业》用了大量的篇幅来讨论，核心的观点就是，此道以精气的方式流于天地之间，也本来就藏于人的胸中，所谓"凡心之刑，自充自盈，自生自成"。只要做到"敬守勿失""心静气理"，就是"成德"了。不能够保守此气的原

---

① 张舜徽：《管子四篇疏证》，见《张舜徽集·周秦道论发微》，华中师范大学出版社2005 年版，第 304、305 页。

② 张舜徽：《管子四篇疏证》，见《张舜徽集·周秦道论发微》，华中师范大学出版社2005 年版，第 305 页。

因，必在于"忧、乐、喜、怒、欲、利"，也就是各种情欲的干扰。如果能去掉这些干扰，便能重新成就道心。

老子的形而上学之道至战国中期，发生了新的变化。一个路径就是向内落实到了人的内心，另一个路径就是向外落实到礼、法的治国方略。由庄子所代表的内圣道家派可以说是向内落实的集大成者。而《管子·内业》中所说的"彼心之情，利安以宁，勿烦勿乱，和乃自成"，"夫道者所以充形也，而人不能固。其往不复，其来不舍。谋乎莫闻其音，卒乎乃在于心"。与《庄子》的"天府""心斋""坐忘""神凝"，皆息息相通。

《内业》与《心术》同样大力强调"专一"的重要性，所谓"一物能化谓之神"，"执一不失，能君万物"，正如司马谈《论六家之要指》中所赞叹的"道家使人精神专一"，或本于此。这里所说的精神专一，当为专守于道之精气而不失，专注于一事一物而不分散，以精诚专一，积日久之功，必然可达于"无为而无不为"，不为物、情所乱的境界。《内业》称：

> 抟气如神，万物备存。能抟乎？能一乎？能无卜筮而知吉凶乎？能止乎？能已乎？能勿求诸人而得之己乎？思之，思之，又重思之。思之而不通，鬼神将通之，非鬼神之力也，精气之极也。四体既正，血气既静，一意抟心，耳目不淫，虽远若近。思索生知，慢易生忧。暴傲生怨，忧郁生疾，疾困乃死。思之而不舍，内困外薄。不蚤为图，生将巽舍。食莫若无饱，思莫若勿致，节适之齐，彼将自至。

此段亦见于《心术下》，文字略有不同，其中"抟气如神，万物备存""一意抟心"可谓对其反复强调的"专一"的进一步升华总结。此说正来自于《老子》第十章"专气致柔，能如婴儿乎？"相当于对《老子》这句话的进一步阐释。

除了以上所论及的《管子》四篇之外，《管子》书中《宙合》《枢言》《形势》《水地》诸篇也具有明显的黄老学特色。

首先，《宙合》篇的"宙"，《庄子·庚桑楚》曰："有长而无本剽者，宙也。"相当于一个时间概念。"合"，谓六合，即四方上下。《庄子·齐物论》有："六合之外，圣人存而不论。"《宙合》中将二字合并为一个词语，并反复强调说"天地，万物之橐。宙合，有橐天地"。橐，本意为袋子的一种。在《老子》第五章有："天地之间，其犹橐钥乎？虚而不屈，动而愈出。"此句亦见于郭店楚简本《老子》之甲本。而在郭店简甲本第 23 简中，这两句实际上与编号 21、22 的竹简为一组，此简紧接在对应通行本《老子》第二十五章之后，当时该是将表述自然道体的内容编排在一章之内。比较《老子》与《管子》这两处"橐"，意思稍有不同，老子从天地之间的角度说，整个宇宙仿佛一个中空的风箱，自然地发生运动作用。《管子·宙合》则从天地之道的时空说，天地就像包裹万物的大口袋，而宙合又像包裹着天地的大口袋。虽然有视角上的不同，但可以看出《管子》此篇的整体宇宙视角，较《老子》更为扩张。正如其后所言："宙合之意，上通于天之上，下泉于地之下，外出于四海之外，合络天地，以为一裹。散之至于无闲。不可名而山。是大之无外，小之无内，故曰有橐天地，其义不传。"而从本篇的实际内容看，也同样多对于"道""气"的描述，所谓的"宙合"，当指包裹涵养宇宙的"道"与"精气"，为对于宇宙时空运行法则的思考。此外，如此篇中称："故有道者，不平其称，不满其量，不依其乐，不致其度。爵尊则肃士，禄丰则务施，功大而不伐，业明而不矜。"继续阐释老子知足不骄的道理。称："阻其路，塞其遂"，黎翔凤曰："遂，同术，邑中道也。"[①] 与《老子》第五十二章"塞其兑，闭其门"同义。

其次，《枢言》篇名意思是指中心重要之言。该篇虽然只是一些语录的汇集，但其首要谈的是治天下之"道"，如开篇说：

　　管子曰："道之在天者，日也。其在人者，心也。"故曰："有气则生，无气则死，生者以其气。有名则治，无名则乱，治

---

① 黎翔凤：《管子校注》，中华书局 2004 年版，第 253 页。

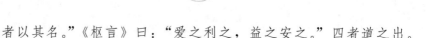

者以其名。"《枢言》曰："爱之利之，益之安之。"四者道之出。帝王者用之而天下治矣。

语中谈到"道"与"心"的关系，精气的重要性。但其所说"有名""无名"则是落实到了现实政治上的"有名""无名"，与《老子》所说不同。另外值得注意的是，将"爱之利之，益之安之"，作为从道中总结出的道理，帝王可用以治天下。正合于《老子》的三宝之第一宝——"慈"的精神。

圣人用其心，沌沌乎，博而圜。豚豚乎，莫得其门。纷纷乎，若乱丝。遗遗乎，若有从治。

此段言圣人之用心，与《老子》第二十章几乎一致。《老子》曰：

绝学无忧。唯之与阿，相去几何？善之与恶，相去若何？人之所畏，不可不畏。荒兮其未央哉！众人熙熙，如享太牢，如春登台。我独泊兮其未兆，如婴儿之未孩。儽儽兮若无所归。众人皆有余，而我独若遗。我愚人之心也哉！沌沌兮！俗人昭昭，我独昏昏；俗人察察，我独闷闷。澹兮其若海，飂兮若无止。众人皆有以，而我独顽似鄙。我独异于人，而贵食母。

"沌沌"，《老子》河上公注曰："无所分别"。"博而圜"，黎翔凤曰："博，当为抟。抟亦圜也。"①《孙子·势篇》有："浑浑沌沌，形圜而不可败。"然从《管子》书的整体来看，抟而圜，当上承"沌沌"之义，无所分别而专一凝神如圆圜。所以"抟"释作"专气致柔"之"专"，更合于其本意。"豚"，"遯"字之假借。《广雅》曰："遯，隐也。"亦即《老子》所说"我独泊兮其未兆，如婴儿之未孩"。"纷纷乎，若乱丝。遗遗乎，若有从治"。《老子》说"澹兮其若海，飂兮

---

① 黎翔凤：《管子校注》，中华书局2004年版，第276页。

若无止。"二者相较，前者言若乱似治，后者言宽广飘逸。总之，都是从心上立言。

再次，《形势篇》以道言势，将势与名统摄在道之下。其文多集古言训语，语气上多与《老子》相近者，如曰：

> 上无事则民自试。抱蜀不言而庙堂既修。

关于此句，解说意见多歧异。"试"，尹知章解释为："试，用也。"闻一多解释为"试"，通"伐"，并引《说文》："伐，惕也。"王念孙亦同其说。郭沫若曰，此言无为而治，试即尝试之试。[①] 陈鼓应认为，"试读为饰，与饬同，正"，"即《老子》清静以为天下正"。[②] 尽管各家解说不同，但与《老子》"故圣人云：我无为而民自化，我好静而民自正，我无事而民自富，我无欲而民自朴"语气完全相同。且《老子》这一段也见于郭店楚简甲本，首曰："是以圣人之言曰"。所以二者似乎源于共同的语录，即所谓的圣人之言。再如：

> 道之所言者一也，而用之者异。有闻道而好为家者，一家之人也；有闻道而好为乡者，一乡之人也；有闻道而好为国者，一国之人也；有闻道而好为天下者，天下之人也；有闻道而好定万物者，天下之配也。

也同样表现出这样一种相似性。《老子》第五十四章有："修之于身，其德乃真；修之于家，其德乃余；修之于乡，其德乃长；修之于国，其德乃丰；修之于天下，其德乃普。"其论道的作用由家而乡而国而天下的顺序完全一致。此段亦见于《老子》郭店楚简乙本。

最后，《水地篇》与道家"精气说"密切相连。其开篇曰："地者，万物之本原，诸生之根菀也。美恶贤不肖愚俊之所生也。水者，

---

① 郭沫若、闻一多、许维遹：《管子集校》，科学出版社 1956 年版，第 19 页。
② 陈鼓应：《管子四篇诠释》，中华书局 2015 年版，第 198 页。

地之血气，如筋脉之通流者也。"其结尾段又说："故曰：水者何也？万物之本原也。诸生之宗室也。"这种以"地""水"二种自然物质作为宇宙本原的思想，在先秦诸子中是比较独特的。然而从《周易》太极到阴阳到乾坤，以及老子的"道生一，一生二，二生三，三生万物，万物负阴而抱阳，冲气以为和"来看，以地、以水来作为化生宇宙的根本物质形态，都偏在卑下、柔弱之一方，这是值得注意的。

正如我们所知，楚简《老子》丙本之后，还附有与丙本形制相同的一组简，其内容不见于今本《老子》，整理者命名为《太一生水》。竹简中所说的"是故太一藏于水，行于时，周而又〔始，以己为〕万物母；一缺一盈，以己为万物经"，也就是无形无象的太一，蕴含于水这种可见的物质中，在宇宙中发挥着孕生万物的作用。这一思想与《水地》所着重言水在化生万物中的作用，所谓"万物莫不以生"的基本观点是一致的。只不过《太一生水》更偏重哲理上的思考，而《水地》更重实际的作用。

关于《管子》中这些与老子乃至黄老道家、庄子思想相接近的文献，其形成的时间，学界有诸多猜想。或以为出自早于庄子的宋钘学派。宋钘其人略早于孟子和庄子，被二人尊称为"先生"，称为"宋荣子"。据顾实考证其大概生活在公元前382年至公元前305年。[①] 也有学者通过比对《管子》书中与《庄子》书中相似的部分内容，认为当为在《庄子》书基础上的再创作。李存山、陈鼓应持此说。[②] 对此我们需要充分考虑到先秦古籍成书的复杂性，但宋钘其人的实际存在和其学说在庄子、孟子之前已经发生于稷下的学宫之中，这是毫无疑问的。

三、《鹖冠子》与《老子》

再看《鹖冠子》这本书，《汉书·艺文志》著录为一篇，《隋

---

① 顾实：《庄子天下篇讲疏》，台湾商务印书馆1980年版，第128页。
② 李存山：《〈内业〉等四篇的写作时间与作者》，《管子学刊》1987年创刊号，第35页。

书·经籍志》著录为三卷。韩愈《读鹖冠子》云"《鹖冠子》十有六篇"。《崇文总目》、晁公武《郡斋读书志》著录"《鹖冠子》三卷，十五篇"。这是书目著录的情况。而《鹖冠子》传世最早的文本，是唐贞观年间魏征《群书治要》所引，该书节选了《博选》《著希》《世贤》三篇部分文字。其次是唐贞观年间马总《意林》节录两条。完整的传本，有宋徽宗年间陆佃注《鹖冠子》，分上、中、下三卷，十九篇，相当于后世所出各本的祖本。由于书中有一些文句与贾谊《鹏鸟赋》相似，长期以来便被认为是晚于西汉的伪书。随着一九七三年长沙马王堆帛书黄帝书出土以后，人们发现《鹖冠子》中亦有部分文句与其相似，《鹖冠子》非伪书的看法又占据了主流。

今传本《鹖冠子》十九篇，包括十二篇专题论文，七篇对话。

般认为，《汉书·艺文志》著录的《鹖冠子》一篇，当为《鹖冠子》其书的原本，即专题论文部分。而其余部分则为兵书略兵权谋中著录的《庞煖》以及诸子略纵横家中著录的《庞煖》中的内容合并进来而成。此说最早见于胡应麟《四部正讹》、王闿运《题鹖冠子》、顾实《汉书艺文志讲疏》等。黄怀信《鹖冠子校注·前言》中也详细论述了这一观点。同时提出："今本《鹖冠子》文字的最终撰作时代，当在公元前二三六年至前二二八年之间，可见其确是一部先秦文献。"孙福喜所著《鹖冠子研究》，从新的角度力证《鹖冠子》为先秦典籍。孙著从文句、语词、语法、文体等多方面比较了《鹖冠子》与"黄帝四经"的异同，认为无论是在语词、文句、文体、语法上，还是在思想内容与思维方式上，都有很强的可比性。而且还可认识到：从《老子》《国语·越语下》，到帛书"黄帝四经"，再到《鹖冠子》之间，无论是从语言文字方面看，还是从思想内容方面看，都存在着一种承前启后、丝丝相扣的联系。从学术史的角度来看，它们之间存在着一种继承、发展的渊源关系，属于同一个学术流派。① 高华平则认为："鹖冠子是战国后期楚国的道家思想家，他的'楚人'籍贯毋庸置疑。今本《鹖冠子》十九篇应由《汉志·诸

---

① 孙福喜：《〈鹖冠子〉研究》，陕西人民出版社 2002 年版，第 231—232 页。

子略》中属道家的《鹖冠子》一篇、《汉志·兵书略》中所省的《鹖冠子》（兵书）、分属于《汉志》中《诸子略》纵横家的《庞煖》二篇和《兵书略》兵权谋中的《庞煖》三篇组成。"① 还有研究者提出，《鹖冠子》是一部重要的先秦道家著作，今本《汉书·艺文志》"《鹖冠子》一篇，《周训》十四篇"原文当为"《鹖冠子》十四篇，《周训》一篇"，在早期传抄过程中二书篇数互讹；今本十九篇，则是原本十四篇与纵横家《庞煖》二篇、兵权谋《庞煖》三篇混合的结果。这是一个重要的见解，值得重视。②

关于此书的主旨，唐代韩愈《读鹖冠子》曰："《鹖冠子》十有六篇，其词杂黄老刑名。其《博选篇》'四稽''五至'之说，当矣。使其人遇其时援其道而施于国家，功德岂少哉。"③ 宋代陆佃则认为自《博选》至《武灵王》凡十有九篇，"而退之读此，云十有六篇者，非全书也"。又说："此书虽杂黄老刑名，而要其宿时若散乱而无家者，然其奇言奥旨，亦每每而有也。"④ 都认同此书是一部"杂黄老刑名之书"。

结合长沙马王堆出土的帛书，我们可以看到，《鹖冠子》一书虽杂收儒、墨、名、法诸家，但这其实正体现了司马谈《论六家之要指》所说黄老学"因阴阳之大顺，采儒墨之善，撮名法之要"的特点。其根本的立足点正在于黄老学"使人精神专一，动合无形，赡足万物"的要义。所以说并不可以之杂为散乱而无家，而应视之为战国后期黄老学的代表著作。

《鹖冠子》一书中我们也可以看到吸收了不少来自"黄帝书"及《老子》书的内容。如《鹖冠子·博选》曰："故北面事之，则伯己者至；先趋而后息，先问而后默，则什己者至；人趋己趋，则若己者至；冯几据杖，指麾而使，则厮役者至；乐嗟苦咄，则徒隶人至

① 高华平：《战国后期楚国的道家思想——鹖冠子其人其书及其思想新论》，见《诸子学刊》第 12 辑，上海古籍出版社 2015 年版，第 179—200 页。
② 易吉林：《〈鹖冠子〉考论》，华中师范大学 2018 年博士论文，第 53—54 页。
③ 见黄怀信：《鹖冠子校注》，中华书局 2014 年版，第 381 页。
④ 宋陆佃：《鹖冠子序》，黄怀信《鹖冠子校注》，中华书局 2014 年版，第 382 页。

矣。故帝者与师处，王者与友处，亡主与徒处。"

这段话也见于《战国策·燕策》，其文曰："郭隗先生对曰：帝者与师处，王者与友处，霸者与臣处，亡国与役处。诎指而事之，北面而受学，则百己者至；先趋而后息，先问而后嘿，则什己者至；人趋己趋，则若己者至；冯几据杖，眄视指使，则厮役之人至；若恣睢奋击，呴籍叱咄，则徒隶之人至矣。此古服道致士之法也。王诚博选国中之贤者，而朝其门下，天下闻王朝其贤臣，天下之士必趋于燕矣。"

郭隗称自己所说为"古服道致士之法"，显然是继承而来。所说"博选国中之贤者"，与《鹖冠子·博选》的内容一致。当有一定的继承关系。郭隗劝谏燕昭王是在其继位的元年，即公元前 311 年。那就说明《鹖冠子·博选》在此前不久就已经在三晋流传。

这种递降的排列说法，也见于长沙马王堆出土的与《老子》乙本合写在一块帛上的《称》，其文曰："帝者臣，名臣，其实师也。王者臣，名臣，其实友也。朝（霸）者臣，名臣也，其实〔宾也。危者〕臣，名臣也，其实庸也。亡者臣，名臣也，其实虏也。"李学勤先生认为：郭隗、鹖冠子的话都是对帛书这段话的引申。

《鹖冠子》吸收了"黄帝书"中执道德以用世的思想。如《著希》开篇曰："道有稽，德有据。"古注曰："远稽古道，则道不偏。"陆佃曰："以道为决。"《庄子·天下》："以稽为决。"《释文》曰："稽，考也。"又，古注曰："依据至德，则德可名。"陆佃曰："以德为验。"其中"稽""据"皆为道、德之可以察知的部分，如《道原》篇所说"明者固能察极，知人之所不能知，服人之所不能得。是谓察稽知极。圣王用此，天下服"。《十大经·成法》中亦有："何以知之至，远近之稽。"也就是真正的圣人能把握世俗人所不能把握的，认知世俗人所不能认知的，并将之应用于现实。如《鹖冠子》第一篇《博选》中所说的"四稽""五至"，正是这种把握方式方法的具体体现。

《鹖冠子》推崇的"圣人贵夜行"思想来源于《老子》。如《鹖冠子·夜行》曰：

天，文也；地，理也；月，刑也；日，德也。四时，检也。度数，节也。阴阳，气也；五行，业也；五政，道也；五音，调也；五声，故也；五味，事也；赏罚，约也。此皆有验，有所以然者。随而不见其后，迎而不见其首。成功遂事，莫知其状。图弗能载，名弗能举。强为之说曰：芴乎芒乎，中有象乎。芒乎芴乎，中有物乎。窅乎冥乎，中有精乎。致信究情，复反无貌，鬼见不能为人业，故圣人贵夜行。

何为"夜行"？《管子·形势解》曰："所谓夜行者，心行也。"《淮南子·览冥》有"惟夜行者为能有之"，高诱注曰："夜行，喻阴行也。阴行神化，故能有天下也。一说言入道者如夜行幽冥之中，为能有招远亲近之道也。"高诱之说可谓符合作者之本意。从《鹖冠子·夜行》文中所引《老子》之言看，正为此意的延伸。

《鹖冠子·夜行》分别引录了《老子》第十四章、十七章、二十一章等。

"随而不见其后，迎而不见其首"，今本《老子》第十四章作"迎之不见其首，随之不见其后"，帛书甲残，帛书乙、北大简皆作"随而不见其后，迎而不见其首"，可据以校订今本《老子》。

"成功遂事，莫知其状"，今本《老子》第十七章有"功成事遂，百姓皆谓我自然"，郭店简丙作"成事述攻（功），而百眚曰我自肰也"。帛书甲、帛书乙、北大简作"成功遂事"。帛书甲作"而百省胃我自然"，帛书乙作"而百姓胃我自然"，北大简作"百姓曰我自然"。"莫知其状"与"百姓皆谓我自然"，同样都是表达无为而无不为的运化之功。

"图弗能载，名弗能举"，此即《老子》第一章"道可道，非常道。名可名，非常名"之谓。

"强为之说曰：芴乎芒乎，中有象乎。芒乎芴乎，中有物乎。窅乎冥乎，中有精乎。致信究情，复反无貌"，今本《老子》第二十五章有"吾强为之名曰大"。又第二十一章有"忽兮恍兮，其中有像；恍兮忽兮，其中有物。窈兮冥兮，其中有精"。帛书甲残，作"呵，中有象呵。望呵忽呵，中有物呵。瀚（幽）呵鸣（冥）呵，中有请（精）吔"。帛书乙作"沕呵望呵，中又象呵。望呵沕呵，中有物呵。幼呵冥呵，其中有请（精）呵"。北大简作"没旂訨旂，其中有象旂。訨旂没旂，其中有物旂。幽旂冥旂，其中有请（精）旂"。《庄子·至乐》："芒乎芴乎，而无从出乎。芴乎芒乎，而无有象乎。万物职职，皆从无为殖。故曰：天地无为也而无不为也。人也孰能得无为哉。"比较而言，《鹖冠子》与《庄子》用字相同而语序稍异，与帛书甲、乙本语序相同而用字稍异。由此正可以证明其书出于先秦，而非后人所能伪造。

"致信究情，复反无貌"，今本《老子》第二十一章有"其精甚真，其中有信"。《鹖冠子》言"情"者，即老子之"精"，谓致其信，究其精，则又返回于无形。

《鹖冠子》通过引用《老子》之言，系统阐述其所谓"夜行"的含义即圣人之治理天下，能够神不知鬼不觉，不露行迹，不着痕迹，从而功成事遂，也就是《老子》所说的"为之于未有，治之于未乱"，"善行无辙迹"，等等。

《鹖冠子》的思想主张，可以用一个词概括，就是"从中制外"。"中"的方面，人的内在精神主于道德、神明；"制外"的方面，结合道法、日术。总体来说，与老、庄、黄老思想都有一定的继承关系，但更趋于原始道家的现实转向。

具体而言，《鹖冠子》的思想具有明确的路向，可概括为一个中心，两个基本点。一个中心，就是更着重"以人为本"基础上的"内合神明"。

《鹖冠子》认为把握"道""德"之微妙，需要依靠君人的"神明"，如《博选》称"君也者，端神明者也。神明者，以人为本者也。人者，以圣贤为本者也。圣贤者，以博选为本者也。"陆佃注曰："无为而尊。"其意义正如《淮南子·原道》中所说："圣人内修其本，而不外饰其末，保其精神，偯其智，故漠然无为而无不为也。"

其中所谓"神明"一词，是先秦哲学思想中一个非常重要的概念。今见郭店楚简《太一生水》中就有宇宙与神明相关的表述，如说："阴阳者，神明之所生也。神明者，天地之所生也。天地者，太一之所生也。"除此之外亦见于《庄子》《荀子》《管子》《黄帝内经》等书中。而《鹖冠子》所说的"神明"明显指内在合道的精神性存在。《鹖冠子·泰鸿》进一步明确"圣人之道与神明相得，故曰道德"，以强调道德作为人的内在。

再如《鹖冠子·度万》中鹖冠子曰："天地阴阳，取稽于身。故布五正以司五明。十变九道，稽从身始。五音六律，稽从身出"。"气由神生，道由神成。唯圣人能正其音，调其声"。《广雅·释言》曰："稽，考也。"这里，"取稽于身"，当为考察于自身。如此，则发挥作用的重点又落实到了人身上，而非一从于道。

《鹖冠子·泰鸿》曰："泰一者，执大同之制，调泰鸿之气，正神明之位者也。故九皇受傅，以索其然之所生，傅谓之得天之解，傅谓之得天地之所始，傅谓之道，得道之常。傅谓之圣人，圣人之道与神明相得，故曰道德。……泰皇问泰一曰：'天、地、人事三者孰急？'泰一曰：'爱精养神，内端者，所以希天。"

《鹖冠子·近迭》记庞煖向鹖冠子请教治国之道的对话。对话中鹖冠子似乎在有意纠正庄子道家强调"自然之道"而忽视"人"的弊端，提出圣人之道"先人"。庞煖问："何以舍天而先人乎？"鹖冠子答曰："天高而难知，有福不可请，有祸不可避，法天则戾。地广大深厚，多利而鲜威，法地则辱。时举错代更无一，法时则贰。三者不可以立化树俗，故圣人弗法。"这段回答显然是针对《老子》第二十五章所提出的"人法地，地法天，天法道，道法自然"的思想。那么，是鹖冠子不主张取法天地自然吗？非也。鹖冠子强调应该"先人"，也就是以人为本。天地自然同样的存在，但看人如何去修养自身以具备智慧的思维方法，以取法利用道之法则，所谓："神灵威明与天合，勾萌动作与地俱，阴阳寒暑与时至。三者圣人存则治，亡则乱，是故先人。"这里所谓"先人"的"人"，尤其指最高的领导者，即所谓的"侯王"。也就是应当高度重视侯王自身的修养，这是使他们能够按道法行事的根本所在。

两个基本点，一是道生法，二是帝制神化。

首先，道生法。鹖冠子强调法源于道。《度万》曰："法者，使去私就公，同知一嶽，有同由者也。"强调法的公而不私。《泰鸿》曰："法者，天地之正器也，用法不正，元德不成，上圣者，与天地接，结六连而不解者也。"则法必源于天地之正，自然之法则。《鹖冠子》之"法"以源于公道、不任私人为最可贵。

> 冥言易，而如言难。故父不能得之于子，而君弗能得之于臣。已见天之所以信于物矣，未见人之所信于物也。捐物任势者，天也。捐物任势，故莫能宰而不天。夫物，故曲可改人可使。法章物而不自许者，天之道也。以为奉教陈忠之臣，未足恃也。故法者曲制，官备土用也。举善不以窅窅，拾过不以冥冥。决此，法之所贵也。若砻磨不用，赐物虽诎，有不效者矣。

这个公道，当以"民"为主导，如强调"为之以民，道之要也"，凡失败之法治，在于"不与其民之故也"。即《老子》所谓"圣人无常心，以百姓心为心"。

《鹖冠子》道生法的思想源于"黄帝书"，如《经法》曰：

> 道生法。法者，引得失以绳，而明曲直者殹（也）。故执道者，生法而弗敢犯殹（也）。法立而弗敢废殹（也）。□能自引以绳，然后见知天下而不惑矣。虚无刑（形），其裻冥冥，万物之所从生。

《鹖冠子·环流》则对道生法进行了更进一步深入的思考，言宇宙之道的根本运行规律，以及法之产生及作用。今录其全文如下：

> 有一而有气，有气而有意，有意而有图，有图而有名，有名而有形，有形而有事，有事而有约。约决而时生，时立而物生。故气相加而为时，约相加而为期，期相加而为功，功相加

而为得失，得失相加而为吉凶，万物相加而为胜败。莫不发于气，通于道，约于事，正于时，离于名，成于法者也。

法之在此者谓之近，其出化彼谓之远。近而至，故谓之神。远而反，故谓之明。明者在此，其光照彼。其事形此，其功成彼。从此化彼者法也，生法者我也，成法者彼也。生法者日在而不厌者也。生、成在己，谓之圣人。惟圣人究道之情，唯道之法公政以明。

斗柄东指，天下皆春；斗柄南指，天下皆夏；斗柄西指，天下皆秋；斗柄北指，天下皆冬。斗柄运于上，事立于下。斗柄指一方，四塞俱成。此道之用法也。故日月不足以言明，四时不足以言功。一为之法，以成其业，故莫不道。一之法立，而万物皆来属。

法贵如言。言者，万物之宗也。是者，法之所与亲也。非者，法之所与离也。是与法亲，故强；非与法离，故亡。法不如言，故乱其宗。故生法者命也，生于法者亦命也。

命者，自然者也。命之所立，贤不必得，不肖不必失。命者，挈己之文者也。故有一日之命，有一年之命，有一时之命，有终身之命。终身之命，无时成者也。故命无所不在，无所不施，无所不及。时或后而得之，命也。

既有时有命，引其声，合之名，其得时者成，命日调。引其声，合之名，其失时者精、神俱亡，命日乖。时、命者，唯圣人而后能决之。

夫先王之道备，然而世有困君，其失之谓者也。故所谓道者，无己者也。所谓德者，能得人者也。道、德之法，万物取业。无形有分，名曰大孰。故东西南北之道踹，然其为分等也。阴、阳不同气，然其为和同也。酸、咸、甘、苦之味相反，然其为善均也。五色不同采，然其为好齐也。五声不同均，然其可喜一也。

故物无非类者，动静无非气者，是故有人将得一人气吉，有家将得一家气吉，有国将得一国气吉。其将凶者反此。故同

之谓一，异之谓道。相胜之谓势，吉凶之谓成败。贤者万举而
一失，不肖者万举而一得，其冀善一也，然则其所以为者不可
一也。知一之不可一也，故贵道。

空之谓一，无不备之谓道。立之谓气，通之谓类。气之害
人者谓之不适，味之害人者谓之毒。

夫社不塚，则不成雾。气，故相利相害也。类，故相成相
败也。积往生跂，工以为师。积毒成药，工以为医。美恶相饰，
命曰复周；物极则反，命曰环流。

这一篇的核心思想"环流"，言道的运行规律是"循环不息""物极
则反""周流如环"。正建立在老子的"道生一，一生二，二生三，
二生万物。万物负阴而抱阳，冲气以为和"以及"大物芸芸，各复
归其根"的思想基础之上。

该篇又十分详尽地论述了道与法的关系，"莫不发于气，通于
道，约于事，正于时，离于名，成于法者也"。其中"法"，即为自
然法则、规律在人类社会的呈现。《周易·系辞上》曰："制而用之
谓之法"。则自然之道所呈现出的规律，经过圣人的"制而用之"，
正可以发挥现实的作用。如此就将精微恍惚的"自然之道"落实到
现实的政治之中。

又《环流》篇称："生法者日在而不厌者也。生、成在己，谓之
圣人。惟圣人究道之情，唯道之法公政以明。"也就是说，道作为法
的根本来源，其本身永恒而生生不息。虽然现实的事物千差万别，
千变万化，且不断地推移，但只要能够把握道这一准则，法亦可与
时俱进，获得不竭的生命源泉。故相对于战国中后期黄老诸家，《鹖
冠子》将自己的思考重点放在了对道生法的深入哲学思考之上。

除此之外，也包括对圣人如何制定法令的思考。如《鹖冠子·
近迭》曰：

法度无以，檄意为摸，圣人按数循法尚有不全。是故人不
百其法者，不能为天下主。今无数而自因，无法而自备循，无

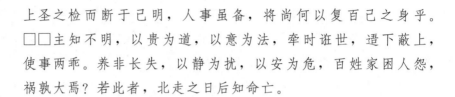

上圣之检而断于己明，人事虽备，将尚何以复百己之身乎。□□主知不明，以贵为道，以意为法，牵时诳世，逻下蔽上，使事两乖。养非长失，以静为扰，以安为危，百姓家困人怨，祸孰大焉？若此者，北走之日后知命亡。

主要的途径，一是"圣人"能"按数循法"，二是能"百其法"。"数"即规律、法则。"按数循法"，意谓具备"察往""察今"的能力，也就是《老子》所说"执古之道，以御今之有"之义。

什么是"百其法"？《近迭》进一步解释说：

> 苍颉作法，书从甲子。成史李官，苍颉不道。然非苍颉，文墨不起。纵法之载于图者，其于以喻心达意，扬道之所谓，乃才居曼之十分一耳。故知百法者，桀雄也。若隔无形，将然未有者，知万人也。无万人之智者，智不能栖世学之上。

陆佃注曰："苍颉，黄帝之史，初见鸟兽蹄远之迹，始造书契。日始于甲，辰始于子。"也就是说，苍颉始作法，乃"按数循法"。但毕竟属于文字言论，真正能"喻心达意，扬道之所谓"，不过十分之一耳。所以后世君主必须大量熟悉前代的法制，同时还要尽量通晓其中道法之本义，方为"知百法"，而更高的境界则在于"知万人"。

其次，关于帝制神化。即圣人通过无为的方式，出神入化地达到社会的大治，是为理想的政治形态。

《鹖冠子》提出"五正"的思想，将政治治理分作五个层次，分别是：神化、官治、教治、因治、事治。其中"神化"为最高的理想政治境界，正相当于《老子》所强调的"为之于未有，治之于未乱"。如《鹖冠子·度万》曰：

> 神化者于未有，官治者道于本，教治者修诸己，因治者不变俗，事治者矫之于末。又曰：
> 神化者，定天地，豫四时，拔阴阳，移寒暑，正流并生，

> 万物无害，万类成全，名尸气皇。官治者，师阴阳，应将然，地宁天澄，众美归焉，名尸神明。教治者，置四时，事功顺道，名尸贤圣。因治者，招贤圣而道心术，敬事生和，名尸后王。事治者，招仁圣而道知焉，苟精牧神，分官成章。

"神化"的境界即运自然之力，循自然之理，为之于未然未有之时，天下自化自定，如自然神化，而无人力之痕迹。《老子》所谓"太上，下知有之"而已。

帝制神化为《鹖冠子》对于《老子》"无为而无不为"思想的具体阐释，亦与《庄子》所倡导的"神人无功"一脉相承。如《度万》称："见日月者不为明，闻雷霆者不为聪，事至而议者，不能使变无生。故善度变者观本，本足则尽，不足则德必薄兵必老。"日月、雷霆，都是明显的现象，能见到是自然的。事情已经发生，能知道也不算什么。真正高明的政治家，应该是"善度变者观本"。圣人可预见长远，可洞察精微，可预先谋化，为之于未有，治之于未乱。所谓的"善度变"，就是善于推测事物的变化规律，从而具备预见、见微的能力。"观本"即"观道"。如此则能达到帝制神化。即如《度万》所谓：

> 文则寝天下之兵，武则天下之兵莫能当。远之近，显乎隐，大乎小，众乎少，莫不从微始，故得之所成，不可胜形；失之所败，不可胜名。从是往者，子弗能胜问，吾亦弗胜言。凡问之要，欲近知而远见，以一度万也。

《鹖冠子》中所描绘的理想社会与《老子》"太上，下知有之"相似。《鹖冠子·王铁》借庞子之口问：

> 泰上成鸠之道，一族用之万八千岁，有天下，兵强，世不可夺，与天地存，久绝无伦，齐殊异之物，不足以命其相去之不同也。世莫不言树俗立化，彼独何道之行以至于此？

《鹖冠子》中所说的"泰上",即太古。成鸠,氏族之名。其族所用治世之道使其有天下一万八千年之久,与《度万》所说的"帝制神化"所指大概是同一意思,都是指太古理想的政治之下,可使天下更为长久。与《老子》所不同的是,《鹖冠子》的理想社会有明确的关于治道的系统总结,即"从中制外"之教。

《鹖冠子·王铁》曰:

> 成鸠得一,故莫不仰制焉。

"得一",语本《老子》第三十九章:"侯王得一以为天下贞。"然《鹖冠子》的"一"当指天地之数度理法之所在。

欲"得一",必"与神明体正",作为最高的君主当合于神明之政,也就是《度万》篇所说的"圣与神谋,道与人成"之义。《王铁》又曰:

> 成鸠之制,与神明体正。神明者,下究而上际,克嗇万物,而不可猒者也,周泊遍照,反与天地总,故能为天下计。明于蚤识逢白,不惑存亡之祥、安危之稽。

有了内在与道相合的神明,才能具有察天地物理,作为天下楷式,从而移化风俗的能力,所谓:

> 辩于人情,究物之理,称于天地,废置不殆,审于山川,而运动举错有检,生物无害,为之父母,无所躏跞,仁于取予,备于教道,要于言语,信于约束,已诺不专,喜怒不增,其兵不武,树以为俗,其化出此。

得一而行治道,又必须与"势""术"相结合,所谓:

> 成鸠氏之道,未有离天曲日术者。天曲者明而易循也,日

术者要而易行也。……故主无异意，民心不徙，与天合则，万年一范，则近者亲其善，远者慕其德而无已。是以其教不歇，其用不弊。故能畴合四海以为一家，而夷貉万国皆以时朝服致绩，而莫敢效增免。闻者传译，来归其义。莫能易其俗移其教，故其威立而不犯，流远而不废，此素皇内帝之法。成鸠之所枋以超等，世世不可夺者也。功日益月长，故能与天地存久，此所以与神明体正之术也。

如果总结一下，《鹖冠子》的泰上治道，大体遵循君主得一，合于神明，从而明天地万物之理，包括日德、月刑，列星秩序，万物自然生长之中正法则，建立人间的道法，成功遂事而天下皆谓我自然。

这一思想理路贯穿在《鹖冠子》的诸多篇章之中，如《鹖冠子·泰录》中说："精神者物之贵大者也，内圣者精神之原也，莫贵焉，故靡不仰制焉。制者所以卫精擢神致气也，幽则不泄，简则不烦，不烦则精明达，故能役贤能使神明，百化随而变，终始从而豫。神明者积精微全粹之所成也。圣道神方，要之极也，帝制神化，治之期也。"

《天则》篇讲圣王治国，具有"听微决疑"之道，主要是来源于对于天地自然之道的观察体认。如称："彼天地之以无极者，以守度量而不可滥。"又"天之不违，以不离一。天若离一，反还为物"，所以圣人"中参成位"，"不创不作，与天地合德"。这一方面继承了老子"常辅万物之自然而不敢为"，"圣人抱一以为天下式"的观念，另一方面也发展出了自然法则中所谓"守度量而不可滥"的法治基础，故有"生杀，法也。循度以断，天之节也"。

最后，我们也要注意到，《鹖冠子》也吸收传统儒学中的仁、义、礼的积极要素，如《著希》称："体虽安之而弗敢处，然后礼生。心虽欲之而弗敢信，然后义生。夫义，节欲而治。礼，反情而辨者也。故君子不径情而行也。"对于庄子学派任情率性之说亦有所纠正。

今传本《鹖冠子》一书中没有明确提到老聃其人，但多处明引或者暗引《老子》之语，或者化用《老子》之意，如《武灵王》中的"工者贵无与争"，见于《老子》第六十八章"善胜敌者不与"，第七十三章"天之道，不争而善胜"，此为暗引。《能天》中的"一在而不可见，道在而不可专。切譬于渊，其深不测，凌凌乎咏澹波而不竭"，言至人之内在，化用《老子》第十五章"古之善为士者，微妙玄通，深不可识"、第八章之"心善渊"等。《备知》说："德之盛，山无径迹，泽无桥梁，不相往来，舟车不通，何者？其民犹赤子也。有知者不以相欺役也，有力者不以相臣主也，是以鸟鹊之巢可俯而窥也，麋鹿群居可从而系也。至世之衰，父子相图，兄弟相疑，何者？其化薄而出于相以有为也。故为者败之，治者乱之。"此本于《老子》第八十章、第五十五章、第二十九章。《世兵》说："祸乎，福之所倚。福乎，祸之所伏。祸与福如纠缠。浑沌错纷，其状若一，交解形状，孰知其则。芴芒无貌，唯圣人而后决其意。"此本于《老子》第五十八章。诸如此类，都可以看到《老子》的影响。

第七章　发掘·融汇·重建:《文子》解《老》

文子及托名文子所著的《文子》一书，在学术史上都是备受争议的。问题之一在于"文子"究竟是谁；问题之二在于今传本《文子》究竟成书于何时，是一部先秦旧籍还是一部汉以后的伪书。这两个问题直接关系到文子与老子的关系，《文子》书与老学的关系，因此需要仔细地探讨。

第一节　文子其人及《文子》真伪问题

《文子》是一部早期的老学著作。

从黄老学发展的角度看，黄老之学是一种特定的形态，其思想内容虽源于《老子》，算是打着黄帝招牌的老学，但毕竟又脱离了老子之名。而名为《文子》的书，则明显是流传下来的早期老学著作之一，甚至可以说是最早的老学著作。

关于文子其人，班固《汉书·艺文志》载录有《文子》九篇，注云:"老子弟子，与孔子并时，而称周平王问，似依托者也。"班固称其所见的《文子》书里面有"周平王问"，但由于和孔子同时，就不能和周平王同时，前后相差二百年，所以班固称《文子》这部书可能是后学们依托文子之名而著的。至于依托者何以能依托，却弄不清楚周平王与孔子不是同一时代的人，班固也没有进一步的说明。

《隋书·经籍志》著录《文子》十二篇。流传至今的《文子》一书亦十二篇。书中内容以"老子曰"开头。或者为文子和老子的问答之语。其中《道德》篇有"平王问文子曰：吾闻子得道于老聃"。1973年，河北定县八角廊西汉中山王墓出土竹简本《文子》残简，以《道德》篇为主，与今本《文子》相同的文字有六章，不见于今本的还有一些，或系《文子》的佚文。内容为平王与文子相问答与《汉书·艺文志》所述相合。仔细比对可以发现，除了今本"老子曰"，竹简本作"文子曰"，今本的文子问老子，竹简本作平王问文子外，正文的内容大多一致。当代学者也注意到，简本《文子》提到"平王"，并没有说是"周平王"，所以基本认为与文子问答的应该是"楚平王"。因为从时间上看，他正与孔子同一时代。

关于文子其人，班固注为"老子弟子"。然究竟文子是谁实际上是个延续了两千年而至今没有解决的公案。历来影响较大的观点有两种：一说是范蠡之师计然，一说是越大夫文种，也有认为是宋钘、关尹、尹文等。

以文子为范蠡之师计然的，见于《范子》中说的"文子者，姓辛，葵丘濮上人，称曰计然。南游于越，范蠡师事之"①。今日古钞本《文选集注》所引唐代公孙罗《钞》曰：

> 刘向《别录》云：文子，老子弟子，鲁哀定时人。姓辛名计然，著《文子》书。②

北魏李暹在其所作《文子注》中说，文子"姓辛，葵丘濮上人，号曰计然。范蠡师事之。本受业于老子，录其遗言为十二篇。"其说亦沿袭这一说法。根据《史记·货殖列传》所载："昔者越王勾践困于会稽之上，乃用范蠡、计然。"《史记集解》引东晋徐广曰："计然者，范蠡之师也，名研。"裴骃案："《范子》曰：'计然者，葵丘濮

---

① 《文选》卷三十七《求通亲亲表》李善注引。

② 《唐钞文选集注汇存》卷七十三曹植《求通亲亲表》"臣闻文子曰：不为福始，不为祸先"句下引，上海古籍出版社2000年版。

上人，姓辛氏，字文子，其先晋国亡公子也。尝南游于越，范蠡师事之。"自刘向《别录》到诸家所引《范子》中的记载，可以看出以计然为文子之说渊源有自。

近代江瑔《读子卮言》、钱穆《先秦诸子系年》等皆力辩文子不可能是计然。如江瑔认为："古者名、字相应，其义必同。计然与文子字义绝不连属，岂敢必其一为字、一为名？……文子为道家之学，道家所贵在于抱朴而守真，黜文而崇质，则更无号曰'文子'之理。"所以，他提出"文"是姓，文子即越大夫文种，计然另有其人，绝非文子。[①] 钱穆也提出"计然乃范蠡著书之篇名而非人名"[②]。

当代学者高新华则提出"计然、文种极可能是一个人"，"是《文子》一书依托的对象"。[③] 如此，则文子就是文种，也就是历代以来所提到的计然，葵丘濮上人。据《左传·僖公九年》"会于葵丘"杜注："陈留外黄县东有葵丘。"当时属宋地，去老子故里苦县不远，以时地论，受业于老子是可能的。

综合各家说法，关于文子的真实身份，主流的意见还是文子、文种、计然大体为同一人。大概生活在与孔子同一时代，葵丘人（今山东曹县西），曾问学于老聃，同时也具有一定的道术。但关于究竟是什么人依托文子编纂了《文子》一书，还没有定论。

再来看《文子》书的真伪问题。

《文子》一书在道家典籍中具有重要地位。唐天宝元年（742），称《通玄真经》，与《庄子》《列子》《庚桑子》同列为道家四大经典。对于其书的性质，唐柳宗元有《辨〈文子〉》一文，曰："《文子》书十二篇，其传曰老子弟子。其辞时有若可取，其指意皆本《老子》。然考其书，盖驳书也。其浑而类者少，窃取他书以合之者多。凡孟、管辈数家，皆见剽窃，峣然而出其类。其意绪文辞，又牙相抵而不合。不知人之增益之欤？或者众为聚敛以成其书欤？然

---

① 江瑔：《读子卮言》卷二，商务印书馆 1917 年版。
② 钱穆：《先秦诸子系年·计然乃范蠡著书篇名非人名辨》，商务印书馆 2015 年版，第 124 页。
③ 高新华：《文子其人考》，《文史哲》2012 年第 4 期。

观其往往有可立者，又颇惜之，悯其为之也劳。今刊去谬恶乱杂者，取其似是者，又颇为发其意，藏于家。"认为《文子》这本书是夹杂、抄袭了儒、墨、名、法诸家语句，来解释《老子》，故称之为"驳书"，即为杂钞之作。宋代王应麟《困学纪闻》详细举例，认为《荀子》《越绝书》《汉书》等书中之语为引自《文子》。而宋代黄震撰《黄氏日钞》则明确提出《文子》一书为伪书，有的内容要晚到秦代。清代孙星衍提出了《文子》中的平王是楚平王，"文子师老子，抑或游于楚，平王同时，无足怪者。"他还说："黄老之学存于文子，西汉用以治世，当时诸臣皆能称道其说，故其书最显。"① 孙星衍指出《文子》书与黄老之学有密切关系，在西汉很流行，很有见地，但他对《文子》的真伪没有明确下断语。近代以来，在疑古思潮的影响下，以《文子》为伪书成为主流意见，如章太炎、梁启超等学者均认为《文子》大半抄袭《淮南子》。直到 1973 年河北定县出土竹简本《文子》一书，其书才重新引起了学术界的注意。

1995 年，河北省文物研究所定州汉简整理小组发布了《定州西汉中山怀王墓竹简〈文子〉释文》及《定州西汉中山怀王墓竹简〈文子〉的整理和意义》，文章介绍说，"该竹简散乱残断"，"汉简《文子》与今本《文子》，有汉简《文子》中有的内容而今本无，有今本《文子》中有的内容而汉简《文子》无，说明两者均不是原完整本"。"也有于今本《文子》中找不到依据者"。唐兰《马王堆出土〈老子〉乙本卷前古佚书的研究》、李学勤《试论八角廊简〈文子〉》、彭裕商《文子校注》等多肯定其书非一人一时之作，盖为后人陆续增益而成。"其中较早的材料可能到战国早中期，或与文子生存年代接近，较晚的则当属战国晚期"。"但总的来说，其书是先秦时期就业已存在的，书中多有战国古文也证明了这一点"。② 李定生《〈文子〉非伪书考》明确肯定《文子》先于《淮南子》，其书虽经后人增益，但并非伪书。白奚《文子的成书年代问题》则从"太一"

---

① 孙星衍：《问字堂集》卷四《文子序》，见《丛书集成初编》第 2528 册。
② 彭裕商：《文子校注·前言》，巴蜀书社 2006 年版，第 9 页。

一词的使用情况，推断《文子》一书"成书于战国晚期"。总之，肯定《文子》至少成书于战国后期，应该说是主流意见。虽然也依然存在不同的声音，如张丰乾认为："今本的出现不会早于东汉前期，《淮南子》不可能抄袭今本《文子》，它和竹简《文子》也没有多少直接联系。古本《文子》在流传过程中散佚严重，是后人大量抄袭《淮南子》以做补充，而非《淮南子》抄袭《文子》。"①

从竹简本《文子》残简来看，今传本《文子》是个经过后人增补和变乱的本子，这是毫无疑问的。最明显的就是简本的平王问文子，大多数都被改成了文子问老子。简本中多为问答，未见独立的"老子曰"或"文子曰"。今传本在每章都有大量的"老子曰"或"文子曰"。简本并无每章标题，但其中编号 2464 号残简上面有"文子上经"之类的文字，李学勤认为："竹简《文子》原分上经、下经，各包含若干篇，很可能加起来即《汉志》的九篇。"② 由于简本《文子》散乱严重，仅存《道德》一篇中的若干章，而且可能仅是一个节选本，或者是古本《文子》的早期传本之一，因此，并不足以反映《文子》古本的原貌，亦不足以据之判定今传本的真伪。

但从今传本《文子》引用简本《老子》的情况，可以对这个问题重新审视。经仔细爬梳，今传本《文子》中引《老子》近 120 条，其中：见于郭店楚简甲、乙、丙本《老子》的有 51 条。虽不见于郭店简本《老子》，但见于其他先秦古籍的有 32 条。

这就说明，今传本《文子》所引的《老子》有三分之二以上的内容出自秦以前的文本，所以说，今传本《文子》的主体完成于战国晚期之前是可信的。

今传本《文子》所引用的《老子》不见于郭店楚简本者，大约有两种情况，一是见于其他先秦古籍，一是不见于先秦他书。

首先，见于其他先秦古籍的。如《文子·九守》："故圣人以道

---

① 张丰乾：《试论竹简〈文子〉与今本〈文子〉的关系——兼为〈淮南子〉正名》，《中国社会科学》1998 年第 2 期。

② 李学勤：《论简本〈文子〉》，《文物》1996 年第 1 期。

莅天下。柔弱微妙者，见小也；俭啬损缺者，见少也。见小故能成其大，见少故能成其美。天之道：抑高而举下；损有余，补不足。"其文不见于郭店楚简本《老子》。今本《老子》第七十七章作："天之道，其犹张弓乎，高者抑之，下者举之；有余者损之，不足者与之。天之道，损有余而补不足。"然见于郭店楚简本《太一生水》："天道贵弱，削成者以益生者，伐于强，责于□；□于弱，□于□。"

《文子·道原》有："天下莫柔弱于水"，"故曰：天下之至柔，驰骋天下之至坚，无有入于无间"。实为首尾完整的一段。以水为至柔，皆不见于郭店楚简本《老子》，但见于郭店楚简本《太一生水》中，其文曰："太一生水，水反辅太一，是以成天"，"天道贵弱"。

《文子·道原》："贵必以贱为本，高必以下为基。"见于今本《老子》第三十九章："故贵以贱为本，高以下为基。"不见于郭店楚简本，然见于《战国策·齐策四》颜斶引《老子》。

《文子·精诚》篇有"绵绵若存，是谓天地之根"句，《老子》第六章作："谷神不死，是谓玄牝，玄牝之门，是谓天地根。绵绵若存，用之不勤。"此外，亦见于《列子·天瑞》引《黄帝书》曰："谷神不死，是谓玄牝，玄牝之门，是谓天地之根。绵绵若存，用之不勤。"今帛书本及《列子》所引均作"天地之根"，与《文子》同。重要的是《文子》引用时的语序作"绵绵若存，是谓天地之根"，都是对道根的描述，与《老子》及《列子》所引《黄帝书》的顺序不同。那么，究竟是《老子》原本如此，还是《文子》在引用的过程中做了进一步的调整，或者是这部分为《黄帝书》的内容，后来被合并于《老子》书中，都是值得进一步探讨的。

再如《文子》引用今本《老子》第一章"道可道，非常道。名可名，非常名"，不见于郭店楚简本，却见于《韩非子·解老》，韩非子引用此语在"天下有道，却走马以粪"句之后，但只有"道之可道，非常道也"句。

再如《文子·九守》有："故五色乱目，使目不明。五音乱耳，使耳不聪。五味乱口，使口生创。趋舍滑心，使行飞扬。"其意同于今本《老子》第十二章："五色令人目盲，五音令人耳聋，五味令人口爽，驰骋畋猎令人心发狂，难得之货令人行妨。是以圣人为腹不为目，故去彼取此。"然不见于郭店楚简本《老子》，却见于《庄子·天地》："且夫失性有五：一曰五色乱目，使目不明；二曰五声乱耳，使耳不聪；三曰五臭熏鼻，困惾中颡；四曰五味浊口，使口厉爽；五曰趣舍滑心，使性飞扬。此五者，皆生之害也。"

诸如此类，我们可以看到《文子》引《老子》不见于郭店楚简本《老子》的部分，往往文献尚未呈现稳定的状态，具有一定的流动性和不确定性。但正因如此，才可以看出《文子》与早期老学的关系，是不断总结和汇集众说以丰富和完善老学；也可以看出《文子》成于《黄帝书》《庄子》之后。

《文子》一书以解《老》、释《老》为主要指归，但同时，又通过吸收各家思想，试图重新建构更为完善的道家思想体系。全书共分十二篇，分别是《道原》《精诚》《九守》《符言》《道德》《上德》《微明》《自然》《下德》《上仁》《上义》《上礼》。与晚周诸子整合百家的最大不同在于，《文子》基本是立足于老学，以整合百家之说。《文子》十二篇中，其《道原》一篇相当于全书的总纲领，所引《老子》亦最集中，从其所选择《老子》语句来看，基本都是关于道体、道性以及道用，尤其偏重清静、柔弱、无为、无事、去智、谦下、素朴等方面。《文子》提出圣人治世的"九守"之术，即守无、守平、守易、守清、守真、守静、守法、守弱、守朴，其中"守法"指"法天者治天地之道"，并非主张法术，亦可见出其鲜明的老学立场。从其自身的理论建构来说，以老子学说为中心，同时又有所发展。

第二节　《文子》解《老》的体例与特色

首先，关于道体的认识方面。《道原》开篇引用《老子》之语，曰："有物混成，先天地生。惟象无形，窈窈冥冥，寂寥淡漠，不闻其声。吾强为之名，字之曰道。"从今本的情况看，其所引《老子》融合了《老子》第二十五章、第四十一章以及《庄子·在宥》"至道之精，窈窈冥冥"句。紧接着，《文子》又进一步阐释道，曰：

> 夫道者，高不可极，深不可测，苞裹天地，禀受无形，原流泏泏，冲而不盈。浊以静之徐清，施之无穷，无所朝夕。表之不盈一握，约而能张，幽而能明，柔而能刚，含阴吐阳，而章三光。山以之高，渊以之深，兽以之走，鸟以之飞，麟以之游，凤以之翔，星历以之行。以亡取存，以卑取尊，以退取先。

对于道的存在和作用又给予更为详尽的描述。值得注意的是，其所说道"苞裹天地，禀受无形"，似引入了"黄帝四经"《道原》中"盈四海之内，又包其外"的说法。"其所说'道'的广大已超越老子的域中，此开放式的格局显然已出于老子道家之右"①。

其次，关于道如何发挥作用。《文子》主张以道为本，君主要内修其本，从中制外，同时也表现出重其内而忽其外的特点，如称"内修其本而不外饰其末"，"忘乎治人，而在乎自理"，"忘乎势位，而在乎自得"，"真人者，知大己而小天下，贵治身而贱治人"。在这一点上来说，更接近老庄派的道家。至于如何向现实落实，则引入了稷下道家所流行的"精气"说，如《文子·精诚》言：

> 夫人道者，全性保真，不亏其身，遭急迫难，精通乎天，若乃未始出其宗者，何为而不成。死生同域，不可胁凌，又况官天地，府万物，返造化，含至和，而已未尝死生也。精诚形乎内，而外喻于人心，此不传之道也。

> 精神越于外，智虑荡于内者，不能治形。神之所用者远，

---

① 陈鼓应：《黄帝四经今注今译：马王堆汉墓出土帛书》，商务印书馆2016年版，第402页。

则所遗者近。故"不出于户，以知天下。不窥于牖，以知天道。其出弥远，其知弥少。"此言精诚发于内，神气动于天也。

夫抱真效诚者，感动天地，神逾方外，令行禁止，诚通其道而达其意，虽无一言，天下万民、禽兽、鬼神与之变化。故太上神化，其次使不得为非，其下赏贤而罚暴。

因此，在《文子》所设计的政治序列中，由精诚而达到的"太上神化"，是为最高的政治境界。其思想理论正是建立在"精诚发于内，神气动于天"的精感说的基础之上。

在此基础上，又发展出以"神听"而达到更高层次的"智"，如《文子·道德》曰：

学问不精，听道不深。凡听者，将以达智也，将以成行也，将以致功名也。不精不明，不深不达。故上学以神听，中学以心听，下学以耳听。以耳听者，学在皮肤；以心听者，学在肌肉；以神听者，学在骨髓。故听之不深，即知之不明；知之不明，即不能尽精；不能尽其精，即行之不成。凡听之理，虚心清静，损气无盛，无思无虑，目无妄视，耳无苟听，专精积稸，内意盈并，既以得之，必固守之，必长久之。

再次，在处事方面采取因循世事、因应自然的态度。如《文子·道原》所说：

是故疾而不摇，远而不劳，四支不动，聪明不损，而照明天下者，执道之要，观无穷之地。故天下之事不可为也，因其自然而推之，万物之变不可救也，秉其要而归之。是以圣人内修其本，而不外饰其末，厉其精神，偃其知见，故漠然无为而无不为也，无治而无不治也。所谓无为者，不先物为也。无治者，不易自然也。无不治者，因物之相然也。

> 执道以御民者，事来而循之，物动而因之；万物之化无不应也，百事之变无不耦也。

> 夫事生者应变而动，变生于时，无常之行。

> 故圣人随时而举事，因资而立功，守清道，拘雌节，因循而应变，常后而不先，柔弱以静，安徐以定，功大靡坚，不能与争也。

最后，《文子》在解《老》的过程中注重对老学思想的进一步辨析。如关于礼，《老子》第三十八章称"失义而后礼。夫礼者，忠信之薄而乱之首"，至《文子·上礼》则加以辨析说：

> 为礼者，雕琢人性，矫拂其情，目虽欲之禁以度，心虽乐之节以礼，趣翔周旋，屈节卑拜，肉凝而不食，酒澄而不饮，外束其形，内愁其德，钳阴阳之和而迫性命之情，故终身为哀人。何则？不本其所以欲，而禁其所欲；不原其所以乐，而防其所乐。是犹圈兽而不塞其垣，禁其野心，决江河之流而壅之以手，故曰：开其兑，济其事，终身不救。

通过对《老子》"开其兑，济其事，终身不救"句的解析，联系到礼如果是一种"雕琢人性，矫拂其情"的外在束缚，则只能使人受到约束和压抑，并成为一种向外的形式的讲求，而无法使其内化为人的自然本性的一个部分。对于这种礼就是需要反对的。显然《文子》并没有笼统地反对礼。而且，将礼与人性内在的"所以欲""所以乐"联系起来，进入了更深层次的思考。

综合以上，不论是立言的方式，还是思想的宗旨，《文子》与《老子》一书的关系是极其紧密的，《文子》正是在老庄思想的基础上，进行了补充式的阐释和发展。

第三节　立足老学，融汇诸家

值得注意的是，以《老子》思想作为根本立足点的同时，广引众家之说，兼收并蓄，试图重新建构老学，也是《文子》书的一大思想特色。

如《文子·上义》称：

> 治国有常，而利民为本。政教有道，而令行为古。苟利于民，不必法古。苟周于事，不必循俗。故圣人法与时变，礼与俗化。衣服器械，各便其用。法度制令，各因其宜。故变古未可非，而循俗未足多也。诵先王之书，不若闻其言。闻其言，不若得其所以言。得其所以言者，言不能言也。故"道可道，非常道也。名可名，非常名也。"故圣人所由曰道，所为曰事，道犹金石也，一调不可更。事犹琴瑟也，曲终改调。法制礼乐者，治之具也，非所以为治也。

这段话中，就在《老子》自然之道的基础上，增加了现实的条件与因素，如治国方面，"以利民为本"，"法度制令"要能"行"。此外，还有"道"之不可变更，但"事"要随时根据实际调整，即所谓与时俱进。这样，就比当时诸家学派所提出的单纯"因循自然""法古"或者"察今"更为实事求是。

再如《文子·上礼》篇：

> 昔者之圣王，仰取象于天，俯取度于地，中取法于人。调阴阳之气，和四时之节，察陵陆水泽肥墽高下之宜，以立事生财，除饥寒之患，辟疾疢之灾，中受人事，以制礼乐，行仁义之道，以治人伦。列金、木、水、火、土之性，以立父子之亲

而成家。听五音清浊六律相生之数，以立君臣之义而成国。察四时孟仲季之序，以立长幼之节而成官。列地而州之，分国而治之，立大学以教之，此治之纲纪也。

天地之道，极则反，益则损。故圣人治弊而改制，事终而更为，其美在和，其失在权。圣人之道曰：非修礼义，廉耻不立。民无廉耻，不可以治。不知礼义，法不能正，非崇善废丑不向礼义。无法不可以为治，不知礼义不可以行法。法能杀不孝者，不能使人孝。能刑盗者，不能使人廉。圣王在上，明好恶以示人，经非誉以导之，亲贤而进之，贱不肖而退之，刑错而不用，礼义修而任贤德也。

所说既坚持《老子》的天道运动周而复始、循环往复的思维方法，提出"天地之道，极则反，益则损"。结合现实，提出政治之纲纪，增加了修礼乐，立廉耻。知礼义，行法制。又吸收了五行、五音、六律、四时之序等流行的知识观念。

《文子》一方面坚持《老子》的"无为"，另一方面又批评时人关于无为的误读。如《文子·自然》称：

所谓无为者，非谓其引之不来，推之不去，迫而不应，感而不动，坚滞而不流，卷握而不散，谓其私志不入公道，嗜欲不挂正术，循理而举事，因资而立功，推自然之势，曲故不得容，事成而身不伐，功立而名不有；若夫水用舟，沙用𫐉，泥用辐，山用樏，夏渎冬陂，因高为山，因下为池，非吾所为也。圣人不耻身之贱，恶道之不行也；不忧命之短，忧百姓之穷也。故常虚而无为，抱素见朴，不与物杂。

其说以刑名法术之说释《老子》无为而无不为的思想，引入君无为而臣下有为的方案。如《文子·上仁》：

鲸鱼失水，则制于蝼蚁；人君舍其所守，而与臣争事，则制于有司。以无为持位，守职者以听从取容，臣下藏智而不用，反以事专其上。人君者，不任能而好自为，则智日困而自负责；数穷于下，则不能申理；行堕于位，则不能持制。智不足以为治，威不足以行刑，则无以与天下交矣。喜怒形于心，嗜欲见于外，则守职者离正而阿上，有司枉法而从风，赏不当功，诛不应罪，则上下乖心，君臣相怨，百官烦乱而智不能解，非誉萌生而明不能照，非己之失而反自责，则人主愈劳，人臣愈佚，是代大匠斫。夫代大匠斫者，希有不伤其手矣。

唯神化者，物莫能胜。中欲不出谓之扃，外邪不入谓之闭。中扃外闭，何事不节；外闭中扃，何事不成。故不用之，不为之；而有用之，而有为之。不伐之言，不夺之事，循名责实，使自有司，以不知为道，以禁苛为主。如此，则百官之事，各有所考。

关于君主无为的含义，《文子·自然》中打了一个非常形象的比喻，比较全面地阐释了什么是无为。其文曰：

古之善为君者法江海，江海无为以成其大，窳下以成其广，故能长久。为天下溪谷，其德乃足，无为故能取百川，不求故能得，不行故能至。是以取天下而无事。不自贵，故富。不自见，故明。不自矜，故长。处不有之地故为天下王。不争，故莫能与之争，终不为大，故能成其大。江海近于道，故能长久，与天地相保。

可谓对于《老子》无为思想的一个比较全面的总结。

同时，《文子》也进一步认为，之所以能无为，一个重要的基础在于"因"。如《文子·自然》所说：

以道治天下，非易人性也，因其所有而条畅之。故因即大，作即小。古之渎水者，因水之流也；生稼者，因地之宜也；征伐者，因民之欲也。能因，则无敌于天下矣。物必有自然，而后人事有治也。故先王之制法，因民之性而为之节文。无其性，不可使顺教；有其性无其资，不可使遵道。人之性有仁义之资，其非圣人为之法度，不可使向方。因其所恶以禁奸，故刑罚不用，威行如神。因其性即天下听从，拂其性即法度张而不用。道德者则功名之本也，民之所怀也，民怀之则功名立。

又：

> 故先王之法，非所作也，所因也。其禁诛，非所为也，所守也。上德之道也。

"因"，包括因时、因地、因自然之道理、因自然之形势，从而达到无为而无不为。

《文子》也吸收了以道为法之准则的道法思想，既纠正仁义之偏，又纠正滥刑之弊。如其《道德》篇说：

> 法烦刑峻，即民生诈。上多事，则下多态。求多即得寡，禁多即胜少。以事生事，又以事止事，譬犹扬火而使无焚也。以智生患，又以智备之，譬犹挠水而欲求其清也。
>
> 人主好仁，即无功者赏，有罪者释。好刑，即有功者废，无罪者诛。及无好憎者，诛而无怨，施而不德，放准循绳，身无与事，若天若地，何不覆载。合而和之，君也。别而诛之，法也。民以受诛，无所怨憾，谓之道德。

亦主张立法应实事求是，提出"应时权变"的主张，如《道德》篇曰：

> 执一世之法籍，以非传代之俗，譬犹胶柱调瑟。圣人者，

应时权变，见形施宜，世异则事变，时移则俗易，论世立法，随时举事。上古之王，法度不同，非古相反也，时务异也。是故，不法其已成之法，而法其所以为法者，与化推移。圣人法之可观也，其所以作法不可原也。其言可听也，其所以言不可形也。三皇五帝轻天下，细万物，齐死生，同变化，抱道推诚，以镜万物之情，上与道为友，下与化为人。今欲学其道，不得其清明玄圣，守其法籍，行其宪令，必不能以为治矣。

总之，《文子》立足老子之说，试图通过引入诸家学说之长，并发以己意，进一步建立立足现实的老学思想体系。

第八章 《韩非子》的《解老》《喻老》

司马迁《史记》将老、庄与申不害、韩非同传，并称"申子之学，本于黄老而主刑名"，称韩非"喜刑名法术之学，而其本归于黄老"。有人说，老子、庄子主张无为而治，申不害、韩非主张法术之治，两家的学说应该是不相干的。然而《韩非子》中有《解老》《喻老》篇，专门深入地研究《老子》。有些学者认为《解老》《喻老》不出于《韩非子》之手，例如容肇祖《韩非子考证》认为它们是"黄老或道家言混入于《韩非子》书中者"。也有的学者认为申、韩之实学正为补救老、庄之清虚，如清俞樾《春在堂文集》有《申韩论》，认为："夫文景之后，不能不为武宣，则知老庄之后，不能不为申韩也。史公之论，其以此发欤？"

回到老学史的发展脉络上来，我们看到其实从关尹、杨朱、列子、庄周所形成的声势浩大的内圣一派，发展到黄老合流的黄老学派，再到道法合流的法家思想，不能否认的是，老子的思想提供了一种思想方式，可以在不同的时代需求中发展出新的理论体系，仿佛大树的根柢，其上的分枝自按不同的方向伸展。这或许是老学不同于其他学派的一个突出特色。

《汉书·艺文志》列法家著作十种，其中先秦著作六种，包括《李悝》三十二篇、《商君》二十九篇、《申子》六篇、《处子》九篇、《慎子》四十二篇、《韩子》五十五篇，除去亡佚及不见记载者，我们可以知道法家兴起在于慎到、商鞅、申不害的理论，慎到言势、商鞅言法、申不害言术，韩非总结各家，又深入钻研了老子的著作，从而形成较为完备的法家学说。慎到尚势，已见于稷下道家的介绍，今对申、韩之老学再做进一步申说。

第一节 韩非其人其书

关于韩非的生平，我们所知甚少，据《史记·老子韩非列传》："韩非者，韩之诸公子也，喜刑名法术之学，而其归本于黄老。非为人口吃，不能道说，而善著书。与李斯俱事荀卿，斯自以为不如非。"又："非见韩之削弱，数以书谏韩王，韩王不能用。于是韩非疾治国不务修明其法制，执势以御其臣下，富国强兵而以求人任贤……故作《孤愤》《五蠹》《内外储》《说林》《说难》十余万言。"

韩非卒于公元前 233 年。此年，韩非入秦，被害。《史记·韩世家》："王安五年，秦攻韩，韩急，使韩非使秦，秦留非，因杀之。"据《韩非子·问田》，堂溪公与韩非同时。据《韩非子·外储说右上》，堂溪公又与韩昭侯同时。故据此可见韩非较李斯约长二十岁，其被杀时年已六十余岁。故将其生年系于此年。①

韩非与李斯俱学于荀子，当在公元前 255 年荀子入楚为兰陵令前后。而韩非上书劝谏韩王安、著书立说，当在公元前 237 年韩王安继位前后。

司马迁写申不害传极为简单，韩非传则稍详一点，但其思想学说只引了一篇《说难》，显然是有感而发，引该文之前他写道：

> 然韩非知说之难，为《说难》书甚具，终死于秦，不能自脱。

写完全传之后又写了一句：

> 余独悲韩子为《说难》而不能自脱耳。

---

① 陈奇猷：《韩非子新校注·韩非生卒年考》，上海古籍出版社 2000 年版，第 1212 页。

写书的人当然有自己的思想，又难免涉及政事，司马迁写《史记》时的心情是复杂的，写出来的结果也被后人评为"谤书"，这就难免有感慨了。此虽与本题无关，也值得叙上几句。

关于申、韩的思想，除了"太史公曰"的那些记述加评论之外，传中所记实际都只有一句话：

> 申子之学，本于黄老，而主刑名。
>
> （韩非）喜刑名法术之学，而其归本于黄老。

如上所说，司马迁是通过大家都能看到的书来了解和论述其人的学问的。

第二节 《韩非子》解《老》的老学史价值

《韩非子》之《解老》《喻老》篇可以说是今所见最早的明确系统阐释《老子》的文献。章太炎先生认为应该加以高度重视，称："凡周秦解故之书，今多亡佚，诸子尤寡。《老子》独有《解老》《喻老》两篇。后有说《老子》者，宜据韩非为大传，而疏通证明之。其贤于王辅嗣远矣。"[1] 但也有学者认为，这两篇解说《老子》的文献不是韩非子所作，因为思想差距太大了。如容肇祖《韩非子考证》认为《解老》《喻老》并非韩非子所作，主要的理由在于《韩非子》的《五蠹》篇反对"微妙之言"，《忠孝》篇反对所谓的"恬淡之学""恍惚之言"。《老子》第十五章有"古之善为士者，微妙玄通，深不可识"，又第二十一章有"道之为物，惟恍惟惚"，可见《老子》的学说正是"微妙之言""恍惚之言"。韩非子反对这一类的"言"，又

---

① 章太炎：《国故论衡·原道上》，上海古籍出版社 2003 年版，第 108 页。

怎么能再作《解老》《喻老》呢？① 上述推断显然证据不够，有主观臆测之嫌，冯友兰也反对这种说法，认为："韩非在《解老》《喻老》这两篇中所解释的《老子》，既不'恍惚'，也不'微妙'。《解老》篇是与《管子》四篇（《白心》、《内业》、《心术》上、《心术》下）即早期道家相通的，把精神解释为一种细微的物质'精气'。《喻老》篇用生活中的实例说明《老子》，以见《老子》中的原则，都是生活经验的总结。"② 由于韩非子是以法家思想为自己学说立足点的，更多的学者主张应从法家的视角来审视韩非子的"解老"和"喻老"，如陈奇猷说："《韩非》解《老》，乃借老子之文以发挥其法治思想，非为解明《老子》而作。"③

综观以上，关于韩非子研究《老子》思想用的什么底本，韩非子的解《老》体例以及其在多大程度上保存了或改变了其所依据的《老子》这一底本的面貌，韩非子究竟是如何看待老子学说的等问题上，还有着比较大的探讨空间。帛书本《老子》、郭店楚简本《老子》的先后出土，可以说为我们重新认识韩非子其书及其解释《老子》的目的、意义、方法等，提供了重要的参照。

1.《韩非子》解《老》的结构与体例

《韩非子·解老》从今本《老子》的第三十八章开始，与帛书本《老子》相同，则《韩非子·解老》是从解释其所据《老子》的第一章开始的。

再将《韩非子·解老》的顺序加以还原，其基本的顺序如下：

上德不德（今本第三十八章）——祸兮福之所倚（今本第五十八章除前四句）——治人事天莫如啬（今本第五十九章）——治大国若烹小鲜（今本第六十章）——天下有道，却走马以粪（今本第四十六章）——道，理之者也。无状之状，无物之象。道之可道，

---

① 容肇祖：《韩非子考证》，商务印书馆 1936 年版，第 39—40 页。
② 冯友兰：《韩非〈解老〉〈喻老〉篇新释》，《北京大学学报》1961 年第 2 期。
③ 陈奇猷：《韩非子新校注·解老》，上海古籍出版社 2000 年版，第 370 页。

非常道也（今本未见、第十四章、第一章，此专门言道之本体）——出生入死（今本第五十章）——慈故能勇（今本第六十七章后半，以"吾有三宝，持而宝之"结尾，与今本相比，前后倒乙）——使我介然有知，行于大道，唯施是畏（今本第五十三章）——善建者不拔（今本第五十四章）。

按照《韩非子·解老》的语句顺序，此章应复原为："慈故能勇，俭故能广，不敢为天下先，故能为成事长。慈于战则胜，以守则固。吾有三宝，持而宝之。"总结性的话，被放在了一章的结尾之处。这种言说模式，也见于其他章节中。这种言说习惯，与今本所见先说主题句的习惯显然颇有不同。另《韩非子·解老》释"慈故能勇"章上接于第五十章"出生入死"之后。从这份章句复原中可推测，如果韩非子是按顺序解说《老子》的，则很有可能《解老》篇主要根据的是今本《老子》的下经。

"带利剑"，韩非释作狱讼繁，仓廪虚，而有以淫侈为俗，则国之伤也，若以利剑刺之。河上公释作"尚刚强，武且奢"。可见韩非并没有致力于为解释而解释，而是更多借以发挥自己的法治思想。也就是说，在上位者不能依照道法道理行事，而是"服文采，带利剑，厌饮食，而货资有余者"，只能称之为大盗之首倡者。

《韩非子·喻老》的章序复原：却走马以粪。戎马生于郊。罪莫大于可欲。祸莫大于不知足。咎莫憯于欲得（今本第四十六章）——知足之为足矣（今本第二十三章）——善建不拔，善抱不脱，子孙以其祭祀世世不辍（今本第五十四章）——重为轻根，静为躁君。故曰君子终日行不离辎重也。轻则失臣，躁则失君（今本第二十六章）——鱼不可脱于深渊。邦之利器不可以示人。将欲翕之，必固张之；将欲弱之，必固强之。将欲取之，必固与之（今本第三十六章）——天下之难事必作于易，天下之大事必作于细。图难于其易也，为大于其细也（今本第六十三章）——其安易持也，其未兆易谋也（今本第六十四章）——见小曰明，守柔曰强（今本第五十二章）——圣人之不病也，以其不病，是以无病也（今本第七十一章）——欲不欲，而不贵难得之货。学不学，复归众人之所过也。恃万物之自然而不敢为也（今本第六十四章）——不出于户，可以知天下；不窥于牖，可以知天道。其出弥远者，其智弥少。不行而知。不见而明。不为而成（今本第四十七章）——大器晚成，大音希声（今本第四十一章）——自见之谓明（今本第二十二章）（原文作不自见故明。）——自胜之谓强（今本第三十三章）——不贵其师，不爱其资，虽知大迷，是谓要妙（今本第二十七章）。从这个复原的顺序我们大体可以看出，《韩非子·喻老》的内容涵盖今本《老子》第二十二章至七十一章。

其体例是先进行阐述和发挥，再归结为《老子》原文，每段释文最后以"故曰"引出《老子》语句。总之，《韩非子》的作者试图通过这种简明形象的注释方式，解说《老子》的同时也表达自己的思想见解。

2.《解老》《喻老》所据《老子》底本的文献价值

如今本《老子》第三十八章，开篇作"上德不德，是以有德。下德不失德，是以无德。上德无为而无以为，下德为之而有以为"，显示了比较工整的语句排列。然而帛书甲、乙本出土后，今人发现并无"下德为之而有以为"这一句，造成了帛书本与今本的重要分歧。《韩非子·解老》则无"下德不失德，是以无德"，"下德为之而有以为"这两句。按照《韩非子》逐句解《老》复原，则《韩非子》所依据的底本当作："上德不德，是以有德。上德无为而无不为也。"从语句的序列看，主要表达德、仁、义、礼的差别，而衡量的标准在是否遵循"无为"。"上德无为而无以为"，"上仁为之而无以为"，"上义为之而有以为"，"上礼为之而莫之应，则攘臂而扔之"。关系清楚，增加了"下德"一句，显然多余。据《韩非子·解老》篇，也只言"上德""上仁""上义""上礼"，而无"下德"，足证《老子》原本即无此句。值得注意的是，今本以及北大简虽有此句，而亦有差别：严遵本、河上公本、王弼本作"下德为之而有以为"，与"上义"句同；北大简、傅奕本作"下德为之而无以为"，与"上仁"句同，亦可见出此句为后增的痕迹。由此，结合《老子》郭店楚简本，可进一步梳理《老子》先秦文本的面貌。

3.《解老》《喻老》的解释观点和解释方法

《韩非子·解老》《喻老》提供了不同于后世的解释观点和解释方法。比如《解老》解"天下有道，却走马以粪"句，说："有道之君，外无怨仇于邻敌，而内有德泽于人民。夫外无怨仇于邻敌者，其遇诸侯也外有礼义。内有德泽于人民者，其治人事也务本。遇诸侯有礼义，则役希起；治民事务本，则淫奢止。凡马之所以大用者，外供甲兵而内给淫奢也。今有道之君，外希用甲兵而内禁淫奢。上不事马于战斗逐北，而民不以马远通淫物，所积力唯田畴。必且粪灌。故曰：天下有道，却走马以粪也。"通常的理解，《老子》此段的意思是有道之君不兴甲兵，具有反战的意味。至韩非子则从更广阔的范围说，一者外无怨仇，二者治民务本俭约，故国家的马匹都可以用来耕田。其解释显然传达了比《老子》本身更为丰富的意味，王弼注亦继承了这一思想，说："天下有道，知足知止，无求于外，各修其内而已，故却走马以治田粪也。"

再如解释《老子》第三十八章"上仁为之而无以为"，曰："仁者，谓其中欣然爱人也。其喜人之有福，而恶人之有祸也。生心之所不能已也，非求其报也。故曰：上仁为之而无以为也。"相比于河上公注曰："上仁谓行仁之君，其仁为上，故言上仁也。为之者，为仁恩。功成事立，无以执为。"韩非子所说的自然而仁，非求其报，更为贴近《老子》本义。

第三节　全面构建道法结合政治体系的理论思考

韩非子作为法家思想的集大成者，其书中专门作有《解老》《喻老》，可见其对《老子》学说的深入钻研。也正说明，韩非子学术体系的建构与老子学说有着密切的关系。但值得深思的是，老子学说

是主张"无为而治",反对"法令滋彰"的,如《老子》第五十七章所说:

> 以正治国,以奇用兵,以无事取天下。吾何以知其然哉?以此。天下多忌讳,而民弥贫;民多利器,国家滋昏;人多伎巧,奇物滋起;法令滋彰,盗贼多有。故圣人云:"我无为而民自化,我好静而民自正,我无事而民自富,我无欲而民自朴。"

那么,老子的学说又是如何被法家所吸收,并且紧密结合的呢?二者结合的思想基础究竟是什么?

首先,韩非子的学说体系是为了治国这一实务而架构的,刑名法术占据了其中最重要的地位。如:

> 明法者强,慢法者弱。(《韩非子·饰奸》)
>
> 国无常强,无常弱。奉法者强则国强。奉法者弱则国弱。(《韩非子·有度》)
>
> 语曰:"家有常业,虽饥不饿。国有常法,虽危不亡。"(《韩非子·饰奸》)
>
> 故明主之国,无书简之文,以法为教。无先王之语,以吏为师。无私剑之捍,以斩首为勇。是境内之民,其言谈者必轨于法,动作者归之于功,为勇者尽之于军。是故无事则国富,有事则兵强,此之谓王资。(《韩非子·五蠹》)
>
> 法者,宪令著于官府,刑罚必于民心,赏存乎慎法,而罚加乎奸令者也。此臣之所师也。君无术则弊于上,臣无法则乱于下,此不可一无,皆帝王之具也。(《韩非子·定法》)
>
> 明主之所导制其臣者,二柄而已矣。二柄者,刑、德也。何谓刑德?曰:杀戮之谓刑,庆赏之谓德。(《韩非子·二柄》)
>
> 为人臣者陈而言,君以其言授之事,专以其事责其功。功当其事,事当其言,则赏。功不当其事,事不当其言,则罚。(《韩非子·二柄》)

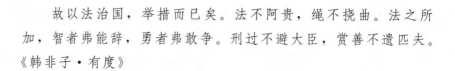

> 故以法治国，举措而已矣。法不阿贵，绳不挠曲。法之所加，智者弗能辞，勇者弗敢争。刑过不避大臣，赏善不遗匹夫。《韩非子·有度》

由以上所列可以见出韩非子对法的重要性、法术刑德的内涵以及适用的范围、贯彻的方式、注意的事宜等都有全面的阐述。

其次，值得注意的是，韩非子致力于建构完善的法家思想体系，还需要解决一个"法"的根源问题。否则"法"是否具有合理性也是值得怀疑的。

对此，韩非子的学术归本于"黄老"之道，将"道"与"法"联系起来，为"法"的合理性建立了善建不拔的根基。这一点正是韩非子的老师荀子所明确提出的。如《荀子·正名》曰："故一于道法，而谨于循令矣。"对于道法结合，韩非子进一步加以展开讨论，包括何谓"道""德""理"，及其与"法""术"的关系，等等。如《韩非子·解老》中关于"道"的阐述可谓详细地阐明了其中的关联：

> 道者，万物之所然也，万理之所稽也。理者，成物之文也；道者，万物之所以成也。故曰："道，理之者也。"物有理，不可以相薄；物有理不可以相薄，故理之为物之制。万物各异理，万物各异理而道尽。稽万物之理，故不得不化；不得不化，故无常操。无常操，是以死生气禀焉，万智斟酌焉，万事废兴焉。天得之以高，地得之以藏，维斗得之以成其威，日月得之以恒其光，五常得之以常其位，列星得之以端其行，四时得之以御其变气，轩辕得之以擅四方，赤松得之与天地统，圣人得之以成文章。道，与尧、舜俱智，与接舆俱狂，与桀、纣俱灭，与汤、武俱昌。以为近乎，游于四极；以为远乎，常在吾侧；以为暗乎，其光昭昭；以为明乎，其物冥冥；而功成天地，和化雷霆，宇内之物，恃之以成。凡道之情，不制不形，柔弱随时，与理相应。万物得之以死，得之以生；万事得之以败，得之以

成。道譬诸若水，溺者多饮之即死，渴者适饮之即生；譬之若剑戟，愚人以行忿则祸生，圣人以诛暴则福成。故得之以死，得之以生，得之以败，得之以成。

又曰：

> 凡理者，方圆、短长、粗靡、坚脆之分也，故理定而后物可得道也。故定理有存亡，有死生，有盛衰。夫物之一存一亡，乍死乍生，初盛而后衰者，不可谓常。唯夫与天地之剖判也俱生，至天地之消散也不死不衰者谓"常"。而常者，无攸易，无定理。无定理，非在于常，是以不可道也。圣人观其玄虚，用其周行，强字之曰"道"，然而可论。故曰："道之可道，非常道也。"

此文解释《老子》"道可道，非常道"之义。先释"常道"之义："唯夫与天地之剖判也俱生，至天地之消散也不死不衰者谓'常'。而常者，无攸易，无定理。无定理，非在于常，是以不可道也。"但韩非子又提出"理"的概念，道不可道，"理定而后物可得道"。"理"是可以说可以知晓的。法术者，理也，理也可以因时而变化。

除此之外，这种关于道法关系的思想还散见于《韩非子》一书的各篇之中，如：

> 故安国之法，若饥而食，寒而衣，不令而自然也。先王寄理于竹帛，其道顺，故后世服。（《韩非子·安危》）
>
> 明主之道忠法，其法忠心，故临之而法，去之而思。尧无胶漆之约于当世而道行，舜无置锥之地于后世而德结。能立道于往古，而垂德于万世者之谓明主。（《韩非子·安危》）
>
> 闻古之善用人者，必循天顺人而明赏罚。循天，则用力寡而功立；顺人，则刑罚省而令行；明赏罚，则伯夷、盗跖不乱。（《韩非子·用人》）

> 若水之流，若船之浮，守自然之道，行毋穷之令，故日明主。（《韩非子·功名》）

以上指出，法令的制定要能根据自然万物的道理，要能充分吸收历史上的经验，从而制定最为合理的法令。一旦法令的制定完成，就不能够受到随便的干涉，就要秉公办事，尤其是君主不能将自己的主观意志施加于法令之上，这样自然可以做到无为、虚静、无事。

《韩非子·主道》也说：

> 道者，万物之始，是非之纪也。是以明君守始以知万物之源，治纪以知善败之端。故虚静以待令，令名自命也，令事自定也。虚则知实之情，静则知动者正。
>
> 故曰：君无见其所欲，君见其所欲，臣自将雕琢。君无见其意，君见其意，臣将自表异。
>
> 群臣守职，百官有常，因能而使之，是谓习常。
>
> 明君无为于上，群臣竦惧于下。
>
> 道在不可见，用在不可知。虚静无事，以闇见疵。
>
> 人主之道，静退以为宝。

又《韩非子·扬榷》说：

> 夫道者，弘大而无形；德者，核理而普至。至于群生，斟酌用之，万物皆盛，而不与其宁。道者，下周于事，因稽而命，与时生死。参名异事，通一同情。故曰：道不同于万物，德不同于阴阳，衡不同于轻重，绳不同于出入，和不同于燥湿，君不同于群臣。凡此六者，道之出也。道无双，故曰一。是故明君贵独道之容。君臣不同道，下以名祷。君操其名，臣效其形，形名参同，上下和调也。

《老子》第二十五章有"道大，天大，地大，王亦大。域中有四大，而王居其一焉。人法地，地法天，天法道，道法自然。"首先自然无形，道亦无形，故君主当法道而深藏清静。韩非子又提出"德者，核理而普至"。故以刑名法术治理天下。

《韩非子》的解《老》从今传本的第三十八章"上德不德"开始，其思路与《庄子》之说有明显的差异。解"上德不德，是以有德"，《庄子·秋水》说："闻曰：道人不闻，至德不得，大人无己。"《韩非子》则解为："德者，内也。得者，外也。上德不德，言其神不淫于外。神不淫于外，则身全。身全之谓德。德者，得身也。凡德者，以无为集，以无欲成，以不思安，以不用固。为之欲之，则德无舍。德无舍，则不全。用之思之，则不固。不固，则无功。"也就是认为，上德就是其神在内，而不用思有为于身外。故"上德不德"，即为"上德不得"。从这个意义上说，韩非子继承了老子所说的"无为""无欲""不思""不用"，全身守道的思想。

与此同时，老子学说中的很多理念都被吸收应用到其学说体系当中，如：

《韩非子·饰奸》："故镜执清而无事，美恶从而比焉。衡执正而无事，轻重从而载焉。夫摇镜则不得为明，摇衡则不得为正，法之谓也。故先王以道为常，以法为本……释规而任巧，释法而任智，惑乱之道也。"强调"无事"，反对"任智"。

《韩非子·观行》："古之人目短于自见，故以镜观面；智短于自知，故以道正己。故镜无见疵之罪，道无明过之怨。目失镜，则无以正须眉；身失道，则无以知迷惑。西门豹之性急，故佩韦以缓己；董安于之心缓，故弦统以自急。故以有余补不足，以长绩短，之谓明主。"其中的"有余补不足"正来源于《老子》第七十七章"天之道，损有余以补不足"。

《韩非子·有度》："故当今之时，能去私曲就公法者，民安而国治。能去私行行公法者，则兵强而敌弱。"《韩非子·五蠹》："古者苍颉之作书也，自环者谓之私，背私者谓之公，公私之相背也，乃苍颉固以知之矣。"吸收了《老子》第十六章"知常容，容乃公，公乃王"的思想。

《韩非子·八说》："是以圣人之书必著论，明主之法必详事。尽思虑，揣得失，智者之所难也。无思无虑，挈前言而责后功，愚者之所易也。明主虑愚者之所易，以责智者之所难，故智虑力劳不用而国治。"亦符合黄老"事少而功多""惠而不费"的目标。

《韩非子·扬权》："天有大命，人有大命。夫香美脆味，厚酒肥肉，甘口而疾形；曼理皓齿，说情而捐精。故去甚去泰，身乃无害。权不欲见，素无为也。事在四方，要在中央。圣人执要，四方来效。虚而待之，彼自以之。四海既藏，道阴见阳。左右既立，开门而当。勿变勿易，与二俱行。行之不已，是谓履理也。"源于《老子》第二十九章："是以圣人去甚，去奢，去泰。"

《韩非子·扬权》："夫物者有所宜，材者有所施，各处其宜，故上下无为。使鸡司夜，令狸执鼠，皆用其能，上乃无事。上有所长，事乃不方。矜而好能，下之所欺；辩惠好生，下因其材。上下易用，国故不治。"韩非子强调"无为"，但其含义已经转化为君臣皆依法行使作用，无法外之为，故上下皆无为。

《韩非子·扬权》："用一之道，以名为首，名正物定，名倚物徒。故圣人执一以静，使名自命，令事自定。不见其采，下故素正。因而任之，使自事之；因而予之，彼将自举之；正与处之，使皆自定之。上以名举之，不知其名，复修其形。形名参同，用其所生。二者诚信，下乃贡情。"《老子》第三十七章曰："道常无为而无不为，侯王若能守之，万物将自化。化而欲作，吾将镇之以无名之朴。无名之朴，夫亦将无欲。不欲以静，天下将自定。"韩非子将这种天下自定建立在"形名参同""名实相符"的基础之上。

《韩非子·二柄》："人主有二患：任贤，则臣将乘于贤以劫其君。妄举，则事沮不胜。……故曰：去好去恶，群臣见素。群臣见素，则大君不蔽矣。"任贤，相当于尚贤。妄举，相当于不择人而用。可谓同于老子"不尚贤"的思想。

韩非子亦反对仁义，但反对的理由是认为仁义相爱之教必然导致法令无法执行，因此，必须严刑峻法。如《韩非子·六反》说："今学者之说人主也，皆去求利之心，出相爱之道，是求人主之过于父母之亲也，此不熟于论恩诈而诬也，故明主不受也。圣人之治也，审于法禁，法禁明着则官法。必于赏罚，赏罚不阿则民用。官官治则国富，国富则兵强，而霸王之业成矣。"《韩非子·奸劫弑臣》曰："而圣人者，审于是非之实，察于治乱之情也。故其治国也，正明法，陈严刑，将以救群生之乱，去天下之祸，使强不凌弱，众不暴寡，耆老得遂，幼孤得长，边境不侵，群臣相关，父子相保，而无死亡系虏之患，此亦功之至厚者也。愚人不知，顾以为暴。愚者固欲治而恶其所以治，皆恶危而喜其所以危者。何以知之？夫严刑重罚者，民之所恶也，而国之所以治也；哀怜百姓轻刑罚者，民之所喜，而国之所以危也。圣人为法国者，必逆于世，而顺于道德。"这和老庄道家反对仁义之伪虽话语相同但却出于完全不同的话语体系。

韩非子不仅吸收应用老子的思想，而且还进行了一定的批判、改造和发挥。

如他反对老子知足知止的思想。《韩非子·六反》中说：

> 老聃有言曰："知足不辱，知止不殆"。夫以殆、辱之故，而不求于足之外者，老聃也。今以为足民而可以治，是以民为皆如老聃也。

此引老聃之言，见于今本《老子》第四十四章，也见于郭店楚简甲本老子。韩非子的意思是治理国家应该根据当世之实际情况，不能根据某一位思想家的言说来衡量，譬如老聃可以知足不辱，知止不殆，但并不意味着国家的人民都可以做到不做额外的贪求。"故明主之治国也，适其时事以致财物，论其税赋以均贫富，厚其爵禄以尽贤能，重其刑罚以禁奸邪，使民以力得富，以事致贵，以过受罪，以功致赏，而不念慈惠之赐，此帝王之政也"。

韩非子借批驳子产来讨论什么是"事无事"，将老子的"事无事"改造为法家观点。《韩非子·难三》曰：

> 郑子产晨出，过东匠之闾，闻妇人之哭也，抚其御之手而

听之。有间，遣吏执而问之，则手绞其夫者也。异日，其御问曰："夫子何以知之？"子产曰："其声惧。凡人于其亲爱也，始病而忧，临死而惧，已死而哀。今哭已死，不哀而惧，是以知其有奸也。"

或曰：子产之治，不亦多事乎？奸必待耳目之所及而后知之，则郑国之得奸者寡矣。不任典成之吏，不察参伍之政，不明度量，特尽聪明劳智虑而以知奸，不亦无术乎？且夫物众而智寡，寡不胜众，智不足以遍知物，故因物以治物。下众而上寡，寡不胜众者，言君不足以遍知臣也，故因人以知人。是以形体不劳而事治，智虑不用而奸得。故宋人语曰："一雀过羿，羿必得之，则羿诬矣。以天下为之罗，则雀不失矣。"夫知奸亦有大罗，不失其一而已矣。不修其理，而以己之胸察为之弓矢，则子产诬矣。老子曰："以智治国，国之贼也。"其子产之谓矣。

《论语·子路》："叶公问政。子曰：近者悦，远者来。"《韩非子·难三》中批评孔子的这种说法，曰：

仲尼之对，亡国之言也。叶民有倍心，而说之"悦近而来远"，则是教民怀惠。惠之为政，无功者受赏，而有罪者免，此法之所以败也。法败而政乱，以乱政治败民，未见其可也。且民有倍心者，君上之明有所不及也。不绍叶公之明，而使之悦近而来远，是舍吾势之所能禁而使与不行惠以争民，非能持势者也。夫尧之贤，六王之冠也，舜一从而咸包，而尧无天下矣。有人无术以禁下，特为舜而不失其民，不亦无术乎！明君见小奸于微，故民无大谋；行小诛于细，故民无大乱。此谓"图难于其所易"也，为大者于其所细也。今有功者必赏，赏者不得君，力之所致也；有罪者必诛，诛者不怨上，罪之所生也。民知诛罚之皆起于身也，故疾功利于业，而不受赐于君。"太上，下智有之。"此言太上之下民无说也，安取怀惠之民？上君之民无利害，说以悦近来远，亦可舍己。

韩非子重新诠释《老子》的语句，如《韩非子·内储说下》："一曰权借在下，二曰利异外借，三曰托于似类，四曰利害有反，五曰参疑内争，六曰敌国废置。此六者，主之所察也。"又："权势不可以借人，上失其一，臣以为百。故臣得借则力多，力多则内外为用，内外为用则人主壅。其说在老聃之言失鱼也。是以人主久语，而左右鬻怀刷，其患在胥僮之谏厉公，与州侯之一言，而燕人浴矢也。"又："势重者，人主之渊也；臣者，势重之鱼也。鱼失于渊而不可复得也，人主失其势重于臣而不可复收也。古之人难正言，故托之于鱼。赏罚者，利器也。君操之以制臣，臣得之以拥主。故君先见所赏，则臣鬻之以为德；君先见所罚，则臣鬻之以为威。故曰：国之利器不可以示人。"《老子》第三十六章有："鱼不可脱于渊，国之利器不可以示人。"《老子》第十五章则云："古之善为士者，微妙玄通，深不可识。"陈奇猷认为："韩子会其意，以为为臣者微妙玄通，深不可识。故以下所云皆人臣微妙之事，为人主者不可忽视也。故特举六者以告人主，而总其名曰六微。"①

再次，韩非子的理想社会。《韩非子·大体》曰：

> 古之全大体者：望天地，观江海，因山谷，日月所照，四时所行，云布风动；不以智累心，不以私累己；寄治乱于法术，托是非于赏罚，属轻重于权衡；不逆天理，不伤情性；不吹毛而求小疵，不洗垢而察难知；不引绳之外，不推绳之内；不急法之外，不缓法之内；守成理，因自然；祸福生乎道法而不出乎爱恶；荣辱之责在乎己而不在乎人。故至安之世，法如朝露，纯朴不散，心无结怨，口无烦言。故车马不疲弊于远路，旌旗不乱于大泽，万民不失命于寇戎，雄骏不创寿于旗幢；豪杰不著名于图书，不录功于盘盂，记年之牒空虚。故曰：利莫长于简，福莫久于安。使匠石以千岁之寿操钩，视规矩，举绳墨而正太山；使贲、育带干将而齐万民；虽尽力于巧，极盛于寿，

---

① 陈奇猷：《韩非子新校注·内储说下》，上海古籍出版社 2000 年版，第 615 页。

太山不正，民不能齐。故曰：古之牧天下者，不使匠石极巧以败太山之体，不使贲、育尽威以伤万民之性。因道全法，君子乐而大奸止。澹然闲静，因天命，持大体。故使人无离法之罪，鱼无失水之祸。如此，故天下少不可。

上不天则下不遍覆，心不地则物不毕载。太山不立好恶，故能成其高；江海不择小助，故能成其富。故大人寄形于天地而万物备，历心于山海而国家富。上无忿怒之毒，下无伏怨之患，上下交扑，以道为舍。故长利积，大功立，名成于前，德垂于后，治之至也。

《韩非子·解老》：

人处疾则贵医，有祸则畏鬼。圣人在上则民少欲；民少欲则血气治而举动理，举动理则少祸害。夫内无痤疽瘅痔之害，而外无刑罚法诛之祸者，其轻恬鬼也甚。故曰："以道莅天下，其鬼不神。"治世之民不与鬼神相害也。故曰："非其鬼不神也，其神不伤人也。"鬼祟也疾人之谓鬼伤人，人逐除之之谓人伤鬼也。民犯法令之谓民伤上，上刑戮民之谓上伤民。民不犯法则上亦不行刑，上下不行刑之谓上不伤人，故曰："圣人亦不伤民。"上不与民相害，而人不与鬼相伤，故曰："两不相伤。"民不敢犯法，则上内不用刑罚而外不事利其产业；上内不用刑罚而外不事利其产业则民蓄息，民蓄息而畜积盛；民蓄息而畜积盛之谓有德。凡所谓祟者，魂魄去而精神乱，精神乱则无德。鬼不祟人则魂魄不去，魂魄不去则精神不乱，精神不乱之谓有德。上盛蓄积而鬼不乱其精神，则德尽在于民矣。故曰："两不相伤则德交归焉。"言其德上下交盛而俱归于民也。

以上所述都是阐明以法治国的重要意义。

《韩非子·解老》又言：

　　有道之君，外无怨仇于邻敌，而内有德泽于人民。夫外无怨仇于邻敌者，其遇诸侯也外有礼义。内有德泽于人民者，其治人事也务本。遇诸侯有礼义则役希起，治民事务本则淫奢止。凡马之所以大用者，外供甲兵而内给淫奢也。今有道之君，外希用甲兵，而内禁淫奢。上不事马于战斗逐北，而民不以马远通淫物，所积力唯田畴，积力于田畴必且粪灌，故曰："天下有道，却走马以粪也。"

这是韩非子无为而治的一个方面，一则遇诸侯以礼义，从而外无仇怨；一则内积力务本，从而内有德泽，天下无事而得大治。

　　不可忽视的是，《韩非子》与黄学也有一定的关联，如《解老》篇中：

　　人始于生而卒于死。始之谓出，卒之谓入。故曰："出生入死。"人之身三百六十节，四肢九窍，其大具也。四肢与九窍十有三者，十有三者之动静尽属于生焉。属之谓徒也，故曰："生之徒也，十有三者。"至其死也，十有三具者皆还而属之于死，死之徒亦有十三。故曰："生之徒十有三，死之徒十有三。"凡之生生，而生者固动，动尽则损也；而动不止，是损而不止也。损而不止则生尽，生尽之谓死，则十有三具者皆为死死地也。故曰："民之生生而动，动皆之死地，亦十有三。"是以圣人爱精神而贵处静。（不爱精神不贵处静），此甚大于兕虎之害。夫兕虎有域，动静有时。避其域，省其时，则免其兕虎之害矣。民独知兕虎之有爪角也，而莫知万物之尽有爪角也，不免于万物之害。何以论之？时雨降集，旷野闲静，而以昏晨犯山川，则风露之爪角害之。事上不忠，轻犯禁令，则刑法之爪角害之。处乡不节，憎爱无度，则争斗之爪角害之。嗜欲无限，动静不节，则痤疽之爪角害之。好用其私智而弃道理，则纲罗之爪角害之。兕虎有域，而万害有原，避其域，塞其原，则免于诸害矣。凡兵革者，所以备害也。重生者虽入军无忿争之心，无忿争之心则无所用救害之备。此非独谓野处之军也。圣人之游世也无害人之心，无害人之心则必无人害，无人害则不备人，故曰："陆行不遇兕虎。"入山不恃备以救害，故曰："入军不备甲兵。"远诸害，故曰："兕无所投其角，虎无所错其爪，兵无所容其刃。"不设备而必无害，天地之道理也。体天地之道，故曰："无死地焉。"动无死地，而谓之善摄生矣。

韩非子此解迥异于各家之说，且十分精妙。所谓十有三，他认为是人的身体的四肢九窍合而言之为十三，则代指人的身体精神。生亦身体精神，死亦身体精神，所有的人都是一样的。但世人往往不爱精神不贵处静，这无疑相当于生生而动于死地。九窍是一个来源于《黄帝内经》的概念。《黄帝内经·素问·生气通天论》："天地之间，六合之内，其气九州、九窍、五脏十二节，皆通乎天气。"《庄子·齐物论》："百骸、九窍、六藏，赅而存焉，吾谁与为亲？"但何以是四肢九窍，而不是六藏九窍？显然韩非子是为了适应十三这个数字，而吸收了《黄帝内经》中九窍的养生观念，来表达爱精神而贵处静、不入于死地的生死观念。此盖何以韩非归本于黄老之义。

因此，司马迁将韩非子与老子同传是有一定道理的。黄老主要源于老，以《老子》的道论为基础，广泛地吸收了儒、墨、名、法、阴阳等家的思想，因而被称为黄帝著作的那些书，如马王堆出土的《经法》等书，有人称之为"道法家"，法家的思想也很突出。然而韩非则又有所不同，他作《解老》和《喻老》，说明他对老学下过一番工夫。《韩非子》也引用过黄帝，称"黄帝有言曰"，一是数量不多，二也未引进什么主要思想，因此可以说，韩非子是直接援老入法的，是用而能化的，从老学发展的角度看，《韩非子》对《老子》的解释和发展有重要意义。其解《老》这两篇与《庄子》《文子》《管子》等早期解老文献确属对《老子》书进行系统诠释的最早义本形态。

第九章　老庄道家与屈宋文学革新

　　屈原和宋玉在中国文学发展史上具有重要的标志性地位。梁昭明太子萧统编《文选》，最早收录屈原和宋玉的作品，盖视之为与经、史、子分化后独立的"文"的开端；刘勰《文心雕龙》在《原道》《征圣》《宗经》《正纬》四篇之后，首列《辨骚》，冠于诗、乐府、赋、赞等诸多文体之前，称其为"奇文郁起"，也体现了对屈宋"骚体"的重视。

　　屈原、宋玉，活动于战国晚期的楚地，其文学创作活动也深受楚地道家思想的影响。

　　关于屈原的生卒年，学术界有多种不同的说法。其中一般认为屈原生于楚宣王二十七年，即公元前 343 年。顾炎武《日知录》、陈玚《屈子生卒年月考》、刘师培《古历管窥》、游国恩《论屈原之放死及楚辞地理》、钱穆《先秦诸子系年》都持这种看法。

　　关于屈原的卒年，则分歧甚大。如游国恩《论屈原之放死及楚辞地理》认为，屈原《离骚》中有"老冉冉其将至兮，恐修名之不立"，《涉江》中有"余幼好此奇服兮，年既老而不衰"，《曲礼》中说"七十曰老"，加之《史记》中的叙述，认定屈原卒于楚顷襄王二十二年，即公元前 277 年。这一说法也就成了我们今天通行的说法。然而钱穆《先秦诸子系年·屈原生卒考》认为："余疑屈原之卒，当在怀襄之交，决不及襄王迁陈时。"主要的理由是"王船山《楚辞通释》以《哀郢》为顷襄迁陈，屈原不欲，谗人以沮国大计为原罪，遂重见窜逐而作。考迁陈在顷襄二十一年，屈原若在，年应六十六岁。疑不若是之寿"。又："蒋骥《山带阁注楚辞》谓：襄王徙陈，其时长沙曾为秦取，原尚得晏然安身其地乎？"又："今读屈子诸篇，

333

其忠君爱国之情，郁勃既盛，感伤弥切。苟顷襄初政，原又被谗南迁，当时即无久理。不得又抑塞流徙，至于二十二年之久，乃始沉湘而去。"其怀疑也不无道理。

总之，关于屈原的生卒年，最主要的分歧在于，是卒于楚怀王末，还是卒于顷襄王二十二年（前 277），前后相距二十余年。但我们基本可以见出，屈原主要的活动时间是在公元前 343 年至前 299 年（楚怀王入秦不归）之间。并且屈原于公元前 311 年，即齐宣王九年时出使齐国，当时正值齐国稷下学宫最为兴盛之时，三十多岁的屈原得以接触到稷下各派思想，尤其是与稷下道家有过直接的接触。

加之在公元前 300 年左右下葬的郭店楚墓中，其竹简书已经包括了《老子》甲、乙、丙本和《太一生水》等道家类文献，说明屈原在楚地亦有可能已接受《老子》《太一生水》等道家思想的影响。

关于宋玉的生平事迹，据《史记·屈原贾生列传》载："屈原既死之后，楚有宋玉、唐勒、景差之徒者，皆好辞而以赋见称。然皆祖屈原之从容辞令，终莫敢直谏。"《汉书·地理志》："始楚贤臣屈原被谗放流，作《离骚》诸赋以自伤悼，后有宋玉、唐勒之属慕而述之，皆以显名。"今仅知其活动时间在屈原之后，担任过一些官职。

宋玉的作品据《汉书·艺文志》记载有十六篇，但篇名不可考。东汉王逸《楚辞章句》收录《九辩》《招魂》两篇。《文选》载录有《风赋》《高唐赋》《神女赋》《登徒子好色赋》《九辩》《招魂》《对楚王问》七篇。

屈宋所代表的楚辞文学，与当时流行的道家思潮具有某种天然的联系。对此，有学者进行过相关的探讨，[①] 本章拟作进一步的申论。

---

① 如张松辉：《宋玉为道家文人考——兼谈关于宋玉骨气问题的争论》，见《道家文化研究》第 24 辑，生活·读书·新知三联书店 2009 年版。

第一节　思想内容的契合

其一，以"帝"为天地间最高神的信仰取向来源于商文化的遗存。

众所周知，商周时代的"天"与"帝"的内涵问题，长期以来为学术界所关注、研究，在许多方面有基本一致的认识。如对于商代"天""帝"的考察，有王国维、郭沫若、胡厚宣、朱凤瀚、晁福林等先生提出卓见。其中一个值得注意的看法是，在甲骨文中"天"字的用例主要有两种：一是表示作为人之巅的头部，二是与"大"相通。帝与天融而为一，这应当是商代帝最根本的一个特点。[①]"帝"为殷人的最高神，胡厚宣详细论述了"帝神"的"权能力量"。后来又专论不辞之帝为"能够指挥人间的一切"的"至上神"。[②] 王辉指出，帝字上面的"一"，"指明祭祀的对象为居于天空的自然神"[③]。

值得注意的是，在《老子》和楚辞中都体现了以"帝"为至尊的文化语境。如《老子》第四章在描述"道"的来源的时候说："吾不知其谁之子，象帝之先。"又《老子》第二十五章说："有物混成，先天地生。"则"帝"的地位等同于天地万物之最高神。《庄子·应帝王》则以中央之帝"混沌"为最高，如称"南海之帝为儵，北海之帝为忽，中央之帝为浑沌"。

再看《楚辞·离骚》中，主人公在现实中遭遇一系列的挫折，向重华陈词，之后飞往天庭，其主要的目的就是要去向天上的"帝"陈说。也许天地之间，最后一个能够主持公道的至上神就是

---

① 晁福林：《说商代的"天"和"帝"》，《史学集刊》2016 年第 3 期。

② 参见胡厚宣：《甲骨学商史论丛初集》，见《甲骨文献集成》（21 册），四川大学出版社 2001 年版，第 267—270 页。

③ 王辉：《殷人火祭说》，四川大学学报编辑部《古文字研究论文集》，四川人民出版社 1982 年版，第 271 页。

"帝"了。

其二，屈原《天问》中，出现对宇宙终极存在的关注和追问。

如《天问》首句发问道："遂古之初，谁传道之?"其所谓"初"，王逸注："初，始也。言往古太始之元虚廓无形，神物未生，谁传道此也?"意在追问往古之初的真实形态，正如《老子》第一章所说"无名，天地之始"的状态。

接下来《天问》又说："上下未形，何由考之? 冥昭瞢闇，谁能极之? 冯翼惟像，何以识之? 阴阳三合，何本何化?"这系列排比问句的前半句，"上下未形""冥昭瞢闇""冯翼惟像""阴阳三合"，所描述的正如《老子》所说的"道"的状态，所谓"其上不曒，其下不昧"，"道之为物，唯恍唯忽。忽兮恍兮，其中有像。恍兮忽兮，其中有物。窈兮冥兮，其中有精；其精甚真，其中有信"，"有物混成，先天地生"。

从这一话语背景看，"阴阳三合"，亦未必如王逸所谓的"天地人三合"，而更接近于《老子》的"道生一，一生二，二生三，三生万物。万物负阴而抱阳，冲气以为和"。正如宋代洪兴祖《楚辞补注》中对王逸的说法所做的纠正，曰："《天对》云：合焉者三，一以统同。吁炎吹冷，交错而功。引《穀梁子》云：独阴不生，独阳不生，独天不生，三合然后生。逸以为天地人，非也。《穀梁》注云：古人称万物负阴而抱阳，冲气以为和。然则传所谓天，尽名其冲和之功，而神理所由也。会二气之和，极发挥之美者，不可以柔刚滞其用，不得以阴阳分其名，故归于冥极，而谓之天。凡生类禀灵知于天，资形于二气，故又曰独天不生，必三合而形神生理具矣。"

同时，我们还可以看出，排比句的前半句，基本上都是诗人所接触到的当时所流传的关于"六合之外"的知识，而后半句，则为诗人对这些新知识新思想所发出的追问。

这种追问的视角和话语，正同于《庄子·天运》中所说：

天其运乎? 地其处乎? 日月其争于所乎? 孰主张是? 孰维

纲是？孰居无事推而行是？意者其有机缄而不得已邪？意者其运转而不能自止邪？云者为雨乎？雨者为云乎？孰隆施是？孰居无事淫乐而劝是？风起北方，一西一东，有上彷徨。孰嘘吸是？孰居无事而披拂是？敢问何故？"巫咸祒曰："来，吾语汝。天有六极、五常，帝王顺之则治，逆之则凶。九洛之事，治成德备，监照下土，天下载之，此谓上皇。

　　无论是屈原的《天问》，还是庄子的《天运》，一系列的追问背后，都指向了宇宙万物终极的主宰。由此可以看出屈原本身对道家宇宙观念的关注。

　　这种对于"道"的认识，在屈宋的作品中是日渐明晰起来的。如《远游》中称："道可受兮，不可传；其小无内兮，其大无垠；无滑而魂兮，彼将自然；一气孔神兮，于中夜存；虚以待之兮，无为之先；庶类以成兮，此德之门。"既有对道体的描述，又有修道的体悟。

　　其三，"彭咸"——显示出与黄老思想相契合的政治归宿。

　　楚辞作品中屡次提到"彭咸"，定有所指。王逸注云："彭咸，殷贤大夫也，谏其君不听、自投水而死。"此后多将彭咸与忠谏不听、投水而死相联系。但由于资料缺乏，今仍不能明确彭咸指谁。清代戴震《屈原赋注》云："彭咸未闻，盖前修之足为师法者，书阙不可考矣。"王闿运《楚辞释》则以"彭"为老彭，"咸"为巫咸。有学者认为彭咸是《山海经》中巫彭、巫咸的合称。汪瑗的《楚辞集解》则将彭咸与彭祖联系起来。近人则通过清华简等出土材料考证，彭咸即彭祖，彭祖有"九度"，代表法家思想。[①]

　　仔细分析屈原提到"彭咸"的几处文本，第一，彭咸是一位可以作为楷模的贤臣。如《抽思》："望三五以为像兮，指彭咸以为仪。"句中将三皇五帝与彭咸相对应，正为君臣之义。第二，彭咸是

---

① 张树国：《出土文献与屈赋"彭咸"探研》，《杭州师范大学学报（社会科学版）》2018 年第 6 期。

南方的一位贤臣。如《思美人》曰："愿及白日之未暮，独茕茕而南行兮，思彭咸之故也。"第三，彭咸是一位代表古代美政与法则的南方的贤臣。如《离骚》："謇吾法夫前修兮，非世俗之所服。虽不周于今之人兮，愿依彭咸之遗则。……已矣哉，国无人莫我知兮，又何怀乎故都？既莫足与为美政兮，吾将从彭咸之所居。"第四，《悲回风》中三处提到彭咸，和志节中正（"志介"）、智慧而不忧愁（"思而不隐"）、向往彭咸之居，这几个意义相关。如曰："夫何彭咸之造思兮，暨志介而不忘"。"孰能思而不隐兮，照彭咸之所闻"。"愁悄悄之常悲兮，翩冥冥之不可娱。凌大波而流风兮，托彭咸之所居"。

再联系到屈原《离骚》中所陈述的"依前圣以节中兮"，"举贤而授能兮，循绳墨而不颇。皇天无私阿兮，览民德焉错辅"，"耿吾既得此中正"，可以看出屈原的美政理想在于以一种公正无私的法则和中正之道来实现完善的政治。这也恰恰是黄老道家的根本主张之所在。

如《老子》第十六章有："知常容，容乃公，公乃王，王乃天，天乃道，道乃久，没身不殆。"长沙马王堆出土帛书《经法·道法》曰："至公者明，至明者有功。至正者静，至静者圣。无私者智，至智者为天下稽。"《经法·四度》："去私而立公，人之稽也。"《经法·名理》："虚静谨听，以法为符。审察名理终始，是谓究理。唯公无私。见知不惑，乃知奋起。故执道者之观于天下也，见正道循理，能举曲直，能举终始。"

按屈原所说，若不能实现美政，就甘愿从彭咸之所居，则彭咸当为黄老学者中的隐士，贤臣的代表，而非法家之士。

其四，《九歌·东皇太一》与《老子》的"一"。

屈原《九歌》开篇即为《东皇太一》，以迎太一神开场。王逸注认为："太一，星名，天之尊神。祠在楚东，以配东帝。故曰东皇。"其说确否今已不可考，但楚人以"太一"为"天之尊神"是没有疑义的。宋玉《高唐赋》中有"进纯牺，祷璇室。醮诸神，礼太一"。由此，楚地的太一神乃诸神之最尊者。江陵望山一号楚墓和荆门包山二号楚墓竹简中出现的与祭祀有关的文献，其首位祭祀神就是太一神，这就为东皇太一的祭典提供了有力的证据。①《汉书·郊祀志》谷永上书中有说："楚怀王隆祭祀，事鬼神，欲以获福助，却秦师，而兵挫地削，身辱国危。"也提到楚怀王时代祭祀活动盛行这一历史事实。

《老子》学说中虽没有直接谈到"太一"，但"大""一"是非常重要的内容，或作为"道"的代名词。如第三十九章有"昔之得一者，天得一以清，地得一以宁，神得一以灵，万物得一以生"。"一"实际上就是"道"，即本体之道，是万物化生的内在决定力量、主宰力量。它表现出的是本始本真自然无名的状态，如《老子》第一章所说"无名，天地之始"。再如第四十二章有："道生一，一生二，二生三，三生万物。"河上公注曰："道始所生者。""一"是万物化生的起点。

再如郭店楚简本《老子》甲本有："有状混成，先天地生。寂寥，独立不改，可以为天下母。未知其名，字之曰道，吾勥为之名曰大。"其文在今本《老子》第二十五章，王弼注曰："吾所以字之曰道者，取其可言之称最大也。""大"也同样是"道"的描述。

郭店楚简在《老子》丙本之后以相同形制抄写的《太一生水》篇，则出现了"太一"，其文曰："太一生水，水反辅太一，是以成天。天反辅太一，是以成地。""太一"即"道"，不仅化生万物，而且作为万物的主宰。《庄子·天下》以"建之以常无有，主之以太一"概括关尹老聃之学。由此说明"太一"也是老聃或其后楚地最高的哲学范畴。

从"太一"之道到"太一"神，体现了屈原作品深受道家影响的信仰取向。虽然，这种至尊至贵的存在是以神灵的方式展现出来的。《说文解字》："一，惟初太极，道立于一。造分天地，化成万物。"对于二者的关系，姜亮夫曾指出："细考先秦故籍，以一字表事物最高概念，寖假而为造化之原，自《易》至《老》《庄》莫不有此思想，故道立于一之说，可以概括先秦一字关念演变。道立于一，

---

① 汤漳平：《出土文献与楚辞九歌》，中国社会科学出版社 2004 年版，第 15 页。

则一之又一曰太一，太者更加神圣之谓，故以太一为造物主，亦即为以太一为帝，惟此说北土渐衰（重人事故），故惟屈子、道家尚存其说，又由太一而言之，一则道家所谓一气三清者，至汉天文家以天极最为明大之星为太一。"①

其五，一些词语的袭用及其内在观念的一致性。

《橘颂》有"秉德无私，参天地兮"。王逸注曰："秉，执也。言己执履忠正，行无私阿，故参配天地，通之神明，使知之也。"行无私而参天地，与《老子》第七章"天地所以能长且久者，以其不自生，故能长生。是以圣人后其身而身先，外其身而身存。非以其无私邪？故能成其私"的意思基本一致。《远游》中的"载营魄兮登遐"，与《老子》的"载营魄抱一，能无离乎"之间有着袭用关系。《远游》中的"漠虚静以恬愉兮，澹无为而自得"，采用了《老子》的"虚静""无为"。《渔父》中的"圣人不凝滞于物，而能与世推移"，与《老子》"和光同尘"皆体现出了内在思想的一致。

再如《离骚》篇中有"名余曰正则兮，字余曰灵均"也契合于马王堆帛书《十大经·果童》："黄帝□□辅曰：唯余一人，兼有天下。今余欲畜而正之，均而平之，为之若何？"似乎昭示着屈原的思想来源于道家的黄老学派。

第二节　表现形式的模拟关系

《老子》《庄子》不仅是思想作品，而且也具有文学的形式，《老子》最像诗，属于韵文文体，且多用各种比喻。《庄子》进一步发挥出汪洋恣肆的想象世界、瑰丽文风、寓言体式可以说是中国文学史上的一座高峰，故而有"庄屈"并称之说。

---

① 姜亮夫：《楚辞通故·东皇太一》见《姜亮夫全集》一，云南人民出版社 2002 年版，第 202 页。

　　《老子》的韵文形式，从今所见的最早的《老子》郭店楚简本，就已经能够看出其如箴言韵文的形式特征。如郭店简甲本"又亡之相生也，戁愓之相成也，长耑之相型也，高下之相盈也，音圣之相和也，先后之相随也"，其最初虽然并非工整的四言，但也以六言韵文的形式呈现，韵脚之后整齐置有语气词"也"。

　　而这种韵文的形式是随着版本的递嬗越来越加强的，如今本《老子》第八章，中间有所谓的七善："居善地，心善渊，与善仁，言善信，正善治，事善能，动善时"，形成简洁工整、二句一韵的三字句。马叙伦注意到"居善地"句上应该是脱了一句，因为此文两句一韵，地、仁、治、时皆韵也。① 正是通过用韵规律寻找其文本的原态。关于《老子》书用韵的情况，还可参见朱谦之《老子校释》附录《老子韵例》。

　　此外，《老子》书中的借喻手法也是随处可见的，南宋林希逸《老子鬳斋口义》说："大抵《老子》之书，其言皆借物以明道，或因时世习尚就以谕之，而读者未得其所以言。"这判断是不错的。我们从郭店楚简本《老子》来初步统计一下，其中以形象之物来借喻的有：

　　　　母——独立而不改，可以为天下母（甲1：1）

　　　　橐籥——天地之间，其犹橐籥与？虚而不屈，动而愈出（甲1：2）

　　　　根——天道云云，各复其根（甲2：1）

　　　　赤子——含德之厚者，比于赤子（甲3：1）

　　　　江海——江海所以为百谷王，以其能为百谷下，是以能为百谷王（甲4：2）

　　　　谷——譬道之在天下也，犹小谷之与江海（甲4：9）

　　以上均出现在《老子》甲本。除此之外，另一种重要的比喻形式，

---

① 马叙伦：《老子校诂·卷第一》，中华书局1974年版，第130页。

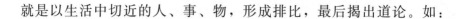

就是以生活中切近的人、事、物，形成排比，最后揭出道论。如：

> 名与身孰亲？身与货孰多？得与亡孰病？甚爱必大费，厚藏必多亡。故知足不辱，知止不殆，可以长久。（甲3：2）

> 持而盈之，不若已。揣而群之，不可长保也。金玉盈室，莫能守也。贵富骄，自遗咎也。功遂身退，天之道也。（甲3：4）

再如就是形容状态的比喻，如：

> 古之善为士者，必微妙玄达，深不可识，是以为之容：敦乎其如冬涉川，犹乎其如畏四邻。严乎其如客，涣乎其如释，敦乎其如朴，沌乎其如浊。孰能浊以静者将徐清，孰能安以动者将徐生。保此道者不欲尚盈。（甲4：4）

> 是以建言有之：明道如昧，夷道如类，进道若退。上德如谷，大白如辱，广德如不足，建德如偷，质真如愉。大方无隅，大器慢成，大音希声，天象无形。道始无名，善始善成。（乙1：1）

总之，郭店楚简本《老子》中蕴含了丰富的比喻方式，这些都是《老子》文学性的一个突出体现，或者说是《老子》诗性语言的体现。同样处在"诗亡然后《春秋》作"的时代，《论语》等文献更多是注重引诗、用诗的语体，而《老子》等文献中则更体现的是化诗、传诗的韵文文体形式。从韵文文体的系统上来说，从《诗经》到《老子》《庄子》再到楚辞，应该说具有更为紧密的联系。

单从句式上看，《老子》《庄子》与楚辞也具有某种似隐实显的联系。如《老子》中常见"众人……我独……"的句式。以第二十章为例："绝学无忧。唯之与阿，相去几何？善之与恶，相去若何？人之所畏，不可不畏。荒兮其未央哉！众人熙熙，如享太牢，如春登台。我独泊兮其未兆，如婴儿之未孩。傫傫兮若无所归。众人皆有余，而我独若遗。我愚人之心也哉！沌沌兮！俗人昭昭，我独昏昏；俗人察察，我独闷闷。澹兮其若海，飂兮若无止。众人皆有以，而我独顽似鄙。我独异于人，而贵食母。"在《庄子》中也有这样的句式特征，如《庄子·齐物论》："一受其成形，不亡以待尽。与物相刃相靡，其行尽如驰，而莫之能止，不亦悲乎！终身役役而不见其成功，苶然疲役而不知其所归，可不哀邪！人谓之不死，奚益！其形化，其心与之然，可不谓大哀乎？人之生也，固若是芒乎？其我独芒，而人亦有不芒者乎？"

这一句式，也被屈宋所承袭，比如屈原《离骚》："民生各有所乐兮，余独好修以为常。"《渔父》："举世皆浊我独清，众人皆醉我独醒。"宋玉《对楚王问》："客有歌于郢中者，其始曰《下里》《巴人》，国中属而和者数千人。其为《阳阿》《薤露》，国中属而和者数百人。其为《阳春》《白雪》，国中属而和者数十人。引商刻羽，杂以流征，国中属而和者不过数人而已。是其曲弥高，其和弥寡。"超越于世俗众人之见，而站在"道"的制高点上，这似乎是老庄思想俯视视角形成的原因，同时也是一种超越世俗的孤独感形成的原因。

《老子》《庄子》与楚辞之间更为紧密的联系还体现在文章语词风格的趋同性。《文心雕龙·物色》有所谓"情以物迁，辞以情发"，以说明词体风格的形成，是从地域丰富的物色，到情感的感动生发，最后体现为词语的丰富多彩。《老子》当中丰富的物喻，到《庄子》中则形成"寓言十九"。我们将这寓言十九中所吸附的物象加以归类，就可以看到一个前所未有的想象空间：

自然之物象，如天、地、风、云、丘、壑、泉、石、江、河、潦、泽、海、地籁、天籁、秋毫之末、泰山大泽焚、河汉沍、疾雷破山、飘风振海等；

动物之形象，如鲲、鹏、蜩、鸠、马蹄、木鸡、泽雉、游鱼、鹓鶵、鸱、腐鼠、朝菌、蟪蛄、鹪鹩、偃鼠、狸狌、牦牛、夔、蚿、蛇、坎井之蛙、东海之鳖、神龟、海鸟、蛴螬、蝴蝶、鸲掇、乾馀骨、斯弥、食醯、黄轵、瞀芮、青宁、程、彘、斗鸡、雁、丰狐、文豹、鹈鹕、异鹊、狙、鲋鱼等；

植物之形象，如山木、冥灵、大椿、社树、大瓠、樗木、柏桑、蛙蟆之衣、陵舄、郁栖、乌足、羊奚、久竹等；

修道、得道之人，如宋荣子、关尹子、子列子、接舆、肩吾、连叔、南郭子綦、颜成子游、瞿鹊子、长梧子、伯昏无人、南伯子葵、子祀、子舆、子犁、子来、子桑户、孟子反、子琴张、意而子、伯成子高、汉阴丈人、田开之、祝肾、鲁人单豹、子扁庆子、市南宜僚、阳子、田子方、东郭顺子、温伯雪子、宋元君画史、藐姑射山神人、女偊、许由、齧缺、王倪、被衣、壶子、广成子、婀荷甘、神农、老龙吉、大隗、牧马童子、冉相氏、长梧封人等；

虚构的人物或未详何许人者，如支离疏、兀者王骀、兀者申徒嘉、兀者叔山无趾、哀骀它、支离无脤、天根、无名人、云将、鸿蒙、知、喫诟、罔象、蒋闾葂、季彻、谆芒、苑风、支离叔、滑介叔、周威公、吕梁丈夫、知、无为谓、狂屈、东郭子、泰清、无穷、光曜、无有、捶钩者、鲁遽；

历史或现实中的人物，如黄帝、容成氏、尧、舜、禹、汤、周文王、老聃、孔子、颜回、子路、子贡、曾子、柳下季、叶公子高、颜阖、蘧伯玉、子产、鲁哀公、卫灵公、惠子、殇子、彭祖、毛嫱、丽姬、匠石、阳子居、神巫季咸、列子、伯夷、盗跖、崔瞿、华封人、门无鬼、赤张满、士成绮、巫咸、太宰荡、北门成、师金、公孙龙、魏牟、子胥、张毅、祝宗人、齐桓公、管仲、齐士皇子告敖、东野稷、鲁庄公、颜阖、工倕、鲁人孙休、北宫奢、王子庆忌、子桑扈、魏文侯、百里奚、臧丈人、孙叔敖、凡君、冉求、庚桑楚、南荣趎、徐无鬼、女商、魏武侯、九方歅、勾践、彭阳、夷节、王果、登恒、魏莹、田侯牟、公孙衍、季子、华子、戴晋人、子牢、柏矩、少知、太公调、监河侯、任公子、老莱子、渔者余且、渔父等；

想象的地方或现实的地方，如北冥、南冥、无何有之乡、广漠之野、四海之外、尘垢之外、空同之上、赤水之北昆仑之丘、大壑、东海之滨、冥伯之丘、洞庭之野、建德之国、雕陵之樊、玄水、隐弅之丘、白水之南、狐阕之上、帝宫（黄帝）、畏垒、具茨之山、襄城之野、蚁丘等；

神话传说，如南海之帝、北海之帝、中央之帝、河伯、海若、委蛇、方明、昌寓、张若朋、昆阍滑稽等；

杜撰的故事或比喻，如狙公赋芧、庄周梦蝶、庖丁解牛、薪尽火传、昭文鼓琴、师旷枝策、惠子据梧、臧穀亡羊、轮扁斫轮、管窥锥指、邯郸学步、惠子相梁、濠梁观鱼、鼓盆而歌、佝偻承蜩、呆若木鸡、梓庆削镰、林回负赤子、螳螂捕蝉黄雀在后、白驹过隙、运斤成风、蜗角之争；

其他意象，如梦、饮酒、田猎、哭泣、大梦、觉、骷髅、鼠穴、瓦砾、屎尿、罔两、影子、刍狗等。

总之，《庄子》中出现的各种意象的丰富程度可以说大大超过了《诗经》时代的"鸟兽草木虫鱼之名"的写实风格，以及其他诸子中的意象范围，从人类社会和自然世界延伸到神仙鬼怪、至大至微的想象虚构世界，故庄子对自己文章风格的评价是"恢诡谲怪，道通为一"，正体现其内容与形式上的一致。那么楚辞的风格实际上也带有这样一种超现实的特点。无论是屈原《离骚》在上征天庭三求神女中所体现出的梦幻想象，宋玉《高唐》《神女》中所呈现出的扑朔迷离，还是楚辞中所呈现出来的神灵鬼怪、奇花异草等超越现实的富于想象性的形象物象所构成的"奇文"特征，正应合了楚文化的一脉相承。刘勰在《文心雕龙·辨骚》中总结道，楚辞既有同乎儒家风雅的特点，如耿介祗敬、规讽之旨、比兴之义、忠怨之辞等，但也具有托云龙、说迂怪的诡异之辞，康回倾地、木夫九首的谲怪之谈，彭咸子胥的狷狭之志，士女杂坐、举以为欢的荒淫之意，是不同于儒家经典的。其评虽然未必皆为恰当，但至少指出了楚辞在文学言辞上诡异谲怪特点，而这一特点正来源于庄子的言辞风格，以及道家传统的思维空间。

当然除了文辞风格上的契合，一些明显直接的模拟袭用也是值得注意的。

如鲲鹏之喻。《庄子·逍遥游》曰："北冥有鱼，其名为鲲。鲲之大，不知其几千里也。化而为鸟，其名为鹏。鹏之背，不知其几千里也。怒而飞，其翼若垂天之云。是鸟也，海运则将徙于南冥。南冥者，天池也。……蜩与学鸠笑之曰：'我决起而飞，抢榆枋，时则不至而控于地而已矣，奚以之九万里而南为？'……汤之问棘也是已：穷发之北，有冥海者，天池也。有鱼焉，其广数千里，未有知其修者，其名为鲲。有鸟焉，其名为鹏，背若泰山，翼若垂天之云，抟扶摇羊角而上者九万里，绝云气，负青天，然后图南，且适南冥也。斥鴳笑之曰：'彼且奚适也？我腾跃而上，不过数仞而下，翱翔蓬蒿之间，此亦飞之至也，而彼且奚适也？'此小大之辩也。故夫知效一官，行比一乡，德合一君，而征一国者，其自视也，亦若此矣。"

宋玉《对楚王问》："故鸟有凤而鱼有鲲。凤皇上击九千里，绝云霓，负苍天，翱翔乎杳冥之上，夫蕃篱之鷃，岂能与之料天地之高哉。鲲鱼朝发昆仑之墟，暴鬐于碣石，暮宿于孟诸。夫尺泽之鲵，岂能与之量江海之大哉。故非独鸟有凤而鱼有鲲也，士亦有之。夫圣人瑰意琦行，超然独处。夫世俗之民，又安知臣之所为哉。"其说正化脱于《庄子·逍遥游》。

又如风之描写。《庄子·齐物论》中描写"南郭子綦"隐机而坐，仰天而嘘，嗒焉似丧其偶，在完成了这样一种内向回归的修道过程之后，紧接着描写其所观照到的"地籁"之风的神妙，包括风的各种声音的描写："夫大块噫气，其名为风。是唯无作，作则万窍怒呺。而独不闻之翏翏乎？山林之畏佳，大木百围之窍穴，似鼻，似口，似耳，似枅，似圈，似臼，似洼者，似污者。激者、謞者、叱者、吸者、叫者、号者、宎者、咬者，前者唱于而随者唱喁，泠风则小和，飘风则大和，厉风济则众窍为虚。而独不见之调调之刁刁乎？"对于无形之风，稍纵即逝的声音，能够进行细致入微的描写，正是得益于"观"的心理作用。我们也可以说，老子对"观"的提倡，庄子对"风"的描写，启发了中国文学史上更为广阔的物境世界。比较而看，庄子重在写风之声，宋玉重在写风之形，然皆为观物之作。从庄子到宋玉，正可以见出无形之物在文学作品中的出场，是如何完成的。

宋玉《风赋》也选取"风"这种无形之物作为写作的题材："宋玉对曰：'臣闻于师，枳句来巢，空穴来风，其所托者然，则风气殊焉。'王曰：'夫风始安生哉？'宋玉对曰：'夫风生于地，起于青蘋之末。侵淫溪谷，盛怒于土囊之口。缘泰山之阿，舞于松柏之下。

飘忽淜滂，激扬熛怒，耾耾雷声，回穴错迕。蹶石伐木，梢杀林莽。至其将衰也，被丽披离，冲孔动楗。眴焕粲烂，离散转移。’”

再如渔父形象。《庄子·渔父》，前半部分就是渔父和孔子的对话，其文曰：“孔子愀然而叹，再拜而起曰：‘丘再逐于鲁，削迹于魏，伐树于宋，围于陈蔡。丘不知所失，而离此四谤者，何也?’客（渔父）凄然变容曰：‘甚矣，子之难悟也。人有畏影恶迹而去之走者，举足愈数而迹愈多，走愈疾而影不离身，自以为尚迟，疾走不休，绝力而死。不知处阴以休影，处静以息迹，愚亦甚矣。’”而楚辞中也有《渔父》篇，司马迁、王逸皆以为屈原之所作。王逸曰：“屈原放逐在江湘之间，忧愁叹吟，仪容变易，而渔父避世隐身，钓鱼江滨，欣然自乐，时遇屈原川泽之域，怪而问之，遂相应答。”其中应答话语如：“屈原曰：举世皆浊我独清，众人皆醉我独醒，是以见放。渔父曰：圣人不凝滞于物，而能与世推移。”对此，洪兴祖、朱熹都认为所谓的“渔父”不过是假设问答以寄意之词，在这一点上，《庄子》、楚辞的《渔父》篇基本都是这样一种写作的模式，而且“渔父”相劝的话语几乎都充满了道家的气息。同时，在作品中，虽然屈原和孔子表现出一致的积极有为，但是渔父的论调却是占据上风的。

第三节 “静观”“神游”的精神与审美之维

“静观”与“神游”可以说是老庄道家在深层精神层次上的特征。

“静观”如《老子》第一章：“常无欲，以观其妙；常有欲，以观其徼。”第十六章：“致虚极，守静笃，万物并作，吾以观复。”第五十四章：“故以身观身，以家观家，以乡观乡，以国观国，以天下观天下。吾何以知天下然哉？以此。”“观”，《说文解字》解作“谛视也”。“观”的主体必然是“人”，然与耳目感官之“观”不同，真正进行"观照"活动的实际上是人的精神之镜,所谓"涤除玄览"。在老子看来,真正要触摸宇宙万物的真实之相,必然要通过内在精神的虚静无扰来获得自然的悟入,览照宇宙真谛,包括"观妙""观徼""观复""观道"等。

正是这样一种审视外物方式的革命,带来了文学创作中观物方式的变化。

至庄子直言山水自然之美,如《秋水》中对河水和大海的描写,《齐物论》中对风的描写,以及对山中大木、蝴蝶、游鱼等自然物的悉心描绘,都大大超过前人对自然的认识和理解。在发觉人类精神生命之美的过程中,自然万物的精神之美同样作为一个审美的对象而进入庄子的审视领域。他在《天下》中"独与天地精神往来而不敖倪于万物"。在《知北游》中称"天地有大美而不言,四时有明法而不议,万物有成理而不说。圣人者,原天地之美,而达万物之理,是故至人无为,大圣不作,观于天地之谓也"。可以说,庄子对自然之美的发现是他对于自然中所蕴含的宇宙精神的发现,而发现和欣赏正源于"精神"的观照。

楚辞中则表现出"从物色到写景"的变化,从《诗经》时代的"触物生情"过渡到开始有意识地写景状物,跳出现实的所见所感,摆脱眼见的一物一色,将自然之景内化为胸中的丘壑,意中的山水,化眼中之境为胸中之境,更进入到一个"写景"的审美层次。正如后世文评家吴子良在《荆溪林下偶谈》中所言:"文字有江湖之思,起于《楚辞》'袅袅兮秋风,洞庭波兮木叶下'。模想无穷之趣,如在目前。"

"宋玉的《高唐赋》的问世,山水之胜才正式在文人笔下出现,有意识地引起读者观众欣赏的兴趣"[①]。宋玉在作品中,开始把风景作为一个独立的部分加以细致地刻画,并努力去探求和把握风景中的美感和精神,刘勰称之为"极声貌以穷文"。这一文学创作中的变化的发生当首先根源于人们审视外物方式的变化,也就是根源于老庄道家虚极守静以观物的精神取向。

---

① 陈良运:《中国山水美学发轫考述》,《中国文化研究》2003年秋之卷。

　　宋玉《九辩》中对秋景展开了具体而细致的描绘，为人称颂不已的开头一段文字几乎是全方位、全景观地展现了秋天廓落寒凉的凄清之景、万物萧条的肃杀之象，所描绘的景物包括摇落之草木、气清之天空、收潦之清水、秋燕、秋蝉、大雁、鹍鸡、蟋蟀等，无不带有浓重的肃杀气息。在这幅自然之秋的画面中，与之相谐同律的是失志不平之士的悲凉和愤懑。自然之秋景与人之悲情相交融，共同构成了一个阔大而深远的艺术境界。清人贺贻孙在《骚筏》中指出："从来未有言秋悲者，亦未有言秋气悲者。'悲哉，秋之为气也'七字，遂开无限文心。后人言秋声、秋色、秋梦、秋光、秋水、秋江、秋叶、秋砧、秋蛩、秋云、秋月、秋烟、秋灯，种种秋意，皆从'气'字内指其一种以为秋耳。"文学至屈宋，则自然之精神乃出。自然之精神，实为作家心灵精神观照之下所折射出来的精神和内在之气。回归当下清静澄明的内在，再来观照体悟宇宙万物的"无"与"有"，正发源于道家之老、庄。

　　"神游"则多发源于《庄子》《列子》。《庄子·逍遥游》："若夫乘天地之正，而御六气之辩，以游无穷者，彼且恶乎待哉！故曰：至人无己，神人无功，圣人无名。……藐姑射之山，有神人居焉。肌肤若冰雪，绰约若处子，不食五谷，吸风饮露，乘云气，御飞龙，而游乎四海之外。其神凝，使物不疵疠而年谷熟。"《庄子·齐物论》："至人神矣！大泽焚而不能热，河汉冱而不能寒，疾雷破山、飘风振海而不能惊。若然者，乘云气，骑日月，而游乎四海之外，死生无变于己，而况利害之端乎！"《庄子·养生主》："今臣之刀十九年矣，所解数千牛矣，而刀刃若新发于硎。彼节者有间，而刀刃者无厚，以无厚入有间，恢恢乎其于游刃必有余地矣。是以十九年而刀刃若新发于硎。"《庄子·人间世》："且夫乘物以游心，托不得已以养中，至矣。"《庄子·应帝王》："游心于淡，合气于漠，顺物自然而无容私焉，而天下治矣。"

　　《列子·黄帝》："黄帝……昼寝而梦，游于华胥氏之国。华胥氏之国在弇州之西，台州之北，不知斯齐国几千万里，盖非舟车足力之所及，神游而已。其国无师长，自然而已。其民无嗜欲，自然而已。不知乐生，不知恶死，故无夭殇。不知亲己，不知疎物，故无爱憎。不知背逆，不知向顺，故无利害。都无所爱惜，都无所畏忌。入水不溺，入火不热。斫挞无伤痛，指擿无痟痒。乘空如履实，寝虚若处床。云雾不硋其视，雷霆不乱其听，美恶不滑其心，山谷不踬其步，神行而已。"

屈原《离骚》："跪敷衽以陈辞兮，耿吾既得此中正；驷玉虬以桀鹥兮，溘埃风余上征；朝发轫于苍梧兮，夕余至乎县圃；欲少留此灵琐兮，日忽忽其将暮。吾令羲和弭节兮，望崦嵫而勿迫。路曼曼其修远兮，吾将上下而求索。饮余马于咸池兮，总余辔乎扶桑。折若木以拂日兮，聊逍遥以相羊。前望舒使先驱兮，后飞廉使奔属。鸾皇为余先戒兮，雷师告余以未具。吾令凤鸟飞腾兮，继之以日夜。飘风屯其相离兮，帅云霓而来御。纷总总其离合兮，斑陆离其上下。吾令帝阍开关兮，倚阊阖而望予。时暧暧其将罢兮，结幽兰而延伫。"

三者所描述的游皆为神游，这是可以肯定的。庄子强调顺应自然而游于无限之道，列子描述黄帝游于华胥氏之国而悟治道，屈原《离骚》自古舜帝之苍梧向昆仑而游，寻找天帝以求证治道之正。目标虽有不同，但神游的心理选择是一致的。与此相应，宋玉《高唐赋》《神女赋》也是借梦中神游来完成的精神过程。

以老、庄、列为代表的道家通过对绝对的恒常之道的叩问，从有形中体味到无形的存在，最终上升到一种超感觉的绝对境地。固然他们偏重强调这一超言绝象的根本性存在，而显得有些漠视世俗的生活，但他们所开辟出的"道"的世界，却在根本上改变了一个时代乃至若干时代人的思维方式，那就是跳出有限的具体的事物，走向幽渺无垠的宇宙存在这一事实上的或是精神上的时空。以"道"为核心，追求那无限宇宙与现实人生的合而为一的整体存在。脚踏大地，仰望无限的苍穹，精神的空间一直伸展到了"六极之外"的"玄之又玄"、无穷无尽的"无何有之乡"。应该说，"道"的世界使人的精神不再局限在狭隘的现实世界，比人的感官所能达到的最高极限天地还要远大，没有穷尽、没有涯垠，比人的想象所能达到的极远之地"四方""八极"更向外开放。个体的精神飘游于其中而不会遭遇任何的夭遏，只有绝对的畅通和自由。故而，"道"的发现，首先给文人的精神提供了一个绝对自由无碍的空间。而"梦幻"与"飞翔"的方式，则为文人摆脱自身的局限，获得精神的自由和快乐，提供了基本的途径。

与《诗经》的构思规模相比，《离骚》不仅在篇幅上大大加长了，最大的不同还在于诗人想象的维度明显地拓展到了一个更为广袤的境地。尽管《离骚》全篇之中追求与幻灭的主题并没有改变，但现实的叙述之后，又"忽托遐想"（鲁迅语），以幻想的方式，在神境、幻境之中进一步抒发求索的迫切与幻灭的痛苦，从而使得诗人的情感得以进一步展开、深化。

不仅《离骚》一篇，屈原的其他作品中同样贯穿着梦幻与飞翔这一置身于现实并超越现实的主流基调。

《九章·涉江》："世溷浊而莫余知兮，吾方高驰而不顾；驾青虬兮骖白螭，吾与重华游兮瑶之圃。登昆仑兮食玉英，与天地兮同寿，与日月兮同光。"

《九章·悲回风》："藐蔓蔓之不可量兮，缥绵绵之不可纡。愁悄悄之常悲兮，翩冥冥之不可娱。凌大波而流风兮，托彭咸之所居。上高岩之峭岸兮，处雌蜺之标颠。据青冥而摅虹兮，遂儵忽而扪天。吸湛露之浮源兮，漱凝霜之雰雰。依风穴以自息兮，忽倾寤以婵媛。"

《远游》："内惟省以端操兮，求正气之所由。漠虚静以恬愉兮，澹无为而自得。闻赤松之清尘兮，愿承风乎遗则。贵真人之休德兮，美往世之登仙。与化去而不见兮，名声著而日延。奇傅说之托辰星兮，羡韩众之得一。形穆穆以浸远兮，离人群而遁逸。因气变而遂曾举兮，忽神奔而鬼怪。时仿佛以遥见兮，精皎皎以往来。绝氛埃而淑尤兮，终不反其故都。"

又《远游》："吾将从王乔而娱戏。餐六气而饮沆瀣兮，漱正阳而含朝霞。保神明之清澄兮，精气入而粗秽除。顺凯风以从游兮，至南巢而一息。见王子而宿之兮，审一气之和德。曰：道可受兮，不可传。其小无内兮，其大无垠。无滑滑而魂兮，彼将自然。一气孔神兮，于中夜存。虚以待之兮，无为之先。庶类以成兮，此德之门。"

宋玉的《九辩》也曰："愿赐不肖之躯而别离兮，放游志乎云中。乘精气之抟抟兮，骛诸神之湛湛。骖白霓之习习兮，历群灵之丰丰。左朱雀之茇茇兮，右苍龙之跃跃。属雷师之阗阗兮，通飞廉之衙衙。前轻辌之锵锵兮，后辎乘之从从。载云旗之委蛇兮，扈屯骑之容容。"

此神境、幻境的构成完全是诗人内心想象的结果，并且这一重重的幻想，早已冲破现实生活的视线范围，进入到一个出入古今、翱翔天地、与神灵共舞的广阔时空当中。

关于梦的表现，自古文章中并不缺乏，孔子言梦，梦见周公，梦见商、周的宗庙；《左传》中充斥着大量梦的内容。但那些都是希望通过梦的言说，达到一种历史的或现实的结果。

庄子的梦逐渐成为一种独特的言说方式。《庄子·齐物论》称："昔者，庄周梦为胡蝶，栩栩然胡蝶也。自喻适志与！不知周也。俄然觉，则蘧蘧然周也。不知周之梦为胡蝶与？胡蝶之梦为周与？周与胡蝶，则必有分矣！此之谓物化。"梦见自己变成了一只自由自在飞翔的蝴蝶，梦中人的精神得以摆脱理智的认识、认识的局限，走入"天地与我并生，万物与我为一"的整体的宇宙境界。

庄子的梦是人生封界的敞开。《庄子·齐物论》称："梦饮酒者，旦而哭泣；梦哭泣者，旦而田猎。方其梦也，不知其梦也。梦之中又占其梦焉，觉而后知其梦也。且有大觉而后知此其大梦也，而愚者自以为觉，窃窃然知之。君乎？牧乎？固哉。丘也与女，皆梦也。予谓女梦，亦梦也。"不仅睡眠有梦境，人生本身也是一场大梦。庄周说梦的最终目的在于阐释严肃的人生哲理，但他对其后文人的构思无疑具有深刻的启发意义。

屈原《离骚》游历天庭，宋玉《高唐赋》《神女赋》以梦开端，一切都发生在人的内在体验当中，形未动而神已驰骛于天地四方、八荒无垠。神游带领人的精神超越现实，自由地往来于物我之间，超越物质的自我，超越智性的认识，与天地精神相通为一，从而进入自由自在的审美之境。庄子的哲学也是打开早期文学中奇异幻想之门的重要思想资源。

艺术想象，是构成文学创作的一个基本要素之一，指的是在观念形态上再造或创造现实的表象和形象的心理能力。在西方，古希腊亚里士多德在《心灵论》中首次提到想象：“想象和判断是不同的思想方式，想象是可以随心所欲的。”想象的两个重要的方面，一是心灵的自由；一是超越性的创造。想象本身也分成不同的层次，比较浅近的想象是联想，也就是由当下所感知的表象进而回忆起与之相似或相关的事物或现象，通过联想可以感发人的志意，就像由“关关雎鸠”想到“君子淑女”。联想的层次，更接近于日常生活的想象。比联想更高　层次的则是创造性的想象，也就是主体将头脑中记忆的表象加以补充、引申、丰富，创造出新的形象。陆机《文赋》中称想象为“精骛八极”，“心游万仞”，“观古今于须臾，抚四海于一瞬”。不受时间和空间的限制，突出了想象的无限性。刘勰《文心雕龙·神思》篇中描绘神思时说：“寂然凝虑，思接千载；悄焉动容，视通万里。”创造性想象发生并形成一定的文学作品，应该说是文学之所以成为独立的艺术样式的重要标志。

第十章 《吕氏春秋》与先秦黄老学的总结

《吕氏春秋》成书于秦王政八年，即公元前 239 年，据《史记》卷八十五《吕不韦列传》载：

> 吕不韦者，阳翟大贾人也。……太子政立为王，尊吕不韦为相国，号称'仲父'。……当是时，魏有信陵君，楚有春申君，赵有平原君，齐有孟尝君，皆下士喜宾客以相倾。吕不韦以秦之强，羞不如，亦招致士，厚遇之，至食客三千人。是时诸侯多辩士，如荀卿之徒，著书布天下。吕不韦乃使其客人人著所闻，集论以为八览、六论、十二纪，二十余万言。以为备天地万物古今之事，号曰《吕氏春秋》。布咸阳市门，悬千金其上，延诸侯游士宾客，有能增损一字者，予千金。

至秦王政九年，秦嫪毐与太后事发，事连相国吕不韦，则在此之前，其书当已完成。由于这部书是由门客们共同创作载录的，所以关于其学派归属问题，历来颇有争议。比较流行的观点有"杂家说""道家说""儒家说""墨家说""阴阳家说"等。其中将《吕氏春秋》归属于"杂家"之说最早见于班固《汉书·艺文志》。今人或遵从其说而加以变通，如陈奇猷认为"《吕氏春秋》虽是杂家，但其主导思想则是阴阳家"[①]。牟钟鉴认为：对先秦诸子进行学派划分的《庄子·天下》、《荀子·非十二子》、《淮南子·要略》、司马谈《论六家之要

---

① 陈奇猷：《吕氏春秋新校释编纂说明》，见《吕氏春秋新校释》，上海古籍出版社 2002 年版，第 2 页。

指》都没有单独划分出"杂家",由此提出"西汉以前无杂家之说。我认为历史上从来没有存在过杂家学派,杂家纯属虚构。百家争鸣,互有短长,要之应有特色,方能成一家之言。杂家无主,何以称家?故杂家非家"①。熊铁基先生则提出《吕氏春秋》不是杂家,而是新道家之说。②

第一节 《吕氏春秋》的编纂宗旨

《吕氏春秋》虽然成书于众门客之手,但宾客所做的当为一种资料性的整理和撰写工作,而全书总体的编纂,还是在一定核心思想的指导下来完成的。其核心思想究竟是什么,是这一问题的关键。在《吕氏春秋》十二纪的最后附《序意》一篇,可以说很好地交代了其思想主张,其文称:

> 维秦八年,岁在涒滩,秋,甲子朔。朔之日,良人请问《十二纪》。文信侯曰:"尝得学黄帝之所以诲颛顼矣。爰有大圜在上,大矩在下,汝能法之,为民父母。盖闻古之清世,是法天地。凡《十二纪》者,所以纪治乱存亡也,所以知寿夭吉凶也。上揆之天,下验之地,中审之人,若此则是非可不可无所遁矣。天曰顺,顺维生;地曰固,固维宁;人曰信,信维听。三者咸当,无为而行。行也者,行其理也。行数,循其理,平其私。夫私视使目盲,私听使耳聋,私虑使心狂。三者皆私设精则智无由公。智不公则福日衰,灾日隆,以日倪而西望知之。"③

① 牟钟鉴:《吕氏春秋道家说之论证》,见《道家文化研究》第10辑,上海古籍出版社1996年版。
② 熊铁基:《秦汉新道家略论稿》,上海人民出版社1984年版,第13页。
③ 陈奇猷:《吕氏春秋新校释·序意》,上海古籍出版社2002年版,第654—655页。

这篇《序意》，体现了文信侯吕不韦编写这部书的主导思想，首先是渊源于黄帝教诲颛顼之说。其次，十二纪，所以总结历代的治乱存亡、人的寿夭吉凶，其根本在于能否"法天地"。最后，天顺、地固、人信，在此基础上即可"无为而循理""背私而立公"。其整体的思想体系，正是建立在黄老道家从道法天地到现实政治应用的思想框架之上。尤其是《序意》中所说的"夫私视使目盲，私听使耳聋，私虑使心狂。三者皆私设精则智无由公。智不公，则福日衰，灾日隆"与《老子》第十二章"五色令人目盲，五音令人耳聋，五味令人口爽，驰骋畋猎令人心发狂，难得之货令人行妨。是以圣人为腹不为目，故去彼取此"的思维方式如出一辙。

《汉书·艺文志》评价杂家时说："杂家者流，盖出于议官，兼儒墨名法，知国体之有此，见王治之无不贯，此其所长也。及荡者为之，则漫羡而无所归心。"其说杂家的长处，其实也正是司马谈《论六家之要指》所总结的道德家的长处，即"因阴阳之大顺，采儒墨之善，撮名法之要"等。

历史上最早整理《吕氏春秋》并为之作序的是东汉高诱，他在概括此书的思想特色时指出："此书所尚，以道德为标的，以无为为纲纪，以忠义为品式，以公方为检格，与孟轲、孙卿、淮南、扬雄相表里也，是以著在《录》《略》。"其所说"道德"，正是"道德经"意义上的道德，如司马谈所称之"道德家"。

《吕氏春秋》不仅崇尚"黄帝"，而且推尊"老聃"。如所引"老聃"凡四处，皆高于孔子等其他诸子。如《孟春纪·贵公》有：

> 天下非一人之天下也，天下之天下也。阴阳之和，不长一类。甘露时雨，不私一物。万民之主，不阿一人。伯禽将行，请所以治鲁，周公曰："利而勿利也。"荆人有遗弓者而不肯索，曰："荆人遗之，荆人得之，又何索焉？"孔子闻之曰："去其'荆'而可矣。"老聃闻之曰："去其'人'而可矣。"故老聃则至公矣。天地大矣，生而弗子，成而弗有，万物皆被其泽、得其利而莫知其所由始，此三皇、五帝之德也。

又《仲春纪·当染》有：

> 孔子学于老聃、孟苏、夔靖叔。鲁惠公使宰让请郊庙之礼于天子，桓王使史角往，惠公止之，其后在于鲁，墨子学焉。此二士者无爵位以显人，无赏禄以利人，举天下之显荣者必称此二士也。皆死久矣，从属弥众，弟子弥丰，充满天下，王公大人从而显之，有爱子弟者随而学焉，无时乏绝。子贡、子夏、曾子学于孔子，田子方学于子贡，段干木学于子夏，吴起学于曾子。禽滑厘学于墨子，许犯学于禽滑厘，田系学于许犯。孔、墨之后学显荣于天下者众矣，不可胜数，皆所染者得当也。

这段材料中，梳理了孔子与墨子二人的师承源流，其中称孔子学于老聃，这种说法在先秦最早见于《庄子》的记载，然《吕氏春秋》的记载显然采取了同《庄子》相同的立场，也认为孔子曾学于老聃。

《吕氏春秋·不二》："老聃贵柔，孔子贵仁，墨翟贵廉，关尹贵清，子列子贵虚，陈骈贵齐，阳生贵己，孙膑贵势，王廖贵先，儿良贵后。"所列各家亦以老聃为首。

因此，我们可以说，《吕氏春秋》这部书的编纂，其实是对先秦黄老学众多思想内容的一次系统的理论整合，在整合的过程中，对《老子》的思想无意中进行了创造性的解读和发展，形成了具有独特风格的《老子》注。①

《吕氏春秋》全书分十二纪、八览、六论共二十六篇。首列十二纪，正体现了黄老道家的思维特点。十二纪包括春，即《孟春纪》《仲春纪》《季春纪》；夏，即《孟夏纪》《仲夏纪》《季夏纪》；秋，即《孟秋纪》《仲秋纪》《季秋纪》；冬，即《孟冬纪》《仲冬纪》《季冬纪》。总体则春言生，夏言乐，秋言兵，冬言死，正符合春生、夏长、秋收、冬藏的自然法则。从近了说，这正是司马谈《论六家之

---

① 参见陆建华：《先秦诸子〈老子〉注研究——兼及先秦老学思想》，黄山书社2018年版。

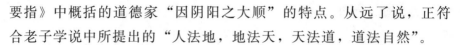

要指》中概括的道德家"因阴阳之大顺"的特点。从远了说，正符合老子学说中所提出的"人法地，地法天，天法道，道法自然"。

《吕氏春秋》中直接引用《老子》文句较少，多数情况下是对《老子》文句进行直接的解说发挥，涉及《老子》第二章、四章、十章、十二章、十三章、十四章、二十一章、二十三章、二十五章、二十九章、三十一章、三十五章、三十九章、四十一章、四十三章、四十四章、四十五章、四十七章、四十八章、五十一章、五十八章、五十九章、七十一章，共 23 章的内容。陆建华《〈吕氏春秋〉〈老子〉注研究》一书进行了系统的辑录和分析，此处不再赘述。

第二节　以道家为基础的理论总结

一、贵己去私论治身

具体来说，《吕氏春秋》对于《老子》学说的诠释和发挥是随着行文而展开的。以《孟春纪》《仲春纪》《季春纪》为例，便是将《老子》"深根固柢，长生久视"的生命目标落实到了具体人生当下，落实的方式就是"养性""适欲"，并与四时阴阳五行之自然规律结合起来。春乃生之季节，养生即为讨论的主题。

《吕氏春秋》的"养生"，今摘录其说如下：

> 始生之者，天也；养成之者，人也。能养天之所生而勿撄之谓天子。天子之动也，以全天为故者也。
>
> 夫水之性清，土者抇之，故不得清。人之性寿，物者抇之，故不得寿。物也者，所以养性也，非所以性养也。今世之人，惑者多以性养物，则不知轻重也。不知轻重，则重者为轻，轻者为重矣。若此，则每动无不败。
>
> 今有声于此，耳听之必慊己，听之则使人聋，必弗听。有

色于此，目视之必慊己，视之则使人盲，必弗视。有味于此，口食之必慊己，食之则使人瘖，必弗食。是故圣人之于声色滋味也，利于性则取之，害于性则舍之，此全性之道也。

故圣人之制万物也，以全其天也。天全则神和矣，目明矣，耳聪矣，鼻臭矣，口敏矣，三百六十节皆通利矣。若此人者，不言而信，不谋而当，不虑而得；精通乎天地，神覆乎宇宙；其于物无不受也，无不裹也，若天地然；上为天子而不骄，下为匹夫而不惛；此之谓全德之人。

故古之人有不肯贵富者矣，由重生故也，非夸以名也，为其实也。则此论之不可不察也。（以上《吕氏春秋·本生》）

其为声色音乐也，足以安性自娱而已矣。五者，圣王之所以养性也，非好俭而恶费也，节乎性也。（《吕氏春秋·重己》）

耳目鼻口，不得擅行，必有所制。譬之若官职，不得擅为，必有所制，此贵生之术也。（《吕氏春秋·贵生》）

其所说养生的主旨在于"全天""全德"，使人的天性避免受到来自物质欲望的伤害。其说当源于《庄子·养生主》。关于看待物欲的态度，则应分清楚孰轻孰重，正如《老子》第二十六章："重为轻根，静为躁君。是以圣人终日行不离辎重。虽有荣观，燕处超然，奈何万乘之主，而以身轻天下？轻则失本，躁则失君。"第四十四章："名与身孰亲？身与货孰多？得与亡孰病？是故甚爱必大费，多藏必厚亡。知足不辱，知止不殆，可以长久。"世人的迷惑在于，以重者（本性）为轻，以轻者（物欲）为重，从而妨害本性的护养。至《吕氏春秋》则进一步提出了解决的方案，一者，"圣人之于声色滋味也，利于性则取之，害于性则舍之，此全性之道也"。二者，"不肯富贵"，以避免无止境的物欲追求，来保全性命之本然。三者，节制欲望以养性。

值得注意的是，《吕氏春秋·孟春纪》将前代道家所提出的养生理念放置到同一个部分加以系统讨论，"本生""重己""贵公""去私"四个部分中，"本生""贵己"从表面看，是对个体生命的重视，

"贵公""去私"从表面上看，则是对"公"的重视，主张"无私""无我"。但是，既然"无我"，为何又"贵己"？如何保养生命，是人类文化史上一个恒久的话题，先秦道家对这个问题的探讨最早也最深刻。在其所表达的一些看似矛盾的说法之后，往往蕴含着内在的生命逻辑，需要今人重新加以辨析、思考。无论是《老子》《庄子》还是《吕氏春秋》，都同时强调二者的重要性。那么，如何透过这种矛盾的语词寻找其内在的逻辑呢？《吕氏春秋》在其开篇的部分集中探讨了这一组矛盾的概念背后的意蕴。

首先，"本生""重己"，强调人的生命中最可宝贵的部分是自然的本性，因此，追求保养"全性""全德"，不被贪婪的物欲所伤害，正是"本生""重己"的根本内涵。

其次，"贵公""去私"，是消泯贪婪物欲的根本。《吕氏春秋》继承了《老子》"公"的思想，强调"昔先圣王之治天下也，必先公，公则天下平矣"。立公心，则无偏私。正如高诱注曰："公，正也。无所私为也。"天下之至公，正是"大道"，公心乃无所不包的道心。在此基础上，《吕氏春秋·去私》提出："天无私覆也，地无私载也，日月无私烛也，四时无私行也。行其德而万物得遂长焉。黄帝言曰：声禁重，色禁重，衣禁重，香禁重，味禁重，室禁重。"则"去私"为去自私自利之心，而非放弃自我。

从这一意义上说，去自私自利之心，则去贪婪之物欲，去贪婪之物欲，则保养生命之本性，得全性全德，又是贵己重生的表现。看似矛盾的语词背后，是关于生命保养的内在逻辑。

同时，《吕氏春秋》对先代老学的发展在于承认人生而有贪有欲，这是不可回避的事实。在这样一种实际的认识上，《仲春纪·情欲》提出："天生人而使有贪有欲。欲有情，情有节。圣人修节以止欲，故不过行其情也。故耳之欲五声，目之欲五色，口之欲五味，情也。此三者，贵贱愚智贤不肖欲之若一，虽神农、黄帝其与桀、纣同。圣人之所以异者，得其情也。由贵生动则得其情矣，不由贵生动则失其情矣。此二者，死生存亡之本也。"以能"节制"作为对治的根本，显然较老庄之学更为向下落实，立足现实人性而言。

　　《吕氏春秋》以理论综合的体系化方式，汇总了《老子》《庄子》《子华子》等等先秦道家之说并进行重新融合。由此我们也可以看出《吕氏春秋》发挥和总结先秦老学的方式。

　　除此之外，《吕氏春秋》虽然较少专门注释、引录《老子》原文，但其消化吸收之后的化引却随处皆是，如《仲春纪·情欲》曰："古人得道者，生以寿长，声色滋味，能久乐之，奚故？论早定也。论早定则知早啬，知早啬则精不竭。秋早寒则冬必暖矣，春多雨则夏必旱矣，天地不能两，而况于人类乎？人与天地也同，万物之形虽异，其情一体也。故古之治身与天下者，必法天地也。"正来源于《老子》第五十九章"治人事天莫若啬"之说。《季春纪·先己》曰："汤问于伊尹曰：'欲取天下若何？'伊尹对曰：'欲取天下，天下不可取。可取，身将先取。'凡事之本，必先治身，啬其大宝。用其新，弃其陈，腠理遂通。精气日新，邪气尽去，及其天年。此之谓真人。昔者先圣王，成其身而天下成，治其身而天下治。"当源于《老子》第二十九章："将欲取天下而为之，吾见其不得已。天下神器，不可为也。为者败之，执者失之。故物或行或随，或歔或吹，或强或羸，或挫或隳。是以圣人去甚，去奢，去泰。"

二、太一为道的宇宙论

　　《吕氏春秋》的宇宙论是通过探寻"音乐"的本源来表达的，其《仲夏纪·大乐》篇曰：

> 音乐之所由来者远矣，生于度量，本于太一。……道也者，视之不见，听之不闻，不可为状。有知不见之见、不闻之闻，无状之状者，则几于知之矣。道也者，至精也，不可为形，不可为名，强为之谓之太一。

以"太一"为"道"之名。这一宇宙观念继承了《老子》第二十五章："有物混成，先天地生。寂兮寥兮，独立不改，周行而不殆，可以为天下母。吾不知其名，字之曰道，强为之名曰大。"以及第十四章："视之不见名曰夷，听之不闻名曰希，搏之不得名曰微。此三者不可致诘，故混而为一。其上不皦，其下不昧。绳绳不可名，复归于无物，是谓无状之状，无物之象。是谓惚恍。"《老子》虽然没有直接表述为"太一"，但其以"大""一"作为"道"的命名，本身就蕴含了这一意味。郭店楚简中将《太一生水》与《老子》甲乙丙本并列本身就说明以"太一"为最高哲学概念是在《老子》学说的影响下完成的。

《吕氏春秋》的宇宙论同时也继续发挥了《老子》宇宙化生论的思想。《老子》第四十二章有"道生一，一生二，二生三，三生万物。万物负阴而抱阳，冲气以为和"以描述宇宙的演变过程。《吕氏春秋·仲夏纪·大乐》曰：

> 太一出两仪，两仪出阴阳。阴阳变化，一上一下，合而成章。浑浑沌沌，离则复合，合则复离，是谓天常。天地车轮，终则复始，极则复反，莫不咸当。日月星辰，或疾或徐，日月不同，以尽其行。四时代兴，或暑或寒，或短或长。或柔或刚。万物所出，造于太一，化于阴阳。萌芽始震，凝寒以形。形体有处，莫不有声。声出于和，和出于适。

文中"万物所出，造于太一，化于阴阳"的宇宙生成模式当秉承老子"道生万物"的宇宙论而来。

三、主张义兵的军事思想

《吕氏春秋》十二纪中的《孟秋纪》《仲秋纪》《季秋纪》都是讨论军事问题的。其军事思想中，总的指导思想与《老子》兵学思想相一致。一方面认为兵是凶器，另一方面认为兵不可止，不得已当用之。如《仲秋纪·论威》曰：

> 凡兵，天下之凶器也；勇，天下之凶德也。举凶器，行凶德，犹不得已也。举凶器必杀，杀，所以生之也；行凶德必威，

威，所以慑之也。敌慑民生，此义兵之所以隆也。

不同之处在于，《吕氏春秋》用大量的篇幅来论述"古圣王有义兵而无有偃兵"的道理，反对因为战争会带来伤害就禁止军队和战争的论点，认为应该正确地认识战争在人类历史上的积极作用，从而把握战争的尺度，即《孟秋纪·振乱》《孟秋纪·禁塞》所说：

> 夫攻伐之事，未有不攻无道而罚不义也。攻无道而伐不义，则福莫大焉，黔首利莫厚焉。禁之者，是息有道而伐有义也，是穷汤、武之事而遂桀、纣之过也。

> 夫救守之心，未有不守无道而救不义也。守无道而救不义，则祸莫大焉，为天下之民害莫深焉。

战争的尺度就在于是否有利于天下人民，是否有道并符合正义。

四、贵因、知始的思维理路

《吕氏春秋》八览多讨论思想方式的问题，黄老道家的思想原则即为其中一个重要的组成部分。其中察微知著、以小知大、守柔处谦、以少总多、崇尚德义、因顺借力等构成了其思维方式的主体部分。

一曰"慎大"。反对争大、逞强。如《吕氏春秋·慎大览·慎大》曰："贤主愈大愈惧，愈强愈恐。凡大者，小邻国也；强者，胜其敌也。胜其敌则多怨，小邻国则多患。多患多怨，国虽强大，恶得不惧，恶得不恐？故贤主于安思危，于达思穷，于得思丧。"

二曰"贵因"。《吕氏春秋·慎大览·贵因》曰："三代所宝莫如因，因则无敌。禹通三江、五湖，决伊阙，沟回陆，注之东海，因水之力也。舜一徙成邑，再徙成都，三徙成国，而尧授之禅位，因人之心也。汤、武以千乘制夏、商，因民之欲也。如秦者立而至，有车也；适越者坐而至，有舟也。秦、越，远涂也，竫立安坐而至者，因其械也。"《吕氏春秋·慎大览·不广》言："时不可必成，其人事则不广，成亦可，不成亦可。以其所能托其所不能，若舟之与车。"都说明了"贵因"的道理以及因循的重要性。

三曰"知变"。《吕氏春秋·慎大览·察今》言："凡先王之法，有要于时也，时不与法俱至。法虽今而至，犹若不可法。故择先王之成法，而法其所以为法。先王之所以为法者何也？先王之所以为法者人也。而己亦人也，故察己则可以知人，察今则可以知古，古今一也，人与我同耳。"

四曰"因便"。《吕氏春秋·慎大览·顺说》曰："善说者若巧士，因人之力以自为力；因其来而与来，因其往而与往；不设形象，与生与长；而言之与响；与盛与衰，以之所归；力虽多，材虽劲，以制其命。顺风而呼，声不加疾也；际高而望，目不加明也；所因便也。"这是阐明要善于借取外部条件为己所用。

五曰"察微"。《吕氏春秋·先识览·察微》曰："故治乱存亡，其始若秋毫。察其秋毫，则大物不过矣。"这是防微杜渐、见微知著之道。

六曰"审分""君守""任数""勿躬""知度""慎势""不二""执一"。此为《吕氏春秋·审分览》的七部分内容，其核心思想在于君主的治身治国之术。《执一》曰："天地阴阳不革，而成万物不同。目不失其明，而见白黑之殊；耳不失其听，而闻清浊之声。王者执一，而为万物正。军必有将，所以一之也；国必有君，所以一之也；天下必有天子，所以一之也；天子必执一，所以抟之也。一则治，两则乱。今御骊马者，使四人，人操一策，则不可以出于门闾者，不一也。"《老子》第三十七章说："道常无为而无不为，侯王若能守之，万物将自化。化而欲作，吾将镇之以无名之朴。无名之朴，夫亦将无欲。不欲以静，天下将自定。"从这一意义上说，所谓"一"，当为"道"，《韩非子·扬权》有"圣人执一以静"，《淮南子·人间》有"执一而应万，握要而治详，谓之术"。圣人执"道"，不需要事必躬亲，只要能真正发挥人才的能力，就可以很好地完成国家治理，而自己的精神也能避免大的耗费。正如司马谈《论六家之要指》所说："道家使人精神专一，动合无形，赡足万物。……与时迁移，应物变化，立俗施事，无所不宜。指约而易操，事少而功多。"道家比其他诸家的高明之处，就在于能够以少总多，以简御繁，事少而功多。

七曰"上德"。《吕氏春秋·离俗览·上德》："为天下及国，莫如以德，莫如行义。以德以义，不赏而民劝，不罚而邪止，此神农、黄帝之政也。以德以义，则四海之大，江河之水，不能亢矣；太华之高，会稽之险，不能障矣；阖庐之教，孙、吴之兵，不能当矣。故古之王者，德回乎天地，澹乎四海，东西南北，极日月之所烛，天覆地载，爱恶不臧，虚素以公，小民皆之。其之敌而不知其所以然，此之谓顺天。教变容改俗而莫得其所受之，此之谓顺情。故古之人身隐而功著，形息而名彰，说通而化奋，利行乎天下而民不识，岂必以严罚厚赏哉？严罚厚赏，此衰世之政也。"反对"严罚厚赏"，提倡以德行义，不赏而民劝的理想政治境界，当吸收了《老子》第三十八章"上德不德，是以有德"之说。

通过以上的勾勒，我们可以看出，《吕氏春秋》一书虽然出自众人之手，但其主导的思想，正是当时流行的黄老道家思想。其中包含了黄老道家本身开放性思想体系的"因阴阳之大顺，采儒墨之善，撮名法之要"，吸收各家优长内容。故而在学派的判定上，不宜主观断定其为儒家或者墨家或者法家，而应该注意其作为整体上的黄老思想理论的大总结的代表性著作。

第十一章 汉初七十年黄老思潮的流行和理论建构

如果说《吕氏春秋》编纂初始的目的是为即将到来的秦帝国时代提供思想理论的支撑，那么随着吕不韦的失败，秦帝国的政治方案设计自然也就由秦王政、李斯等人来完成。之后，秦帝国依靠法家思想，完成了"书同文"、"车同轨"、统一度量衡、郡县制等一系列制度的建设。秦始皇完成了大一统的国家事业，却没有完成大一统的思想准备。当初吕不韦所设计的建国蓝图虽然没有施行的机会，但毕竟以一种理论体系大综合的方式完成了黄老道家思想的传承，同时成为汉初可资借鉴的重要文献。随着西汉王朝的建立，老学的发展也进入了一个新的阶段，其一表现为黄老政治思想在现实中的实践，其二则表现为黄老思想体系的理论重建。

第一节 大一统时代与新的时代课题

秦汉，实际上是一个完整的历史时期。汉人口头上力图与暴秦划清界限，"汉承秦制"却是一个明显的事实。这一时期在中国历史上、中国思想文化史上，都有极为重要的地位。这一时期内所形成的经济制度、政治制度，是两千多年中国社会各种制度的基础。这一时期的文化思想，长时间在中国社会和中国人中间产生影响。而这一切，又是在当时时代要求之下不断生成的。

一、国家的大一统①

公元前 221 年，秦王政完成了"吞六国而亡诸侯"的统一大业，建立了专制中央集权的统一国家，他也因此而"自以为功过五帝，地广三王"。单从"地广三王"来看，他不仅统一了分裂割据的各诸侯国，而且北筑长城，南平百越，巩固和发展了大一统的局面。《史记·秦始皇本纪》有如下两段记载：

> 地东至海暨朝鲜，西至临洮、羌中，南至北向户，北据河为塞，并阴山至辽东。

这是司马迁的描述。而秦始皇二十八年（前 219）琅琊台刻石则云：

> 六合之内，皇帝之土。西涉流沙，南尽北户。东有东海，北过大夏。人迹所至，无不臣者。

似乎天底下都是秦的版图。六合，包含天地。东有东海，在秦人看来，海外只有神人仙岛了。南边到了北向户，也就是房屋的门不能再朝南开了。从设南海、象郡的情况看，辖境达今越南的中部。西部到达羌中、流沙，自古以来有不少考证，不如看作一种泛指，就是羌人所居之地、广大的沙漠地区。北过大夏，并阴山至辽东，从北边设郡的情况看，包括今宁夏、内蒙古（大青山以南）一带。

到了汉代，特别是汉武帝时期，秦代所开创的版图得到了进一步的巩固和发展，包括河西走廊郡县之增设，与南方郡县之调整等，这里就不必一一细说了。

一个疆域辽阔的大帝国建立了，不仅是六合之内都成了皇帝之土，而且是海内一统皆为郡县。这个大一统的帝国还建立了一个中央集权的、专制的、庞大的中央政府组织，即一般所谓"三公九卿"

---

① 此小节参考了《中国老学史》（福建人民出版社 1995 年版）第三章第一节的内容。

的制度，它在当时实际政治中发挥了作用，保证了国家的大一统。

战国时诸侯割据，"田畴异亩，车涂异轨，律令异法，衣冠异制，言语异声，文字异形"①。秦始皇统一六国之后，在政策上也进行了全国大统一，如秦始皇二十八年（前 219）琅琊台刻石所云：

> 维二十六年，皇帝作始。端平法度，万物之纪。……皇帝之功，劝劳本事。上农除末，黔首是富。普天之下，抟心揖志。器械一量，同书文字。日月所照，舟舆所载。皆终其命，莫不得意。应时动事，是维皇帝。匡饬异俗，陵水经地。忧恤黔首，朝夕不懈。除疑定法，咸知所辟。方伯分职，诸治经易。举错必当，莫不如画。皇帝之明，临察四方。尊卑贵贱，不逾次行。奸邪不容，皆务贞良。细大尽力，莫敢怠荒。远迩辟隐，专务肃庄。端直敦忠，事业有常。皇帝之德，存定四极。诛乱除害，兴利致福。节事以时，诸产繁殖。黔首安宁，不用兵革。六亲相保，终无寇贼。欢欣奉教，尽知法式。

这当然是一篇歌功颂德之辞，但也反映了经济、政治、法律、文化等各方面政策制度的大统一。秦王朝存在的时间不长，但它所开创的各方面的制度，基本上都为汉王朝所继承，这是毋庸置疑的。

二、崇尚黄老的思想风气

一个大一统的时代，一个大一统的国家，必然要求有一个强有力的意识形态的支撑。但是一种为众所公认的具有合法性的思想意识形态的建立，比起政治、军事的统一更为复杂。

战国后期，百家思想互相吸收，互相影响，已经有了"无相非也"的求同倾向，也有了"齐万不同"的超越取向。但秦代的统治者，显然还没有建立起"兼容并包"的自觉意识。因而面对着各种各样的主张和献策，往往存在激烈的争议和排挤现象。发生在公元

---

① 许慎：《说文解字》，中华书局 2020 年版，第 492 页。

前 213 年的焚书事件和次年的坑儒事件，就是明显的例证。原本不主张驱逐秦客的李斯，撰写《谏逐客疏》，但在立国之后，提出焚书建议，也可见出其原本包容思想的转化，乃至主张用一种简单粗暴的方法来统一国家思想。这也客观上促进了秦始皇的坑儒。秦王朝在统一思想的选择上，确定"以法为教"，实可称之为独尊法术，但"严而少恩"的法家思想，很快带来了秦王朝的覆灭——虽然不完全是法家思想的原因。汉初君臣目睹秦二世而亡的历史，反思汉帝国取胜的原因，秦帝国失败的原因，其中贾谊《过秦论》一句"仁义不施而攻守之势异也"可谓道出了其中的根本所在。成败的最关键问题在于治国思想上的缺失，导致最后的灭亡，正如《过秦论》中所说：

> 二世不行此术，而重之以无道，坏宗庙与民，更始作阿房宫，繁刑严诛，吏治刻深，赏罚不当，赋敛无度，天下多事，吏弗能纪，百姓困穷而主弗收恤。然后奸伪并起，而上下相遁，蒙罪者众，刑戮相望于道，而天下苦之。自君卿以下至于众庶，人怀自危之心，亲处穷苦之实，咸不安其位，故易动也。

正基于此，摆在汉人面前最迫切的时代课题就是政权的合法性问题，以及适应新时代的思想理论体系的选择和建设问题。

汉朝初建，从上到下，自然采用了黄老新道家思想体系作为指导思想，因而一度读《老子》、学黄帝之学成风。如丞相陈平少好黄帝老子之术，直接影响到汉高祖的为人行事，《史记·陈丞相世家》记：

> 陈丞相平少时，本好黄帝、老子之术。方其割肉俎上之时，其意固已远矣。倾侧扰攘楚魏之间，卒归高帝。常出奇计，救纷纠之难，振国家之患。及吕后时，事多故矣，然平竟自脱，定宗庙，以荣名终，称贤相，岂不善始善终哉！非知谋孰能当此者乎？

丞相曹参学黄老言于胶西盖公，《史记·曹相国世家》记：

闻胶西有盖公，善治黄老言，使人厚币请之。既见盖公，盖公为言治道贵清静而民自定，推此类具言之。参于是避正堂，舍盖公焉。其治要用黄老术，故相齐九年，齐国安集，大称贤相。

文帝之后、景帝之母——窦太后，更是黄老学说的忠实信仰者。《史记·外戚世家》记载：

窦太后好黄帝、老子言，帝（景帝）及太子（武帝）、诸窦不得不读《黄帝》《老子》，尊其术。

作为史官的司马迁之父司马谈学黄老，据《史记·太史公自序》：

太史公学天官于唐都，受易于杨何，习道论于黄子。

裴骃《集解》引徐广："《儒林传》曰：黄生好黄老之术。"
《史记·儒林列传》记载：

孝文帝本好刑名之言。及至孝景，不任儒者，而窦太后又好黄老之术，故诸博士具官待问，未有进者。

汲黯为学黄老言的大臣。公元前 140 年，也就是武帝刚刚继位的建元元年，汲黯作为谒者，史书中描绘了他是如何处理事务的："黯学黄老言，治官民，好清静，择丞史任之，责大指而已，不细苛。黯多病，卧阁内不出。岁余，东海大治，称之。上闻，召为主爵都尉，列于九卿。治务在无为而已，引大体，不拘文法。"① 学黄老言者，处理政治事务，善于大局着眼，具有宏观思维。譬如"东粤相攻，上使黯往视之，至吴而还，报曰：'粤人相攻，固其俗，不足以辱天子使者。'河内失火，烧千余家，上使黯往视之，还报曰：

---

① 班固：《汉书》卷五十《张冯汲郑传》，中华书局 1962 年版，第 2316 页。

'家人失火，屋比延烧，不足忧。臣过河内，河内贫人伤水旱万余家，或父子相食，臣谨以便宜，持节发河内仓粟以振贫民。'"① 由此可见其抓大放小的处理方式。

再如黄老学者张释之尚不言之教。《汉书·张冯汲郑传》记载，文帝视虎圈，"十余问"，尉不能对而啬夫对响无穷。文帝"诏释之拜啬夫为上林令。释之前曰：'陛下以绛侯周勃何如人也？'上曰：'长者。'又复问：'东阳侯张相何如人也？'上复曰：'长者。'释之曰：'夫绛侯、东阳侯称为长者，此两人言事曾不能出口，岂效此啬夫喋喋利口捷给哉！且秦以任刀笔之吏，争以亟疾苛察相高，其敝徒文具，亡恻隐之实。以故不闻其过，陵夷至于二世，天下土崩。今陛下以啬夫口辩而超迁之，臣恐天下随风靡，争口辩，亡其实。且下之化上，疾于景响。举措不可不察也。'"又载，张释之随汉文帝至霸陵，文帝"顾谓群臣曰：'嗟乎，以北山石为椁，用紵絮斫陈漆其间，岂可动哉。'左右皆曰'善'。释之前曰：'使其中有可欲，虽锢南山犹有隙；使其中亡可欲，虽亡石椁，又何戚焉？'文帝称善。"

不仅是朝中君臣，此时一般的士人，也都深受黄老思想方式的影响，以枚乘为例，撰有《上书谏吴王》，此文主要说要从根本上免除祸患的道理，如"人性有畏其影而恶其迹，却背而走，迹逾多，影逾疾，不如就阴而止，影灭迹绝"，有说此语出自《庄子·渔父》。又如"福生有基，祸生有胎。纳其基，绝其胎，祸何自来？"语意出自《老子》"祸兮福之所倚，福兮祸之所伏，孰知其极，其无正"。如"夫十围之木，始生而蘖，足可搔而绝，手可擢而拔"，李善注："《尸子》曰：千丈之木，始若蘖，足易去也。《庄子》曰：橡樟初生，可抓而绝。"意实出自《老子》"合抱之木，生于毫末"。如"据其未生，先其未形"，意出《老子》"为之于未有，治之于未乱"。由此可见其话语行间所流露的都是黄老智慧在现实中的应用。

作为一种从上到下的思想风气，黄老思潮在西汉初年大举流行，

---

① 班固：《汉书》卷五十《张冯汲郑传》，中华书局1962年版，第2316页。

今日的考古发掘也可以很好地证明这一点。前述马王堆汉墓出土的《老子》甲、乙本和古佚书，即是如此。

汉继秦起，历史的惨痛经验教训需要好好总结，以作为前车之鉴，这是汉初君臣的共同思想方向。而黄老学思潮的强大影响，也成为整个社会的共同思想方式。首先提出适应新时代理论主张的陆贾，也体现出相当明显的黄老色彩。

第二节　陆贾与汉初新道家的文化创制

从汉高祖到汉武帝初年的七十年间，出现了三部重要的旨在用于指导政治实践的理论著作，一是陆贾的《新语》，一是贾谊的《新书》，再就是《淮南子》。陆贾《新语》成书最早，虽然相对较为简略，但已经体现出理论重建的整体面貌。

陆贾，其生平见于《史记·郦生陆贾列传》《汉书·郦陆朱刘叔孙传》。他作为楚人，"以客从高祖定天下，名为有口辩士，居左右，常使诸侯"[1]。陆贾虽然在当时起到了安定社稷的重要作用，但位不过太中大夫，可见其落实了老子"不争"的人生态度。班固写陆贾传基本上是抄《史记》的，但他在"赞曰"当中说：

> 陆贾位止大夫，致仕诸吕，不受忧责，从容平、勃之间，附会将相以强社稷，身名俱荣，其最优乎！

可以说给予了高度的评价，与司马迁只认为陆贾是个"当世之辩士"的态度不同。这评价之中也包含着陆贾具有道家政治智慧，能够"游刃有余"地处理好复杂的关系，完成既定的事业。另外，据《史记》《汉书》记载，陆贾在跟从高祖左右的时候，曾提醒刘邦注意治

---

① 司马迁：《史记》卷九十七《郦生陆贾列传》，中华书局1982年版，第2697页。

国的长久之术：

> 陆生时时前说称《诗》《书》。高帝骂之曰："乃公居马上而得之，安事诗书！"陆生曰："居马上得之，宁可以马上治之乎？且汤武逆取而以顺守之，文武并用，长久之术也。昔者吴王夫差、智伯极武而亡；秦任刑法不变，卒灭赵氏。乡使秦已并天下，行仁义，法先圣，陛下安得而有之？"①

从其思维方式上看，正符合《老子》"为之于未有，治之于未乱"的预见性思维。

陆贾著《新语》，源于高祖刘邦的要求，高祖曰："试为我著秦所以失天下，吾所以得之者，及古成败之国。"说明在陆贾的劝谏和影响下，刘邦也意识到了要及时总结历史的经验教训，谋求国家的长治久安。

陆贾的著作，有《楚汉春秋》九篇，见于《汉书·艺文志》六艺略；有《新语》，见于诸子略儒家类，著录为《陆贾》二十三篇；又《汉书·艺文志》诗赋略有"陆贾赋三篇"。《史记·陆贾传》称："陆生乃粗述存亡之征，凡著十二篇。每奏一篇，高帝未尝不称善，左右呼万岁，号其书曰《新语》。"关于《新语》一书存在两个不得不辨的问题，一是其书的真伪，二是其书的学派归属。

由于《汉书》中《新语》有"十二论"和"二十三篇"的不同记载，又有《新语》二卷②之类的记载，或者存在亡佚散乱，所以有人怀疑今本《新语》非陆贾原作。但多数学者肯定《新语》不是伪作，见《古史辨》第四册所收胡适的《陆贾〈新语〉考》、罗根泽的《陆贾〈新语〉考证》、余嘉锡《四库提要辨证——〈新语〉》以及张西堂的《陆贾〈新语〉辨伪》。

既然肯定《新语》并非伪作，那么，《新语》历来被列入儒家类

---

① 司马迁：《史记》卷九十七《郦生陆贾列传》，中华书局1982年版，第2699页。

② 《史记正义》引《七录》云："新语二卷，陆贾撰。"

作品，这也是值得进一步说明的。《汉书·艺文志》把《新语》收入儒家类。据此后世的目录也多将《新语》置于子部儒家类。《四库全书总目提要》称：

> 今但据其书论之，则大旨皆崇王道，黜霸术，归本于修身用人。其称引《老子》者，惟《思务》篇引'上德不德'一语，余皆以孔氏为宗，所援据多《春秋》《论语》之文。汉儒自董仲舒外，未有如是之醇正也。

这当然是一家之言，不过近现代以来，人们多改变"醇儒"的说法，而肯定其"杂糅"各家的特点。早年胡适在其《述陆贾的思想》一文中就说：

> 其思想近于荀卿、韩非，而鉴于秦帝国的急进政策的恶影响，故改向和缓的一路，遂兼采无为的治道论。此书仍是一种"杂家"之言……故最应该放在《吕氏春秋》和《淮南王书》之间。

这种说法与《吕氏春秋》的问题一样，称其为"杂家"。那此书究竟以何种思想为主导？陈丽桂撰《融合道法、兼采阴阳的汉儒——陆贾》，认为陆贾在汉代诸儒中被列于开宗地位，"以儒为本，崇尚仁义"，同时以更大的篇幅论述其"融合道法，兼采阴阳"的特点。熊铁基先生《秦汉新道家》一书则辟专章，更为明确地提出"陆贾是汉初新道家的突出代表"。在此基础上，需要继续追问的是，陆贾《新语》的思想来源和资料来源是什么？他是如何建构自己的思想理论体系的？他建构了一个怎样的思想体系？

今本《新语》全书共分为十二篇，首篇为《道基》。从思想来源和资料来源看，正如《文子》有《道原》、马王堆汉墓帛书有《道原》，其共同的意思是：以道为共同的本源和根基。就是《老子》"天地之始""万物之母"的意思。《老子》说：

道生一，一生二，二生三，三生万物。（第四十二章）

大道泛兮，其可左右，万物恃之以生而不辞，功成不名有，衣养万物而不为主。（第三十四章）

《新语·道基》的开篇则曰：

《传》曰：天生万物，以地养之，圣人成之。功德参合，而道术生焉。故曰：张日月，列星辰，序四时，调阴阳，布气治性，次置五行，春生夏长，秋收冬藏，阳生雷电，阴成霜雪，养育群生，一茂一亡，润之以风雨，曝之以日光，温之以节气，降之以陨霜，位之以众星，制之以斗衡，苞之以六合，罗之以纪纲，改之以灾变，告之以祯祥，动之以生杀，悟之以文章。

"天生万物"一句，又见于《十大经·兵容》："天地形之，人因而成之。圣人成功，时为之庸。"《荀子·富国》有："故曰：天地生之，圣人成之。"《吕氏春秋·本生》有："始生之者，天也。养成之者，人也。能养天之所生勿撄之谓天子。"陆贾则在前人基础上，进行了高度的概括和总结。"故曰"以下，见于《文子·精诚》《淮南子·泰族》。其中《文子·精诚》原文如下：

天设日月，列星辰，张四时，调阴阳；日以暴之，夜以息之，风以干之，雨露以濡之。其生物也，莫见其所养而万物长；其杀物也，莫见其所丧而万物亡，此谓神明。是故，圣人象之。其起福也，不见其所以而福起；其除祸也，不见其所由而祸除。稽之不得，察之不虚，日计不足，岁计有余，寂然无声，一言而大动天下，是以天心动化者也。故精诚内形，气动于天，景星见，黄龙下，凤凰至，醴泉出，嘉谷生，河不满溢，海不波涌；逆天暴物，即日月薄蚀，五星失行，四时相乘，昼冥宵光，山崩川涸，冬雷夏霜。天之与人，有以相通，故国之粗亡也，天文变，世俗乱，虹蜺见。万物有以相连，精气有以相薄，故

375

神明之事，不可以智巧为也，不可以强力致也。

通过比较我们可以发现，《新语·道基》与《文子·精诚》的关系，基本就是化用改写的关系。由于陆贾谈说的对象是高祖君臣，故其表述皆删去了虚玄的部分，而且增加了表述的文采和气势。

言道之始基之后，又划分三圣，其中先圣为"神农""黄帝""禹""奚仲""皋陶"等；中圣设辟雍庠序之教，乃文王、周公也；后圣定五经、明六艺，指孔子。从神农、黄帝追溯圣人的起源，这种序列多见于道家典籍，如《庄子·缮性》《庄子·山木》《文子·上礼》《吕氏春秋·情欲》《吕氏春秋·必己》《吕氏春秋·离俗》等。

接下来《新语·道基》又对自己的核心思想进行了总结，其文曰：

> 是以君子握道而治，据德而行，席仁而坐，杖义而强，虚无寂寞，通动无量。故制事因短，而动益长，以圆制规，以矩立方。

其中"通动"，当为"通洞"，《文子·十守》有："若夫神无所掩，心无所载，通洞条达，澹然无事，势利不能诱，声色不能淫，辩者不能说，智者不能动，勇者不能恐，此真人之游也。""虚无寂寞"，见于《文子·下德》："夫至人之治，虚无寂寞，不见可欲，心与神处，形与性调，静而体德，动而理通，循自然之道，缘不得已矣。"陆贾通过这段总结，将道、德、仁、义融为一体，不同于孔子所说"志于道，据于德，依于仁，游于艺"，陆贾所说皆为政治的要素，不可或缺。其中"虚无寂寞，通动无量"，言君主之道德。"制事因短，而动益长，以圆制规，以矩立方"，言政治之术、政治法则。

由《新语》首章的分析我们可以看出，陆贾著书立足于道德、道术，有融合仁义、章明法治的取向。

再从全书的章节安排来看，也都体现了这样一种特征。现逐篇来看：

《术事》第二。此篇可谓是前一篇的补充，强调"道近，不必出于久远，取其至要而有成"，即能够把握"道"之精要，运用到现实当中，必然会取得成功。在陆贾看来，道虽然是根本的存在，但不要把它当作一个虚无缥缈、高不可及的存在，要"合之于今""考之于近""怀道者须世"，要运用到现实政治生活当中。能够把握"道要"，则不必拘泥于哪一家、哪一说，所谓"书不必起于仲尼之门，药不必出扁鹊之方，合之者善，可以为法，因世而权行"。其运用"道要"的两个重要方法，一个是"因"，一个是"权"。如司马谈《论六家之要指》，"因"则"立俗施事，无所不宜"，"权"则"与时迁移，应物变化"。所以陆贾写道：

> 圣贤与道合，愚者与祸同。怀德者应以福，挟恶者报以凶。德薄者位危，去道者身亡。
>
> 怀道者须世，抱璞者待工。道为智者设，马为御者良，贤为圣者用，辩为智者通，书为晓者传，事为见者明。故制事者因其则，服药者因其良。

此即《道原》篇中所说"握道而治"的具体阐释，亦与《老子》第二十三章"故从事于道者，道者同于道，德者同于德，失者同于失。同于道者，道亦乐得之；同于德者，德亦乐得之；同于失者，失亦乐得之"义同。

把握"道要"尤其要从自身的清静俭欲做起。陆贾此篇举"舜弃黄金于崭岩之山，捐珠玉于五湖之渊，将以杜淫邪之欲，绝奇玮之情"。从自身的深根固柢做起，称："故性藏于人，则气达于天，纤微浩大，下学上达"。"治末者调其本，端其影者正其形，养其根者枝叶茂，志气调者即道冲"。其说完全合于《老子》治身思想。而且文中弃黄金捐珠玉之说，还见于马王堆汉墓帛书《经法·四度》："黄金玉珠臧（藏）积，怨之本也。女乐玩好燔材，乱之基也。守怨之本，养乱之基，虽有圣人，不能为谋。"

《辅政》第三。主要讲用贤识贤的问题。要用贤者辅政，把贤人比作圣人的拐杖，所谓"乘危履倾则以贤圣为杖"。从这一点上看，《新语》没有承袭老庄思想中的"不尚贤"的理念，而是从实用的角度主张会识贤、会用贤。但其所举辨别人才的标准，却以老子所提倡的"柔弱""宽容""迟重""守愚""守拙"以及高诱注《吕氏春秋》"以公方为检格"为标准，如：

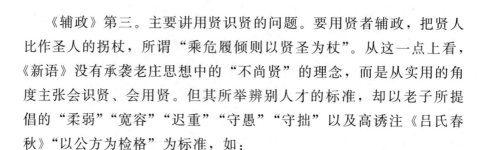

> 怀刚者久而缺，持柔者久而长。躁疾者为厥速，迟重者为常存，尚勇者为悔近，温厚者行宽舒，怀急促者必有所亏，柔懦者制刚强，小者不可以御大，小者不可以说众，商贾巧为贩卖之利，而屈为贞良，邪臣好为诈伪，自媚饰非，而不能为公方。

> 故智者之所短，不如愚者之所长。

> 察察者有所不见，恢恢者何所不容。朴质者近忠，便巧者近亡。

从某种意义上说，陆贾的识贤用人观可以说是对《老子》"不尚贤"说的进一步发展，就是不排除推崇贤才。关键是什么样的人才称得上贤才。其所区分出的智辨巧佞之徒、躁急竞进之士、尚勇刚强之徒、小辨小慧之人，同样也是老子道家所反对的。从汉初众多黄老学者身上的气质，我们也同样可以看出，陆贾所说的贤才，应当是指有大智慧、大气量，柔弱朴拙的有道之士。

《无为》第四。本篇可以说是《老子》"无为而无不为"思想的诠释。他开章明义说："夫道莫大于无为，行莫大于谨敬。"《老子》第三十七章有"道常无为而无不为"，同时《老子》第四十六章有"祸莫大于不知足，咎莫大于欲得"，第六十九章有"祸莫大于轻敌"。陆贾所说采用《老子》"莫大于"的句式，但是从正面立论，道没有比无为更大的了，体现了他的建设性和实践性。王利器对此有很好的概括，指出："此篇即阐发无为而不为之旨，汉初清静无为之治，盖陆氏为之导夫先路矣。"①

在对"无为而治"的阐发中，陆贾说：

> 昔舜治天下也，弹五弦之琴，歌《南风》之诗，寂若无治国之意，漠若无忧天下之心，然而天下大治。周公制作礼乐，郊天地，望山川，师旅不设，刑格法悬，而四海之内，奉供来臻，越裳之君，重译来朝。故无为者乃有为也。

这样具体地用事例详细说明"无为乃有为"，体现了陆贾无为而治思想的理论创造。一方面，重新界定"无为"的含义：无为而治并非如上古茹毛饮血时代的自然主义生活，非完全的无政府状态，而是在社会中有着现实的榜样，那就是舜弹琴而天下治，周公制礼作乐而四海朝，看上去没有苦心劳形、刑严事繁的有为，而是以无为的方式达到无不为的目的。另一方面，重新界定"有为"的含义：真正的有为，要能懂得无为的道理。正如秦始皇并非不想好好治理国家，但其最大的问题在于"举措太众，刑罚太极"。故也从而提出"君子尚宽舒以褒其身，行身中和以致疏远"的主张，通过渐化的方式，"使得民不罚而畏，不赏而劝，渐渍于道德，而被服于中和之所致也"，将法令的效用限定在"诛暴"方面，而非用其劝善。

《辨惑》第五。言君主当具有"独见之明"，能够辨别谗言、流言及阿谀奉承、黑白混淆，是非颠倒等现象，这样才能使道德得以实现，忠良方正之人得以容于世而施于政。本篇开头说："夫举事者或为善而不称善，或不善而称善者何？视之者谬而论之者误也。"战国以来，"纵横之术"流行，或者"阿上之意，从上之旨"，或者"群邪所抑"，以至于张仪朝秦暮楚、赵高指鹿为马之类的事件的发生。由于《老子》有言"俗人昭昭，我独昏昏。俗人察察，我独闷闷"，"其政闷闷，其民淳淳。其政察察，其民缺缺"，这种黑白颠倒、是非混淆的账，也会被算到道家的头上。陆贾专门一篇文字强

---

① 王利器：《新语校注》，中华书局 1986 年版，第 59 页。

调"辨惑",强调君主要具有"独见之明",就显得特别重要。在理论上厘清了纵横家不讲是非的迎合之言辩,与道家、儒家不遣是非但坚持独见之明、直道而行的原则之间的区别。如其文中首先批判纵横家说:

> 故行或合于世,言或顺于耳,斯乃阿上之意,从上之旨,操直而乖方,怀曲而合邪,因其刚柔之势,为作纵横之术,故无忤逆之言,无不合之义者。

紧接着举有若的例子说:

> 昔哀公问于有若曰:"年饥,用不足,如之何?"有若对曰:"盍彻乎?"盖损上而归之于下,则忤于耳而不合于意,遂逆而不用也。此所谓正其行而不苟合于世也。有若岂不知阿哀公之意,为益国之义哉?夫君子直道而行,知必屈辱而不避也。故行不敢苟合,言不为苟容,虽无功于世,而名足称也;虽言不用于国家,而举措之言可法也。

正如汲黯当面批判汉武帝"陛下内多欲而外施仁义,奈何欲效唐虞之治乎"[1],也展现出汉初黄老学者行直道的特点。

《吕氏春秋》对"辨惑"的问题也极为重视,有很多篇讲这一问题,如其《听言》篇说:

> 听言不可不察,不察则善不善不分。善不善不分,乱莫大焉。

《察传》篇曰:

---

① 班固:《汉书》卷五十《张冯汲郑传》,中华书局 1962 年版,第 2317 页。

> 夫得言不可以不察，数传而白为黑，黑为白。……闻而审则为福矣，闻而不审，不若无闻矣。

陆贾文中说"视而不察""以白为黑"等语言和议论，难道不可以说与《吕氏春秋》有些关系吗？此外，讲孔子为政时，说到"伤无权力于世"，引出一段议论：

> 夫言道因权而立，德因势而行。不在其位者，则无以齐其政。不操其柄者，则无以制其刚。

篇中讲权势很重要，而且说，不在其位者，则无以齐其政，带有黄老学说中重视权柄的积极色彩。

《慎微》第六。讲行道则当谨小慎微。开篇曰："夫建大功于天下者必先修于闺门之内，垂大名于万世者，必先行之于纤微之事。……修之于内，著之于外。行之于小，显之于大。"又称："道者，人之所行也。夫大道履之而行，则无不能，故谓之道。"其所谓道，具体则指"怀仁行义，分别纤微，忖度天地"。综合而言，其说融合了《老子》第六十三章"图难于其易，为大于其细。天下难事必作于易，天下大事必作于细，是以圣人终不为大，故能成其大"的思维方式，和孔子为仁行义的行为方式，以伊尹等"为天子之佐"、成就帝王之道者为有道的表现，认为入深山隐居苦行求道则为"避世"而非"怀道"。

《资质》第七。本篇讲贤才如何才能发挥作用的问题。第一句话就是"质美者，以通为贵。才良者，以显为能"。也就是贤才只有"通"和"显"才能起作用。因此，人君重要的事业就在于"求贤以自助，近贤以自辅"。"察贤""期贤""下贤"等是《吕氏春秋》中再三讨论的问题，陆贾在《新语》中也是这样反复讲，有些事例和语言都是一样的。如陆贾举良医扁鹊的例子说明知贤、求贤的问题，《吕氏春秋·察贤》说："故贤者之致功名也，必乎良医，而君人者不知疾求，岂不过哉？"陆贾说忠佞不分就会天下倾覆，《吕氏春

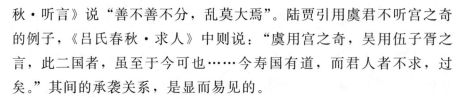

秋·听言》说"善不善不分，乱莫大焉"。陆贾引用虞君不听宫之奇的例子，《吕氏春秋·求人》中则说："虞用宫之奇，吴用伍子胥之言，此二国者，虽至于今可也……今寿国有道，而君人者不求，过矣。"其间的承袭关系，是显而易见的。

《至德》第八。陆贾从历史的经验中说明应正确处理"德"和"刑"的关系。对此有一大段集中的表述：

> 是以君子之为治也，块然若无事，寂然若无声，官府若无吏，亭落若无民，闾里不讼于巷，老幼不愁于庭，近者无所议，远者无所听，邮无夜行之卒，乡无夜召之征，犬不夜吠，鸡不夜鸣，耆老甘味于堂，丁男耕耘于野，在朝者忠于君，在家者孝于亲；于是赏善罚恶而润色之，兴辟雍庠序而教诲之，然后贤愚异议，廉鄙异科，长幼异节，上下有差，强弱相扶，大小相怀，尊卑相承，雁行相随，不言而信，不怒而威，岂待坚甲利兵、深牢刻令、朝夕切切而后行哉？

这是对"至德"之治的全面描述，可以说是为"无为而治"的理想所做的一个最全面、最现实的设计，是理想的政治场景，"清静地无为"的特色十分明显，不同于《庄子》的同于远古的至德之世，其说当源于《文子》，然也有不同。《文子·精诚》篇中是这样描述的：

> 夫道者，藏精于内，栖神于心，静漠恬惔，悦穆胸中，廓然无形，寂然无声。官府若无事，朝廷若无人，无隐士，无逸民，无劳役，无冤刑，天下莫不仰上之德，象主之旨，绝国殊俗，莫不重译而至，非家至而人见之也，推其诚心，施之天下而已。故赏善罚暴者，正令也；其所以能行者，精诚也。令虽明不能独行，必待精诚，故总道以被民而民弗从者，精诚弗至也。

通过比较可以看出，《新语》借鉴了《文子》的语汇，但并没有承袭

《文子》的语义。《文子》书中将至德之治的基础归结为君主的"精诚",显然不如陆贾直接落实到现实中,主张君主要尚德轻刑,清静无为,如此自然可以达于至德之治。

《怀虑》第九。本篇用历史的事例和各种比喻说明,君主专一的心志和政策的连续性对于治身治国的重要意义。开篇曰:"怀异虑者不可以立计,持两端者不可以定威。"以苏秦、张仪与管仲相比,苏、张二人"横说诸侯,国异辞,人异意",结果"身死于凡人之手,为天下所笑者,乃由词语不一,而情欲放佚故也"。故而提出:

> 各受一性,不得两兼,两兼则心惑,二路者行穷,正心一坚,久而不忘,在上不逸,为下不伤,执一统物,虽寡必众,心佚情散,虽高必崩,气泄生疾,寿命不长,颠倒无端,失道不行。故气感之符,清洁明光,情素之表,恬畅和良,调密者固,安静者详,志定心平,血脉乃强,秉政图两,失其中央,战士不耕,朝士不商,邪不奸直,圆不乱方,违戾相错,拨刺难匡。故欲理之君,闭利门,积德之家,必无灾殃,利绝而道著,武让而德兴,斯乃持久之道,常行之法也。

其说引申出执一的道理,人臣要言行统一,思想专一。人君要执一政,持一概,执一统物。《吕氏春秋》中"执一""不二"所讲"一耳""一心""一众""一力""一思想"以及"故一则治,异则乱。一则安,异则危","王者执一,而为万物正",与此在用意上可谓是完全相同的。

此外,既讲专一、执一,一的标准是什么呢?看来是一个"道"字。因为往往是"物之所可非道之所宜,道之所宜非物之所可"。所以要特别注意两条,一是节制情欲,一是闭绝利门,目的都在于回到一之道的正确轨道上来。

《本行》第十。此篇宗旨正如开篇所说:"治以道德为上,行以仁义为本。"具体阐释中,引用了孔子的话语,如"不义而富且贵,于我如浮云"之类。但值得注意的是,其核心思想仍在强调道德仁义，而非礼乐教化。这是与孔子学说最大的不同之处。如其文中说：

> 夫怀璧玉，要环佩，服名宝，藏珍怪，玉斗酌酒，金罍刻镂，所以夸小人之目者也；高台百仞，金城文画，所以疲百姓之力者也。故圣人卑宫室而高道德，恶衣服而勤仁义，不损其行，以好其容，不亏其德，以饰其身，国不兴不事之功，家不藏不用之器，所以稀力役而省贡献也。璧玉珠玑，不御于上，则玩好之物弃于下；雕琢刻画之类，不纳于君，则淫伎曲巧绝于下。

从这段话里可以看出，其所说道德仁义的基础正是"清静自然""无为而治"。

《明诫》第十一。言治国的根本在于治身，治身的根本在于道德仁义。其开篇曰：

> 君明于德，可以及于远。臣笃于义，可以至于大。

此篇中一个突出的思想是，圣人之道与天道相联系，如《老子》第二十五章所说："人法地，地法天，天法道，道法自然。"对此，陆贾做了较多的论述：

> 圣人承天之明，正日月之行，录星辰之度，因天地之利，等高下之宜，设山川之便，平四海，分九州，同好恶，一风俗。易曰："天垂象，见吉凶，圣人则之；天出善道，圣人得之。"言御占图历之变，下衰风化之失，以匡盛衰，纪物定世，后无不可行之政，无不可治之民，故曰："则天之明，因地之利。"

"则天""因地"正是《吕氏春秋》理论的指导思想。而陆贾的继续发明之处在于，在气化宇宙论的思想框架下，天人之间存在感应，恶政生恶气，善政生吉祥。君主尤其要注意到"天垂象，见吉凶"

的问题，及时调整自己的治道。所以，并不是上天决定国家的吉凶，而是人自己的行为，引起吉凶的后果。

> 故世衰道失，非天之所为也，乃君国者有以取之也。恶政生恶气，恶气生灾异。蝝虫之类，随气而生；虹蜺之属，因政而见。治道失于下，则天文变于上；恶政流于民，则蝝虫生于野。

可见，陆贾思想并不是认同消极被动的"天人感应"，而是要人因、则天以修德。故本篇最后一段说："夫善道存乎心，无远而不至也；恶行著乎己，无近而不去也。"

《思务》第十二。"务"，《说文》段注说："务者言其促疾丁事也。"如"当务之急"。"思务"的意思，应该是考虑当前最紧迫的问题。这客观上像是一篇总结性的文字，可惜有不少残缺的字，但主要的意思还是看得出来的。其开篇曰：

> 夫长于变者，不可穷以诈。通于道者，不可惊以怪。审于辞者，不可惑以言。达于义者，不可动以利。是以君子博思而广听，进退顺法，动作合度，闻见欲众，而采择欲谨，学问欲博而行己欲敦，见邪而知其直，见华而知其实，目不淫于炫耀之色，耳不乱于阿谀之词，虽利之以齐、鲁之富而志不移，谈之以王乔、赤松之寿而行不易，然后能一其道而定其操，致其事而立其功也。

言行的方方面面都说到了，而归之于"长于变""通于道""审于辞""达于义"几个方面，和全书的开篇形成了首尾呼应之势。对于如何"通于道"他也提出了一些看法，如"圣人不必同于道"，"万端异路，千法异形，圣人因其势而调之"。其中"因其势"是一个重点的方法，也可以看出黄老思想的深刻影响。作为总结，全篇最后一句说：

故善者必有所主而至，恶者必有所因而来。夫善恶不空作，祸福不滥生，唯心之所向，志之所行而已矣。

总体而言，陆贾重建政治理论体系的理论基础是：以道为基，以德为据，清静无为，尚德轻刑，正名实，别白黑贤不肖，等等。同时，其根本的思想方式是在"道法自然"的逻辑下进行的。其说显然是儒家一家的思想所无法涵盖的。

从其思想发明来看，本书专门有《无为》这一专篇，应该说是陆贾发展了《老子》学说中"无为"的含义，并设计了一个如何"清静无为"的政治方案。《老子》只是说"无为而无不为也""辅万物之自然而不敢为"等，《吕氏春秋》也没有对"清静无为"的专门的强调。《新语》则说"道莫大于无为"，似乎要对"无为"的地位进行重新界定。同时也有关于"无为之治"的详细描述，从某种意义上说，其所描述的无为，正是汉初七十年众多黄老学者担任官吏之后治下任上的政治现实。

胡适《述陆贾的思想》中说："无为而治本是先秦思想家公认的一个政治理想。"又说："凡无为的治道论，大都是对于现实政治表示不满意的一种消极的抗议。陆贾生当秦帝国大有为之后，又眼见汉家一班无赖的皇帝，屠狗卖缯的功臣，都不配是有为的人，他的无为哲学似乎不是无所为而发的罢？"这显然是片面的主观臆断。无为而治的政治思想，在秦汉之际能够被突出且受到高度的重视，当为新道家受到《老子》清静无为思想启发而形成的政治思想和主张。这一主张也正好适应了长期的战乱之后，人们要求安定，要求休养生息，要求总结秦亡的教训，要求改弦更张的时代大势，从而被人们所广泛地接受了。《吕氏春秋》编纂的时候，显然还不能很好地体会"无为"的政治含义。

历史的事实证明，陆贾的理论是合乎时代潮流的，刘邦的一批重要辅佐，张良、陈平、萧何以及后来的曹参等人，都是和陆贾一样的主张。重要的一点是，新道家"道法自然""无为而治"的思想，是汉初一开始的政治选择，而不是文帝、景帝、窦太后时才发展为指导思想的。《新语》作为汉初新道家的开创者，其思想也成为被统治者所采纳和广泛接受的新思想，这是《吕氏春秋》和《淮南子》这两部书所无法比拟的。

从其资料来源看，全书多处引用孔子之言，以及《诗》《书》之语。引《老子》不过在最后《思务》篇出现"《老子》曰'上德不德'"一句，但值得注意的是，其很多资料和思想来源于前代黄老学的著作，如《老子》《文子》《黄帝书》《吕氏春秋》等，同时也与司马谈《论六家之要指》所总结的道德家的特点相吻合。

因此，不论从哪方面来看，说《新语》是儒家的代表作是一种误读。胡适早就看出这一点，并说它是杂家之言。其实自战国后期开始，各家各派都有些杂了，最纯的儒家如孟子，也和早期的儒家不一样了。但无论如何相互吸收融合，总归会有一个根本的立足点和理论的倾向性。《新语》一书正是以黄老道德为中心，吸融百家。正如今人所提出的，将陆贾作为汉初新道家的代表，这是符合事实的。

第三节　贾谊《新书》的黄老政术

贾谊生活在吕后至汉文帝这个黄老思潮影响深远的时代，从史籍中相关记载来看，贾谊的知识结构呈现了庞杂的特点，并非专主一家。

首先，通名法之学。《汉书》卷四十八《贾谊传》记载："年十八，以能诵诗书属文称于郡中。河南守吴公闻其秀材，召置门下，甚幸爱。"吴公是李斯的学生，故贾谊师承的当为申商刑名法术之学。

其次，通诸子百家之书。《汉书》又记："文帝初立，闻河南守吴公治平为天下第一，故与李斯同邑，而尝学事焉，征以为廷尉。廷尉乃言谊年少，颇通诸家之书。文帝召以为博士。"又《史记》卷八十四《屈原贾生列传》也说贾谊"颇通诸子百家之书"。

再次，深入学习儒家思想。贾谊不仅师从张苍深入学习《左传》，而且其所著《新书》明确征引之书最常见的就是六经。详见《贾谊所见书蠡测》① 一文。

最后，贾谊也受黄老道家思想的影响。主要可以从两个方面看：一个是历史史料的记载。

《史记·日者列传》记载宋忠、贾谊去见卜者司马季主。褚少孙说："夫司马季主者，楚贤大夫，游学长安，通《易经》，术黄帝、老子，博闻远见。"宋忠和贾谊向司马季主提出的问题是怎么看待自己从事卜者这样卑污的职业。司马季主的长篇谈话中，表达对利禄之途的批判，同时引用《老子》《庄子》之语，以表达卑下并不一定低贱，以纠正其执着功名利禄的认识。司马季主曰："此夫老子所谓'上德不德，是以有德'，今夫卜筮者利大而谢少，老子之云岂异于是乎？《庄子》曰：'君子内无饥寒之患，外无劫夺之忧，居上而敬，居下不为害，君子之道也。'"又称：

> 故骐骥不能与罢驴为驷，而凤凰不与燕雀为群，而贤者亦不与不肖者同列。故君子处卑隐以辟众，自匿以辟伦，微见德顺以除群害，以明天性，助上养下，多其功利，不求尊誉。公之等喁喁者也，何知长者之道乎！

司马季主用老子"上善若水，水善利万物而不争"的"长者之道"来教育宋忠和贾谊，对于内心中汲汲于追求功名又患得患失的二人来说，显然是比较震撼但又不一定能够真正理解的。

《日者列传》中继续描述二人的反应：

> 宋忠、贾谊忽而自失，芒乎无色，怅然噤口不能言。于是摄衣而起，再拜而辞。行洋洋也，出门仅能自上车，伏轼低头，

---

① 刘跃进：《贾谊所见书蠡测》，《南京师范大学学报》2008年第4期。

卒不能出气。

居三日，宋忠见贾谊于殿门外，乃相引屏语相谓自叹曰："道高益安，势高益危。居赫赫之势，失身且有日矣。夫卜而有不审，不见夺糈。为人主计而不审，身无所处。此相去远矣，犹天冠地履也。此《老子》所谓'无名者万物之始'也。天地旷旷，物之熙熙，或安或危，莫知居之。我与若，何足预彼哉。彼久而愈安，虽曾氏之义，未有以异也。"

《日者列传》为了撰述"日者"应有的思想境界，以司马季主为例。其中涉及贾谊、宋忠所行、所说是否实有其事，今已不可考。但从其时代相近来看，当非无端编造。司马迁认为，后来宋忠"使匈奴，不至而还，抵罪"，贾谊"自伤为傅无状，哭泣岁余，悲愤而死，时年三十三岁"的结局来看，二人虽然受到黄老思想的影响，但毕竟"务华绝根"，并没有深刻地领悟并且落实到自己的人生之中。这次拜访发生在汉文帝元年（前179），贾谊被召为博士，超迁太中大夫。① 可以看得出来这时的贾谊所受道家影响相对还比较浅。

另一个方面是出为长沙王太傅期间所受道家思想的影响。汉文帝三年（前177），贾谊迁为长沙王太傅，在汉文帝七年②，贾谊复被召入京，任梁怀王太傅。从赴任长沙到回京任职，前后约有五年的时间，这五年的时间，贾谊做过哪些事、读过哪些书并没有明确的记载。但我们还是可以看出其学术思想在此期间有了较大的提升，故文帝和他见面长谈后有"吾久不见贾生，自以为过之，今不及也"③ 的感叹。其《新书》《治安策》等都是回到长安之后撰写的，也可以说明其思想体系的真正形成是在二十八九岁前后。

1973年湖南长沙马王堆汉墓发掘出土大量的帛书和竹简，这些书共计五十余种，十余万字，被葬在三号汉墓的漆书盒中。三号汉

---

① 汪中：《贾谊年表》，见《述学内篇》卷三，中华书局1991年版，第55页。
② 刘跃进：《秦汉文学编年史》，商务印书馆2006年版，第91页。
③ 司马迁：《史记》卷八十四《屈原贾生列传》，中华书局1982年版，第2503页。

墓的墓主人是长沙轪侯利苍的儿子利豨，据墓中木牍记载，其下葬年代为汉文帝十二年（前168），死时约三十多岁。从墓葬关系看，一号墓为长沙丞相轪侯利苍夫人辛追之墓，逝于公元前163年左右。二号墓墓主是轪侯利苍本人，史书记载其逝于公元前186年。三号墓墓主利豨，时任长沙相。贾谊《治安策》中言："大国之王幼弱未壮，汉之所置傅、相方握其事。"从中可以看出太傅（贾谊）与相共同辅佐幼弱的长沙王，实权掌握在二人的手里。这批帛书中还有《太一将行图》《（长沙）地形图》《箭道封域图（驻军图）》等本地的地理、军事著作，则这批书当为长沙国最重要的藏书，也是贾谊及很多中原士人原来所未见的。

这似乎是一个偶然，但似乎也存在着某种必然的联系。利豨和贾谊年纪相仿，同为当时长沙国手握实权的人物，同在长沙共事。我们有理由认为，长沙马王堆三号汉墓中陪葬的这批典籍，贾谊应当看过。[①] 而这批典籍的主要哲学思想，就是以《老子》书、黄帝书为代表的黄老道家思想。

这种影响也体现在，贾谊在长沙所撰写的《鵩鸟赋》，已经是一篇完全以道家思想为主干的赋作。不论从引用文献上看，还是从思想情感上看，此时的贾谊已经完全将道家作为自己的精神信仰。故司马迁评论曰："读《鵩鸟赋》，同死生，轻去就，又爽然自失矣。"[②] 此赋开篇有"单阏之岁兮，四月孟夏"，《文选》李善注曰："《尔雅》云：太岁在卯曰单阏。徐广曰：文帝六年岁在丁卯。"可知此赋创作的时间是汉文帝六年（前174）的四月，贾谊二十七岁之时，与其二十四岁时赴长沙路上所作的《吊屈原赋》，在思想取向已经有了很大的不同。如果说汉文帝三年所作的《吊屈原赋》还集中在愤怒的抨击阶段，此文则充满了大道语境下的人生思考。

现将《鵩鸟赋》正文开篇部分及相关引证摘录如下：

---

① 参见刘跃进：《贾谊所见书蠡测》，《南京师范大学学报》2008年第4期。
② 司马迁：《史记》卷八十四《屈原贾生列传》，中华书局1982年版，第2503页。

万物变化兮，固无休息。（《庄子·知北游》：已化而生，又化而死。）

斡流而迁兮，或推而还。（《鹖冠子·世兵》：斡流迁徙，固无休息。）

形气转续兮，变化而蟺。（《庄子·寓言》：予，蜩甲也，蛇蜕也，似之而非也。）

沕穆无穷兮，胡可胜言。（《鹖冠子·世兵》：变化无穷，何可胜言。）

祸兮福所倚，福兮祸所伏。（《老子》第五十八章：祸兮福之所倚，福兮祸之所伏。《鹖冠子·世兵》曰：祸乎福之所倚，福乎祸之所伏。）

忧喜聚门兮，古凶同域。（《鹖冠了·世兵》口：忧喜聚门，吉凶同域。）

从引用文献看，文中大量直接引用《鹖冠子·世兵》的内容，甚至被怀疑是有人抄袭《鹏鸟赋》伪造了《鹖冠子》，对于这桩公案，今天人们都已有了明确的认识：贾谊对《鹖冠子》书中所阐述的道理产生了深刻的共鸣，故借一只鹏鸟入宅，来抒发内心的感慨认识，他甚至没有仔细斟酌"万物变化""变化而蟺"前后的重复。故当为摘抄《鹖冠子·世兵》。正因为有了这种思想上的拓展，人生的种种曲折得失也因此得以开解，再如此赋结尾的部分所言：

至人遗物兮，独与道俱。众人惑惑兮，好恶积亿。真人恬漠兮，独与道息。释智遗形兮，超然自丧。寥廓忽荒兮，与道翱翔。乘流则逝兮，得坻则止。纵躯委命兮，不私与己。其生兮若浮，其死兮若休。澹乎若深泉之静，泛乎若不系之舟。不以生故自宝兮，养空而浮。德人无累，知命不忧。细故带芥，何足以疑。

其所说将"至人""真人"作为人生的理想，将"独与道息""与道翱翔"作为人生的归宿，将"不私于己""养空而浮""知命不忧""细故带芥，何足以疑"作为引领精神的准则，其精神境界较其洛阳问卜、临江吊屈，显然都有了极大的提升，而之所以有了这样明显的思想变化，当和在长沙期间读书多偏于黄老道家有密切的关系。也无怪乎第二年，文帝就调贾谊回京，或许正是读了这篇高蹈之赋，对贾谊其人有了重新的认识。

贾谊的思想还主要体现在他的著作《新书》中。班固《汉书·艺文志》将其书归入儒家类，宋王应麟《玉海》录宋本《新书》及目录，并称其书"杂论治道国体及经学胎教。本七十二篇，刘向删定为五十八篇，今皆存。本传所载《治安策》，今厘为数篇，各立题目，杂见于《新书》"。大体与今传本《新书》一致。

作为一位对我国传统思想文化的继承和发展做出重要贡献的思想家和文学家，人们往往关注其文学上的成就，对其思想的深入研究则相对不足。尤其是对其所撰《新书》，颇为忽视，甚至存在其书为伪作的议论。

关于《新书》的真伪问题，南宋以前的著录向无疑义，直至南宋陈振孙《直斋书录解题》始谓"其非汉书所有，书辄浅驳不足观，此决非谊本书也"。至《四库全书总目提要》则曰："其书不全真，也不全伪"。对此余嘉锡《四库提要辨证》子部儒家类进行了详细的考证和反驳，认为怀疑之说不可信。阎振益、钟夏《新书校注·前言》中专门讨论《新书》的真伪问题，并从版本的角度、内容的角度、作伪的角度进行补述，提出传世本《新书》"没有作伪的确证，是可信的真本"[①]。

虽然《新书》呈现了这样一种编排混杂以及思想驳杂的特点，但通过《新书》我们依然可以看出其政治思想的根本立足点在于"道"和"术"，其政治思维方式则体现出对黄老学的继承和发展。

首先，以道、术一体为中心的治国方略。

贾谊《新书》卷八《道术》《六术》《道德说》反复阐发其道、

---

① 阎振益、钟夏：《新书校注》，中华书局 2000 年版，第 4 页。

術一体说。对于什么是道，什么是术，曰：

> 道者所道接物也，其本者谓之虚，其末者谓之术。虚者，言其精微也，平素而无设诸也；术也者，所从制物也，动静之数也。凡此皆道也。

"所道接物"，即道是人类认识和处理事物的根据、法则。其本体为"虚"，其应用则表现为术。从这个意义上说，术，即是道的实际运用。二者都很重要，不可忽视。正如《老子》第一章说："道可道，非常道。名可名，非常名。无名，天地之始。有名，万物之母。"无名、有名本是不可分割的道之整体。贾谊的"道术说"，比较准确地抓住了《老子》学说的这个核心思想，以推动老学向现实政治的落实。

更具体而言，所谓"虚之接物"，是指人君能够体悟道之本，从而提升自己的精神境界，曰：

> 镜义而居，无执不臧，美恶毕至，各得其当；衡虚无私，平静而处，轻重毕悬，各得其所。明主者南面而正，清虚而静，令名自命，令物自定，如鉴之应，如衡之称。有譻和之，有端随之，物鞠其极，而以当施之。此虚之接物也。

人君体道的境界，便包括"镜义而居"，无所偏执，故判断得当。"衡虚无私"，以道为衡量的尺度，不掺杂自己的私心，故判断得所。内心"清虚而静"。对于人君来说，保持这样一种道心是处理事物的必要条件。而所谓"术之接物"，是指：

> 人主仁而境内和矣，故其士民莫弗亲也；人主义而境内理矣，故其士民莫弗顺也；人主有礼而境内肃矣，故其士民莫弗敬也；人主有信而境内贞矣，故其士民莫弗信也；人主公而境内服矣，故其士民莫弗戴也；人主法而境内轨矣，故其士民莫

> 弗辅也。举贤则民化善，使能则官职治；英俊在位则主尊，羽翼胜任则民显；操德而固则威立，教顺而必则令行；周听则不蔽，稽验则不惶；明好恶则民心化，密事端则人主神。术者，接物之队。凡权重者必谨于事，令行者必谨于言，则过败鲜矣。此术之接物之道也者。其为原无屈，其应变无极，故圣人尊之。夫道之详，不可胜术也。

所指当为具体处理事务时的方法。《老子》中只说"我无为而民自化，我好静而民自正，我无事而民自富，我无欲而民自朴"，即人君应做好自己的表率作用。然如何做好表率，贾谊则具体发展了老子的说法，指出人君要能做好仁、义、礼、法、举贤、操德、周听、明好恶、密事端等。总之，需要谨言慎行，再根据实际情况因应变化。贾谊对于人君之道的说法，融合了道、儒、墨诸家，进行了重新的设计，但其根本还是人君应明了"虚静"之道。在"道"的基础上，再学会运用科学的方法来治理国家。

其次，贾谊对黄老思维方式的继承和发展。

细读贾谊《新书》，虽然谈了诸多方面的内容，旁征博引了很多资料，但值得注意的是，他在阐述问题时的思想方法，完全吸收了黄老思想中的思想如主张把握时机，及时而动。如卷一《宗首》引：

> 黄帝曰："日中必熭，操刀必割。"今令此道顺而全安甚易，弗肯早为，已乃堕骨肉之属而抗刭之，岂有异秦之季世乎？

今《六韬》有："太公曰：'日中不熭，是谓失时。操刀不割，失利之期。'"都是说为当及时也。

贵"因"。如卷一《数宁》以排比的方式提出如何"因"事而为，包括"因诸侯""因上""因德""因天下富足""因民素朴""因官事甚约"，如此则"大数既得，则天下顺治"。

主张"为之于未有，治之于未乱"。如卷二《审微》：

善不可谓小而无益，不善不可谓小而无伤。非以小善为一足以利天下，小不善为一足以乱国家也。当夫轻始而傲微，则其流而令于大乱，是故子民者谨焉。彼人也，登高则望，临深则窥。人之性非窥且望也，势使然也。夫事有逐奸，势有召祸。老聃曰："为之于未有，治之于未乱。"管仲曰："备患于未形。"上也。《语》曰："焰焰弗灭，炎炎奈何；萌芽不伐，且折斧柯。"智禁于微，次也。事之适乱，如地形之惑人也；机渐而往，俄而东西易面，人不自知也。故墨子见衢路而哭之，悲一跬而缪千里也。

这一段话堪称是对《老子》"为之于未有，治之于未乱"的详细注解。提出处理事务有三种境界，最高明的是"为之于未有"，其次是"智禁于微"，最下等是混乱已经发生再来治理。从这段话里我们可以看出贾谊对老子思想的推崇。

主张政治家应考虑"久安""长治"之策，正如《老子》强调"深根固柢，长生久视"之道。其卷一《数宁》曰：

臣窃以为建久安之势，成长治之业，以承祖庙，以奉六亲，至孝也；以宰天下，以治群生，神民咸亿，社稷久享，至仁也；立经陈纪，轻重周得，后可以为万世法程，后虽有愚幼不肖之嗣，犹得蒙业而安，至明也。

贾谊思考治国方略重点往往不是眼前如何应对，更多是如何从根本上建立汉帝国的长治久安，从制度上给予稳固的支撑，即使后世遇到平庸的君主，也一样能保证国家的正常运行。其虑事于始、于易、于小的长远眼光，正是在黄老道家一贯的思维方式的主导下而形成的。贾谊在诸侯国"尾大不掉"的问题上提出"众建诸侯而少其力"；在遇灾年而生变的问题上提出"广积粟"的建议；在匈奴问题上提出"建三表，设五饵，以此与单于争其民"的策略；在修君德、培养太子方面提出胎教、保傅、礼容、劝学、为政语等，都是在这样一种思维方式下所提出的。

再如卷五《连语》通过借陶朱公所举两块玉色泽、大小相等，但一块卖五百，一块卖一千，差别就在于"侧而视之，其一者厚倍之，是以千金"，提出治理国家也是一样，应以宽厚为主，因为尖锐锋利、轻薄的东西并不能长久。所谓"狱疑则从去，赏疑则从予"，可谓对《老子》"揣而锐之，不可长保"的进一步发挥，也是从长久的角度来考虑问题。

推崇预见性思维，提出"先醒"。如卷七《先醒》曰：

> 彼世主不学道理，则嘿然惛于得失，不知治乱存亡之所由，忳忳然犹醉也。而贤主者学问不倦，好道不厌，惠然独先乃学道理矣。故未治也知所以治，未乱也知所以乱，未安也知所以安，未危也知所以危。故昭然先寤乎所以存亡矣。故曰"先醒"，辟犹俱醉而独先发也。故世主有先醒者，有后醒者，有不醒者。

亦如《老子》第六十三章"图难于其易，为大于其细"，第六十四章"为之于未有，治之于未乱"的防微杜渐。

对于《老子》"报怨以德"说的重新诠释。《新书》卷七《退让》曰：

> 梁大夫宋就者，为边县令，与楚邻界。梁之边亭与楚之边亭皆种瓜，各有数。梁之边亭劬力而数灌，其瓜美。楚窳而希灌，其瓜恶。楚令固以梁瓜之美，怒其亭瓜之恶也。楚亭恶梁瓜之贤己，因夜往，窃搔梁亭之瓜，皆有死焦者矣。梁亭觉之，因请其尉，亦欲窃往，报搔楚亭之瓜，尉以请。宋就曰："恶！是何言也！是讲怨分祸之道也。恶！何称之甚也。若我教子，必诲莫令人往，窃为楚亭夜善灌其瓜，令勿知也。"于是梁亭乃每夜往，窃灌楚亭之瓜。楚亭旦而行瓜，则此已灌矣，瓜日以美，楚亭怪而察之，则乃梁亭也。楚令闻之大悦，具以闻。楚

王闻之，怳然丑以志自悟也，告吏曰："微搔瓜，得无他罪乎？"说梁之阴让也。乃谢以重币，而请交于梁王。楚王时则称说梁王以为信，故梁、楚之欢由宋就始。语曰："转败而为功，因祸而为福。"老子曰："报怨以德。"此之谓乎。①

《老子》第六十三章有"大小多少，报怨以德"，然非常简略，历代注释者歧义纷出。贾谊对此段的理解，可以说十分形象地表达了一种明确的指向，即对待来自他人的怨恨嫉妒等不良情绪，应运用一种合道的方式使其得以转化，而不是"以怨报怨"。那么什么是合道的方式呢？贾谊通过所举的例子，意图阐明一个用"德"的方式来应对"怨"的道理，这个"德"并非无原则的老好人，而是一种合乎道的发展规律的方式。

治国尚纯朴，反知尚愚。卷三《瑰玮》中重点诠释了"愚"的含义，曰：

> 世淫侈矣，饰知巧以相诈利者为知士，敢犯法禁昧大奸者为识理，故邪人务而日形，奸诈繁而不可止，罪人积下众多而无时已。君臣相冒，上下无辨，此生于无制度也。今去淫侈之俗，行节俭之术，使车舆有度，衣服器械各有制数。制数已定，故君臣绝尤，而上下分明矣。擅遏则让，上僭者诛，故淫侈不得生，知巧诈谋无为起，奸邪盗贼自为止，则民离罪远矣。知巧诈谋不起，所谓愚。故曰"使民愚而民愈不罗县网"。

正如《老子》第六十五章"古之善为道者，非以明民，将以愚之"，贾谊的诠释则指出，政治上崇尚一种合理的物质制度，上下分明，这是从根本上杜绝人们的贪婪纵欲，从而形成社会上"去淫侈之俗，行节俭之术"的风气。从道的角度说，这也是一种防患于未然的治理之道。

---

① 阎振益、钟夏：《新书校注》，中华书局 2000 年版，第 284 页。

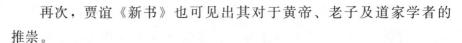

再次，贾谊《新书》也可见出其对于黄帝、老子及道家学者的推崇。

《新书》卷八《劝学》，举南荣跦不远千里求学老聃之事，以其师比老聃，以赞扬其师学行之高，俨然将老聃、南荣跦作为师生教学之最高典范。其文曰：

> 昔者南荣跦丑圣道之忘乎己，故步涉山川，跰冒楚棘，弥道千余，百舍重茧，而不敢久息。既过老聃，矖若慈父，雁行避景，夔立蛇进，而后敢问。见教一高言，若饥十日而得大牢焉。是达若天地，行生后世。今夫子之达佚乎老聃，而诸子之材不避荣跦，而无千里之远、重茧之患。亲与巨贤连席而坐，对膝相视，从容谈语，无问不应，是天降大命以达吾德也。

又《新书》卷九《修政语》上下篇分别引古人之对话谈论治国之道所在。值得注意的是，《修政语》上篇引黄帝之言开篇，曰："道若川谷之水，其出无已，其行无止。"接下来，引帝颛顼曰："至道不可过也，至义不可易也。"并称颛顼"故上缘黄帝之道而行之，学黄帝之道而赏之"。接下来，引帝喾曰："缘道者之辞而与为道已，缘巧者之事而学为巧已，行仁者之操而与为仁已。"又称帝喾"故上缘黄帝之道而明之，学帝颛顼之道而行之"。又《修政语》下篇，开篇为周文王问鬻子之语、周武王问鬻子之语。鬻子之书在《汉书·艺文志》中归属于道家类典籍。

最后，贾谊对黄老思想的流弊也进行了相应的批评和纠正。如黄老道家所倡导的"无为"，在贾谊看来，有时被误读为"无动为大"，也就是什么也不做，结果导致发展出大乱，这是可为长叹息的，如《新书》卷三《孽产子》曰：

> 今也平居，则无苴施，不敬而素宽，有故必困。然而献计者类曰"无动为大"耳。夫"无动"而可以振天下之败者，何等也？曰：为大夫治，可也；若为大乱，岂若其小？悲夫！俗

至不敬也，至无等也，至冒其上也，进计者，犹曰"无为"，可为长大息者此也。

综上所言，关于贾谊究竟是属于法家还是儒家，前人多有不同看法。我们通过对贾谊《鵩鸟赋》及其《新书》中所体现出的黄老道家思想的梳理，可以看出他对于黄老思想的吸收主要是在精神层面、思维方式层面和现实应用层面，而以道、术一体为其政治学说的根本。在这一根本思想的基础上，再来综合儒、墨、名、法，因此，我们也可以说他代表了汉文帝时代发展中的新道家应对社会问题的积极、全面、与时俱进。

第四节　太史公父子：论大道则先黄老而后六经[①]

不少人认为，司马迁与其父司马谈思想截然不同，一个属于儒家，一个属于道家。也有人把他们父子的思想完全等同，把《论六家之要指》就当作司马迁的思想。这两种看法都有失于偏颇。还有人认为，《论六家之要指》前部分是司马谈的原文，后面部分是司马迁的解说和发挥，这倒可备一说。他们父子两人所处的时代基本相同，都是景帝末年至武帝前期，而且父亲的史观对于儿子的影响不可谓不大。但是两人的经历不同，历史条件也发生了一些变化，只有尽可能全面地、具体深入地分析他们的思想，才可能看出其真正的异同之所在。

一、司马谈《论六家之要指》

《史记》卷一百三十《太史公自序》中，司马迁详细记录了父亲太史公司马谈的学术来源，即：

---

① 本节参考了熊铁基《秦汉新道家》(上海人民出版社 2001 年版)第十一章的内容。

学天官于唐都，受易于杨何，习道论于黄子。

其中"天官"相当于天文星象之学，易则为《周易》，再就是从黄子学习道论。从其重点学习的内容看，显然是偏重道家一派，这也为司马氏的历史书写奠定了思想的基调。

研究司马谈的思想，依据就是他的《论六家之要指》。据司马迁记载，其父撰写这篇文章的目的在于"愍学者不达其意而师悖"[1]，也就是当时学术界"各习师法，惑于所见"[2]，故其意图是通过思想理论的总结，对当时纷繁的各家之说进行重新梳理。

司马谈这篇著名的《论六家之要指》，其所说六家分别指"阴阳、儒、墨、名、法、道德"六家，需要指明的是，其中"道德"乃道家的道德，而非儒家伦理道德之道德。司马谈的概括，当为对当时实际情况的总结。其叙述的立场是非常鲜明的。对前五家的概括都是有褒有贬，独于道家有褒无贬，充满了赞叹。这是众所周知的，这里不再赘述。

这篇文章对道家的论述，主要见于下面这两段话：

道家使人精神专一，动合无形，赡足万物。其为术也，因阴阳之大顺，采儒墨之善，撮名法之要，与时迁移，应物变化，立俗施事，无所不宜，指约而易操，事少而功多。儒者则不然。以为人主天下之仪表也，主倡而臣和，主先而臣随。如此则主劳而臣逸。至于大道之要，去健羡，绌聪明，释此而任术。夫神大用则竭，形大劳则敝。形神骚动，欲与天地长久，非所闻也。

道家无为，又曰无不为，其实易行，其辞难知。其术以虚无为本，以因循为用。无成势，无常形，故能究万物之情。不为物先，不为物后，故能为万物主。有法无法，因时为业；有

---

① 班固：《汉书》卷六十二《司马迁传》，中华书局1962年版，第2709页。
② 班固：《汉书》卷六十二《司马迁传》颜师古注，中华书局1962年版，第2710页。

度无度，因物与合。故曰"圣人不朽，时变是守。虚者道之常也，因者君之纲"也。群臣并至，使各自明也。其实中其声者谓之端，实不中其声者谓之窾。窾言不听，奸乃不生，贤不肖自分，白黑乃形。在所欲用耳，何事不成。乃合大道，混混冥冥。光耀天下，复反无名。凡人所生者神也，所托者形也。神大用则竭，形大劳则敝，形神离则死。死者不可复生，离者不可复反，故圣人重之。由是观之，神者生之本也，形者生之具也。不先定其神，而曰"我有以治天下"，何由哉？

如果逐句分析的话，我们可以看到每句话的背后都隐藏了丰富的内涵，归结起来看，有两点尤其值得注意：

首先，这是老学史上首次对战国至汉初以来黄老学思潮的核心思想进行高度理论概括，而且所概括的理论核心也体现了以老学思想为根本。如其论道家首先说：

> 道家使人精神专一，动合无形，赡足万物。

这正是《老子》第十章"载营魄抱一，能无离乎？专气致柔，能婴儿乎"及第二十二章"是以圣人抱一，为天下式"中人的内向回归与精神专一合道。

其论"大道之要"曰：

> 至于大道之要，去健羡，绌聪明，释此而任术。夫神大用则竭，形大劳则敝。形神骚动，欲与天地长久，非所闻也。
>
> 道家无为，又曰无不为，其实易行，其辞难知。

其所总结大道的关键，核心正是老子的思想。对此如淳注曰："知雄守雌，是去健也。不见可欲，使心不乱，是去羡也。不尚贤，绝圣弃智也。"晋灼注曰："严君平曰'黜聪弃明，倚依太素，反本归真，则理得而海内钧也。'"《史记正义》曰："无为者，守清净也。无不

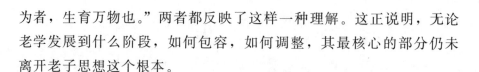

为者，生育万物也。"两者都反映了这样一种理解。这正说明，无论老学发展到什么阶段，如何包容，如何调整，其最核心的部分仍未离开老子思想这个根本。

其次，司马谈充分尊重老学不同发展阶段的变化和成就，进行与时俱进的客观概括。包括指出黄老道家立足道德，综合百家的开放包容特点：

> 其为术也，因阴阳之大顺，采儒墨之善，撮名法之要。

指出其顺应外物发展自然规律，因时因地制宜，事少功多的特点：

> 与时迁移，应物变化，立俗施事，无所不宜。指约而易操，事少而功多。

指出其以不变应万变，清静无为而无不为的鲜明特征：

> 其术以虚无为本，以因循为用。无成势，无常形，故能究万物之情。不为物先，不为物后，故能为万物主。有法无法，因时为业；有度无度，因物与合。故曰"圣人不朽，时变是守。虚者道之常也，因者君之纲"也。

指出道家的政治方法在于善于公正客观地判断，以及真正发挥人才的作用，从而人尽其才，物尽其用：

> 群臣并至，使各自明也。其实中其声者谓之端，实不中其声者谓之窾。窾言不听，奸乃不生，贤不肖自分，白黑乃形。在所欲用耳，何事不成。乃合大道，混混冥冥。光耀天下，复反无名。

指出最高统治者不应纠缠在琐碎的具体事务中，苦心劳形，而应该

"先定其神"，再来治理天下：

> 凡人所生者神也，所托者形也。神大用则竭，形大劳则敝，形神离则死。死者不可复生，离者不可复反，故圣人重之。由是观之，神者生之本也，形者生之具也。不先定其神，而曰"我有以治天下"，何由哉？

所有这些可以说是黄老道家发展二三百年中所形成的方法论层面的道家，司马谈的总结站在道为体、术为用的高度，认为"术"也是现实人生政治中不可或缺的关键，道术二者是相统一、相联系的。这一点，可以说承袭了贾谊的理念，是对老子思想的进一步发展和丰富。

那么，司马谈为什么有以上的思想呢？这首先是历史条件影响和决定的。他生活的年代本身就是一个黄老之学十分盛行的时代。所以，时代和社会思想的影响是不可避免的。其次是学术渊源。司马谈"受易于杨何，习道论于黄子"，《史记集解》引徐广曰："《儒林传》曰：黄生，好黄老之术。"黄子究竟是谁？今史料阙如，但他是一位研究黄老之术的专家，是可以肯定的。

然而，时代在变化，文景时代流行的黄老之学，到了武帝时代，面临着来自最高统治者的质疑。但司马谈仍然坚持自己的见解，认为黄老道家是优于其他五家的学说，撰写《论六家之要指》，司马迁仍然坚持将这篇文章完完整整地收录在《史记》当中，不知他们当时是否考虑到汉武帝复兴儒学的意图，或者是考虑到了，但绝不肯牺牲思想上的见解而迎合上意。汉武帝应该也不喜欢司马谈，乃至封泰山那样的大事，太史公都不得参与，使其最终悲愤而死。

二、司马迁思想与黄老道家的关系

司马迁生于汉景帝中元五年（前145），开始读书的时候，就碰上了董仲舒上书："诸不在六艺之科、孔子之术者，皆绝其道，勿使并进。"① 自从窦太后死后，"武安君田蚡为丞相，绌黄老、刑名百家之言，延文学儒者以数百"②。"罢黜百家，独尊儒术"的政策推行起来也曾一度雷厉风行。正因如此，司马迁从小学习的科目和司马谈相比就有了很大的不同。据《史记索隐》：

> 迁及事伏生，是学诵古文《尚书》。刘氏以为《左传》《国语》《系本》等书，是亦名古文也。

也许如王国维所考，③ 古文不限于以上这些书，不过包括这些书则是可以肯定的。但是，司马迁并没有说自己的师承，二十岁前，当是在其父司马谈的亲自教导下读书。所以，他"涉猎者广博，贯穿经传，驰骋古今，上下数千载间，斯以勤矣"④。但司马谈的思想，不能不对其产生决定性的影响。而二十岁之前，正是其头脑中养成一些基本观念的时候。这大概就是司马迁"是非颇缪于圣人"观念形成的根源所在。以致班固说他：

> 论大道则先黄老而后六经，序游侠则退处士而进奸雄，述货殖则崇势利而羞贱贫，此其所蔽也。⑤

当然，班固是站在东汉前期儒学兴盛的立场上来看待司马迁的史观的，这也从侧面说明司马迁撰《史记》并没有跟随时代的风潮，完全"独尊儒术"。

探讨司马迁与黄老道家思想的关系，其对于儒家学说的看法，以及其如何"论大道则先黄老而后六经"就需要仔细分析其所留下的伟大著作——《太史公书》，即《史记》。

---

① 班固：《汉书》卷五十六《董仲舒传》，中华书局 1962 年版，第 2523 页。
② 班固：《汉书》卷八十八《儒林传》，中华书局 1962 年版，第 3593 页。
③ 王国维：《汉代古文考》，仓圣明智大学 1912 年版。
④ 班固：《汉书》卷六十二《司马迁传》，中华书局 1962 年版，第 2737 页。
⑤ 班固：《汉书》卷六十二《司马迁传》，中华书局 1962 年版，第 2738 页。

首先，司马迁《史记》中给黄老道家保留了优于众说的崇高地位。

这一点，可以通过《史记》的整体结构以及司马迁的叙述中看出来。比如《史记》首列《五帝本纪》，五帝则以"黄帝"为首位。对此，司马贞《索隐》认为：

> 此以黄帝为五帝之首，盖依《大戴礼》五帝德。又谯周、宋均亦以为然。而孔安国、皇甫谧《帝王代纪》及孙氏注《系本》并以伏牺、神农、黄帝为三皇，少昊、高阳、高辛、唐、虞为五帝。

司马贞所说显然只局限在儒家学说的学术系统中。我们知道，从庄周、列子到黄帝书、《吕氏春秋》等道家学说的学术系统一直就有以"黄帝、神农"为政治制度文明史之开端的说法。况且司马迁自己在《史记·太史公自序》中也说：

> 维昔黄帝，法天则地，四圣遵序，各成法度。……作《五帝本纪》。

也就是说其作《史记》以黄帝为首，乃是因为黄老学说中"黄帝"地位的影响。而儒家学者对此实际上是颇不认可的。比如班固就对此表示不满，《汉书·司马迁传》称：

> 自古书契之作而有史官，其载籍博矣。至孔氏纂之，上（继）〔断〕唐尧，下讫秦缪。唐虞以前虽有遗文，其语不经，故言黄帝、颛顼之事未可明也。

对于古史的理解，究竟是从唐尧开始还是从黄帝开始，是司马迁不同于孔子的地方，这大概也是班固所说的司马迁的"是非颇缪于圣人"的一个表现吧。

《史记》关于"老子"的定位也是值得注意的，《史记》卷六十三为《老子韩非列传》，其实是老子、庄子、申不害、韩非四人的合传，并没有将老子单独列传，然事实上等于追溯源流，撰写了一篇道家思想史，而其重点关注的正是从老庄道家到黄老道家不同流派的发展演进，是通过一种发展的眼光来看待的，重点来阐述其中所蕴含的思想之内涵。如其说：

> 老子所贵道，虚无，因应变化于无为，故著书辞称微妙难识。庄子散道德，放论，要亦归之自然。申子卑卑，施之于名实。韩子引绳墨，切事情，明是非，其极惨礅少恩。皆原于道德之意，而老子深远矣。①
>
> 李耳无为自化，清净自正；韩非揣事情，循埶理。作老子韩非列传第三。②

《史记》中关于"黄老"学的传播史载录甚详，如卷七十四《孟子荀卿列传》，其作孟子、荀子的传记，对二人思想行事的记载可以说相当有限，大量的篇幅用来记载从孟子到荀子之间众多的学者，尤其是黄老道家学者的情况，这似乎也可以看出其中重视黄老之学的思想倾向。再如卷八十《乐毅列传》在结尾说乐毅的后代乐臣公"善修黄帝、老子之言，显闻于齐，称贤师"，紧接着，又在"太史公曰"一段中，详细列举了乐臣公传黄老学至曹参的脉络，曰：

> 始齐之蒯通及主父偃读乐毅之报燕王书，未尝不废书而泣也。乐臣公学黄帝、老子，其本师号曰河上丈人，不知其所出。河上丈人教安期生，安期生教毛翕公，毛翕公教乐瑕公，乐瑕公教乐臣公，乐臣公教盖公。盖公教于齐高密、胶西，为曹相国师。

① 司马迁：《史记》卷六十三《老子韩非列传》，中华书局1982年版，第2156页。
② 司马迁：《史记》卷一百三十《太史公自序》，中华书局1982年版，第3313页。

《史记》的七十列传当中，多为合传，而卷一百二十七《日者列传》虽似合传，但实际只记载了一位占卜者，即司马季主。"太史公曰：古者卜人所以不载者，多不见于篇。及至司马季主，余志而著之"。那么，为什么要特别记录这位卜者的事迹？从传中所记的内容看，这位司马季主，正是一位游学于长安的楚人，"通《易经》，术黄帝、老子"，由此得到司马迁的特别关注。①

除此之外，《史记》对历史人物的判断多体现在其"太史公曰"中，仔细比较，其看待人物的成败更多是将原因归结到人自身，而自身能否学道行道，则是成败的一个大关键。如《史记》卷五十四《曹相国世家》评论曹参的成功时说：

> 曹相国参攻城野战之功所以能多若此者，以与淮阴侯俱。及信已灭，而列侯成功，唯独参擅其名。参为汉相国，清静极言合道。然百姓离秦之酷后，参与休息无为，故天下俱称其美矣。

《史记》卷五十六《陈丞相世家》评论陈平时说：

> 陈丞相平少时，本好黄帝、老子之术。方其割肉俎上之时，其意固已远矣。倾侧扰攘楚魏之闲，卒归高帝。常出奇计，救纷纠之难，振国家之患。及吕后时，事多故矣，然平竟自脱，定宗庙，以荣名终，称贤相，岂不善始善终哉！非知谋孰能当此者乎？

《史记》卷九十二《淮阴侯列传》在论述韩信时说：

> 吾如淮阴，淮阴人为余言，韩信虽为布衣时，其志与众异。其母死，贫无以葬，然乃行营高敞地，令其旁可置万家。余视

---

① 司马迁《日者列传》，据《史记》集解引张晏曰，为褚少孙补录，"言辞鄙陋，非迁本意也"，但其关注黄老学者，这一点还是符合司马迁本意的。

其母冢，良然。假令韩信学道谦让，不伐己功，不矜其能，则庶几哉，于汉家勋可以比周、召、太公之徒，后世血食矣。不务出此，而天下已集，乃谋畔逆，夷灭宗族，不亦宜乎！

认为假令韩信能够"学道谦让，不伐己功，不矜其能"，则功勋可比"周、召、太公"，正如《老子》中反复强调的"不自见故明，不自是故彰，不自伐故有功，不自矜故长。夫唯不争，故天下莫能与之争"。

《史记》卷九十九《刘敬叔孙通列传》评论说：

语曰："千金之裘，非一狐之腋也。台榭之榱，非一木之枝也。三代之际，非一士之智也。"信哉！夫高祖起微细，定海内，谋计用兵，可谓尽之矣。然而刘敬脱挽辂一说，建万世之安，智岂可专邪！叔孙通希世度务，制礼进退，与时变化，卒为汉家儒宗。"大直若诎，道固委蛇"，盖谓是乎？

赞扬叔孙通能够"制礼进退，与时变化"，乃符合"大直若屈，道固委蛇"的道家智慧。

《史记》卷一百〇四《田叔列传》篇末曰：

夫月满则亏，物盛则衰，天地之常也。知进而不知退，久乘富贵，祸积为祟。故范蠡之去越，辞不受官位，名传后世，万岁不忘，岂可及哉！后进者慎戒之。

总结出《老子》"功遂身退"的道理，当为后世所鉴戒。

《史记》卷一百〇五《扁鹊仓公列传》评论说：

女无美恶，居宫见妒；士无贤不肖，入朝见疑。故扁鹊以其伎见殃，仓公乃匿迹自隐而当刑。缇萦通尺牍，父得以后宁。故《老子》曰"美好者不祥之器"，岂谓扁鹊等邪？若仓公者，可谓近之矣。

河上公本《老子》卷三十一有"夫佳兵者，不祥之器"，与《史记》所引不同。盖司马迁所见之本原作"故佳者，不祥之器"，意思是凡美好之方面总是容易招人嫉妒。

其次，尊崇孔子但亦不拘于孔子。

司马迁在《史记》中将孔子列入世家，当然是对其深表尊重的，而且在其传的赞论里，还引用了《诗经》"高山仰止，景行行止"来表达自己"虽不能至，然心向往之"的崇仰之心。称"天下君王至于贤人众矣，当时则荣，没则已焉。孔子布衣，传十余世，学者宗之。自天子王侯，中国言六艺者折中于夫子，可谓至圣矣！"这是符合当时推明孔氏的时代风气的。

然而在将孔子置于很高的文化史地位的同时，司马迁也通过相关史料记载了他对孔子的不同看法。比如《老子韩非列传》中记道：

> 孔子适周，将问礼于老子。老子曰："子所言者，其人与骨皆已朽矣，独其言在耳。且君子得其时则驾，不得其时则蓬累而行。吾闻之，良贾深藏若虚，君子盛德，容貌若愚。去子之骄气与多欲，态色与淫志，是皆无益于子之身。吾所以告子，若是而已。"

又《孔子世家》中所记晏婴论孔，曰：

> 晏婴进曰："夫儒者滑稽而不可轨法；倨傲自顺，不可以为下；崇丧遂哀，破产厚葬，不可以为俗；游说乞贷，不可以为国。自大贤之息，周室既衰，礼乐缺有闲。今孔子盛容饰，繁登降之礼，趋详之节，累世不能殚其学，当年不能究其礼。君欲用之以移齐俗，非所以先细民也。"

从以上老子、晏婴两人口中所描述的孔子及其学说的问题所在看，可以说并没有将孔子作为一个独尊的圣人加以看待。司马谈《论六家之要指》批评儒家也毫不客气，直接引用了晏子这句"累世不能殚其学，当年不能究其礼"。

《史记》卷一百二十六《滑稽列传》又称：

> 孔子曰："六艺于治一也。礼以节人，乐以发和，书以道事，诗以达意，易以神化，春秋以义。"太史公曰："天道恢恢，岂不大哉！谈言微中，亦可以解纷。"

司马迁认为孔子所说六艺以治很有道理，同时又提出天道之大，不应局限于此，一言而能中的，也是可取的、值得学习的。其"天道恢恢"，当来源于《老子》第七十三章"天网恢恢，疏而不失"。由此可见司马迁对于孔子的态度。

《史记》卷一百二十二《酷吏列传》开篇曰：

> 孔子曰："导之以政，齐之以刑，民免而无耻。导之以德，齐之以礼，有耻且格。"老氏称："上德不德，是以有德；下德不失德，是以无德。法令滋章，盗贼多有。"太史公曰：信哉是言也！法令者治之具，而非制治清浊之源也。昔天下之网尝密矣，然奸伪萌起，其极也，上下相遁，至于不振。当是之时，吏治若救火扬沸，非武健严酷，恶能胜其任而愉快乎！言道德者，溺其职矣。故曰："听讼，吾犹人也，必也使无讼乎"。"下士闻道大笑之"。非虚言也。

在这段对于应该如何行使法治的评论中，司马迁两次先引孔子之言，似表尊重，但接下来就是老子之言，表示信非虚言。这种论说方法并没有专主于哪一家，而是强调一种尚德不尚法的理念，最好是"上德不德"的政治理念。从中似乎也能看到一种关于政治的不同层次的理解。

相比较而言，无论是在《老子》本传，还是整部《史记》之中，司马迁从未直接对老子其人或者其学术思想提出批判意见或者提供间接的批判史料。这或许表明其思想观念中更为尊崇的还是老子及其道家学说。

最后，作为史家，历史眼光下的独立思考更为其突出亮点。

然而我们也需要注意，司马迁毕竟是一个史官，他的思想表达主要是通过历史书写，来概括总结历史的规律，以为来者的借鉴。所谓"究天人之际，通古今之变，成一家之言"，故而其思想在一定的倾向之外，也具有较强的独立思考意识，有一定的复杂特点。

《史记》卷一百二十九《货殖列传》表达了司马迁对于经济发展规律的哲学思考，这是颇引人注目的。其开篇曰：

> 《老子》曰："至治之极，邻国相望，鸡狗之声相闻，民各甘其食，美其服，安其俗，乐其业，至老死不相往来。"必用此为务，挽近世涂民耳目，则几无行矣。太史公曰：夫神农以前，吾不知已。至若诗书所述虞夏以来，耳目欲极声色之好，口欲穷刍豢之味，身安逸乐，而心夸矜势能之荣。使俗之渐民久矣，虽户说以眇论，终不能化。故善者因之，其次利道之，其次教诲之，其次整齐之，最下者与之争。

对于《老子》的"小国寡民"的社会理想，司马迁表示是行不通的。从虞夏以来的历史看，人的欲望，追求身安逸乐的本能，追求荣耀名利的习性，就已经是"终不能化"的了。因此，从实际出发，国家的经济建设，最上策是"因之"，其次"利道之"，其次"教诲之"，其次"整齐之"，最下是"与之争"。

综合以上所述，班固所说的司马迁"先黄老而后六经"这个结论是符合实际的。司马迁这一思想的形成，应该说是深受其父司马谈《论六家之要指》的影响的。因此他在《太史公自序》中全文照录这篇文字，绝不是如有人所说仅仅是叙述先人之业而已，司马迁是把它作为自己整齐学术的指导思想，是一个总纲。父子两人表现的差别就在于，一个明确，一个隐晦；一个是黄老方盛之时，一个是儒学独尊初始之世。

第十二章 《淮南子》：黄老道家理论体系的集大成

汉武帝建元二年（前139），淮南王刘安"入朝，献所作《内篇》，新出，上爱秘之"。① 则《淮南子》这本著作应成书于此前不久。

《汉书》本传记载："淮南王安为人好书，鼓琴，不喜弋猎狗马驰骋，亦欲以行阴德拊循百姓，流名誉。招致宾客方术之士数千人，作为内书二十一篇，外书甚众，又有中篇八卷，言神仙黄白之术，亦二十余万言。时武帝方好艺文，以安属为诸父，辩博善为文辞，甚尊重之。每为报书及赐，常召司马相如等视草乃遣。"年仅十七八岁的汉武帝，面对叔父辈的刘安，自然充满了崇敬和忌惮。从刘安这个时候献上《淮南子内篇》二十一篇，可以看出其书的编纂也正是意图为汉帝国构建更为完备的思想理论体系。

《汉书·艺文志》将《淮南内》二十一篇、《淮南外》三十三篇都归入诸子略的杂家类，这显然是不合理的。自汉代高诱就认为，其书：

> 旨近《老子》，淡泊无为，蹈虚守静，出入经道。言其大也，则焘天载地。说其细也，则沦于无垠。及古今治乱存亡祸福，世间诡异瑰奇之事。其义也著，其文也富，物事之类，无所不载，然其大较归之于道，号曰《鸿烈》。鸿，大也。烈，明也。以为大明道之言也。②

① 班固：《汉书》卷四十四《淮南衡山济北王传》，中华书局1962年版，第2145页。
② 高诱：《淮南子叙目》，见何宁：《淮南子集释》，中华书局1998年版，第5页。

即其书的根本在道家，而且宗旨亦近《老子》。作为《淮南子》二十一篇之总纲的《要略》一篇，也阐述了此书的宗旨。其叙述"孔子修成康之道，述周公之训"，"墨子学儒者之业，受孔子之术"，苏秦、张仪生"纵横修短"之术，申子则"刑名之书生焉"，秦国之俗"故商鞅之法生焉"。《俶真训》又称：

> 百家异说，各有所出。若夫墨、杨、申、商之于治道，犹盖之无一橑，而轮之无一辐，有之可以备数，无之未有害于用也。已自以为独擅之，不通之于天地之情也。

尤其对儒家、墨家、法家学说都给予了严厉的批判，如《俶真训》说：

> 周室衰而王道废，儒、墨乃始列道而议，分徒而讼。于是博学以疑圣，华诬以胁众，弦歌鼓舞，缘饰诗书，以买名誉于天下。繁登降之礼，饰绂冕之服，聚众不足以极其变，积财不足以赡其费。……孔、墨之弟子，皆以仁义之术教导于世，然而不免于偭，身犹不能行也，又况所教乎？是何则？其道外也。夫以末求返于本，许由不能行也，又况齐民乎？诚达于性命之情，而仁义固附矣，趋舍何足以滑心？

《览冥训》说：

> 今若夫申、韩、商鞅之为治也，挬拔其根，芜弃其本，而不穷究其所由生。何以至此也。凿五刑，为刻削，乃背道德之本，而争于锥刀之末，斩艾百姓，殚尽太半，而忻忻然常自以为治，是犹抱薪而救火，凿窦而出水。①

① 何宁：《淮南子集释·览冥训》，中华书局1998年版，第498—499页。

在总结了前代的各家之后,《要略》曰:

> 若刘氏之书,观天地之象,通古今之事,权事而立制,度形而施宜。原道之心,合三王之风,以储与扈冶。玄眇之中,精摇靡览。斟其淑静,以统天下,理万物,应变化,通殊类,非循一迹之路,守一隅之指,拘系牵连之物,而不与世推移也。

其用意正如司马谈《论六家之要指》,在指出其他诸家"循一迹之路,守一隅之指,拘系牵连之物,而不与世推移"的同时,提出刘氏之书(即《淮南子》)观天地之象,通古今之事,同时"原道之心"。《淮南子·精神训》有"深原道德之意"。则该书是在"道德"之根本基础上,综合百家之长。根据西汉初年的历史现实,因时因地制宜,重建宏大的国家思想理论体系,这是《淮南子》一书与前代道家典籍的根本不同之处,我们也可以称其书为汉代黄老道家思想理论体系的集大成者。

第一节　对黄老道家理论的综合性继承

一、以道为本的整体理论构建

众所周知,在中国哲学史上,把"道"提升到整体的高度的正是老子。《老子》书开篇就说:"道可道,非常道。名可名,非常名。无名,天地之始。有名,万物之母。故常无欲,以观其妙。常有欲,以观其徼。此两者同出而异名,同谓之玄,玄之又玄,众妙之门。"不论是"无名",还是"有名",同出于整体之"玄"。这种整体的眼光,将世俗人们的思想视野扩展到了无穷无极的宇宙深处,并站在宇宙的整体反观人类的生活。但老子的学说,毕竟失之于简略,仿佛画龙只画出了龙头,而不见全体。《淮南子》则试图站在一个整体的立场，来具体地关照现实的问题。《淮南子》除总纲外，各篇所论分别为"原道""俶真""天文""坠形""时则""览冥""精神""本经""主术""缪称""齐俗""道应""泛论""诠言""兵略""说山""说林""人间""修务""泰族"，围绕道这一出发点，广泛涉及天文、地理、四时、精神、经术、风俗、军事、实务等，本身已经形成了一种比较完备的从形而上到形而下的体系建构，这也可以称得上是《淮南子》对于《老子》学说的一个新的发展。

我们首先来看《淮南子》关于道的阐述。

《淮南子》第一篇为"原道"，高诱注云："原，本也。本道根真，包裹天地，以历万物，故曰原道。"意思是道是宇宙万物的本原。我们知道，《老子》中最早明确说明了道是宇宙万物的本体和本原，两者紧密结合在一起。第四章曰："道冲而用之，或不盈，渊兮，似万物之宗。……吾不知其谁之子，象帝之先。""道"又化生了天地万物，第四十二章称："道生一，一生二，二生三，三生万物。"《老子》有一套比较完整的道论，后来的黄老之学和庄子都进一步发挥了《老子》的道论。《淮南子》对于作为宇宙本体、万物本原的道，则做了最总结性的描述。《原道训》开篇曰：

> 夫道者，覆天载地，廓四方，柝八极，高不可际，深不可测，包裹天地，禀授无形。原流泉浡，冲而徐盈，混混滑滑，浊而徐清。故植之而塞于天地，横之而弥于四海，施之无穷而无所朝夕。舒之幎于六合，卷之不盈于一握。约而能张，幽而能明，弱而能强，柔而能刚。横四维而含阴阳，纮宇宙而章三光。甚淖而滒，甚纤而微。山以之高，渊以之深，兽以之走，鸟以之飞，日月以之明，星历以之行，麟以之游，凤以之翔。泰古二皇，得道之柄，立于中央。神与化游，以抚四方。是故能天运地滞，轮转而无废，水流而不止，与万物终始。风兴云蒸，事无不应，雷声雨降，并应无穷。鬼出电入，龙兴鸾集，钧旋毂转，周而复帀。已雕已琢，还反于朴，无为为之而合于道，无为言之而通乎德，恬愉无矜而得于和，有万不同而便于

性。神托于秋豪之末，而大宇宙之总。其德优天地而和阴阳，节四时而调五行，呴谕覆育，万物群生，润于草木，浸于金石，禽兽硕大，豪毛润泽，羽翼奋也，角骼生也。兽胎不贕，鸟卵不殰，父无丧子之忧，兄无哭弟之哀，童子不孤，妇人不孀，虹霓不出，贼星不行，含德之所致也。夫太上之道，生万物而不有，成化像而弗宰，跂行喙息，蠉飞蠕动，待而后生，莫之知德，待之后死，莫之能怨。得以利者不能誉，用而败者不能非，收聚畜积而不加富，布施禀授而不益贫，旋县而不可究，纤微而不可勤，累之而不高，堕之而不下，益之而不众，损之而不寡，斲之而不薄，杀之而不残，凿之而不深，填之而不浅。忽兮怳兮，不可为象兮；怳兮忽兮，用不屈兮；幽兮冥兮，应无形兮。遂兮洞兮，不虚动兮。与刚柔卷舒兮，与阴阳俯仰兮。

其对于道的作用特点的描述，可谓相当充分了。其说是在综合了《老子》《文子》《庄子》之中关于道的论述的基础上所做的总结性描述。为了更好地对比，现将相关文本也摘录如下：

《文子·道原》开篇曰：

老子曰："有物混成，先天地生，惟象无形，窈窈冥冥，寂寥淡漠，不闻其声，吾强为之名，字之曰道。"夫道者，高不可极，深不可测，苞裹天地，禀受无形，原流泏泏，冲而不盈，浊以静之徐清。施之无穷，无所朝夕。卷之不盈一握，约而能张，幽而能明，柔而能刚，含阴吐阳，而章三光。山以之高，渊以之深，兽以之走，鸟以之飞，麟以之游，凤以之翔，星历以之行。以亡取存，以卑取尊，以退取先。古者三皇，得道之统，立于中央，神与化游，以抚四方。是故能天运地滞，轮转而无废，水流而不止，与物终始。风兴云蒸，雷声雨降，并应无穷，已雕已琢，还复于朴。无为为之而合乎生死，无为言之而通乎德，恬愉无矜而得乎和，有万不同而便乎生。和阴阳，节四时，调五行，润乎草木，浸乎金石，禽兽硕大，毫毛润泽，鸟卵不败，兽胎不殰。父无丧子之忧，兄无哭弟之哀，童子不孤，妇人不孀，虹霓不见，盗贼不行，含德之所致也。天常之道，生物而不有，成化而不宰，万物恃之而生，莫之知德。恃之而死，莫之能怨。收藏畜积而不加富，布施禀受而不益贫。忽兮怳兮，不可为象兮。怳兮忽兮，用不诎兮。窈兮冥兮，应化无形兮。遂兮通兮，不虚动兮。与刚柔卷舒兮，与阴阳俯仰兮。

比较而言，《文子》这段话已经用铺排的方式来赞美道是宇宙的本原，是宇宙间最伟大的力量，其文既明引《老子》，也化用《老子》之文，如开篇引用《老子》第二十五章之文。篇中又化用了《老子》第十五章的"孰能浊以静之徐清"，第四章的"道冲而用之或不盈，渊兮似万物之宗"，第十章的"生之、畜之，生而不有，为而不恃，长而不宰，是谓玄德"，第二十一章的"孔德之容，惟道是从。道之为物，惟恍惟惚。惚兮恍兮，其中有象；恍兮惚兮，其中有物。窈兮冥兮，其中有精；其精甚真，其中有信"。至《淮南子》则大部分照抄了《文子》的文句，同时又加以修改、补充和发挥，对道的本体和本原地位进行了更加强化的铺排式表达。尤其值得注意的是，更融入了《庄子》及其他黄老学著作，使得论道更为丰满详尽。如其"夫道者"句下，"覆天载地，廓四方，柝八极"，则来源于《庄子·大宗师》："吾师乎！吾师乎！赍万物而不为义，泽及万世而不为仁，长于上古而不为老，覆载天地、刻雕众形而不为巧。"再如其"故植之而塞于天地，横之而弥于四海，施之无穷而无所朝夕"，则以铺排的方式，描述道充满时空，无所不在，无时不在，更体现了《淮南子》自己的发挥和诗意的文辞风格，较之《庄子·知北游》中讲道无所不在要更显理论化和文采斐然。

全书其他篇章如《俶真训》《天文训》《精神训》等也多有与此一致的描述，此不一一赘述。从书中可见，凡属涉及根本性的问题，皆以道为出发点，因为道不仅无所不在，而且无所不能。

同时，对于道化生万物，《淮南子》进行了更为详尽的推演。如

《俶真训》曰：

> 有始者，有未始有有始者，有未始有夫未始有有始者。有有者，有无者，有未始有有无者，有未始有夫未始有有无者。

这几句话来自《庄子·齐物论》，显然是对宇宙万物形成追求本源。与《庄子》不同的是，对宇宙万物的演化生成做了更具体的描述：

> 所谓有始者，繁愤，未发萌兆牙蘖，未有形埒垠锷，无无蠕蠕，将欲生兴而未成物类。有未始有有始者，天气始下，地气始上，阴阳错合，相与优游竞畅于宇宙之间，被德含和，缤纷茏苁，欲与物接而未成兆朕。有未始有夫未始有有始者，天含和而未降，地怀气而未扬，虚无寂寞，萧条霄霓，无有仿佛，气遂而大通冥冥者也。有有者，言万物掺落，根茎枝叶，青葱苓茏，萑蔰炫煌，蠉飞蠕动，蚑行哙息，可切循把握而有数量。有无者，视之不见其形，听之不闻其声，扪之不可得也，望之不可极也，储与扈冶，浩浩瀚瀚，不可隐仪揆度而通光耀者。有未始有有无者，包裹天地，陶冶万物，大通混冥，深闳广大，不可为外，析豪剖芒，不可为内，无环堵之宇，而生有无之根。有未始有夫未始有有无者，天地未剖，阴阳未判，四时未分，万物未生，汪然平静，寂然清澄，莫见其形，若光耀之间于无有，退而自失也，曰："予能有无，而未能无无也。及其为无无，至妙何从及此哉！"

从"未发萌兆""未有形埒"，到"阴阳错合""欲与物接"，到"虚无寂寞""气遂而大通"，到"万物掺落""可切循把握而有数量"，可谓对于从无到有、无中生有过程的一个具体而微的描述。在气化宇宙论的理论中，作者还强调"有有者"的同时，必然"有无者"，就是天地万物虽然化生，蕴含在万象万形之中的，是"视之不见其形，听之不闻其声，扪之不可得也，望之不可极也"的道。接下来其所说"有未始有有无者"，"有未始有夫未始有有无者"，又进一步将道追溯至本体之根，甚至没有无，甚至连没有无也没有，完全超言绝象的永恒存在，所谓"包裹天地，陶冶万物，大通混冥，深闳广大，不可为外，析豪剖芒，不可为内"，所谓"汪然平静，寂然清澄，莫见其形"。

总之，《老子》初步建立本体论、本原论合二为一的宇宙道论，《淮南子》则不仅继承而又有了新的发展。

二、人君体道以修身为政治的关键

将"人君体道"作为现实政治的关键，这是从老子、庄子、《吕氏春秋》以来道家所纷纷提倡的。所不同的是，《淮南子》更加着重强调这一点，因此特别关注君主。统治一国，究竟该如何握道而治，自己的生命究竟该如何据道而行等问题，《淮南子·俶真训》几乎整篇都在讨论这一主题：

> 若然者，偃其聪明，而抱其太素，以利害为尘垢，以死生为昼夜。是故目观玉辂琬象之状，耳听《白雪》清角之声，不能以乱其神。登千仞之溪，临猿眩之岸，不足以滑其和。譬若钟山之玉，炊以炉炭，三日三夜而色泽不变，则至德天地之精也。是故生不足以使之，利何足以动之？死不足以禁之，害何足以恐之。明于死生之分，达于利害之变，虽以天下之大，易骭之一毛，无所概于志也。

其说与老庄反对用"知"相似，如《老子》第三章："常使民无知无欲，使夫智者不敢为也。"第十九章："绝圣弃智。"（竹简本作"绝智弃辩"）以及《庄子·大宗师》："堕肢体，黜聪明，离形去知，同于大通，此谓坐忘。"《淮南子》所论与老庄主旨是大体相同的。《淮南子》所说的"偃"，即停止，停止其聪明的作用。而"太素"即纯朴，相当于《老子》所说的"抱一"，回归与道合一的纯朴。如此就能够做到：厉害无不足以乱神，生死无足以劳神，万物无足以

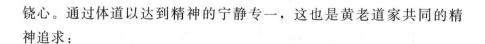

铙心。通过体道以达到精神的宁静专一，这也是黄老道家共同的精神追求：

> 是故圣人托其神于灵府，而归于万物之初。视于冥冥，听于无声。冥冥之中，独见晓焉；寂漠之中，独有照焉。其用之也以不用，其不用也而后能用之；其知也乃不知，其不知也而后能知之也。

《老子》第七十一章有："知不知，上。"司马谈《论六家之要指》也提出："道家使人精神专一。""神大用则竭，形大劳则敝，形神离则死。死者不可复生，离者不可复反，故圣人重之。由此观之，神者生之本也，形者生之具也"。君主治国，首先需要回归精神上的清静无为，专一凝神。

关键的问题是如何做到"心道合一""清静专一"。老庄道家否定人的智巧聪明的作用，甚至否定五音六律等让人精神扰动的外在条件，如《老子》第十二章说："五色令人目盲，五音令人耳聋，五味令人口爽，驰骋畋猎令人心发狂，难得之货令人行妨。是以圣人为腹不为目，故去彼取此。"《淮南子》则进一步地思考这个问题，提出人的欲望感于物而动，这是天生的部分，部分地肯定欲望的合理性。如《俶真训》所说：

> 水之性真清而土汩之，人性安静而嗜欲乱之。夫人之所受于天者，耳目之于声色也，口鼻之于芳臭也，肌肤之于寒燠，其情一也。或通于神明，或不免于痴狂者，何也？其所为制者异也。①

需要做的就是从根本上意识到道性，而自觉地节制外欲。这一点，《俶真训》的论述可谓非常丰富，如说：

---

① 何宁：《淮南子集释·俶真训》，中华书局 1998 年版，第 143 页。

夫鉴明者，尘垢弗能薶。神清者，嗜欲弗能乱。精神已越于外而事复返之，是失之于本而求之于末也……若夫神无所掩，心无所载，通洞条达，恬漠无事，无所凝滞，虚寂以待，势利不能诱也，辩者不能说也，声色不能淫也，美者不能滥也，智者不能动也，勇者不能恐也，此真人之道也。若然者，陶冶万物，与造化者为人，天地之间，宇宙之内，莫能夭遏……静漠恬澹，所以养性也；和愉虚无，所以养德也。外不滑内，则性得其宜，性不动和，则德安其位。养生以经世，抱德以终年，可谓能体道矣。若然者，血脉无郁滞，五藏无蔚气，祸福弗能挠滑，非誉弗能尘垢，故能致其极。

《淮南子》系统阐释如何通过修道，而达到精神之静漠恬澹、和愉虚无，这样自然可以体道而达道。这也是人君治国的生命基础。人君修道的关键是"原心反本"，故理想的君主应该如"真人""至人"，如《精神训》所说：

所谓真人者也，性合于道也。故有而若无，实而若虚，处其一不知其二，治其内不识其外。明白太素，无为复朴，体本抱神，以游于天地之樊。芒然仿佯于尘垢之外，而消摇于无事之业。浩浩荡荡乎，机械之巧弗载于心。是故死生亦大矣，而不为变……夫至人倚不拔之柱，行不关之途，禀不竭之府，学不死之师。无往而不遂，无至而不通。生不足以挂志，死不足以幽神，屈伸俯仰，抱命而婉转。祸福利害，千变万紾，孰足以患心！若此人者，抱素守精，蝉蜕蛇解，游于太清，轻举独往，忽然入冥。凤凰不能与之俪，而况斥鹥乎！势位爵禄，何足以概志也！

《淮南子》之所以大力强调"真人""至人"，并不是在说与世无关的修道，正如《庄子》以来的"内圣外王"，内在决定论就成了道家政治学说一个很重要的人格基础。对比儒家的礼学礼教，可以看出其中的差异所在，如《精神训》说：

> 衰世凑学，不知原心反本，直雕琢其性，矫拂其情，以与世交。故目虽欲之，禁之以度，心虽乐之，节之以礼，趋翔周旋，诎节卑拜，肉凝而不食，酒澄而不饮：外束其形，内总其德，钳阴阳之和，而迫性命之情，故终身为悲人……今夫儒者，不本其所以欲，而禁其所欲，不原其所以乐，而闭其所乐，是犹决江河之源而障之以手也。

可见《淮南子》考虑的是如何从根本上解决情欲的问题，反对通过外部的约束来解决。而解决情欲问题，又是君主政治的根本之所在。

值得注意的是，《淮南子》之所以特别关注人君的体道问题，在于《淮南子》消解了前代道家"贵公"的精神，不再提"天下非一人之天下，天下之天下也"[①]，这样，《淮南子》就将国家政治的关键系在了君主一人的身上。因此，君主能否有道就直接关系到这个国家的安危。这也是建立在其气化宇宙论基础上的想法，如《本经训》所说："天地宇宙，一人之身也；六合之内，一人之制也。"这一点，可以说超越了前代道家的范畴，而更适应于大一统之后的国家模式。

第二节　对黄老道家思想的创新性发展

一、气化宇宙论的深层推衍

除了将老庄道论具体展开，《淮南子》更致力于将道置于宇宙气化论的大境界之中来进行言说，如此则气化宇宙中的本体论、本原论共同构成了《淮南子》丰满立体的宇宙道论。

---

① 陈奇猷：《吕氏春秋新校释·贵公》，上海古籍出版社 2002 年版，第 45 页。

　　《淮南子》在"气"这个问题上的发挥，更明确、更加强了气化宇宙论的倾向。《老子》四十二章中讲"道生一，一生二，二生三，三生万物"，更讲"万物负阴而抱阳，冲气以为和"。"道"和"一"都是比较抽象的概念，"气"，不论是阴阳两气，还是"冲气""和气"，就有一定的物理属性了。虽然也不容易看得见、摸得着，但不是绝对的"虚无"。《老子》没有进一步展开，其后有人进一步论述，例如《庄子》中，就有了比较明确的说法：

　　　　比形于天地，而受气于阴阳。（《庄子·秋水》）
　　　　察其始而本无生。非徒无生也，而本无形。非徒无形也，而本无气。杂乎芒芴之间，变而有气，气变而有形，形变而有生。今又变而之死。是相与为春秋冬夏四时行也。（《庄子·至乐》）

　　又例如《管子》《吕氏春秋》中，"气"就出现得更为广泛了。有天气、地气、阳气、阴气、寒气、春气、秋气等，也有"精气"（或简称"精"）。"芒芒昧昧，从天之道，与玄同气"[①] 之说也被《淮南子》所引用。

　　《淮南子》中气和道一样，得到更为广泛的运用。据统计，"被使用的'气'字字数达二百零四次"[②]，而关于气在宇宙万物生成论中的作用，论述相当充分。前引《俶真训》中讲到在《庄子》的"有始者"之后，所作的具体解释表明，在天地未开辟和正开辟，万物未形成和正萌芽的两个"开始"阶段，气的作用十分明显，天地之形成，是气的作用。这在《天文训》中论述较详：

　　　　道始于虚霩，虚霩生宇宙，宇宙生气。气有涯垠。清阳者薄靡而为天，重浊者凝滞而为地。清妙之合专易，重浊之凝竭难，故天先成而地后定。天地之袭精为阴阳，阴阳之专精为四

---

①　何宁：《淮南子集释·缪称》，中华书局 1998 年版，第 705 页。
②　参阅李庆译：《气的思想》第三章第一节，上海人民出版社 1990 年版。

时，四时之散精为万物。积阳之热气生火，火气之精者为日。积阴之寒气为水，水气之精者为月。日月之淫为精者为星辰，天受日月星辰，地受水潦尘埃。

《淮南子》所说的"气"是特定意义上的，当为"道气"或"元气""精气"。阴阳、四时、天地、日月星辰、万物的自然形成，实际上都是此气作用的结果。人和动物，也是这个气的作用推动之下而生成的。《精神训》说：

> 古未有天地之时，惟像无形，窈窈冥冥，芒芠漠闵，澒蒙鸿洞，莫知其门。有二神混生，经天营地，孔乎莫知其所终极，滔乎莫知其所止息。于是乃别为阴阳，离为八极，刚柔相成，万物乃形，烦气为虫，精气为人。

高诱注曰："二神，阴阳二神也。混生，俱生也。""烦气""精气"字面上当然可以解释为"烦，乱也"，"精精微"，等。然而更重要的是，在《淮南子》看来，天地自然，人物事象之中，一个最根本而又可言可形的东西，就是"气"。正如现代科学中说的"粒子"，也可以看出《淮南子》中的科学智慧。

其关于气的理论，在当时和后来都很有意义，其在中国古代思想史上的意义更不可忽视。

在气化宇宙论的基础上，《淮南子》继续发展出"天人相通"说。此说包括天人结构的统一性，如《天文训》说：

> 天地以设，分而为阴阳。阳生于阴，阴生于阳。阴阳相错，四维乃通。或死或生，万物乃成。蚑行喙息，莫贵于人。孔窍肢体，皆通于天。天有九重，人亦有九窍。天有四时以制十二月，人亦有四肢以使十二节。天有十二月以制三百六十日，人亦有十二肢以使三百六十节。故举事而不顺天者，逆其生者也。

这里所说的"天"，是站在道的基础上来说的，故开头说："天地以设，分而为阴阳。""天"作为"道"具体的代称，天人相通，同在气化宇宙论的整体中运行。所说"孔窍肢体，皆通于天"，《黄帝内经·素问·生气通天论》亦云：

> 生之本，本于阴阳。天地之间，六合之内，其气九州、九窍、五藏、十二节，皆通乎天气。

也是从气的角度来看待天人贯通的。

另外还包括"气感"说。如《淮南子·本经训》曰：

> 天地之合和，阴阳之陶化万物，皆乘人气者也。是故上下离心，气乃上蒸，君臣不和，五谷不为。

又：

> 故圣人者，由近知远而万殊为一。古之人同气于天地，与一世而优游。

包括"精感"说。如《淮南子·览冥训》篇题下高诱注曰："览观幽冥变化之端，至精感天，通达无极，故曰'览冥'。"由于天人本身都存在于气化宇宙之中，也就客观上决定了一气相感的存在。具体落实到现实中，"精诚所至，金石为开"就是经常被谈到的例子。《览冥训》中说：

> 夫瞽师、庶女，位贱尚菜，权轻飞羽，然而专精厉意，委务积神，上通九天，激厉至精。由此观之，上天之诛也，虽在圹虚幽闲，辽远隐匿，重袭石室，界障险阻，其无所逃之亦明矣。

在《淮南子》看来，精感、气感在宇宙万物中普遍存在，气共同的基础就是阴阳二气的强大作用。因此，不仅自然界，人类政治也同样遵循这样一种规律。《览冥训》说：

> 夫物类之相应，玄妙深微，知不能论，辩不能解，故东风至而酒湛溢，蚕咡丝而商弦绝，或感之也。画随灰而月运阙，鲸鱼死而彗星出，或动之也。故圣人在位，怀道而不言，泽及万民。君臣乖心，则背谲见于天，神气相应，征矣。

对此，《淮南子》吸收《庄子》《管子》《鹖冠子》《文子》等书中关于精气的作用的表述，将之与现实政治中的无为而治联系起来，从而进一步发展了"无为而治"的内涵：

> 故至阴飂飂，至阳赫赫，两者交接成和而万物生焉。众雄而无雌，又何化之所能造乎？所谓不言之辩，不道之道也。故召远者使无为焉，亲近者使无事焉，惟夜行者为能有之。

《览冥训》这一段话中，各句基本出自《庄子·田子方》《庄子·大宗师》《庄子·齐物论》《列子·黄帝》《管子·形势》《文子·精诚》各篇，有的甚至被前人反复引用，但《淮南子》将气化宇宙的思想与政治上的不言之辩、不道之道，以及无为、无事、夜行的思想联系起来，就体现了一种总体的综合。

包括"法天地"说。《精神训》曰：

> 是故圣人法天顺情，不拘于俗，不诱于人，以天为父，以地为母，阴阳为纲，四时为纪。天静以清，地定以宁，万物失之者死，法之者生。

《淮南子》以气化宇宙论为基础的政治理想，表现为否定以智为治，否定主观决定，主张"通于太和而持自然之应"，如《览冥训》说：

> 故耳目之察，不足以分物理。心意之论，不足以定是非。
> 故以智为治者，难以持国，唯通于太和而持自然之应者，为能
> 有之。

"能有之"，即能有"持国之术"也。此更多是从道术一体的角度所做的思考，亦不同于董仲舒的"天人感应"说。

二、本末一体的现实政治观

正如上文所说，《淮南子》撰著的目的就在于给现实政治提供完备的意识形态依据，而构建一个宏大的理论体系，也是其思想特色之一。我们梳理一下其思想体系的构成就可以发现，该书是在总结前代的道论基础上，将道、物、术、事纳入相互关联的系统中进行立论，形成所谓本末一体、有无一体的全息宇宙有机整体观。正如《淮南子·要略》中所说：

> 今画龙首，观者不知其何兽也。具其形，则不疑矣。今谓
> 之道则多，谓之物则少，谓之术则博，谓之事则浅，推之以论，
> 则无可言者，所以为学者，固欲致之不言而已也。

单独说道，或者说术、事等，都不足以见道论之大体，故应回归到整体之道的境界上来。《淮南子·人间训》曰：

> 见本而知末，观指而睹归，执一而应万，握要而治详，谓
> 之术。居知所为，行知所之，事知所秉，动知所由，谓之道。

所以，不管道还是术，背后都指向了一种思维，即"见本而知末，观指而睹归，执一而应万，握要而治详"，即能够透过现象看到本质，通过知其然，而能知其所以然。这便是讨论道论的意义所在。

这种道术、本末一体的思想，可谓贯穿了整部《淮南子》，如《俶真训》言：

> 夫道有经纪条贯，得一之道，连千枝万叶。是故贵有以行令，贱有以忘卑，贫有以乐业，困有以处危。……是故以道为竿，以德为纶，礼乐为钩，仁义为饵，投之于江，浮之于海，万物纷纷，孰非其有？

《淮南子》批评儒、墨、名、法诸家，但并不反对仁、义、礼、乐、法，这一点可以说是对原始老学的突破，是对战国末期以来黄老道家融合思想的继承。需要辨析的是，《淮南子》的整合是站在本末一体的立场上来完成的。如《淮南子·本经训》曰：

> 夫仁者，所以救争也。义者，所以救失也。礼者，所以救淫也。乐者，所以救忧也。神明定于天下而心反其初。心反其初而民性善，民性善而天地阴阳从而包之，则财足而人澹矣，贪鄙忿争不得生焉。由此观之，则仁义不用矣。道德定于天下而民纯朴，则目不营于色，耳不淫于声，坐俳而歌谣，被发而浮游，虽有毛嫱、西施之色，不知说也，掉羽、武象，不知乐也，淫泆无别不得生焉。由此观之，礼乐不用也。是故德衰然后仁生，行沮然后义立，和失然后声调，礼淫然后容饰。是故知神明然后知道德之不足为也，知道德然后知仁义之不足行也。知仁义然后知礼乐之不足修也。今背其本而求其末，释其要而索之于详，未可与言至也。

《淮南子》强调的是，归其本而其末自然从之。所谓末正是上文所说仁义礼乐之类。如果刻意强调其末节，而忽视其本体，那无疑是对仁义礼乐的歪曲理解，即《淮南子·齐俗训》所说的"世之明事者，多离道德之本，曰：'礼义足以治天下'，此未可与言术也。"从这一点来说，《淮南子》所秉承的正是道家先本后末的整体观特色，而更趋于完善缜密。

在本末一体的现实政治体系中，《淮南子》的贡献还在于尊重层次和界限的不同，从而提倡"贵贱不失其体而天下治矣"，意思就是不同层次应根据自身的条件去寻找最适宜的政治方式，如《本经训》所谓：

> 帝者体太一，王者法阴阳，霸者则四时，君者用六律。秉太一者，牢笼天地，弹压山川，含吐阴阳，伸曳四时，纪纲八极，经纬六合，覆露照导，普泛无私，蠕飞蠕动，莫不仰德而生。阴阳者，承天地之和，形万殊之体，含气化物，以成埒类，赢缩卷舒，沦于不测，终始虚满，转于无原。四时者，春生夏长，秋收冬藏，取予有节，出入有时，开阖张歙，不失其叙，喜怒刚柔，不离其理。六律者，生之与杀也，赏之与罚也，予之与夺也，非此无道也。故谨于权衡准绳，审乎轻重，足以治其境内矣。是故体太一者，明于天地之情，通于道德之伦，聪明耀于日月，精神通于万物，动静调于阴阳，喜怒和于四时，德泽施于方外，名声传于后世。法阴阳者，德与天地参，明与日月并，精与鬼神总，戴圆履方，抱表怀绳，内能治身，外能得人，发号施令，天下莫不从风。则四时者，柔而不脆，刚而不鞼，宽而不肆，肃而不悖，优柔委从，以养群类。其德含愚而容不肖，无所私爱。用六律者，伐乱禁暴，进贤而退不肖，扶拨以为正，坏险以为平，矫枉以为直，明于禁舍开闭之道，乘时因势以服役人心也。帝者体阴阳则侵，王者法四时则削，霸者节六律则辱，君者失准绳则废。故小而行大，则滔窕而不亲；大而行小，则狭隘而不容。贵贱不失其体而天下治矣。

在政治的不同层次中，不存在对错之分，关键在于是否适宜。帝者体太一之道，王者法阴阳之道，霸者则遵四时变化规律，一般的君主则只用六律之生杀赏罚就是适宜的。对比《老子》第十七章所说："太上，下知有之。其次，亲而誉之。其次，畏之。其次，侮之。信

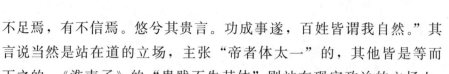

不足焉，有不信焉。悠兮其贵言。功成事遂，百姓皆谓我自然。"其言说当然是站在道的立场，主张"帝者体太一"的，其他皆是等而下之的。《淮南子》的"贵贱不失其体"则站在现实政治的立场上，来总体观照政治之道，显然其意义正在于将老子的政治之道落实到了政治现实之中。

再来看《淮南子》对于术的论述，也与法家所讲的"法、术、势"之"术"有所区别。《淮南子·主术训》说：

> 人主之术，处无为之事，而行不言之教：清静而不动，一度而不摇，因循而任下，责成而不劳。是故心知规而师傅谕导，口能言而行人称辞，足能行而相者先导，耳能听而执正进谏。是故虑无失策，谋无过事，言为文章，行为仪表于天下。进退应时，动静循理，不为丑美好憎，不为赏罚喜怒，名各自名，类各自类，事犹自然，莫出于己。故古之王者，冕而前旒，所以蔽明也；黈纩塞耳，所以掩聪；天子外屏，所以自障。故所理者远，则所在者迩。所治者大，则所守者小。

首先，《淮南子》的术与《老子》的"不言之教""无为之事"相联系。《老子》第二章曰："是以圣人处无为之事，行不言之教，万物作焉而不辞，生而不有，为而不恃，功成而弗居。夫唯弗居，是以不去。"《老子》第四十三章曰："不言之教，无为之益，天下希及之。"《淮南子》进一步阐释所谓的"不言之教""无为之事"，就是"君主不言""君主无为"，从而发挥臣下各自所具备的长处来言、来为。这样就可以避免君主的主观臆断，使得君主"虑无失策，谋无过事，言为文章，行为仪表"。同时，《淮南子》的术也和《老子》的反对"知巧聪明"相联系，所谓"所理者远，则所在者迩。所治者大，则所守者小"，从而保持君主的神不费、形不劳，清静合道。《主术训》阐释说：

> 是故不出户而知天下，不窥牖而知天道，乘众人之智，则

天下之不足有也。专用其心，则独身不能保也。是故人主覆之以德，不行其智，而因万人之所利……夫乘众人之智，则无不任也；用众人之力，则无不胜也。千钧之重，乌获不能举也；众人相一，则百人有余力矣。是故任一人之力者，则乌获不足恃；乘众人之制者，则天下不足有也……人主者，以天下之目视，以天下之耳听，以天下之智虑，以天下之力争。是故号令能下究，而臣情得上闻。

这是一个层面，另一个层面就是君主的术还表现在任法而无为。《主术训》曰：

> 故法律度量者，人主之所以执下，释之而不用，是犹无辔衔而驰也，群臣百姓反弄其上。是故有术则制人，无术则制于人。吞舟之鱼，荡而失水，则制于蝼蚁，离其居也。猿狖失木，而禽于狐狸，非其处也。君人者释所守而与臣下争，则有司以无为持位，守职者以从君取容。是以人臣藏智而弗用，反以事转任其上矣。

这一点可以说吸收了《文子》《鹖冠子》《韩非子》等的思想，融入本末一体、无为而治的君主政治理论体系中，成为其丰富内涵的一个部分。

君主之术第三个层面还体现在"循名责实"而无为。比较《吕氏春秋·知度》和《淮南子·主术训》对同一段话的表达，我们可以看出其中的差别所在：

> 故有道之主，因而不为，责而不诏，去想去意，静虚以待，不伐之言，不夺之事，督名审实，官使自司，以不知为道，以奈何为实。（《吕氏春秋·知度》）
>
> 故有道之主，灭想去意，清虚以待，不伐之言，不夺之事，循名责实，使自司，任而弗诏，责而弗教，以不知为道，以奈

何为宝。如此，则百官之事，各有所守矣。(《淮南子·主术训》

《淮南子》重在强调"灭想去意，清虚以待"，强调"如此，则百官之事，各有所守矣"，也即君主无为而臣下有为的政治方法，显然较《吕氏春秋》表达得更为清晰明确。

第三节　《老子》思想的多元阐释

《淮南子》尊崇老子，是和对待百家的态度不同的。《修务训》中曰：

> 昔者南荣畴耻圣道之独亡于己，身淬霜露，欹跂跌，跋涉山川，冒蒙荆棘，百舍重跰，不敢休息，南见老聃，受教一言，精神晓泠，钝闻条达，欣然七日不食，如飨太牢，是以明照四海，名施后世，达略天地，察分秋豪，称誉叶语，至今不休。

可见其对于老聃，基本上是等同于圣人来看待的。因此，《淮南子》中多引《老》证《老》释《老》之语，其中最集中的见于《道应训》，有52之多，堪称是一篇专门的解《老》证《老》文献。高诱注曰："道之所行，物动而应，考之祸福，以知验符也，故曰'道应'。"当然《淮南子》其他篇中，也不少类似的解释《老子》之语。归纳而言，全书总体上呈现了一种多元阐释的特点，既有内容上、角度上的多元，又有方式方法上的多元。

第一，同一文本的多元阐释，如《淮南了·天文训》言：

> 道曰规始于一，一而不生，故分而为阴阳，阴阳合和而万物生。故曰"一生二，二生三，三生万物"。

"日规"二字当为涉上文而形成的衍文，其文当为"道始于一"。《五行大义》论律吕引《淮南子》云："数始于一，一而不能生，故分为阴阳，阴阳合而生万物。"① 同样是解释这段话，在《精神训》中则说：

> 夫精神者，所受于天也。而形体者，所禀于地也。故曰：生二，二生三，三生万物。万物背阴而抱阳，冲气以为和。

可以说谈论的又是生命的发生过程问题，充分反映了《老子》文本的开放阐释特性，可以从不同的角度，看待同一段话。

第二，对前代引《老》方法的总结性继承，如《淮南子·览冥训》中说：

> 所谓不言之辩，不道之道也。故召远者使无为焉，亲近者使无事焉，惟夜行者为能有之。故却走马以粪，而车轨不接于远方之外，是谓坐驰陆沈，昼冥宵明。

其中"却走马以粪"引自于《老子》第四十六章"天下有道，却走马以粪"。而"车轨不接于远方之外"，其文意与《老子》第八十章"使民重死而不远徙，虽有舟舆无所乘之"同。《淮南子·览冥训》中的这一段话也见于《文子·精诚》。基于二书前后相承的特殊关系，也很有可能为《淮南子》对《文子》引《老》方式的继承。

第三，通过鲜明对比以证《老子》之言。如《淮南子·精神训》言：

> 夫孔窍者，精神之户牖也，而气志者，五藏之使候也。耳目淫于声色之乐，则五藏摇动而不定矣；五藏摇动而不定，则血气滔荡而不休矣；血气滔荡而不休，则精神驰骋于外而不守

---

① 参何宁：《淮南子集释·天文训》注引，中华书局 1998 年版，第 244 页。

矣；精神驰骋于外而不守，则祸福之至虽如丘山，无由识之矣。使耳目精明玄达而无诱慕，气志虚静恬愉而省嗜欲，五藏定宁充盈而不泄，精神内守形骸而不外越，则望于往世之前，而视于来事之后，犹未足为也，岂直祸福之间哉？故曰："其出弥远者，其知弥少。"以言夫精神之不可使外淫也。

人的感官，相当于精神的门户，精神外淫，则远离道真，祸福尚且不能知。精神内守，则洞观古今。通过这样一种对比的逻辑方法，来证《老子》所说"其出弥远者，其知弥少"，并于段末进一步点题："以言乎精神之不可使外淫也。"

第四，举一反三的具体解说，如《淮南子·齐俗训》曰：

> 及至礼义之生，货财之贵，而诈伪萌兴，非誉相纷，怨德并行，于是乃有曾参、孝己之美，而生盗跖、庄蹻之邪。……故高下之相倾也，短修之相形也，亦明矣。

《老子》第二章列举美、丑，善、恶，有、无，难、易，长、短，高、下，前、后等各组相反的概念来阐明其形成相反的原因是一种相对性的存在。《淮南子》用这段话来解释"高下之相倾也，短修之相形也"则对接社会现实，提出有"礼义之生，货财之贵"则必然生出诈伪、非誉。有曾参、孝己这样被人赞誉的美行，则必然生出盗跖之类的邪恶。可以说其对《老子》众多概念进行了具体的举一反三的解说。

第五，不同角度，反证己说。如《淮南子·齐俗训》曰：

> 由此观之，物无贵贱。因其所贵而贵之，物无不贵也。因其所贱而贱之，物无不贱也。夫玉璞不厌厚，角觡不厌薄，漆不厌黑，粉不厌白：此四者相反也，所急则均，其用一也。今之裘与蓑孰急？见雨则裘不用，升堂则蓑不御，此代为常者也。譬若舟车楯肆穷庐，故有所宜也。故《老子》曰"不上贤"者，

言不致鱼于水，沉鸟于渊。故尧之治天下也，舜为司徒，契为司马，禹为司空，后稷为大田，师奚仲为工。其导万民也，水处者渔，山处者木，谷处者牧，陆处者农。地宜其事，事宜其械，械宜其用，用宜其人，泽皋织网，陵阪耕田，得以所有易所无，以所工易所拙。

《老子》第三章曰："不尚贤，使民不争。"其用意非常明显，不尚贤人之名，能够避免引发民之争心。《文子·自然》也有相应的引用，但未点明《老子》。至《淮南子》则明确指出："故《老子》曰'不上贤'者，言不致鱼于水，沉鸟于渊。"意思是世上并无所谓"贤"与"不贤"，只要用在适宜的地方，发挥其最大的作用，就是"贤"了。"上贤"，则会导致其他的人也会以贤者为榜样来做事，而不能发挥自身的擅长的能力。从这个意义上来看，《淮南子》没有继续发挥《老子》不争的思想，而是提出了"人尽其才，物尽其用"的思想。

第六，引事证《老》。正如《韩非子》有《喻老》，多引史事来解释《老子》本义。《淮南子·道应训》中也多用此方法。所不同的是，《喻老》随文讲解，《老子》文本的引用也多具连贯性。《道应训》则一个故事对应一句《老子》原文，各句《老子》原文之间没有太多的顺序，主要是根据故事的情况引出《老子》语句。如：

> 景公谓太卜曰："子之道何能？"对曰："能动地。"晏子往见公，公曰："寡人问太卜曰：'子之道何能？'对曰：'能动地。'地可动乎？"晏子默然不对。出见太卜曰："昔吾见句星在房心之间，地其动乎？"太卜曰："然"。晏子出。太卜走往见公曰："臣非能动地，地固将动也。"田子阳闻之，曰："晏子默然不对者，不欲太卜之死。往见太卜者，恐公之欺也。晏子可谓忠于上而惠于下矣。"故《老子》曰："方而不割，廉而不刿。"

段中通过晏子的言行，形象生动地诠释了《老子》所说的"方而不割，廉而不刿"究竟是什么意思，更便于一般普通读者的了解。再如《淮南子・人间训》也有这种以历史故事解说《老子》的例子，曰：

> 昔者智伯骄，伐范、中行而克之，又劫韩、魏之君而割其地，尚以为未足，遂兴兵伐赵。韩、魏反之，军败晋阳之下，身死高梁之东，头为饮器，国分为三，为天下笑。此不知足之祸也。老子曰："知足不辱，知止不殆，可以修久。"此之谓也。

然而值得注意的是，《淮南子》通过生动的历史故事，来解说《老子》的同时，也更多传达自己的思想主张，而非一味地追求《老子》文本的本义，比如《淮南子・道应训》言：

> 惠子为惠王为国法，已成而示诸先生，先生皆善之，奏之惠王。惠王甚说之，以示翟煎，曰："善！"惠王曰："善，可行乎？"翟煎曰："不可。"惠王曰："善而不可行，何也？"翟煎对曰："今夫举大木者，前呼邪许，后亦应之。此举重劝力之歌也，岂无郑、卫激楚之音哉？然而不用者，不若此其宜也。治国有礼，不在文辩。"故老子曰："法令滋彰，盗贼多有。"此之谓也。

很有意思的是，这段对话也见于《吕氏春秋・淫辞》中。不同之处在于，《吕氏春秋》只叙述了这段对话，而没有将之与《老子》联系起来。《吕氏春秋》说的是举重劝力之歌虽然不够高雅美丽，但适合举大木，实用。郑卫之音虽美，却不能放在举大木这样的事上。最终想要表达"适"与"非适"才是能不能用的必要条件。《淮南子》也同样用了这段对话，却在末尾加上了"治国有礼，不在文辩。故老子曰：'法令滋彰，盗贼多有。'此之谓也"这样的证《老》之语，事实上《老子》说"法令滋彰，盗贼多有"的意思是非常清楚的：制定过多的法令规定，反而会产生更多违反这些法令规定的行为。

其说和适不适用没有直接的关系。《淮南子》的解说显然是为了借《老子》来表达自己"适"的思想。

又如：

> 齐王后死，王欲置后而未定，使群臣议。薛公欲中王之意，因献十珥而美其一。旦日，因问美珥之所在，因劝立以为王后。齐王大说，遂尊重薛公。故人主之意欲见于外，则为人臣之所制。故《老子》曰："塞其兑，闭其门，终身不勤。"

"塞其兑，闭其门，终身不勤"见于《老子》第五十二章，也见于郭店楚简乙本，写作"闭其门，塞其兑，终身不勤"，其原文乃塞目闭口、守道抱一之义。然《淮南子·道应训》通过齐王欲置王后这个故事说明，人主不能随便显露自己的意愿，有所显露就会被臣下利用逢迎，而被"人臣之所制"，成为一个君臣之术的理解，这样显然也是偏离了《老子》本义的。如此之类尚多，这是阅读《淮南子·道应训》中解《老》部分需要注意的。

再如：

> 武王问太公曰："寡人伐纣，天下是臣杀其主而下伐其上也。吾恐后世之用兵不休，斗争不已，为之奈何？"太公曰：……王若欲久持之，则塞民于兑，道全为无用之事，烦扰之教，彼皆乐其业，供其情，〔释〕昭昭而道冥冥，于是乃去其督而载之木，解其剑而带之笏。为三年之丧，令类不蕃，高辞卑让，使民不争。酒肉以通之，竽瑟以娱之，鬼神以畏之，繁文滋礼以弇其质，厚葬久丧以亶其家，含珠鳞施纶组以贫其财，深凿高垄以尽其力，家贫族少，虑患者贫。以此移风，可以持天下弗失。故《老子》曰"化而欲作，吾将镇之以无名之朴"也。

虽然我们不知道这段解《老》的文字为何人所作，但很显然和《淮南子》本身一以贯之的思想是存在极大的矛盾的，和《老子》这句话本身也存在着极大的矛盾，甚至刚好相反。《老子》说"无名之朴"，本意当指"道"，此文中却大力鼓吹愚民之耳目，少民之族，费民之财之类，如果不是一种认识上的不足，就应该是作者对于武王伐纣本身带有一定的态度，借这样一段文字来达到反讽的目的。但具体情况如何，今人已无法得知了。

第七，虽非解《老》，然所表达之思想正与《老子》相契合。如《淮南子·人间训》有：

> 人皆务于救患之备，而莫能知使患无生。夫使患无生，易于救患，而莫能加务焉。

其说同于《老子》第六十四章的"为之于未有，治之于未乱"。又有：

> 夫祸之来也，人自生之；福之来也，人自成之。祸与福同门，利与害为邻，非神圣人，莫之能分。

其说同于《老子》第五十八章："祸兮福之所倚，福兮祸之所伏。孰知其极？其无正。"如此之类。由此，我们也可以看出，在《淮南子》中，《老子》中的部分已经被吸收作为生活的智慧，故《人间训》中多有论及。

《淮南子》解《老》的过程中，也对《老子》思想进行了一定的辨析。比如关于后世老学史上对"无为"的误读，《淮南子》进行了相应的纠正，如《修务训》曰：

> 或曰："无为者，寂然无声，漠然不动，引之不来，推之不往。如此者，乃得道之像。"吾以为不然。……若吾所谓无为者，私志不得入公道，嗜欲不得枉正术，循理而举事，因资而立，权自然之势，而曲故不得容者，事成而身弗伐，功立而名弗有，非谓其感而不应，攻而不动者。

再如关于《老子》"绝学无忧"思想的矫正。自《荀子·劝学》《礼记·学记》，都重视"学"的重要性。《淮南子·修务训》亦曰："世俗废衰，而非学者多。……吾以为不然……夫学，亦人之砥锡也，而谓学无益者，所以论之过。"

《淮南子》还直接记载了一些关于《老子》经文的解释，如《齐俗训》言：

> 《老子》曰："治大国若烹小鲜。"为宽裕者曰勿数挠。为刻削者曰致其咸酸而已矣。

对于《老子》的"治大国若烹小鲜"，《韩非子·解老》的解读是：

> 治大国而数变法，则民苦之。是以有道之君贵静，不重变法。故曰：治大国者，若烹小鲜。

《文子·道德》篇的解读是：

> 故"治大国若烹小鲜"，勿挠而已。

皆当为《淮南子》所说的"勿数挠"的说法。然就今所见，并无"致其咸酸而已"的解说，《淮南子》所说的"刻削者"究竟指的是谁，就不得而知了。但这段解《老》文字正说明在《淮南子》之前，不同的人对于《老子》所进行的不同的解说。

第十三章 两汉尊儒语境下士人阶层的老学传承

汉初七十年实行黄老之治，休养生息，取得了良好的稳固政权的效果。但随着汉武帝登上政治舞台，究竟如何选择国家统治思想成为一个被认真思考的问题，从建元年间所发生的几次思想的冲突可以看出其中的分歧所在。

一次是《史记·孝武本纪》记载的汉武帝与窦太后的较量，也就是儒学与黄老学的冲突：

> 而上（汉武帝）乡儒术，招贤良，赵绾、王臧等以文学为公卿，欲议古立明堂城南，以朝诸侯。草巡狩封禅改历服色事未就。会窦太后治黄老言，不好儒术，使人微得赵绾等奸利事，召案绾、臧，绾、臧自杀。

另一次是汉武帝与汲黯的冲突，也同样是儒学理念与黄老学理念的较量。《汉书》本传记，汲黯"为人性倨，少礼"，"好游侠，任气节，行修洁。其谏，犯主之颜色。常慕傅伯、袁盎之为人。善灌夫、郑当时及宗正刘弃疾。亦以数直谏，不得久居位"。汲黯的性倨，体现为在皇帝面前敢于直言，如武帝方召文学儒者，上曰吾欲云云，黯对曰："陛下内多欲而外施仁义，奈何欲效唐虞之治乎！"

正如司马迁所概括的：

> 世之学老子者则绌儒学，儒学亦绌老子。道不同不相为谋，岂谓是邪？[1]

---

[1] 司马迁：《史记》卷六十三《老子韩非列传》，中华书局1982年版，第2143页。

如果以汉武帝建元六年（前135）窦太后去世为分界，之前是黄老绌儒学，黄老学更占上风。其中最激烈的事件就是窦太后令儒生辕固生刺彘。辕固生，本为齐人，以治《诗》闻名，是孝景时的博士。一次，和黄老学者黄生在汉景帝面前就汤武革命是顺天应人还是弑君发生争论，黄生落于下风。"窦太后好《老子》书，召辕固生问《老子》书。固曰：'此是家人言耳。'太后怒曰：'安得司空城旦书乎？'乃使固入圈刺彘。景帝知太后怒而固直言无罪，乃假固利兵，下圈刺彘，正中其心，一刺，彘应手而倒。太后默然，无以复罪，罢之。"[1]

辕固生批评《老子》为"家人言"，意思是如家人之言浅近柔弱而已。窦太后批评儒生所执儒法如"司空城旦"，《史记集解》引徐广曰："司空，主刑徒之官也。"裴骃案，《汉书音义》曰："道家以儒法为急，比之于律令。"在这场紧张的对抗中，窦太后一方显然占据强势。

但窦太后死后，儒生一派在汉武帝的支持下，很快就占据了上风。在窦太后崩后第二年，也就是元光元年（前134），汉武帝发布求贤良诏，曰：

> 朕闻昔在唐虞，画象而民不犯，日月所烛，莫不率俾。周之成康，刑错不用，德及鸟兽，教通四海。海外肃慎，北发渠搜，氐羌徕服。星辰不孛，日月不蚀，山陵不崩，川谷不塞；麟凤在郊薮，河洛出图书。呜呼，何施而臻此与！今朕获奉宗庙，夙兴以求，夜寐以思，若涉渊水，未知所济。猗与伟与！何行而可以章先帝之洪业休德，上参尧舜，下配三王！朕之不敏，不能远德，此子大夫之所睹闻也。贤良明于古今王事之体，受策察问，咸以书对，著之于篇，朕亲览焉。[2]

---

① 司马迁：《史记》卷一百二十一《儒林列传》，中华书局1982年版，第3123页。
② 班固：《汉书》卷六《武帝纪》，中华书局1962年版，第160—161页。

从诏书的内容看，汉武帝思考的是当国家发展到当下这个时期，应如何建立起一套思想文化体系的支撑，以实现尧舜三王为理想的政治图景。与黄老学者的无为而治不同，汉武帝需要重建的是有为而治、建功立业的政治文化，以尧舜为榜样。来自最高统治者的改弦更张，直接影响了从黄老盛行到"独尊儒术"的转变。

然而值得注意的是，两汉自"独尊儒术"开始，到东汉后期，老学的传承并没有止息，而是经历了从"儒显道隐"，到以黄老思想为本的思想批判和重构。这样一条转型的脉络，是在从董仲舒开始，经刘向刘歆父子、班彪班固父子、扬雄、桓谭、王充、张衡等士人，在不断探索渐变中完成的。

第一节　董仲舒对黄老政治思想的吸收

随着这一高层信息的发出，董仲舒、公孙弘等先后登上政治舞台。黄老学者则逐渐失去其政治话语权。这里需要说明的一点是，虽然表面上看是儒家战胜了道家，但实际上战胜道家的并非原始儒家，而是融合了各家学说的新儒家。以下就以董仲舒的思想为例予以说明。

在儒学独尊的过程中，不应过高估计董仲舒在当时的作用，但应承认他是一个代表性的人物，一个关键性的人物。儒之所以能独尊，在一定程度上是因为它适应形势的变化而有了新的面貌，它吸收了各家思想，实现了一次以儒家为主体的新的思想上的大融合。董仲舒也是一个典型代表，他的思想是儒家思想与阴阳家思想在新的历史条件下的合流，这一点早已为学术界所注意。《汉书·五行志》明确写道：

> 汉兴，承秦灭学之后，景、武之世，董仲舒治《公羊春秋》，始推阴阳，为儒者宗。

这方面不必再多说了。外儒内法，"霸王道杂之"，也都是比较明显的。要特别指出的是，他受道家思想——主要是黄老新道家思想的影响，已经有人注意到了，并进行了论述。余明光说：

> 　　构成董仲舒的思想因素是多方面的。但近世学者在追求他的思想渊源时，多从儒家或阴阳家追踪，很少从道家的角度作研究，因之对董氏的思想缺乏全面的了解。
>
> 　　而生活在这期间（汉初）的董仲舒，不能不受道家此种思想的强烈熏陶和影响，在其思想上打下深深的烙印。但董氏为学之精，却在于吸收黄老之要，以论儒学之真。从而使儒学在理论上有个新发展。[①]

这段论述我们完全同意。且略引董仲舒自己的几段论述，读者一看自明。他在《春秋繁露·离合根（第十八）》中说：

> 　　天高其位而下其施，藏其形而见其光。高其位，所以为尊也；下其施，所以为仁也；藏其形，所以为神；见其光，所以为明。故位尊而施仁，藏神而见光者，天之行也。故为人主者，法天之行，是故内深藏，所以为神；外博观，所以为明也；任群贤，所以为受成；乃不自劳于事，所以为尊也；泛爱群生，不以喜怒赏罚，所以为仁也。故为人主者，以无为为道，以不私为宝。立无为之位而乘备具之官，足不自动而相者导进，口不自言而摈者赞辞，心不自虑而群臣效当，故莫见其为之而功成矣。此人主所以法天之行也。

同书《保位权》中又说：

---

① 余明光：《董仲舒与"黄老"之学——〈黄帝四经〉对董仲舒的影响》，见《道家文化研究》第 2 辑，上海古籍出版社 1992 年版，第 209—210 页。

为人君者，居无为之位，行不言之教，寂而无声，静而无形，执一无端，为国源泉，因国以为身，因臣以为心，以臣言为声，以臣事为形，有声必有响，有形必有影，声出于内，响报于外，形立于上，影应于下，响有清浊，影有曲直，响所报，非一声也，影所应，非一形也。故为君，虚心静处，聪听其响，明视其影，以行赏罚之象，其行赏罚也，响清则生清者荣，响浊则生浊者辱，影正则生正者进，影枉则生枉者绌，掔名考质，以参其实，赏不空施，罚不虚出，是以群臣分职而治，各敬而事，争进其功，显广其名，而人君得载其中，此自然致力之术也，圣人由之，故功出于臣，名归于君也。

"自然""无为""虚""静""无声""无形""执一"，等等，如果不标明篇目，或可认为是新出的黄帝书之类。而有些语言在黄老新道家的重要代表作中都可见到。当然，董仲舒"抄"别人的同时，也有自己的理论重心。如其学说没有突出"道"而突出"天"，无为之道，归结为"法天之行"。因此，"天人合一"成为其思想突出特点之一。还有其阴阳刑德之说等思想，也非来源于驺衍，而直接来源于黄老新道家。总之，仔细清理董仲舒的思想就可发现，新时期新条件下，出现了新的思想大融合，这种大融合的趋势又有新发展和新变化。

第二节　刘向、刘歆父子与老学

刘向、刘歆是西汉中后期文化史上影响较大的人物，主要表现在刘向受命对当时的典籍进行了系统的整理，包括校勘、定本、编目等，并编纂《别录》，以成其目。刘歆继承父业，总成最早的分类目录《七略》，树立后世文献整理的典范，同时也在其中寄予了自己的学术思想。正因如此，我们需要关注其对于《老子》乃至黄老学说的看法。

刘向生活在汉宣帝至成帝的时代，其时儒学已经深入人心，成为主流意识形态。在这样一种语境下，刘向的老学思想就具有了和前代不同的特点。我们或许可以将之概括为"内道外儒"的人格。刘向在其编给皇帝看的《说苑》《新序》等书中，从引用材料，到思想立场，完全体现出儒家的倾向。然而，刘向与老学也有着密切的关系。

其一，据《汉书·艺文志》记载，刘向有《说老子》四篇。虽其书今不传，但由此可见他对《老子》是有过深入研究的。

其二，刘向有特殊的家学渊源。其父刘德，据《汉书·楚元王传》记载：

> 德字路叔，修黄老术，有智略。少时数言事，召见甘泉宫，武帝谓之"千里驹"。昭帝初，为宗正丞，杂治刘泽诏狱。父为宗正，徙大鸿胪丞，迁太中大夫，后复为宗正，杂案上官氏、盖主事。德常持《老子》知足之计。妻死，大将军光欲以女妻之，德不敢取，畏盛满也。[①]

所谓"《老子》知足之计"，即《老子》第四十四章："名与身孰亲？身与货孰多？得与亡孰病？是故甚爱必大费，多藏必厚亡。知足不辱，知止不殆，可以长久。"第四十六章："祸莫大于不知足，咎莫大于欲得，故知足之足，常足矣。"则刘德将《老子》思想作为自己修身的根本。而刘德这种宽厚、正直、知足、远见的性格也自然会影响到其子刘向。据《汉书》本传，刘向"为人简易无威仪，廉靖乐道，不交接世俗，专积思于经术，昼诵书传，夜观星宿，或不寐达旦"。总体上可以看出其内道外儒的价值取向。

其三，刘向受道家典籍的影响。年轻时代的刘向，有幸阅读到了《枕中鸿宝苑秘书》，"书言神仙使鬼物为金之术，及邹衍重道延命方，世人莫见，而更生父德武帝时治淮南狱得其书。更生幼而读诵，以为

---

① 班固：《汉书》卷三十六《楚元王传》，中华书局 1962 年版，第 1927 页。

奇，献之，言黄金可成。上令典尚方铸作事，费甚多，方不验"①。虽然后来他因此被弹劾"铸伪黄金"，差一点因此而丢了性命，但从这些记载中，我们可以看到，他是为数不多的在当时能够看到《淮南子》内外书的人。再从刘向整理古代图书，每一书整理完毕则撰写书录提要看，他也认真阅读了大多数道家类典籍，如《庄子》《列子》《鹖冠子》《子华子》《关尹子》等。班固《汉书·艺文志》序称：

> 汉兴，改秦之败，大收篇籍，广开献书之路。迄孝武世，书缺简脱，礼坏乐崩，圣上喟然而称曰："朕甚闵焉！"于是建藏书之策，置写书之官，下及诸子传说，皆充秘府。至成帝时，以书颇散亡，使谒者陈农求遗书于天下。诏光禄大夫刘向校经传诸子诗赋，步兵校尉任宏校兵书，太史令尹咸校数术，侍医李柱国校方技。每一书已，向辄条其篇目，撮其指意，录而奏之。会向卒，哀帝复使向子侍中奉车都尉歆卒父业。歆于是总群书而奏其七略，故有辑略，有六艺略，有诸子略，有诗赋略，有兵书略，有术数略，有方技略。今删其要，以备篇籍。

班固《汉书·艺文志》中还保留了刘向、刘歆父子整理典籍的相关资料，使我们可以略见其概。如刘向《序列子》云：

> 道家者，秉要执本，清虚无为，及其治身接物，务崇不竞，合于六经。

再从刘向所整理的《新序》《说苑》对《老子》书的引用，可呈现其对《老子》及道家的基本看法。

《汉书·艺文志》称刘向："采传记行事，著《新序》《说苑》凡五十篇奏之。数上疏言得失，陈法戒。"今本刘向《新序》共十卷，其中引用故事以解说《老子》文本的有两条，分别是：

---

① 班固：《汉书》卷三十六《楚元王传》，中华书局 1962 年版，第 1928—1929 页。

　　《新序·杂事》第四，记载了宋就的故事，以解释《老子》第六十三章"报怨以德"。关于宋就，仅见于这一条故事的记载，最早见于贾谊《新书·退让》，刘向《新序·杂事》第四全文引用。引用这一个故事来解释《老子》的意义，可以看出他并非站在儒家的立场上来解说《老子》，因为其所引的宋就通过暗中为楚人灌溉瓜田的方法，从源头上解决了梁楚结怨的危机，正契合于《老子》第六十三章开篇所说"为无为"、第六十四章"为之于未有，治之于未乱"的思维方式。若待构怨已成再来解决，就会出现"和大怨，必有余怨"。所以，刘向解《老》正继承了西汉初以《老》解《老》的传统。

　　《新序·杂事》第五引宋景公事证《老子》"能受国之不祥，是谓天下之王也"。其文曰：

　　　　宋景公时，荧惑在心，惧，召子韦而问，曰："荧惑在心，何也?"子韦曰："荧惑，天罚也。心，宋分野也。祸当君身。虽然，可移于宰相。"公曰："宰相所使治国也，而移死焉，不祥，寡人请自当也。"子韦曰："可移于民。"公曰："民死，将谁君乎，宁独死耳。"子韦曰："可移于岁。"公曰："岁饥民饿，必死。为人君，欲杀其民以自活，其谁以我为君乎？是寡人之命固尽矣，子无复言矣。"子韦还走北面再拜曰："臣敢贺君。天之处高而听卑，君有仁人之言三，天必三赏君。今夕星必三舍，君延寿二十一岁。"公曰："子何以知之?"对曰："君有三善，故三赏。星必三舍，舍行七星，星当一年，三七二十一，故曰延寿二十一年。臣请伏于陛下以司之。星不徙，臣请死之。"是夕也，星果三徙舍。如子韦言。《老子》曰："能受国之不祥，是谓天下之王也。"

　　这段故事见于《吕氏春秋·制乐》，文字稍有不同，然《吕氏春秋》并未用以解释《老子》之语。至《淮南子·道应训》用这段故事解释《老子》这句话，唯一不同的是，《淮南子》作"能受国之不祥，是谓天下王"，《新序》作"能受国之不祥，是谓天下之王也"。

过去有学者认为刘向所编撰的《说苑》屡引《老子》之言，广采杂说，稍涉泛滥。"《新序》一书则抉择甚严，一以儒学为归，凡采《韩非》《淮南书》之引及《老子》者，无不刊落，独此章及《子韦章》两引之"①。此说似不确。刘向对老子学说当有较为深入的研究，故方有《说老子》之书。《新序》之中还有不少历史故事的引录虽然没有用来解释《老子》，但同样反映《老子》的思维方式，如卷四《杂事》引梁有疑案，一半人认为当有罪，一半人认为没有罪。陶朱公以家藏二璧为例，指出厚者更贵重，因为它更能长久。治国也当如此。这个故事见于贾谊《新书·连语》，同样表达了尖锐锋利、轻薄的东西并不能长久，厚重才是长久的治国之道。这是符合《老子》"揣而锐之，不可长久"的理念的。诸如此类故事的编录，可以见出刘向的思想倾向之所在。

《汉书·艺文志》将《说苑》收入子部儒家类。虽然收在儒家类，其书也不可否认地表现出正统的儒家思想，但由于其书编纂的目的在于极言进谏，加之刘向本身的博学广闻，其中汇集的当然不止儒门一家之言了。《史通·杂说》称其"广陈虚事，多构伪辞"，显然是站在儒家立场，对此余嘉锡《四库提要辨证》卷十《新序》条下已加以辨析，此不再赘述。总之，《说苑》的"杂"倒近乎以儒为中心，合并道、墨、名、法。其中与解《老》以及发挥《老子》思想有关的文献，现进行简单的梳理：

卷一《君道》有：

> 晋平公问于师旷曰："人君之道如何？"对曰："人君之道，清净无为，务在博爱，趋在任贤。广开耳目，以察万方。不固溺于流俗，不拘系于左右。廓然远见，踔然独立。屡省考绩，以临臣下。此人君之操也。"平公曰："善！"

① 石光瑛：《新序校释》，中华书局2009年版，第553页。

齐宣王谓尹文曰："人君之事何如？"尹文对曰："人君之事，无为而能容下。夫事寡易从，法省易因，故民不以政获罪也。大道容众，大德容下。圣人寡为而天下理矣。"

司城子罕相宋，谓宋君曰："国家之危定，百姓之治乱，在君行之赏罚也。赏当则贤人劝，罚得则奸人止。赏罚不当，则贤人不劝，奸人不止，奸邪比周，欺上蔽主，以争爵禄，不可不慎也。夫赏赐让与者，人之所好也，君自行之；刑罚杀戮者，人之所恶也，臣请当之。"君曰："善，子主其恶，寡人行其善，吾知不为诸侯笑矣。"于是宋君行赏赐，而与子罕刑罚。国人知刑戮之威，专在子罕也，大臣亲之，百姓附之，居期年，子罕逐其君而专其政，故曰："无弱君而强大夫。"《老子》曰："鱼不可脱于渊，国之利器，不可以借人。"此之谓也。

师旷、尹文之对皆在强调"清静无为"。子罕的故事见于《韩非子》亦见于《淮南子》。《淮南子》将此则故事与《老子》之语合成一则，《说苑》所引盖来源于《淮南子》。然稍有不同的是《淮南子》作："故《老子》曰：'鱼不可脱于渊，国之利器，不可以示人。'"《说苑》则作："故曰：无弱君而强大夫。《老子》曰：'鱼不可脱于渊，国之利器，不可以借人。'此之谓也。"说明刘向在吸收了《淮南子》材料的同时也有相应的总结和校勘。

卷二《臣术》有：

六正者：一曰萌芽未动，形兆未见，昭然独见存亡之几，得失之要，预禁乎未然之前，使主超然立乎显荣之处，天下称孝焉，如此者，圣臣也。二曰虚心白意，进善通道，勉主以礼谊，谕主以长策，将顺其美，匡救其恶，功成事立，归善于君，不敢独伐其劳，如此者，良臣也。三曰卑身贱体，夙兴夜寐，进贤不解，数称于往古之德行事以厉主意，庶几有益，以安国家社稷宗庙，如此者忠臣也。四曰明察幽见，成败早防而救之，引而复之，塞其间，绝其源，转祸以为福，使君终以无忧，如此者智臣也。五曰守文奉法，任官职事，辞禄让赐，不受赠遗，衣服端齐，饮食节俭，如此者贞臣也。六曰国家昏乱，所为不谏，然而敢犯主之颜面，言君之过失，不辞其诛，身死国安，不悔所行，如此者直臣也，是为六正也。

汤问伊尹曰："三公九卿大夫列士，其相去何如？"伊尹对曰："三公者，知通于大道，应变而不穷，辩于万物之情，通于天道者也。其言足以调阴阳，正四时，节风雨，如是者举以为三公，故三公之事，常在于道也。"

其所说作为大臣应有六种必备的素质，其中第一种就是"昭然独见存亡之几"，"预禁乎未然之前"，也就是能够"为之于未有，治之于未乱"。第二种"虚心白意，进善通道"，即作为臣下应无我无私，通达道理。从这"六正"中的前两种看，都是深通道术之义。正如第二段话中伊尹所说："三公者，知通于大道，应变而不穷，辩于万物之情，通于天道者也。"

卷十《敬慎》有：

常摐有疾，老子往问焉，曰："先生疾甚矣，无遗教可以语诸弟子者乎？"常摐曰："子虽不问，吾将语子。"常摐曰："过故乡而下车，子知之乎？"老子曰："过故乡而下车，非谓其不忘故耶？"常摐曰："嘻，是已。"常摐曰："过乔木而趋，子知之乎？"老子曰："过乔木而趋，非谓其敬老耶？"常摐曰："嘻，是已。"张其口而示老子曰："吾舌存乎？"老子曰："然。""吾齿存乎？"老子曰："亡。"常摐曰："子知之乎？"老子曰："夫舌之存也，岂非以其柔耶？齿之亡也，岂非以其刚耶？"常摐曰："嘻，是已。天下之事已尽矣，无以复语子哉！"

韩平子问于叔向曰："刚与柔孰坚？"对曰："臣年八十矣，齿再堕而舌尚存。老聃有言曰：'天下之至柔，驰骋乎天下之至坚。'又曰：'人之生也柔弱，其死也刚强。万物草木之生也柔脆，其死也枯槁。因此观之，柔弱者生之徒也，刚强者死之徒也。'夫生者毁而必复，死者破而愈亡，吾是以知柔之坚于刚也。"平子曰："善哉！然则子之行何从？"叔向曰："臣亦柔耳，何以刚为？"平子曰："柔无乃脆乎？"叔向曰："柔者纽而不折，廉而不缺，何为脆也？天之道，微者胜，是以两军相加而柔者克之，两仇争利而弱者得焉。《易》曰：'天道亏满而益谦，地道变满而流谦，鬼神害满而福谦，人道恶满而好谦。'夫怀谦不足之柔弱，而四道者助之，则安往而不得其志乎？"平子曰："善！"

老子曰："得其所利，必虑其所害。乐其所成，必顾其所败。人为善者，天报以福。人为不善者，天报以祸也。故曰：祸兮福所倚，福兮祸所伏。戒之，慎之！君子不务，何以备之？夫上知天则不失时，下知地则不失财，日夜慎之则无灾害。"

孔子之周，观于太庙。右陛之前，有金人焉，三缄其口，而铭其背曰：古之慎言人也。戒之哉！无多言，多言多败。无多事，多事多患。安乐以戒，无行所悔。勿谓何伤，其祸将长。勿谓何害，其祸将大。勿谓何残，其祸将然。勿谓莫闻，天妖伺人。荧荧不灭，炎炎奈何。涓涓不壅，将成江河。绵绵不绝，将成网罗。青青不伐，将寻斧柯。诚不能慎之，祸之根也。曰是何伤，祸之门也。强梁者不得其死，好胜者必遇其敌。盗怨主人，民害其贵。君子知天下之不可盖也，故后之下之，使人慕之。执雌持下，莫能与之争者。人皆趋彼，我独守此。众人惑惑，我独不从。内藏我知，不与人论技。我虽尊高，人莫我害。夫江河长百谷者，以其卑下也。天道无亲，常与善人。戒之哉！戒之哉！

《说苑》所录《金人铭》中包含了不少与《老子》相同或相似的语句，同时，这份《金人铭》也被记载在《太公金匮》《荀子》《孔子家语》等书中。《太平御览》卷三百九十引孙卿子《金人铭》曰："周太庙右阶之前，有金人焉，三缄其口，而铭其背曰：我，古之慎言人也。戒之哉，毋多言，毋多事。多言多败，多事多害。"小注曰："《皇览》云：出《太公金匮》，《家语》《说苑》又载。"以上讨论的贵柔等思想，皆发于《老子》。

卷十六《谈丛》，多为简短警策的语录，其中有不少蕴含了《老子》思想的文句，比如：

> 天道布顺，人事取予。多藏不用，是谓怨府。故物不可聚也。
>
> 必贵以贱为本，必高以下为基，天将与之，必先苦之。天将毁之，必先累之。
>
> 天地无亲，常与善人。
>
> 无不为者，无不能成也。无不欲者，无不能得也。
>
> 慎终如始，常以为戒。
>
> 飘风暴雨，须臾而毕。
>
> 已雕已琢，还反于朴。物之相反，复归于本。
>
> 祸生于欲得，福生于自禁。圣人以心导耳目，小人以耳目导心。
>
> 因道易以达人，营利者多患，轻诺者寡信。
>
> 上清而无欲，则下正而民朴。
>
> 积德无细，积怨无大。多少必报，固其势也。
>
> 圣人之衣也，便体以安身。其食也，安于腹。适衣节食，不听口目。
>
> 清静无为，血气乃平。

以上是刘向关于《老子》思想的讨论，或者就是其《说老子》中的内容。

至于刘歆，子承父业，同时又在两汉之际颇为显赫，尤其在倡导古文经学方面与当时的众多博士发生冲突，发出了著名的《移书让太常博士》。刘歆留下的著作并不多，今所见有《三统历》《上山海经表》《遂初赋》《移书让太常博士》等，见严可均《全汉文》卷四十收录。

由于刘歆所存著作无多，我们只能通过《遂初赋》略窥其关于老学乃至道家思想的态度。他在赋的结尾部分自明心迹，曰："攸潜温之玄室兮，涤浊秽于太清。反情素于寂漠兮，居华体之冥冥……长恬淡以欢娱兮，固贤圣之所喜……大人之度，品物齐兮。舍位之过，忽若遗兮。求位得位，固其常兮。守信保己，比老彭兮。"

除此而外，刘歆继承其父刘向事业，整理群书，编《七略》，其中对于儒学的现状多次进行激烈批判，如说：

> 后世经传既已乖离，博学者又不思多闻阙疑之义，而务碎义逃难，便辞巧说，破坏形体，说五字之文，至于二三万言。后进弥以驰逐，故幼童而守一艺，白首而后能言。安其所习，毁所不见，终以自蔽。此学者之大患也。……然惑者既失精微，而辟者又随时抑扬，违离道本，苟以哗众取宠。后进循之，是以五经乖析，儒学寖衰，此辟儒之患。①

从对儒家后学们的批评语气看，与其《移书让太常博士》的态度完全一致。其文曰：

> 往者缀学之士不思废绝之阙，苟因陋就寡，分文析字，烦言碎辞，学者罢老且不能究其一艺。信口说而背传记，是末师而非往古，至于国家将有大事，若立辟雍封禅巡狩之仪，则幽冥而莫知其原。犹欲保残守缺，挟恐见破之私意，而无从善服义之公心，或怀妒嫉，不考情实，雷同相从，随声是非。

说明今《汉书·艺文志》中所保留的正是刘歆的《七略》。

再来看《汉书·艺文志》对于道家的态度，道家类叙曰：

> 道家者流，盖出于史官，历记成败存亡祸福古今之道，然后知秉要执本，清虚以自守，卑弱以自持，此君人南面之术也。

---

① 班固：《汉书》卷三十《艺文志》，中华书局 1962 年版，第 1723、1728 页。

> 合于尧之克攘，易之嗛嗛，一谦而四益，此其所长也。及放者
> 为之，则欲绝去礼学，兼弃仁义，曰独任清虚可以为治。

首先认为道家渊源于史官。这在过去往往被视为生硬的比附，然而从公元前 7 世纪到公元前 5 世纪的整体知识背景来看，当时史官所掌握的天文历算、阴阳五行、星历占卜知识，是通过对天人时空有着深刻的观察而得来的，正如《庄子·天道》所谓"古之明大道者，先明天而道德次之。""他们体验宇宙变与不变的'道'，然后把这个'道'推衍到社会与人类，这是道者的一个共同思路。换句话说，他们思路的起点是从'天道'开始的，然后才从这里推衍出一个知识系统"①。从这个意义上看，刘氏父子对于道家的把握应该是相当准确的。其次，认为道家的本质乃"君人南面之术"，并采取一分为二的态度，一方面肯定其"秉要执本，清虚无为"，"卑弱以自持"，"务崇不竞"等内容，另一方面严厉批判那些"放者"，即"欲绝去礼学，兼弃仁义，曰独任清虚可以为治者"。其批判的观点，其实与后来黄老道家尽量修正原始老学、庄学，以本末道术一体的观点相一致。虽然所论往往以道合于儒，比如合于尧、合于《易》、合于经术来立论，体现了儒学主流意识的影响，但毕竟其所批判的并不是当下的道家，这一点就和对待儒家的态度不一样了。

第三节　班氏家族与老学

班氏家族继司马氏父子之后，成为颇具影响的史学世家，他们对于《老子》学说的态度，也不容忽视。

班彪，字叔皮。由班固自著的《汉书》卷一百《叙传》，颇有意

---

① 葛兆光：《七世纪前中国的知识、思想与信仰世界　中国思想史》，复旦大学出版社 1998 年版，第 198 页。

味地交代了班彪和从兄班嗣"共游学，家有赐书，内足于财，好古之士自远方至，父党杨子云以下莫不造门"。而值得注意的是，班嗣的学术思想，在《叙传》中有比较详细的记载，其文曰：

> 嗣虽修儒学，然贵老严之术。桓生欲借其书，嗣报曰："若夫严子者，绝圣弃智，修生保真，清虚淡泊，归之自然，独师友造化，而不为世俗所役者也。渔钓于一壑，则万物不奸其志，栖迟于一丘，则天下不易其乐。不绁圣人之罔，不嗅骄君之饵，荡然肆志，谈者不得而名焉，故可贵也。今吾子已贯仁谊之羁绊，系名声之缰锁，伏周、孔之轨躅，驰颜、闵之极挚，既系挛于世教矣，何用大道为自眩曜？昔有学步于邯郸者，曾未得其仿佛，又复失其故步，遂匍匐而归耳！恐似此类，故不进。"嗣之行己持论如此。

老严之术，就是指的老子、庄子之学。从整体来看，其自视高于儒学远甚，且作为重要的修身之道，而不屑于传授给桓谭这样深受名利影响的学者。这段记载出自班固的手笔，那么说明班固对其观点也是赞同的。而班彪与班嗣同学，可见其学术背景当中，也有不少道家思想因素的影响。

故《后汉书》班彪本传中说：

> 班彪以通儒上才，倾侧危乱之间，行不逾方，言不失正。仕不急进，贞不违人，敷文华以纬国典，守贱薄而无闷容。彼将以世运未弘，非所谓贱焉耻乎？何其守道恬淡之笃也。

至于班彪之子班固，其以儒学为根本立场，包括其所撰《两都赋》《典引》等文章都体现了合于经术的"典雅"特征，这是毫无疑问的。但是也不能不说，在其内心深处，还深深扎根着老庄的思想，主要体现在他的《幽通赋》等抒情言志的文字中。例如《幽通赋》在总结了历代历史上的人事兴亡之后，表达自己的心志曰：

> 道混成而自然兮，术同原而分流。

即化用了《老子》第二十五章的"有物混成，先天地生"以及第四十二章的"道法自然"。我们再来看，其妹班昭也就是曹大家注曰：

> 大道神明，混沌而成，言人生而心志在内，声音在外，骨体有形，事变有会，更相为表里，合成一体，此自然之道。至于术学，论其成败，考其贫贱，观其富贵，各取一概，故或听声音，或见骨体，或占色理，或视威仪，或察心志，或省言行，或考卜筮，或本先祖，如水同原而分流也。

再如《幽通赋》曰：

> 非精诚其焉通兮，苟无实其孰信？操末技犹必然兮，矧耽躬于道真。登孔昊而上下兮，纬群龙之所经。朝贞观而夕化兮，犹谖己而遗形。若胤彭而偕老兮，诉来哲而通情。

这几句话是作为正文的结束语，其中的关键词在于"精诚""耽躬于道真""谖己而遗形"，至最高的理想则为"若胤彭而偕老"，一则继承老彭之志，再则继老彭之寿。对最后一句话的用意，《汉书》颜师古注曰："彭，彭祖也。老，老聃也。言有继续彭祖之志，升蹑老聃之迹者，则可与言至道而通情也。"可谓深得其理。然李善注则与之相反，曰："言人若欲胤彭祖之年，偕老聃之寿，当讯之来哲，与之通情，非己所慕也。"从上下文看，上句称"犹谖己而遗形"，则下句"诉来哲而通情"，当为更进一步的表达，而非否定的意思。再者从最后这段中所呈现的关键词看，也都是与更高的"道"相关，因此，李善注称"非己所慕"，显然未谛其旨。

《幽通赋》最后又"乱曰"，总结全文宗旨，其文曰：

> 乱曰：天造草昧，立性命兮。复心弘道，惟圣贤兮。浑元

运物，流不处兮。保身遗名，民之表兮。舍生取谊，以道用兮。忧伤夭物，沄莫痛兮。皓尔太素，曷渝色兮。尚越其几，沦神域兮。

意思是：大道混成，转运万物，生生不息。理想的生存方式是以道为用，舍生取谊。应劭注曰："舍，置也"，也就是放下自私自利之生，遵循大道，行正谊之事，成为堪为生民表率的圣贤，回复自心，弘扬大道。洁白的本性来自于自然之大道，不会随世俗的污染而变色，由此超越而到达精微的神明之域。

从班固的言志之赋中，我们可以看到他的理想已经不拘泥于儒还是道，老还是孔，更重要的是一种"复心弘道"的存在方式，一种"舍生取谊"的自我存在价值认同，一种"沦神域兮"的精神超越意识。但总体看来，"浑元运物，流不处兮"，文中充满了对宇宙自然存在以及其伟大力量的敬畏，对个人命运的深刻思考。从这一点上来说，其思想的深处仍然含有与一般的儒生不同的志道精神。

第四节 扬雄、桓谭与老学

班固《汉书》卷八十七《扬雄传》描写了扬雄的生平，曰：

> 雄少而好学，不为章句，训诂通而已，博览无所不见。为人简易佚荡，口吃不能剧谈，默而好深湛之思，清静亡为，少耆欲，不汲汲于富贵，不戚戚于贫贱，不修廉隅以徼名当世。家产不过十金，乏无儋石之储，晏如也。自有大度，非圣哲之书不好也。非其意，虽富贵不事也。

可以看出他尚博览而不专守一经的学术结构，以及淡泊名利、清静无为的性格特征，这在当时算是不合时宜的选择。扬雄好辞赋，其

457

代表性的作品如围绕屈原《离骚》所作的《反离骚》《广骚》《畔牢骚》等。《汉书》载其《反离骚》一篇，全文以骚体的形式，逐段就屈原《离骚》中的语句发表自己的看法，就好像是二人展开的一场对话。从对话的立场看，扬雄似乎就是《渔父》篇中的那个"渔父"，对屈原的执着进行劝谏。如全文的最后两句话说：

> 溷渔父之铺歠兮，絜沐浴之振衣，弃由、聃之所珍兮，跖彭咸之所遗！

批评屈原不从渔父的随世清浊，而偏要"新沐者必弹冠，新浴者必振衣"。又批评屈原抛弃许由、老聃之守道全身，而偏要追寻彭贤遗则而选择投水。因此，我们可以看出扬雄之所以对屈原及其《离骚》提出异议，目的正在于表达自己的守道全身，以许由、老聃为高的志向。

在扬雄所创作的以讽谏为宗旨的《长杨赋》中，借"子墨客卿"之口曰：

> 且人君以玄默为神，淡泊为德，今乐远出以露威灵，数摇动以罢车甲，本非人主之急务也。

在《解嘲》一文中表达自己的思想曰：

> 且吾闻之，炎炎者灭，隆隆者绝。观雷观火，为盈为实，天收其声，地藏其热。高明之家，鬼瞰其室。攫拏者亡，默默者存。位极者宗危，自守者身全。是故知玄知默，守道之极。爰清爰静，游神之庭。惟寂惟漠，守德之宅。世异事变，人道不殊，彼我异时，未知何如。

又在《解难》中说：

　　盖胥靡为宰，寂寞为尸。大味必淡，大音必希。大语叫叫，大道低回。是以声之眇者不可同于众人之耳，形之美者不可棍于世俗之目，辞之衍者不可齐于庸人之听。

　　孔子作春秋，几君子之前睹也。老聃有遗言，贵知我者希，此非其操与！

　　《太玄》是扬雄最重要的哲学著作，任继愈主编的《中国哲学发展史》中指出，"《太玄》是扬雄潜心精思之作，构筑了一个庞大的哲学体系。……可以说，没有《太玄》，扬雄就称不上是一个有个性的哲学家。"在论述扬雄的思想时，该书以《新哲学体系的创立及其内在矛盾》一节进行了详尽的论述。在此基础上，我们做如下说明：

　　道家和儒家的一个重要不同就是道家讲世界本原，讲宇宙的发展规律。扬雄的《太玄》确实继承和发展了道家的道论，提出"玄"，将玄推崇为最高的宇宙根源，体现了对宇宙本体本原问题综合性的重新思考。其"玄论"和道家的道论内涵上虽然有一些不同，但其基本点是大体一致的。

　　首先，玄的功能和作用与道基本一致。《老子》也多处用玄来表示道。如《老子》第一章有"此两者同出而异名，同谓之玄，玄之又玄，众妙之门。"第六章有："谷神不死，是谓玄牝。玄牝之门，是谓天地根。"这里的"玄"字，不也是与"道"等同的意义吗？因此，扬雄以玄作为宇宙的初始和万物的根本，是对道家道论的继承和发展。如《太玄·玄摛》曰：

　　　　玄者，幽摛万类而不见形者也。资陶虚无而生乎规，关神明而定摹，通同古今以开类，摛措阴阳而发气。一判一合，天地备矣。

《太玄·玄告》曰：

　　　　玄者，神之魁也。天以不见为玄，地以不形为玄，人以心腹为玄。

《太玄·玄首序》曰：

> 驯乎玄，浑行无穷正象天。阴阳批参，以一阳乘一统，万
> 物资形。

《太玄·玄图》曰：

> 夫玄也者，天道也，地道也，人道也。兼三道而天名之，
> 君臣父子夫妇之道。

对于玄的描述，《太玄·玄摛》曰：

> 其上也悬天，下也沦渊，纤也入眇，广也包眹。其道游冥
> 而挹盈，存存而亡亡，微微而章章，始始而终终。近玄者，玄
> 亦近之；远玄者，玄亦远之。譬若天苍苍然在于东面、南面、
> 西面、北面，仰而无不在焉，及其俛则不见也。天岂去人哉？
> 人自去也。

从其所描述的玄来看，不仅具有本体性、本原性，而且是纯粹自然
的存在，并非有意志的"天"。从这一点来说，也和道家的道更相
接近。

其次，玄的规律与道的规律基本相同。如《太玄·玄摛》曰：

> 极寒生热，极热生寒。信道致诎，诎道致信。其动也，日
> 造其所无，而好其所新。其静也，日减其所为，而损其所成。
> 故推之以刻，参之以晷。反覆其序，轸转其道也。以见不见之
> 形，抽不抽之绪，与万类相连也。

与《老子》第四十五章"躁胜寒，静胜热。清静为天下正"，"大直若屈"，第二十二章"曲则全，枉则直，洼则盈，敝则新，少则得，多则惑。是以圣人抱一，为天下式"，第十五章"孰能浊以静之徐清？孰能安以久动之徐生？保此道者不欲盈，夫唯不盈，故能蔽不新成"，所表达的意思是基本一致的。宇宙万物发生变化的规律就是物极必反，相反相成，动静变化，循环往复。掌握其中的规律，或可"见不见之形，抽不抽之绪，与万类相连也"。

因此我们不难看出，扬雄的玄和道家的道一样，都是宇宙万物的本原和母体，都是不可见形的存在，其功能和作用也是根本性的，是宇宙万物运动变化的根本动力。凭借陶冶虚无而成天道、地道、人道，贯通神明而为万物万事的根本法则。天地万物的产生及其变化，又是通过阴阳二气一分一合所形成的。《太玄》在说明宇宙万物的根本方面，虽然往往借助于易之象数，但试图重建时代思想体系中的宇宙初始和万物根本，这应该是其对儒学独尊以来时代思想的一种重新思考。

扬雄作《太玄》，在体例上模仿《周易》，在思想内容上却寄予了自己的哲学思考。如桓谭《新论》中概括其宗旨曰：

> 扬雄作《玄书》，以为玄者，天也，道也，言圣贤制法作事，皆引天道以为本统，而因附续万类、王政、人事、法度，故宓羲氏谓之易，老子谓之道，孔子谓之元，而扬雄谓之玄。《玄经》三篇，以纪天地人之道，立三体，有上中下，如禹贡之陈三品。三三而九，因以九九八十一，故为八十一卦。以四为数，数从一至四，重累变易，竟八十一而遍，不可损益。以三十六蓍揲之。《玄经》五千余言，而传十二篇也。

从其概括之语中可以看出扬雄作此书，提出一个"玄"字，命名曰"太玄"，则其用意不仅限于《周易》。故"玄者，天也，道也"，"故宓羲氏谓之易，老子谓之道，孔子谓之元，而扬雄谓之玄"。则玄相当于老子所说的根本之道，只不过以一种包容的方式都汇集到一个

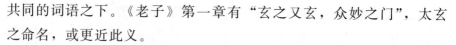

共同的词语之下。《老子》第一章有"玄之又玄，众妙之门"，太玄之命名，或更近此义。

扬雄的玄论，既讲宇宙万物的本原，又讲事物发展的总规律，并且在具体的论述上有许多发展，如以五行四时相配八十一首构成"世界图式"，对"三分法"的广泛运用，对精气神的理解和运用，对仁义礼智、君臣父子等关系的阐述，对"贵因"思想的重新纠正等，可以说体现了扬雄哲学思想的独特个性，尤其在对传统思想的批判性继承方面。如对《吕氏春秋》以来，黄老道家特别推崇的"贵因"思想，扬雄提出应该辩证地看。《太玄·玄摛》曰：

> 夫道有因有循，有革有化。因而循之，与道神之。革而化之，与时宜之。故因而能革，天道乃得。革而能因，天道乃驯。夫物不因不生，不革不成。故知因而不知革，物失其则。知革而不知因，物失其均。

充分肯定"因"的作用，同时提出"革"也是非常重要的。由此，我们可以看出扬雄思想力图追求一种合道的平衡。

扬雄其人其书并不受当世人所重，唯桓谭堪称知音。据《汉书》扬雄本传记载：

> 时大司空王邑、纳言严尤闻雄死，谓桓谭曰："子尝称扬雄书，岂能传于后世乎？"谭曰："必传。顾君与谭不及见也。凡人贱近而贵远，亲见扬子云禄位容貌不能动人，故轻其书。昔老聃著虚无之言两篇，薄仁义，非礼学，然后世好之者尚以为过于五经，自汉文景之君及司马迁皆有是言。今扬子之书文义至深，而论不诡于圣人，若使遭遇时君，更阅贤知，为所称善，则必度越诸子矣。"

以老聃来比称扬雄的处境，而且指出其"论不诡于圣人"，即既有道家立场，又合于儒家周孔之说的特点。

扬雄的另一部重要著作是《法言》，《汉书》录其《自序》曰：

> 雄见诸子各以其知舛驰，大氐诋訾圣人，即为怪迂。析辩诡辞，以挠世事，虽小辩，终破大道而惑众，使溺于所闻而不自知其非也。及太史公记六国，历楚汉麟止，不与圣人同，是非颇缪于经。故人时有问雄者，常用法应之，撰以为十三卷，象《论语》，号曰《法言》。

可见其撰著《法言》一书的目的在于批评诸子，申言"大道"。从命名来看，这部书的取名来自《论语·子罕》："法语之言，能无从乎？"但对于这部书的属性，前人历来颇多争论。如宋代朱熹说扬雄"其学似本于老氏"，"所见多老氏者"，"扬子说到深处，止是走入老庄窠窟里去，如清静寂寞之说皆是也。又如《玄》中所说云云，亦只是庄老意思"。"扬雄则全是黄老。某尝说，扬雄最无用，真是一腐儒。他到急处，只是投黄老"。[①]

朱熹当然有自己的视角和观点，诋为腐儒也未免偏激。然而他说扬雄总是体现归于"黄老"的观点，却是值得注意的。《法言》一书与《太玄》不同，主要讲人伦道理，推崇六经、孔子、颜渊，主张仁义礼法，批评"庄杨荡而不法，墨晏俭而废礼，申韩迂而不信"其与黄老有关系吗？我们可以通过扬雄自己的表述来看其对待老学的态度，《法言·问道》说：

> 老子之言道德，吾有取焉耳。及搥提仁义，绝灭礼学，吾无取焉耳。

可见其对《老子》思想采取的是辩证地吸收的态度。其舍弃的部分主要是"搥提仁义，绝灭礼学"的部分，这部分恰恰多为庄周所大

---

① 黎靖德：《朱子语类》卷一三七《战国汉唐诸子》，中华书局 1986 年版，第 3261、3253、3255 页。

力主张的。而扬雄对《庄子》、申、韩刑名之学同样采取了批判地继承的态度。如《法言·问道》说：

> 或曰："庄周有取乎？"曰："少欲。""邹衍有取乎？"曰："自持。至周罔君臣之义，衍无知于天地之间，虽邻不覩也。"

又说：

> 或曰："刑名非道邪？何自然也？"曰："何必刑名？围棋、击剑、反目、眩形，亦皆自然也。由其大者，作正道。由其小者，作奸道。"《法言·问道》。

《法言·学行》说：

> 螟蛉之子殪，而逢蜾蠃，祝之曰：类我，类我。久则肖之矣。速哉！七十子之肖仲尼也。

批判地继承是扬雄吸收前人思想成果的一个主要方法，既能看到其可吸收的方面，也能看到其所带来的问题。即使对于儒家思想，也要分清楚仲尼的原始儒家与七十子的儒家，扬雄通过螟蛉的寓言讽刺七十子之徒之与原始儒学的似是而非。

正如扬雄所说，吸收《老子》思想主要在其"道德"。《老子》又称《道德经》，实无所不包。细审《法言》一书中，卷四有《问道》篇，首先谈"道"的问题。

> 或问"道"。曰："道也者，通也，无不通也。"
> 或问"道"。曰："道若涂若川，车航混混，不舍昼夜。"

又谈"德"：

　　　　或问"德表"。曰：莫知。作上作下。

又谈"天"：

　　　　或问"天"。曰："吾于天钦，见无为之为矣。"或问："雕
　　刻众形者匪天钦？"曰："以其不雕刻也。如物刻而雕之，焉得
　　力而给诸？"

又言"知"：

　　　　智也者，知也。夫智用不用，益不益，则不赘亏。

又言"因"：

　　　　或问：道有因无因乎？曰："可则因，否则革。"

又言"无为"：

　　　　或问"无为"。曰："奚为哉？在昔虞夏袭尧之爵，行尧之
　　道，法度彰，礼乐著，垂拱而视天下民之阜也，无为矣。绍桀
　　之后，纂纣之余，法度废，礼乐亏，安坐而视天民之死，无
　　为乎？"

又言"新敝"：

　　　　或问"新敝"。曰："新则袭之，敝则损益之。"

以上所列举，皆为《法言·问道》中与《老子》有关的讨论之语，
说明在众家之中，其对《老子》思想更多的是认可和吸取的。不可
忽视的是，其中也体现了扬雄独特的思想个性，即不盲从任何一家

权威，不死守条条框框，一切都要从实际情况出发，如前所说"无为"，也要看在什么情况下可以无为。如果外部条件不允许，就不可能无为。又《老子》中有"洼则盈，敝则新，少则得，多则惑"，扬雄则认为"新则袭之，敝则损益之"。这些都体现了对老子学说的新发展。

在此基础上看，《法言》承袭了《老子》的思想方法，来整体综合地审视诸子百家的学说，试图建立一种上下天人一以贯之的学说，如《法言·问道》曰：

> 道德仁义礼，譬诸身乎？夫道以导之，德以得之，仁以人之，义以宜之，礼以体之，天也。合则浑，离则散，一人而兼统四体者，其身全乎。

又有人重提司马迁的观点，拿儒学和老学来比较，扬雄则回答，那是当代儒学自身的问题，跟老学没有关系。《法言·寡见》曰：

> 或问："司马子长有言：曰五经不如《老子》之约也，当年不能极其变，终身不能究其业。"曰："若是，则周公惑，孔子贼？古者之学耕且养，三年通一。今之学也，非独为之华藻也，又从而绣其鞶帨，恶在《老》不《老》也。"

在儒学独尊已近百年的时代里，对于当时儒学的弊端提出激烈批判的，恐怕以扬雄为第一人。刘歆、桓谭、王充、张衡继其后，可见其所产生的深刻影响。但对于这一弊端，扬雄没有主张乞灵于老学来解决问题，而是认为应从儒学自身的革新入手。这也是朱熹反认为扬雄"止是走入老庄窠窟里去"这一说法其实是不准确的。

桓谭，字君山，沛国相县人。他的学术思想也是相对博通为主，班固《汉书·叙传》中说桓谭曾向班嗣借老庄之书，说明桓谭对这类书非常感兴趣。《后汉书·桓谭传》称其："博学多通，遍习五经，皆诂训大义，不为章句。能文章，尤好古学，数从刘歆、扬雄辩析疑异。性嗜倡乐，简易不修威仪，而憙非毁俗儒，由是多见排抵。"
桓谭的著作有《桓子新论》十七卷，集五卷。严可均《全后汉文》
卷十三辑录其《新论》并序录曰：

> 其尊王贱霸，非图谶、无仙道，综核古今，偭偻失得，以
> 及仪象典章，人文乐律，精华略具。

其中称其"非图谶、无仙道"，体现桓谭两个典型的思想倾向，一方
面绝不盲从，反对当时盲目信仰图谶，甚至冒死反复上书应当抑制
图谶；另一方面，对于逐渐流行起来的仙道之说，也保持理性的态
度，虽然有承认其呼吸导引之术，但并不信不死之说。《新论》共二
十九篇，《隋书·经籍志》著录。原书早佚，今存皆后人辑本。《新
论》中涉及对老、庄及道家理解和评价的内容，如《新论·本
造》称：

> 谭见刘向《新序》、陆贾《新语》，乃为《新论》。庄周寓言
> 乃云"尧问孔子"，《淮南子》云"共工争帝，地维绝"，亦皆为
> 妄作。故世人多云短书不可用。然论天间莫明于圣人，庄周等
> 虽虚诞，故当采其善，何云尽弃邪？

乃为《庄子》等书辩护，认为并不可一概抛弃不读。这说明桓谭对
《新序》《新语》《淮南子》《庄子》等书都有过系统的阅读。《新论·
祛蔽》说：

> 庄周病剧，弟子对泣之。应曰：我今死则谁先？更百年生
> 则谁后？必不得免，何贪于须臾？

这段话不见于今本《庄子》，盖为桓谭所见并载录之语。其文意在说
明，人之生死皆必不可免，顺其自然即可，无须求仙求长生而贪生。
从这一点上看，反倒抓住了原始老庄之学对于生死的认识。《祛蔽》

又说：

> 窦公年百八十岁，两目皆盲。……余以为窦公少盲，专一
> 内视，精不外鉴，恒逸乐，所以益性命也，故有此寿。

此亦为关于寿命长短问题的讨论，《老子》有深根固柢、长生久视之
道。至《庄子》尤其是《淮南子》强调"专精"的瞽师往往可以通
达天道。桓谭则通过现实中的例子来表达真正的长寿之道其实无须
外求，只在"专一内视，精不外鉴"。其关于生死形神问题保存最完
整的一段议论见于《弘明集》卷五：

> 余尝过故陈令同郡杜房，见其读《老子》书，言：老子用
> 恬淡养性，致寿数百岁。今行其道，宁能延年却老乎？余应之
> 曰：虽同形名，而质性才干乃各异度，有强弱坚脆之姿焉，爱
> 养适用之，直差愈耳。譬犹衣履器物，爱之则完全乃久……今
> 人之养性，或能使堕齿复生，白发更黑，肌颜光泽，如彼促脂
> 转烛者，至寿极亦独死耳。明者知其难求，故不以自劳，愚者
> 欺惑，而冀获尽脂易烛之力，故汲汲不息。又草木五谷，以阴
> 阳气生于土，及其长大成实，实复入土，而后能生，犹人与禽
> 兽昆虫，皆以雄雌交接相生。生之有长，长之有老，老之有死，
> 若四时之代谢矣。而欲变易其性，求为异道，惑之不解者也。

从这两段话中我们可以看出，桓谭的议论起自其友人杜房关于能否
通过《老子》的恬淡养性"延年却老"的疑问。桓谭通过说理、比
喻等方式反复阐明，人的生死是一个自然而然的过程，适当的爱惜
保养，仅可以使生命尽其天年而已。而欲变易其性，追求长生不老
或者羽化登仙，那才是迷惑的异道。我们知道，桓谭反对图谶、反
对仙道，正是基于这样一种自然而然的生死观。如果反观《老子》
的"道法自然"思想和《庄子》的生死通脱，桓谭的观点正是驱散
战国以来求仙求长生思想影响下的思想迷雾，向原始老庄思想的

回归。

桓谭《新论》对于后世思想发展亦产生积极的影响，我们知道，王充就曾读到其书，且在《论衡·超奇》中评价曰：

> 论世间事，辩照然否，虚妄之言，伪饰之辞，莫不证定。

王充所论是很有道理的。

第五节　王充《论衡》与老学

王充，字仲任，会稽上虞人，生于东汉建武三年（27），享年七十余岁，经光武帝、明帝、章帝、和帝四朝。关于其生平事迹，记载不多。据《后汉书》本传和《论衡·自纪》，可知几点：一，王充出生于"细族孤门"，而且终生"贫贱"，没有什么家学的背景和家族的依靠。年轻时"家贫无书，常游洛阳市肆，阅所卖书"，成年后，"贫无一亩庇身"，"贱无斗石之秩"，虽只是一般的形容，但家境不好是可以肯定的。终其一生都是"贫无供养，志不娱快"。二，王充在仕途上也并不得意。自称"仕数不耦，而徒著书自纪"。他曾经"在县位至掾功曹，在都尉府位亦掾功曹，在太守为列掾五官功曹行事，入州为从事"。均为郡县佐吏，而且担任佐吏的时间也不长，大概在二十六七岁至三十四五岁之间，就归乡里教授了。六十岁以后，为"治中从事"不过一年。① 可以说王充的生前和身后都是寂寞的，蹭蹬下层，这也使他更为了解平凡世界的世态炎凉，并对社会思想的发展有自己的独立思考。

王充的思想主要是依靠其《论衡》来呈现的。后世对该书评价也往往不一。《后汉书·王充传》注引《袁山松书》曰：

---

① 参阅钟肇鹏：《王充年谱》，齐鲁书社 1983 年版。

充所作《论衡》，中土未有传者，蔡邕入吴始得之，恒秘玩以为谈助。其后王朗为会稽太守，又得其书，及还许下，时人称其才进。或曰：不见异人，当得异书。问之，果以《论衡》之益，由是遂见传焉。

可见东汉末期王充的《论衡》开始逐渐被一些知识分子当作反对儒学权威、进行思想启蒙的书籍。然关于王充思想的归属，古往今来，异见颇多。或以为是属于杂家学派，如《四库全书总目提要》就将其列入子部杂家类。也有学者认为王充当属于道家，但"王充虽是汉代道家思想的主张者，而却与汉初王朝所标榜的'黄老之学'及西汉末叶以降民间流行的'道家'均不相同"①。王充与西汉道家面临不同的现实和时代问题，其言说的语境已经发生了变化。如果具体比较其中的不同，可以说虽然都同样讲"自然""无为"，但汉初道家讲的多是"无为而治"，而王充突出强调和运用的是"自然"。

王充思想在中国哲学史上的重要意义在于，以独立批判的形式，对自董仲舒以来的"天人感应"学说进行了全面的反击。所谓"天人感应"学说，以为天是有意志的天，与人的意识相感应。"大小夏侯、眭孟、京房、翼奉、李寻、刘向等都推演其说。儒家到了此时，内部起了质的变化，披着巫祝图谶的外衣，把天说得太神秘，太聪明，人的行动，是要受他的裁判，这就是一班汉儒所说的阴阳灾异的理论。这种荒谬的迷信的理论，把儒家改装成为带有宗教性的儒教，自汉武帝时起到光武时止，一直支持了一百多年，才能有小小的反动：即郑兴、尹敏、桓谭一班人。但他们只知道攻击图谶的荒谬，对这些儒教徒所持天人感应说的原理，还不能根本上击破，或者还相信这原理。到了仲任，才大胆、有计划地正式攻击。用道家的自然主义攻击这儒教的天人感应说"②。这一梳理相当清楚，但还有两个方面需要申明：一者，对于儒家天人感应学说体系中迷信成

---

① 侯外庐等：《中国思想通史》第二卷，人民出版社 1957 年版，第 268—269 页。
② 黄晖：《论衡校释·自序》，中华书局 1990 年版，第 1 页。

分的攻击自刘歆、扬雄、桓谭实际就已经开始了，可以称为第一阶段。到了王充这里，则更为全面，更为充分，以一套系统的言说展开其论述。二者，王充与前代学者不同的是，其言说的立足点、其思想的方法武器，正是黄老之学中的自然学说。而其所批判的，则不仅仅是儒家。思想史发展到东汉时期，一切虚伪妄说增饰之辞，皆在其抨击的范畴之内。

《论衡·对作》关于其写作的目的说得很清楚：

> 是故《论衡》之造也，起众书并失实，虚妄之言胜真美也。故虚妄之语不黜，则华文不见息。华文放流，则实事不见用。故《论衡》者，所以铨轻重之言，立真伪之平，非苟调文饰辞，为奇伟之观也。其本皆起人间有非，故尽思极心，以机世俗。世俗之性，好奇怪之语，说虚妄之文。何则？实事不能快意，而华虚惊耳动心也。是故才能之士，好谈论者，增益实事，为美盛之语。用笔墨者，造生空文，为虚妄之传。听者以为真然，说而不舍；览者以为实事，传而不绝。不绝，则文载竹帛之上；不舍，则误入贤者之耳。至或南面称师，赋奸伪之说；典城佩紫，读虚妄之书。明辨然否，疾心伤之，安能不论？孟子伤杨、墨之议大夺儒家之论，引平直之说，褒是抑非，世人以为好辩。孟子曰："予岂好辩哉？予不得已！"今吾不得已也！虚妄显于真，实诚乱于伪，世人不悟，是非不定，紫朱杂厕，瓦玉集糅，以情言之，岂吾心所能忍哉！卫骖乘者越职而呼车，恻怛发心，恐上之危也。夫论说者闵世忧俗，与卫骖乘者同一心矣。愁精神而幽魂魄，动胸中之静气，贼年损寿，无益于性，祸重于颜回，违负黄、老之教，非人所贪，不得已，故为《论衡》。

《论衡》一书的总精神，可以用"崇实疾妄"来概括。那么，王充所痛恨的"虚妄"究竟是什么呢？其理论基础又是什么呢？

我们知道，自汉武帝采纳董仲舒的"罢黜百家，独尊儒术"建议后，极力宣扬"天人感应"学说。西汉末年开始，谶纬流行，表现在对于天和天人感应的种种荒唐的解释，表现在灵魂不灭的鬼神论，表现在神秘的先验主义认识论，这些思想认识也表现在现实的社会、人事各个方面，成为流行的众所习以为常的思想。面对思想领域的这一局面，王充"尽思极心"，前后花了三十年时间，完成《论衡》一书，展开针锋相对的斗争。

当然，王充的思想，也绝非无源之水，无本之木，如其所说："今《论衡》就世俗之书，订其真伪，辨其实虚，非造始更为，无本于前也。"我们认为，王充是本于西汉初年盛行一时的黄老思想，尤其是黄老思想中的自然精神。这可以从以下几个方面来证明：

第一，王充最为推崇的是黄老道家。如《论衡·自然》中阐述了他的自然观，其文开头就明确宣布将"试依道家论之"，而全文结尾又总结说"虽违儒家之说，合黄老之义也"。《对作》篇也提到"动胸中之静气，贼年损寿，无益于性，祸重于颜回，违负黄、老之教，非人所贪，不得已，故为《论衡》"。其以黄老之教、黄老之义为自己的思想立场，是很明显的。又王充在《自然》篇中谈到他对黄老学说的认识时说：

> 至德纯渥之人，禀天气多，故能则天，自然无为。禀气薄少，不遵道德，不似天地，故日不肖。不肖者，不似也。不似天地，不类圣贤，故有为也。天地为炉，造化为工，禀气不一，安能皆贤。贤之纯者，黄、老是也。黄者，黄帝也；老者，老子也。黄、老之操，身中恬淡，其治无为，正身共己，而阴阳自和，无心于为而物自化，无意于生而物自成。

之所以推崇黄老道家，在于其接受了西汉初年黄老学说中的气化宇宙论之说，为其理论之基础。宇宙万物皆禀气而生，自然而然，并没有什么神的主宰。黄、老则为"贤之纯者"，也就是最纯粹的贤者，最能把握气化宇宙论精髓的学说。这样，我们可以看到王充将黄老学说置于至高无上的地位。

第二，气化宇宙论基础上的"自然观"。

《论衡·自然》说："天地合气，万物自生。犹夫妇合气，子自生矣。"并进一步阐释说："天动不欲以生物，而物自生，此则自然也。施气不欲为物，而物自为，此则无为也。谓天自然无为者何？气也。"王充所强调的"自然"，即在气的作用之下，万物自生、自为，这就是自然。其说上承《老子》第五章"天地不仁，以万物为刍狗。圣人不仁，以百姓为刍狗。天地之间，其犹橐钥乎？虚而不屈，动而愈出"，同时融合了气化宇宙论，来强调一切都是宇宙之气作用的结果，并没有一个至高无上的天作为主宰。天不会故意化生万物，不会特意地为人而生出五谷丝麻。

第三，以"自然"作为衡量真实与虚妄的标准。

天道自然无为，因此，一切违反自然规律的说法就都需要重新订正了。其中自董仲舒以来最为流行的灾异谴告、祥瑞天命等观念，也是王充首先要破除的迷信。他说：

> 天者，普施气万物之中，谷愈饥而丝麻救寒，故人食谷、衣丝麻也。夫天之不故生五谷丝麻以衣食人，由其有灾变不欲以谴告人也。（《论衡·自然》）
>
> 自然无为，天之道也。命文以赤雀，武以白鱼，是有为也。（《论衡·初禀》）
>
> 夫天道，自然也，无为。如谴告人，是有为，非自然也。黄老之家，论说天道，得其实矣。（《论衡·谴告》）
>
> 阴阳不和，灾变发起，或时先世遗咎，或时气自然。……由此言之，旱不为汤至，雨不应自责，然而前旱后雨者，自然之气也。（《论衡·感类》）

与此同时，对于个人来讲，命运的吉凶祸福、生死寿夭，也同样出自自然之道，适偶之数，而非来自上天的意志。如说：

> 命，吉凶之主也，自然之道，适偶之数，非有他气旁物厌胜感动使之然也。（《论衡·偶会》）

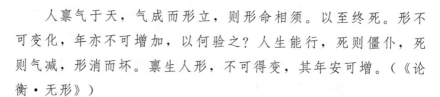

人禀气于天，气成而形立，则形命相须。以至终死。形不可变化，年亦不可增加，以何验之？人生能行，死则僵仆，死则气灭，形消而坏。禀生人形，不可得变，其年安可增。（《论衡·无形》）

俱禀元气，或独为人，或为禽兽。并为人，或贵或贱，或贫或富，富或累金，贫或乞食，贵至封侯，贱至奴仆。非天禀施有左右也，人物受性有厚薄也。（《论衡·幸偶》）

人，物也。物，亦物也。物死不为鬼，人死何故独能为鬼？……人之所以生者，精气也，死而精气灭。能为精气者，血脉也。人死血脉竭，竭而精气灭，灭而形体朽，朽而成灰土，何用为鬼。（《论衡·论死》）

人之死，犹火之灭也。火灭而耀不照，人死而知不惠，二者宜同一实。论者犹谓死者有知，惑也。人病且死，与火之且灭何以异？火灭光消而烛在，人死精亡而形存，谓人死有知，是谓火灭复有光也。（《论衡·论死》）

战国晚期至秦汉时代，皆流行仙道之说，以求长生不老、羽化登仙之术。对此王充也用"自然"的原理，解释那是完全不可能的。因为人禀气于天，生死寿夭，决定于禀气的厚薄，以及外在环境的际遇，不可能额外增加，以死破除仙道的迷信。如其所说：

夫人，物也，虽贵为王侯，性不异于物。物无不死，人安能仙？（《论衡·道虚》）

死生者，无象在天，以性为主。禀得坚强之性，则气渥厚而体坚强，坚强则寿命长，寿命长则不夭死。禀气软弱者，气少泊而性羸窳，羸窳则寿命短，短则蚤死。（《论衡·命义》）

甚至也反对将《老子》的恬淡少欲与仙道长生之术相联系。他在《论衡·道虚》中说：

世或以老子之道为可以度世，恬淡无欲，养精爱气。夫人以精神为寿命，精神不伤，则寿命长而不死。成事：老子行之，逾百度世，为真人矣。夫恬淡少欲，孰与鸟兽？鸟兽亦老而死。鸟兽含情欲，有与人相类者矣，未足以言。草木之生何情欲？而春生秋死乎？夫草木无欲，寿不踰岁。人多情欲，寿至于百。此无情欲者反夭，有情欲者寿也。夫如是，老子之术，以恬淡无欲、延寿度世者，复虚也。

第四，回归真实自然的天人关系。

凡哲学之思，有破必有立。王充在打破因袭的迷信之后，也有自己关于天人关系的重新思考，我们可以说，那是一种回归了真实自然的天人关系。一者，强调顺应自然而为，如《论衡·自然》说：

> 天道无为，听恣其性，故放鱼于川，纵兽于山，从其性命之欲也。不驱鱼令上陵，不逐兽令入渊者，何哉？拂诡其性，失其所宜也。夫百姓，鱼兽之类也，上德治之，若烹小鲜，与天地同操也。

二者，强调人为的辅助。《论衡·自然》言：

> 然虽自然，亦须有为辅助，耒耜耕耘，因春播种者，人为之也。及谷入地，日夜长大，人不能为也。或为之者，败之道也。

三者，强调拂去虚妄不实的认识。如《论衡·订鬼》说：

> 凡天地之间有鬼，非人死精神为之也，皆人思念存想之所致也。致之何由？由于疾病。人病则忧惧，忧惧则鬼出。

其说实际上吸收了《老子》"治大国，若烹小鲜"，"圣人辅万物之自

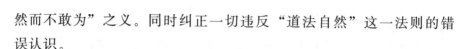

然而不敢为"之义。同时纠正一切违反"道法自然"这一法则的错误认识。

第五，应掌握一套独立思考和判断事实的方法，反对信师而是古。如言：

> 凡天下之事，不可增损，考察前后，效验自列。自列，则是非之实有所定矣。（《论衡·语增》）

> 世儒学者，好信师而是古，以为贤圣所言皆无非，专精讲习，不知难问。夫贤圣下笔造文，用意详审，尚未可谓尽得实，况仓促吐言，安能皆是？不能皆是，时人不知难，或是，而意沉难见，时人不知问。案贤圣之言，上下多相违，其文，前后多相伐者，世之学者，不能知也。（《论衡·问孔》）

> 凡学问之法，不为无才，难于距师，核道实义，证定是非也。问难之道，非必对圣人及生时也。世之解说说人者，非必须圣人教告乃敢言也。苟有不晓解之问，追难孔子，何伤于义？（《论衡·问孔》）

王充的思想体系以"黄老为本"，"违儒家之说，合黄老之义"，并以黄老之"自然"为核心，来重构宇宙、社会、人生的认识体系，以适应当时的社会革新要求，这或许是王充思想产生的重要意义。同时也是老学史从儒道融合、儒显道隐到以道为本的转折的新起点。

第六节 张衡与老学

张衡，字平子，南阳西鄂人。《后汉书·张衡传》称其："世为著姓。祖父堪，蜀郡太守。衡少善属文，游于三辅，因入京师，观太学，遂通五经，贯六艺。虽才高于世，而无骄尚之情。常从容淡静，不好交接俗人。"又称："衡善机巧，尤致思于天文、阴阳、历筭。常好玄经。"

张衡生活在东汉中叶，经历了章帝、和帝、安帝、顺帝四个时期，目睹了东汉王朝的由盛转衰，也深深地思考历史发展的规律和其中的法则。与扬雄、桓谭那一代的学者相比，张衡与老学的关系似乎更加密切了。主要体现在其作品中更多地引用相关文献，发挥老子的思想。按其创作的时代分布看，其十九岁撰写的《二京赋》，三十一岁作浑天仪、《灵宪》、《算罔论》，五十岁作《应闲》，五十八岁作《思玄赋》，都较刘氏、班氏、扬雄、桓谭等前辈学者增加了不少与老子、庄子相关的内容，这是值得注意的。

先来看《二京赋》，其直接化用《老子》之文主要出现在《东京赋》中，如：

> 损之又损之，然尚过于周堂。李善注：《老子》曰：损之又损之，以至于无为也。
>
> 巨猾间釁，窃弄神器。李善注：《老子》曰：天下神器，不可为也，为者败之。韦昭《汉书注》曰：神器，天子玺也。
>
> 睿哲玄览，都兹洛宫。李善注：《尚书》曰：睿作圣，明作哲。《老子》曰：涤除玄览。河上公曰：心居玄冥之处，览知万物，故谓之玄览。王弼曰：玄，物之极也。《广雅》曰：玄，远也。
>
> 清风协于玄德，淳化通于自然。李善注：孔安国《尚书传》曰：风，教也。《老子》曰：为而不持，长而不宰，是谓玄德。王弼曰：玄德者，皆有德不知其至，出于幽冥者也。《老子》曰：天法道，道法自然。王弼曰：自然者，无称之言，穷极之辞。
>
> 为无为，事无事。永有民，以孔安。李善注：《老子》曰：为无为，事无事，我无为而民自化，我无事而民自富。
>
> 使心不乱其所在，目不见其可欲。李善曰：《老子》曰：不见可欲，使心不乱。河上公曰：放郑声，远美人，使心不乱，不邪也。
>
> 终日不离其辎重，独微行其焉如。李善注：《老子》曰：终

日行不离辎重。张揖曰：辎重，有衣车也。按：对此出处，李
善五臣并无异议。

却走马以粪车，何惜腰褭与飞兔。薛综注：却，退也。《老
子》曰：天下无道，戎马生于郊。天下有道，却走马以粪。河
上公曰：粪者，粪田也。兵甲不用，却走马以务农田。然今言
粪车者，言马不用而车不败，故曰粪车也。

思仲尼之克己，履老氏之常足。薛综注：《孔子》曰：克己
复礼。马融曰：克己，约身。李善注：《老子》曰：知足，常
足也。

《二京赋》的主题表面上是在借都城问题批评奢侈，崇尚节俭，实际
上却充满了对国家主流意识形态的反思。独尊儒术所带来的一系列
社会问题，应该有所矫正；关于宇宙、天地、自然万物更深层规律
的把握当有所深思，这大概是张衡作赋的出发点。在张衡看来，一
度退回到只局限于修身养生的老学思想，在纠正现实的政治问题中
也具有重要的指导意义。《二京赋》不仅多处化用《老子》，而且也
多处化用《庄子》《列子》《鹖冠子》《淮南子》中的内容，所以我们
不妨说，年轻时代的张衡就已经在寻求一种时代思想的突破。

再来看张衡《灵宪》，其文描写了宇宙的生成和演化过程，相当
于对宇宙法则的深入思考，同时也反映了他所说的"玄"的含义，
其文曰：

太素之前，幽清玄静，寂寞冥默，不可为象。厥中惟虚，
厥外惟无，如是者永久焉，斯谓溟涬，盖乃道之根也。道根既
建，自无生有。太素始萌，萌而未兆。并气同色，混沌不分。
故道志之言云：有物混成，先天地生。其气体固未可得而形。
其迟速固未可得而纪也。如是者又永久焉。斯谓庞鸿，盖乃道
之干也。道干既育，万物成体。于是元气剖判，刚柔始分，清
浊异位。天成于外，地定于内。天体于阳，故圆以动。地体于
阴，故平以静。动以行施，静以合化。埴郁构精，时有庶类。

斯谓天元，盖乃道之实也。

与此相关还有《玄图》，曰：

> 玄者，无形之类，自然之根，作于太始，莫之与先。包含
> 道德，构掩乾坤。橐钥元气，禀受无原。

综合而言，在张衡看来，宇宙的化生经历了一个极其久远的过程，包括第一个阶段也就是本根的阶段，或称为"太始"，或称为"太素之前"，或称为"玄"。这一阶段"幽清玄静，寂寞冥默，不可为象。厥中惟虚，厥外惟无，如是者永久焉，斯谓溟涬，盖乃道之根也"。第二个阶段是道根既建，无中生有的阶段，也称之为"太素"的阶段。这一阶段由于"太素始萌，萌而未兆。并气同色，混沌不分……其气体固未可得而形。其迟速固未可得而纪也。如是者又永久焉。斯谓庞鸿，盖乃道之干也"。而此一阶段正同于《老子》第二十五章所说"有物混成，先天地生"，第二十一章所说"道之为物，惟恍惟惚。惚兮恍兮，其中有象；恍兮惚兮，其中有物。窈兮冥兮，其中有精；其精甚真，其中有信"。第三阶段，则进入"一生二"的阶段，也就是"道干既育，万物成体。于是元气剖判，刚柔始分，清浊异位。天成于外，地定于内"。比较而言，张衡的宇宙观正是在老子宇宙化生论基础上的进一步发挥，文中称《老子》书为《道志》，也正体现了这样一种推崇关系。

《老子》第四十二章有"道生一，一生二，二生三，三生万物。万物负阴而抱阳，冲气以为和"，至《庄子》《列子》《黄帝书》《鹖冠子》《文子》等也都描述过宇宙的化生阶段，如《列子·天瑞》中说：

> 子列子曰："昔者圣人因阴阳以统天地。夫有形者生于无
> 形，则天地安从生？故曰：有太易，有太初，有太始，有太素。
> 太易者，未见气也；太初者，气之始也；太始者，形之始也；

太素者，质之始也。气形质具而未相离，故曰浑沦。浑沦者，言万物相浑沦而未相离也。视之不见，听之不闻，循之不得，故曰易也。易无形埒，易变而为一，一变而为七，七变而为九。九变者，穷也，乃复变而为一。一者，形变之始也。清轻者上为天，浊重者下为地，冲和气者为人；故天地含精，万物化生。"

这一段话与张衡所说最为接近，然其可信度也存在一定的问题，是否为后世混入《列子》书中的内容，很难确定。《淮南子》中的表述就复杂得多，如《淮南子·俶真训》中说："有始者，有未始有有始者，有未始有夫未始有有始者；有有者，有无者，有未始有有无者，有未始有夫未始有有无者。"似乎还没有非常精练地概括出宇宙化生的不同阶段，只是在使用一种不断往前递推的方法。张衡的成就正在于，其宇宙构成说较《老子》而言更为明确地提出本根之道的阶段，虚无寂静，是为太始，从而和道干的阶段相区别。《老子》所说的"有物混成"相当于道干建立的阶段，混沌恍惚，有象有真，含蕴其中。由此，"道""玄"在宇宙的视野中，变得相对清晰起来。

到了张衡晚年，创作了《思玄赋》《归田赋》等作品。《后汉书·张衡传》曰："衡常思图身之事，以为吉凶倚伏，幽微难明，乃作《思玄赋》，以宣寄情志。"他所思的"玄"究竟是什么意思？《后汉书》李贤注曰："玄，道也，德也。老子曰：玄之又玄，众妙之门。"然而联系到张衡所作《灵宪》，我们知道这个"玄"相当于自然之根，即"太始"之玄，具有更为根本的意义。具体到《思玄赋》《归田赋》的文本中，也有着相似的理路：首先是对现实中吉凶倚伏或者世事无常的罗列与思考，其次就是落脚点都回到了宇宙的终极法则。如《思玄赋》说：

逾痝鸿于宕冥兮，贯倒景而高厉。廓荡荡其无涯兮，乃今窥乎天外。

据旧注曰："瘈鸿宕冥，皆天之高气也。"《思玄赋》又言：

> 默无为以凝志兮，与仁义乎逍遥。不出户而知天下兮，何
> 必历远以劬劳。

虽然也可以看出其综合儒道，既言"无为"，又言"仁义"，但与前代学者不同的是，又回到了司马迁时代的先黄老而后六经的顺序。可见在他的心目中，作为宇宙根本法则的自然无为之道，也应该作为现实人生的根本。

其《归田赋》也是如此，如其结尾曰：

> 感老氏之遗诫，将回驾乎蓬庐。弹五弦之妙指，咏周孔之
> 图书……苟纵心于物外，安知荣辱之所如。

老子的遗诫是什么呢？旧注曰："驰骋田猎，令人心发狂。"又注曰："精神安静，驰骋呼吸，精散气亡，故发狂。"同样体现出儒道融合，但以老子思想为修身之本，再融合周孔的思想倾向。

第十四章　严遵《老子指归》的老学思想

西汉后期蜀地的严遵，撰作《老子注》《老子指归》，成为《老子》书产生之后，现存可知最早专门为《老子》作注释解说的老学著作，在老学史上具有重要的里程碑意义。据《汉书·艺文志》记载，在西汉时代也有一些专门的《老子》注本，如："《老子邻氏经传》四篇。（姓李，名耳，邻氏传其学。）《老子傅氏经说》三十七篇。（述老子学。）《老子徐氏经说》六篇。（字少季，临淮人，传《老子》。）刘向《说老子》四篇。"盖皆为解说《老子》书的章句之学，但都没有真正流传下来，也少有人引用，故不为今人所知。唯严遵《老子指归》今仍传世，故可见其重要地位。

第一节　严遵其人及其著作

严遵（或作尊），字君平，他的生平事迹，最早的可靠记载见于《汉书·王贡两龚鲍传》，其文曰：

> 蜀有严君平，（师古曰：《地理志》谓君平为严遵。《三辅决录》云：……君平名尊，则君平……其字也。）皆修身自保，非其服弗服，非其食弗食。……君平卜筮于成都市，以为"卜筮者贱业，而可以惠众人。有邪恶非正之问，则依蓍龟为言利害。与人子言依于孝，与人弟言依于顺，与人臣言依于忠，各因势导之以善，从吾言者，已过半矣。"裁日阅数人，得百钱足自

养，则闭肆下帘而授《老子》。博览亡不通，依老子、严周之指著书十余万言。扬雄少时从游学，以而仕京师显名，数为朝廷在位贤者称君平德。杜陵李强素善雄，久之为益州牧，喜谓雄曰："吾真得严君平矣。"雄曰："君备礼以待之，彼人可见而不可得诎也。"强心以为不然。及至蜀，致礼与相见，卒不敢言以为从事，乃叹曰："杨子云诚知人！"君平年九十余，遂以其业终，蜀人爱敬，至今称焉。

这段记载中说严遵，字君平，身在蜀地，为扬雄的老师，以卜筮为业，淡泊少欲。同时，他不仅教授《老子》，而且还"依老子、严周之指著书十余万言"。严周就是庄周，则其思想以老庄为宗旨。

另一记载是唐代谷神子在《老子指归》序目小注中所说：

> 严君平者，蜀郡成都人也，姓庄氏，故称庄子。东汉章、和之间，班固作《汉书》，避明帝讳，更之为严。庄、严亦古今之通语。君平生西汉中叶，王莽篡治，遂隐遁炀和，盖上世之真人也。

此记载主要说他原本姓庄，比较合理，也必有所据。采用此说，还可解释其著作中"庄子曰"的疑问。

关于严遵生平事迹的材料并不多，但他留下的著作是研究其思想的主要依据。根据记载，严遵的著作，一为《老子注》，二为《老子指归》。虽然《汉书·艺文志》没有著录严遵的这两部著作，但上文所引《汉书》中已经提到："依老子、严周之指著书十余万言。"严遵留下过著作是可以肯定的。据《隋书·经籍志》著录有："汉征士严遵注《老子》二卷。"陆德明《经典释文叙录》亦有《老子》严遵注二卷。并且此二处记载同时都有说严遵又作《老子指归》。

严遵注《老子》的文字，在唐宋人的著作中，多少有些保留，今人严灵峰《辑严遵老子注》一书颇为完备，很有参考价值。他在序中说：

《老子指归》已非完书，而严注《老子》二卷，唐志已不著录，想散佚已久。惟强思齐《道德真经玄德纂疏》首题："唐玄宗御注并疏，河上公、严君平、李荣注，西华法师成玄英疏，蒙阳强思齐纂。"则强氏纂辑注、疏各书中，称"严曰"者，即为君平注本。则五代、宋初严注原书固尚存人间也。兹分别抄录，并辑宋陈景元《道德真经藏室纂微篇》、李霖《道德真经取善集》、刘惟永《道德真经集义》、范应元《道德经古本集注》诸书有关严注文字，或属《指归》佚文，盖严注与《指归》二本并为一家之言，皆明理国之道，其旨当无大别，则二书复出之文，自可相互为用。为"注"为"论"，仅为详略之分，原无轩轾，故并加采摭，以为补苴，并略校异同。……仍从八十一章旧制，免生无谓之辩。

《老子指归》，《隋书·经籍志》著录作十一卷，《经典诗文序录》载严遵《老子指归》十四卷，《旧唐书·经籍志》《新唐书·艺文志》则著录严遵《老子指归》十四卷、冯廓《老子指归》十三卷。至《宋史·艺文志》及晁公武《郡斋读书志》则只有严遵《老子指归》十三卷。《郡斋读书志》曰："《老子指归》十三卷，后汉严遵君平撰，谷神子注。其章句颇与诸本不同，如以'曲则全'章末十七字为后章守之类。此本卷数与廓注同，其题谷神子则不显姓名，疑是廓也。"

今传本有明刊正统《道藏》本《道德真经指归》。原十三卷，前一到六卷缺，今存第七到第十三卷。是书前有长序叙述著作宗旨，次列《君平说二经目》，次卷之七，始于"上德不德"章，终于卷之十三"信言不美"章。原本无标题，所缺前六卷，有《道德真经指归辑佚》。

明汲古阁刊津逮秘书本《道德指归论》，收入严灵峰《无求备斋老子集成》及《丛书集成初编》。所存有六卷，前有谷神子《严君平道德指归论序》，序文前段与《道藏》本所附序文同，为介绍严君平生平之语。后半部分谈其书的编纂为《道藏》本所无。其文曰：

其所著有《道德指归论》若干卷，陈隋之际已逸其半，今所存者，止论德篇，因猎其讹舛，定为六卷，而以其说目冠于端，庶存全篇之大义尔。谷神子序。

《道藏》本七卷，此本六卷。《道藏》本没有这段谷神子的序言，而此本有。从序言看，此本经过重新剪裁整理，故当以《道藏》所收的七卷本为唐宋以来十三卷残本缺八卷的原本。

据卷前所作的《君平说二经目》可知，其书原本作七十二章，其文曰：

庄子曰：昔者《老子》之作也，变化所由，道德为母，効经列首，天地为象。上经配天，下经配地。阴道八，阳道九。以阴行阳，故七十有二首。以阳行阴，故分为上下。以五行八，故上经四十而更始。以四行八，故下经三十有二而终矣。

严君平提出的是阴八阳九，以阴行阳，故七十二首。对此，林希逸《老子鬳斋口义·发题》提出：老子著书上下篇五千余言，"其上下篇之中虽有章数，亦犹系辞上下，然河上公分为八十一章，乃曰上经法天，天数奇，其章三十七。下经法地，地数偶，其章四十四。严遵又分为七十二，曰阴道八，阳道九，以八乘九得七十二。上篇四十，下篇三十二，初非本旨，乃至逐章为之名，皆非也"。其说当是。帛书甲乙本《老子》都是《德经》在前，《道经》在后。但均为连续抄写，没有明确的分章，甲本在少数段落前有圆形墨点，盖为分章符号。乙本则没有。北大简则章首有圆形墨点，每章另起一简抄写，章尾未写满则留空。共分七十七章。也是《德经》在前，《道经》在后。上经四十四章。下经三十三章。严遵本的《道经》在前，《德经》在后，七十二章的文本结构，正反映了《老子》早期传本字数、上下基本定型但篇序、章数及章序并未定型的特点。然而从严遵本的文本结构，我们也能看到其书当为较早将《老子》一书上下经的顺序调整为《道经》在前，《德经》在后的。据宋谢守灏《混元圣纪》引《七略》云："刘向雠校中《老子》书二篇……定著二篇，八十一章。上经第一，三十七章，下经第二，四十四章。"如果其说属实的话，严遵论著《老子》之时，可能并没有看到刘向的整理编定本，而是根据不同的《老子》传本进行研究的。

关于严遵《老子指归》一书的真伪问题，在清代以前，并没有人怀疑。至清代，学者全祖望提出："疑是书乃赝本，非君平之作也。"① 《四库全书总目提要》也说："《陆游集》有是书跋，称为《道德经指归》古文，亦以经文为言。此本乃不载经文，体例互异。又《谷神子》注本晁氏尚著录十三卷，不云佚阙，此本载《谷神子》序乃云陈、隋之间已逸其半，今所存者止《论德篇》，因猎其讹舛，定为六卷。与晁氏所录亦显相背触。且既云佚其上经，何以《说目》一篇独存？至于所引《庄子》，今本无者十六七。"② 针对这些质疑，今人多认为《老子指归》一书非伪书，只不过可能有后人附益的成分。如严灵峰著有《辨严遵〈道德指归论〉非伪书》及《附辑〈道德指归论〉上卷佚文》。我们可以特别提出的是，《四库全书总目提要》中认为《老子指归》中的"庄子曰"，指的是"庄周"，这是误读，无须辩驳。第二，《四库全书》所依据的底本是胡震亨本，其所说序文本来是《道藏》本所没有的。第三，《道藏》本即经文夹注，后列指归。因此，并不能因此序而判定此书之伪。然而究竟为何今传本保留《说二经目》，却失去了前六卷，由于史料的阙如，目前尚未可论。然七卷《道藏》本非为伪造，当是可信的。今人郑良树也根据《老子指归》与帛书本《老子》的比较，提出今传本应该都是西汉末年严君平的真品，非后人所能赝托。③

今存《老子指归》一书虽为残本，但《道藏》中强思齐《道德真经玄德纂疏》、李霖《道德真经取善集》、陈景元《道德真经藏室纂微篇》及范应元《道德经古本集注》等，都引用了《老子指归》。

① 全祖望：《鲒埼亭集外编》卷三十四《读道德指归》，见《续修四库全书·集部·别集类》第 1430 册。

② 永瑢、纪昀主编：《四库全书总目提要·子部·道家类》，文渊阁四库全书第 1055 册。

③ 参见郑良树：《老子新论》，上海古籍出版社 2011 年版，第 436 页。

若就上述诸书辑校，当可获相对完整的《老子指归》。

第二节 《老子指归》的思想内容

一、以"道德"为宇宙本原

严遵作《老子注》和《老子指归》，归根结底就是要简明扼要地指明《老子》思想的宗旨所在，因而，《道德指归论》作为名称是恰当的。该书虽然只存后半部分，但从体例上看，其全书紧扣"道德"两字，如《上德不德》篇开宗明义地说：

> 天地所由，物类所以，道为之元，德为之始，神明为宗，太和为祖。道有深微，德有厚薄，神有清浊，和有高下。

又《上士闻道》篇首说：

> 道德天地，各有所章，物有高下，气有短长。各乐其所乐，患其所患，见其所见，闻其所闻，取舍殊缪，畏喜殊方。

因此，也可以说，严遵的理论体系中，道德，正是宇宙的指归。而其所理解的道、德，究竟是什么？其《道生一》篇描述说：

> 有虚之虚者，开导禀受。无然然者，而然不能然也。有虚者，陶冶变化，始生生者，而生不能生也。有无之无者，而神明不能改，造存存者，而存不能存也。有无者，纤微玄妙，动成成者，而成不能成也。故虚之虚者生虚虚者，无之无者生无无者，无者生有形者。故诸有形之徒，皆属于物类。物有所宗，类有所祖。天地，物之大者，人次之矣。夫天人之生也，形因

> 于气，气因于和，和因于神明，神明因于道德，道德因于自然，
> 万物以存。故使天为天者，非天也。使人为人者，非人也。

严遵认为宇宙的本原是道，这一点和《老子》的看法是一样的。即
"万物所由，性命所以，无有所名者谓之道"。然而道是什么、道之
前还有什么等问题也随之产生。严遵吸收了汉代宇宙化生论者的宇
宙观，力求继续追溯探究，所以才有了这段议论，似乎想要追问虚
无以前生虚无的东西。然而，我们可以看出来，严遵强调虚无的自
然作为本原之道，其实无非是想要着重强调万物的产生和万物的背
后，并没有一个有意志的主宰，"万物之生也，皆元于虚，始于无"，
"故使天为天者，非天也。使人为人者，非人也"。一切都是虚无的
自然运化的结果。故"夫天人之生也，形因于气，气因于和，和因
于神明，神明因于道德，道德因于自然，万物以存"。这样一种言说
的指向还是非常明确的。

"道非虚无自然，严平不演"，这是对严遵核心思想的一个极为
恰当的评价。严遵虽然和汉初的黄老道家一样在探讨宇宙的本原以
及道德天地的发生问题，但强调了道德的本质乃虚无的自然，其根
本目的在于反驳当时流行已久的"天人感应"说中的灾异谴告、祥
瑞之类的迷信认识，为回归自然而然的宇宙和社会思想提供理论的
基础。

二、欲治天下，先治其心

和汉初的黄老道家相比，严遵虽然也提倡"无为而治""不言之
教"，但并没有强调仁义礼法的融合、因循权变，而是主张回归真正
的清静无为、回归心灵的纯朴，不论是君主还是百姓，都要回归自
然之道的境界，他在《上士闻道》篇说：

> 圣人之道，深微浩远，魁魁忽忽，魁魁忽忽，冥冥昭昭。

---

① 　陈寿：《三国志》卷三十八《蜀书八·秦宓传》，中华书局 1982 年版，第 973 页。

虚无寂泊，万物以往。纤微高大，无有形象。穷而极之，则知不能存也；要而约之，则口不能言也；推移离散，则书不能传也。何则？进道若退，亡道若存，欲治天下，还反其身。静为虚户，虚为道门，泊为神本，寂为和根，音为气容，微为事功。居无之后，在有之前，弃捐天下，先有其身，养神积和，以治其心。心为身主，身为国心，天下应之，若性自然。

再如《道生一》篇注：

故众人之教，变愚为智，化弱为强，去微归显，背隐为彰，暴宠争逐，死于荣名。圣人之教则反之。愚以之智，辱以之荣，微之以显，隐之以彰，寡之以众，弱以之强。去心粹意，务于无名，无知无识，归于玄冥。殊途异指，或存或亡。是以强秦大楚，专制而灭；神汉龙兴，和顺而昌。故强者离道，梁者去神，生主以退，安得长存？不求于己，怨命尤天，圣人悲之，以为教先。书之竹帛，明示后人，终世反之，故罹其患。

据上所述，严遵的社会政治思想，更接近于原始老子和原始庄子的政治理想，强调精神的境界，以及整个社会的精神还淳。经过战国黄老学的大发展以及汉初黄老学的全面实践，原始老庄学当中的内圣道家派实际上已经被道家本身所部分否定了。严遵重新向内圣道家派的回归，则说明黄老学中的某些思想因素在他看来也需要加以革新扬弃，从而重新塑造道家的思想内涵和精神形象。

三、融贯《老》《庄》《易》

严遵"雅性淡泊，学业加妙，专精大《易》，耽于《老》《庄》"[1]，这是被众所认同的评价。融会贯通《老》《庄》《易》这三部书，也是其思想的一个显著的特点。《老子》中没有而《庄》《易》

---

[1]　常璩：《华阳国志·蜀郡士女》，巴蜀书社 1984 年版，第 761—762 页。

中有的"太极""太和""神明"，则被吸收过来，用以解释发挥《老子》的思想。而且其阐释的方式是道德、神明、太和、太极等融合一体，体现了一种系统的思维。如《至柔》篇曰：

> 道德至灵而神明宾，神明至无而太和臣。清浊太和至柔无形，包裹天地，含囊阴阳，经纪万物，无不维纲。或在宇外，或处天内，人物借之而生，莫有见闻。霭不足以为号，弱不足以为名，圣人以意存之物也，故字曰至柔，名曰无形。是以无形之物不以坚坚，不以壮壮，故能弊天地，销铜铁，风驰电骋，经极日月，周流上下，过飘历忽，安固翱翔，沦于无物。

正如谷神子注所说："神明是道德之外用，故称宾。太和是神明用之捋成，故称臣。"道德、神明、太和是为一个由本体而外用的系统整体。再如《得一》篇曰：

> 一者，道之子，神明之母，太和之宗，天地之祖。

《出生入死》篇曰：

> 道德、神明、清浊、太和浑同，沦而为体，万物以形。

《含德之厚》篇曰：

> 道德虚无，神明寂泊，清静深微，太和滑淖，听之寂寥，视之虚易，上下不穷，东西无极。

诸如此类，不胜枚举，可以看出严遵不是孤立地去呈现一个词语及其背后的意义。我们知道，《老子》有对"和"的描述，如第四十二章"万物负阴而抱阳，冲气以为和"，至《周易·乾卦》"象曰"有"保合太和，乃利贞"。严遵不仅以"太和"释道，而且建构了

"道——神明——清浊——太和"的系统理论，这应该是严遵思想的一个新的贡献。

1. 独特的发挥

严遵在释《老》论《老》的过程中，也提出了一些较为独特的见解，比如《老子》第五十章有"出生入死。生之徒，十有三。死之徒，十有二。人之生，动之死地，亦十有三"，如何解释"十有三"？《韩非子·解老》说："人之身三百六十节，四肢九窍，其大具也。四肢与九窍十有三者，十有三者之动静尽属于生焉。属之谓徒也，故曰：生之徒也，十有三者。至其死也，十有三具者皆还而属之于死，死之徒亦有十三……故曰：民之生生而动，动皆之死地，亦十有三。"河上公采用此说曰："言生死之类各有十三，谓九窍四关也。其生也，目不妄视，耳不妄听，鼻不妄香臭，口不妄言味，手不妄持，足不妄行，精不妄施，于其死也反是。"严遵在《出生入死》篇则另有解说曰：

> 是故，虚、无、清、静、微、寡、柔、弱、卑、损、时、和、啬，凡此十三，生之徒；实、有、浊、扰、显、众、刚、强、高、满、过、泰、费，此十三者，死之徒也。夫何故哉？圣人之道，动有所因，静有所应。四肢九窍，凡此十三，死生之外具也；虚实之事，刚柔之变，死生之内数也，故以十三言诸。

认为把《老子》的"十有三"解释为"四肢九窍"是不准确的，这只不过是人的形体的部分，真正起决定作用的，应当是人的内在精神。其说紧扣自然、无为，其论述不能不令人赞赏，不能不承认其对老学研究的新贡献。后来王弼作注说："十有三犹言十分有三分"，这是另一种说法，就不详谈了。我们认为，严遵的解读和发挥更有意义和道理，也比较符合老子清静无为的思想。

2. 显著的社会批判精神

严遵在对理想社会进行勾画的同时，也对现实中虚伪逐末的风气给予深刻的批判和揭露。如《上德不德》篇说：

> 夫礼之为事也，中外相违，华盛而实毁，末降而本衰。礼薄于忠，权轻于威，信不及义，德不逮仁。为治之末，为乱之元，诈伪所起，忿争所因。故制礼作乐，改正易服，进退威仪，动有常节，先识来事，以明得失，此道之华而德之末，一时之法，一隅之术也。非所以当无穷之世，通异方之俗者也。是故祸乱之所由生，愚惑之所由作也。

再如《为学日益》篇说：

> 使日下之民皆执礼易，通诗书，明律比，知诏令。家一吏，里一令，乡一仓，亭一库。明察折中，强武求盗。天下重足而立，侧目而视。父子不相隐，兄弟不相容。此事之极，无益于治。

批判的矛头指向儒家的繁文缛节所带来的"华盛而实毁，末降而本衰"的弊端。认为"制礼作乐，改正易服"是"祸乱之所由生"。也认为尚名法的"明察折中，强武求盗"，"无益于治"。此外，如在《知不知》篇公开揭露"郊祀天地名山大水，封于太山，禅于梁父。流渐相承，或然或否，断狱万数，黥人满道，臣杀其君，子杀其父，亡国破家，不可胜数"。

表面上看，严遵也说过"神汉龙兴"这样的歌颂之辞，如《道生一》篇曰：

> 是以强秦大楚，专制而灭；神汉龙兴，和顺而昌。故强者离道，梁者去神，生主以退，安得长存？不求于己，怨命尤天，

圣人悲之，以为教先。书之竹帛，明示后人，终世反之，故罹其患。

但整体来看，其本意并非歌颂而是在敲警钟，要明示后人，"专制而灭"，"和顺而昌"。这是汉代统治者所必须注意的。

以上仅就一些主要的方面介绍了严遵的思想及其特点，其实他的《老子指归》以及《老子注》中还有不少精彩的观点和论述。例如《道生》篇中关于"性、命、情、意、志、欲"的讨论，《人之饥》篇中关于"分"的讨论，以及《不出户》篇关于"同体"的看法等。从严遵老学的整体来看，扬雄对他的评论还是比较恰当的："蜀严湛冥，不作苟见，不治苟得，久幽而不改其操，虽随、和何以加诸？"①

四、严遵思想的深远影响

严遵的《老子》注释与演说，可以说近启扬雄、桓谭、王充，远接两百多年后的魏晋玄学。魏晋玄学强调"本无"，也即强调"虚无""自然"为本体之道的根本属性。王弼在《老子指略》中说：

> 夫物之所以生，功之所以成，必生乎无形，形由乎无名。无形无名者，万物之宗也。

又在《周易注·复卦》"复其见天地之心乎"句下注曰：

> 复者，反本之谓也……天地以本为心者也。……然则天地虽大，富有万物，雷动风行，运化万变，寂然至无是其本矣。

又在注《老子》第二十五章"道法自然"时说：

---

① 班固：《汉书》卷七十二《王贡两龚鲍传》，中华书局1962年版，第3057页。

道不违自然，乃得其性。法自然者，在方而法方，在圆而法圆。于自然无所违也。自然者，无称之言，穷极之辞也。

王弼言天地以无为本，而且是"寂然至无"，即虚无之义。又说自然是无法表述的存在，这些都和《老子指归》的思想非常接近。玄学思想无疑直接来源于《老》《庄》《易》，但思想的链条不可能是中断的，严遵及其老学思想可以说是道家内圣派老学思想发展链条中的重要一环。

第十五章　河上公《老子注》的老学思想

河上公《老子注》是现存最为完整、时代较早、影响较大的《老子》注本之一，也可以说是老学史上一座重要的里程碑。关于此书的作者、成书年代，虽然古今中外已有很多考证，但至今仍说法众多、聚讼纷纭。它的作者、时代、思想内容及其在老学发展史上的地位和价值，都有必要进一步地加以梳理。

第一节　河上公其人

《隋书·经籍志》子部道家类记载：

> 老子《道德经》二卷：周柱下史李耳撰。汉文帝时，河上公注。梁有战国时河上丈人注《老子经》二卷。汉长陵三老毋丘望之注《老子》二卷。汉隐士严遵注《老子》二卷。虞翻注《老子》二卷，亡。

观此文意，老子《道德经》二卷，在当时有河上公注本。又有梁代记录的河上丈人注二卷本、毋丘望之注二卷本、严遵注二卷本、虞翻注二卷本，但都已经亡佚。那么，是否有名称相近的"河上公"和"河上丈人"两种注本，是否真有河上公和河上丈人两个不同的人，这些就都是问题了。

司马迁写《史记》最早提到河上丈人，见《史记·乐毅列传》：

乐臣公善修黄帝、老子之言，显闻于齐，称贤师。太史公曰：始齐之蒯通及主父偃读乐毅之报燕王书，未尝不废书而泣也。乐臣公学黄帝、老子，其本师号曰河上丈人，不知其所出。河上丈人教安期生，安期生教毛翕公，毛翕公教乐瑕公，乐瑕公教乐臣公，乐臣公教盖公。盖公教于齐高密、胶西，为曹相国师。

通过司马迁的记载可以看出，河上丈人是战国时隐于齐地、黄老学派的一位祖师，弟子有安期生、毛翕公、乐瑕公、乐臣公、盖公、曹参等。但是司马迁对河上丈人的生平已是"不知其所出"，也并未提及其注《老子》。至魏晋之际，皇甫谧《高士传》才将河上丈人与《老子章句》联系起来：

河上丈人者，不知何国人也。明《老子》之术，自匿姓名，居河之湄，著《老子章句》，故世号曰河上丈人。当战国之末，诸侯交争，驰说之士咸以权势相倾，唯丈人隐身修道，老而不亏。传业于安期生，为道家之宗焉。

唐宋以来，关于此书的讨论不少。书的流传是客观存在的，说是"伪书"也主要是从作者和成书时代这两个方面来讲的。

作者是伪托的，这一点似乎问题不大。有人对此做过比较细致的考证，其结论说：

战国之末，当有"河上丈人"，但并未为《老子注》。汉文帝时，实无河上公其人，更无所谓《老子章句》，今所传《老子河上公章句》，盖后汉人所依托耳……"公"与"丈人"二辞，其义无别。假托之人，盖偶题为河上公耳……盖彼无名氏之长者，以其居河之滨，谓之河上丈人可，谓之河上公，孰曰不可？若仿《汉志》"郑长者"之例，即号曰河上长者，似亦未尝不可也。①

---

① 王明：《〈老子河上公章句〉考》，见《道家和道教思想研究》，中国社会科学院出版社 1984 年版，第 302—304 页。

其实这个问题并不复杂，葛玄作《老子章句》序时已经说明："河上公者，莫知其姓名也。"虽然引用了一段河上公授汉文帝《老子》的传说，但最后又交代说：

> 太上道君遣神人特下，教之便去耳。恐文帝心未纯信，故示神变以悟帝意，欲成其道真，时人因号曰河上公焉。

无论从宗教的角度，还是从交代事情原委的角度看，河上公其实并无其人。①

第二节　关于河上公《老子注》的时代

河上公的《老子注》是确实有的，毋庸置疑。然关于此本的撰注时间，从唐代开始就成为一个讨论的焦点。至近代以来，更是聚讼纷纭。大的分歧有两种，一种认为在魏晋以后，一种认为在汉代。

主张魏晋以后的以王弼本和葛洪本为参照，认为河上注当晚于王弼注，甚至晚于葛洪。这以章太炎、唐文播、高明、马叙伦、蒙文通、劳健和谷方等为代表。如唐文播根据陆德明《老子音义》，提出"河上、王弼两本，小有出入，初非截然不同者也。抑有进者，河上公本每较王本为简，似又就王本而有所删落者"，由此推断"所谓河上公老子章句者，其成于王弼之后，王羲之之前一百三十年间"。② 再如马叙伦认为河上注晚于王弼注，成书时代应晚于魏晋时期，理由是河上本里关于"魂者"与"天门"的注说不见于汉代，且"亦有弼注伪入经中而河上乃并弼注亦注之"，"亦有弼注后经文

---

① 参见熊铁基、马良怀、刘韵军：《中国老学史》，福建人民出版社1995年版，第182页。

② 唐文播：《河上公老子章句作者考》，《东方杂志》1943年第39卷第9号。

始有错伪者，而河上本亦同其错伪。以此证之，盖出于王本乱离错伪之后"。① 谷方则认为，河上本与《抱朴子》属于同一思想体系，成书年代当在东晋至南北朝期间，很可能是葛洪为宣扬道教而假托的，或者为其与门徒所作。理由有四：养生目标与成仙目标相同，"去六情"与"除六害"一致，"国身同一"理论相同，使用术语如"内视反听"之相同。②

认为河上本成书于汉代的，具体还有不同的分歧。一部分学者认为应成书于东汉中后期，早于王弼注。这一观点以饶宗颐、冯友兰、王明、汤一介、李刚及王卡等为代表。饶宗颐通过对敦煌出土《老子想尔注》与河上本的比较，认为"《想尔》立义与河上间有同者，而训诂违异实多，就其异中之同处，又可推知《想尔》袭取河上之迹，因知《想尔》应出河上之后焉"③。王明认为"《河上公章句》者，盖当后汉中叶迄末年间，有奉黄老之教者，为敷陈养生之义，希幸久寿不死，托名于河上公而作"，"其书之行世，当在王弼注之先"。通过考察葛玄《老子经序诀》，认为"大体尚系葛玄之旧文，葛仙公即见河上公老子章句，撰序诀"。然序诀体式与内容，"或经后人窜改，今第一段文叙老子事略，第二段叙河上公事迹，葛仙公心目中以为汉有'河上公'注《老子》，故依时代先后，先序《老子》，次'河上公'"，从侧面说明，河上公注老时间为汉代。④ 汤一介多依王明观点，另又提出可以从各种道书言及河上公注本的现象来推测其成书年代，他得出两点结论：第一，《河上公注》或《想尔注》或均成书于五千文本《老子道德经》后；第二，据道书中所引材料均把《想尔注》列于《河上公章句》之后，且《注诀》和《洞真太上太霄琅书》说明了两者不同，断定《河上公章句》成书于

① 马叙伦：《老子校诂·序》，中华书局 1974 年版，第 6—7 页。

② 谷方：《河上公〈老子章句〉考证——兼论其与抱朴子的关系》，见《中国哲学》第七辑，生活·读书·新知三联书店 1982 年版，第 41—57 页。

③ 饶宗颐：《老子想尔注校证》，上海古籍出版社 1991 年版，第 79 页。

④ 王明：《老子河上公章句考》，《国立北京大学五十周年纪念论文集（文学院第十八种）》，1948 年 12 月。

《想尔注》之前。① 王卡亦认为该书大约成书于东汉中后期。理由一是在李善《文选注》中有薛综注引河上公《老子注》一条，若该引文可靠，则证明《河上公章句》的问世在三国以前；二是章句之体，西汉已有，但东汉后期尤为盛行；三是河上注文主要以汉代黄老思想解说《老子》，而与魏晋玄学家以哲学本体论解《老》有所不同，更不同于东晋南朝以后道教徒以掺杂佛学义理的重玄哲学疏解《老子》；四是《汉书·艺文志》未著录此书，而且据孔颖达《礼记正义》称，东汉学者马融注《周礼》，始采用"就经为注"，改变以前经文和注文分开的形式。所以河上注应成书于马融之后。②

一部分学者认为当成书于西汉后期至东汉中叶之间，这一观点以熊铁基、王宝利、杨义银、郑灿山以及韩国吴相武等为代表。熊铁基等者的《中国老学史》认为该书有明显的黄老思想而无成仙思想，不会与道教的形成直接接轨，故而其成书时间不晚于东汉末，大体时间约在西汉后期或东汉前期。③

一部分学者认为成书于西汉时期，以金春峰、孙以楷等为代表。金春峰曾撰文回应谷方的观点，他从三个方面讨论，认为《河上公章句》成书应不晚于宣成之世。第一，通过考证，认为"《河上公章句》思想与《抱朴子》思想迥异"。第二，《河上公章句》"多用古义、汉义、实义注老并使用汉代之专有名词"，且"反映汉代黄老思想特征"，故该书为汉人所著。第三，通过与"五行休王"、《道德指归》之思想、《今文齐诗》之"终始五际、五性六情"等概念的比对，推断"《河上注》当在王充与《白虎通》《道德指归》前，不晚于宣成之世"。④ 孙以楷通过与马王堆帛书《老子》甲、乙本及其他黄老帛书的对比分析，认为河上本成书于文景之世，并指出该书

---

① 汤一介：《早期道教史》，昆仑出版社 2006 年版，第 110—122 页。

② 王卡点校：《老子道德经河上公章句·前言》，中华书局 1993 年版，第 2—3 页。

③ 熊铁基、马良怀、刘韶军：《中国老学史》，福建人民出版社 1995 年版，第 185 页。

④ 金春峰：《也谈老子河上公章句之时代及其与抱朴子之关系——与谷方同志商榷》，《中国哲学》第九辑，生活·读书·新知三联书店 1983 年版。另见金春峰：《汉代思想史》附录三，中国社会科学出版社 1987 年版，第 660—695 页。

"多处避高祖、文帝、景帝讳",进而得出结论:该书最迟在汉景帝时已成书,并且得到流行。①

通过以上叙述,可以看到前人的研究成果丰硕,同时也存在较大的争议。其中有几个问题需要重新加以讨论。

首先,判断河上公注《老子》的时代早晚,现存的重要依据就是河上公《老子注》。但我们通常看到的河上公本《老子》或为建刻宋本,或为明刊《道藏》本。近年来敦煌写本、日抄本河上公《老子注》陆续问世,其与传世本河上公《老子注》多有异文,故首先应在文本校勘基础上,再去比较其与其他典籍的关系。

其次,关于作者和成书时间问题,还有一点人们很少考虑,也就是究竟作者是什么人,为什么要假托为"河上公""河上丈人"?

一种就是成书于魏晋以后的主张者,认为是"后世道士者流"的伪托。但是河上注毕竟不是道教经典,思想内容还相去甚远,虽有养生乃至精神上的神域,但绝无成仙的思想。这一点杜光庭已经指出:

> (老子)诠注疏解,六十余家。言理国,则严氏、河公,杨镳自得。②

也就是说河上注是具有明显的黄老特点的。那么,具有黄老思想的人注《老子》,何以隐姓埋名而伪托河上公呢?如上所述,道家历来崇尚"无为""无名",因而趋于归隐,严遵即为一例,他之所以有些事迹被记载下来,多半是扬雄推崇的结果。否则,严遵是谁恐怕后人也要颇费考证了。自西汉独尊儒术之后,道家更趋隐而不显。再加上河上公《老子注》又名为《河上公章句》,而"章句"一词也多半是在汉儒为六经作训诂、注解之风影响下而产生的,正如东汉王逸有《楚辞章句》,亦如此命名。因此,参考各种意见之后,我们

---

① 孙以楷主编,陈广忠、梁宗华著:《道家与中国哲学·汉代卷》,人民出版社2004年版,第50、55页。

② 杜光庭:《道德真经广圣义》卷一《叙经大意解疏序引》,凤凰出版社2017年版,第5页。

只能得出一个大概的认识：河上公《老子注》当为汉代的著作，从其思想性质来看，仍未与道教的形成直接接轨，故成书的时间大概是西汉后期至东汉前期。

再次，今传本河上公《老子注》前有太极左仙翁葛玄所作序，从敦煌本、日抄本来看，也都有这篇序文附于河上注之前。虽然各本的内容颇有出入，但不能否认葛玄曾作序的事实。葛玄出生于公元164年，卒于244年，主要活动在汉末吴初的吴地。若其为河上公《老子注》作序可靠，则说明该书应至少在东汉就已经流传了，不可能晚到魏晋时代。

最后，从目录学的角度看，河上注虽不见于《汉书·艺文志》，但见于《经典释文》《隋书·经籍志》《旧唐书·经籍志》《新唐书·艺文志》等载录。在隋唐之前亦颇见引用，如薛综注《东京赋》"却走马以粪车，何惜騕褭与飞兔"曰："却，退也。《老子》曰：天下无道，戎马生于郊。天下有道，却走马以粪。河上公曰：粪者，粪田也。兵甲不用，却走马以务农田。然今言粪车者，言马不用而车不败，故曰粪车也。何惜，言不爱之也。"薛综生活在汉末三国吴时期，他引用到《老子》河上公注，说明了当时该书在吴地流传的现实情况。葛玄序《老子》与薛综引用河上公《老子注》，亦可形成一定的互证，表明河上公《老子注》至少在东汉已经流传了。

但必须注意的是，《河上注》在流传的过程中，出现了文本的变异。

第三节　关于河上公《老子注》的版本问题

河上公《老子注》自汉魏之际开始流传，见诸记载，至东晋、南朝、唐代皆广为流传，至唐初陆德明《经典释文》所引《河上公章句》，就有所谓"河上本"与"河上一本"。今存河上公《老子注》的重要版本有：

1. 经幢本

此幢刻于唐广明元年（880），清咸丰五年（1855）发现于江苏泰州。幢已残损，文字剥蚀严重。所刻为《道德经》白文，其第四面刻有"老子德经河上公章句"字样，可知其经文本于河上注本。

2. 敦煌写本及唐人文献中的引述

敦煌写本及唐人引述文献可以说是今天所能见到的最早的河上公注本了。《敦煌遗书》中有唐抄《河上章句》三种，即 S477、S4681—P2639、S3926 号写本。另外陆德明《经典释文》、魏徵《群书治要》、马综《意林》、李善《文选注》等唐代典籍亦有摘录或引述。镇江焦山寺有唐刻河上本《道德经幢》。以上诸本皆残缺不全，但尚可大致窥见唐代传本原貌，并可以之鉴别后代传本之优劣。唐代传本章均无章名，是与后代传本的重要区别。①

敦煌本《老子》写卷中，河上公本最多，可见当时流传之兴盛。朱大星总结其规律曰："注本河上公《老子》似乎主要是通过学校教育的途径流传"，而"无注本河上公《老子》则主要是通过宗教途径传播的。据敦煌写卷可知，无注本河上公《老子》是初入道门信徒修习持诵的常用经典，并往往与《十戒经》结合流传"。②

3. 日旧钞本及和刻本

狩野直喜有《旧钞本老子河上公注跋》，称旧钞本。《老子》河上公注之见于日本的有五种，包括近卫公爵藏本、大阪府立图书馆本、久原文库本、内藤炳卿本和奈良圣语藏尊藏本。他同时指出，日本所传活字刊本亦据旧钞而稍改之，是以经注文字，与宋以后刊本多异。其为奈良圣语藏卷所作跋对日钞本的校勘价值评价甚高，认为"今本之同王本，是则由后人妄改，非河上旧本。凡如此类，

---

① 以上参见王重民：《敦煌古籍叙录》，中华书局 1979 年版。
② 朱大星：《敦煌本老子研究》，中华书局 2007 年版，第 301—313 页。

可据此本以证也。至注文其足以融释疑滞，厘正讹谬者，什倍本经"①。

比较日旧钞本与敦煌本，则敦煌本各章均无章名，而日旧钞本章名章序与今传刻本相同。然日旧钞本冠首之序与敦煌本、今传宋刻河上本都有着较为明显的差异。日旧钞本河上公《老子注》题名曰《河上公章句》，卷首所冠《老子经序》未题作者名。就内容来看也有不同，今以日本现存最早且最完整的梅泽本为例，对比如下：

老子者，盖上世之真人也。其欲见于世，则解形还神，入妇人胞中，而更生，示有所始。当周之时，因母氏楚苦县厉乡曲仁里李氏女任之八十一岁，应天太阳历数而生，生有老征。人皆见其老，不见其少，欲谓之婴儿，年已八十矣。欲谓之老父，又且新生。故谓之老子。名重耳，字伯阳，仕周为守藏室史。孔子适周，问礼于老子。老子曰："子之所言，其人骨已朽矣，独其言在耳。且君子得其人则嘉祥，不得其人则蓬累而行。吾闻之，良贾深藏若虚，君子盛德，容貌若不足。去子之骄气与多欲，态色与淫志，是皆无益于子之身也。吾所以告子，若是而已。"孔子去，谓诸弟子曰："鸟吾知其能飞，鱼吾知其能游，兽吾知其能走。走者可为罗，游者可为缗，飞者可为矰。至于龙，吾不能知，乘云风而上，吾今日见老子，其犹龙邪。"老子修道，其学以自隐无名为务，居周久，平王时见周衰，乃遂去至关，关令尹喜，望见东方有来人，变化无常，乃谒请之。老子知喜入道，于是留与之言。喜曰："子将隐矣，强为我著书。"于是老子著上下二篇，八十一章，五千余言，故号曰《老子经》。已而去，莫知其所终。盖老子百六十余岁，或言二百余岁。以其修道而养寿也。老子之子名宗，宗为魏将，封于段干。宗子瑶，瑶子官，官子瑕，仕于汉孝文帝，而瑕之子解为胶西王卬太傅，因家于齐。文帝兴，用经道，窦太后好老子术，令

---

①　（日）狩野直喜：《旧钞本老子河上公注·跋》，佐佐木信纲1924年版。

景帝以教群臣，不通者不得仕朝，见老子无为自化，清静自正，世莫能名。太史公谓之为隐君子，世莫能及则黜之，唯孔子上圣，谓之为龙，古列传著孔子师事老子者，以《礼记》曾子问礼于孔子，孔子曰"吾闻之老聃"，其斯之谓。所以分为二篇者，取象天地，先道而后德，以经云，道之尊，德之贵，尊故为上。天以四时生，地以五行成，以四乘九故卅六，以应禽兽万物刚柔。以五乘九，故卌五以应九宫五方四维。九州法备，因而九之，故九九八十一，数之极也。楚县，今陈国苦县是也。

河上公者，居河上，磇履为业，孝文皇帝好《老子》，其州牧二千石有不诵老子经者，皆不得居官。河上公作两难与侍郎，问文帝老子经意，文帝不解，出就河上公。公在草庵中，不时出。文帝就，谓之曰："朕能使人富贵贫贱。"河上公乃出曰："余上不累天，下不累地，中不累人，陛下何能使余富贵贫贱乎？"忽然而举，上高七百余丈而止。上无所攀，下无所据，文帝卑辞，礼谢之，于是乃下，为文帝作《老子经章句》，隐其姓字，时人无知者，故号曰河上公焉。

宋刻本：

老子体自然而然，生乎太无之先，起乎无因，经历天地，终始不可称载，终乎无终，穷乎无穷，极乎无极，故无极也。与大道而伦化，为天地而立根，布炁于十方，抱道德之至淳，浩浩荡荡不可名也。焕乎其有文章，巍巍乎其有成功，渊乎其不可量，堂堂乎为神明之宗。三光持以朗照，天地禀以得生，乾坤运以吐精。高而无民，贵而无位，覆载无穷，阐教八方，诸天普弘。大道开辟以前，复下为国师，代代不休，人莫能知之。匠成万物不言，我为玄之德也。故众圣所共尊，道尊德贵，夫莫之命而常自然，惟老氏乎。

周时复托神李母，剖左腋而生，生即皓然，号曰老子。老子之号，因玄而出，在天地之先，无衰老之期，故曰老子。世人谓老子当始于周代，老子之号始于无数之劫，其窈窈冥冥，眇邈久远矣。世衰，大道不行，西游天下，关令尹喜曰，大道将隐乎，愿为我著书，于是作道德二篇，五千文，上下经焉。

夫五千文宣道德之源，大无不包，细无不入，天人之自然，经也。余先师有言，精进研之则声参太极，高上遥唱，诸天欢乐则携契玄人，静思期真则众妙感会，内观形影则神炁长存，体洽道德则万神震伏，祸灭九阴，福生十方，安国宁家。孰能知乎无为之文，夸之不辱，饰之不荣，挠之不浊，澄之不清，自然也。应道而见，传告无穷，常者也。故知常曰明，大道何为哉。弘之由人，斯文尊妙，可不极精乎。粗述一篇，唯有道者宝之焉。

河上公者，莫知其姓名也，汉孝文皇帝时，结草为庵于河之滨，常读老子《道德经》。文帝好老子之言，诏命诸王公大臣州牧二千石朝直众官，皆令诵之。有所不解数句，时天下莫能通者。闻侍郎裴楷说河上公诵《老子》，乃遣诏，使赍所不了义问之。公曰："道尊德贵，非可遥问也。"文帝即驾从诣之。帝曰："普天之下，莫非王土；率土之宾，莫非王臣。域中有四大，王居其一也。子虽有道，犹朕民也。不能自屈，何乃高乎？朕足使人富贵贫贱。"须臾，河上公即拊掌坐跃，冉冉在虚空之中，如云之升，去地百余丈而止于玄虚。良久，俛而答曰："今上不至天，中不累人，下不居地，何民之有。陛下焉能令余富贵贫贱乎。"帝乃悟之，知是神人，方下辇稽首礼谢曰："朕以不德，忝统先业；才不任大，忧于不堪。虽治世事，而心敬道德；直以暗昧，多所不了。惟蒙道君弘愍，有以教之，则幽夕睹太阳之曜光。"河上公即授素书《老子道德经章句》二卷，谓帝曰："熟研此，则所疑自解。余注是经以来，千七百余年，凡传三人，连子四矣。勿示非其人。"文帝跪受经。言毕，失公所在。

论者以为，文帝好老子大道，世人不能尽通其义，而精思遐感，上彻太上。道君遣神人，特下教之便去耳。恐文帝心未纯信，故示神变以悟帝，意欲成其道真。时人因号曰河上公焉。

另敦煌本在序后尚有：

太极左仙公葛玄曰：老子以上皇元年正月十二日丙午太岁丁卯下为周师，到无极元年太岁癸丑五月壬午去周西度关，关令尹喜宿命合道，豫占见紫云西迈，知有道人当度，仍斋洁烧香想见道真，以其年十二月廿五日，老子度关也。喜见老子迎设礼称弟子。老子曰：汝应为此宛利天下，弃贤世传弘大道，子神仙者矣。以二十八日日中授太上《道德经》义，洞虚无，大无不包，细无不入，圣王不能尽通其义。昔汉孝文皇帝好大道，纵容无为之堂，叹凡圣无能解此玄奥，精思远感，上彻太上，道遣真人，下授文帝，希微之旨。道人即信誓传授至人，比字校定，外儒所杂传多误，今当参校此正之。使与玄洞相应，十方诸天人神仙天地鬼神所宗奉文同无一异矣。吾已于诸天神仙大王校定，受传天人，至士贤儒，当宗极正，真弘道，大度，何可不精。得圣人本文者乎？吾所以有言此，欲正玄妙于天地人耳。今说是至矣。明矣。夫学仙者，必能弘幽赜也。

道士郑思远曰：余家师葛仙公，受太极真人徐来，勒《道德经》上下二卷，仙公曩者所好，加亲见，真人教以口诀云：此文道之祖宗也。诵咏万遍，夷心注玄者，皆必升仙，尤尊是书，日夕朝拜。朝拜愿念具如《灵宝》法矣。学仙君子，宜弘之焉。仙公常秘此言，无应仙之相好者，不传也。

比较而言，三本之序各有不同，其中日钞本较后两本都为简略，似从敦煌本的前半部分摘抄部分内容又糅合《史记·老子传》的内容抄写而成。其作者名亦佚。宋刻本和敦煌本主体的内容基本相同，只不过敦煌本又多出"太极左仙公葛玄曰"，并有"道士郑思远曰"，其中提到葛玄撰《道德经》上下二卷。根据敦煌本的这段序可知，葛玄曾撰《老子》注，同时曾传过《老子河上公注》本。由于葛玄作为道教神仙家的祖师之一，其注本必然要表达神仙家的思想。然今河上公注本并非以此为主题，则此本非葛玄注本，当为葛玄传本。

4. 宋刻本

今通行较广的有《四部丛刊》影印"常熟瞿氏铁琴铜剑楼藏宋建安虞氏刊本"，简称"影宋本"。篇首节录葛玄《老子道德经序诀》前二段为序，其次为目录。正文各章前有章名。注为双行小字。注文中杂有音释及王弼、唐明皇注。

5.《道藏》本

明正统《道藏》所收《河上公章句》，各章前有章名。经注连书，注为单行小字，避宋太祖"匡"字讳，"当系从北宋政和刊旧《道藏》翻刻，其篇第近古，胜于《四部丛刊》影宋本"①。

通过版本的梳理我们可以看出，早期流行的河上公本老了注是没有章题的，概为宋人所加。其前所附《老子道德经序诀》当以敦煌本为完整。又各本正文、注文均有一定数量的异文，需要仔细校勘。

第四节　河上公《老子注》的时代话语特色

河上公《老子注》的思想包罗万象，当然亦有其主要思想倾向，对其主旨思想的研究，直接与该书创作的时代相关联。学界或以为其书以道论为主体，或以为重治身轻治国为其要义，或以治身为治国之根本，或以为治身而走向长生成仙，或以为身国并重等。宋晁公武《郡斋读书志》称："其书颇言吐故纳新、按摩导引之术，近神仙家。"近人王明认为："《河上公章句》者，以论治身养生为主义。本汉人通行学说，以为人禀元气而生，欲治身养生，须爱精气，保

---

① 王卡点校：《老子道德经河上公章句》附录三《河上公章句版本提要》，中华书局1993年版，第 322 页。

神明，使呼吸微妙，五藏不伤，捐除情欲，而后复还性命，则久寿长生。"① 汤一介则认为："《河上公注》是早期道教的一部重要经典，它既保存了《老子》书的某些原意，又把《老子》这部具有哲学意义的著作引向宗教，来论证道教'长生不死'的基本教义。因此，这部《老子》注在道教史上具有重要的意义。"② 卿希泰认为"东汉讲黄老，侧重在养生、修仙，与西汉前侧重在统治术的黄老学，已有所不同"，而《河上公章句》正是神仙方术与黄老思想逐步结合的历史产物，也是《老子》由道家学说向道教理论过渡的重要标志。③

综合各家之说，我们需要厘清几个关键的问题，一是河上注是否与修仙、道教接轨？二是河上注的治身治国思想是如何构成的？对此，我们恐怕还是要回到其文本中去寻找。只不过需要注意的是，其书流传久远，版本众多，应首先梳理清楚较为接近原本的文本，再来看河上注文的真面目。

一、明治身治国之要

河上公《老子注》的关键词是"治身""治国"。正如唐陆德明《道德经音义序》曰："授以汉文《老子章句》四篇，言治身治国之要。"且"治身""治国"在全书中多次出现。这也是毫无疑问的。其实没有必要争论治身治国孰轻孰重，二者本身就是贯通为一的，书中往往并列表达的话语模式，仅列举部分如下：

> 第三章注曰：说圣人治国与治身同也。
>
> 第十章注曰：治身者爱气，则身全。治国者爱民，则国安。
>
> 第十章注曰：治身者，呼吸精气，无令耳闻。治国者，布施惠德，无令下知。
>
> 第十章注曰：治身当如雌牝，安静柔弱。治国应变，和而

① 王明：《老子河上公章句考》，《国立北京大学五十周年纪念论文集（文学院第十八种）》，北京大学出版部 1948 年版，第 10 页。

② 汤一介：《早期道教史》，昆仑出版社 2006 年版，第 122 页。

③ 卿希泰：《中国道教史（修订本）》第一卷，四川人民出版社 1996 年版，第 91 页。

不唱也。

第十一章注曰：治身者当除情去欲，使五藏空虚，神乃归之也。治国者寡能，揔众弱共使强。①

第四十四章注曰：人能知止足，则福禄在己。治身者神不劳，治国者民不扰，故可长久。

第五十九章注曰：治国者当爱民财，不为奢泰。治身者当爱精气，不为放逸。②

第六十章注曰：治国烦则下乱，治身烦则精散。

第六十四章注曰：治身治国，安静者易守持也。

第六十四章注曰：治身治国于未乱之时，当豫闭其门也。

第七十四章注曰：治国者，刑罚酷深，民不聊生，故不畏死也。治身者，嗜欲伤神，贪财丧身，民不知畏之也。

从以上列举可见河上公言治身、治国并没有刻意强调孰轻孰重、孰先孰后，而是重点强调两者都应遵循统一的"道"之理。

二、自然之道为根本主宰

河上公强调治身和治国，是以清静自然、无为之道作为根本主宰。这一点也在他的注语中多有体现，如：

第三十五章注曰：用道治国，则国富民昌。治身，则寿命延长。无有既尽时也。

第四十三章注曰：法道无为，治身则有益精神，治国则有益万民，不劳烦也。

第四十三章注曰：天下人主也，希能有及道无为之治身治国也。

第五十一章注曰：道生于万物，非但生之而已，乃复长养

---

① 梅泽本、敦煌本 S. 447 作"寡能揔众弱共扶强"。
② 宋刻本作"治国者当爱民，则不为奢泰"。今从日钞本改。

成孰覆育，全于性命。人君治国治身，亦当如是也。

> 第六十五章注曰：玄，天也。能知治身及治国之法式，是
> 谓与天同德也。

很显然，以自然无为之道，谈治身治国之理，这是河上公注
《老子》的主导思想倾向。在此主导思想倾向的基础上，我们再来看
河上公关于"道"的描述和发挥，关于治身、治国的取向，有哪些
值得注意的特点。

其一，"道"永恒存在，无形无象。

河上公强调通常意义上的"道"不是"常道"，真正的"常道"
是永恒存在的，如第四章注曰："道自在天帝之前，此言道乃先天地
生也。至今在者，以能安静湛然，不劳烦欲，使人修身法道。"是无
形无象的，如第十四章注曰："三者谓夷希微也，不可致诘者，谓无
色无声无形，口不能言，书不能传，当受之以静，求之以神，不可
诘问而得之也。"因此，其发生作用的方式，也是无为无事，无形无
迹的。如第一章注曰："常道当以无为养神，无事安民，含光藏晖，
灭迹匿端，不可称道。"第十章"是谓玄德"句下注曰："言道行德，
玄冥不可得见，欲使人如道也。"

其二，道为根本之"母体"，万物禀气而自然化生。

河上公借助《老子》的思想，构建宇宙理论体系，最突出的方面
就是对道作为根本之"母体"的强调，以及与精气说基础上气化宇宙
论的融合。如第五十二章注曰："始，道也。道为天下万物之母。子，
一也。既知道已，当复知一。既知其一，当复守道反无为也。"[1] 以
"道"为本始，为化生天下之"母"。其所说的"本"也是建立在宇宙
化生的基础上的。第一章注曰："始者，道本也。吐气布化，出于虚
无，为天地本始也。"第四十章注曰："本者，道所以动，动生万物，
背之则亡也。"第二十一章注曰："道唯恍忽，其中有一，经营主化，
因气立质……道唯窈冥，其中有精实，神明相薄，阴阳交会之。"第

---

① 敦煌本 S. 3926 注文。

三十九章注曰：“言万物皆须道以生成也。”总体来讲，河上公更强调宇宙的演化是一个自然而然的过程，其中“气”是其作用的根本因素。《老子》学说中只说“道生一，一生二，二生三，三生万物”，河上公则对何为“一”进行了具体的解释，第十章注曰：“一者，道始所生，太和之精气也。”又第二章注曰：“元气生万物而不有。”而其所强调的“本体”之道，也是“母体”“化生”意义上的道。这一点，就和王弼《老子注》尚“无”的本体之道形成了鲜明的分界。

其三，气化万物，气通万物。

相对于道体来说，河上公更关注的是“道气”，包括和气、精气、元气等诸多表达，是联系道体与天人之间的要素。如第一章注曰：“言有欲之人与无欲之人，同受气于天。天中复有天也。禀气有厚薄，得中和滋液，则生贤圣；得错乱污辱，则生贪淫也。”第二十一章注曰：“以今万物皆得道精气而生，动作起居，非道不然。”第四十二章注曰：“道始所生者一也。一生阴与阳也。阴阳生和清浊三气，分为天地人。”① 第五章注曰：“万物中皆有元气，得以和柔，若胸中有藏，骨中有髓，草木中有空虚与气通，故得久生也。”第四十三章注曰：“夫无有谓道也。道无形质，故能出入无间，通养群生。”② 第六章“玄牝之门，是谓天地根”句下注曰：“根，元也。言鼻口之门，是乃通天地之元气所从往来。”其所说之“气”，介于有形与无形之间，不仅可以推动万物生生不息，流转变化，而且可以“出入无间，通养群生”。

其四，气化宇宙中自然而不主宰是根本规律。

河上公以气化宇宙论为理论的基础，其根本目的当在于强调宇宙万物的自然法则。天地间的运行规律无非自然而然，并没有一个有意志的神在监督和主宰。人能取法自然之道，来修身治国，这就是最重要的途径了。如第四十八章注曰：“道谓自然之道也。”第二

---

① 宋刻本作“道始所生者。一生阴与阳也。阴阳生和气浊，三气分为天地人也”。今据梅泽本、敦煌本 S.3926 号改。

② 敦煌本 S.3926 注文。

十五章注曰："道清净不言，阴行精气，万物自然生长。道性自然，无所法也。"第四十一章注曰："言道善禀贷人精气且成就之也。"第五十一章曰："道生万物。德，一也。一主布炁而畜养之……道一不命，召万物而常自然。应之如影响。"①

其五，人当以道自辅，与道通神。

树立关于以道为根本，以气为要素的观念，则人应自觉地道法自然。河上公所谓道法自然，更为具体，指出当以道自辅，与道通神。如第二十章注曰："食，用也。母，道也。唯我独贵用道也。"第二十一章注曰："大德之人，不随世俗所行，独从于道也。"第三十章注曰："谓人主能以道自辅佐也。"第三十五章注曰："圣人守大道，则天下万民移心归往之也。治身则天降神明，往来于己也。"

其六，养生首要为养身中之精气神。

精气住于胸中，乃合于宇宙自然之道。然而要保养精气神，则需首先去除不合自然的因素，故第五章注曰："天地之间空虚，和气流行，故万物自生。人能除情欲，节滋味，清五藏，则神明居之也。"第十六章注曰："得道之人，捐情去欲，五内清净，至于虚极。"则"除情欲、节滋味、清五藏"就是修身以明道的首要了。第三章"实其腹"句下注曰："怀道抱一，守五神也。""强其骨"句下注曰："爱精重施，髓满骨坚。"第五章"不如守中"句下注曰："不如守德于中，育养精神，爱气希言。"第六章"谷神不死"句下注曰："谷，养也。人能养神则不死也。神，谓五藏之神也。肝藏魂，肺藏魄，心藏神，肾藏精，脾藏志，五藏尽伤，则五神去矣。"第十二章"是以圣人为腹不为目"句下注曰："守五性，去六情，节志气，养神明。目不妄视，妄视泄精于外。"第三十三章注曰："人能自节养，不失其所受天之精气，则可以久。"第五十四章注曰："修道于身，爱气养神，益寿延年，其德如是，乃为真人。"第五十九章注曰："国身同也，母，道也。人能保身中之道，使精气不劳，五神不苦，则可以长久……人能以气为根，以精为蒂，如树根不深则拔，蒂不坚则落，言当深藏其气，固守其精，使无漏泄。"总而言之，河

---

① 敦煌本 S.3926 注文。

...

上注中的养生之道，基本遵循《老子》本身的思路，以"节养"为主，但又增加了"五藏五神"之说。《黄帝内经·灵枢·本神》中有：肝藏血，血舍魂。脾藏营，营舍意。心藏脉，脉舍神。肺藏气，气舍魂。肾藏精，精舍志。其说与河上注《老》所说大体相同，河上之说盖源于《黄帝内经》。由此，则河上注中所说的"五神"之"神"并非神仙之神，而是个体生命中的一种精神现象，与医学紧密联系。

同时，值得注意的是，河上公虽然提到"长生"，但其所说乃"自然长生之道"（第一章注语），而非长生成仙之义。如果比较《老子想尔注》就可以看得出其间最明显的差别。《老子想尔注》多次提到"仙""仙士"，河上注却没有出现一个"仙"字，很显然，河上注《老》并没有将其引入仙道或者道教的领域，这是可以肯定的。

其七，治国当法自然，不造作，重因循。

治国方面，遵循自然之道的根本规律，当为其政治思想的根本。如第五章注曰："天施地化，不以仁恩，任自然也……圣人爱养万民，不以仁恩，法天地，行自然。"第十七章注曰："说太古之君，举事犹贵重于言，恐离道失自然。"圣人能够法自然之道，实亦法道性之谦下、柔弱、无为、虚静、不言等。第三章"为无为"句下注曰："不造作，动因循。"第三十八章注曰："上德，谓太古无名号之君，德大无上，故言上德也。不德者，言其不以德教民，因循自然，养人性命，其德不见，故言不德也。言其德合于天地，和气游术，民得以全也。"第四十九章注曰："圣人重改更，贵因循，若自无心。"第六十三章注曰："因成修故，无所造作。预设备，除烦省事也。深思远虑，味道意也。"第六十四章注曰："教人反本实者，欲以辅助万物自然之性也。圣人动作因循，不敢有所造为，恐离本也。"

其八，多元并存的天人关系论。

第十章"天门开阖"句下注曰："天门，谓北极紫微宫。开阖，谓终始五际也。治身，天门谓鼻孔，开谓喘息，阖谓呼吸也。"[1] 也

---

[1] 《后汉书·郎颉传》称颉上书陈消灾之术，提及"四始之缺，五际之厄"。案：郎颉言四始、五际，并本齐《诗》。章怀以毛学解四始者误。这是河上公本为汉《老子》的有利证据之一。

就是说天地的天门为"北极紫微宫",开阖为"终始五际"。人类的天门为"鼻孔",开阖为"呼吸"。其主要的思路是天人同构。又第四十七章注曰:"天道与人道同,天人相通,精气相贯。人君清净,天气自正。人君多欲,天气烦浊。吉凶利害皆由于己。"则天人之间又是"精气相贯"的关系。

其九,升仙与神灵。

河上注也有个别的地方提到升仙和神灵,但是其含义需要仔细地辨析,如第十三章"及吾无身,吾有何患"句下注曰:"使吾无有身体,得道自然,轻举升云,出入无间,与道通神,当有何患。"第三十二章注曰:"天知之则神灵佑助,不复危殆。"其中"轻举升云"并不能等同于东汉以来道教的修仙观念,而类似于借用战国后期至西汉时代流行的朴素的仙道观。其所说"神灵",则为宽泛意义上的说法,相当于"神明"一词的变通。由此,也不能认为其中反映了道教的思想。

总之,河上注的思想反映了汉代黄老思想发展到两汉之际的特殊语境。尤其是其对自然之道、治身治国的强调,与旨在反拨西汉独尊儒术以来对天的神化等迷信观念的严遵、扬雄、桓谭、王充等的话语,体现了高度的一致性。河上注的思想体系中汇合了原始老子的道法自然观,并将汉初黄老的气化宇宙论、化生论,战国秦汉之际《黄帝内经》中的养生观念以及天人同构、精气贯通都充实进来,体现了一种理论的完整性和平衡性。

第五节 河上公《老子注》的老学 意义和文献价值

河上公《老子注》所反映的老学思想大体符合两汉之际的话语环境。如果定位在这个时间,我们可以看出其作为现存最古的《老子》注本所具有的时代老学意义。

首先,此本可以说是现存第一本完整的以《老子》书为中心,进行系统阐释的老学著作。其学一方面抓住《老子》的文本进行逐句的具体阐释，另一方面抓住《老子》思想的核心部分即"道法自然"，再结合治身治国两个主要的方面，进行发挥性阐释。此外，其阐释思想中所融入的气化宇宙论、化生论、精气贯通论等汉代黄老学思想因素，使得其对《老子》思想的阐释形成了一个完整的话语体系，代表了一代老学的思想成就。

其次，河上公在发挥《老子》治身思想的过程中，引入了《黄帝内经》等医学的观念，从而从医学的角度更进一步充实了老学，尤其是"五藏藏神"说的引入，可谓发前人所未发，这是河上公的一大贡献。

再次，河上注语虽名为章句，但绝非与"义理之学"相对的"章句之学"，他更多是借题发挥，表述自己的思想主张，甚至表达自己对于时事的看法。有些对《老子》文义的解释与今一般理解不同，甚至完全相反，颇有独到之处。举例来说，其注第八十章"小国寡民"曰："圣人虽治大国，犹以为小，俭约不奢泰，民虽众，犹若寡少，不敢劳之也。"这与一般"国土狭小，人民稀少"的直译法不同。而释"使有什伯人之器而不用"曰："使民各有部曲什伯，贵贱不相犯也。器，谓农人之器，而不用，不征召夺人良时也。"其说在"什伯"之后断句，与帛书本、王弼本均不同。释"虽有舟舆，无所乘之"曰："清静无为，不作烦华，不好出入游娱也。"释"使民复结绳而用之"曰："去文反质，信无欺也。"释"民至老死不相往来"曰："其无情欲。"其解说基本以清静无为、去文反质为归宿，而并非如王弼所说"反古"之义。①

由于河上公时代较早，故其所用底本也与其他版本系统的《老子》有不同之处。有的译文异议比较大，比如第五十七章"法物滋彰，盗贼多有"，河上公注曰："法物，好物也。珍好之物滋生彰著，则农事废，饥寒并至，故盗贼多有也。"说明河上公作注时所看到的底本正作"法物"。然《文子·道原》《淮南子·道应》《史记·酷吏

---

① 王弼注曰："国既小，民又寡，尚可使反古，况国大民众乎，故举小国而言也。"

列传》《后汉书·东夷列传》及王弼注并作"法令滋彰，盗贼多有"。考之郭店楚简甲本、帛书乙本（帛书甲本）、北大简本皆作"法物"。由此可以说明河上公本出自古本的《老子》。

再如第三十九章"是以侯王自谓孤寡不穀"。河上公注曰："孤寡喻孤独。不穀喻不能。如车穀为众辐所凑。"从《左传》开始，一般都说"不谷"，帛书本《老子》作"不橐"，亦当为"谷"字。从河上公的注释看，其所据底本就是"穀"。那么，他究竟是以错解错，还是另有来源，尚需进一步考察。

再如《老子》第六章有"谷神不死"，河上公释曰："谷，养也。人能养神则不死也。"而王弼注曰："谷神，谷中央无谷也。"王弼注将"谷"解释为"山谷"的谷"，取其中空、虚空之义。河上公则以"谷"为"养"，然山谷并无"养"义，于是转多通假。陆德明《经典释文》曰："河上本作浴。浴者养也。"对此，前人讨论也很多，比如洪颐煊《读书丛录》卷十三曰：

> 道经谷神不死，河上公注：谷，养也。颐煊案：《释文》引河上公本作浴，《易》称君子以惩忿窒欲。孟喜本作浴。谷浴皆欲之借字。《孟子·尽心下》：养心莫善于寡欲，是以欲神不死。《列仙传》容成公者能善补导之事，取精于玄牝。其要谷神不死，守生养气者也，亦同此义。

认为"谷""欲"皆是"欲"字的通假，"谷神"就是"欲神"。俞樾《老子平议》曰：

> 《释文》河上本谷作浴，云：浴，养也。然浴字实无养义。河上本浴字当读为穀，《诗小弁》篇、《蓼莪》篇、《四月》篇并云：民莫不穀。毛传并云：穀，养也。穀亦通作谷。《尔雅·释天》：东风谓之谷风。《诗》正义引孙炎曰：谷之言穀，穀，生也。生亦养也。王弼所据本作谷者，穀之假字。河上古本作浴者，谷之异文。王弼不达古文假借之义，而有中央无之说，斯

魏晋之清谈，非老氏之本旨。

俞樾认为"谷""浴"古音当读作"谷"，谷者养人，故有"养"义。蒋锡昌则不同意以上的看法，其《老子校诂》认为：

> 老子言"谷"者多矣，如十五章"旷兮其若谷"，二十八章"为天下谷"，三十二章"譬道之在天下，犹川谷之于江海"，二十九章"谷得一以盈"，四十一章"上德若谷"，谊皆取其空虚深藏，而未有为他训者，此字亦当同之。"浴""穀""欲"虽可与"谷"并通，然以老校老，仍当以"谷"为当。但此"谷"字与他处不同，乃用以象征吾人之腹，即道家所谓丹田，以腹亦空虚深藏如谷也。"神"者，腹中元神，或元气也。"玄"者，幽远微妙之意。"牝"，母也。为生物之本。"玄牝"者，即微妙之生长，以"谷神"生之而不见其所以生也。"谷神不死，是谓玄牝"，言有道之人，善引腹中元气，便能长生康健，此可谓之微妙之生长也。此章言胎息导引之法，诸家多不明此旨，故于"谷"字曲为异解而不知其非也。

蒋锡昌仍以"谷"训山谷空虚深藏，但亦认为当与腹中丹田相联系。其说可谓较王弼说单讲空虚之义更得其本。若以《老》解《老》，《老子》书其他章节中所提到的"谷"，明显都是山谷的"谷"，河上公注独解释为"养"，则偏向了谷物的谷，可谓另立异说，然更向养生之说深入发展了。

从文献的角度来说，河上公本也是唐宋及以前最为通行的《老子》文本。我们知道，河上公本、王弼本为两大通行《老子》注本，但颜师古注《汉书》、贾公彦疏《周礼》、李贤注范晔《后汉书》，都是只用河上公本。唐人书法、碑刻，以及敦煌写卷中，也多为河上公本。开元初年，刘知幾曾提出《老子》书无河上公注，请存王弼学的建议，但遭到同僚的反对，最后同意兼行二家。宋则多以河上公本为通行，主要因为宋徽宗尊道教。由此可见河上公本的通行时代之久和范围之广，远过于王弼本。

同时河上公本也是今所见最早的成熟和定型状态的《老子》文本。宋代林希逸《老子鬳斋口义》说老子所著五千言，"其上下篇之中虽有章数，亦犹系辞上下。然河上公分为八十一章，乃曰上经法天，天数奇，其章三十七。下经法地，地数偶，其章四十四"。认为这个分为八十一章的工作是由河上公本的作者来完成的。同时他也提到今所见的河上公本"逐章为之名，皆非也"。"唐玄宗改定章句以上篇言道下篇言德尤非也"。"今传本多有异同，或因一字而尽失其一章之意者，识真愈难矣"。所见已经是经过改动的本子，并非河上公本的原始面貌，这一点也是需要注意的。

总之，河上公注《老子》无论是思想方面的发展，还是文本方面的留真，抑或是释义方面的独到之处，都值得进一步深入发掘。同时，我们需要强调指出的是，作者所重视的是治身治国之道，要求君主从治身做起，并落实到治国当中。其重视的是《老子》自然无为之常道的根本精神，要求君主能够真正把握，故文中一再说，"老子疾时王不行大道"（第五十三章注），"王者至尊，而以其身行轻躁乎，疾时王奢恣轻淫也"（第二十六章注），"老子伤时王，不先（以）道德化之，而先刑罚也"（第七十四章注）。实际蕴含着作者"疾时王""伤时王"的批判精神。

第十六章　道教兴起与老学的密切关系

　　道教是中国土生土长的宗教，也是一种极其复杂的社会现象，所谓"杂而多端"。道教究竟形成于何时？如果从崇尚"长生不老，羽化登仙"观念的产生算起，则战国末期就已经出现道教的苗头了。然道教产生于汉代，特别是东汉时期才有了比较成熟完善的道教体系，这也是为众所公认的说法。具体来说，将黄老作为宗教性的信仰，产生了教主、教团、传授以及一定的仪轨等，都是道教最终诞生的标志性要素。《老子想尔注》作为道教产生后第一部教内讲授《老子》的教材，也由此流传开来。

　　本章主要探讨《老子想尔注》创作的道教语境，及其成书、传播、思想内容等。

第一节　东汉后期老子的神化与信仰

　　《后汉书·桓帝纪》记载了桓帝在延熹八年（165）两次派人去苦县祭祀老子。"八年春正月，遣中常侍左悺之苦县，祠老子"。同年的十一月"使中常侍管霸之苦县，祠老子"。桓帝之崇拜老子，不仅是派人前去苦县祭祀，还在宫中设立了祭祀的场所，如范晔在《桓帝纪》传论中说："前史（按，指《东观记》）称桓帝好音乐，善琴笙。饰芳林而考濯龙之宫，设华盖以祠浮图、老子。"范晔之说还来源于司马彪《续汉志》，章怀太子李贤注《后汉书》引《续汉志》曰："祠老子于濯龙宫，文罽为坛，饰淳金（铅）器，设华盖之坐，用郊天乐。"

又延熹九年（166），襄楷上书中提到：

> 又闻宫中立黄老、浮屠之祠。此道清虚，贵尚无为，好生恶杀，省欲去奢。今陛下嗜欲不去，杀罚过理，既乖其道，岂获其祚哉！或言老子入夷狄为浮屠。浮屠不三宿桑下，不欲久生恩爱，精之至也。天神遗以好女，浮屠曰："此但革囊盛血。"遂不眄之。其守一如此，乃能成道。①

类似的记载也出现在袁宏《后汉纪·桓帝纪》中。由此可见，桓帝信仰老子，将其作为最高神加以崇拜，这是可以肯定的事实。然而，桓帝在延熹年间这样大张旗鼓地公开将黄老、浮屠作为神来崇拜，其渊源还可追溯到东汉初年汉明帝引入佛像，和明帝时楚王英在自己的王宫中斋戒祭祀浮屠、老子，如《后汉书》卷八十八《西域传》曰：

> 世传明帝梦见金人，长大，顶有光明，以问群臣。或曰："西方有神，名曰佛，其形长丈六尺而黄金色。"帝于是遣使天竺问佛道法，遂于中国图画形像焉。楚王英始信其术，中国因此颇有奉其道者。后桓帝好神，数祀浮图、老子，百姓稍有奉者，后遂转盛。

《后汉书》卷四十二《楚王英传》记：

> 英少时好游侠，交通宾客，晚节更喜黄老，学为浮屠斋戒祭祀。八年，诏令天下死罪皆入缣赎。英遣郎中令奉黄缣白纨三十四诣国相曰："托在蕃辅，过恶累积，欢喜大恩，奉送缣帛，以赎愆罪。"国相以闻。诏报曰："楚王诵黄老之微言，尚

_____

① 范晔：《后汉书》卷三十《郎颛襄楷列传》，中华书局 1965 年版，第 1082 页。

> 浮屠之仁祠，絜斋三月，与神为誓，何嫌何疑，当有悔吝？其
> 还赎，以助伊蒲塞桑门之盛馔。"因以班示诸国中傅。英后遂大
> 交通方士，作金龟玉鹤，刻文字以为符瑞。

可以看出东汉前期信奉黄老、祠祀黄老的风气发端于社会的顶层，
从汉明帝到楚王英，包括楚王英的"学为浮屠斋戒祭祀"，意思是学
习佛教的"斋戒祭祀"方法来祠祀黄老，说明早期佛教传入中国之
时既借助道教发展的势力，又影响了道教的发展方式。这种现象一
直影响到后世，傅勤家《中国道教史》中就注意到这一问题，专门
列有"佛道二教之相互利用"一章，指出"即陶弘景信道亦兼信
佛"。社会上层的黄老信仰可谓一直贯穿了整个东汉时代，又如《后
汉书》卷五十《孝明八王传》口：

> 熹平二年，国相师迁追奏前相魏愔与宠共祭天神，希幸非
> 冀，罪至不道。有司奏遣使者案验。是时新诛勃海王悝，灵帝
> 不忍复加法，诏槛车传送愔、迁诣北寺诏狱，使中常侍王酺与
> 尚书令、侍御史杂考。愔辞与王共祭黄老君，求长生福而已，
> 无它冀幸。酺等奏愔职在匡正，而所为不端，迁诬告其王，罔
> 以不道，皆诛死。有诏赦宠不案。

这里面提到魏愔与王刘宠共同祭祀的天神是"黄老君"。与此相关，
《后汉书·王涣传》中提到：

> 延熹中，桓帝事黄老道，悉毁诸房祀。

因为各种各样的祭祀太多了，为了突出黄老道的崇拜和祭祀，而采
取了"悉毁诸房祀"的措施。从这里可以看出，其所说的黄老道，
已经不再仅仅是黄老之道的意思，而是具备了宗教礼拜的形式了。
　　与此同时，在社会下层作为信仰的黄老道也在潜滋暗长地流传，
只不过是以不同的形式，如《后汉书》卷七十五《刘焉传》附《张

鲁传》曰：

> 鲁字公旗。初，祖父陵，顺帝时客于蜀，学道鹤鸣山中，造作符书，以惑百姓。受其道者辄出米五斗，故谓之"米贼"。陵传子衡，衡传于鲁，鲁遂自号"师君"。其来学者，初名为"鬼卒"，后号"祭酒"。祭酒各领部众，众多者名曰"理头"。皆校以诚信，不听欺妄，有病但令首过而已。诸祭酒各起义舍于路，同之亭传，县置米肉以给行旅。食者量腹取足，过多则鬼能病之。犯法者先加三原，然后行刑。不置长吏，以祭酒为理，民夷信向。朝廷不能讨，遂就拜鲁镇夷中郎将，领汉宁太守，通其贡献。

在这段叙述中，张鲁的祖父张陵在汉顺帝时代来到蜀中，学道鹤鸣山中，之后就开始传道。其子张衡，衡子张鲁继承并发展了其所传之道。而且，作为民间信仰，他们采取的是符合下层民众认知能力的方式，包括"造作符书""有病但令首过"及置祭酒以管理部众等。这就使得道教在此时的传播具备了传教者、教团这两大重要的因素。又李贤注引《典略》曰：

> 初，熹平中，妖贼大起，〔三辅有骆曜。光和中，东方有张角〕，汉中有张修。〔骆曜教民缅匿法，角〕为太平道，〔修〕为五斗米道。太平道师持九节杖，为符祝，教病人叩头思过，因以符水饮之。病或自愈者，则云此人信道，其或不愈，则云不信道。修法略与角同，加施净室，使病人处其中思过。又使人为奸令祭酒，主以《老子》五千文，使都习，号"奸令"。为鬼吏，主为病者请祷。〔请祷〕之法，书病人姓字，说服罪之意。作三通，其一上之天，著山上，其一埋之地，其一沈之水，谓之"三官手书"。使病者家出米五斗以为常，故号"五斗米师"也。实无益于疗病，〔但为淫妄〕，小人昏愚，竞共事之。后角被诛，修亦亡。及鲁自在汉中，因其人信行修业，遂增饰之。

教使起义舍，以米〔肉〕置其中，以止行人。又〔教〕使自隐，有小过者，当循道百步，则罪除。又依月令，春夏禁杀。又禁酒。流移寄在其地者，不敢不奉也。

灵帝时张角传道，见于《后汉书》卷七十一《皇甫嵩朱儁列传》记载：

> 初，巨鹿张角自称"大贤良师"，奉事黄老道，畜养弟子，跪拜首过，符水咒说以疗病，病者颇愈，百姓信向之。角因遣弟子八人使于四方，以善道教化天下，转相诳惑。十余年闲，众徒数十万，连结郡国，自青、徐、幽、冀、荆、杨、兖、豫八州之人，莫不毕应。遂置三十六方。方犹将军号也。大方万余人，小方六七千，各立渠帅。

我们放到一起看，不论张鲁、张修还是张角，其传道除了固定的仪式如"跪拜首过""符水咒说"之外，也有一定的教义和经典，即"主以《老子》五千文"。《老子》因此而被奉为民间道教的经典。张角的"奉事黄老道"，应该就是以黄帝、老子为最高神。这是黄老道教在民间流行的情况。

另外，我们可以看到越来越多的知识分子重新开始重视黄老思想的价值和意义，反思传统儒学思想，正如前所列严遵、扬雄、桓谭、王充、张衡等。而《后汉书》卷三十《杨厚传》称杨厚"修黄老，教授门生，上名录者三千余人"。可以看出当时学黄老的生徒也是非常浩大的，仅杨厚一人即传授三千余人。而我们也注意到，范晔《后汉书》专设"逸民传"，其中多为学老子与传老子者。如梁鸿友人京兆高恢，"少好老子，隐于华阴山中"，又矫慎"少好黄老，隐遁山谷，因穴为室，仰慕松、乔导引之术。与马融、苏章乡里并时，融以才博显名，章以廉直称，然皆推先于慎"。

也有部分知识分子试图将老子与宗教中的最高神联系起来，如当时任谯令的王阜所作《老君圣母碑》有言曰：

> 老子者，道也，乃生于无形之先，起于太初之前，行于太
> 素之元，浮游六虚，出入幽冥，观混合之未别，窥清浊之
> 未分。①

又《太平御览》卷三六一《人事部》"产"下引崔玄山《濑乡
记》云：

> 李母祠，在老子祠北二里，祠门左有碑文曰"老子圣母李
> 夫人碑"。老子者，道君也。始起乘白鹿，下托于李氏胞中，七
> 十二年，产于楚国淮阳苦县濑乡曲仁里。老子名耳，星精也，
> 字伯阳，号曰聃。

严可均《全后汉文》只据《太平御览·天部》辑出一条，并误
王阜为益州太守之王阜，故有据之认为王阜是汉章帝时人者。杨守
敬《水经注疏》已指出其错误。② 据考，王阜为长沙人，官谯令，此
碑立于桓帝永兴元年（153），碑已久佚。但这条材料正说明在桓帝
延熹八年（165）派人来苦县祭祀之前，信仰老子、神化老子的风气
就已经相当浓了。

饶宗颐说："东汉桓帝以前，李母腋生老子之说已甚盛行，经桓
帝之崇祀，老子地位得与释迦并立，王阜此碑正好作为老子已被神
化的断代依据。加之朝廷予以支持，老子经神化而提升，登上教主
的宝座，道教从此初步得以奠定。"③ 此说从时间的角度看是有道理
的。但也要看到，老子的神化，在东汉社会的各阶层中，呈现了不
同的形态：在东汉后期社会的顶端和下层是迅速扩散的，而普通的

---

① 李昉：《太平御览》卷一《天部》"太初"条下引《老君圣母碑》，中华书局 1960
　年版，第 2 页。

② 参见饶宗颐：《释道并行与老子神化为教主的时代》，见《饶宗颐二十世纪学术文
　集》卷五，中国人民大学出版社，第 136—139 页。

③ 饶宗颐：《释道并行与老子神化为教主的时代》，见《饶宗颐二十世纪学术文集》
　卷五，中国人民大学出版社，第 141 页。

知识分子虽还比较清醒地从养性修真的角度力图客观评价老子其人及其思想，但总归无法阻挡道教化老学的快速发展。

第二节　《老子想尔注》及其思想内容

一、《老子想尔注》的成书

《老子想尔注》一书正是在东汉后期民间道教兴起的语境下形成的。关于该书的作者，唐陆德明《经典释文序录》称，《老子》有《想余注》二卷，下云："不详何人。一云张鲁，或云刘表。"唐玄宗《道德真经疏外传》列举古今笺注六十余家，其中先列《节解》上下。次列《想尔》二卷，曰："三天法师张道陵所注。"之后列《内解》上下。五代杜光庭《道德真经广圣义》亦承其说。那么，《想尔注》究竟是张道陵所作，还是张鲁所作？后世的文献记载亦多分歧。唐释法琳《辨正论》云："汉安元年……道士张陵分别《黄书》……故注五千文。"则道陵有注《老》之事。而《道藏》正一部《传授经戒仪注诀》又称："系师（张鲁）得道，化道西蜀，蜀风浅末，未晓深言，托构《想尔》，以训初回。"则张鲁有"托构《想尔》"之事。的确，根据目前的文献记载，很难有完全肯定的判断。由此，饶宗颐采取了比较审慎的态度：

> 按以敦煌写本证之，字明作"想爾"，与《注诀》合。疑"爾"字或书作"尔"，遂误为"余"也。至于撰人，陆氏谓一云"张鲁"，与《注诀》称"系师"同；而玄宗、杜光庭则云张道陵，当是陵之说而鲁述之；或鲁所作而托始于陵，要为天师道一家之学。①

---

① 饶宗颐：《老子想尔注校证·解题》，上海古籍出版社1991年版，第4页。

据上节所言，张道陵于顺帝时学道蜀地鹤鸣山中，之后传道并由子张衡、孙张鲁继承其道。《想尔注》一书为天师道一系为传道方便而作，是合于此书特点的。其注语多口语化，内容浅显，同时又多乖离《老子》本义而接近于道教宗旨的异解。故其传播基本局限在教团之中，官私目录少有记载。连正统《道藏》，都缺而未载，可见其已经亡佚很久。

值得庆幸的是，敦煌莫高窟出土写本典籍中，有《老子道德经想尔注》残卷，斯坦因编号6825。卷末题"老子道经上"下注"想尔"二字分行。起"则民不争"（上缺），迄《老子道经上》卷终，相当于河上公本的卷三至卷三十七，共存五百八十行。

其书写注与经文相连，不分字体大小，不别章次，每章不另起行。与其他唐写本《道德经》相异。其书写方式，尚体现东汉注书之式。然虽不分章，从语句排列顺序看，与今河上公本大致相同。

正因为世间再无别本《老子想尔注》传承下来，则此本更显弥足珍贵。饶宗颐将敦煌残卷中连写的经文和注文按照章句式经下列注的方式加以录出并整理笺释，按河上公《老子注》的次序，进行分别章次和考证，成《老子想尔注校证》，并对《想尔注》一书的学术价值和意义给予了高度的评价，曰：

> 今此残卷，赖石窟之保存，得重显于世。卷中"民"字不避讳，故向来定为六朝写本。其书每提及太平符瑞，多合于《太平经》经义，不特东汉老学神仙家一派之说，可略睹其端倪，尤为道教原始思想增一重要资料，对于道教史贡献至巨，不可谓非学术上之鸿宝也。①

二、《老子想尔注》的思想内容

与其前的两部老学著作严遵《老子指归》和河上公《老子注》相比，《想尔注》在释读上有着明显的宗教取向和不同于他本的独特

---

① 饶宗颐：《老子想尔注校证·解题》，上海古籍出版社1991年版，第5页。

之处，今总结归纳如下：

1. 对老子的神化

《想尔注》继承了老子的道乃万物宗主思想，但又将老子神化为"太上老君"，并加以崇拜、信仰、存想。作为最高神的太上老君，与道、一、自然、虚无、无名皆同义，信仰的意义在于清静其心，回归道根。这一点，可以说是传于民间的道教引入《老子》的关键。

如第十章注曰：

> 一散形为气，聚形为太上老君，常治昆仑，或言虚无，或言自然，或言无名，皆同一耳。

也就是说，在《想尔注》中，最高神为太上老君。但太上老君不过是气的聚形，其本质上与一、虚无、自然、无名等名词是同一的。由此我们可以看到，天师道体系中的"主神"观念。

其中需要厘清的是，《想尔注》反对向外的有形的神像崇拜，因为道本身是无形无象的，如第五章"其犹橐籥乎"句下注曰：

> 道气在间，清微不见，含血之类，莫不钦仰。愚者不信，故犹橐者冶工排橐。籥者，可吹竹，气动有声，不可见，故以为喻，以解愚心也。

第十六章"致虚极，守静笃"句下注曰：

> 道真自有常度，人不能明之，必复企慕，世间常伪伎，因出教授，指形名道，令有处所，服色长短有分数，而思想之，苦极无福报，此虚诈耳。强欲令虚诈为真，甚极，不如守静自笃也。

第十四章"无物之象"句下注曰：

> 道至尊，微而隐，无状貌形像也。但可从其诚，不可见知
> 也。今世间伪伎指形名道，令有服色、名字、状貌、长短，非
> 也，悉耶伪耳。

该书也反对对身体中五脏之神的存想，如第十章注曰：

> 世间常伪伎指五藏以名一，瞑目思想，欲从求福，非也。
> 去生遂远矣。

反对祭祀祷祠，如第二十四章注曰：

> 行道者生，失道者死，天之正法，不在祭餟祷祠也。道故
> 禁祭餟祷祠，与之重罚，祭餟与耶同，故有余食器物，道人终
> 不欲食用之也。

其批评的矛头既指向了当时社会上流传的通过供奉道教主神，企
慕思想的修道方式，也批判了如《太平经》中所说的存想五脏之
神的"守一"方式，还批判了原始方术中的房中术等一切不正当
的途径。

这些否定，也说明《想尔注》的作者竭力要将传授的内容集中
在让人保持清静、自然、平和的内心，体验道在其中的状态上。这
种观念在全书中被反复表述，如第十五章注曰：

> 勉信道真，弃耶知守本朴。无他思虑，心中旷旷但信道，
> 如谷冰之志，东流欲归海也。
> 求生之人，与不谢，夺不恨，不随俗转移，真思志道，学
> 知清静，意当时如痴浊也。以能痴浊，朴且欲就矣。然后清静
> 能睹众微，内自清明，不欲于俗。清静大要，道微所乐，天地
> 湛然，则云起露吐，万物滋润。迅雷风趣，则汉燥物疼，道气
> 隐藏，常不周处。人法天地，故不得燥处，常清静为务，晨暮

露上下，人身气亦布至，师设晨暮清静为大要，故虽天地有失，为人为诚，辄能自反，还归道素，人德不及，若其有失，遂去不顾，致当自约持也。

第二十六章注曰：

> 道人当自重精神，清静为本。
>
> 重精神清净，君子辄重也，终日行之不可离也。

故而，信仰至高无上的道，以回归内在精神的清静合道状态，应作为天师道的理论基础。

2. 强调"道诫"

《想尔注》强调以"真知道"者为师，强调诚的重要作用。天师道要求学者通过师者的引导，自觉地遵守"道诫"，通过自力去除内心中的恶念私欲，以实现虚静其心、"道"在其中的目的。如第八章注曰：

> 人等当欲事师，当求善能知真道者，不当事耶伪伎巧，耶知骄奢也。

师不仅要引导信众明晓道理，也就是能自觉遵守道诫的道理，更重要的还是自己自觉地守诫和自我修正，如第三章注曰：

> 勿令心动。若动，自诚；□□，道去复还。心乱遂之，道去之矣。

第四章注曰：

> 道贵中和，当中和行之，志意不可盈溢，违道诚。

道也。人行道，不违诫，渊深似道。

第十二章注曰：

去彼恶行，取此道诫也。

第十三章注曰：

奉道诫，积善成功，积精成神，神成仙寿，以此为身宝矣。贪荣宠，劳精思以求财，美食以恣身，此为爱身者也，不合于道也。

第十五章注曰：

人行道奉诫，微气归之，为气渊渊深也，故不可识也。

尊道奉诫之人，犹豫行止之间，常当畏敬如此。

人欲举事，先孝（考）之道诫，安思其义不犯道，乃徐施之，生道不去。

第二十二章注曰：

一，道也。设诫，圣人行之为抱一也，常教天下为法式也。

第二十三章注曰：

人举事不惧畏道诫，失道意，道即去之，自然如此。

第二十四章注曰：

欲求仙寿天福，要在信道，守诫守信，不为贰过。罪成结在天曹，右契无到而穷，不复在余也。

第二十六章注曰：

> 天子王公也，虽有荣观，为人所尊，务当重清静，奉行道
> 诫也。

第三十三章注曰：

> 道诫甚难，仙士得之，但志耳，非有伎巧也。

第三十八章注曰：

> 诫为渊，道犹水，人犹鱼。鱼失渊去水则死；人不行诫守
> 道，道去则死。

显然，"道诫"，是天师道的关键词。《想尔注》要信徒时时刻刻观照
自己内心，起心动念，皆不可违反道诫。若不违反道诫，则可达到
渊深似道的境界。若违反道诫，则必然遭遇祸患与死地。与接受了
佛教崇拜佛像影响的上层道教相比，民间道教更强调诫在修道中的
重要作用，强调个人的"自力"。

3. 以长生不死为根本目的

《想尔注》在释读的过程中，有时甚至修改《老子》的文字来阐
述以修道得仙寿、长生为核心目的的教义。如第七章，通行本作
"非以其无私邪，故能成其私"，《想尔注》本、敦煌本 P.2584、龙兴
碑皆作"以其无尸，故能成其尸"。《想尔注》将"私"改为"尸"，
后面两本皆从其而改，可见其所产生的影响也不小。句下注曰：

> 不知长生之道，身皆尸行耳。非道所行，悉尸行也。道人

所以得仙寿者，不行尸行，与俗别异，故能成其尸，令为仙士也。

第十六章"没身不殆"句下注曰：

> 太阴道积，练形之宫也。世有不可处，贤者避去，托死过太阴中。而复一边生像，没而不殆也。俗人不能积善行，死便真死，属地官去也。

第三十三章"死而不亡者寿"句下注曰：

> 道人行备，道神归之，避世托死，过太阴中，复生去为不亡，故寿也。俗人无善功，死者属地官，便为亡矣。

不死的观念，自战国仙道术士之说而流传，秦始皇、汉武帝皆醉心于不死之道。然至道教发生的时代，则将"不死"与个体的修道直接联系起来：道人修道，道神归之，就可以假死，过太阴中，实现"复生"。那些不懂得修道的人，则死便真死，归属地官，最终灭亡。其说包含着强烈的劝道的意味。

再如《老子》第二十五章，通行本作"故道大、天大、地大、王亦大。域中有四大，而王居其一焉"，《想尔注》本作"道大、天大、地大、生大。域中有四大，而生处一"。通行本中的"王"字，在《想尔注》本中皆作"生"。虽然二者字形接近，但显然并非误抄误写，而是有意篡改。那么，将"王"字改为"生"字，究竟是何用意呢？正如《想尔注》中所说："四大之中，何者最大乎？道最大也。四大之中，所以令生处一者。生，道之别体也。"饶宗颐在《老子想尔注校证》中也指出："《想尔》改老子《道经》文域中四大之'王大'，及'公乃王'之'王'字为'生'，谓'生为道之别体'，可见其对'生'之重视。《抱朴子·勤求篇》：'"天地之大德曰生。"生好物者也。是以道家之所至秘而重者，莫过乎长生之方也。故血盟乃传，传非其人，戒在天罚。先师不敢以轻行授人。'"此皆为道教中对于道之生、长生、学生意义的特殊强调。

4. 以道为准绳的伦理观

追求内在精神的虚静以合于道，这是原始道家所重点强调的方面。《想尔注》中所谈到的"精神的虚静"，并非笼统地说要虚静其心，而是区分善恶，要"虚去心中凶恶"，这样"道气"就会充实于内心。如第三章"虚其心，实其腹"句下注曰：

> 心者，规也，中有吉凶善恶。腹者，道囊，气常欲实。心为凶恶，道去囊空。空者耶入，便煞人。虚去心中凶恶，道来归之，腹则实矣。

那么，何谓"凶恶"？第四章"挫其锐，解其纷"句下注曰：

> 锐者，心方欲图恶。忿者，怒也，皆非道所喜。心欲为恶，挫还之；怒欲发，宽解之，勿使五藏忿怒也。自威以道诫，自劝以长生，于此致当。忿争激，急弦声，所以者过。积死迟怒，伤死以疾，五藏以伤，道不能治。故道诫之，重教之丁宁。五藏所以伤者，皆金木水火土气不和也。和则相生，战则相克。随怒事情，辄有所发。发一藏则故克，所胜成病煞人。人遇阳者，发囚刻王，怒而无伤，虽尔，去死如发耳。如人衰者，发王克囚，祸成矣。

第二十九章也注曰：

> 自然相感也。行善，道随之；行恶，害随之也。

在《想尔注》看来，凡是不符合自然之道，破坏"和"气的，如"锐""忿""怒""激争""伤"，等等，都属"凶恶"。道的存在本身就像天地之间的诚，在凶恶与吉善之间形成一个铁律，违反则"五脏以伤，道不能治"。因此，《想尔注》中虽然宣扬善恶，体现伦理，但不同于儒家所说的基于人伦的是非善恶，而是以自然之道为准则的吉凶善恶。

《想尔注》表达的伦理价值导向则可概括为积善功而与道相通。汉代以来广泛流行的精气通天说，在《想尔注》中被继承下来，同时与宗教性的信仰相结合。虽然以太上老君、道为最高的信仰，但这些主神的存在只不过是精气聚形气化的示现。对于修道者，关键还是在个体自己的内在，能"积善功"，才可以做到"精神与天通"。第五章"圣人不仁，以万物为刍狗"句下注曰：

> 圣人法天地，仁于善人，不仁恶人。当王政煞恶，亦视之如刍苟也。是以人当积善功，其精神与天通。设欲侵害者，天即救之。庸庸之人皆是刍苟之徒耳，精神不能通天。所以者，譬如盗贼怀恶不敢见部史也，精气自然与天不亲，生死之际，天不知也。黄帝仁圣知后世意，故结刍草为苟，以置门户上，欲言后世门户皆刍苟之徒耳。人不解黄帝微意，空而效之，而恶心不改，可谓大恶也。

与前代强调天人以精气相贯通的《淮南子》相比，《淮南子》更强调人的内心的精诚虚静，但仍显笼统。《想尔注》则具体到"积善功""五行相和"等方面，可以说，更落到实处，从而形成容易被普通百姓所接受的话语。

5. 结精成神而与道相通

结精成神，是修道的一条根本途径。《想尔注》首先也要厘清所谓的结精成神，并非方术伎巧中所说的"玉女容成""还精补脑"之类。如第九章"揣而锐之，不可长宝"，《想尔注》本作"揣而悦之，不可长宝"，并解释说：

> 道教人结精成神，今世间伪伎诈称道，托黄帝、玄女、龚子、容成之文相教，从女不施，思还精补脑，心神不一，失其所守，为揣悦不可长宝。

又在"富贵而骄，自遗咎"句下注曰：

> 精结成神，阳气有余，务当自爱，闭心绝念，不可骄欺阴也。骄欺，咎即成。又外说乘权富贵而骄世，即有咎也。

其说盖类似于《老子》"治人事天莫若啬"，即减少内在精神的耗费，爱惜精气元气，通过闭心绝念、反对富贵骄世等，回归精神的专一宁静。

《想尔注》也提出了守一修道的观念，并对"守一"的内涵进行了全面的叙述，如第十章"载营魄抱一"句下注曰：

> 魄，白也。故精白，与元气同色。身为精车，精落故当载营之。神成气来，载营人身，欲令此功无离一。一者道也。今在人身何许？守之云何？一不在人身也，诸附身者悉世间常伪伎，非真道也。一在天地外，入在天地间，但往来人身中耳。都皮里悉是，非独一处。一散形为气，聚形为太上老君，常治昆仑，或言虚无，或言自然，或言无名，皆同一耳。今布道诚教人，守诚不远，即为守一矣。不行其诚，即为失一也。世间常伪伎指五藏以名一，瞑目思想，欲从求福，非也。去生遂远矣。

魄藏精，身为精车，精存则神成气来。这是从身体的角度来说如何抱一。不仅抱一，还要守一，"一"就是"道"。道在天地外，入在天地间，但往来人身中。如能守道诚，才能存神守道。不能行道诚，则即失道。并指出，单靠冥想五脏之神以修道，是一种偏离生命本真之道的做法。这一点，在第二十一章注中也再进一步强调：

> 古仙士实精以生，今人失精以死，大信也。今但结精，便可得生乎？不也。要诸行当备，所以精者，道之别气也。入人身中为根本，持其半，乃先言之。夫欲宝精，百行当修，万善当著，调和五行，喜怒悉去。天曹左契，算有余数，精乃守之。恶人宝精，唐自苦终不居，必自泄漏也。心应规，制万事，故号明堂三道。布阳耶阴害，以中正度道气。精并喻像池水，身为池堤封，善行为水源。若斯三备，池乃全坚。心不专善，无堤封，水必去。行善不积，源不通，水必燥干。决水溉野渠如溪江，虽堤在，源流泄，必亦空。蚗燥炘裂，百病并生。斯三不慎，池为空坑也。

总体来说，《想尔注》强调结精与行备相互配合，才能做到真正的修道守一。所以将《想尔注》的守一观念和《老子》相比，应该说更多了实际修持的操作性；和《太平经》相比，则着力去除迷信的成分，力主回归自身的修为。

6. 治国当知信道

《想尔注》同样关心治国的道理，其所提出的治国之道，最核心的内容恐怕就是人君当知法道。如第八章"正善治"句下注所说："人君理国，常当法道为政，则致治。"如果放到整个老学史发展的脉络中看，这似乎并没有什么特殊的地方。但仔细归纳总结，我们可以看出，《想尔注》所讲的人君法道，应该是建立在"信仰"的基础上来说的。如第三章"常使民无知无欲，使夫知者不敢为也。为无为，则无不治"句下注曰：

> 道绝不行，耶文滋起，货赂为生，民竞贪学之，身随危倾。当禁之，勿知耶文，勿贪宝货，国则易治。上之化下，犹风之靡草。欲如此，上要当知信道。上信道不倦，多知之士，虽有耶心，犹志是非，见上勤勤，亦不敢不为也。如此，国以治也。

第十章注曰：

> 人君欲爱民令寿考，治国令太平，当精心凿道意，教民皆令知道真，无令知伪道耶知也。

第十八章注曰：

> 此类外是内非，无至诚感天之行，故令国难治。今欲复此，疾要在帝王当专心信道诚也。

这几段话共同强调一点，就是帝王君主若欲国治，当专心诚意信仰道诚，通过自己的精意诚信，来教化民众，皆"令知道真"，从而不被各种邪知邪见所侵扰，即所谓政教合一的政治理念。

以上所列，仅为《想尔注》中几个重要的方面。此外，《想尔注》还有一些值得注意的特殊之处，如其别成一家的文字训诂，不守文本的句义解说，都和此前的《老子》注本有非常明显的不同。

第八章"故无尤"的"尤"字，河上公本解释为"怨尤"。《想尔注》则训释为：

> 尤，大也。人独能放水不争，终不遇大害。

解释第十一章"当其无，有车之用"时说：

> 古未有车时，退然。道遣奚仲作之，愚者得车，贪利而已，不念行道，不觉道神，贤者见之，乃知道恩。默而自厉，重守道真也。

将"无"解释成"没有"。

第十七章"其次，畏之"这句话，河上公注曰："设刑法以治之。"《想尔注》则注为："就申道诚示之，畏以天威，令自改也。"

537

可以说为了申说自己的教义，而完全不理会上下文及原意，已经基本背离了《老子》的本义。

再如第二十一章"孔德之容，唯道是从"注曰：

> 道甚大，教孔丘为知。后世不信道文，但上孔书，以为无上，道故明之，告后贤。

释"孔"为孔丘，以批判世人对于儒学及其经典的盲目信仰，亦完全别于河上公注"孔，大也"的说法。

这些解说，可以说进一步丰富了老学的意涵，体现了一家之言的特色。同时我们也应注意到，《想尔注》在老学史上所具有的独到的文献价值。

比如，该书保存了当时存在，但后来已亡佚的不同解《老》之说，如第十一章注曰：

> 此三物本难作，非道不成。俗人得之，但贪其利，不知其元，贤者见之，还守其用，用道为本，贤愚之心如南与北，万不同。此三之义指如是耳。今世间伪伎因缘真文设诈巧，言道有天毂，人身有毂，专气为柔，辐指形为辐辖。又培胎练形，当如土为瓦时。又言道有户牖在人身中，皆耶伪不可用，用之者大迷矣。

其中所说到的"伪伎"，很可能就是当时正在流传的其他道教流派的说法。《想尔注》所引如"道有天毂，人身有毂，专气为柔，辐指形为馆辖。又培胎练形，当如土为瓦时。又言道有户牖在人身中"之说，不见于今传本诸家，盖为失传的老学著作之语。

《想尔注》有一些独具特色的注语，也可补充我们传世注本的解释。如第十三章"宠辱若惊，贵大患若身"句。对于"贵大患若身"的"若"字，河上公注曰："若，至也。畏大患至身，故皆惊。"《想尔注》则曰："若者，谓彼身也。必违道求荣，患归若身矣。"古汉语中，"若"字借作代词，相当于你、你们的用法，也是比较常见的。而结合上下文来看，《想尔注》把这句话解释成：宠辱都惊、都在意，则大患必然会降临到那个人的身上。这也是解释得通的，不妨备为一说。

最后，还有一点需要指出，《想尔注》中体现了强烈的批判精神，反对一切邪见邪道，甚至道教内部不同流派的看法也遭到其抨击。而汉代中叶以来盛行的儒家、孔子、五经等，也都是其批评的对象，如第十八章注曰：

> 真道藏，耶文出，世间常伪伎称道教，皆为大伪不可用。何谓耶文？其五经半入耶。其五经以外，众书传记，尸人所作，悉耶耳。

表现出强烈的排他性，与早期黄老学术的无所不包形成鲜明对比。

第三节　《太平经》对老子思想的充分吸收

《太平经》一书大概出现于东汉早期。《后汉书·襄楷传》记，桓帝延熹九年（166），襄楷上疏曰："臣前上琅邪宫崇受干吉神书，不合明听。"复上书曰："前者宫崇所献神书，专以奉天地顺五行为本，亦有兴国广嗣之术。其文易晓，参同经典，而顺帝不行，故国胤不兴。"《襄楷传》又云："初，顺帝时，琅邪宫崇诣阙，上其师干吉于曲阳泉水上所得神书百七十卷，皆缥白素朱介青首朱目，号《太平清领书》。其言以阴阳五行为家，而多巫觋杂语。有司奏崇所上妖妄不经，乃收藏之。后张角颇有其书焉。"顺帝时此书一百七十卷已经流传，并被称为神书。《牟子理惑论》中称"神书百七十卷"，唐章怀太子李贤注曰："神书，即今道家《太平经》也。其经以甲乙丙丁戊己庚辛壬癸为部，每部一十七卷也。"

《太平经》作为道教的经典性理论著作，虽然也受到儒家思想、阴阳五行以及神仙方术的影响，但应是以老子等黄老列庄的道家思想为核心的，可以说是道家从学术思想演化为宗教理论的重要文献。

后汉《太平经》，现存只有明朝《道藏》本。原书一百七十卷，今本仅残存五十七卷。王明根据《太平经钞》及其他二十七种引书加以校、补、附、存，基本上恢复了一百七十卷的面貌，成《太平经合校》，并将和此经有关的问题加以考订说明。

在《太平经》的思想方面，范晔称："其言以阴阳五行为家，而多巫觋杂语。"然从其理论的根本格局上看，首先可以肯定的是它远承《老子》遗教。我们可以从以下几个方面来看：

就其对宇宙根源与万物化生过程的认识看，《太平经》以"一"为道之根、气之始。如《太平经·乙部》"修一却邪法"条曰：

> 天地开辟贵本根，乃气之元也。欲致太平，念本根也。不思其根，名大烦，举事不得，灾并来也。此非人过也，失根基也。离本求末，祸不治，故当深思之。夫一者，乃道之根也，气之始也，命之所系属，众心之主也。

又《太平经·乙部》"守一明法"条曰：

> 夫道何等也？万物之元首，不可得名者。六极之中，无道不能变化。元气行道，以生万物，天地大小，无不由道而生者也。故元气无形，以制有形，以舒元气，不缘道而生。自然者，乃万物之自然也。不行道，不能包裹天地。

其说基本上保持了老子的观点，认为世界的本根是"元气"，事物都是由"元气"所变化构成的，而元气正是道的作用和运行。

《太平经》中另一个核心概念就是"守一"。何谓"守一"？《太平经·壬部》曰：

古今要道，皆言守一，可长存而不老。人知守一，名为无极之道。人有一身，与精神常合并也。形者乃主死，精神者乃主生。常合即吉，去则凶。无精神则死，有精神则生。常合即为一，可以长存也。常患精神离散，不聚于身中，反令使随人念而游行也。故圣人教其守一，言当守一身也。念而不休，精神自来，莫不相应，百病自除，此即长生久视之符也。阳者守一，阴者守二，故名杀也。故昼为阳，人魂常并居。冥为阴，魂神争行为梦，想失其形，分为两，至于死亡。精神悉失，而形独在。守一者，真真合为一也。人生精神，悉皆具足，而守之不散，乃至度世；为良民父母，见太平之君，神灵所爱矣。

从此书中的多处描述来看，其所说的" "，为"元气之首，万物枢机"，人有一身，与精神常合并即为生命之"一"。如果不能守一，就是"常患精神离散，不聚于身中"。其所说的意思和《老子》第十章"载营魄抱一，能无离乎"，第二十二章"是以圣人抱一为天下式"显然是完全相同的。

在此基础上，《太平经》中有许多言论，直接从《老子》书中推演而来。如：

《老子》第三章曰："是以圣人之治，虚其心，实其腹；弱其志，强其骨。"《太平经·庚部之一》曰："虚无者，乃内实外虚也，有若无也。反其胞胎，与道居也；独存其心，悬龙虑也；遂为神室，聚道虚也。但与气游，故虚无也；在气与神，其余悉除也。"

《老子》第二十八章说："知其雄，守其雌，为天下溪。为天下溪，常德不离，复归于婴儿。"《太平经·丁部之一》则说："自然之道无有上，不视而气宅十二重。故反婴儿则无凶，老还反少与道通。是故画像十二重，正者得善，不肖独凶。天道常在，不得丧亡，状如四时周反乡，终老反始，故长生也。"

《老子》第三十九章有："昔之得一者，天得一以清，地得一以宁，神得一以灵，谷得一以盈，万物得一以生，侯王得一以为天下贞。"《太平经》佚文中则有："元气之首，万物枢机。天不守一失其清，地不守一失其宁，日不守一失其明，月不守一失其精，星不守一失其行，山不守一不免崩，水不守一尘土生，神不守一不生成，人不守一不活生。一之为本，万事皆行。子知一，万事毕矣。"

《老子》第四十二章说："道生一，一生二，二生三。"《太平经·戊部五至十七》则说："元气恍惚自然，共凝成一，名为天也。分而生阴而成地，名为二也。因为上天下地，阴阳相合施生人，名为三也。"

《老子》第四十章说："反者道之动。"《太平经·丙部之八》则说："反其华还就实，反其伪还就真。夫末穷者宜反本，行极者当还归，天之道也。"

《老子》第七十七章说："天之道，损有余而补不足，人之道则不然，损不足以奉有余。"《太平经·丁部之十六》则说："财物乃天地中和所有，以共养人也，此家但遇得其聚处……本非独给一人也，其有不足者，悉当从其取也。愚人无知，以为终古独当有之……不肯力以周穷救急，令使万家乏绝。"

《老子》第三十七章说："道常无为而无不为，侯王若能守之，万物将自化。"《太平经·庚部之一》曰："无为者，无不为也，乃与道连；出婴儿前，入无间也。到于太初，乃反还也；天地初起，阴阳源也；入无为之术，身可完也；去本来末，道之患也；离其太初，难得完也；去生已远，就死门也；好为俗事，伤魂神也；守二忘一，失其相也；可不诚哉，道之元也；子专守一，仁贤源也；天道行一，故完全也；地道行二，与鬼神邻也；审知无为，与其道最神也；详思其事，真人先也。"

通过对比我们可以看出，《太平经》基本上采取化用的方式，重新表述了《老子》书的内容，只不过由于《太平经》创作的目的是对东汉时代一般老百姓布教，因此要避免简奥高深的哲理，尽量使用通俗化的语言、显而易见的内容，才能容易为大众所接受。

第十七章 《老子》在其他学术领域的影响

正如以上各章所讨论的,《老子》其书和老子的思想,所指向的并非固定含义的一书一人,而是一个不断形成、不断发展的存在形态。先秦时期,老子思想在自身发展的过程中,也与各家思想相互渗透、相互影响,譬如老子之学与易学、法家之学、名家之学、墨家之学、儒家之学都存在着一定的互渗关系。所以汉初司马谈在总结"道家"的特点时,就要强调这种"道家使人精神专一,动合无形,赡足万物。其为术也,因阴阳之大顺,采儒墨之善,撮名法之要,与时迁移,应物变化,立俗施事,无所不宜"的特点。然老学与各家虽然是互渗式影响,但毕竟根基于母体之道与内心之道,根基于道法自然的思维方式,根基于知雄守雌的处世方式,故其作为特定学派的特征始终得以保存。

汉代以来,不论是汉初七十年的黄老学盛行,还是儒术独尊之后的意识形态格局,我们可以肯定的是,当时的一般大儒也同样熟悉老学。老学的影响不能不说是相当深远的。下面仅从老学与《易传》、老学与《韩诗外传》、老学与谶纬、老学与《黄帝内经》几个方面,来以点带面地看老子的影响所及。

第一节 《易·系辞》对《老子》
之道的继承与发展

《易经》十二篇,《汉书·艺文志》列于六艺类之首,其解题中称:六艺之中,《乐》《诗》《礼》《书》《春秋》五者,"盖五常之道,相须而备，而《易》为之原。故曰：'《易》不可见，而乾坤或几乎息矣。'言与天地为终始也。"① 正说明在汉代人的知识体系中，《易》乃其他五经之本原，《易》所探讨的是天地间永恒的道理，而其他五经则"世有变改，犹五行之更用事焉"。由此可见《周易》的学术地位。

然自汉代以后，《周易》作为经学的代表，往往仅被看作儒家的一部分，这显然是不符合客观事实的。20 世纪 80 年代陈鼓应发表《〈易传·系辞〉所受老子思想的影响——兼论〈易传〉乃道家系统之作》一文，认为《易·系辞》思想与老子一脉相承，乃是道家系统的作品。不久，吕绍纲发表《〈易大传〉与〈老子〉是两个根本不同的思想体系——兼与陈鼓应先生商榷》的文章，对陈说进行反驳。此后两种不同观点的争论一直持续深入，引起了国内外学界的关注。

回顾这一争议发生的缘起，大概有两个方面的因素：一是《史记》《汉书》有关于孔子整理《易》和儒家易学的传承谱系，在历代学者眼中有很大的权威性。二是今传通行本《周易》有称赞周文王和颜回的内容，也被当作孔子作"十翼"的证据。然根据 1973 年长沙马王堆出土《周易》相关的文献可知，《周易》与《二三子问》两篇连续抄写在一张帛上，《系辞》《衷》《要》《缪和》与《昭力》五篇连续抄写于另一张帛上。张政烺有《马王堆帛书〈周易〉经传校读》一书，并曾介绍说，从字体看，此卷盖写于汉文帝初年，约当公元前 180 年至公元前 170 年。

根据出土文献《周易》经传与传世本的比较，"十翼"非孔子所作，也逐渐成为现代学者的共识。② 王葆玹等发表《从马王堆帛书本看〈系辞〉与老子学派的关系》一文，提出：

---

① 班固：《汉书》卷三十《艺文志》，中华书局 1962 年版，第 1723 页。

② 参见陈鼓应：《易传与道家思想》，生活·读书·新知三联书店 1996 年版；魏启鹏：《彖传道论三题》，见《道家文化研究》第 8 辑，上海古籍出版社 1995 年版；王博：《帛书〈系辞〉的年代与道论》，见《道家文化研究》第 12 辑，生活·读书·新知三联书店 1998 年版。

　　根据有幸见到帛书的一些学者的介绍，可以推断帛书《系辞》是现存最早、最可靠的《系辞》传本，与通行本有巨大的差异，通行本的一些重要章节，并未包括在帛书本当中，而是帛书《系辞》卷后佚书《易之义》的组成部分，它们出现在通行本的《系辞》里，乃是战国以后的学者加以改变的结果，如果将这些后加的章节删去，便会看出《系辞》的道家倾向，比我们原来所承认的还要强烈，并可得出进一步的结论：《系辞》思想虽与老庄都有相通之处，但更接近于老子，完全可说是战国晚期老子学派的代表作品。

这一看法之中，虽然并不可断然肯定《易传》内容的作者身份和时代，但其书的形成，也同样经历了一个不断增补完善的过程，这是可以通过出土文献到传世文献看出其间的轨迹的。帛书本《系辞》代表了汉初所见的《系辞》样貌。以此文献为基础来探讨《易传》与《老子》的关系，这一思路无疑是值得肯定的。

　　通过比较，可以看出《易传》与《老子》二者在思维架构上的相通性，它们思想体系的构成都是建立在一个整体性的宇宙图式之上。《老子》以"道"为最高的整体之存在，《易传》则以"易"为最高的整体之存在。

　　《系辞上》说：

　　　　易与天地准，故能弥纶天地之道。仰以观于天文，俯以察于地理，是故知幽明之故，原始反终，故知死生之说。

"准"，虞翻注为"同"，帛书本作"顺"。"天地之道"，帛书本作"天下之道"。言易道与天下之道相顺相同，故能包括宇宙万有。作为宇宙万物的根本之道，则此道与《老子》之道内涵基本略同。

　　又《系辞上》说：

　　　　精气为物，游魂为变。是故知鬼神之情状，与天地相似故

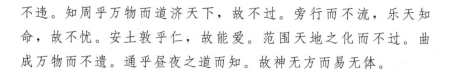

不违。知周乎万物而道济天下，故不过。旁行而不流，乐天知命，故不忧。安土敦乎仁，故能爱。范围天地之化而不过。曲成万物而不遗。通乎昼夜之道而知。故神无方而易无体。

此章言有形之器之中是精微无形的力量在发生作用，即所谓"精气"，所谓"游魂"。这种精微的力量，在与《老子》一同流行的《太一生水》中已经提到，就是所谓的"神明"，正如王弼《易》注所说："自此以上，皆言神之所为也。"《老子》虽没有明确地阐发"神明"的作用，但其所建构的理论形态上的"无名""有名"，"无欲""有欲"，"天下万物生于有，有生于无"，"故有之以为利，无之以为用"，实际上所强调的都是这种精微的力量所发生的作用。易道更致力于道的广大与精微，如《系辞上》曰：

夫易，广矣大矣，以言乎远则不御，以言乎迩则静而正，以言乎天地之间则备矣。

言易道之空间用"广矣大矣"来形容，远则没有止境边际。正如《老子》第二十五章曰："吾不知其名，字之曰道，强为之名曰大。大曰逝，逝曰远，远曰反。故道大，天大，地大，王亦大。"

又《系辞上》曰：

一阴一阳之谓道。

《老子》多强调本体之道超言绝象的存在状态，如第二十五章称"有物混成，先天地生。寂兮寥兮，独立不改，周行而不殆，可以为天下母"。然而又没有表明既然超言绝象，自己是如何体验到的，由此就给后人留下了高不可攀、虚悬不可知的看法。至《易传》虽然强调精微的神妙作用，但也进一步落实到阴阳之气的运动变化之中，落实到"百姓日用而不知"的现实生活中。

又《系辞上》曰：

> 生生之谓易。

《系辞下》曰：

> 天地之大德曰生。

易道与《老子》之道同样体现出对于生命的敬畏，以"生生"为天地间最大的道。也即《老子》第三十四章所说：

> 大道泛兮，其可左右。万物恃之而生而不辞，功成不名有，衣养万物而不为主，常无欲，可名于小；万物归焉而不为主，可名为大。以其终不自为大，故能成其大。

以及《老子》第五十一章所说：

> 道生之，德畜之，物形之，势成之。是以万物莫不尊道而贵德。道之尊，德之贵，夫莫之命而常自然。故道生之，德畜之：长之、育之、亭之、毒之、养之、覆之。生而不有，为而不恃，长而不宰，是谓玄德。

而且，不仅如上两章，"生而不有"几乎是《老子》所反复强调的一句话。

易道与《老子》之道在描述万物化生的过程上也具有极大的相似性，《系辞上》曰：

> 是故易有太极，是生两仪。两仪生四象，四象生八卦。八卦定吉凶。吉凶生大业。

《老子》第四十二章则曰：

> 道生一，一生二，二生三，三生万物。万物负阴而抱阳，冲气以为和。

《老子》第二十八章又有："复归于无极。"即复归于道。"一"则相当于混沌未分之精气，所以《老子》第四十章又说："天下万物生于有，有生于无。"从无极之道，到混沌之一，大概就是这个最初的化生过程。《易传》同样阐述了这样一个从无到有的化生之理。太极生两仪，相当于一生二的过程。而从"易"之无极到太极这个过程，则相当于道生一的过程。正如有的学者所说，"这里不难发现，《老子》的'道生'和《系辞》的'易化'，思维进路是一致的。其不同在于，《系辞》的作者在模拟《老子》的'道生'思想时，将《老子》的道的客观面抽掉了，突出了'易'的主观设定，即圣人制作的一面，从而使'易'概念难以超出易学领域，更不可能取代'道'而占居显赫位置。"① 如果我们从另外的视角看，《老子》之道本来着重于形而上学的本体与母体的描述，《易》之道则注重形而上学与形而下学的变化沟通与落实。在某种程度上说，《易》之道正是《老子》之道的进一步发展。

故《系辞上》中说：

> 是故形而上者谓之道，形而下者谓之器。化而裁之谓之变，推而行之谓之通。举而错之天下之民谓之事业。
>
> 易，无思也，无为也，寂然不动，感而遂通天下之故。
>
> 圣人以此洗心，退藏于密。

一方面同于《老子》中圣人"专气致柔，能婴儿乎？涤除玄览，能无疵乎"，"无为而无不为"的修道方式；另一方面道器之间的变通，现实的存在，又成为《易》之道的讨论重点。

---

① 周立升：《〈易〉〈老〉相通论》，见《道家文化研究》第8辑，上海古籍出版社1995年版。

再以"道""象"的关系而论，老子可以说是最早提出二者关系的思想家。比如《老子》第四十一章说"大象无形"，但第十四章又提出道是"无状之状，无物之象"，再如第二十一章说：

> 孔德之容，惟道是从。道之为物，惟恍惟惚。惚兮恍兮，其中有象；恍兮惚兮，其中有物。窈兮冥兮，其中有精；其精甚真，其中有信。

第三十五章说：

> 执大象，天下往。

总之，《老子》在语言的边界之处充满着纠结，"道可道，非常道"。道确实存在但却不可言说，其所指向的语义其实也是明确的，也就是说道是无形的，却有象的存在，而且一切有形之物都是从这里生成的。

《系辞》对于道的解释，则紧紧抓住了"易"之卦象的特点，强调象的存在与象的作用，并将之具体化、形象化、象数化。如"在天成象，在地成形，变化见矣"，"悬象著明莫大乎日月"，"圣人设卦观象"，"圣人有以见天下之赜，而拟诸其形容，象其物宜。是故谓之象"，"子曰：书不尽言，言不尽意。然则圣人之意其不可见乎？子曰：圣人立象以尽意"。仔细分析可以看出，《系辞》中的象，首先指天地所呈现出来的形象，然而这个意思应该是指天下万物的形容，更接近于"形"的含义。至于象，则更接近于是联系道和人之间的一个通道。道无形而不可言说，精微而生长万物，神妙而变化贯通，但如何才能更为接近于道本身呢？如何让天下人更好地理解道本身呢？圣人的方式是将道从幽微中彰显出来，"夫易彰往而察来，而微显阐幽"，"见天下之赜，而拟诸其形容，象其物宜"，"立象以尽意"。

第二节 《韩诗外传》的引《老》证《老》

西汉初年传授《诗》的有齐人辕固生、鲁人申培和燕人韩婴。韩婴不仅传授《诗》，也传授《易》。《汉书·儒林传》曰："韩婴，燕人也。孝文时为博士，景帝时至常山太傅。婴推诗人之意，而作内外传数万言，其语颇与齐鲁间殊。"《儒林传》亦云："韩生亦以《易》授人，推《易》意而为之传。燕赵间好《诗》，故其《易》微，唯韩氏自传之。"韩氏易学之书，《汉书·艺文志》易类著录有《韩氏》二篇，然其书早已亡佚。《诗经》研究方面，《韩诗内传》在两宋间也已亡佚，留存下来的只有《韩诗外传》一书。

其书共分十卷，每卷搜集若干短章，近似资料汇编。其体例，大部分为先述史事，后引《诗》句证之。也有一部分是以"《传》曰"开头，后以《诗》句证之。除多引孔子、孟子、荀子及其弟子之语外，还多引用《老子》《庄子》《周易》之语，或未引用而直接表达道家之法自然、尚谦下柔弱、少私寡欲、无为无事、尚知足的思想，可看出其深受老庄道家乃至黄老道家思想的影响，在三家《诗》中的确显示出较为特殊的一面。

卷一第十三章：

> 传曰：喜名者必多怨，好与者必多辱，唯灭迹于人，能随天地自然，为能胜理而无爱名。名兴则道不用，道行则人无位矣。夫利为害本，而福为祸先。唯不求利者为无害，不求福者为无祸。《诗》曰："不忮不求，何用不臧。"

由此章所反映出的正是"名""利"心的消解，如《老子》第四十四章所说："名与身孰亲？身与货孰多？得与亡孰病？甚爱必大费，多藏必厚亡。"喜名与好得，必然带来怨辱之祸。"唯灭迹于人，能随天地自然"，正合于《老子》第二十七章所说"善行无辙迹"，王弼注曰："顺自然而行，不造不始，故物得至而无辙迹也。"

卷一第二十三章：

> 传曰：水浊则鱼喁，令苛见民乱，城峭则崩，岸峭则陂。故吴起峭刑而车裂，商鞅峻法而支解。治国者譬若乎张琴然，大弦急则小弦绝矣。故急辔衔者，非千里之御也。有声之声不过百里，无声之声延及四海。故禄过其功者削，名过其实者损，情行合名，祸福不虚至矣。《诗》云："何其处也，必有与也。何其久也，必有以也。"故惟其无为，能长生久视，而无累于物矣。

其说颇同于《老子》第九章"揣而锐之，不可长保"，又直接化用了《老子》第五十九章的"是谓深根固柢，长生久视之道"。

卷二第十章：

> 夫霜雪雨露，杀生万物者也，天无事焉，犹之贵天也。执法厌文，治官治民者，有司也，君无事焉，犹之尊君也。夫辟土殖谷者后稷也，决江疏河者禹也，听狱执中者皋陶也，然而有圣名者尧也。故有道以御之，身虽无能也，必使能者为己用也。无道以御之，彼虽多能，犹将无益于存亡矣。《诗》曰："执辔如组，两骖如舞。"贵能御也。

吸收了黄老道家"君无为而臣有为"，即君人南面之术的思想。

卷三第二十一章：

> 公仪休相鲁而嗜鱼，一国人献鱼而不受，其弟谏曰："嗜鱼不受，何也?"曰："夫欲嗜鱼，故不受也。受鱼而免于相，则不能自给鱼。无受而不免于相，长自给于鱼。"此明于为己者也。故《老子》曰："后其身而身先，外其身而身存。非以其无

私乎，故能成其私。"《诗》曰："思无邪。"此之谓也。

本章所引《老子》之语见于今本《老子》第七章。对于这段话的阐释亦见于《韩非子·外储说右下》《淮南子·道应训》《新序·节义》等文献中，《韩诗外传》的整理者在叙述了这段故事之后总结说"此明于为己者"。之后引《老子》"后其身而身先，外其身而身存。非以其无私乎，故能成其私"之语。则作者的核心意旨在于证明《老子》的"无私而成其私"的思想。《韩非子》引用此则故事，最后总结说："此明夫恃人不如自恃也，明于人之为己者不如己之自为也。"显然，《韩诗外传》更集中落实到了《老子》文本文义上。

卷三第三十八章：

> 昔者不出户而知天下，不窥牖而见天道者，非目能视乎千里之前，非耳能闻乎千里之外，以己之度度之也，以己之情量之也。己恶饥寒焉，则知天下之欲衣食也。己恶劳苦焉，则知天下之欲安佚也。己恶衰乏焉，则知天下之欲富足也。知此三者，圣王之所以不降席而匡天下。故君子之道，忠恕而已矣。夫饥渴苦血气，寒暑动肌肤，此四者民之大害也。大害不除，未可教御也。四体不掩，则鲜仁人，五藏空虚，则无立士。故先王之法，天子亲耕，后妃亲蚕，先天下忧衣与食也。《诗》曰："父母何尝？心之忧矣，子之无裳。"

此段引用《老子》第四十七章："不出户，知天下；不窥牖，见天道。其出弥远，其知弥少。是以圣人不行而知，不见而名，不为而成。"值得注意的是，韩婴对这段的理解基本与河上公的理解相同，如《老子河上公章句》曰："圣人不出户，以知天下者，以己身知人身，以己家知人家，所以见天下也。"都是遵循着一条圣人以己度人从而不出户就能知天下的思路。再对比《韩非子·喻老》中说："空窍者，神明之户牖也。耳目竭于声色，精神竭于外貌，故中无主。中无主则祸福虽如丘山无从识之，故曰：'不出于户，可以知天下。

不窥于牖，可以知天道。'此言神明之不离其实也。"言中得神明则不离于道，可以知天下万物的道理。则所解释的取向又各不相同。相比而言，韩非子更借以强调君主的修身，韩婴、河上公则重在表达治国安民之术。

卷五第二十七章：

> 福生于无为，而患生于多欲。知足，然后富从之。德宜君人，然后贵从之。故贵爵而贱德者，虽为天子，不尊矣。贪物而不知止者，虽有天下，不富矣。夫土地之生物不益，山泽之出财有尽，怀不富之心而求不益之物，挟百倍之欲而求有尽之财，是桀纣之所以失其位也。诗曰："大风有随，贪人败类。"

主要源于《老子》第四十四章"知足不辱，知止不殆，可以长久"的思想。

卷五第二十八章：

> 哀公问于子夏曰："必学然后可以安国保民乎？"子夏曰："不学而能安国保民者，未之有也。"哀公曰："然则五帝有师乎？"子夏曰："臣闻黄帝学乎大填，颛顼学乎禄图，帝喾学乎赤松子，尧学乎务成子附，舜学乎尹寿，禹学乎西王国，汤学乎贷子相，文王学乎锡畴子斯，武王学乎太公，周公学乎虢叔，仲尼学乎老聃。此十一圣人，未遭此师，则功业不能著乎天下，名号不能传乎后世者也。"诗曰："不愆不忘，率由旧章。"

此段曰"仲尼学乎老聃"，亦见于《礼记·曾子问》。

卷五第二十九章：

> 德也者，包天地之大，配日月之明，立乎四时之周，临乎阴阳之交，寒暑不能动也，四时不能化也，敛乎太阴而不湿，散乎太阳而不枯，鲜洁清明而备，严威毅疾而神。至精而妙乎

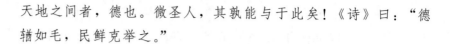

天地之间者，德也。微圣人，其孰能与于此矣！《诗》曰："德辖如毛，民鲜克举之。"

我们知道，《老子》古本的结构，是《德经》在前，《道经》在后。帛书本、北大简本皆如此。道相当于超验绝象的本体，德则相当于向下落实的作用。如陆德明《音义》所说："道，生天地之先。德，道之用也。"韩婴在本章中的描述，则进一步阐释了德的妙用。

卷七第十章：

> 昔者司城子罕相宋，谓宋君曰："夫国家之安危，百姓之治乱，在君之行赏罚。夫爵赏赐与，人之所好也，君自行之。杀戮刑罚，民之所恶也，臣请当之。"君曰："善。寡人当其美，子受其恶，寡人自知不为诸侯笑矣。"国人知杀戮之刑专在子罕也，大臣亲之，百姓畏之。居不期年，子罕遂劫宋君而专其政。故《老子》曰："鱼不可脱于渊，国之利器不可以示人。"《诗》曰："胡为我作，不即我谋？"

本章所引《老子》见于今本第三十六章。此篇亦见于《韩非子·喻老》《淮南子·道应训》，韩婴解释的取向与其基本一致，只不过在最后加上了《诗经》的内容来佐证。

卷九第十章：

> 贤士不以耻食，不以辱得。《老子》曰："名与身孰亲？身与货孰多？得与亡孰病？是故甚爱必大费，多藏必厚亡。知足不辱，知止不殆，可以长久。大成若缺，其用不敝。大盈若冲，其用不穷。大直若诎，大辩若讷，大巧若拙，其用不屈。罪莫大于可欲，祸莫大于不知足，咎莫憯于欲得。故知足之足，常足矣。"

本段完全引用《老子》之文，包括今本《老子》第四十四章、四十五章、四十六章的摘要，以论证"贤士不以耻食，不以辱得"的观点，完全吸收了老子的思想。值得注意的是《韩诗外传》中引用文本作"罪莫大于多欲"，郭店楚简乙本《老子》亦作"罪莫大于甚欲"。今本《韩非子》、帛书乙本、北大简本皆作"罪莫大于可欲"。郭店简甲作"咎莫金（险）虗谷（欲）得"。帛书甲作"咎莫憯于欲得"。《韩非子·解老》作"咎莫憯于欲利"。从文义上看，韩婴似乎传承了古本《老子》的面貌。

根据以上的梳理，我们大体上可以看出以下几个方面的特征：

首先是韩婴所见《老子》文本体现出与楚简本相一致的地方，具有一定的古朴性。

其次，韩婴解《诗》，但具有明显的道家倾向，也吸收了不少《老子》《庄子》《淮南子·道应篇》的文献内容，体现在其对于德的描述，对于"寡欲""知足"以及道家治国之术方面的重视。

最后，儒道融合取向明显，但和司马谈父子一样，也具有论大道则先黄老而后六经的特点。

第三节　《老子》思想在谶纬、佛教入华、古医学方面的影响

老子学说对于汉代文化方面的广泛影响除了以上所述，还表现在对于谶纬的影响、对于古医学的影响、对于佛教传入的影响等。

一、老子学说对于谶纬神学兴起的影响

谶纬是汉代独特的文化现象，尤其是东汉，更是谶纬之学最盛的时期。关于谶纬，有人主张谶是谶，纬是纬；也有人认为二者没有大的差别，有其共通之处。但"谶"偏重一种神秘的预言，而事情的发生，正好应验了预言。其文其事古已有之，至东汉光武帝得天下而大力倡导，得以兴盛一时。纬书则是一些方士化的儒生围绕着经学中的《易》《书》《诗》《礼》《乐》《孝经》《春秋》这七部经

典所作的神秘性发挥之书。《隋书·经籍志》中尚列"七经纬"三十六种，除此之外的谶纬杂书至少还有百余种。[①] 纬书大量造作的目的当然是在神化孔子，神化儒家经典，或者说将儒学宗教化。然我们也可以在其中看到老子其人及老子学说。比如《隋书·经籍志》异说类收录有《孔老谶》十二卷、《老子河洛谶》等。可惜大部分纬书都已经亡佚，现在所能看到的，只有今人的辑本，但仍足以见其端倪。如《诗纬》有："风后，黄帝师，又化为老子，以书授张良。"本条见于裴骃为《史记·留侯世家》所作的索隐。说明纬书在将孔子神化的同时，自古以来的系列历史人物包括老子也同样被神化了。

最值得注意的是，现存纬书当中蕴含了系统的宇宙论思想，其核心要义当来源于道家，尤其是老子宇宙道论与精气说思想所构成的气化宇宙论。如《乾凿度》描写说："太易始著，太极成。太极成，乾坤行。……有形始于弗形，有法始于弗法。"又："夫有形生于无形，乾坤安从生？故曰：有太易，有太初，有太始，有太素也。太易者，未见气也。太初者，气之始也。太始者，形之始也。太素者，质之始也。气形质具而未离，故曰浑沦。浑沦者，言万物相混成而未相离也。视之不见，听之不闻，循之不得，故曰易也。"其说在《周易》《老子》基础上对宇宙化生的过程进行了更为精细的描绘，其中"混成""视之不见，听之不闻，循之不得"则为直接从《老子》中移植的文句。又《春秋元命苞》中有："元者，端也，气泉，无形以起，有形以分，窥之不见，听之不闻。"此条见于《公羊传·隐公元年》疏。由此则老子之"道"与"易""元"在纬书中相互融合为同一种宇宙观的统一体系。再如纬书宇宙论中也吸收了《老子》中的"道根"思想，如《礼斗威仪》首句曰："天运二十九万一千八百四十岁而反，太素冥茎，盖乃道之根也。"此条引见《太平御览·大部一》而此"道根"在《老子》是反复强调的，如第六章："谷神不死，是谓玄牝，玄牝之门，是谓天地根。绵绵若存，用

---

① 钟肇鹏：《谶纬论略》，辽宁教育出版社1991年版，第35—72页。

之不勤。"第十六章："夫物芸芸，各复归其根。归根曰静，是谓复命。"第五十九章："有国之母，可以长久。是谓深根固柢，长生久视之道。"由此可以见出《老子》之学影响纬书创作过程中的主要方面。

二、老子学说对于佛教入华的接引

众所周知，东汉中后期佛教逐渐传入中国，其中标志性的事件就是汉明帝夜梦金人，以及汉桓帝黄老、浮屠并祀。而从文献方面来说，《牟子理惑论》一书则相当于中土人士系统讨论佛教教义的一部最早的著作。虽然学术界关于牟子其人的时代，以及《牟子理惑论》一书的形成时代仍有不同意见，[①] 但无可否认的是，《牟子理惑论》所反映的是佛教初传入中国时期人们种种不理解的心理。而最值得注意的是，作者模拟的提问者和回答者都往往引用儒道文献，尤其是以《老子》的原文来阐释佛教教义，并力图证明佛教教义与中国传统的思想并不相违背。

《牟子理惑论》一书，又名《理惑论》《牟子辨惑论》，最初收在陆澄的《法论》中，称为《牟子》。陆澄是南朝宋齐时候的人，《法论》早已失传，仅在《出三藏记集》里保存了目录。后梁代僧祐将其编入《弘明集》卷一。《隋书·经籍志》子部亦著录，称"《牟子》二卷，后汉太尉牟融撰"。

其书前有序言描述撰述之缘起，称牟子携母避乱交趾，年二十六归苍梧娶妻。灵帝崩后，天下扰乱，北方异人多来交州，修神仙辟谷长生之术。牟子也受到影响，据载：

> （牟子）叹曰："老子绝圣弃智，修身保真，万物不干其志，天下不易其乐，天子不得臣，诸侯不得友。故可贵也。"于是锐志于佛道，兼研《老子》五千文，含玄妙为酒浆，玩五经

---

① 或认为是东汉末的作品，或认为是佛经传译之后魏晋时期的作品，详见周叔迦辑撰，周绍良新编：《牟子丛残新编》，中国书店 2001 年版。

为琴簧。

其书共分三十七章，据其自言，乃"览佛经之要有三十七品，老氏《道经》亦三十七篇，故法之焉"。

从总体上来看，本书多引用老子来证佛教教义，实为引导大家来接受佛教思想。其立论的方法，或是直接的比附，如：

> 问曰：云佛有三十二相八十种好，何其异于人之甚也？殆富耳之语，非实之云也。
>
> 牟子曰：谚云，少所见，多所怪。睹骆驼言马肿背。尧眉八彩，舜目重瞳子，皋陶乌喙，文王四乳，禹耳三漏，周公背偻，伏羲龙鼻，仲尼反顡。老子日角目玄，鼻有双柱，手把十文，足蹈二五。此非异于人乎。佛之相好，奚足疑哉。

或是以老证佛，如曰：

> 其经戒续存，履能行之，亦得无为，福流后世。持五戒者，一月六斋，斋之日专心一意，悔过自新。沙门持二百五十戒，日日斋，其戒非优婆塞所得闻也。威仪进止与古之典礼无异，终日竟夜讲道诵经，不预世事。《老子》曰：孔德之容，唯道是从。其斯之谓也。

或者变通老子思想以阐述佛教教义，如曰：

> 问曰：何谓之为道？道何类也？
>
> 牟子曰：道之言导也，导人致于无为。牵之无前，引之无后。举之无上，抑之无下。视之无形，听之无声。四表为大，绕绥其外。毫厘为细，间关其内。故谓之道。

其变老子之"道"为动词的"导"。对《老子》道家思想的核心语汇进行了修改。但后面说"无为",以及"无前""无后""无上""无下""无形""无声",实际上又相当于老子所说的本体之"道"。所以牟子的说法,相当于对老子之道的变通,但又没有违反其根本意义,同时达到引人入佛道的目的。

或者对于佛教思想中与中国本土传统冲突最为激烈的问题,引《老子》作为佛教教义的接引,如:

> 问曰:黄帝垂衣裳,制服饰。箕子陈《洪范》,貌为五事首。孔子作《孝经》,服为三德始。又曰:正其衣冠,尊其瞻视。原宪虽贫,不离华冠。子路遇难,不忘结缨。今沙门剃头发,披赤布。见人无跪起之礼,威仪无盘旋之容止,何其违貌服之制,乖搢绅之饰也。
>
> 牟子曰:《老子》云:"上德不德,是以有德。下德不失德,是以无德。"三皇之时食肉衣皮,巢居穴处以崇质朴,岂复须章黼之冠、曲裘之饰哉!然其人称有德而敦厖、允信而无为。沙门之行,有似之矣。

再如:

> 问曰:佛道言人死当复更生,仆不信此言之审也。
>
> 牟子曰:人临死,其家上屋呼之,死已,复呼谁?或曰:呼其魂魄。牟子曰:神还则生。不还,神何之呼?曰:成鬼神。牟子曰:是也,魂神固不灭矣。但身自朽烂耳。身譬如五谷之根叶,魂神如五谷之种实。根叶生必当死,种实岂有终亡,得道身灭耳。《老子》曰:吾所以有大患,以吾有身也。若吾无身,吾有何患?又曰:功成、名遂,身退,天之道也。

对于沙门的剃发、见人无跪起之礼违反了中土本有的蓄发传统、礼仪传统,牟子即以《老子》"上德不德"来化解之;对于佛教讲神不灭、生死轮回,即以《老子》"吾所以有大患,以吾有身也。若吾无身，吾有何患"的思想，以及功成身退的思想来化解之。

值得注意的是，在东汉道家思想被道教势力宗教化解读的氛围下，牟子也用《老子》原始本义来破解附着在《老子》上的神仙长生方术之说。如：

> 问曰：为道者或辟谷不食而饮酒啖肉，亦云老氏之术也。然佛道以酒肉为上诫，而反食谷。何其乖异乎？
>
> 牟子曰：众道丛残，凡有九十六种，淡泊无为，莫尚于佛。吾观老氏上下之篇，闻其禁五味之戒，未睹其绝五谷之语。圣人制七典之文，无止粮之术。老子著五千之文，无辟谷之事。圣人云：食谷者智，食草者痴，食肉者悍，食气者寿。世人不达其事，见六禽闭气不息，秋冬不食，欲效而为之。不知物类各自有性，犹磁石取铁，不能移毫毛矣。
>
> 问曰：谷宁可绝不？
>
> 牟子曰：吾未解大道之时，亦尝学焉。辟谷之法，数千百术。行之无效，为之无征，故废之耳。观吾所从学师三人，或自称七百、五百、三百岁，然吾从其学，未三载间，各自殒没。所以然者，盖由绝谷不食而啖百果，享肉则重盘，饮酒则倾樽，精乱神昏，谷气不充。耳目迷惑，淫邪不禁。吾问其故何？答曰：老子云：损之又损，以至于无为。徒当日损耳。然吾观之，但日益而不损也。是以各不至知命而死矣。且尧舜周孔各不能百载，而末世愚惑，欲服食辟谷，求无穷之寿，哀哉！

综合以上所列，牟子多引用《老子》来证明佛法之合于道理，以化解佛教传入中国所造成的普遍的疑惑。同时又多刊落世人对于《老子》思想本身的误解，尤其是认为神仙长生方术之说出于《老子》的看法，尽量地廓清《老子》作为道家学术思想之源的本来面目。这种辨析的目的，盖在于努力以真正的《老子》来接引佛教思想传入中国。

三、古医学文献中所见《老子》思想

今存较为集中的古医学文献，当属长沙马王堆三号汉墓出土的一批医书。其中除了一些养生术、胎产方、病方等涉及实用的方术内容之外，也有少量涉及了医学原理的内容，如《十问》，收集了十段对话，始于黄帝问天师，至秦昭王问王期止，可以说给我们提供了较早的医学理论资料。就其与《老子》思想的关系说，虽然其中没有直接引用《老子》原文，但思维方式上的相通还是显而易见的。其中最明显的就是"道法自然"思维在具体养生实践中的落实。如：

> 黄帝问于天师曰："万物何得而行？草木何得而长？日月何得而明？"天师曰："尔察天地之情，阴阳为正，万物失之而不继，得之而赢。"①

《老子》以"道"为最高，较少谈到阴阳。仅第四十二章中有"万物负阴而抱阳，冲气以为和"。老子认为真正决定万物运行生长的力量是"一"，如第三十九章所说："昔之得一者，天得一以清，地得一以宁，神得一以灵，谷得一以盈，万物得一以生，侯王得一以为天下贞。其致之。天无以清将恐裂，地无以宁将恐发，神无以灵将恐歇，谷无以盈将恐竭，万物无以生将恐灭。"至帛书《经法》《十大经》《称》《道原》中则已经反复将"阴阳"连称。如《经法·四度》曰："极阳以杀，极阴以生，是谓逆阴阳之命。极阳杀于外，极阴生于内……极而反，盛而衰，天地之道也，人之理也。逆顺同道而异理，审知逆顺，是谓道纪。"天师回答中所说的"阴阳为正，万物失之而不继，得之而赢"可以说是《老子》思想进一步发展的产物，而与黄老思想的兴起大约在同一时代。

再如：

---

① 裘锡圭主编：《长沙马王堆汉墓简帛集成》第6册，中华书局2014年版，第139页。

容成答曰："君若欲寿，则顺察天地之道。天气月尽、月盈，故能长生。地气岁有寒暑，险易相取，故地久而不腐。君必察天地之情而行之以身。……天地之至精，生于无征，长于无形，成于无体，得者寿长，失者夭死。故善治气抟精者，以无征为积。"①

此段正可以作为《老子》第十章"专气致柔，能婴儿乎"，第五十九章"治人事天莫若啬……是谓深根固柢，长生久视之道"的注解。
　　再如：

　　王子巧父问彭祖曰："人气何是为精乎?"彭祖答曰："人气莫如朘精。朘气菀闭，百脉生疾。朘气不成，不能繁生。故寿尽在朘。朘之葆爱，兼予成佐。是故道者发明，垂手循臂摩腹，从阴从阳。必先吐陈，乃翕朘气，与朘通息，与朘饮食。饮食完朘，如养赤子。"②

此段主要阐述人身体中的气息当以精气最为重要，所谓"人气莫如朘精"，以及如何保养精气，同时也以"赤子"作喻。《老子》郭店楚简甲本中就有："含德之厚者，比于赤子。蜂虿虫蛇弗螫，攫鸟猛兽弗扣。骨弱筋柔而捉固，未知牝牡之合而朘怒，精之至也。终日呼而不嚘，和之至也。和曰常，知和曰明。益生曰祥，心使气曰强。物壮则老，是谓不道。"亦见于今本《老子》第五十五章。同时《老子》中也将"婴儿"的状态作为有道之士的状态，如第二十章："我独泊兮其未兆，如婴儿之未孩。"第二十八章："知其雄，守其雌，为天下溪。为天下溪，常德不离，复归于婴儿。"而《老子想尔注》曰："专精无为，道德常不离之，更反为婴儿。"
　　除了以上所论出土帛书古医学文献所见，今传世本古医书中，

① 裘锡圭主编：《长沙马王堆汉墓简帛集成》第6册，中华书局2014年版，第143页。
② 裘锡圭主编：《长沙马王堆汉墓简帛集成》第6册，中华书局2014年版，第147页。

当以《黄帝内经》最为完善且影响深远。其与老子学说，也有着较为密切的关系，值得加以深入讨论。

今传本《黄帝内经》包括《素问》和《灵枢》两大部分。《汉书·艺文志》载《黄帝内经》十八卷，其中《素问》九卷，《灵枢》九卷。到唐代，医学家王冰注解时《素问》仅存八卷，《灵枢》则到宋代才被发掘出来。二书传世的轨迹不同，内容也有一定的差异，“盖《素问》述病所由起，《灵枢》明病所由瘳”[①]。故学术界多将二书分开讨论研究。

关于《素问》的成书年代，一直有不少争议，大体有主张黄帝时作品，主张商周时作品，主张战国时作品，及主张汉人或直到唐代王冰“滚雪球”式地修补增订而成。根据《黄帝内经》的主要理论，以及阴阳五行、中国古代哲学思想发展的轨迹，《黄帝内经》主体部分成书于战国时代乃为较为公认的看法。[②] 结合长沙马王堆三号墓出土帛书中的古医书看，在对话式的体例、对话人物以及内容主旨、话语风格方面，《十问》与今传本《黄帝内经·素问》有着非常高的相似度，盖为后者的摘抄之本。由此，也再次证明今传本《黄帝内经》主体部分至少在战国时代已经成书的可能性。

今传本《黄帝内经》以《素问》部分而论，除了与《十问》一样秉持“本于阴阳”的观点外，所体现出的思维框架，包括“道法自然”“为无为”“治未病”的思想都应来自于老子之说。

《素问》的整体思维遵循“道法自然”，以道为万物之根本的原则，顺之者治，逆之者亡，故曰：

> 上古之人，其知道者，法于阴阳，和于术数。（《上古天真论》）
>
> 愚智贤不肖，不惧于物，故合于道。所以能年皆度百岁，

① 张志聪：《黄帝内经集注》，浙江古籍出版社2002年版，第1页。

② 参见王昳、解光宇：《从黄帝到王冰：〈黄帝内经〉成书历程》，《安徽大学学报》1998年第4期。

而动作不衰者，以其德全不危也。(《上古天真论》)

夫四时阴阳者，万物之根本也。所以圣人春夏养阳，秋冬养阴，以从其根。故于万物沉浮于生长之门。逆其根，则伐其本，坏其真矣。(《四气调神大论》)

黄帝曰：阴阳者，天地之道也，万物之纲纪，变化之父母，生杀之本始，神明之府也。(《阴阳应象大论》)

四时阴阳者，为道之作用之显现。老子多从道根、母体的意义上说，如《老子》第六章："谷神不死，是谓玄牝，玄牝之门，是谓天地根。绵绵若存，用之不勤。"第五十九章："有国之母，可以长久。是谓深根固柢，长生久视之道。"第二十五章："有物混成，先天地生。寂兮寥兮，独立不改，周行而不殆，可以为天下母。吾不知其名，字之曰道，强为之名曰大。"与老子之说相比，《素问》之作者更注重对于四时阴阳作用的取法，从而追求内在生命的平衡与和谐。

再如《素问》中明确提出"为无为""治未病"的思想，称：

是故圣人不治已病治未病，不治已乱治未乱，此之谓也。夫病已成而后药之，乱已成而后治之，譬犹渴而穿井，斗而铸锥，不亦晚乎！(《四气调神大论》)

是以圣人为无为之事，乐恬惔之能，从欲快志于虚无之守，故寿命无穷，与天地终，此圣人之治身也。(《阴阳应象大论》)

这种防患于未然、为之于未有的思维在《老子》书中是被反复强调的方面，如第六十三章："为无为，事无事，味无味。大小多少，报怨以德。图难于其易，为大于其细。天下难事必作于易，天下大事必作于细，是以圣人终不为大，故能成其大。夫轻诺必寡信，多易必多难，是以圣人犹难之，故终无难矣。"第六十四章："其安易持，其未兆易谋，其脆易泮，其微易散。为之于未有，治之于未乱。合抱之木，生于毫末；九层之台，起于累土；千里之行，始于足下。为者败之，执者失之。是以圣人无为，故无败；无执，故无失。民之从事，常于几成而败之。慎终如始，则无败事。是以圣人欲不欲，不贵难得之货。学不学，复众人之所过。以辅万物之自然，而不敢为。"《素问》吸收了这一思想原则，应用于"治身"这一方向，并以之为基础，进一步发展、丰富了医学理论。

《黄帝内经·素问》中有些语句甚至与《老子》几乎相同，如《上古天真论》中说：

> 故美其食，任其服，乐其俗，高下不相慕，其民故曰朴。

近于《老子》第八十一章"甘其食，美其服，安其居，乐其俗"。该篇又曰：

> 夫上古圣人之教下也，皆谓之虚邪贼风，避之有时。恬惔虚无，真气从之，精神内守，病安从来？

亦近于《老子》第三十一章"不得已而用之，恬淡为上，胜而不美"，第十六章"致虚极，守静笃，万物并作，吾以观复"。

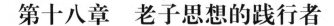

第十八章　老子思想的践行者

西汉武帝之后，儒学逐渐成为国家层面主流意识形态，五经成为普通士人的必修课。在这种情况下，《老子》思想并没有因此而退出历史舞台，而是在更深更广的层面渗透到整个社会的日常生活中。或者说，学习老子、践行老子思想更成为个人修养的一条主要路径。由此，出现许多不同的人生选择。

一、功成身退、处实履厚者

汉宣帝时代疏广、疏受父子以《老子》训语指导自己的人生抉择，在父子同登帝师的情况下，选择功成身退，如《汉书》卷七十一《隽疏于薛平彭传》载曰：

> 广谓受曰："吾闻'知足不辱，知止不殆'，'功遂身退，天之道'也。今仕官至二千石，宦成名立，如此不去，惧有后悔，岂如父子相随出关，归老故乡，以寿命终，不亦善乎?"

东汉张霸，同样在为官三年之后，假病请辞：

> 谓掾史曰："太守起自孤生，致位郡守。盖日中则移，月满则亏。老氏有言：'知足不辱。'"遂上病。①

再如崔瑗，将老子思想直接以座右铭的方式，作为自己人生行事的

---

① 范晔：《后汉书》卷三十六《郑范陈贾张列传》，中华书局1965年版，第1242页。

原则，其文共一百字，曰：

> 无道人之短，无说己之长。
> 施人慎勿念，受施慎勿忘。
> 世誉不足慕，唯仁为纪纲。
> 隐心而后动，谤议庸何伤？
> 无使名过实，守愚圣所臧。
> 在涅贵不淄，暧暧内含光。
> 柔弱生之徒，老氏诫刚强。
> 行行鄙夫志，悠悠故难量。
> 慎言节饮食，知足胜不祥。
> 行之苟有恒，久久自芬芳。①

其人生选择显然都是以《老子》思想为指导的。

东汉中期的朱穆有感于当世风俗浇薄，慕尚敦笃，乃作《崇厚论》曰：

> 夫俗之薄也，有自来矣。故仲尼叹曰："大道之行也，而丘不与焉。"盖伤之也。夫道者，以天下为一，在彼犹在己也。故行违于道则愧生于心，非畏义也。事违于理则负结于意，非惮礼也。故率性而行谓之道，得其天性谓之德。德性失然后贵仁义，是以仁义起而道德迁，礼法兴而淳朴散。故道德以仁义为薄，淳朴以礼法为贼也。夫中世之所敦，已为上世之所薄，况又薄于此乎！
>
> 故夫天不崇大则覆帱不广，地不深厚则载物不博，人不敦庞则道数不远。昔在仲尼不失旧于原壤，楚严不忍章于绝缨。由此观之，圣贤之德敦矣。老氏之经曰："大丈夫处其厚不处其薄，居其实不居其华，故去彼取此。"夫时有薄而厚施，行有失

---

① 萧统选编：《文选》卷五十六，国家图书馆出版社 2017 年版。

而惠用。故覆人之过者，敦之道也。救人之失者，厚之行也。往者，马援深昭此道，可以为德，诚其兄子曰："吾欲汝曹闻人之过如闻父母之名。耳可得闻，口不得言。"斯言要矣。远则圣贤履之上世，近则丙吉、张子孺行之汉廷。故能振英声于百世，播不灭之遗风，不亦美哉！

这篇文章可以说是对当时社会现实追逐名利、利己排人之风深感不满，崇尚笃厚之风。文章虽然也引仲尼等前代圣人，但其主要的武器可以说是《老子》的思想，譬如其所说到的"仁义起而道德迁，礼法兴而淳朴散"，正来源于《老子》第三十八章"失道而后德，失德而后仁，失仁而后义，失义而后礼。夫礼者，忠信之薄而乱之首"。又引用"大丈夫处其厚不处其薄，居其实不居其华，故去彼取此"，并用自己的理解重新阐释说："夫时有薄而厚施，行有失而惠用。故覆人之过者，敦之道也。救人之失者，厚之行也。"强调容人之过，救人之失，行敦厚之实。

除此之外，东汉中后期，社会政治陷入危机，社会批评思潮兴起，虽然这些批判的声音并不一定是来自于哪一家哪一派，但也不难看出，高举批判旗帜的学者大多受道家思想影响很深，他们的理论武器也大多来自道家，尤其是《老子》思想。

以仲长统为例，《后汉书·仲长统传》中记载：

统性俶傥，敢直言，不矜小节，默语无常，时人或谓之狂生。每州郡命召，辄称疾不就。常以为凡游帝王者，欲以立身扬名耳，而名不常存，人生易灭，优游偃仰，可以自娱，欲卜居清旷，以乐其志，论之曰："使居有良田广宅，背山临流，沟池环匝，竹木周布，场圃筑前，果园树后。舟车足以代步涉之艰，使令足以息四体之役。养亲有兼珍之膳，妻孥无苦身之劳。良朋萃止，则陈酒肴以娱之。嘉时吉日，则亨羔豚以奉之。蹰躇畦苑，游戏平林，濯清水，追凉风，钓游鲤，弋高鸿。讽于舞雩之下，咏归高堂之上。安神闺房，思老氏之玄虚。呼吸精和，求至人之仿佛。与达者数子，论道讲书，俯仰二仪，错综人物。弹南风之雅操，发清商之妙曲。消摇一世之上，睥睨天地之间。不受当时之责，永保性命之期。如是，则可以陵霄汉，出宇宙之外矣。岂羡夫入帝王之门哉！"

仲长统又在其所作《明志诗》中说："大道虽夷，见几者寡。任意无非，适物无可。古来绕绕，委曲如琐。百虑何为，至要在我。寄愁天上，埋忧地下。叛散五经，灭弃风雅。百家杂碎，请用从火。抗志山栖，游心海左。元气为舟，微风为柂。敖翔太清，纵意容冶。"亦可见其实际上以老氏、达人、至人作为自己的人生榜样，同时批判"古来绕绕，委曲如琐"的现实状况。仲长统也著论名曰《昌言》，内容主要是论政治，其中也反映出鲜明的"清静无为"的思想。如其在《损益》篇中写道："或曰：善为政者，欲除烦去苛，并官省职，为之以无为，事之以无事，何子言之云云也。"其中"或曰"之语，当来自于《老子》"为无为，事无事"的思想。

这种政治思想，也反映在荀悦《申鉴》、王符《潜夫论》等著作中。看来，东汉末年的社会形势下，《老子》思想已经成为论政的新标准，以此为根本展开了许多新的思考。"为无为""事无事"，也成为大家比较认同的政治理论。

二、淡泊名利隐遁者

在黄老思想的影响下，淡泊名利成为两汉士人的一个特点。如郑均，"字仲虞，东平任城人也。少好黄老书。兄为县吏，颇受礼遗，均数谏止，不听。即脱身为佣，岁余，得钱帛，归以与兄。曰：'物尽可复得，为吏坐臧，终身捐弃。'兄感其言"①。折国、折像父子，"国有赀财二亿，家僮八百人。像幼有仁心，不杀昆虫，不折萌牙。能通《京氏易》，好黄老言。及国卒，感多藏厚亡之义，乃散金

---

① 范晔：《后汉书》卷二十七《宣张二王杜郭吴承郑赵列传》，中华书局1965年版，第946页。

帛资产，周施亲疏。或谏像曰：'君三男两女，孙息盈前，当增益产业，何为坐自殚竭乎？'像曰：'昔斗子文有言：我乃逃祸，非避富也。吾门户殖财日久，盈满之咎，道家所忌。今世将衰，子又不才。不仁而富，谓之不幸。墙隙而高，其崩必疾也。'"①

恬淡作为一种基本的人生态度，更趋于极端化，就是走向隐逸，独立于体制之外。

蔡邕六世祖蔡勋，"好黄老，平帝时为郿令。王莽初，授以厌戎连率。勋对印绶仰天叹曰：'吾策名汉室，死归其正。昔曾子不受季孙之赐，况可事二姓哉？'遂携将家属，逃入深山，与鲍宣、卓茂等同不仕新室"②。廖扶，"习韩《诗》、欧阳《尚书》，教授常数百人。父为北地太守，永初中，坐羌没郡下狱死。扶感父以法丧身，惮为吏。及服终而叹曰：'老子有言：名与身孰亲？吾岂为名乎！'遂绝志世外。专精经典，尤明天文、谶纬、风角、推步之术。州郡公府辟召皆不应。就问灾异，亦无所对"③。

范晔《后汉书》专为"逸民"和"独行"设立列传，可见后汉隐逸之风的盛行。比较有代表性的如：

> 向长字子平，河内朝歌人也。隐居不仕，性尚中和，好通老、易。贫无资食，好事者更馈焉，受之取足而反其余。王莽大司空王邑辟之，连年乃至，欲荐之于莽，固辞乃止。潜隐于家。读《易》至《损》《益》卦，喟然叹曰："吾已知富不如贫，贵不如贱，但未知死何如生耳。"

> （梁鸿友人京兆高恢）少好老子，隐于华阴山中。及鸿东游思恢，作诗曰："鸟嘤嘤兮友之期，念高子兮仆怀思，想念恢兮爰集兹。"二人遂不复相见。恢亦高抗，终身不仕。

> 矫慎字仲彦，扶风茂陵人也。少好黄老，隐遁山谷，因穴

---

① 范晔：《后汉书》卷八十二《方术列传》，中华书局1965年版，第2720—2721页。
② 范晔：《后汉书》卷六十下《蔡邕列传》，中华书局1965年版，第1979页。
③ 范晔：《后汉书》卷八十二《方术列传》，中华书局1965年版，第2719—2720页。

为室，仰慕松、乔导引之术。与马融、苏章乡里并时，融以才博显名，章以廉直称，然皆推先于慎。汝南吴苍甚重之，因遗书以观其志曰："仲彦足下：勤处隐约，虽乘云行泥，栖宿不同，每有西风，何尝不叹！盖闻黄老之言，乘虚入冥，藏身远遁，亦有理国养人，施于为政。至如登山绝迹，神不著其证，人不睹其验。吾欲先生从其可者，于意何如？昔伊尹不怀道以待尧舜之君。方今明明，四海丌辟，巢许无为箕山，夷齐悔入首阳。足下审能骑龙弄凤，翔嬉云闲者，亦非狐兔燕雀所敢谋也。"慎不答。年七十余，竟不肯娶。后忽归家，自言死日，及期果卒。

（向栩）少为书生，性卓诡不伦。恒读《老子》，状如学道。又似狂生，好被发，著绛绡头。……郡礼请辟，章孝廉、贤良方正、有道、公府辟，皆不到。又与彭城姜肱、京兆韦著并征，栩不应。

诸如此类见于记载，而载籍之外，尚不可胜数。

三、怀宝待时用世者

《老子》的学说在东汉时期虽然没有被立为官学，但仍有不少学者在精通儒家经典的同时，亦学习、研读和传授《老子》，这应该并非出于某种功利的目的，更多源于一种思想力量的吸引。除了前文所提到的桓谭、班嗣、马融、崔瑗、仲长统等人外，如翟酺，"四世传诗。酺好《老子》，尤善图纬、天文、历算"①，杨厚，"修黄老，教授门生，上名录者三千余人"②。杨厚的弟子任安、董扶也继续讲授。可以看出随着社会形势的变迁，《老子》之学也在很大程度上重新从潜学上升为显学。

但值得注意的是，从汉末到魏晋初年，儒道双修，成为越来越

①　范晔：《后汉书》卷四十八《杨李翟应霍爰徐列传》，中华书局1965年版，第1602页。
②　范晔：《后汉书》卷三十《苏竟杨厚列传》，中华书局1965年版，第1050页。

普遍的现象，所以要具体划分学者归属于儒还是道，颇有困难，似乎也没有必要。这就与西汉初年"学老子者则黜儒学，儒学亦黜老子"的状况完全不同了。

由此也便产生了一批博通诸学、怀宝以待时用的隐士群体。众所周知，汉末刘表为荆州牧时，形成了颇具影响力的荆州学派。在当时的治所襄阳，还有另一批不与刘表合作，但隐居此地的隐士，主要为以诸葛亮为代表的荆州逸民。

比诸葛亮年长的有庞德公、黄承彦、司马徽等人，和诸葛亮同辈的有崔钧、徐庶、孟建、石韬等人。这批人既是名士，也是隐士。但多属于"暂隐"，即静观待时，如袁宏在《三国名臣传》中所说"孔明盘桓，俟时而动。遐想管乐，远明风流"。

关于诸葛亮政治思想，前人有过较多的讨论，朱熹言：

> 唐子西云："自汉而下，惟有子房、孔明尔。而子房尚黄老，孔明喜申韩。"也说的好。子房分明是得老子之术，其处己、谋人皆是。孔明手写申韩之书以授后主，而治国以严，皆此意也。[①]

王利器《试论诸葛亮的政治思想》一文则提出："盖诸葛亮为汉代以黄老之学治天下之殿军，足为治国平天下之借鉴。"其中一个明显的事实是，司马迁著《史记》将老庄申韩四人合传，并一再说明，"申子之学本于黄老"，"韩非喜刑名法术之学，而其归本于黄老"。因此，诸葛亮的学术底蕴当以黄老之学为特征。

黄老之学以道德为根基，吸收儒墨名法诸家思想，体现了一种融合而杂的特点，这恰恰也是诸葛亮所留下的文字中体现的思想特色。

从今存文本看，他思想中的根本立场，应包括道论、淡泊、因任等要素。

道论之说，如其所撰《司马季主墓碑铭》曰：

---

① 黎靖德：《朱子语类》卷一三五《历代二》，中华书局 1986 年版，第 3222 页。

> 玄漠太寂，混合阴阳，天地交泮，万品滋彰。先生理著，
> 分别柔刚。鬼神以观，六度显明。

司马季主是两汉之际《易》《老》皆通的学者，诸葛亮撰写的碑铭并不多，而独为司马季主撰写碑铭，也正体现了其所崇敬的人物和自身的志趣。

淡泊之志，见其《诫子书》，所谓：

> 夫君子之行，静以修身，俭以养德，非淡泊无以明志，非宁静无以致远。夫学须静也，才须学也，非学无以广才，非志无以成学。淫慢则不能励精，险躁则不能治性。年与时驰，意与日去，遂成枯落，多不接世，悲守穷庐，将复何及。

其中所提到的"静""俭"应该说都是《老子》中的核心要素，尤其是"俭"，乃《老子》所说"三宝"之一。而这些思想经《淮南子》发展，几乎成为黄老学者的普遍信念，如《淮南子·主术训》曰："是故非澹漠无以明德，非宁静无以致远，非宽大无以兼覆，非慈厚无以怀众，非平正无以制断。"用语亦十分相似。

除此之外，今辑录文献中还有其《论诸子》一篇，曰："老子长于养性，不可以临危难。商鞅长于理法，不可以从教化。苏张长于驰辞，不可以结盟誓。……此任长之术也。"也即兼采众长、因任而用之义。

总之，诸葛亮是一位吸收了黄老思想的政治家，在汉末三国之际的待时用世者。

四、养性、重生、修仙的依傍

汉光武帝刘秀，日夜勤于政事，太子谏曰："陛下有禹汤之明，而失黄老养性之福，愿颐爱精神，优游自宁。"[1] 从太子的话中可以

---

[1] 　范晔：《后汉书》卷一《光武帝纪》，中华书局 1965 年版，第 85 页。

看出，当时人们必然对黄老思想有一定的共识，就是相信"黄老养性之福"。桓帝延熹九年（166）襄楷上书曰："又闻宫中立黄老、浮屠之祠。此道清虚，贵尚无为，好生恶杀，省欲去奢。今陛下嗜欲不去，杀罚过理，既乖其道，岂获其祚哉！或言老子入夷狄为浮屠。浮屠不三宿桑下，不欲久生恩爱，精之至也。天神遗以好女，浮屠曰：'此但革囊盛血。'遂不眄之。其守一如此，乃能成道。今陛下淫女艳妇，极天下之丽，甘肥饮美，单天下之味，奈何欲如黄老乎？"① 也用黄、老、佛之说来劝说桓帝省欲去奢，贵尚无为。

再以后汉马融为例，当其饥困之时，发出感叹说：

> 古人有言："左手据天下之图，右手刏其喉，愚夫不为。"所以然者，生贵于天下也。今以曲俗咫尺之羞，灭无赀之躯，殆非老庄所谓也。故往应骘召。②

作为学者的马融，在面临生活困境和清高之名的选择时，经过激烈的思想斗争，最后选择了重视自己的生命，应该说是继承了原始道家的"重生"思想。而据其本传，马融的喜好和性格特点是"善鼓琴，好吹笛，达生任性，不拘儒者之节"。马融著作丰富，并曾注释了《老子》《淮南子》等道家类著作，当对《老子》也有比较深入的研究，可惜今皆不传。

以《老子》为养性求长生之书的看法流传也是相当广泛的，主要表现在仙道观念在东汉的盛行。以托名刘向所编的《列仙传》③ 为例，其中提到容成公，"自称黄帝师，见于周穆王。能善补导之事。取精于玄牝，其要，谷神不死，守生养气者也。发白更黑，齿落更

---

① 范晔：《后汉书》卷三十《郎顗襄楷列传》，中华书局 1965 年版，第 1082 页。
② 范晔：《后汉书》卷六十上《马融列传》，中华书局 1965 年版，第 1953 页。
③ 王叔岷《列仙传校笺序》曰："《四库提要》疑为'魏晋间方士为之'，恐不然矣。或有魏晋间人附益耳。《汉书·艺文志》称刘向所序六十七篇，不言撰《列仙传》，后人遂多疑非向所撰。是书即非向撰，亦不致全晚至魏晋也。"王叔岷《列仙传校笺》，中华书局 2007 年版，第 1 页。

生，事与老子同。亦云，老子师也”。同时，老子也被作为“列仙”之一，称其为“好养精气”的“真人”。关令尹喜，“善内学，常服精华，隐德修行”。再如崔文子，“世好黄、老事，居潜山下。后作黄散赤丸，成石父祠，卖药都市，自言三百岁”。朱璜，“少病毒痟”，道士阮邱与璜七物药，又“与《老君》《皇庭经》，令日读三过，通之，能思其意”。更多相关的传说还流衍到民间传说、道教教义之中，此不再赘述。

而值得注意的是，桓帝时，作为陈相的边韶撰写了一篇《老子铭》，其文曰：

> 老子姓李，字伯阳，楚相县人也。春秋之后，周分为二，称东西君。晋六卿专征，与齐、楚并僭号为王。以大并小，相县虚荒。今属苦，故城犹在，在赖乡之东，涡水处其阳。其土地郁墟高敞，宜生有德君子焉。老子为周守臧室史，当幽王时，三川实震，以夏、殷之季，阴阳之事，鉴喻时王。孔子以周灵王二十年生，到景王十年，年十有七，学礼于老聃。计其年纪，聃时已二百余岁。聃然，老旄之貌也。孔子卒后百二十九年，或谓周大史儋为老子，莫知其所终。其二篇之书，称天地所以能长且久者，以不自生也。厥初生民，遗礼相续，其死生之义可知也。或有浴神不死，是谓玄牝之言。由是世之好道者，触类而长之，以老子离合于混沌之气，与三光为终始，观天作讥□降什（斗字）星随日九变。与时消息，规矩三光。四灵在旁，存想丹田，大一紫房。道成身化，蝉蜕渡世。自羲农以来，□为圣者作师。班固以老子绝圣弃知，礼为乱首，与仲尼道违，述《汉书·古今人表》，检以法度，抑而下之。老子□与楚子西同科，材不及孙卿、孟轲。二者之论殊矣，所谓道不同不相为谋也。延熹八年八月甲子，皇上尚德弘道，含闳光大，存神养性，意在凌云，是以潜心黄轩，同符高宗，梦见老子，尊而祀之。于时陈相边韶，典国之礼，材薄思浅，不能测度至人，辩是与非，案据书籍，以为老子生于周之末世，玄虚守静，乐无

名，守不德，危高官，安下位，遗孔子以仁言，辟世而隐居，变易姓名，唯恐见知。夫日以幽明为节，月以亏盈自成。损益盛衰之原，倚伏祸福之门。人道恶盈而好谦，盖老子劳不定国，功不加民，所以见隆崇于今，为时人所享祀。乃昔日逃禄处微，损之又损之之余胙也。显虚无之清家，云先天地而生，乃守真养寿，获五福之所致也。敢演而铭之。其辞曰：

于惟□德，抱虚守清。乐居下位，禄执弗营。为绳能直，屈之可萦。三川之对，舒愤散逞。阴不填阳，孰能滞并？见机而作，需郊出坰。肥遁之吉，辟世隐声。见迫遗言，道德之经。讥时微喻，寻显推冥。守一不失，为天下正。取厚不薄，居实舍荣。稽式为重，金玉是轻。绝嗜去欲，还归于婴。晧然历载，莫知其情。颇违法言，先民之程。要以无为，大□用成。进退无恒，错综其贞。以知为愚，冲而不盈。大人之度，非凡所订。九等之叙，何足累名。同光日月，合之□星。出入丹庐，上下黄庭。背弃流俗，舍景匿形。苟元神化，呼吸至精。世不能原，卬其永生。天人秩祭，以昭厥灵。羡彼延期，勒石是旌。

细观边韶的这篇铭文，不难发现其中蕴含了丰富的信息，几乎是对东汉后期老学普遍认识的总结，其意旨可概括为以下几个方面：一是之所以作这篇铭文，是因为桓帝在修道，希求长生成仙，所谓"意在凌云"。这个说法正好印证了延熹八年（165）正月和十一月桓帝两次派人到苦县祭祀老子，其起因在于桓帝崇信黄老。二是关于老子其人，虽然没有将其奉为神灵，但将其生年拉长到周幽王时守藏室之史之前，也就是公元前 800 年左右，这样，称孔子见老聃之时，老聃已经二百余岁。对比司马迁《史记》只说老子是"周守藏室之史"，边韶则明确说老子是周幽王的守藏室之史，显然，边韶在老子的身上增加了一层神秘的色彩。三是关于《老子》书，谈了两种取向，好道者选取其中"天长地久""浴神不死"之言，而触类发挥，神化老子，将其作为修持仙道、蝉蜕渡世的圣者。而班固等儒者则对老子采取了批评贬抑的态度。边韶认为出现这种差异的原因在于"道不同不相为谋"。总体上叙述了学仙道者借《老子》以发挥的事实。四是关于桓帝祭祀老子而发表的看法，即认为老子思想最重要的意义是在于其守静好谦，深明"损益盛衰之原，倚伏祸福之门"，所以才被后人所尊崇。至于"先天地而生"的神化事迹，不过是"守真养寿，获五福之所致也"。意谓应将重点放在老子的守道思想上，而似乎不赞成一味地神化老子，使其成为虚无缥缈的神灵。从这篇长铭文中，我们也可以大致了解东汉后期对老子普遍的看法和态度。

五、柔道治国贯彻者

正如《吕氏春秋·不二》中所总结的"老聃贵柔"，以柔克刚是老子思想的一个核心要义。至东汉光武帝刘秀，可谓以柔道治天下的贯彻者。《后汉书·光武帝纪》载曰：

> （建武十七年冬十月）甲申，幸章陵。修园庙，祠旧宅，观田庐，置酒作乐，赏赐。时宗室诸母因酣悦，相与语曰："文叔少时谨信，与人不款曲，唯直柔耳。今乃能如此！"帝闻之，大笑曰："吾理天下，亦欲以柔道行之。"

这句"欲以柔道行之"，虽是在轻松愉快的氛围中脱口而出，实际当为其意识中较为成熟思考的政治实践策略。这一点，我们可以通过以下几个方面看出来：

第一，光武帝及太子身边的大臣、诸王有不少都是黄老思想的信奉者。如：楚王英"少时好游侠，交通宾客，晚节更喜黄老，学为浮屠斋戒祭祀"[1]。耿弇"扶风茂陵人也。其先武帝时，以吏二千石自巨鹿徙焉。父况，字侠游，以明经为郎，与王莽从弟伋共学老子于安丘先生，后为朔调连率。弇少好学，习父业"[2]。任隗"字仲

---

① 范晔：《后汉书》卷四十二《光武十王列传》，中华书局 1965 年版，第 1428 页。
② 范晔：《后汉书》卷十九《耿弇列传》，中华书局 1965 年版，第 703 页。

和，少好黄老，清静寡欲，所得奉秩，常以赈恤宗族，收养孤寡"①。樊宏"为人谦柔畏慎，不求苟进。常戒其子曰：'富贵盈溢，未有能终者。吾非不喜荣势也，天道恶满而好谦，前世贵戚皆明戒也。保身全己，岂不乐哉！'"②张纯"代杜林为大司空。在位慕曹参之迹，务于无为"③。

第二，当时的议事诏书中多引用黄老之言。如建武二十七年（51），臧宫、马武上书请求对匈奴用兵，刘秀诏报曰：

> 《黄石公记》曰："柔能制刚，弱能制强。"柔者德也，刚者贼也，弱者仁之助也，强者怨之归也。④

诏书中引用的《黄石公记》，当为刘秀军旅余暇所浏览的书。章怀太子注曰："即张良于下邳圯所见老父出一编书者。"四库馆臣认为不过是"剽窃老氏遗意"的依托之书。这里我们不必多讨论，重要的是，诏书中所表达的柔弱胜刚强的思想，所反映的确实是老子之说。

光武帝刘秀以柔道治天下，主要表现在其简政轻刑、与民休息、提倡节俭等方面，与西汉初年的清静无为，颇相一致。所谓柔道，当即黄老之道，亦作为刘秀为政的指导思想。⑤

当然，对于当时老子思想的泛化倾向，几乎人人都有一个自己理解的"老子"，这样也就出现了一些质疑和匡正的声音，如刘陶撰《匡老子》，虽其书不传，但大概是匡正《老子》之义。

---

① 范晔：《后汉书》卷二十一《任李万邳刘耿列传》，中华书局1965年版，第753页。
② 范晔：《后汉书》卷三十二《樊宏阴识列传》，中华书局1965年版，第1121页。
③ 范晔：《后汉书》卷三十五《张曹郑列传》，中华书局1965年版，第1195页。
④ 范晔：《后汉书》卷十八《吴盖陈臧列传》，中华书局1965年版，第695页。
⑤ 具体可参见熊铁基：《秦汉新道家》第十七章《略论刘秀为政的指导思想》，上海人民出版社2001年版。

第十九章　老学思潮与文化传统

子学时代活跃的思潮发展至汉代，实际上经历了一个趋同、整合与重构的过程，熊铁基先生《秦汉文化志》《秦汉新道家》《汉代学术史论》等著作以及《汉代对先秦典籍的全面改造》《重新认识古书辨疑》等文章一直在追索这样一个问题的来龙去脉。在《汉代学术史论》一书中，熊先生专列《论学术思想的趋同和整合》一章，分成"汉人如何看待先秦诸子""论汉代新儒家""论秦汉新道家""汉代经学垄断地位的确立及影响""对先秦典籍的全面改造"几个部分，做了比较详细的探讨。其中提出的几点结论是颇具启发意义的，如"先秦典籍的形成本身就是动态的"。"汉人对先秦典籍的改造必然打上汉人的时代烙印，也就是打上汉人的思想烙印。他们校对、整理、编辑都有自己的指导思想，而且是受时代影响的指导思想"。"汉代流传的先秦典籍没有也不可能脱离先秦原来的基础"。"汉代流传的先秦典籍又确实有很大的变化，而且不断变化，出土文献的一些内容，为文本的变化提供了实证。《老子》变化的脉络最为清楚，《诗经》等典籍的变化也有了新的证明材料"。"汉代生成的各种经籍文本及汉人对它们的诠释，仍然是我们了解先秦文化、社会主要的基本材料，也是我们研究中国传统文化源头的主要依据。源头很长远，但是加入了汉人的'创造'，这是值得我们关注的"。也就是说，子学时代诸子的发明创立之功与秦汉时期学人的综合、整理、改造成果共同构成了我们今天所见的中国传统文化的源头活水。不能以疑古的态度断然否定古书、认其为伪而抛弃，也不能以经汉人整理的典籍作为原始的先秦典籍而忽略汉人在这个过程中的重要作用。这就是我们在本书的最后，还要总结性地思考在秦汉学术体系重构的过程中老子思想的地位，以及在中国传统文化这条汪洋长河之中，老子思想的作用和影响。

第一节　老学思潮与秦汉学术思想体系重构

秦汉作为统一王朝，尤其是汉代的建立，一方面继承了先秦的思想成果，另一方面，这些成果本身残缺不全、散乱错简随处可见。学术思想体系的重建，是摆在汉人面前的必然时代要求。时代学术思想体系的重构，从外部来讲，关涉整个社会历史、文化背景、政治措施、学术相关制度、载体传承方式的变化等因素；从内部来讲，也要面临对前代学术思潮的整理、选择、扬弃、重构等学术思考。当然，这个过程千头万绪，复杂多元，前人已做了较为详细的梳理，这里就不再赘言。我们要重点谈到的是，先秦老学思潮，发展到秦汉时代，在新时代学术思潮重构的过程中，究竟产生了哪些方面的影响。

思想体系的顶层建构，可以说是最能体现这个时代思想基本特征的方面。秦汉时代的思想家们首先试图建立一个可以容纳一切的贯通天、地、人的宏大精神构架。虽先秦诸子，如道家、阴阳家、儒家也有强调"天地人一体观"，但为适应王朝统一政权在思想方面的要求，自吕不韦开始，到淮南王、司马迁、董仲舒都试图于一个更广阔的时空背景下设计天道、地道、人道同源同构、互感互动的宏大宇宙关系模式，充分体现了追求整体思想格局的特点。

落实到现实中，就可以概括为"秉道任术"的治理思想。其中，道的地位是优先的、根本的。或表达为道为术本、神为形本。如司马迁称："至于大道之要，去健羡，绌聪明，释此而任术。夫神大用则竭，形大劳则敝。形神骚动，欲与天地长久，非所闻也。"又说："道家无为，又曰无不为，其实易行，其辞难知。其术以虚无为本，以因循为用。无成势，无常形，故能究万物之情。不为物先，不为物后，故能为万物主。有法无法，因时为业，有度无度，因物与合。故曰'圣人不朽，时变是守。虚者道之常也，因者君之纲'也。群臣并至，使各自明也。其实中其声者谓之端，实不中其声者谓之窾。窾言不听，奸乃不生，贤不肖自分，白黑乃形。在所欲用耳，何事不成。乃合大道，混混冥冥。光耀天下，复反无名。"① 也即必须在守道的基础上再来任术，否则，单纯的法、术、仁义礼乐之具体措施都将不可长久，这种道术一体的观念，应该说是秦汉各家思想体系通过不断地相互吸收、综合而达成的共识，同时也是秦汉思潮的一大发明。"道德之论，譬犹日月也。江南、河北不能易其指，驰骛千里不能易其处，趋舍礼俗，犹室宅之居也，东家谓之西家，西家谓之东家。虽皋陶为之理，不能定其处"② 。说得很清楚，就是道论为本，阴阳、儒、墨、名、法各为术的一个部分，是道之具体体现和运用。有了道的根本宗旨，则会"指约易操"。正如司马谈在《论六家之要指》中所描述的："道家使人精神专一，动合无形，赡足万物。其为术也，因阴阳之大顺，采儒墨之善，撮名法之要，与时迁移，应物变化，立俗施事，无所不宜，指约而易操，事少而功多。"阴阳家的序四时之大顺，儒家的礼，墨家的强本节用，法家的正君臣上下之分，名家的正名实，都统统被吸纳到这一思想体系中来；相反，阴阳家的迷信忌讳，儒家的博而寡要、劳而少功，墨家的俭而难尊，法家的严而少恩，名家的名实失真等不合理因素则被扬弃。经过重新改造的学术体系中，道家作为"本"，阴阳家、儒、墨、名、法则为"术"。由此我们也可以看出道家思想在秦汉思潮构建中的主体地位。

自《吕氏春秋》到陆贾、贾谊、《淮南子》、董仲舒、韩婴，再到刘向、扬雄、班固、王充以及许多试图立说的学者，都不离这一构思模式。从他们的思想倾向看，道家、阴阳家、儒家、墨家、名家、法家的思想在其作品中都有一定的体现，甚至有着很明显的儒

---

① 司马迁：《史记》卷一百三十《太史公自序》，中华书局 1982 年版，第 3289、3292 页。
② 何宁：《淮南子集释·齐俗训》，中华书局 1998 年版，第 815 页。

学色彩。但不可不注意其中共同的精神追求，即以自然之"道"为宇宙终极的存在和最高法则，并探讨在这一存在和法则的作用下天地万物和人事政治运行的内在道理。正如司马谈引《易大传》中的一句话，描绘当时的思想走向，是"天下一致而百虑，同归而殊途"① 的状态。

最典型的就是成书于秦王朝的《吕氏春秋》和成书于汉武帝时期的《淮南子》。以《吕氏春秋》一书来说，汉代以后多被归入杂家而不被重视，四库馆臣认为其以"儒家为主，而参以道家、墨家"。卢文弨认为："大约宗墨氏之学，而缘饰以儒术。"② 也有人认为："吕不韦的指导思想为阴阳家，其书之重点亦是阴阳家说。"③ 事实上，"杂家说"本身就存在难以解说的矛盾，汉初司马氏父子的分类中根本就没有"杂家"这一类，其说最早见于刘向、班固的"九流十家"，而且《汉书·艺文志》中说："杂家者流，盖出于议官。兼儒、墨，合名、法，知国体之有此，见王治之无不贯，此其所长也。及荡者为之，则漫羡而无所归心。"与司马谈所说的"道家"有着大体一致的体派特征。

西汉后期，随着儒家地位的提升，道家思潮的消落，《吕氏春秋》《淮南子》这两部分量极重的大书，正因为归不进儒、墨、阴阳，也不同于传统的道家，所以干脆另立杂家。但毕竟判断其思想的归属，应该尊重差不多同时代或稍后一些时代学者的理解。司马谈在《论六家之要指》中描述道："道家……因阴阳之大顺，采儒墨之善，撮名法之要。"高诱在《吕氏春秋序》中称该书的创作宗旨是"以道德为标的，以无为为纲纪，以忠义为品式，以公方为检格"④，也即以道德为宗旨，以无为为纲领，以道家思想为根本，并站在道家的立场上，"采儒墨之善，撮名法之要"。一些学者专门就其引书

---

① 司马迁：《史记》卷一百三十《太史公自序》，中华书局1982年版，第3288页。
② 卢文弨：《抱经堂文集》卷十《书吕氏春秋后》，《续修四库全书·集部·别集类》第1432册。
③ 陈奇猷：《又补论》，见《吕氏春秋新校释》，上海古籍出版社2002年版，第1890页。
④ 高诱：《吕氏春秋序》，见《吕氏春秋新校释》，上海古籍出版社2002年版，第2页。

作过调查，其中所引的诸子材料，以道家类为最多。尤其是黄帝、老子、庄子的言论。因此，将其作为道家思想在新时期的一个发展阶段是合乎历史逻辑的。

到《淮南子》，则更为明确地体现出以道家为主、综合百家的写作宗旨。其书以"原道"开篇，即已亮出鲜明的道家立场。战国时期不同流派、不同地域的道家逐渐分化为两个不同追求的阵营，一是热心于世务的黄老派，一是探寻个人精神自由的老庄派，两大道家思潮可以说在《淮南子》一书中都得到了进一步的发挥和整合；其次，百家之学的不足在书中受到了猛烈的攻击，但一些合理成分又被适当地吸收融合，从而形成一个本末一体的有机理论整体。正如《淮南子·要略》中称："故言道而不言事，则无以与世浮沉；言事而不言道，则无以与化游息。"所以，以言道为根本，也要言事而与世浮沉。不能离本就末，而要得本知末。在这一观念的指导下，儒墨之善、名法之要、阴阳之大顺被统一到道的范围中来，"百家之言，指奏相反，其合道一体也"。在其看来，仁义礼法等不过是"治之具也，而非所以为治也"，是末，不能离开道德之本。因此，《淮南子》一书中，道与仁义礼法的关系，正是一种本末一体、并重的关系。对此，高诱评价其书创作的宗旨说："共讲论道德，总统仁义，而著此书。其旨近老子，淡泊无为，蹈虚守静，出入经道。言其大也，则焘天载地；说其细也，则沦于无垠，及古今治乱存亡祸福，世间诡异瑰奇之事。"① 可谓切中肯綮。《淮南子》一书在学说体系上的包容百家，应该说是一种更深层次的包容和整合。

除了《吕氏春秋》《淮南子》这两部典型的以"道本术末"为思维框架构建的力作外，秦汉之际大多数的思想著作几乎都以这一思维为指导原则。融合百家，创立新体系是秦汉时代学术思潮的共同倾向，秦汉之际并不存在纯粹的儒家、道家或法家。所以秦汉思潮总体上呈现出的是一种开放的状态，就是"以道为本"的宗旨不变，而尽可能地吸收其他诸家的合理因素，从而综合为一套完善的政治

---

① 高诱：《淮南子叙目》，见何宁：《淮南子集释》，中华书局1998年版，第5页。

哲学思想体系。

如陆贾《新语·道基》强调："君子握道而制，据德而行，席仁而坐，杖义而强，虚无寂寞，通动无量。"

贾谊《新书·道术》曰："道者所从接物也，其本者谓之虚，其末者谓之术。虚者，言其精微也，平素而无设诸也；术也者，所从制物也，动静之数也。凡此皆道也。"

《韩诗外传》卷七称："传曰：善为政者，循情性之宜，顺阴阳之序，通本末之理，合天人之际。如是则天气奉养，而生物丰美矣。"尽管其说提倡仁义礼法等诸多因素，但其所说的"虚"相当于道在人心中的状态，而"术"则相当于道在现实中所发生的作用。那么"道"为本、为体，"术"为末、为用的思路也很明显。

董仲舒作为主张"罢黜百家、独尊儒术"的儒家学者，在其思想体系的建构中，也吸收了不少道家宇宙本体和心性主体的内容，再加以现实化的改造。正如很多学者所注意到的董仲舒思想与黄老学说之间的继承关系。"董仲舒关于宇宙的看法根本上是黄老关于自然界和儒家关于天的理解的结合。他一方面把天描写成一个由永恒的法则控制的非人格化的、有规则的和可预知的自然运动的东西，另一方面，又把天描写成一个人格化的、只有神的反应方式、有意志因而可以干涉自然法则的东西。所以，在他对《春秋》中所记载的灾异的多种解释中，运用了上面所说的两种对天的认识而没有任何明显的矛盾"①。

即使到儒学地位上升的西汉中后期及东汉时期，道家思想消落为民间话语，以"道"为本的宇宙观念却依然牢牢扎根在时代心灵的深处。无论是双重意义的"天"，还是"太极""太一""太玄""元气"说的提出，道家哲学中的宇宙观、本体论、化生论已经渗透到秦汉整体思想背景的深处，成为永恒的根基。

因此，老学思潮在秦汉之际学术体系重构的过程中，是作为一

---

① （美）萨拉·奎因：《董仲舒和黄老思想》，见《道家文化研究》第 3 辑，上海古籍出版社 1993 年版。

个主干的因素而发生作用的。对此张舜徽先生曾总结说："吾尝博观周秦诸子，而深疑百家言主术，同归于执本秉要，清虚自守，莫不原于道德之意，万变而未离其宗。此黄老之术，所以独为高远也软！"① 在此意义上说，道家之学的"道德之意"相当于秦汉之际学术转型的主体，也就是那个更高的总体的立场。

总之，秦汉学术体系的重新建构是以大综合的方式来完成的。主要表现为以一种学说为主体，并吸取各家学说中的合理部分，从而形成一套新的理论。这是秦汉思潮与先秦思想界一个最大的思维转变。前人之说多认为秦汉时期各家的综合是以一家之思想为主导，然后来综合吸收其他各家。很多思想互相吸收，表现出你中有我、我中有你的混杂状态。但其根本学派属性和学说的宗旨是不同的，因此有"新儒家""新道家"之称。但如果我们从一个更全面的立场上考察秦汉时期大部分思想史著作，就会发现秦汉思想家所建构的新体系，新就新在对先秦各种思想在一个更高立场上的综合和创造性的转换。他们在融合百家之学的过程中，各家学说的地位和作用是存在一定差异的。不论儒家还是道家，建构新思想体系都注重掌握"本末""体用"的一体之全。既重视"本""体"的一面，同时也不忽视"末""用"的一面。《周易·系辞上》曰："形而上者谓之道，形而下者谓之器。化而裁之谓之变，推而行之谓之通，举而错之天下之民谓之事业。"这段话阐述了由"道"到"器"，经过变化、推行，更进一步落实到现实社会中，形成了一个新的学术体系的过程。可以说构成了秦汉之际学术言说的共同理路。其中，"本""体"的一面及"形而上"的一面，最主要的贡献来自于道家学说，是不能否认的。

本末一体，道不离器，这一基本特质的凝成，也在今后相当长的时间中，作为中华传统文化核心的思维框架。这是最有中国特色的学术特点，相对于西方学术的专业分科而言，最为明显。西方从

---

① 张舜徽：《道论通说》，见《张舜徽集·周秦道论发微》，华中师范大学出版社 2005年版，第 35 页。

古希腊开始，就有明显的专业分科，有哲学和逻辑学方面的，有伦理学和政治学方面的，也有自然科学、心理学方面的，以及艺术与修辞学方面的。而在我国则到近代以来才开始全面接受了这种学术专业分科的传统。

第二节　老子思想与文化突破

综观以上，老子的思想根植于春秋及其前代知识体系和文化氛围的土壤之上，既有对前代思想的广泛继承和总结，也直面春秋以降所出现的种种新的社会问题，休现了深刻的时代关切。同时，老子思想也是一个历史性的发展的范畴，经原始道家、稷下道家、秦及汉初整合实践、东汉时期的更深层次的发展，无论是理论的发展，还是社会影响的扩大，或者更多层面上的运用，都在潜移默化中不断被赋予了更为丰富的老学内涵。

正因为如此，老子之于中国乃至世界的文化贡献是多方面的，其中最主要的当在于哲学思想及思维方式的突破、语言理论及语言表达的突破、社会和政治思想的价值。

一、哲学思想及思维方式的突破

今人对于老子文化贡献的总结，多集中在其哲学思想的开拓性贡献上，如陈鼓应先生主张中华文化的"道家主干说""老先孔后说"等，其中关于老子在哲学上的贡献表述最详，曰"哲学理论的突破始于老子"，具体则称：

> 老子在哲学理论上的突破与创新，归纳而言，他的道论在这几个方面为发前人所未发：第一，世界本原的问题，首先由老子提出（见《老子》第一、二十五章）。第二，老子也是首次提到宇宙生成论问题（见第四十二章）。第三，老子首次提到宇

宙变动的历程（见第四十、二十五章）。第四，老子首次提出道是万物所由以生成者（见第十四、二十一章等）。若是由中国哲学本身的范畴来看，在涉及宇宙最究竟者之本根论或道体论，以及关涉宇宙变动历程的大化论等哲学核心范畴，不但是由老子最早提出，其后历代重要的哲学进路，也是依循着老子的理论展开。如老子所提出的本原论及生成论，成为汉代宇宙生成论及构成说的理论主轴；老子的本根论，成为魏晋本体论理论建构的基石。其后，宋明理学的理本论，则是建立在统合了老子宇宙论及本体论之整体形上体系中。因此，老子的哲学体系，不仅是在古代哲学中居于创始及突破的地位，其理论更是投影在整个哲学史中。[①]

这应该是老子思想中最为重要的文化贡献。

从历史的发展脉络来看，老子从各种具体的"道"，如天道、人道中提升了整体之终极之"道"，超越了至高无上的帝神，超越了具有决定意义的"天命"，称为人类与万物永恒的根柢和法则。《老子》第四章说："吾不知谁之子，象帝之先。"这在思想的领域，无疑是具有革命意义的发现。

殷人奉帝俊为最高神。帝俊的事迹全部记载于《山海经》，帝俊生日，生月，生农神、工巧神、歌舞神，是一位可以和古希腊神话中的主神宙斯相媲美的全能神。19世纪末20世纪初，甲骨卜辞的发现为殷商神格的研究带来了有力的支撑，王国维从卜辞中发现了关于"高祖夒"的记载，提出"高祖夒"即为"殷先祖之最显赫者"，"以声类求之，盖即帝喾也"，又从形近的角度，将夒与《山海经》的"帝俊"联系起来，"其或作'夋'者，则又'夒'之讹字也"。由此，王国维得出的结论是卜辞中的高祖夒，即帝喾，亦即《山海

---

① 陈鼓应：《郭店简本〈老子〉所呈现的重要哲学问题》，见《老庄新论》，商务印书馆2008年版，第97—98页。

经》中的帝俊。①

周人事天，将天与天命、周天子的权威紧密联系，虽然发展出"天命靡常，惟德是辅"的历史观和政治观，但仍然相信天命难违。由于天的神圣性，周天子亦成为至高无上的人间共主。"这一套新哲学，安定了当时的政治秩序，引导了有周一代的政治行为，也开启了中国人道精神及道德主义的政治传统"②。

老子再标举整体之"道"的意义则在于，在帝神——天神——道的思想轨迹中，终于建立了以自然为最高、最终极法则的认识存在，摆脱了对神性权威的盲目崇信，从而开启了人性解放与启蒙的新时代。

再从关于宇宙本源的认识看，如古希腊哲学家泰勒斯认为世界万物都是水生出来的，水是万物的本原；阿那克西曼德认为世界万物的本原是一种不固定的物质，叫作"无限"；阿那克西米尼认为万物的本原是气；赫拉克利特认为万物的本原既不是水，也不是气，而是比水和气更加生动、更善于变化的火。③

而在中国历史上，也产生了以土、水为万物之本原的说法，例如《管子·水地》开头说：

> 地者，万物之本原，诸生之根菀也。美恶、贤不肖、愚俊之所生也。

但是该篇又详细论证了水为"万物之本原"：

> 故曰：水者何也？万物之本原也，诸生之宗室也，美恶、贤不肖、愚俊之所产也。

---

① 王国维：《殷卜辞所见先公先王考》，见《观堂集林》，中华书局 1959 年版，第411—413 页。
② 许倬云：《西周史》，生活·读书·新知三联书店 2001 年版，第 112 页。
③ 参阅汪子嵩等：《欧洲哲学史简纲》，人民出版社 1972 年版。

对于"万物之本原"既是"地"，又是"水"，该篇解释说：

> 水者，地之血气，如筋脉之通流者也。

这解释并不很明确，也不太好理解。从全篇的内容看，主要是说明"水"为万物之本。从其举例分析来看，说明人和万物都是水组成的。"具者何也？水是也。万物莫不以生"。"人，水也。男女精气合，而水流形，三月如咀……五月而成，十月而生"。这"万物之本原"，是否真正哲学意义上的本原说？詹剑峰曾将《管子》与泰勒斯之说做过具体比较，认为二者对于水为万物本原的解说理由是相近的。① 与此相关，和郭店楚简本《老子》同时出土，并附于《老子》丙本之后的佚籍《太·生水》中也记载了一个详细的宇宙生成论系统：首先是太一生水，然后是水反辅太一以成天，再由天来反辅太一以成地，然后依次出现神明、阴阳、四时、沧热、燥湿，最后"成岁而止"，构成了一个相当完整、系统的宇宙生成论。

此外，还有"气为万物本原"之说，从《国语·周语》记伯阳父所说"夫天地之气，不失其序"开始，有不少关于气的思想，包括《管子》中的"精气"说。

以上关于万物本原的各种思想，从说明在老子之前，或者同时代，中国的思想家们就有关于宇宙万物本原的各种思考，从包括认为水、土、气等具体的物质为万物本原，到认为"太一"为万物之本原。至老子则明确提出以"道"为万物本原的思想，提出"道法自然"，为天、地、人树立终极的依据和法则，从而打破了对于鬼神天帝的迷信，也突破了伦理道德的社会学范围，突破了以具体的物质作为万物本原的逻辑，跨入了人类依靠自身的智慧达到对于宇宙深层次的把握，从而决定自身命运走向的新时代。老子称：

> 道冲而用之，或不盈。渊兮似万物之宗。……吾不知谁之

---

① 参阅詹剑峰提交"第二届国际中国哲学讨论会"的论文《中国哲学起源的探讨》。

子，象帝之先。(《老子》第四章)

　　有物混成，先天地生。……可以为天下母。(《老子》第二十五章)

　　人法地，地法天，天法道，道法自然。(《老子》第二十五章)

在上帝之前就有道的存在，并不是上帝创造了世界，而是道。老子是"首先起来排斥上帝的人，他以道代替了上帝。这在当时，对当时的史官来说，是大胆而具有卓识的思想"[1]。这"在世界科学史和哲学史上都是大事，我们知道，西欧一直到牛顿还没有作这样的排除"[2]。所以，老子的突破，实在具有划时代的意义。

　　与老子的道论密切相关，就是由"道法自然"而形成的人的思维方式的变革，以及通过思维方式的变革，达到个体智慧的充分发挥。思维方式的变革表现在：由局部式思维到整体性思维的转换；由末梢式思维到根本式思维的转换；基于自然规律的预见性思维的凸显。

　　具体而言，由局部式思维到整体性思维的转换，如老子在对有无、祸福、美丑、高下、善恶、多少、洼盈、曲直、新旧等相对的概念的探讨，并不偏执于其中世人所公认的一面，而是从"抱一"的整体角度看待问题。如《老子》第二章："天下皆知美之为美，斯恶已；皆知善之为善，斯不善矣。……是以圣人处无为之事，行不言之教。"这里，处无为之事，和行不言之教，即归之于整体的道，从道的角度处事行教，而泯灭来自个体的偏执之见。第二十二章："曲则全，枉则直，洼则盈，弊则新，少则得，多则惑。是以圣人抱一为天下式。"所以老子用不少的篇幅在批判这种"偏执"，如第二十四章："自见者不明，自是者不彰，自伐者无功，自矜者不长。"第七十二章："是以圣人自知不自见，自爱不自贵。"这便超越了当时很多人通常所服膺的"趋吉避凶""避祸求福"的种种理念，而显

①　杨向奎：《再论老子》，《史学史研究》1990 年第 3 期。

②　杨向奎：《再论老子》，《史学史研究》1990 年第 3 期。

示了更高的精神视野和博大心胸。

由末梢式思维到根本式思维的转换，如《老子》第二十章："众人熙熙，如享太牢，如春登台。我独怕兮其未兆，如婴儿之未孩。……众人皆有余，而我独若遗。……俗人昭昭，我独若昏。俗人察察，我独闷闷。"这种与众人不同的价值判断，正体现了"我"的思想方式的转换，即反对世人的舍本逐末，追逐名利，锱铢必较，而主张返归大道之浑朴未分、自然超然的心灵状态。

基于自然规律的预见性思维的凸显。预见，可以说是中国早期文化中一种重要的思维。从巫卜盛行的时代，到《周易》的传播，由卜筮而先知的方法，其实行的基础多少都带有神谕的色彩。当然，当时也流传着"箕子泣象箸"的见微知著、"扁鹊见蔡桓公"的防微杜渐。但真正从理论上加以总结、提升和发挥的，当属老子。他取法宇宙万物的因果规律、发展变化规律，从而提出"合抱之木，生于毫末。九层之台，起于累土。千里之行，始于足下"，"其安易持，其未兆易谋，其脆易泮，其微易散。为之于未有，治之于未乱"的思想；主张"图难于其易，为大于其细。天下难事必作于易，天下大事必作于细"。任何事物的发展都有一个从无到有，又从有归于无，从盛而衰，又从衰而盛的发展过程，即"天下万物生于有，有生于无"。"夫物芸芸，各复归其根"。也就是说，世间万物的发展，都体现在道的运行规律之中。只要掌握了这种基于根本的规律，自然就可以预见到其发展的方向。因此，我们通常所说的"顺其自然"，并非一种毫无主观意愿的随波逐流，而是建立在"顺道者昌，逆道者亡"的根本性规律之上。

二、语言理论及表达上的突破

与"道"的提出相联系，老子在语言思想上的突破，也大大提升了人类对于语言认识的深度。老子提倡"不言之教""希言自然"。何谓"不言""希言"？《尔雅》训"言"为"我"，也就是说，语言与言说者（我），有着密切的关系。当进入对"永恒之道"的证悟时，发生于个体言说者的语言，必然会有所局限和遮蔽。"不言之教"，则回归于"道"的整体、澄明和无蔽状态。所以《老子》开篇就是"道可道，非常道；名可名，非常名"。《韩非子·解老》作"道之可道，非常道也"，帛书《老子》甲、乙本并作"道，可道也，非恒道也"，意谓：可以言说的道，并不是恒常之道。可以命名的名，并不是恒常之名。之所以在五千言的开篇，一定要严肃地表达这一层意思，是因为老子认识到，语言本身的特质，是一种有边界的限定，其价值就在于给出了边界、范围。而只有恪守边界、范围，才能无害。即《老子》第三十二章所说"始制有名，名亦既有，夫亦将知止。知止可以不殆"。但恪守边界范围，并不等于否定语言。在老子看来，通过语言的"随说随扫"来穿透语言所造成的遮蔽，才能指向整体永恒的绝对性存在。《老子》第十四章既说"其上不曒，其下不昧，绳绳兮不可名，复归于无物"，第二十一章又说"道之为物，惟恍惟惚。惚兮恍兮，其中有象。恍兮惚兮，其中有物"。"道"，既是无，又是有；既不是无，又不是有，通过"说"和不断否定"说"所造成的限定性，从而指向作为终极存在的道。"某物为有和某物为无在共时态的陈述中是矛盾的、不可理解的，但又恰恰是言说不可言说者的唯一正确方式。如果能不带任何成见地正确倾听和领悟，它就是不矛盾的、可以理解的。那么，一个更高的、统一的、超越语言的存在，也就透过语言的遮蔽被语言说出来了"①。

唐代成玄英提出"重玄之道"：

> 为学之人执于有欲，为道之士又滞无为。虽复深浅不同，而二俱有患。今欲祛此两执，故有再损之文。既而前损损有，后损损无。二偏双遣，以至于一中之无为也。②

> 有欲之人，惟滞于有。无欲之士，又滞于无。故说一玄，以遣双执。又恐行者滞于此玄，今说又玄，更祛后病。既而非

---

① 崔宜明：《论老子的语言观和价值观》，《江苏社会科学》1991 年第 3 期。
② 成玄英：《老子道德经开题序诀义疏》，见《老子集成》第一卷，宗教文化出版社 2011 年版，第 323 页。

但不滞于滞，亦乃不滞于不滞。此则遣之又遣，故曰玄之又玄。①

成玄英的"重玄之道"，意在突破语言的有限性，以探求道的"虚通妙理"。

甚至20世纪存在主义创始人海德格尔提出的"大道：解蔽与聚集""道说之为语言""说不可说之神秘"，②都或多或少受到老子语言哲思的影响。正如王小盾所说：

> 我们可以从老子哲学里面看到两个东西，一个是看到他的革命性的变化，他在思想上，在概念的创造上，代表了一个新的时代，但是老子的哲学，是面对传统来说话的，他所有的表述都可以看出他面向经典之前传统知识的一种姿态，他的思想和传统表述密切相关联，他采用直观的思维方式，特别是"取诸身"的方式，他的描写里面可以看出代复一代的仪式行为对他的影响，从这个角度看来，老子的确代表了经典世界和前经典世界的沟通。③

三、社会思想和政治思想的突破

老子推原宇宙，极于道化，深悟万物生生不息之原动力之所在，又观其法则，法其行事，尊道贵德，其最后的落脚点却还是落到了现实的生活和政治生活方面。至于老子的社会思想和政治思想，我们可以概括为"无为而无不为"的"为无为"策略，这一策略中又可以析出"为之于未有，治之于未乱"的前瞻式思维和行为，可以

---

① 成玄英：《老子道德经开题序诀义疏》，见《老子集成》第一卷，宗教文化出版社2011年版，第288页。
② 参阅孙周兴：《说不可说之神秘——海德格尔后期思想研究》，生活·读书·新知三联书店上海分店1994年版。
③ 参见王小盾：《经典之前的中国智慧》，北京大学出版社2016年版。

析出"致虚极，守静笃"的以个体心性修养为核心的先治身再治国的政治理念，可以析出与自然之道相合的"以辅万物之自然而不敢为""治大国若烹小鲜"的不妄为，可以析出"既以为人己愈有，既以与人己愈多""非以其无私与，故能成其私""上善若水，水善利万物而不争""吾有三宝，一曰慈，二曰俭，三曰不敢为天下先"的无私利他之大慈大爱情怀，以及还有很多具有政治智慧的思想主张，这在今天的现实政治和现实生活中仍然是极具思想意义的。

但我们也看到，古往今来，还有不少学者更多从负面影响方面来解读老子，从而将老子思想误读为主张愚民政策、倒退回原始社会的保守主义，乃至反对物质进步，具有功利打算的阴谋论等，在这里也有必要进一步加以辨析和考量。

《老子》第八十章描述了理想的社会形态：

> 小国寡民，使有什伯人之器而不用；使民重死而不远徙。虽有舟舆，无所乘之，虽有甲兵，无所陈之。使民复结绳而用之。甘其食，美其服，安其居，乐其俗。邻国相望，鸡犬之声相闻，民至老死不相往来[①]。

这种社会形态虽有国、有民的社会组织，有器具、军队、兵器、交通工具的物质条件，但却只是"太上，下知有之"而已。人民各自安居乐业，安然自适，以至于不假外求，内心自在自乐，一幅快乐幸福的完美社会图景。人们大多认为，这是老子最典型的"乌托邦"想象。实际值得注意的是，这里还不能简单将老子的"小国寡民"等同于西方的"乌托邦"。因为一方面老子面临的是周代末期礼崩乐坏、逐利纵欲、国家制度体系走向分崩离析的诸多社会问题，他在批判现实的同时，必然会对如何重建社会、什么是理想的社会提出

---

① 此句帛书甲本残，仅存"民至"。帛书乙本、王弼本、敦煌本 S.3926 作"民至老死不相往来"。北大简作"民至老而死不相往来"。日钞梅泽本作"使民至老死不相往来"。敦煌本 S.6453、敦煌本 P.2347 作"使民至老不相往来"。傅奕古本作"使民至老不相与往来"。

自己的设计理念。这种设计理念中，当然也有历史经验的积淀、不忘初心的复归情怀，但更多应该是对未来理想社会的期待。老子的表述非常明确，未来的社会应该是人们生活于其中，甘、美、安、乐的社会。达到这种理想社会的途径，正在于清静自然、无为而治的政治机制，以及由这种社会变革而形成的民风氛围。显然其所关注的重点，并不仅仅是物质层面的重建，更是心灵生态的重建。返璞归真，此当为内在重建的唯一途径。吕思勉在《先秦学术概论》中提出：

> 人心之险恶，既因社会组织之堕落而然，非因物质文明之进步而至，则知《老子》所谓"古之善为道者，非以明民，将以愚之"，绝不足怪。何则？人对于大然之知识，及其克服天然之能力，虽日有增加，断不至因此而相欺相贼。至于诈愚之智，侵怯之勇，则本乃社会之病态；此犹病者之神经过敏，本须使之镇静，乃能复于康健也。故谓道家欲毁弃物质文明，或谓道家欲闭塞人民之知识，皆全失道家之意者也。①

又说：

> 《老子》曰："化而欲作，吾将镇之以无名之朴。无名之朴，夫亦将无欲。不欲以静，天下将自定。"此语看似迂阔，然设使今日之豪富，能尽革其淫侈之习；有权力者，能尽弃其权力，而一与凡民同，民果尚有欲乎？民皆无欲，天下尚有不定者乎？此义诚非旦夕可行，然语夫治之至，则舍此固莫属也。②

从社会学的角度纠正世人的看法，也可看出老子社会理想和政治方式的本义所在。所以，老子社会和政治思想的最大贡献当在于，于

---

① 吕思勉：《先秦学术概论》，云南人民出版社 2005 年版，第 35 页。
② 吕思勉：《先秦学术概论》，云南人民出版社 2005 年版，第 35 页。

两千年前即指出了人类所面临的普遍共性问题，物质的发展，所带来的人心的异化。只不过他给出的方案是，回归本有的淳朴真实，儒家给出的方案是，回归仁义之道德。两者相较，老子的思想主张更趋根本性的回归。

再比如争议比较大的《老子》第三章所说："不尚贤，使民不争；不贵难得之货，使民不为盗。不见可欲，使心不乱。是以圣人之治，虚其心，实其腹，弱其志，强其骨。常使民无知无欲，使夫智者不敢为也。为无为，则无不治。"在这段话语系统中，贤人、难得之货、可欲之物，是不是导致争、为盗、心乱的直接原因呢？不是。因为没有贤人、难得之货、可欲之物，争夺、盗窃、心乱还是一样会发生。那么，老子说不尚、不贵、不见，指的是什么呢？是反对贤人、难得之货、可欲之物吗？不是。反对的是尚贤、贵货、见可欲。而尚贤、贵货、见可欲，代表什么呢？因为下一句是"是以圣人治"，显然代表了统治者自上而下有意识的导向，这种导向如果用一个词来概括就是"有为"。有为，就是有更多人为的有意识的功利化的导向。在儒家为政理念看，政治导向是需要的，但要以德导民，以文化民。老子反对的是一种更功利化的导向，就是导向名的追求、利的追求、贪欲的追求，这是造成社会追名逐利、功利化的根源。为了纠正这种偏颇，主张取消这种功利导向，最好回归到民众自然而然的纯朴生命状态，这就是"虚其心，实其腹，弱其志，强其骨"，这种自然状态与其说是一种政治行为，不如说是取消了在上者的干扰之后，一种自然生命状态的回归。自然生命状态本来就是虚静的心灵，元气充实的身体，不贪恋外物的思想，强健的体魄。这一章常常被误解为"愚民政策"或者保守立场，与老子本意实在是差得太远了。

落实到现实人生，有学者认为老子虽然"最尚自然，但还是最功利的。最宽慈，但还是最打算的"①。此说不确。其中最具争议当属《老子》"将欲噏之，必固张之"这一章。后人往往认为《老子》

---

① 钱穆：《中国思想史》，九州出版社 2011 年版，第 74 页。

这一章直接导致了很多斗争当中的欲擒故纵之阴险，甚至直接导致了黄老之学权谋术数的手段。当然客观上产生了这样的影响也是不可忽视的，但我们再仔细考虑这样一种影响产生的原因，仍然还是对老子文本有意或者无意的误读。《韩非子·喻老》的解读作："起事于无形，而要大功于天下，是谓微明。"河上公注的解读作："此四事，其道微，其效明也。"都是在强调万事万物的运转当中蕴含着精微的法则，比如将要闭合的必然先张开，将要弱化的必然先逞强，等等。如果能够事先预见到这样的一个运动变化规律，适应"道"的终极整体存在场域与内在恒常规律的法则，即拥有"道法自然"的思维方式，再加之"无私""无身""虚静"等特定的伦理法则，就必然可以保证自身立于"长生久视"的长久之地。从这个角度来说，老子思想是玄妙深远的。

参考文献

一、古籍类

1. 列子：《冲虚至德真经》，《四部丛刊》影印北宋刊本。

2. 林希逸：《老子鬳斋口义》，中国国家图书馆藏元刻本。

3. 孔颖达：《周易正义》，阮元校刻《十三经注疏》，清嘉庆刊本。

4. 郭沫若、闻一多、许维遹：《管子集校》，科学出版社 1956 年版。

5. 饶宗颐：《老子想尔注校证》，上海古籍出版社 1991 年版。

6. 严可均辑：《全上古三代秦汉三国六朝文》，中华书局 1958 年版。

7. 司马迁：《史记》，中华书局 1982 年版。

8. 班固：《汉书》，中华书局 1962 年版。

9. 范晔：《后汉书》，中华书局 1965 年版。

10. 段熙仲、闻旭初编校：《诸葛亮集》，中华书局 2012 年版。

11. 王逸：《楚辞章句》，艺文印书馆 1974 年版。

12. 银雀山汉墓竹简整理小组编：《银雀山汉墓竹简〈孙子兵法〉》，文物出版社 1976 年版。

13. 杨伯峻：《春秋左传注》，中华书局 2016 年版。

14. 杨伯峻：《列子集释》，中华书局 1979 年版。

15. 许维遹：《韩诗外传集释》，中华书局 1980 年版。

16. 楼宇烈：《王弼集校释》，中华书局 1980 年版。

17. 洪兴祖：《楚辞补注》，中华书局 1983 年版。

18. 朱谦之：《老子校释》，中华书局1984年版。

19. 王利器：《新语校释》，中华书局1986年版。

20. 王先谦：《荀子集解》，中华书局1988年版。

21. 向宗鲁：《说苑校证》，中华书局1987年版。

22. 缪文远：《战国策新校注》，巴蜀书社1987年版。

23. 汪荣宝：《法言义疏》，中华书局1987年版。

24. 王卡点校：《老子道德经河上公章句》，中华书局1993年版。

25. 严遵：《老子指归》，中华书局1994年版。

26. 高明：《帛书老子校注》，中华书局1996年版。

27. 黄晖：《论衡校释》，中华书局1990年版。

28. 王明：《太平经合校》，中华书局1997年版。

29. 何宁：《淮南子集释》，中华书局1998年版。

30. 荆门市博物馆编：《郭店楚墓竹简》，文物出版社1998年版。

31. 郭象注，成玄英疏：《南华真经注疏》，中华书局1998年版。

32. 王利器：《文子疏义》，中华书局2000年版。

33. 陈奇猷：《韩非子新校注》，上海古籍出版社2000年版。

34. 陈奇猷：《吕氏春秋新校释》，上海古籍出版社2002年版。

35. 张志聪：《黄帝内经集注》，浙江古籍出版社2002年版。

36. 张烈点校：《两汉纪》，中华书局2017年版。

37. 司马光：《太玄集注》，中华书局1998年版。

38. 魏启鹏：《马王堆汉墓帛书〈黄帝书〉笺证》，中华书局2004年版。

39. 黎翔凤：《管子校注》，中华书局2004年版。

40. 黄怀信：《鹖冠子汇校集注》，中华书局2004年版。

41. 刘安：《淮南鸿烈解》，国家图书馆出版社2009年版。

42. 王叔岷：《列仙传校笺》，中华书局2007年版。

43. 李零：《郭店楚简校读记》，北京大学出版社2002年版。

44. 阎振益、钟夏：《新书校注》，中华书局2000年版。

45. 牟融：《牟子理惑论》，见《弘明集》卷一，中华书局2011年版。

46. 熊铁基、陈红星主编：《老子集成》，宗教文化出版社 2011年版。

47. 赵在翰辑：《七纬》，中华书局 2012 年版。

48. 北京大学出土文献研究所：《北京大学藏西汉竹书》（二），上海古籍出版社 2012 年版。

49. 韩非：《韩非子》，国家图书馆出版社 2013 年版。

50. 许富宏：《慎子集校集注》，中华书局 2013 年版。

51. 裘锡圭主编：《长沙马王堆汉墓简帛集成》（全 7 册），中华书局 2014 年版。

52. 黄怀信：《鹖冠子校注》，中华书局 2014 年版。

53. 陈鼓应：《管子四篇诠释》，中华书局 2015 年版。

54. 陈鼓应：《黄帝四经今注今译：马王堆汉墓出土帛书》，商务印书馆 2016 年版。

55. 萧统选编：《文选》，国家图书馆出版社 2017 年版。

56. 石光瑛：《新序校释》，中华书局 2009 年版。

57. 吕惠卿：《金刻本庄子全解》，国家图书馆出版社 2017 年版。

二、今人著述

1. 高亨：《老子正诂》，古籍出版社 1956 年版。

2. 罗根泽：《诸子考索》，人民出版社 1958 年版。

3. 马叙伦：《老子校诂》，中华书局 1974 年版。

4. 吴光：《黄老之学通论》，浙江人民出版社 1985 年版。

5. 张秉楠辑注：《稷下钩沉》，上海古籍出版社 1991 年版。

6. 钟肇鹏：《谶纬论略》，辽宁教育出版社 1991 年版。

7. 叶维廉：《中国诗学》，生活·读书·新知三联书店 1992年版。

8. 王兴国：《贾谊评传》，南京大学出版社 1992 年版。

9. 陈鼓应主编：《道家文化研究》第 4 辑，上海古籍出版社 1994 年版。

10. 陈鼓应主编：《道家文化研究》第 5 辑，上海古籍出版社

1994 年版。

11. 熊铁基、马良怀、刘韶军：《中国老学史》，福建人民出版社 1995 年版。

12. 钱穆：《庄子纂笺》，生活·读书·新知三联书店 1996 年版。

13. 陈鼓应：《易传与道家思想》，生活·读书·新知三联书店 1996 年版。

14. 李零：《吴孙子发微》，中华书局 1997 年版。

15. 缪文远：《战国史系年辑证》，巴蜀书社 1997 年版。

16. 丁原明：《黄老学论纲》，山东大学出版社 1997 年版。

17. 丁原植：《郭店竹简老子释析与研究》，台北万卷楼图书有限公司 1998 年版。

18. 白奚：《稷下学研究：中国古代的思想自由与百家争鸣》，生活·读书·新知三联书店 1998 年版。

19. 胡家聪：《稷下争鸣与黄老新学》，中国社会科学出版社 1998 年版。

20. 陈鼓应主编：《道家文化研究》第 12 辑，生活·读书·新知三联书店 1998 年版。

21. 陈鼓应主编：《道家文化研究》第 17 辑，生活·读书·新知三联书店 1999 年版。

22. 周叔迦辑撰，周绍良新编：《牟子丛残新编》，中国书店 2001 年版。

23. 熊铁基：《秦汉新道家》，上海人民出版社 2001 年版。

24. （美）韩禄伯：《简帛老子研究》，学苑出版社 2002 年版。

25. 张舜徽：《张舜徽集·周秦道论发微》，华中师范大学出版社 2005 年版。

26. 罗根泽编著：《古史辨》（第四、六册），上海古籍出版社 1982 年版。

27. 吕思勉：《先秦学术概论》，云南人民出版社 2005 年版。

28. 刑文编译：《郭店老子与太一生水》，学苑出版社 2005 年版。

29. 詹剑峰：《老子其人其书及其道论》，华中师范大学出版社

2006 年版。

30. 刘跃进：《秦汉文学编年史》，商务印书馆 2006 年版。

31. 戴美芝：《老子学考》，《古典文献研究辑刊》二编第 13 册，花木兰文化出版社 2006 年版。

32. 廖群：《先秦两汉文学考古研究》，学习出版社 2007 年版。

33. 李零：《简帛古书与学术源流》，生活·读书·新知三联书店 2008 年版。

34. 陈鼓应：《老子注译及评介》，中华书局 2009 年版。

35. 陈鼓应：《道家易学建构》，商务印书馆 2010 年版。

36. 郑良树：《老子新论》，上海古籍出版社 2011 年版。

37. 胡适：《中国哲学史大纲》，北京大学出版社 2013 年版。

38. 熊铁基：《汉代学术史论》，高等教育出版社 2013 年版。

39. 曹峰：《近年出土黄老思想文献研究》，中国社会科学出版社 2015 年版。

40. 钱穆：《先秦诸子系年》，商务印书馆 2015 年版。

41. 王中江：《出土文献与道家新知》，中华书局 2015 年版。

42. 王中江：《道家学说的观念史研究》，中华书局 2015 年版。

43. 陈丽桂：《汉代道家思想》，中华书局 2015 年版。

44. 蒋伯潜：《诸子通考》，中华书局 2016 年版。

45. 林志鹏：《宋钘学派遗著考论》，复旦大学出版社 2018 年版。

46. 陆建华：《先秦诸子〈老子〉注研究——兼及先秦老学思想研究》，黄山书社 2018 年版。